Xin Shi Dai

国家社会科学基金重大项目（18ZDA056）
国家自然科学基金重点项目（71332007） 阶段性研究成果

新时代中国企业创新发展的若干问题研究

Research on the innovation and development of Chinese enterprises in the new era

邢小强 杨震宁/ 等著

企业管理出版社
ENTERPRISE MANAGEMENT PUBLISHING HOUSE

图书在版编目（CIP）数据

新时代中国企业创新发展的若干问题研究／刑小强，杨震宁/等著.
—北京：企业管理出版社，2019.12

ISBN 978－7－5164－2085－0

Ⅰ.①新… Ⅱ.①刑… ②杨… Ⅲ.①企业创新—企业发展—中国
Ⅳ.①F279.23

中国版本图书馆 CIP 数据核字（2019）第 299551 号

书　　名：新时代中国企业创新发展的若干问题研究
作　　者：邢小强　杨震宁　等
责任编辑：刘一玲　崔立凯
书　　号：ISBN 978－7－5164－2085－0
出版发行：企业管理出版社
地　　址：北京市海淀区紫竹院南路 17 号　　**邮　　编**：100048
网　　址：http：//www.emph.cn
电　　话：编辑部 68701322　发行部 68414644
电子信箱：80147@ sina.com　zbs@ emph.cn
印　　刷：北京虎彩文化传播有限公司
经　　销：新华书店
规　　格：787 毫米×1092 毫米　16 开本　39 印张　760 千字
版　　次：2019 年 12 月第 1 版　　2019 年 12 月第 1 次印刷
定　　价：120.00 元

本研究报告系以下项目成果：

国家社会科学基金重大项目《新时代加强中国中小微企业国际竞争力的模式与路径研究》（批准号 18ZDA056）

国家自然科学基金重点项目《中国企业转型升级战略及其竞争优势研究》（批准号 71332007）

北京市哲学社会科学研究基地建设项目（批准号 47160101）

对外经济贸易大学北京企业国际化经营研究基地资助项目

国家社会科学基金面上项目《基于数字技术的商业模式创新与反贫困研究》（19BGL026）

国家社会科学基金面上项目《我国高技术企业通过跨国技术战略联盟进行多维“跨边界”学习与风险防御机制研究》（14BGL181）

前　言

党的十九大报告中指出："中国特色社会主义进入了新时代"，从而明确提出了中国发展新的历史方位。新时代的内涵就是要全面建成小康社会、全面建设社会主义现代化国家、为人们不断创造美好生活并逐步实现全体人民的共同富裕。而创新作为解决复杂经济、社会与环境问题的重要思维、工具与手段，在此过程中发挥着重要作用，能够有力支撑传统产业的转型升级和实现经济社会的高质量发展。但在全球化竞争越来越激烈的环境下，新时代的中国企业创新面临着更大的不确定性，既要依托于本土市场来探索各种新的创新形态与路径，又要在全球范围内来推动创新的扩散与采纳，才能实现经济、社会与生态等多元价值的创造与分享。这不仅需要提升单个企业的创新能力，还需要在企业之间乃至产业、国家与国际层次来构建创新生态与创新系统，涉及到投资、联盟、网络、资源、环境、政策等各类问题，本书正是对其中的一些重要问题进行了集中研究与探讨。

本书共分为六篇39章内容，每一篇都围绕该篇主要议题从不同层次与角度进行深入分析与阐述，从理论溯源、概念解析到模型构建与实证检验再到管理与政策建议，从而对每一议题形成较为全面的描述、建构、分析与总结。每篇的中心议题与研究内容如下：

第一篇 不确定条件下的新技术投资决策研究，主要从新技术投资项目的基本特性出发，运用实物期权理论与方法，从不确定性与学习相互作用角度对新技术投资决策机制进行理论分析与模型构建，并结合我国高科技企业新技术投资决策实践进行实证研究，从而提高新技术投资决策的科学性与规范性。在此基础上，为实现企业创新价值的最大化，提出基于风险与实物期权匹配的风险管理框架，以提高企业新技术项目风险管理绩效。

第二篇 企业技术创新的战略联盟研究，主要讨论中国高技术企业如何通过建立技术战略联盟进行组织"跨边界"学习与如何防御联盟风险的基本问题。2012 年年底，国家科技部公布中国产业技术创新战略联盟运行评估结果，其中高效节能铝电解技术联盟、流感疫苗技术联盟、有色金属工业环境保护技术联盟、航空遥感数据获取与服务技术联盟存在较多突出问题。联盟的组织形式为企业带来了可观的回报，但在我国技术战略联盟的合作失败率接近 50% ~60%。现实中的中国企业所选择的这条道路并不平坦（如许多中国公司并没有真正从企业合作中获得有价值的知识，一些原本是自己根基的知识产权和品牌却有可能拱手让人），多数做得好的企业也仅仅是在某些局部知识的转移上获得成功，而能够有计划、系统地从联盟过程中转移知识的中国企业凤毛麟角。有鉴于此，本篇研究聚焦于中国高技术企业形成技术战略联盟的多维“跨边界”学习过程与风险防御机制，其研究意义体现在：一是为改进中国企业开展技术战略联盟学习、转移知识并建立风险防御机制，推动中国高技术企业创新提供方法指导和对策建议；二是揭示中国企业通过技术战略联盟合作、学习和知识转移促进创新的机理和规律，为政府部门制定促进高技术企业创新的相关政策提供实践依据。

第三篇 企业创新绩效及其影响因素研究，主要讨论如何评价中国高技术企业的创新绩效及其测量，什么因素会影响我国高技术企业的创新绩效，希望得到一个具有实践和理论意义的框架。在技术迅速更新、不断突破的今天，企业技术研发活动具有社会协作复杂、规模大及成本高等特点，单个企业的有限资源显然难以满足技术创新活动的需求，如何评价这些高技术企业的创新绩效，有哪些重要的影响因素，值得深入讨论。目前的竞争环境发生了较大变化，从单一竞争转变为竞合关系，选择与具有资源互补的企业进行合作是大多高技术企业生存与发展的主流方向。成功实现整合资源的目的并使产业链与创新链有机结合在一起，改善市场上企业各自为政、恶意攻击的情况，转变为竞合关系为常态，企业的创新绩效受到诸多环境要素的影响。但技术创新过程是动态的、复杂的，具有很高的不确定性。美国麦肯锡咨询公司的调查显示调查的 800 多家的高技术公司中，只有 40% 的企业能持续创新维持在 4 年以上。对于这一问题，我们会从各个角度分析影响企业创新效果的因素。

第四篇 高技术企业的创新环境：以科技园为例，重点讨论中国高技术企业所面临的外部创新环境，并以“科技园”这种集群环境为例，讨论环境对企业创新的影响和作用机制。创造良性竞争、公平公正的市场驱动环境，维护中国高技术企业创新体系的正常运行，促进技术知识的转移学习。市场竞争越激烈，企业更有动力进行技术创新，形成的创新机制更加稳定。市场竞争压力的增加会驱动企业进驻“科技园”这种创新集群，实现企业的技术创新与突破，成员企业的创新意愿会更加强烈。同时，为了应对越来越复杂的环境变化，为了公平、公开、公正的共享行业收益，集群（科技园）必会建立相应的管理机制，形成完善的规章制度，相辅相成的是企业为了从产业集群中获益会希望集群能够稳定长久的运行，企业就会主动维护集群创新的稳定。政府的支持可以使科技园绩效显著提升并加强集群的制度规范性，尤其在中国，从科技园区的发展来看，虽然中国集群创新发展起步晚，但其成长却非常迅速，这与中国的政府进行大力支持是分不开的。在组建科技园区的初始阶段，政府的支持可以作为一种驱动力量，促使企业进驻科技园，比如政府出台相关产业支持性政策、政府注资于科技园区，甚至主导并管理科技园的运营，指引集群向需求强劲的产业发展，引导战略的发展方向。

第五篇 企业包容性创新、网络与政策研究，主要结合包容性增长、金字塔底层战略、破坏性创新理论、资源基础论、交易成本理论、制度理论、社会网络与利益相关者等理论，对面向中国本土低收入市场的包容性创新、包容性网络与多元价值创造进行研究。在对包容性创新的概念与内涵进行清晰界定基础上，通过辨识低收入市场障碍来分析企业克服不同障碍的创新手段与方法，结合典型案例对包容性创新的不同形态及其关键要素进行理论建构。进而阐明企业创新与包容性网络形成与发展的交互影响，归纳包容性网络的特征、功能与演化规律，揭示企业与网络伙伴合作进行多元价值共创的机制与效果。最后从国家层面提出构建包容性创新系统的主要内容与政策组合。

第六篇 企业创新的双向国际化研究，首先基于发展中国家的企业实践来提炼与总结针对新兴市场创新的主要形态、特征与规律，主要围绕节俭式创新进行分析，并与草根创新、资源约束型创新、低成本创新、山寨创新与拼凑创新等进行比较。进而提出中国企业研发国际化的动因、结构与趋势。最后在梳理创新全球化进程基础上，探究了那些为新兴市场开发的创新产品和服务在引入发达市场后也能获得采纳的反向创新模式。结合典型案例描述了反向创新的主要特征，归纳出反向创新的主要实现路径和关键成功因素。

总体而言，本书具有如下几个特点：

(1) 研究问题的本土性：本书围绕中国企业创新与发展，探讨了多个重要的理论、实践与政策问题，既包括传统创新研究的核心问题，如高技术联盟与不确定条件下的新技术投资，也涵盖了新涌现的前沿创新问题，如包容性创新与反向创新等，大多数问题与中国本土环境息息相关，具有鲜明的本土色彩。

(2) 研究角度的多层次性：本书以企业创新为中心，研究的视角涵盖了（产品）项目、企业、产业、区域、国家与国际等各个层次，不同层次的要素均会对创新产生重要影响，本书从多角度展示了这些影响的路径与机制。

(3) 研究方法的多样性：由于研究问题的不同，需要选择相应适宜的研究方法才能得出坚实的结论。本书综合使用了理论建模、案例研究与实证分析等不同方法，每种方法兼具规范性与严谨性。如利用实物期权方法研究新技术投资适合运用数学模型，而对创新绩效的探讨则更适合大样本的实证分析，一些尚处于理论建构初期的创新问题则运用案例研究方法更有利于得到洞察性的结论。

(4) 研究结论的实用性：本书主要针对中国企业的创新环境与遇到的实际问题进行研究，会提出具体管理与政策建议以提升企业创新能力与绩效，并帮助消除限制企业创新的各种制度与环境障碍，促进在更高层面实现区域乃至国家的高质量发展。

本书由邢小强、杨震宁负责设计、组织与统撰工作。具体参加本书撰稿的成员有（以章节为序）：前言邢小强、杨震宁；第 1 章邢小强、焦睿；第 2 章邢小强、仝允桓；第 3 章邢小强、仝允桓；第 4 章邢小强、仝允桓；第 5 章邢小强、薛飞；第 6 章杨震宁、李东红、曾丽华；第 7 章杨震宁、赵红、徐丽菁；第 8 章杨震宁、李晶晶；第 9 章杨震宁、李东红、赵红；第 10 章杨震宁、范黎波、曾丽华；第 11 章杨震宁、白春叶；第12章杨震宁、赵红、刘昕颖；第13章杨震宁、李东红、范黎波；第14章杨震宁、吴剑峰、乔璐；第15章杨震宁、李东红，马振中；第16章杨震宁、李东红、王玉荣；第17章赵红、杨震宁；第18章杨震宁、李东红；第19章杨震宁、李德辉、张皓博；第20章杨震宁、陈昊；第21章杨震宁、吴杰；第22章杨震宁、吕萍、王以华；第23章杨震宁、吕萍、王以华；第24章邢小强、周江华、仝允桓；第25章邢小强、周江华、仝允桓；第26章邢小强、彭瑞梅、仝允桓；第27章邢小强、彭瑞梅、仝允桓；第28章邢小强、仝允桓、陈晓鹏；第29章邢小强、彭瑞梅、仝允桓；第30章邢小强、彭瑞梅、仝允桓；第31章邢小强、葛沪飞、仝允桓；第32章邢小强、周江华、仝允桓；第33章邢小强、赵鹤；第34章邢小强、王玉荣、吴家喜；第35章邢小强、周江华、仝允桓；第36章邢小强、葛沪飞；第37章杨震宁、李东红、王以华；第38章邢小强、葛沪飞、仝允桓；第39章邢小强、刘晓。

本书涉及多个创新与发展的前沿问题，由于本书作者水平有限，加之时间紧，难免会有疏漏和不妥之处，敬请读者批评指正。

目　录

第一篇　不确定条件下的新技术投资决策研究

第二篇 企业技术创新的战略联盟研究

第三篇 企业创新绩效及其影响因素研究

第四篇　中国高技术企业的创新环境——以科技园为例

第五篇　企业包容性创新、网络与政策研究

图目录

表目录

第一篇　不确定条件下的新技术投资决策研究

第1章　新技术投资过程中的不确定性与学习机制

一、引　言

作为企业战略投资的重要部分，新技术投资需要投资者理性决策以实现创新的最大价值。但由于新技术投资具有很大不确定性，传统净现值方法并不适用，而实物期权理论由于提供了良好的处理与评估不确定性的思维与方法而在该领域得到广泛应用（李强、曾勇，2009；邢小强，2014；高峻峰等，2017）。

针对新技术投资，实物期权方法主要用来分析不确定性对投资价值与决策的影响。早期文献集中于研究新技术采纳的时机选择，此时投资发生即可获得新技术收益，影响因素是各类外部不确定性（Huisman，2001；Huisman & Kort，2002；Huisman & Kort，2004；Hauschild & Reimsbac，2015）。但对于新技术的研发与商业化投资来说，在最终获得新技术收益前存在一段不确定的项目建设时间（Time to Build），投资者需要对整个建设时间内的投资时机和数量进行决策，而这个决策本身会影响到建设时间的长短（Majd & Pindyck，1987）。此时，影响投资决策的因素不仅包括外部不确定性，还包括新技术项目自身的内部不确定性。Pindyck（1993）最早研究了建设时间内项目内部技术不确定性对最优投资决策的影响。在此基础上，Kort（1998）分析了研发过程中技术不确定性分布与投资时机的关系；Schwartz 等学者综合研发过程中多种不确定性及可能突发事件的影响建立起专利技术评估模型（Schwartz et al.，2004；Schwartz et al.，2003）；Berk（2004）在离散化条件下把项目建设时间内技术不确定性的解决内生化；Errais

与 Sadowsky（2008）分析了探索性学习与所解决不确定性程度对项目投资决策的影响；Miller（2010）则把贝叶斯决策过程与实物期权框架结合起来建立起贝叶斯学习期权模型以确定最佳投资决策。国内研究中，不同学者通过建立新技术投资的多阶段决策模型来确定阶段投资的最优比例，并分析了分阶段投资的延期与风险效应（李洪江等，2003；李启才等，2004；刘晓宏，2005；高峻峰等，2017）。

可以看出，国内外大部分研究都隐含或直接表明，不确定性主要通过学习所获得新的知识或信息来降低或消除，而只有解决或消除的不确定性才会影响投资者对新技术价值的判断，从而影响其实际决策。但由于不确定性的类型与性质不同，其所需的学习方式也不相同。加之现有研究都隐含假定所有企业边际投资的学习效率相同，没有考虑到不同企业在学习能力等方面的差异。因此，本章从学习视角研究新技术项目内外部不确定性对投资价值与投资决策的影响，既可包容已有研究的一般性结论，同时引入学习异质性特征来分析不同企业间学习效率的差异，以更清晰地揭示出新技术投资行为背后的决策机制与路径。

二、新技术投资过程分析

大多数新技术项目投资都不是一次性全部投入而是在不同时点上序列发生，推动着新技术的研发与商业化过程。但由于新技术投资内外部环境内存在的不确定性，企业很难事先对项目的预期收益与成本做出准确判断，这本质上是由于企业缺乏消除这些不确定性所需的信息和知识。但随着项目推进，企业可通过不同的学习途径与方式不断获取新的信息与知识去降低或解决相关的不确定性，从而对项目的投资价值形成新的评估，并就特定阶段的投资速度与规模等制定相应的决策。在这个意义上，新技术投资就是决策者不断把不确定转化为确定状态并进行相机决策的连续过程，转化的内在机制就是学习。

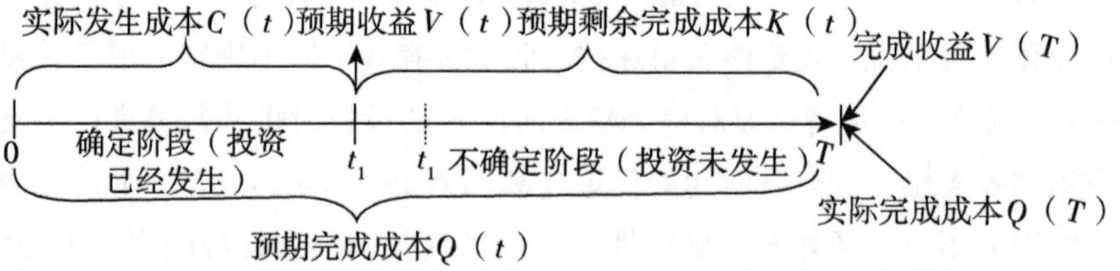

图1－1　新技术投资过程中的预期收益与成本变动示意图

如图1－1所示，在项目完成前的任意时刻 t，令 $V(t)$ 表示此时新技术的预期收益，$Q(t)$ 为项目的预期完成成本，企业会根据 $V(t)$ 与 $Q(t)$ 的比较来决定 t 时刻的投资行为，包括加快或延迟、暂时停止甚至完全放弃等。其中，$V(t)$ 主要

由 t 时刻外部的市场环境与需求因素等决定，而 $Q(t)$ 则可进一步划分为已实际发生成本 $C(t)$ 与企业根据 $[0, t]$ 阶段积累的知识与经验所估计的预期剩余完成成本 $K(t)$ 两部分。可以看出，$C(t)$ 已经沉没不可恢复，代表一种确定状态，而 $K(t)$ 则包含着从 t 时刻到项目结束所有未解决和消除的不确定性。正是这些不确定性使得企业对完成项目剩余部分的成本无法形成准确的评价而只能基于已有信息集进行推断。随着项目的继续推进（如到了 t_1 时刻），企业会获得更多信息与知识，并根据这些新获得的信息来更新对 V 和 Q 的评估。例如通过企业可能发现技术要比预想的简单，从而在 t_1 时得到的项目预期完成成本 $Q(t_1)$ 要小于 $Q(t)$；但也可能发现该技术远比预想的复杂，存在着重大的技术障碍或难题需要克服，则有 $Q(t_1) > Q(t)$。同理，外部市场环境等条件的变化也会使得企业对新技术的预期收益形成新的判断（即 $V(t_1)$）。这种从 t 到 t_1 时刻对新技术预期收益与成本评价的改变正是由于企业通过学习拓展与深化了决策的信息集与知识库而解决或消除了相关不确定性的结果。直至项目结束（T 时刻），企业才能够停止学习并确切知道所投入的实际成本与收益，但在此之前总存在着不同程度与类型的不确定性，影响着企业的后续决策。下面详细具体分析各类不确定性及其相应解决方式（学习）对新技术投资决策的影响。

三、学习视角下不确定性对新技术投资决策的影响

不确定性存在于几乎所有的新技术研发与商业化项目中，但不同项目不同阶段内的不确定性类型、程度与分布却有很大差异。结合相关文献（Folta，1998；Huchzermeier & Christoph，2001；Murto，2007），本章把不确定性划分为影响新技术预期收益的市场不确定性与技术进步不确定性，以及影响预期完成成本的技术不确定性，各类不确定性对项目预期收益与成本的影响如图 1－2 所示。

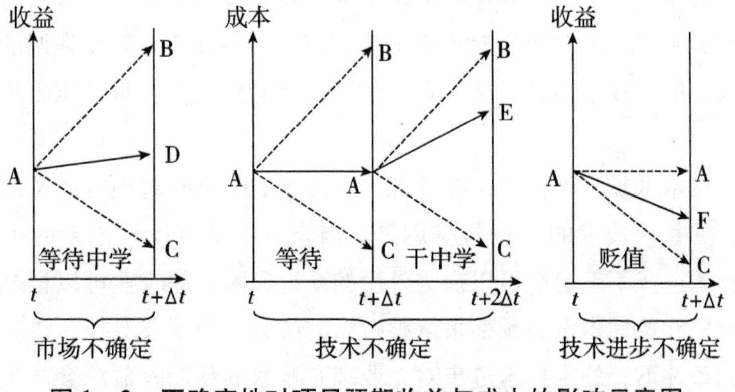

图 1－2　不确定性对项目预期收益与成本的影响示意图

第一，市场不确定性是指影响新技术未来收益的各种因素是不确定的，如新

技术潜在市场需求的变化、新产品价格波动或相关技术标准或产业政策颁布的时机与内容等。这些不确定性很大程度上并不受企业自身控制或影响，具有系统风险特征。而消除市场不确定性所需的信息大部分会随时间逐步显现，企业只要等待并观察就可无成本的获取。这种等待中学习（Learning by Waiting）是解决市场不确定性的主要方式，也使得延迟投资具有的灵活性提高了新技术的投资价值。从图1－2看出，在t时刻状态A下，各种外部不确定性使得新技术的预期收益会出现多种可能状态（$B-C$），企业无法确切判断哪种情况会发生。但只要通过等待，在$t+\Delta t$时刻就可以根据新出现的信息判断出新技术预期收益的变动（$A-D$）而无须任何投资。

第二，技术不确定性是指技术研发与商业化过程中的各类技术问题会使得项目完成的成本与时间变得不确定。对企业来说，研发出一项新技术并把其转化为产品或服务是个复杂的创新过程，很难事前就准确预知会遇到什么技术问题，采用什么样的手段解决以及最终的新技术或新产品性能能否达到预期效果等。技术不确定性集中在企业内部，其程度与范围取决于具体的新技术项目，不会随外部环境变化而改变，对企业而言属于个体风险。因此，技术不确定需要企业要以“干中学”（Learning by Doing）的方式来解决，而不可能在等待中自然消除。正如观察别人游泳永远也学不会游泳一样，企业必须通过技术探索才能了解与把握技术不确定性的性质与程度，并随着不确定性的解决不断学习与创造新的知识。企业学习得越多越深入，通过技术不确定性的解决对投资决策的影响越大，没有学习发生，技术不确定性的影响为零。如图1－2所示，在t时刻状态A下，某个新技术研发的难题没有解决，使得项目的预期完成成本可能会有多种状态。如果没有投资发生，企业只是通过等待到达$t+\Delta t$时刻时，其所处状态及对未来的预期没有任何改变（$A-A$），因为在等待的时间内企业关于技术的知识数量与质量都没有发生变化。只有通过投资推进的创新实践与学习来获得新的信息与知识，才能在$t+2\Delta t$时刻更新对预期成本评价（$A-E$）。需要强调的是，即使新的投资没有解决技术难题，从失败中学习仍然能深化企业对可能出现的负面结果的认知。

第三，技术进步不确定性是指外部进步发生的时机及对现有技术冲击程度的不确定性，如替代技术的出现与应用等。当企业不是本领域创新的主要提供者时，这种技术进步不确定性可以视为外生的系统风险，即企业可以根据对替代技术出现的时机和替代程度的预期来调整自己的决策，但不会对技术进步本身产生影响。在此条件下，外生技术进步对企业现有技术的预期收益总会产生一种不利的贬值效应，只是贬值的时间与程度不确定。由于企业很难无成本地进行技术转换，这种绝对的贬值效应使得企业并没有应对技术进步不确定性的灵活性，因而会降低项目的投资价值。如图1-2所示，在t时刻新技术的预期收益为A，当在$t+\triangle t$时刻技术进步尚未发生时状态没有改变（A-A），但技术进步一旦发生则对新技术的影响总是负面的（A-F），这与前两种不确定性的影响具有本质区别。

以上分析可知，在新技术投资过程中，各种类型的不确定因素以不同的方式与路径影响着新技术的投资价值与决策，其背后的影响机制各不相同，反映出不确定性及其解决方式的结构性特征。其中，技术不确定性要求企业去主动投资来获取有关新技术项目的私有知识，等待只会损失时间价值，市场不确定性则强调通过等待获取公共信息来进行相机决策，而技术进步不确定性的贬值效应则阻碍了企业的投资。不同类型不确定性对投资价值与决策影响之比较如表1-1所示。

表1-1　不同类型不确定性对投资价值与决策影响之比较

不确定性类型	所处范围	解决方式	影响投资价值	影响投资决策	影响机制
市场不确定性	企业外部	等待中学	增加投资价值	延迟投资	等待期权
技术不确定性	企业内部	干中学	增加投资价值	促进投资	学习期权
技术进步不确定性	企业外部	等待中学	降低投资价值	延迟投资	贬值效应

四、对技术不确定性与学习的进一步讨论

由于影响市场与技术进步不确定性的外部因素不受企业控制，不同企业通过延迟投资均可获得相关信息，可视为具有相同的学习效率。而技术不确定性则嵌入在项目内部，由项目自身技术特质决定。现有研究的理论模型大都隐含假定不确定性解决的程度只取决于投资额大小，即不同企业对同一项目投资一元钱取得的学习效果是相同的。但事实上，不同企业即使投入等量的资金、时间和精力，但由于采取的方法、手段或路径不同而会获得不同数量与质量的信息和知识，导致解决的技术不确定性程度也会有很大差异。这种学习的异质性特征会使得不同企业对新技术项目的预期成本形成不同的判断而实施不同的决策。本章把决定企业解决技术不确定性的学习差异性分为相互联系的三个方面进行说明，分别为企业自身的学习能力、项目进展过程中的累积学习效应与扩张式学习效应。

（一）学习能力（Learning Capability）

任何企业启动新技术项目之前都已经具备一定的学习能力，反映了企业在以往学习方面的积累，也标识了不同企业在开始新项目前的学习起点差异。一般而言，遇到技术问题后企业会在内部知识库和外部知识网络中搜寻相关的知识、找到新旧知识的联系进行整合并创造出新知识来进行解决，这些活动的效率取决于

企业以往在该领域的知识积累与学习的经验。学习能力越强，代表企业越有可能在正确的技术轨道上进行探索，从而在知识的获取、消化吸收、共享和创造等方面的效率越高。因此，学习能力是基础，它支撑着新技术投资过程中学习活动的效率，但学习能力自身也会随着新的学习实践与知识累积而不断增强。

（二）扩张式学习效应（Expanded Learning Effect）

扩张式学习是指企业通过增加投资来解决更多的技术不确定性，反映了投资的边际学习效率。学习能力越强，每单位投资获得的知识的数量与质量越高，也越有助于技术不确定性的解决，表现为投资的有效性。因此，学习能力的高低是通过扩张式学习效应来体现。相同数量的投资，学习能力强的企业会解决更高程度的技术不确定性，从而获得更多的灵活性价值。然而，针对同一企业，假定学习能力不变，随着投资不断增加，边际学习效率尽管在特定阶段会出现递增，但总体会呈现出递减性，即每增加单位投资的学习效果会低于前一单位，减少的技术不确定性程度也会越来越小。这是因为刚开始投资时，技术不确定性很大，增加投资就可获得大量相关的知识与信息。而随着技术不确定性不断降低，新的投资所得获得的信息与知识较先前投资会变得减少，这符合学习的自然规律。如果把需要解决的技术不确定性视为一系列相互独立的技术难题，而这些难题的解决顺序是不固定的，那么显然企业会把单位投资学习效率最高的技术问题优先解决。

（三）累积学习效应（Accumulated Learning Effect）

累积学习效应类似于生产研究中的学习曲线效应，即通过对以往学习经历的反思可以提高后续学习活动的效率。但与学习曲线效应不同的是，技术创新的累积学习效应并不仅仅通过重复性生产劳动而获得的隐性知识来提高生产效率，其来源于不同类型与层次知识之间的内在联系和学习能力的提升。一项新技术项目会包括多个阶段，涉及多个领域的知识，而每个阶段所要完成的任务和用到的知识都不相同。但由于所有活动都服务于特定类型技术创新的最终目的，知识之间存在着紧密联系，表现为跨领域的知识融合和随项目进展的知识累积。前面阶段知识的学习是推进后续创新的必要条件。前期累积的知识种类与数量越多，对知识掌握的程度越深入，其后续学习效率就越高。这种累积式学习的直接效果表现为企业学习能力的提高，而提高的学习能力支撑着未来更有效的学习。

综上所述，扩张式学习注重通过投入的增加来获得更多知识，衡量了特定时刻投资的边际效应，是外延式学习；而累积式学习则更强调随着知识增加而逐渐培养和提升学习能力，体现了之前所有投资总量的学习效应，是学习效率提高的内在机制，两者之间靠学习能力进行连接。从新技术投资的动态学习过程分析，首先，在特定学习能力基础上，企业通过增加投资进行扩张式学习获得新的知识，而新知识又通过累积式学习与原有知识融合提高了企业的学习能力，而新的学习能力又为新的扩张式学习奠定了新的基础。三种学习效应循环往复，在互动中相互增强并不断解决项目中的技术不确定性。同时，不同企业在投资中体现出的学习效率差异也可从上述三个层面分别考察。

五、研究结论与启示

现有新技术投资的实物期权研究基本上通过把新技术预期收益或成本变动设定为几种随机过程并通过模型构建推导出投资门槛来进行决策分析，往往忽略了这些波动背后的经济或管理原因，这和实物期权理论根植于金融期权的核心假定有关。但由于大多数情况下并不存在一个无摩擦的自由交易的实物（如新技术项目）市场，我们必须要考虑决策者对于实物资产预期收益或成本评估的内在机制。本章从不确定性与学习的关系视角切入，把学习作为消除或降低不确定性的主要方式，分析新技术项目中不同类型不确定性及其解决方式对新技术预期收益与成本的影响，从实物期权视角揭示了多阶段新技术序列投资背后的决策机制与路径。特别是引入企业内部学习的异质性特征，把技术不确定性的解决效率分解为学习能力、扩张式学习效应与累积学习效应三个层次进行讨论，为解释不同企业在针对相似新技术项目中的投资决策差异提供了理论视角。总之，本章的研究为分析不确定环境下的技术创新投资决策提供了一个较为通用的研究思路与框架，未来研究可以把更多的不确定性与学习方式纳入进来进行考察（如竞争的不确定性与互动学习等），拓展和丰富现有研究结论。

第2章　不确定性、学习与新技术序列投资决策模型（Ⅰ）

一、引　言

新技术投资是企业获取竞争优势的战略性投资，需要投资者理性决策。由于新技术自身及其未来市场具有很大的不确定性，实物期权方法在该领域得到广泛应用（夏晖、曾勇，2004）。在现有实物期权文献中，新技术投资概念通常指新技术的采纳，投资发生即可获得新技术收益，研究重点在于决定最优采纳时机（Huisman，2001；Ming－Kai & Shi，2011）；但对于新技术的研发与商业化投资来说，在最终获得新技术收益前存在一段不确定的项目建设时间（Time to Build），期间需要多次投资直至项目完成后才能获得收益，企业需要对整个过程中的序列决策进行优化以实现创新的最大价值。

由于建设时间的存在，新技术序列投资决策不仅要关注市场与外部技术进步的不确定性，还要考虑项目内部的技术不确定性。文献（Robert & Weitzan，1981；Majd & Pindyck，1987；Pindyck，1993）最早研究了建设时间及特属于项目的技术不确定性对最优投资决策的影响。在此基础上，Kort（1998）分析了研发过程中技术不确定性的分布对投资时机的影响；文献（Schwartz，2004；Schwartz & Carlos，2003）建立技术评估模型，包含技术与市场不确定性及可能的突发事件；Berk（2004）则在离散化条件下把项目建设时间内技术不确定性的解决内生化；Sadowsky（2005）对新产品开发过程中的学习期权进行探究。文献（Koussis，2008）研究存在学习时间与“干中学”效应时的最佳研发投资决策。国内研究中，李洪江等（2003）确定了序列投资中阶段投资的最优比例；李启才等（2004）建立研发投资的多阶段决策模型；刘晓宏（2005）分析了分阶段投资的延期与风险效应；李双兵（2016）基于风险投资多阶段和风险高的特点，将实物期权理论和梯形模糊数结合起来，构建了一个分阶段的高新技术企业风险投资模糊实物期权定价模型。

综观国内外的相关研究，只是从一般意义上考察不同类型不确定性对投资的影响，而没有更深入分析不确定性本身的解决机制与效率。不确定性依赖于企业通过学习获得新的知识或信息来降低或消除，不同企业针对同一问题花费相同的时间、精力或投资，其通过学习解决的不确定性会有很大差异，但现有模型都隐含假定所有企业边际投资的学习效率相同。因此，本章将在现有研究基础上引入企业间的学习异质性特征，运用实物期权方法构建新技术序列投资的评估与决策模型，得到最优投资决策准则并利用数值解进行比较静态分析，阐述结果的经济或管理涵义。

二、基本思路

新技术投资过程中会面临多种程度不同的不确定性影响投资决策，但实际起作用的只是企业解决或了解的不确定性，而并非全部的不确定性。企业只有通过学习获得新的知识和信息，从而把（部分）不确定转化为确定状态后才能更新对项目价值的评估，而那些没有解决的不确定对企业而言仍然是未知的，不会对决策产生影响。换句话说，企业只会根据自己已经掌握的知识进行决策。企业学习效率越高，通过不确定性的解决对预期收益或成本的影响越大。没有学习发生，企业决策的信息集就不会改变，不确定性没有影响。或者说，不确定对投资决策的影响已经体现在现有决策中，当没有获取新的信息时，企业不会改变决策。实物期权视角下的新技术序列投资就是企业通过学习不断评价不确定性及其影响并调整投资策略以实现项目价值最大化的过程。对投资决策的影响已经体现在现有决策中，当没有获取新的信息时，企业不会改变决策。实物期权视角下的新技术序列投资就是企业通过学习不断评价不确定性及其影响并调整投资策略以实现项目价值最大化的过程。

具体到一个新技术项目，企业需要多阶段的投资把新技术转化为新的产品或服务推向市场后才能获得收益。在建设时间内，企业会始终面临四种不确定性，分别为影响新技术预期收益的市场与技术进步不确定性和影响项目预期完成成本的技术与投入成本不确定性。其中市场与投入成本不确定性是由未来新产品或投入原材料的价格等因素的波动引起，不受企业自身控制，具有系统风险特征。其相关信息会随时间自然显现，决策者可以通过“等待中学”（Learning by waiting）的方式无成本的获得，不需要额外投资，可认为这种学习的效率在不同企业间没有差异。而技术不确定性则与完成项目过程中的技术困难相关，其程度和性质取决于项目特征，不随外部环境变化而改变，属个体风险。技术不确定性的相关信息只有通过投资推进项目以“干中学”（Learning by doing）的方式获取。而不同企业“干中学”的效率会有很大差异，本章把其分解为企业自身的学习能力、累积式学习效率与扩张式学习效率三个层次：①学习能力代表对新知识的消化吸收能力，是企业的学习基础。从投资角度看，学习能力强意味着每单位投资都会获得更多或更高质量的知识或信息。②累积式学习类似于生产研究中的学习曲线效应，即通过对以往经历的学习可以提高后续学习活动的效率。在新技术投资过程中，前期累积的知识种类与数量越多，对知识的掌握程度越系统和深入，其后续学习效率越高。③扩张式学习是指企业通过增加投资进行外延式的学习来解决更多技术不确定性，反映了投资的边际学习效果。从三者关系看，扩张本身就意味着累积的进行，而累积式学习又为扩张式学习提供了知识基础，两者作用的结果表现为企业学习能力的提升。三者最终决定了投资过程中“干中学”的学习效率。最后，技术进步不确定性主要表现为替代或新一代技术出现时机和对现有技术造成贬值程度的不确定，但其作用方向确定（贬值效应），这与其他不确定性有很大区别。

综上分析，建设时间内不同类型不确定性对投资决策有两种相反的效应：市场与投入成本不确定性使得延迟投资更有价值，而技术不确定性则会促进投资来披露更多信息。最终决策由投资者对两类学习解决的不确定程度引起的新技术预期收益与成本变动的权衡所决定。

三、模型构建

（一）模型设定

本章用随机过程 $V(t)$ 表示 t 时刻新技术的预期收益，它主要受未来市场不确定性与技术进步不确定的影响，两者对企业来说都是外生的。经过标准化处理，假定在风险中性等价鞅测度条件下，$V(t)$ 服从

$$dV(t) = (r_f - \delta_V)V(t)dt + \sigma_V V(t)dy(t) - Vdh(t) \tag{2-1}$$

式（2-1）是一个包含几何布朗运动与齐次泊松过程的混合过程，其中 r_f 为无风险利率，δ_V 为拥有新技术的便利收益或等待投资的机会损失，$dy(t)$ 为标准维纳过程的增量，σ_V 为收益的波动率，衡量了市场不确定性的程度大小，$dh(t)$ 则代表 t 时刻技术进步发生对现有技术造成的贬值程度，有

$$dh(t) = \begin{cases} 1, & \text{概率为 } \varphi dt \\ 0 & \text{概率为 } 1 - \varphi dt \end{cases} \tag{2-2}$$

式（2-2）中 φ 为单位时间内技术进步的发生率。

技术进步发生对现有技术的贬值程度可以是描述为［0，1］内的一个随机变量，但为简化计算，本章假定技术进步的替代效应是完全替代，即替代技术一旦出现，就会使新技术的预期收益 $V(t)$ 减少为0。这种假定只是固定贬值程度，并没有改变技术进步对现有技术价值的作用方向，不会影响模型的主要结论。而且，$dh(t)$ 和 $dy(t)$ 相互独立，$E(dhdy) = 0$。

新技术项目的完成成本在建设时间内任意时刻可以分为两个部分：一部分是已经发生的投资，这是确定的沉没成本，没有包含任何不确定性；另一部分则是

预计的剩余完成成本，包含了该时刻之后所有未解决的技术不确定性与投入成本不确定性。本章用 $K(t)$ 表示项目完成前 t 时刻企业面临的剩余完成成本，$K(t)$ 的变动服从

$$dK(t) = -I(t)dt + \sigma_{\omega}K(t)d\omega(t) + \sigma_{z}[e^{-\lambda K(t)}\theta I(t)]^{\alpha}K(t)^{\beta}dz(t) \qquad (2-3)$$

式（2-3）中第一项为 dt 时间内发生的投资，$I(t)$ 为投资率，是决策变量，投资者可以通过选择不同时点投资率的大小来控制项目进程。$I(t) = 0$ 时表示 t 时刻没有投资发生，项目被暂时搁置或中止；$I(t) > 0$ 时表示项目在进行，且 $I(t)$ 越大，项目预期完成时间越短。$I(t)$ 的大小会受新技术项目本身物理特征或企业融资的限制，本章用常数 I_m 来表示投资率的上限，即 $0 \leqslant I(t) \leqslant I_m$ 。

第二项代表投入成本不确定性的影响，$d\omega$ 为标准维纳过程增量，σ_{ω} 衡量了投入成本不确定性程度大小。投入成本不确定性对企业是外生的，处理方式与市场不确定性相同。

第三项代表技术不确定性的影响，dz 为标准维纳过程增量。首先，可以看出，$I(t) = 0$ 时该项全部为零，表示没有投资就不会有学习发生，也不会有技术不确定性得到解决。其次，$K(t) = 0$ 时该项也为零，表示项目结束后不会再有学习发生，技术不确定性全部得到解决。最后，从结构上看，第三项可以分为两个部分，其中 $\sigma_z K(t)^{\beta}$ 衡量了技术不确定性程度与分布，β 越大，技术不确定性越集中于项目前端。$[e^{-\lambda K(t)}\theta I(t)]^{\alpha}$ 则为学习效率函数，体现出建设时间内企业学习的微观机制与效率，包含了前面分析的学习能力和两种学习效应。θ 为固定的学习能力参数，表示企业固有的学习能力，能力越强，θ 越大。$e^{-\lambda K(t)}$ 则衡量了投资过程中的累计学习效应，$K(t)$ 越小表明项目越接近完成阶段，技术不确定性大部分得到解决且累积了大量的知识，学习效率很高；而当 $K(t)$ 越大则说明项目完成还需要很高的成本，仍然有很多技术难题需要解决，此时累积式学习的效率相对较低。$I(t)^{\alpha}$ 代表投资的扩张学习效应，其边际学习效果一般随投资增加而递减，有 $0 < \alpha < 1$ 。

学习效率函数的表达式清楚显示出不同要素影响学习效率的内在机制，学习能力 θ 代表初始学习基础，投资发生后，累积式学习效应会提高企业的学习能力 $e^{-\lambda K}\theta$ ，这种提高的学习能力会表现为更有效的投资 $e^{-\lambda K}\theta I$ ，而投资的最终学习效果则取决于扩张学习效应的大小 α 。最后，$\sigma_z[e^{-\lambda K(t)}\theta I(t)]^{\alpha}K(t)^{\beta}$ 衡量了在 t 时刻企业通过学习解决或消除的技术不确定性，并进一步决定了此时学习期权的价值。

为简化求解过程，结合已有文献，令 $\alpha = \beta = 1/2$ ，则预期剩余完成成本 $K(t)$ 变动的最终形式为

$$dK(t) = -I(t)dt + \sigma_{\omega}K(t)d\omega(t) + \sigma_{z}[e^{-\lambda K(t)}\theta I(t)]^{1/2}K(t)^{1/2}dz(t) \qquad (2-4)$$

此外，本章允许投入成本的波动与预期收益变化之间存在联系，即有

$$dyd\omega = \rho_{\omega B}dt \tag{2-5}$$

如果$\rho_{\omega B}$为负值，则可能意味着如果决策者无法控制建设时间内的投入成本，很可能会降低项目完成后的预期收益。

（二）贝尔曼方程与最优投资规则

以F表示t时刻的新技术项目价值，它由新技术的预期收益$V(t)$和预期剩余成本$K(t)$所决定，记为$F[V(t),K(t)]$，大小依赖于投资率$I(t)$的选择。下面借助实物期权建模的动态规划方法，利用贝尔曼方程推导出满足新技术价值最大化的偏微分方程及约束条件并导出最优投资规则。为简化起见，省略各变量的时间标示t。

在项目完成前的任意时刻t，新技术项目的价值等于在时间区间$(t,t+dt)$内的净现金流入量与$t+dt$后的持续净收益之和。在此过程中，企业通过选择最优投资率I来最大化项目价值，满足的贝尔曼方程如下

$$F(V,K) = \underset{I\in[0,I_m]}{Max}\{-Idt + E[F(V+dV,K+dK)e^{-r_fdt}]\} \tag{2-6}$$

其中dV与dK满足（2-3）和（2-4），化简可得

$$r_fF(V,K)dt = \underset{I\in[0,I_m]}{Max}\{-Idt + E[dF(V,K)]\} \tag{2-7}$$

利用Ito引理展开$dF(V,K)$，有

$$dF(V,K) = \frac{\partial F}{\partial V}dV + \frac{\partial F}{\partial K}dK + \frac{1}{2}\frac{\partial^2 F}{\partial V^2}(dV)^2 + \frac{1}{2}\frac{\partial^2 F}{\partial K^2}(dK)^2 + \frac{1}{2}\frac{\partial^2 F}{\partial V\partial K}dVdK \tag{2-8}$$

将表达式（2-1）（2-4）和（2-8）带入贝尔曼优化方程（7）得到

$$r_fF(V,K)dt = \underset{I\in[0,I_m]}{Max}\left\{\begin{array}{l}-Idt + (r_f-\delta_V)VF_Vdt - \varphi Fdt - IF_Kdt + \\ \frac{1}{2}\sigma_\omega^2K^2F_{KK}dt + \frac{1}{2}\sigma_z^2\theta e^{-\lambda K}IKF_{KK}dt + \\ \frac{1}{2}\sigma_V^2V^2F_{VV}dt + \frac{1}{2}\sigma_\omega^2K^2F_{KK}dt + \rho_{\omega V}\sigma_V\sigma_\omega VKF_{VK}dt\end{array}\right\} \tag{2-9}$$

此时需要选择I使方程（2-9）最大化，但可以发现方程右边是关于I的线性函数，对其求导即可得到最优投资率I。因为不存在与改变投资率相联系的调整成本或其他成本，因此新技术序列投资的最优决策问题就有一种Bang－Bang解，即最大化$F(V,K)$的投资率I或者是0或者是最大值I_m，取决于I的系数是正还是负。对（2-9）进行整理并消去dt即可得到本章最后要求的偏微分方程

$$\max_{I}\left[\begin{array}{l}\frac{1}{2}\sigma_V^2V^2F_{VV}+\frac{1}{2}\sigma_z^2\theta e^{-\lambda K}IKF_{KK}+\frac{1}{2}\sigma_\omega^2K^2F_{KK}+\\ \rho_{\omega V}\sigma_V\sigma_\omega VKF_{VK}dt+(r_f-\delta_V)VF_V-IF_K-(r_f+\varphi)F-I=0\end{array}\right] \tag{2-10}$$

而企业的最优投资率满足

$$I=\begin{cases}I_m, & \frac{1}{2}\sigma_z^2\theta e^{-\lambda K}KF_{KK}-F_K-1\geqslant 0\\ 0, & \frac{1}{2}\sigma_z^2\theta e^{-\lambda K}KF_{KK}-F_K-1<0\end{cases} \tag{2-11}$$

由（2－11）可知，偏微分方程沿曲线 $V^*(K)$ 有条自由边界，即当 $V\geqslant V^*(K)$ 时，$I=I_m$；而当 $V<V^*(K)$ 时，$I=0$。这表明，如果决策者在预期剩余成本为 K 时对新技术未来收益的评估低于 $V^*(K)$，就会停止投资等待新的外部市场信息；相反，如果预期收益高于 $V^*(K)$，企业就会以最大投资率投资，推进项目的同时也获得更多内部技术信息。

偏微分方程（2－10）的解也必须满足下面的边界条件：

$$F(V,0)=V \tag{2-12}$$

$$F(0,K)=0 \tag{2-13}$$

$$\lim_{K\to\infty}F(V,K)=0 \tag{2-14}$$

$$\frac{1}{2}\sigma_z^2\theta e^{-\lambda K}KF_{KK}-F_K-1=0 \tag{2-15}$$

同时还得满足 $F(V,K)$ 在 $F_V(V,K)$ 在 $V=V^*$ 时连续的价值匹配条件和平滑粘贴条件。式（2－12）说明当预期剩余成本 $K=0$ 时，新技术项目结束，企业从新技术中得到收益 V；式（2－13）表明如果新技术的预期收益为0，则说明该技术没有经济价值，对这项技术的投资价值也为0；式（2－14）是说，当 K 非常大时，在某一有限时间区间内的投资价值 $F(V,K)$ 下降到使得继续投资该项目的概率很小。从直观上讲，如果一项新技术的开发成本非常大，则证明该技术要么存在巨大的技术难题，或者其投入成本会非常高，使得在当时几乎没有可能去应用该技术，这表明该技术在“当时”对其拥有者来说价值非常小；式（2－15）由式（2－10）得来，且等价于 $F_V(V,K)$ 在点 $V^*(K)$ 连续的平滑粘贴条件。

四、数值释例

首先，以模型参数初始值作为基础例子来求出包含期权价值在内的新技术投资价值与投资决策门槛如表2－1所示；其次，进一步分析主要参数变动对投资价值与决策规则的影响。

表 2-1 新技术序列投资决策模型的初始参数值

预期剩余成本变动 K	0.00～42.00		预期收益变动 V	0.00～42.00	
技术不确定性	σ_z	0.50	市场不确定性	σ_V	0.35
投入成本不确定性	σ_ω	0.05	期权持有成本	δ_V	0.12
学习能力	θ	1.00	技术进步速度	φ	0.12
累积学习效率	λ	0.01	无风险利率	r_f	0.06
最大投资率	I_m	2.00	成本与收益波动相关系数	ρ_{VK}	-0.10

（一）新技术价值与投资门槛

如图 2-1 所示，新技术投资价值 $F(V,K)$ 随着新技术收益 V 的增加而增加，随着预期剩余成本 K 的增加而减少。当 $K=0$ 时，项目结束，新技术项目的价值就等于此时可获得收益 V，这符合条件（2-12），在图中的（$K=0,V,F$）平面上，F 与 V 为斜率为 -1 的直线；而当 $V=0$ 时，新技术没有任何投资价值，这符合条件（2-13），在图中的（$V=0,K,F$）平面上，F 与 K 为与坐标轴重合的直线。

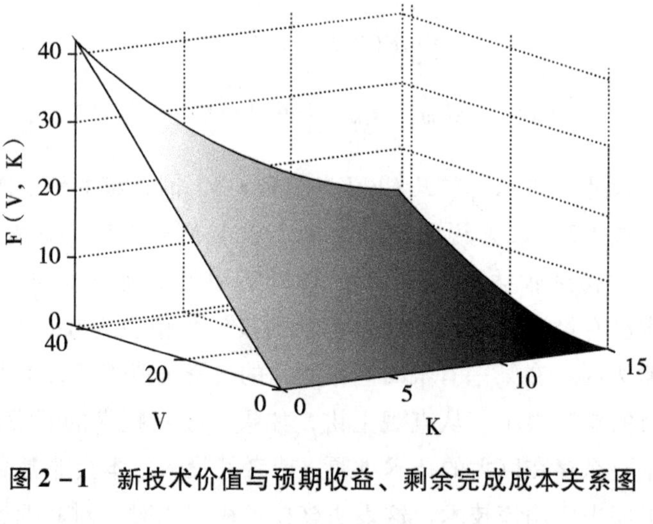

图 2-1 新技术价值与预期收益、剩余完成成本关系图

在模型构建中，企业在建设时间内的投资决策取决于投资门槛值 $V^*(K)$，即企业在对预期剩余完成成本评估的基础上，根据预期收益是否会超过 $V^*(K)$ 来决定是继续投资推进项目还是延迟甚至放弃项目。根据模型中出现的主要不确定类型得到四条投资门槛曲线，其中，Base 代表 σ_V 与 σ_Z 都不为 0 的一般情况，其余三条曲线则分别表示只存在一种不确定性（技术或市场）及两者都不存在的 NPV 情形，如图 2-2 所示。当预期剩余成本增加时，企业继续推进项目的未来收益门槛值也随之增加。可以看出，包含不确定性的投资门槛总是高于由 $NPV=0$ 的确定情形，

因为期权的存在使得企业需要更多的回报才愿意放弃持有期权而选择执行期权。图 2－2 也反映出不同类型不确定性对投资门槛影响的差异：当只存在市场不确定性时，投资门槛值最高，此时影响企业投资价值的主要是新技术未来收益的波动，激励企业延迟投资通过"等待中学"获取更有价值的信息；只存在技术不确定性时，则会激励投资通过"干中学"来对新技术特性与预期完成成本有更准确地把握，从而降低了投资的门槛值。当两者都不为 0 时，技术不确定性对市场不确定性对投资的延迟有抵消作用，投资门槛位于两者都为 0 的极端情形之间。

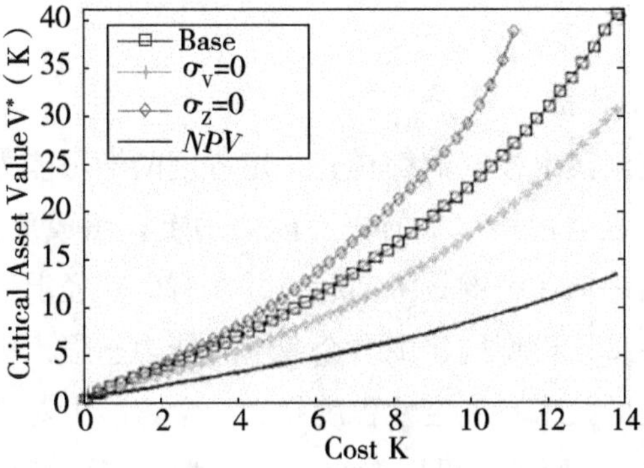

图 2－2　新技术投资决策的门槛值

（二）比较静态分析

下面通过研究模型主要参数变化对新技术投资价值与投资门槛的影响来分析新技术序列投资决策背后的经济与管理意义。

1．不确定因素影响分析

技术不确定性与市场不确定性是实物期权不同于金融期权的关键特征，有必要分析两者的变动对投资价值与决策规则的影响。

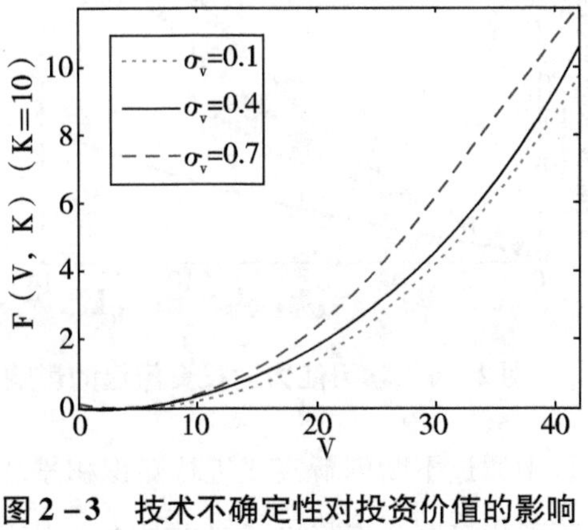

图 2－3　技术不确定性对投资价值的影响

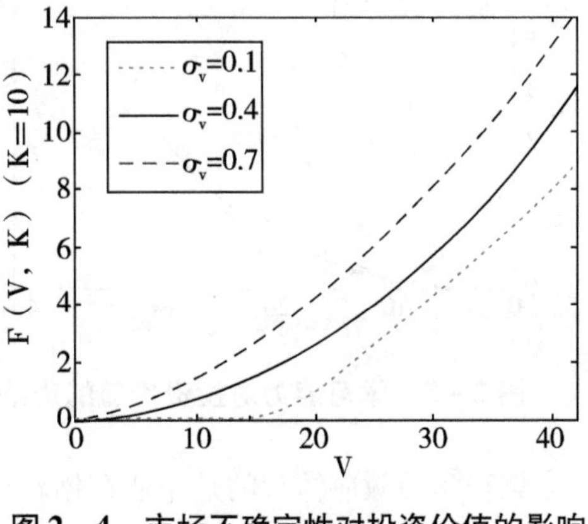

图 2－4　市场不确定性对投资价值的影响

技术不确定性和市场不确定性对投资价值的影响如图2－3和图2－4所示。可以看出，包含期权的投资价值随着技术不确定和市场不确定性程度的增加而增加，这是任何类型期权的基本特征，也是由价值函数的凸性所决定的。在新技术投资中，两种不确定性对于投资价值的贡献方向是一致的。但从两图的对比中也可以看出，市场不确定性的影响效果更加显著。这是因为，市场不确定性独立于企业的内部环境，始终外在地影响着创新的潜在收益，而技术不确定性则随着项目的进展不断被解决，当项目完成后全部消失，而此时市场不确定性仍然会在新技术未来的生命周期中继续起作用。两者对投资门槛的影响已经在图2－2中分析。

2. 学习因素影响分析

任何企业在特定新技术投资前都具有一定程度的学习能力，是企业在以往不同技术领域和路径上逐渐积累起来的核心能力的重要组成部分。学习能力越强，企业就越容易在创新中抓住关键技术问题，并在有效路径上进行探索，节省成本并提高创新效率。在理论模型构建中，企业学习能力越强，则对技术不确定性的探索范围越广，解决的技术不确定性程度越大。学习能力对投资价值与门槛的影响，如图2－5、图2－6所示。可以看出，企业学习能力越强，则新技术项目价值越高，而企业推进创新投资的门槛越低，这充分反映出企业异质性对新技术投资的影响。相同的技术项目对于不同企业具有不同的价值，而这种价值上的差异由于市场失灵或交易成本等因素往往不能通过市场机制进行调节，所以新技术投资机会对企业的价值应被视为合理的经济评估（Valuation）而不是严格意义上的期权定价（Pricing）。

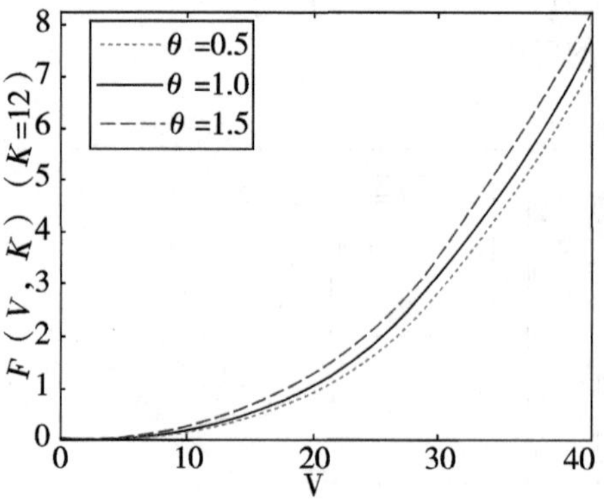

图2－5 学习能力对投资价值的影响

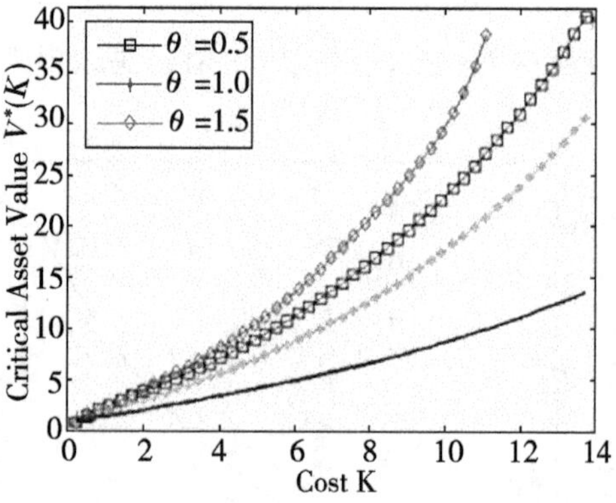

图2－6 学习能力对投资门槛的影响

累积学习效应体现的是企业在创新过程中通过不断创新实践进行知识积累从而提高后续阶段的学习效率，和企业前面学习积累的知识数量与质量有关。由于创新中知识的缄默性与复杂性以及不同类型知识之间联结的系统性，累积学习效率会随知识存量增加而不断提高。模型构建中用 λ 代表累积学习效率参数，通过 $e^{-\lambda K}$ 起作用，所以 λ 值越小，累计学习效应越强。累积学习效率对投资价值与投资门槛的影响，如 2－7、图 2－8 所示。可以看出，累计学习效率越高，投资越有价值且企业更有激励创新。

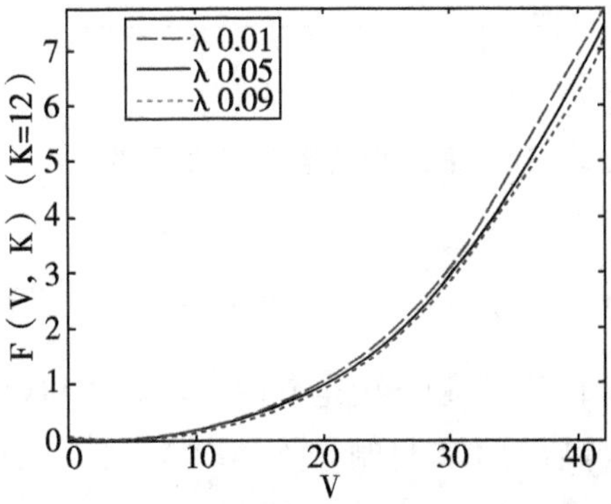

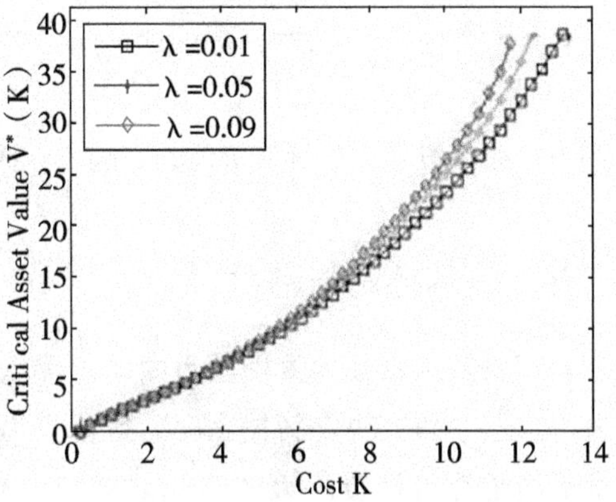

图 2－7　累积学习效率对投资价值的影响　图 2－8　累积学习效率对投资门槛的影响

本章为了得到明确的最优投资规则和便于求解，固定边际学习效率参数 $\alpha = 1/2$，但从预期剩余成本波动的表达式以及文献的分析都可以得出，边际学习效应越高，单位投资解决的技术不确定性越大。总之，"干中学"作为解决企业内部不确定性的主要方式与机制，对增加投资价值和推进创新总有正向的提升与激励作用。

3．最大投资率影响分析

在模型构建中，企业特定阶段的最大投资率 I_m 在整个创新过程内被设定为固定值，反映出企业在该阶段的资金约束。虽然新技术本身的物理特征可能会限制特定时期内的资金投入量，但对现实中大多数新技术项目来说，I_m 更反映出企业的融资能力与效率，不同企业或同一企业不同投资阶段的最大投资率会有很大差异。且从学习方式来看，模型中企业内部技术不确定性解决的表现形式就是投资发生。企业可用于新技术项目的资金越多，项目预期完成时间就越短，从而能尽早获得新技术收益，所以，企业单位时间内最大可投入资金量的增加，对于新技术项目价值与投资激励的影响都是正向的。如图 2－9 与图 2－10 所示，I_m 的增加提高了项目价值并降低了投资门槛。

模型中其他的一些参数如无风险利率 r_f，红利率 δ_V 以及技术进步速度参数 φ 对投资价值与决策的影响符合经典文献的一般性结论，不再专门讨论。

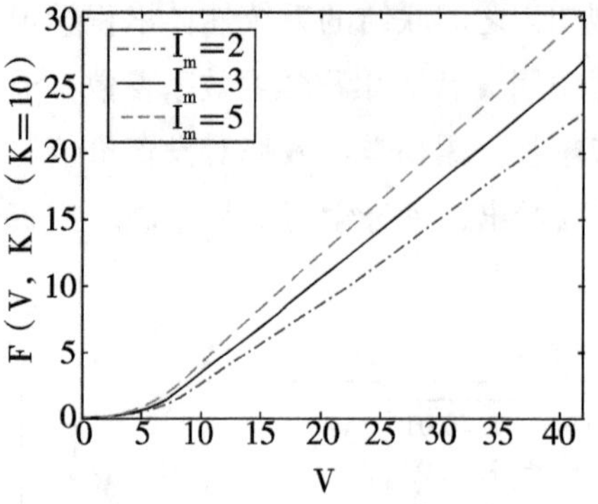

图 2-9　最大投资率对投资价值的影响

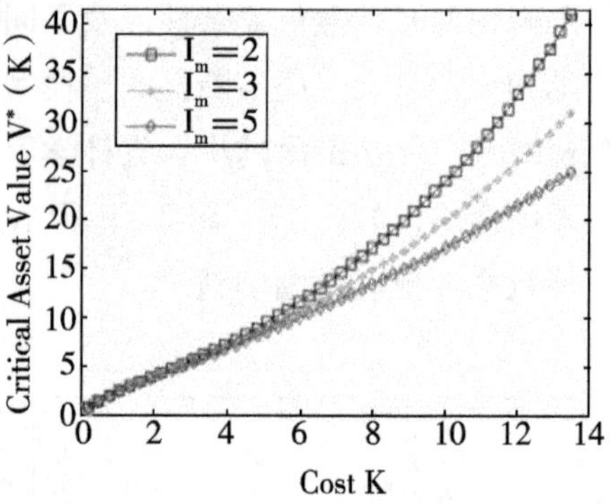

图 2-10　最大投资率对投资门槛的影响

五、研究结论与启示

本章以解决新技术投资项目内外部环境内不同类型不确定性的学习方式与效率为切入点，研究决定新技术序列投资行为背后的决策机制与路径。特别在分析技术不确定性对投资决策的影响时，引入企业间的学习异质性特征，从学习能力、累积学习与边际学习的递进层次进行分析，揭示出企业的内部学习影响投资决策的微观机制。模型分析结果表明，尽管市场与技术不确定性导致的新技术收益或成本波动会增加投资价值，但对企业具体投资行为的影响方向却相反。学习能力越强，累积与边际学习效率越高，技术不确定性解决的程度越大，越能激励投资。进一步的研究可在博弈环境下讨论不同企业的技术不确定性与共同面对的市场不确定性对双方投资决策的影响，分析两者学习方面的差异会如何改变均衡结果。

第3章　不确定性、学习与新技术序列投资决策模型（Ⅱ）

一、引　言

技术创新是企业获取和保持竞争优势的重要源泉，而新技术投资属于多阶段的序列投资项目，在把新产品或服务最终推向市场前存在一段不确定的建设时间，需要企业多次投资才能完成。在此过程中，决策者不仅面临新技术未来市场与技术进步的不确定性，还要解决项目自身具有的技术不确定性。这些不确定性以及投资本身的不可逆性使得我们可以运用实物期权的思维与方法来分析新技术投资行为背后的决策机制。

现有针对多阶段项目序列投资决策的实物期权文献中，早期研究大多从一般意义上分析建设时间与其相关的内部不确定性对投资决策的影响（Majd & Pindyck，1987；Pindyck，1993；Chi，1997），后续研究则更注重结合不同类型项目的具体投资特征进行分析。在新技术投资领域，Schwartz 和 Moon（2000）根据专利技术与研发项目投资的阶段性特点建立包含多种不确定性的价值评估模型，并与净现值结果进行比较。进一步的，Schwartz 和 Carlos（2004）又把新技术项目分为技术研发与技术获取两种情况来讨论最优投资决策。Berk，Green 与 Naik（2004）则在离散时间框架下把对新技术投资的微观决策过程分成多个阶段进行研究，阶段成功概率由投资者根据贝叶斯学习进行更新。Koussis，Martzoukos 和 Trigeorgis（2007）研究了存在学习时间与“干中学”效应时的最佳研发投资决策。Sadowsky（2008）把项目进展分成探索与实际投资两个阶段，前期的探索性学习影响后期的实际决策。国内学者也从不同角度运用实物期权方法对多阶段项目投资决策进行了分析与探究（李洪江等，2003；李启才等，2004；曾力勇等，2006；李兵、曾勇，2009；李双兵，2016）。

从研究进展来看，学习机制在新技术投资决策过程中的作用得到日益重视。由于不确定性的产生源于信息（或知识）缺乏，只有在投资过程中不断通过学习获取特定范围与质量的信息（或知识）才能降低或消除，这会影响到对相关期权的价值评估并进而影响投资决策。因此，在吸收借鉴前人成果基础上，本章从不确定性与学习视角切入分析新技术投资决策，运用实物期权方法构建新技术投资的评估与决策模型，根据数值结果讨论不同要素对投资价值与决策门槛的影响，特别是分析技术不确定性在投资过程内分布的影响以及市场不确定存在对技术进步贬值的缓冲效应等。

二、新技术投资过程中的不确定性与学习

根据第1章所述的新技术投资项目特征，本章主要考虑三种不确定性：即影响投资成本的技术不确定性、影响预期收益的市场不确定性、技术进步的不确定性，各种不确定性对项目预期收益或成本的影响机制与作用如图3－1所示。

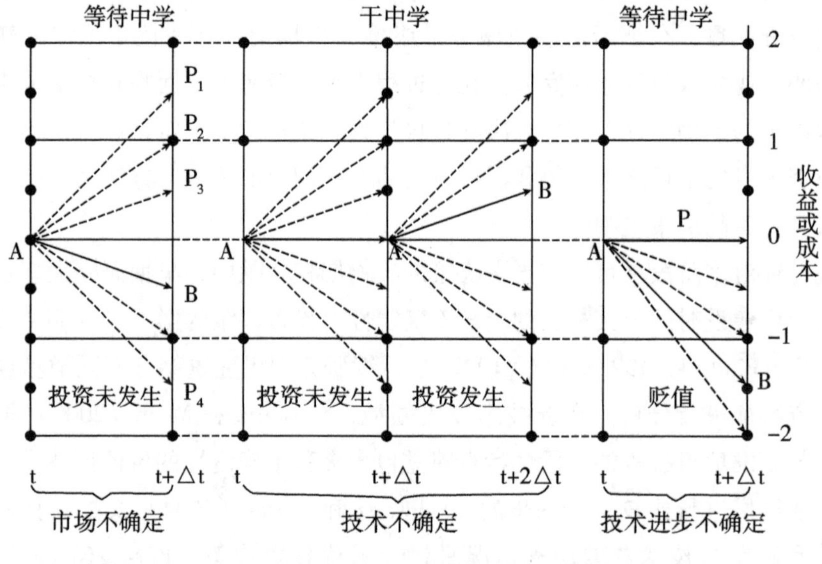

图3－1　新技术投资环境内的不确定性与学习关系示意图

（1）市场不确定性属于系统风险，企业无法事先预测或控制，只能通过“等待中学”的方式来获取相关信息予以消除或降低。如图3－1所示，在t时刻状态A下企业预期未来市场可能会出现多种状态，却无法确切判断何种情况会发生，但只要通过等待，在t＋△t时刻就可以准确获知实际出现的状态（A－B）而不需要任何投资，企业可以据此优化决策。市场不确定性使得延迟投资具有灵活性价值，即等待期权的价值。

（2）技术不确定性与新技术投资过程的技术问题相关，其程度和性质取决于具体的新技术特质，属个体风险，不可能在等待中自然消除。企业只有通过实际投资进行技术实践，才能以“干中学”的方式来降低或消除技术不确定性。如图3－1所示，在t时刻状态A下企业预期未来成本会有多种状态，但当没有新的投资发生时就不会获取新的知识，则在t＋△t时刻状态也不会发生改变（A－A）。只有通过投资进行“干中学”，企业才能基于新获取的知识来更新预

期，在 t+2△t 时刻达到新的状态（A-B）。此时，投资不仅可以直接推进项目进展，而且可以披露有关项目自身更多的信息，具有学习期权价值。

（3）技术进步的不确定与前两种不确定性具有本质区别，其典型特征在于它前进的方向是确定的，即新的技术在性能方面总是要优于现有技术。换句话说，只要有技术进步发生，总会对现有技术造成或大或小的冲击，导致现有技术预期收益的减少。而市场与技术不确定性对预期收益与成本的冲击则同时具有有利与不利两种可能性。因此，本章用不确定性来形容技术进步时总是指替代技术出现的速度与创新程度不确定，而并非指技术进步的方向。如图3-1所示，在t时刻技术进步未发生时，其在 t+△t 时刻也未发生的概率为P，此时状态没有改变（A-A）。但技术进步一旦发生，则对现有技术预期收益的影响总是不利的（A-B）。因此，当企业只能投资于现有技术时，技术进步不确定性对现有技术有种绝对意义上的贬值效应，企业只有加快投资才能减少可能的损失。

从以上分析可知，在新技术投资的过程中，三种类型的不确定性以不同的方式与路径影响着投资决策，其背后的影响机制各不相同。在新技术投资过程中，决策者总在不断地进行不同形式的学习活动，并依据新获取的信息与知识更新对项目内外部各类不确定性程度的评价或判断（实质是对项目隐含期权的价值评估），权衡各类不确定性对投资的延迟与促进作用，最终根据对包含期权的项目总体价值的评估进行投资决策。下面运用实物期权方法构建数理模型对该决策过程进行更为详细地分析与说明。

三、新技术投资投资决策模型构建

（一）模型设定

本章用随机过程 $V(t)$ 表示 t 时刻新产品或服务的预期收益，它主要受未来市场不确定性与技术进步不确定的影响，两者对企业来说都是外生的。经过标准化处理，假定在风险中性等价鞅测度条件下，$V(t)$ 服从

$$dV(t) = (r_f - \delta_V)V(t)dt + \sigma_V V(t)dy(t) - Vdh(t) \tag{3-1}$$

式（3-1）是一个包含几何布朗运动与齐次泊松过程的混合过程，其中 r_f 为无风险利率，δ_V 为拥有新技术的便利收益或等待投资的机会损失，$dy(t)$ 为标准维纳过程的增量，σ_V 为收益的波动率，衡量了市场不确定性程度的大小，$dh(t)$ 则代表 t 时刻技术进步发生对现有技术造成的贬值程度，有

$$dh(t) = \begin{cases} 1, & \text{概率为 } \varphi dt \\ 0 & \text{概率为 } 1-\varphi dt \end{cases} \tag{3-2}$$

式（3-2）中 φ 为单位时间内技术进步的发生率。

技术进步发生对现有技术的贬值程度可以描述为［0，1］内的一个随机变量，但为简化计算，本章假定技术进步的替代效应是完全替代，即替代技术一旦出现，就会使新技术的收益减少为0。这种假定只是固定了贬值程度，并没改变技术进步对现有技术价值的作用方向，不会影响模型的主要结论。此外，$dh(t)$ 和 $dy(t)$ 相互独立，即 $E(dhdy)=0$。

本章用 $K(t)$ 表示项目完成前 t 时刻企业面临的预期剩余完成成本，综合考虑相关影响因素，$K(t)$ 的变动服从

$$dK(t) = -I(t)dt + \sigma_z I(t)^{1/2} K(t)^{\beta} dz(t) \tag{3-3}$$

式中右边第一项为 dt 时间内发生的投资，$I(t)$ 为投资率，为决策变量。$I(t)=0$ 时表示 t 时刻没有投资发生，项目被暂时搁置或中止；$I(t)>0$ 时表示项目在进行，且 $I(t)$ 越大，项目预期完成时间越短。$I(t)$ 的大小会受新技术项目本身物理特征或企业融资的限制，本章用常数 I_m 来表示投资率的上限，即 $0 \leqslant I(t) \leqslant I_m$。第二项代表技术不确定性的影响，$dz$ 为标准维纳过程增量。参数 $\beta(\geqslant 1/2)$ 衡量了技术不确定性的程度与分布，由式（3-3）可知预期剩余成本波动率的方差 $var(dK/K) = K^{2\beta-1}\sigma_z^2(I/K)dt$，$\beta$ 越大，技术不确定性越集中于项目前端，这符合新技术商业项目的实际。

（二）贝尔曼方程与最优投资规则

以 F 表示 t 时刻的新技术项目价值，它由新技术的预期收益 $V(t)$ 和预期剩余成本 $K(t)$ 所决定，记为 $F(V(t),K(t))$，大小依赖于投资率 $I(t)$ 的选择。下面借助实物期权建模的动态规划方法，利用贝尔曼方程推导出满足新技术价值最大化的偏微分方程及约束条件并导出最优投资规则。为简化起见，省略各变量的时间标示 t。

在项目完成前的任意时刻 t，新技术项目的价值等于时间区间 $(t,t+dt)$ 内的净现金流入量及 $t+dt$ 后的持续净收益之和。在此过程中，企业通过选择最优投资率 I 来最大化项目价值，满足的贝尔曼方程如下

$$F(V,K) = \underset{I\in[0,I_m]}{Max}\{-Idt + E[F(V+dV,K+dK)e^{-r_f dt}]\} \tag{3-4}$$

其中 dV 与 dK 满足式（3-1）和式（3-3），化简可得

$$r_f F(V,K)dt = \underset{I\in[0,I_m]}{Max}\{-Idt + E[dF(V,K)]\} \tag{3-5}$$

利用 Ito 引理展开 $dF(V,K)$，有

$$dF(V,K) = \frac{\partial F}{\partial V}dV + \frac{\partial F}{\partial K}dK + \frac{1}{2}\frac{\partial^2 F}{\partial V^2}(dV)^2 + \frac{1}{2}\frac{\partial^2 F}{\partial K^2}(dK)^2 + \frac{1}{2}\frac{\partial^2 F}{\partial V\partial K}dVdK \tag{3-6}$$

将表达式（3－1）、式（3－3）、式（3－6）带入贝尔曼优化方程式（3－5）得到

$$r_f F(V,K)dt = \underset{I\in[0,I_m]}{Max}\left\{\begin{array}{l}-Idt+(r_f-\delta_V)VF_V dt-\phi F dt-IF_K dt\\+\frac{1}{2}\sigma_z^2 IK^{2\beta}F_{KK}dt+\frac{1}{2}\sigma_V^2 V^2 F_{VV}dt\end{array}\right\} \quad (3-7)$$

此时需要选择 I 使方程（3－7）最大化，但可以发现方程右边是关于 I 的线性函数，对其求导即可得到最优投资率 I 。因为不存在与改变投资率相联系的调整成本或其他成本，因此新技术序列投资的最优决策问题就有一种 Bang－Bang 解，即最大化 $F(V,K)$ 的投资率 I 或者是 0 或者是最大值 I_m ，取决于 I 的系数是正还是负。对式（3－7）进行整理并消去 dt 即可得到本章最后要求的偏微分方程

$$\underset{I}{Max}\left[\frac{1}{2}\sigma_V^2 V^2 F_{VV}+\frac{1}{2}\sigma_z^2 IK^{2\beta}F_{KK}+(r_f-\delta_V)VF_V-IF_K-(r_f+\phi)F-I=0\right] \quad (3-8)$$

而企业的最优投资率满足

$$I=\begin{cases}I_m, & \frac{1}{2}\sigma_z^2 K^{2\beta}F_{KK}-F_K-1\geqslant 0\\ 0, & \frac{1}{2}\sigma_z^2 K^{2\beta}F_{KK}-F_K-1<0\end{cases} \quad (3-9)$$

由式（3－9）可知，偏微分方程沿曲线 $V^*(K)$ 有条自由边界，也称为投资门槛（investment threshold），即当 $V\geqslant V^*(K)$ 时，$I=I_m$ ；而当 $V<V^*(K)$ 时，$I=0$ 这表明，在新技术投资过程中任意阶段，如果决策者在预期剩余成本为 K 时对新技术未来收益的评估低于 $V^*(K)$ ，就会停止投资；相反，如果预期收益高于 $V^*(K)$ ，企业就会以最大投资率投资。偏微分方程（3－8）的解也必须满足下面的条件：

$$F(V,0)=V \quad (3-10)$$

$$F(0,K)=0 \quad (3-11)$$

$$\lim_{K\to\infty}F(V,K)=0 \quad (3-12)$$

$$\frac{1}{2}\sigma_z^2 K^{2\beta}F_{KK}-F_K-1=0 \quad (3-13)$$

同时还得满足 $F(V,K)$ 在 $F_V(V,K)$ 在 $V=V^*$ 时连续的价值匹配条件和平滑粘贴条件。式（3－10）说明当预期剩余成本 $K=0$ 时，新技术项目结束，企业从新技术中得到收益 V ；式（3－11）表明如果新技术的预期收益为 0，则说明该技术没有经济价值，对这项技术的投资价值也为 0；式（3－12）是说，当 K

非常大时，在某一有限时间区间内投资价值 $F(V,K)$ 下降到使得继续投资该项目的概率很小。从直观上讲，如果一项新技术的开发成本非常大，则证明该技术要么存在巨大的技术难题，或者其投入成本会非常高，使得其预期收益与成本相比非常小，项目对投资者而言没有价值。而式（3-13）由式（3-9）得来，且等价于 $F_V(V,K)$ 在点 $V^*(K)$ 连续的平滑粘贴条件。

但由于式（3-8）是一个复杂的二阶椭圆型偏微分方程，无法求出解析解，只能进行数值求解（Miranda & Fackler, 2002）。下面根据数值结果讨论各类不确定因素对投资价值与投资决策的影响并分析其管理与经济含义。

四、模型的数值结果分析

由于本章目的在于探究多种不确定性对新技术投资决策的综合影响，因此将主要分析市场不确定性参数 σ_V，技术不确定性参数 σ_Z 与分布参数 β 以及技术进步参数 ϕ 对投资价值与决策规则的影响，而对模型中的其他参数如无风险利率 r_f，红利率 δ_V 以及最大投资率 I_m 的影响不再讨论，这些因素的影响可参看 Pindyck（1994）的相关论述，本章模型不会改变其基本结论。因此，在下面分析中可把这些参数固定为 $r_f=0.06$，$\delta_V=0.12$，$I_m=2$，其余参数变动均在图形中显示。

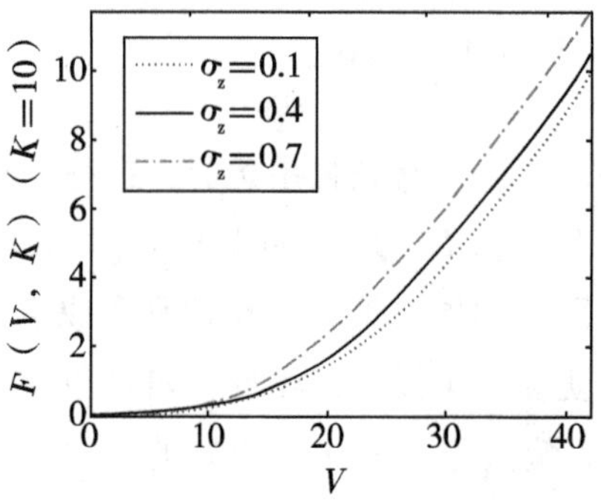

图 3-2　技术不确定性对投资价值的影响

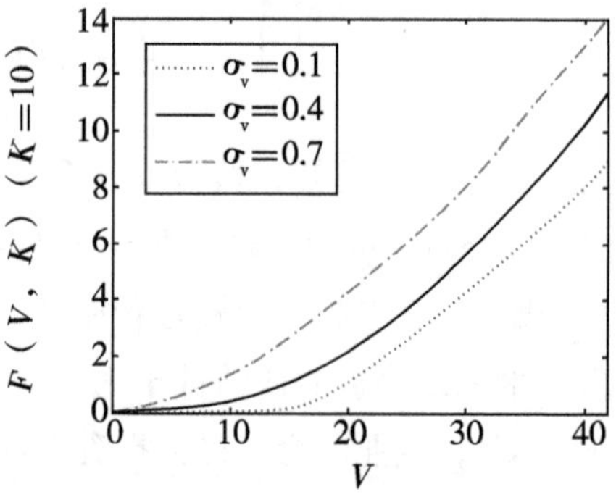

图 3-3　市场不确定性对投资价值的影响

图 3-2 和图 3-3 分别显示了技术不确定性和市场不确定性的变化对新技术投资价值的影响。可以看出，包含期权价值在内的投资价值随着技术不确定性和市场不确定性程度的增加而增加，这是所有类型期权的基本特征，也是由价值函数的凸性所决定。说明在新技术投资过程中，两种类型不确定性对于投资价值的贡献方向是一致的。但从两图的对比中也可以看出，市场不确定性的影响效果更加显著。这是因为，市场不确定性独立于企业的内部环境，始终外在地影响着创新的潜在收益，而技术不确定性则随着项目的进展不断被解决或降低，当项目完成后全部消失，而此时市场不确定性仍然会在新技术未来的生命周期中继续起作用。

下面分析两种不确定性对投资决策的影响，图3－4显示了技术不确定性与市场不确定性四种组合情况下（高—高、高—低、低—高、低—低）投资决策的边界曲线。可以清楚看出两种不确定性在方向与程度上对投资决策门槛的影响：当技术不确定性固定时，投资门槛值随着市场不确定性的增加而增加；而当市场不确定性固定时，投资门槛值随着技术不确定性的增加而降低；当技术不确定性最小而市场不确定性最大时，投资门槛曲线最高；当技术不确定性最大而市场不确定性最小时，投资边界曲线最低。所以，企业在投资过程中，总是在不断地根据技术与市场不确定性的大小进行权衡决策。技术不确定性强调投资不仅直接推进项目完成而且会通过技术学习获得有关预期完成成本的宝贵信息，这是投资的影子价值；市场不确定性则激励企业暂时停止投资而等待更有价值的市场信息。

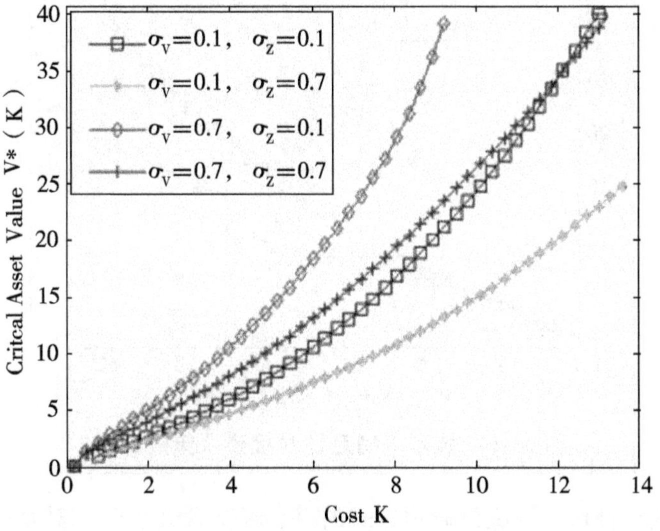

图3－4　技术与市场不确定性对投资门槛的综合影响

在分析技术不确定性对投资决策的影响作用时，技术不确定性本身在商业化过程中的分布特征也起到重要作用。而对新技术投资项目来说，相对于后续的制造工艺环节，其技术不确定性主要集中于项目前期的研发设计环节。

技术不确定程度越大，通过投资获得的有关完成项目需要花费的人力、财力和物力的信息越多，这种信息相对于投资直接推进项目进展外具有很大的额外价值，且越早获得，价值越高。在模型设定中，我们用β来衡量技术不确定性在项目过程中的分布，β值越大，技术不确定性越集中于项目前端。图3－5显示了β值的变动使技术不确定性对投资决策的影响，β值越大，投资门槛越低，越激励企业去投资而不是等待。从理论上讨论，如果技术不确定性都集中于项目后端，则企业在项目前中期的投资中始终面临着未知的极大的技术不确定性，一旦最后发现项目的技术问题无法解决则所有的投资都成为沉没成本。对于技术不确定性集中于项目前期来说，如果企业通过部分投资发现根本无法完成该项目，则可以放弃项目，损失的只是前期的探索性投资成本，企业可以自由地控制止损点；而企业如果可以以很大概率在前期解决技术上的难题或研发成功，则后面的技术不确定性就变得很小，近似于确定条件下的决策。尽管获取的信息内容与导致的决策结果不同，两种情况下的投资都会给企业带来很高的额外价值。而且从图形上看，β 对投资决策的影响作用很大，甚至可以改变边界曲线的增长趋势，极大地抑制了市场不确定性的延迟投资效果。因此，忽略 β 的效果会高估投资门槛值，从宏观层面上则表现为创新投资总量的减少。

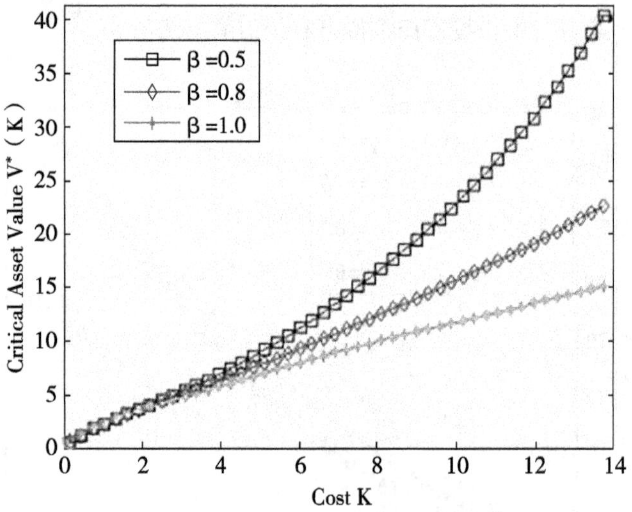

图 3－5　技术不确定性对投资决策的影响

此外，这种 β 对投资决策影响方式的潜在经济含义在于：对企业而言，花费部分资源去对全新的创新机会（具有很大的技术不确定性）进行探索是有价值的。经过第一阶段的探索，企业可以选择继续推进项目或是放弃项目。通过这种方式，企业可能会发觉有些商业化项目会比它当初看起来更有价值，或者与最初的设想相比，企业会更加容易的完成。当然，如果事实相反，企业只要停止投资就可以避免更多损失。而针对特定商业化项目而言，其管理含义在于企业应该尽可能把技术不确定性大的工作或任务放在项目前期解决，避免项目失败情况下沉没过多的有形或无形资本。

需要注意的是，尽管 β 与 σ_Z 的增加都会降低投资门槛，促使企业投资，但两者的作用机制却并不相同。σ_Z 的增加是项目整体技术不确定性的增加，反映在项目的所有阶段，而 β 的增加则是在 σ_Z 不变情况下，技术不确定更加集中于项目的前端。

下面分析技术进步不确定性与市场不确定性的综合效应，两者都是通过技术预期收益来影响投资价值与决策。考虑两种不确定性都不存在的情况（*NPV* 分析框架），此时技术未来的收益首先表现为在市场化阶段不同时点上的一系列期望现金流，对其进行贴现就可得到新技术项目预期收益 V 。在新技术项目产品或服务推向市场的不同时点，总会由 *NPV* 方法分析得出相应的项目收益 V ，这些不同时点的 V 代表新技术项目收益变化的期望路径，其中每一时刻 V 值都是确定的，而在市场不确定性条件下，每一时刻 V 值都对应着特定的概率分布。我们在特定时间区间（t ，$t+\Delta t$）内以 V 的离散状态变化来说明两种不确定性对收益的影响机制与作用。

如图 3－6 所示，A－B 代表 *NPV* 分析框架内收益变化的期望路径，当有技术进步发生时（概率为 q），技术进步的贬值效应使得预期收益向下平移一定幅度，新的期望路径为 A－C 或 A－D，取决于技术进步的程度大小，当技术进步带来的创新程度很高时，会使得现有技术收益由正变负。在不存在市场不确定性时，这种贬值的作用是直接和完全的，V 减少的程度会在 *NPV* 上有同比例的反映；但存在市场不确定性时，$t+\Delta t$ 时刻的技术收益为对应不同概率的收益分布，此时，贬值效应会作用于所有可能的收益值，使其下降同样幅度。但在实物期权分析框架内，市场不确定性的存在使得投资具有等待的灵活性价值，从而使贬值效应对投资价值的影响可分为三个不同的部分。首先，那些原来为负值的收益会变得更低，如从 H 到 L，但这部分收益本来就不会用于期权价值的计算，对投资价值没有影响；其次，对于那些 $V>0$ 时的收益值，一部分收益在贬值后仍然大于 0，如 E－I 和 F－J，影响效果与 *NPV* 分析相同；另一部分收益则由正变负，如 G－K，则不会继续包含在期权价值计算内。

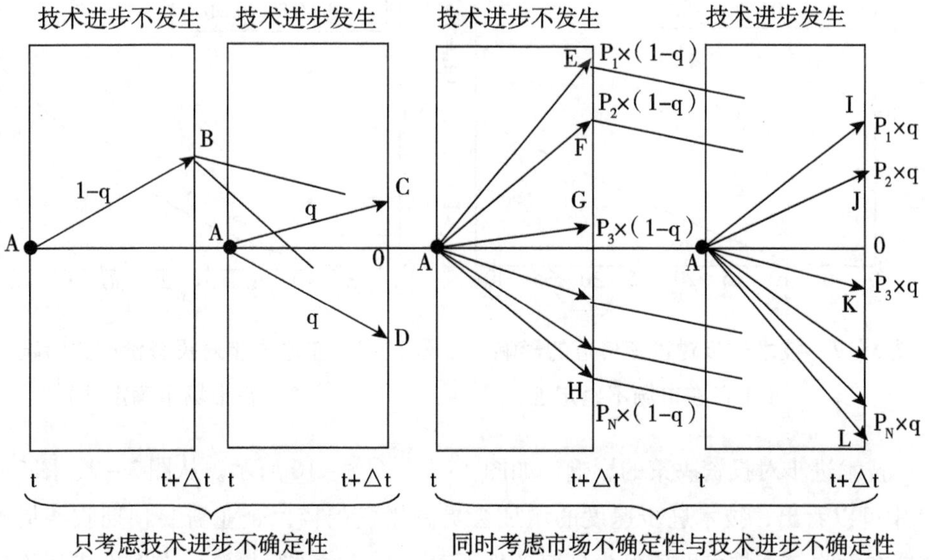

图 3－6　不同市场环境下技术进步对新技术预期收益影响效果示意图

三部分收益的变化清楚反映出贬值效应对于包含市场不确定性投资价值影响

的不完全性或不对称性，贬值效应对技术收益的影响只集中于 $V>0$ 的部分，企业需要权衡延迟的机会成本与获得的灵活性价值。

由以上分析可知，当不存在市场不确定性时，技术进步不确定性对投资价值的影响是直接和完全的；当存在市场不确定性时，技术进步是通过影响预期收益的分布即通过市场不确定性在起作用，且对负收益部分的舍弃抵消了技术贬值的部分影响。同时，技术进步速度越快，期望投资价值中贬值部分占据的比重越大，投资价值降低幅度越大。

在模型构建中我们把技术进步不确定性的贬值程度设为固定值，所以这里仅考虑技术进步速度（或替代技术出现概率）对投资价值与决策影响。在市场不确定性为 0 与大于 0 两种情况下，显示了不同技术进步对投资价值的影响，如图 3－7、图 3－8 所示。可以看出，两种情况下投资价值都会随着技术进步速度的加快而降低，这符合技术发展的基本规律与逻辑。但在市场不确定性大于 0 情况下，投资价值要高于没有市场不确定性的相应价值。高出价值部分正反映出因为市场不确定性存在而保留正向价值、舍弃负向价值并减去机会成本后的净效应。但如果替代技术出现概率非常小时，投资价值大部分仍然是无贬值效应发生的部分，此时预期收益的增加会使得两种情况下的项目价值趋于一致。

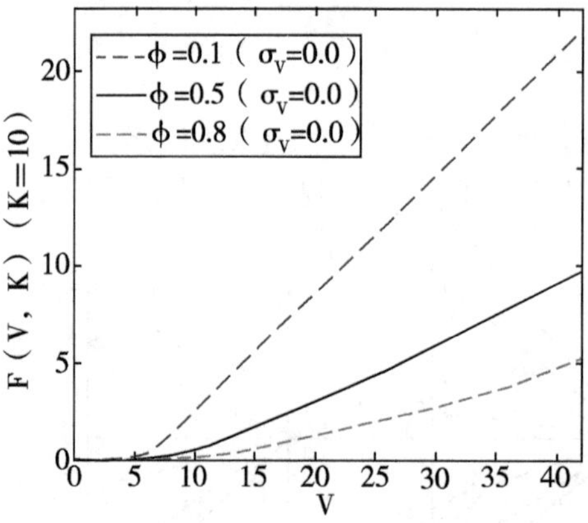

图 3－7　技术进步对投资价值的影响（不存在市场不确定性）

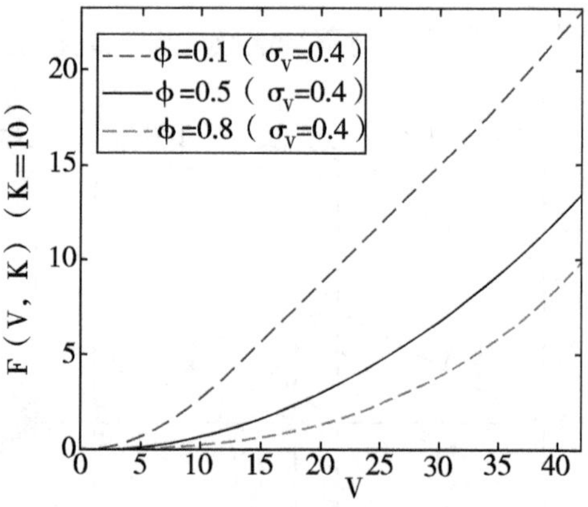

图 3－8　技术进步对投资价值的影响（存在市场不确定性）

技术进步对投资决策的影响，如图 3－9、图 3－10 所示。从图 3－9、图 3－10 中可以看出，技术进步速度的增加会提高投资门槛，企业需要预期收益提高才能在面临较高技术贬值发生概率条件下对现有技术进行投资。在存在市场不确定性时，企业具有的投资灵活性使得即期投资要求更多补偿，从而具有比不存在灵活性时更高的投资门槛。

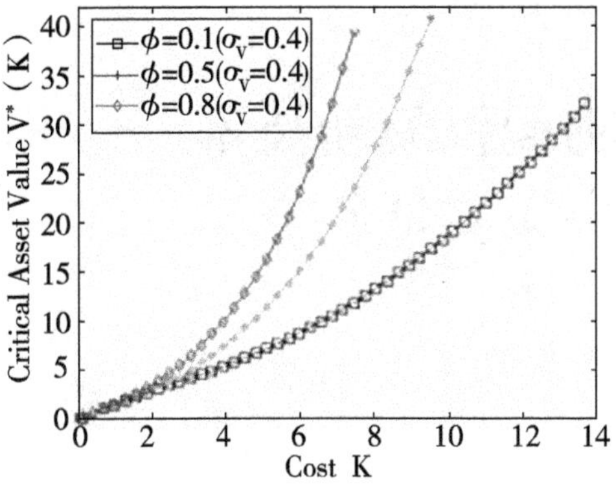

图 3－9　技术进步对投资决策的影响
（不存在市场不确定性）

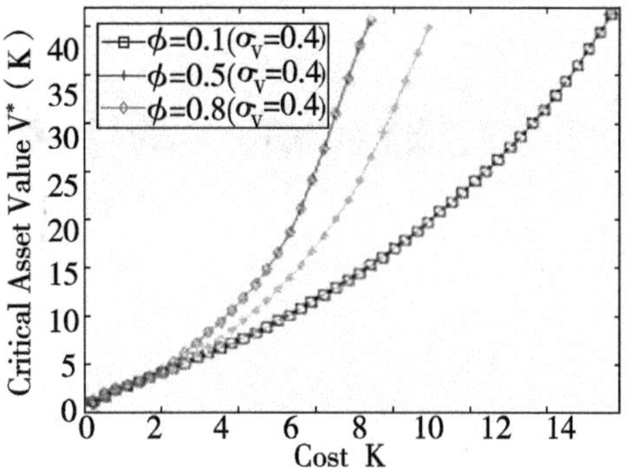

图 3－10　技术进步对投资决策的影响
（存在市场不确定性）

五、研究结论与启示

本章运用实物期权方法研究多阶段新技术投资项目的投资决策，同时考察技术、市场与技术进步三种不同类型不确定性及其分布与交互作用对投资价值与决策规则的影响。通过运用建立理论模型并利用数值模拟得到以下三点结论：①不同类型不确定性对新技术投资价值与决策的影响机制不同，依赖于其不同的学习方式与效率；②技术不确定性集中于商业化项目周期前端的投资更有价值；③技术进步不确定性不会增加期权价值，但在同时存在市场不确定性情况下，其对新技术投资的贬值效应会有所缓冲，但对投资决策的影响方向不变。根据本章结论，进行新技术投资活动的企业可通过对投资过程的优化控制来提高创新的实现价值，这需要决策者不断辨识和评估各种不确定性并采取相应的学习活动予以解决或消除，还可通过对商业化活动的重新配置，如尽量把技术难度大的任务放在项目前期解决来优化决策。

本章采用的学习与不确定性关系的分析视角既可容纳现有研究又很容易根据新出现的不确定性进行理论拓展。具体到新技术投资项目投资领域，未来研究至少可在以下三个方面进行拓展与丰富：①本章仅归纳了不同学习方式而没有更深入探究学习能力与效率差异的影响，引入不同企业的学习异质性特征是对本研究的深化；②由于现实中新技术产品或服务的未来市场波动很难预测，往往并不符合本模型预先设定的随机过程，通过有成本的探索性学习来获取未来市场信息以优化决策更符合实际；③本章隐含投资机会独占假定，在竞争环境下，研究通过“互动中学习”获取竞争对手信息对企业投资决策的影响是对本研究的自然拓展。

第4章　基于实物期权的新技术投资决策实证研究

一、引　言

作为企业战略投资的重要部分，新技术投资需要投资者理性决策以实现创新的最大价值，但由于新技术本身与其未来市场都具有很大不确定性，传统的净现值方法并不适用。而20世纪80年代以来发展起来的实物期权理论由于提供了良好的处理与评估不确定性的思维与方法，在新技术投资领域得到广泛与深入的研究。理论研究表明，企业在新技术投资过程中面临的各类不确定性对企业投资决策具有重要影响（夏晖、曾勇，2004），但这些不确定性与投资的关系却缺乏相应的实证检验。

从实物期权的实证研究发展来看，早期研究大多集中于从国家或产业层面来检验宏观不确定性对投资总量的影响（Pindyck，1986；Episcopos，1995；Caballero & Pindyck，1996）。但这些总量研究只是对实物期权理论的间接验证，正如Dixit与Pindyck（1994）所指出，实物期权模型并非旨在描述投资本身的程度规模，而是要找到触发企业投资的预期绩效门槛。因此，后来的实证研究更注重从企业（或项目）层次分析不确定性对企业投资行为与策略的直接影响（黎实，2004；Folta，Johnson & Brien，2006），且主要集中于制造业、矿产资源与房地产投资领域（Sing & Patel，2001；Moel & Tufano，2002；魏锋，2004；Ninh，Hermes & Lanjouw，2004；Ĉirjevskis & Tatevosjans，2015）。研究结果表明，即使企业没有明确运用实物期权方法进行投资，那些影响潜在期权价值的因素也会影响投资决策。

尽管现有的实证研究深化了对不确定性与投资关系的理解，但在运用实物期权理论解释企业投资行为方面仍然留有很大的检验空间。以往研究大部分只考察外部不确定性构成的等待期权对投资的影响，很少涉及企业内部的个体不确定性。尽管这些个体不确定性在长期内不会影响到投资总量，但对具体行业内企业投资决策的影响很难忽略（Carruth et al.，2000）。在微观层面，企业之间在竞争态势与项目特质方面往往有很大差异，会影响到其对投资预期收益与成本乃至投资门槛的判断。只有把这些异质性因素纳入实物期权实证研究的分析框架与模型中，才能更好地对企业投资行为予以解释。此外，很多投资项目内的不确定性难以用财务数据直接衡量。如新技术项目的最终产出是新产品或服务，很难找到替代产品来用其需求或价格波动进行近似估计，这种测度的困难随创新程度的提高而增加。

综上所述，本章将基于新技术投资实物期权的现有研究，通过对高科技企业的大样本调研来获取决策者对新技术投资过程中各类不确定性的主观评价数据，检验这种感知到的不确定性对其实际投资决策的影响是否符合实物期权的理论预期，同时考察企业在竞争强度与投资不可逆程度方面的差异对不确定性与投资决策关系的影响。

二、研究假设提出

实物期权理论研究将金融期权与企业投资行为进行类比，核心是评价投资过程中的不确定性及其产生的灵活性（期权）价值，并与期权执行成本进行权衡来决定企业投资行为。本章主要考察的不确定性包括新技术项目外部的市场和政策法规不确定性与内部的技术不确定性，以及探究两类不确定性如何以不同的机制与路径影响投资决策。

市场不确定性是指影响新技术未来收益的价格与需求等因素事先无法预测。在实物期权理论中，市场不确定性会提高等待期权价值并提高投资门槛，从而对投资产生延迟效应。政策法规不确定性则是指与新技术收益相关的技术标准、法律法规或政策没有颁布时，企业很难判断其是否颁布、颁布时机以及具体内容对新技术预期收益的影响。政策法规不确定性与市场不确定性性质相同，但由于政策法规的出台并非连续发生，一般被处理为离散过程。技术不确定性与完成项目需要解决的技术问题相关，会直接影响项目的预期完成成本与时间，属个体风险，需要以干中学的方式解决（Pindyck，1993）。在新技术序列投资决策研究中，技术不确定性的增加会提高学习期权的价值并降低投资门槛，激励企业投资（Kort，1998；Schwartz & Moon，2000；Schwartz & Carol，2004）。

此外，企业并非具有对新技术的垄断投资机会时，市场内从事相同创新活动的企业间存在不同程度的竞争。如果竞争者创新成功抢先进入市场，企业的预期收益会迅速减低，等待成本变得很高。新技术期权博弈的研究（Huisman，2001）表明，竞争的存在会侵蚀等待期权的价值，市场不确定性对新技术投资的延迟效应会被削弱。

而投资不可逆性代表投资发生后的沉没程度。投资不可逆程度越高，外部不确定性对投资的影响越大，但这种调节作用在现有实证研究中并没有取得一致结论（Guiso & Parigi，1999；Bulan，2005）。大多数研究讨论的投资不可逆主要指物质资本的沉没或不可恢复，也有学者（Arrow，1968；Folta et al.，2006）强调，相对有形资本而言，针对无形资本的投资在项目失败时更加难以回收和利用。而新技术投资本身是个新知识的学习与创造过程，必然有很多投入用于无形资本的累积与建设。由于两类资本投入在不同的新技术项目中会有很大的差异，本章分别进行检验。

基于上述分析，本章提出如下研究假设：

假设 H1：在新技术项目投资过程中，市场不确定性和企业投资发生可能性负相关。即市场不确定性越大，企业越有可能减少或（暂时）停止投资。

假设 H2：在新技术项目投资过程中，政策法规不确定性和企业投资发生可能性负相关。即政策法规不确定性越大，企业越有可能减少或（暂时）停止投资。

假设 H3：在新技术项目投资过程中，技术不确定性和企业投资发生可能性正相关。即技术不确定性越大，企业越有可能继续投资甚至增加投资。

假设 H4a：在新技术项目投资过程中，竞争强度对于市场不确定性和企业投资发生可能性之间的关系具有负向调节作用。

假设 H4b：在新技术项目投资过程中，竞争强度对于政策法规不确定性和企业投资发生可能性之间的关系具有负向调节作用。

假设 H5a：在新技术项目投资过程中，有形资本投入不可逆程度对于市场不确定性和企业投资发生可能性之间的关系具有正向调节作用。

假设 H5b：在新技术项目投资过程中，有形资本投入不可逆程度对于政策法规不确定性和企业投资发生可能性之间的关系具有正向调节作用。

假设 H6a：在新技术项目投资过程中，无形资本投入不可逆程度对于市场不确定性和企业投资发生可能性之间的关系具有正向调节作用。

假设 H6b：在新技术项目投资过程中，无形资本投入不可逆程度对于政策法规不确定性和企业投资发生可能性之间的关系具有正向调节作用。

三、研究设计

（一）研究模型与方法

由于投资决策是离散的投资策略选择，本章采用 Logistic 二元模型进行回归分析，同时运用多元层次回归法来检验调节变量的影响。针对每个调节变量（以竞争强度为例），都可建立如下三个回归方程：

$$\mathrm{Inv} = b_0 + b_1 Marun + b_2 Polun + b_3 Tecun + b_4 RD + \varepsilon \quad (4-1)$$

$$\mathrm{Inv} = b_0 + b_1 Marun + b_2 Polun + b_3 Tecun + b_4 RD + b_5 Com + \varepsilon \quad (4-2)$$

$$\mathrm{Inv} = b_0 + b_1 Marun + b_2 Polun + b_3 Tecun + b_4 RD + b_5 Com + b_5 Com \times Marun + b_6 Com \times Polun + \varepsilon$$

方程（4-1）为检验不确定性与投资决策关系的主方程，其中 *Inv* 代表投资决策，是个0－1变量，投资发生时为1，不发生为0；被解释变量 *Marun* 为市场不确定性，*Polun* 为政策法规不确定性，*Tecun* 为技术不确定性；控制变量 *RD* 为研发投入强度，是虚拟变量；b_0 为常数项，ε 为随机干扰项。由于调节作用的检验采用层次回归法，每次只需输入一个调节变量，所以方程（4－2）加入竞争强度 *Com*，方程（4－3）则加入调节变量与相应自变量的交互作用项，加入项数取决于调节的解释变量数目。对于两类不可逆程度也可以建立类似的回归方程。

（二）研究数据

本研究的数据源于对北京和天津两地高新技术企业进行的大规模问卷调研，共发放问卷总数为1120份，回收182份。但由于少数问卷信息缺失较多，还有部分被调研企业并没有真正意义上的新技术投资活动发生，我们采用较为严格的剔除程序后，最终得到有效问卷161份。其中企业性质主要为民营企业（41.8%），也包括国有企业（26.8%）与外资或中外合资企业（30%）；企业规模以中小企业为主，总资产1000万元以下的企业占67.1%，员工总数低于100人的占59.2%，成立年限大都为5年以内（65%）；行业分布涉及电子信息（40.6%）、生物医药（8.8%）、光机电（9.4%）、新能源与新材料（26.9%）等。

样本企业在项目投资决策中所用的主要方法（题目为多选题）如表4－1所示。从表4－1中可以看出，大部分高新技术企业投资决策所依据的主要方法仍然是净现值和投资回收期法。选择实物期权方法的8家企业有7家为外资或中外合资企业，说明尽管实物期权方法在理论研究中得到深入探讨，但在实务应用上却非常稀少，尤其在我国的本土企业中，很少有人清楚这一概念。

表4－1　样本企业进行项目投资的主要决策方法

决策方法 / 样本数	净现值法	投资回收期法	内部收益率法	实物期权法	企业家直觉	其他
N	94.0	73.0	36.0	8.0	40	18.0
百分比（%）	58.8	45.6	22.5	5.0	25	11.2

（三）研究变量

1. 被解释变量

实物期权理论模型往往假定企业不存在停启成本或没有融资约束。但在实际投资中，由于项目停止或重新启动都需要一定成本，除非彻底放弃，企业不会完全停止投资而会选择减少投资或最低限度维持项目；同样，考虑企业在项目进展中仍然会有资金进入，投资策略体现为按原计划投资或是增加投资。在问卷中用放弃、减少、按计划和增加投资四个选项来区分企业的实际投资策略。把企业按计划或增加投资的选择归为投资发生决策（ $Inv=1$ ），而放弃与减少投资选项则为投资未发生决策（ $Inv=0$ ）。

2. 解释变量

现有文献对于市场不确定性的内涵界定因其研究目的而异，在新技术或新产品开发研究中主要从顾客和市场两个角度来进行界定和测度。其中 Souder 与 Song（1998）认为市场不确定性源于企业无法对未来的产品需求、顾客偏好和价格等市场因素做出准确判断；Tatikonda & Montoya－Weiss（2001）把市场不确定性等同于市场新度；Ludwig Bstieler（2005）则从新市场发展的未预期性与不稳定性两个维度来测度市场不确定性。结合相关文献及其测度量表，本章从顾客需求的不确定性与新技术未来市场的不可预测性两方面对市场不确定性进行测度。

在项目层次，政策法规不确定性表现为特定期间内对新技术预期收益或成本有影响的政策法规或标准的颁布与实施的不确定性。由于影响不同类型企业的政策法规有差异性，本研究对政策法规不确定性的测度并不考虑其具体形式与内容，而仅考察该不确定性的存在性。技术不确定性在创新研究中得到广泛讨论，吴灿英（2006）从技术环境、技术信息缺乏、新技术新颖度与技术效果四个角度对技术不确定性的界定与测量进行了归纳。实物期权研究中，技术不确定性表示企业对影响成本的技术问题及自身解决技术问题的能力无法把握。本章从对技术本身与技术预期效能的具体感知角度进行测量。

3. 调节变量

竞争强度取决于市场内企业的数量与竞争方式，本章用企业的竞争者数量、先发优势和竞争企业间的产品替代程度进行测量。而不可逆程度往往用财务数据来测度投资残值，这和放弃项目可获得的终止价值具有相同含义。本章用项目终止或失败后剩余设备、材料的转售价值和对企业其他项目的有用性来测度有形资本投入不可逆程度，用项目累积知识的贬值和对企业其他项目的有用性来测度无形资本投资不可逆程度。

4. 控制变量

对于创新过程中的微观投资决策，具有不同研发投入的企业存在差异。一般来说，研发投入高的企业创新活动频繁，会更好地评估与管理项目的不确定性。本章把研发投入强度作为控制变量代入模型分析，为虚拟变量，当研发投入大于5%时取值为1，小于5%时取值为0。

四、实证研究结果

（一）不确定性与投资决策

模型（1）的回归分析结果如表4－2所示，其中，Chi－square 值检验被解释变量与所研究变量的对数发生比是否线性相关，Log Likelihood，Cox & Snell R^2 以及 Nagelkerke R^2 检验样本方程的拟合优劣程度，Wald 值检验回归系数的显著程度。

分析结果显示，假设 1 在 1% 的显著水平上得到支持。说明我国高新技术企业的投资决策受市场不确定性影响最大，项目推进与否或推进的速度都与企业对顾客和市场需求的把握程度有关。当企业无法判断新产品的目标顾客及其偏好或者很难预测市场需求的规模与变化时会选择减缓甚至停止投资；反之，新技术或新产品的目标顾客越明确、市场前景清晰时会继续推进项目或加速投资。这也反映出我国大部分高新技术企业的创新行为是市场导向。假设 2 在 5% 的显著性水平上得到支持。政策法规不确定性主要体现在影响新技术未来收益的政策法规的颁布时机与内容，这会影响到所有相关企业。当企业发现某项技术标准或条令的颁布对新技术影响非常大时，会持观望策略以待局势明朗后决定是否继续完成项目。假设 3 在 10% 的显著水平上得到支持，技术不确定性越大企业越倾向于投资，这有悖于一般的常识。但实物期权视角下的技术不确定性不是指技术上单纯的负面风险，而是指企业同时具有技术突破与失败两种可能性，且两种可能的概率分布越广，期权的价值越高。相反，无论是必然成功还是必然失败都是确定状态，企业可以直接决策。只有企业无法判断项目的技术问题究竟要投入多少才能解决时，它愿意通过探索性的投资以获取更多信息，直至足够支持企业做出明确的判断，选择推进或者放弃项目。最后，企业研发投入高会提高不确定条件下投资发生的概率，说明创新活跃或技术能力强的企业更有激励推进新技术项目。

表 4-2　Logistic 标准回归系数及拟合度（不确定性与投资关系）

变　量	Expected Sign	Model 1					
		B	S. E.	Wald	df	Sig.	Exp (B)
市场不确定性	-	-0.761***	0.248	9.393	1	0.002	0.467
政策法规不确定性	-	-0.474**	0.219	4.691	1	0.030	0.623
技术不确定性	+	0.432*	0.254	2.878	1	0.090	1.540
研发投入强度	+	0.857*	0.476	3.242	1	0.072	2.357
常数项		1.120	0.287	15.231	1	0.000	3.064
Chi-square		14.811					
Log likelihood		133.036					
Cox & Snell R^2		0.197					
Nagelkerke R^2		0.252					

注：*** $p<0.01$，** $p<0.05$，* $p<0.1$。

（二）调节作用

1．竞争强度的调节作用

在模型1中基础上分别加入竞争强度变量和市场、政策不确定性与竞争强度之间的交互作用项得到模型2和模型3，回归结果如表4－3所示。从模型的拟合程度看，三个模型的Chi－square值检验都很显著。加入竞争强度因素后，模型2的拟合程度并没有明显改善，模型3的拟合程度较前两个模型有一定程度的提高。

表4－3　不同模型Logistic标准回归系数及拟合度（竞争强度的调节作用）

变　量	Exp－S Sign	Model 1	Model 2	Model 3
市场不确定性	－	－0.761***	－0.671***	－0.609***
政策法规不确定性	－	－0.474**	－0.682**	－0.772***
技术不确定性	＋	0.432*	0.474*	0.488*
研发投入强度	＋	0.857*	1.053**	1.205**
竞争强度	＋		0.195	0.300
市场不确定性×竞争强度	＋			0.431**
政策法规不确定性×竞争强度	＋			0.136
常数项		1.120	0.965	0.954
Chi－square		14.811	17.453	20.972
Log likelihood		133.036	130.394	121.875
变　量	Exp－S Sign	Model 1	Model 2	Model 3
Cox & Snell R^2		0.197	0.193	0.215
Nagelkerke R^2		0.252	0.257	0.311

注：*** $p<0.01$，** $p<0.05$，* $p<0.1$。

从分析结果看，模型3的交互作用项在5%水平上回归系数显著，且由于竞争强度与投资决策不相关，说明竞争强度是市场不确定性对投资决策影响的纯调节变量，模型结果支持假设4a。即在激烈竞争环境下，为避免被竞争对手抢先开发成功进入市场造成期权价值漏损，企业即使面临着较强市场不确定性也会有很大激励去推进项目，以防被竞争对手抢先，从而削弱市场不确定性对投资决策的延迟作用。

但竞争强度另一个交互作用项影响并不显著，即竞争强度并不会影响政策法规不确定性对投资的延迟作用，假设4b不成立。相对于市场不确定性，政策法规由国家机关制定，几乎完全超出企业的控制范围，一旦出现不利后果，企业的转换成本会非常高。此时，企业即使在竞争中领先也不能保证先行者优势，从而对投资的影响不太显著。例如企业在某个环境标准颁布之前就推出自己的技术或产品，一旦不符合推出后的新标准，就会造成很大损失，也容易被后进者取代。比较而言，通过在特定阶段延迟投资等待信息较为明确后再决策的效果会更好一些，取决于企业对两种结果的权衡。以上分析可部分解释为什么政策法规不确定性对投资的延迟作用没有影响。

2. 投资不可逆程度的调节作用

在模型1中基础上分别加入有形与无形资本投资不可逆程度变量及其和市场、政策不确定性之间的交互作用项得到模型4、模型5、模型6和模型7，回归结果如表4－4所示。

表4－4　不同模型 Logistic 标准回归系数及拟合度（投资不可逆程度的调节作用）

变　量	Exp－Sign	Model1	Model 4	Model 5	Model 6	Mode7
市场不确定性	－	－0.761***	－0.745***	－0.761***	－0.763***	－0.727***
政策法规不确定性	－	－0.474**	－0.480**	－0.499**	－0.490**	－0.508**
技术不确定性	＋	0.432*	0.453*	0.460*	0.506*	0.305
研发投入强度	＋	0.857*	0.874*	0.897*	0.790*	0.767
有形资本投入不可逆性	－		0.308	0.327		
市场不确定性×有形资本投入不可逆性	－			－0.060		
政策法规不确定性×有形资本投入不可逆性	－			－0.037		
无形资本投入不可逆性	－				－0.311*	－0.526**
市场不确定性×无形资本投入不可逆性	－					－0.471**
政策法规不确定性×无形资本投入不可逆性	－					－0.441**
常数项		1.120	1.118	1.115	1.181	1.257
Chi－square		14.811	18.229	16.744	20.713	23.745
Log likelihood		133.036	129.152	130.637	130.731	123.636
Cox & Snell R^2		0.197	0.191	0.210	0.229	0.252
Nagelkerke R^2		0.252	0.265	0.271	0.301	0.337

注：*** $p<0.01$，** $p<0.05$，* $p<0.1$。

从表4－4中5个模型结果的比较中可以看出，加入无形资本投入不可逆性及其与市场和政策法规不确定性的交互作用项的模型7拟合度最高，比基准模型1提高了近10%，其次为模型6。在模型7中，无形资本投入不可逆程度及其与不确定性的交互项的回归系数均在5%水平上显著，支持假设6a与6b，说明无形资本投入不可逆程度是调节变量，即无形资本投入不可逆程度越高，市场与政策法规不确定性对投资的延迟作用越强，这符合实物期权理论的经典结论。此外，在模型9中，无形资本投入不可逆程度变量本身的回归系数在10%水平上显著，说明它既是投资决策的预测变量，同时也是拟调节变量。

但在模型4与模型5中，有形资本投入不可逆程度及其交互作用项的回归系数都不显著，而且两模型中的回归系数与预期相反，这意味着有形资本投入的不可逆程度不会影响到市场与政策法规不确定性与投资决策的关系，假设5a、5b不成立。说明在中国高新技术企业的创新投资实践中，有形的机器设备或固定资本投入的不可逆性对于企业的投资决策影响不大。这可能是因为相对于传统制造类企业，高新技术企业（特别是中小企业）的创新投入很大部分体现在无形的知识资本方面，而在有形资本投入方面相对较少。或者这些有形资本投入对于新技术项目不太重要，从而企业在投资决策时并不特别考虑有形资本沉没的影响。

五、研究结论与启示

本章运用中国高新技术企业的实际调研数据，从实物期权的理论视角考察不确定性对新技术投资决策的影响，主要得到如下结论：①在中国高新技术企业的新技术投资实践中，不确定性确实是影响其投资决策的重要因素，其中市场不确定性与政策法规不确定性对投资的延迟效应最为明显，而技术不确定性对投资的激励作用在相对较低水平上得到支持，而研发投入强度对企业的持续投资决策具有显著影响；②在不确定环境下，竞争强度会削弱市场不确定性对投资的延迟作用，但对政策法规不确定性与投资的关系没有影响；③新技术项目中，无形资本投入不可逆程度会增强市场与政策法规两种不确定性对投资的阻碍效用，而有形资本投入的不可逆性没有影响。

本章的实证检验支持了现有新技术投资实物期权研究的部分结论，但对于那些会影响到不确定性与投资间关系的关键因素，则需要更深入的理论探讨并在此基础上进行进一步的验证。此外，本章研究是基于截面数据，后续研究可以考虑对时间序列条件下的多阶段新技术投资决策进行验证。

第5章　不确定条件下的新技术项目风险管理研究

一、引　言

企业通过对新技术研发和商业化的有效投入来实现持续创新是企业获得和保持竞争优势的重要源泉（Cantwell，2005；何郁冰、陈劲，2013）。但由于新技术自身与市场、环境的复杂多变，企业实施新技术项目的过程也变得更加动态和不确定，充满了各类风险。如何对新技术项目的风险进行有效管理以实现创新的最大价值就成为企业面临的关键问题。

在当前研究和产业实践中，人们对新技术项目进行风险管理大多以防范与遏制为主要手段，强调对负面结果的规避。但 Puschaver 与 Eccles（1996）则认为，风险管理不仅要管理负面风险，更要利用风险以促进正面结果的发生。这种控制负面结果并追求正向收益的思路与实物期权理论的内在逻辑相一致。在实物期权视角下，不确定性是价值的来源，企业可以通过灵活的管理对项目投资过程进行有效控制而实现更高的价值，代表着一种积极主动的风险管理态度。目前，实物期权方法已经应用于 IT 项目的风险管理研究（Benaroch，2002；陈涛，2007；谢卫红等，2015），而在技术创新领域中的应用则更偏重构建复杂的数学模型进行项目评价和最优投资时机选择（李军、曾勇、2009；邢小强，仝允桓，2010），较少把实物期权作为风险管理的工具或方法进行分析。因此，本章拟在对新技术项目内外部环境中各类风险的梳理与归纳基础上，提出基于风险与实物期权匹配的风险管理框架与步骤，以提高企业把实物期权应用于新技术项目风险管理的科学性与有效性。

二、新技术项目风险分析

在现有文献中，不同学者根据来源与专有性等特征对新技术项目内外部风险进行了分类（Huchzermeier & Loch，2001；陈川红，2008；张丽玮、郑彦宁，2014），但实物期权理论强调企业要通过对风险进行主动与积极的管理以获得价值提升，因此本章主要从可控性角度把影响新技术项目的风险分为：企业完全可控的个体风险、半可控的市场风险与不可控的环境风险、其所处位置则分别位于企业内部、跨边界与企业外部，如图5-1所示。

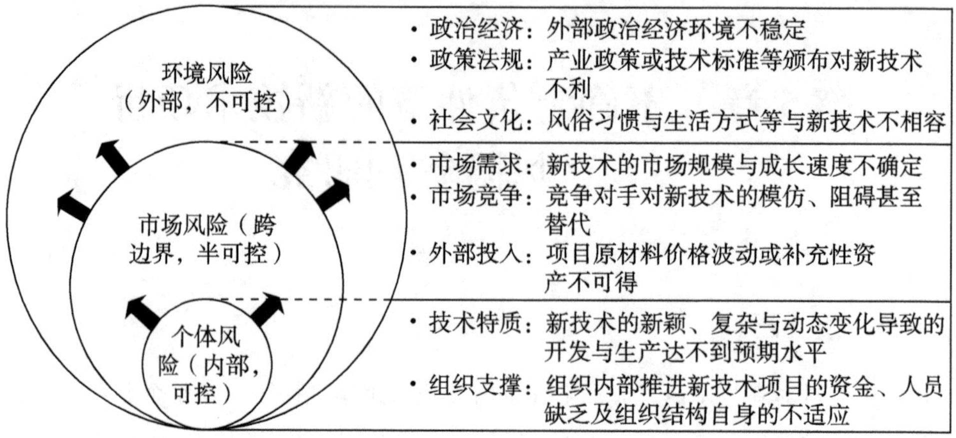

图5－1　新技术项目内的风险类型与来源

（一）个体风险

个体风险主要由项目内部的不确定性因素引致，由技术与企业自身特质决定。

1. 技术风险

技术风险是由于技术本身物理特质而导致的技术开发与商业化风险，如由于技术的新颖性、复杂性使得企业在规定的时间和成本范围内无法达到预期水平（Polk et al.，1996；Keizer，2005）。技术风险是影响新技术成败最直接的风险因素，在项目生命周期的初始阶段非常显著，但随着项目进展会逐步降低。

2. 组织风险

组织是新技术项目开展的内部环境，同一技术在不同组织内会实现不同的价值，这种差异就表现为组织内的人、财、物等资源对新技术项目的支持力度与方式上，例如由于融资渠道限制造成的资金供应不足是导致多数创新失败的原因，而当技术项目内有关专业人员无法胜任其工作或离职都会影响新技术项目的进程与结果。此外，组织结构会直接影响到项目内各类资源的整合与信息知识的交流与传递（胡士强等，2009），企业在开展项目时必须审慎选择适当的创新组织形式。

（二）市场风险

市场风险主要是企业在技术开发与商业化过程中关键利益相关者（顾客、供应商与竞争对手等）行为不确定导致的跨边界风险。

1. 需求风险

任何新技术的价值最终都要通过市场实现，但在项目完成前，其清晰的市场需求状况很难确立。当技术很新颖时，其市场可能并未形成，企业无法对目标顾客进行准确定位从而对其需求特征进行分析与评价，使得产品引入市场后的反应可能会呈现不同程度的振荡。而即使市场需求已经显现，企业也很难预测市场容量大小和规模以及市场成长速度如何，特别是很多新技术引入市场后往往会有一段沉默期。

2. 投入风险

把新技术转化为市场需要的新产品或服务是从开发到制造并引入市场的一体化过程，企业不但需要为新技术项目投入相应的人、财、物等资源，往往还需要其他补充性资产或平行配套技术的支持。当企业无法独立开发所有的配套资产或平行技术时，必须依靠供应商或者同盟者来提供（或者联合开发）。若投入价格发生波动或者关键的补充性资产或平行配套技术无法及时获取时，对技术收益和成本都会产生重要影响，甚至会导致项目失败。

3. 竞争风险

竞争风险主要指企业竞争对手通过模仿新技术、设置种种障碍阻止新技术的采纳与扩散或通过引入或独立研发出更加先进的替代技术而侵蚀或降低新技术的预期收益。当申请和维持专利的成本过高或新技术应用地区的知识产权保护力度较弱时，模仿风险很难避免。而由于新技术的推出会对现有技术产生替代或挑战，市场内拥有旧技术的企业会有意识地通过种种手段来阻止新技术的使用与扩散，从而对新技术产生抑制作用。最后，替代技术的出现会对在研新技术产生贬值效应，不仅会减少收益，更缩短了新技术的生命周期。

（三）环境风险

环境风险是指超出企业活动控制范围的政治经济、政策法规与社会文化等环境因素对新技术项目的种种影响，企业本身无法控制这些结果的出现。由于任何新技术要创造价值总是通过企业的具体运用才能实现，这种运用的过程必然受企业或技术所处区域的政治经济因素的直接或间接影响。政策法律风险对新技术项目的影响比较直接，其中科技或产业政策会通过制度性安排来影响技术的发展和标准设立，而法律法规则会对技术使用加以强制性限定。社会文化风险则泛指那些由消费习惯、生活方式、文化传统与宗教信仰等因素所导致的对新技术需求与扩散的不利影响。

三、基于风险与期权匹配的新技术项目风险管理框架

（一）新技术项目内的实物期权分析

由于新技术项目本身总是存在一段不确定的建设时间（time - to - build），使得企业在此过程中具有很大的管理灵活性，如通过延迟、暂停、放弃或转包等手段改变项目进展的速度、方向与节奏等。这种管理的灵活性构成了各类实物期权的基础，赋予企业在特定时间内执行某种策略的权利而非义务。但由于风险的性质与种类不同，管理各类风险的实物期权也不相同（Sharp & Cullen，1991；Trigeogis，1996；Smit & Trigeogis，2007），需要对二者进行最优匹配以实现最佳的风险管理效果，下面分别对各实物期权及其管理含义进行分析。

1. 延迟与停启期权

这两类期权分别代表企业在新技术项目伊始与建设过程中具有推迟或暂时停止投资的灵活性。这种推迟可以使企业以“等待中学”的方式获取进一步的信息以降低不确定性，直至对项目的判断更有把握时再进行下一步决策。延迟与停启期权源于新技术投资的不可逆性，即一旦负面结果发生企业很难恢复至初始状态，这就使得延迟或者暂时停止项目以待局势明朗具有很高的灵活性价值（Pindyck，1994）。但由于新技术往往具有很强的知识专有性，停止项目会引致很多无形成本，有时为了保持期权活力而必须承担一定的损失。但无论如何，当新技术项目存在很大的不受企业控制的外部风险时，延迟或等待总是有价值的，特别是这些风险可以随时间而逐渐降低或消除。

2. 扩张与收缩期权

扩张与收缩期权指在新技术未来市场规模和增长速度不确定情况下企业可通过调整生产能力以获取额外收益或避免损失的灵活性。由于企业无法事先预测新技术进入市场的具体情形，当实际市场状况超出预期时，企业的刚性生产能力使其只能承受负面结果或机会损失。如果企业具有在需求增加时扩张或在需求减少时收缩的灵活性，就能利用市场的波动性最大限度的实现新技术项目价值。但与有些期权（如延迟期权）是自然嵌入在新技术项目内不同，扩张与收缩期权需要企业预先支付一定成本才能拥有，如购买具有生产弹性的机器设备所需的额外支付等。需要说明的是，扩张期权在实际市场需求超出预期时为企业提供了及时扩充生产能力来获取额外市场份额与利润的权利，属于看涨期权，而其他大部分实物期权都是看跌期权，用来减少负面风险发生时可能引起的不利结果。

3. 转换与放弃期权

转换与放弃期权都是为企业提供转换或退出机会的重要期权，部分缓解了投资的不可逆程度。转换期权指当不利结果出现时，企业可通过其他选择予以规避。例如当商业化过程中的原材料或劳动力价格提高时，企业可通过与相关供应商签订契约或转换到更便宜的替代投入上来降低损失，发生的相关费用就是取得转换期权的成本。特别是当企业由于缺乏特定资源能力等原因无法完成某项任务时，可以选择把这部分内容外包给相应的专业组织。这种转换期权的存在一方面取决于新技术项目自身的可分性，也由相应产业的专业化分工程度所决定。而放弃期权则代表企业在没有任何替代方案时仍然可以选择永久放弃项目以避免后续损失的灵活性，并可通过售卖剩余资产等方式获得项目的残余价值。

4. 探索性期权

探索性期权是当技术性能或者市场需求非常不确定性时，企业为避免一次性全面投资所可能导致的巨大损失，先通过小部分试探性投资来获取与新技术性能或市场需求有关的更有价值信息的机会或权利。当这种小规模投资持续到获取的信息足以支持企业做出决策时，企业便会在更大规模投资进行技术开发或者市场开拓和彻底放弃该项目之间做出明确选择。若无法决策，则继续探索。通过探索性投资，企业实质上是把风险转移到项目生命周期的前端以避免更大的损失。探索性期权消除不确定性所需的信息或知识多是缄默知识，只有通过实际的“干中学”的方式才能得到。

（二）基于风险与实物期权匹配的新技术项目风险管理框架

由以上分析可以看出，不同类型的实物期权可以应对不同类型的风险，取决于风险特质与企业的管理灵活性，实物期权与新技术项目风险的匹配如表 5 - 1 所示。

表 5 - 1　实物期权与新技术项目风险的匹配

风险类型		实物期权 具体风险	延迟	停启	收缩	扩张	转换	放弃	探索
个体风险	技术	技术没有达到预期功能					*	*	*
		生产过程不稳定					*	*	*
		完成时间超出预期					*	*	*
	组织	企业无力获取新技术项目所需的全部资金					*	*	
		企业技术人员不具有胜任力或离职					*	*	
		组织结构设计不利于该技术项目的实施	*	*			*	*	*
市场风险	需求	市场规模大小不确定	*	*	*	*			*
		市场成长速度不确定	*	*	*	*			*
	竞争	其他企业模仿该技术推出类似产品或服务			*		*	*	
		在位企业阻碍新技术			*		*	*	
		其他技术有可能被确立为行业标准或主导设计	*	*	*		*	*	
		新的替代技术出现			*			*	
	投入	投入（劳动力与原材料等）价格波动	*	*			*		*
		补充性资产供给不确定	*	*			*		*

续表

风险类型		实物期权 具体风险	延迟	停启	收缩	扩张	转换	放弃	探索
环境风险	经济	利率或汇率变化	*	*			*	*	*
	政策	相关产业政策法规颁布使得该技术无法继续使用					*	*	*
	社会	技术违背当地传统、风俗、信仰或价值观	*	*			*	*	*

可以看出，同一类风险可能会有多种期权予以应对，企业需要通过有效辨识与构造适当的期权组合来实现新技术项目风险的最优化管理。本章提出基于风险与实物期权匹配的风险管理框架，包括四个步骤，如图 5－2 所示。

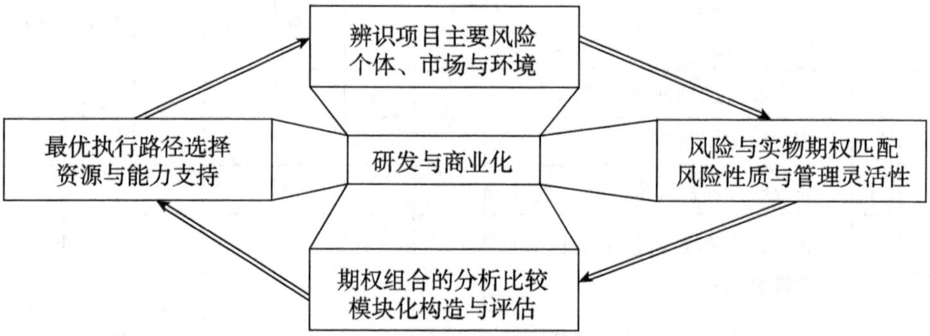

图 5－2　基于风险与实物期权匹配的风险管理框架

（1）企业应对新技术项目全生命周期内的风险进行系统辨识，确认那些攸关项目成败的主要风险。由于企业在项目开始前难以对项目建设的全过程具有完备的知识，因此，对各类风险的来源、程度、分布与演化特征的认知与评估是伴随项目进展而动态和连续进行的。事实上，企业在推进新技术项目进程中的任一时刻总可把项目分为确定与不确定两个阶段，确定阶段是已经发生的部分，相应的风险及其效果已经显现，而未完成的部分则仍然是未知的，需要企业审慎决策。

（2）根据不同风险把与其匹配的实物期权纳入管理决策集合。尽管有些期权是自然嵌入在新技术项目内可以无成本地获得或执行，但很多期权仍然需要企业预先投入成本进行具体构建。在存在多种期权应对同一风险情形下，最后的选择很大程度上取决于构建与执行期权的成本与规避或利用风险所获收益的比较。

（3）对不同的期权组合序列进行分析、评估与比较。由于新技术项目建设是多阶段的连续过程，不同阶段的多个实物期权在时间、空间上具有复合关系并在价值上相互影响。只有同时考虑这些实物期权及其之间的交互作用，实物期权的组合价值才能确定。但由于期权种类繁多，期权之间的关系也错综复杂，不同的评估者往往根据自身的经验形成不同的判断。Trigeogis（2005）通过模块化思想把不同期权之间的复合关系进行了清楚地分解与界定，构建了标准化的期权复合模式（因果复合、平行复合与奇异复合）并提供了简易计算方法，可供决策者直接运用。

（4）企业根据对不同的系列期权组合的比较选择最优执行路径。这种最优路径的确定不仅在于选择具有最大价值的期权组合，更重要的是企业自身要具备执行这一路径所需的资源能力（刘明霞，2009）。否则，企业只是认识到某类期权可以应对特定风险，但企业本身却不具备执行该期权所需的投入，则这类期权只能以潜在的影子期权形式存在。同样，这种最优执行路径并非一成不变，而是随着企业认知的深入与资源能力的演化不断调整，调整过程依然遵循着上述风险管理框架内的四个步骤进行。

四、研究结论与启示

风险或不确定性是新技术项目具有的主要特征。传统的风险管理方法过于强调防范负面结果的发生而忽略了即使风险发生企业仍然可以通过多种灵活性的管理手段来降低或规避不利影响，同时获得更高收益。这种柔性风险管理的逻辑恰恰反映了实物期权收益与成本不对称的核心思想，因此，可把实物期权思维与方法引入新技术项目的风险管理过程中以提高项目绩效。但现有技术创新领域的实物期权研究往往注重复杂的数学模型构造，限制了实物期权方法在实际中的应用。因此，本研究基于实物期权的思维与方法构建出新技术项目风险管理的结构化方法，对影响新技术项目价值实现的主要风险进行详细归纳与总结，分析控制不同类型风险的实物期权类型与特征并建立详细的匹配关系，以利于消除不同决策者出于不同角度而导致的风险和期权遗漏，同时提出新技术项目风险管理的框架与步骤，为企业利用实物期权进行风险管理提供支持与借鉴。

第二篇　企业技术创新的战略联盟研究

第6章　技术战略联盟建立合作关系的跨案例研究

随着世界经济趋于深度一体化，中国企业应该具有全球化的视角，尤其是技术型高科技企业（H - tech Firms），更应该着眼于全球来进行技术研发创新。中国企业进入全球化的竞争时间较晚，在很多产业上处于弱势地位，但可以利用网络时代的机会，通过与其他国家的优秀企业组成“跨国技术战略联盟”来获得全球的资源。跨国技术战略联盟作为中国企业“走出去”战略的一种模式，指的是企业与各种技术能力较强的国外企业共同投资来建立联合的研发机构，或者是在优势互补和利益共享的前提下，对相关的项目进行合作技术开发（王辉，2007）。这种企业组织模式的发展具备一定的“全球化”时代背景，战略资源很多不再局限于企业内部，而且封闭式创新的效率在降低，更多、更广泛的合作将基于开放性的创新企业和拥有互补性资源企业的合作。出现这种现象的主要原因在于，在封闭式创新的条件下，有较为严厉的专属制度，创新获利主要取决于技术发明的过程，在知识创造和技术开发方面有优势的企业就能有效地通过市场机制来实现创新收益。但是在现代社会，知识扩散和技术外漏比较容易，也即在“专属制度”宽松的时代，能否从创新中获利则直接取决于技术商业化过程的成功程度，这要求创新者拥有强大的互补性资产，例如强大的供应链资源、市场推广能力等，才能创造比竞争对手更多的价值。本章通过案例研究，讨论技术战略联盟成员之间的合作关系。

在理论界，学者 Sattler（2003）研究了德国相关制造业企业，企业在使用专业战略的同时会使用其他独占创新性资源的工具，他指出：商业秘密、设计的复杂性、长期的劳动关系以及领先的时间等有很大可能替代专利成为创新独占工具。而 Byma（2007）则指出，企业选择何种独占性工具会受到以下因素的影响，如技术特性、企业 R&D 研发强度、企业规模、专利的重要性、知识的类型及人力资源管理。创新理论关于跨国技术战略联盟占主导地位的学术研究仍然集中以发达国家高技术企业间联盟为研究对象。然而，近些年来，越来越多的中国高技术企业开始与海外跨国公司成立技术战略联盟（如海尔与三菱重工等），通过这种组织形式实现技术学习、吸收和转移，从而提升组织的创新能力和效果（Janet Y. Murray et al.，2005；Yadong Luo et al.，2008）。本章基于两个中国高技术企业所建立的跨国技术战略联盟进行跨案例分析，系统揭示出中国企业建立跨国技术战略联盟的合作机制、战略动机与联盟稳定的内在关系，得到一系列研究命题并提出具有针对性的政策建议。

一、研究设计与过程

（一）研究样本选择

案例研究作为实验研究的一个有力补充，不只适用于研究活动的初始阶段，也能用于描述和验证研究命题。学者 Eisenhardt 和 Graebner（2007）指出，案例研究是一种很客观的方法，它更接近事实而非观点，也是一种严谨的实证方法。由于案例研究的主要目的是总结归纳，来修订或者补充研究假设，而不是进行统计分析，因此案例样本的选择并不一定需要遵循常见的抽样法则，只需要选择的案例本身有足够的典型性和特殊性即可（陈昊文、李垣、刘衡，2011）。一般案例研究对样本有以下要求：性质上，被选定的案例需要与研究主题高度相关；数量上，则不在乎其多少，只需要样本足够有深度和典型性。而案例研究的风险较大，跨案例研究更具有说服力，本研究依据“目的性”原则挑选了两个符合研究目的的案例：比亚迪与戴姆勒联盟和上海家化与美国庄臣公司的战略联盟。选择这两个案例的主要原因如下：

一是国内这两家企业的跨国技术战略联盟案例与主题高度相关，能有效说明研究问题。国内企业采用跨国战略联盟的方式，很大程度上与跨国公司形成了技术、人力和市场等方面的优势互补和共同提升企业竞争实力的目的，也是其实现国际化的重要途径。上海家化的案例时间较早，当时中国的改革开放仍处于初步阶段，企业的经营还带有计划经济的影子，能够代表一大批不够市场化的企业；而另一个案例中比亚迪属于纯民营企业，高度市场化，也在之前的其他中国企业和跨国公司建立联盟或进行其他合作的案例中学习了经验，与戴姆勒公司建立的战略联盟属于高科技行业，一定程度上代表了未来的行业发展方向。

二是两个案例一个成功、一个失败，具有特殊性和典型性，而且都拥有相关产业独特的技术和管理特征，都是中国的企业与外国企业建立的跨国技术战略联盟，一个是民营新能源汽车产业；另一个是民族化妆品品牌。开始合作建立战略联盟关系，成立合资公司的时候都是其正处于优势地位，需要大规模扩大生产，发展壮大的时期。

三是两家企业都具有十分鲜明的文化特征，所涉及的企业品牌都为大众熟知且认可，有比较大的影响力。尤其失败的案例对上海家化和中国其他企业也有深刻的借鉴作用。

（二）案例信息的收集

学者 Yin（2003）认为，个案的研究证据主要源于文件、档案、互联网等。对于比较成熟的案例，可以采取资料收集整理归纳的方法，而对于资料不足的案例，主要采取访谈的方式。对本章涉及的两个案例，我们采用收集二手资料、企业深度访谈相结合的方式进行信息收集。为了保证资料和数据的有效性和可靠性，以及研究的准确性，针对每个案例，我们以公司的联盟过程为线索，对涉及公司的公开的二手资料进行了详细的收集整理：①企业历史上发表过的有关其跨国战略联盟的主要文章；②从行业资料，其他权威新闻媒体或期刊文献等专业材料中选取文章；③企业或者外界学者出版的书籍等；④网络上关于联盟的媒体报道资料和官方网站资料等。积累的这些大量二手数据，可以相互印证形成证据链条，足够提取相关论据以支持并提出本章的命题。另外，我们对两家企业的管理者进行了深度访谈，如表 6－1 所示。

表 6－1　跨案例的信息收集方式和渠道

具体案例	访谈地点	访谈经历	访谈对象
上海家化与美国庄臣的跨国技术战略联盟	上海	调研访谈经历（2014 年 7 月和 2014 年 9 月），两次现场调查，多次电话访谈	总经理李先生、事务总监刘先生、中层经理 2 名、员工 2 名
比亚迪与戴姆勒的跨国技术战略联盟	深圳	调研访谈经历（2014 年 8 月），一次现场调查，多次电话和电子邮件沟通	高级经理刘先生、中层经理 3 名、员工 2 名

在案例分析时，首先进行每个案例分开的纵向深度分析，即对联盟涉及公司的背景，联盟成立的过程，联盟的合作机制，联盟中合作伙伴的战略动机以及联盟最终的稳定性进行分析，最后是跨案例的整体分析，也将每个案例所得观点进行相互比较以得到对本章理论的概括论证并与理论进行对话，提出本章的研究命题。

二、案例研究与分析

（一）案例纵向深度分析

1．上海家化

对跨国联盟风险防范不足，合作机制漏洞，错失品牌发展良机。按时间来算，上海家化公司的原型是一家百年老店。1898 年，旅美华侨商人梁楠在香港创办了广生行，生产“双妹”牌系列产品。1913 年，生产菊霜、蝶霜、雅霜等产品的上海中华化妆品厂成立。而 1941 年，上海明星花露水厂由江苏的周邦俊医生于上海创办，主要生产明星花露水、明星雪花膏等。也正是在这一年，上海广生行、上海中华化妆品厂、上海明星花露水厂三厂合并，于是上海家用化妆品厂诞生了（简称上海家化）。上海家化主要业务集中于化妆品行业，十一届三中全会之后它开始快速发展，到 1990 年，它的销售额达到 4.5 亿元人民币，利税 1.05 亿元，固定资产超过 0.6 亿元，位居全国化妆品企业首位。其产品中，美加净是当时国内销量最大、品种规格最全，同时也是获奖次数最多和知名度最高的中国化妆品品牌。

而如今看来，20 世纪 80 年代的中国国内，国企改革伊始，中国消费市场还是卖方市场，消费旺盛但产品稀缺严重，日用轻工业产品尤其短缺。上海家化在 80 年代中期，以市场为导向经营，建立遍及全国的销售网络，开通第一部消费者热线，成立第一家美容院和美容学校，才较早适应了市场经济的需求，这一批品牌如“美加净”“露美”等在中国化妆品市场居首位。到了 20 世纪 90 年代之后，市场逐步进入买方市场，企业竞争日益激烈，国际产业资本也开始进入中国市场，加剧了市场竞争的多样性和复杂性。与国外企业相比，国内的企业的优势只是比较了解中国市场，了解中国消费者，经营费用较低以及拥有已经建好的渠道。随着跨国企业进入中国市场，竞争日益激烈，虽然中国化妆品企业不断向其学习研发、生产、品牌策划、渠道等方面的经验，整个行业中的每个企业随着科学技术进步的发展，其生产的产品科技含量越来越高，其中最为核心的是产品技术，中国企业追赶和自主创新的步伐不能太慢。当时，发达国家和国际上著名的香料公司每年在科研与开发方面的投入十分巨大，用于各种新技术新产品的开发。

在这个机会窗口，美国的跨国巨头公司庄臣集团希望与上海家化合作。美国庄臣公司（SC Johnson Wax）是由山姆·庄臣先生在 1886 年创建的，位于美国威斯康星州的瑞辛市，已有 120 多年历史，是家族性的企业。庄臣公司主要经营的领域是家庭清洁用品、个人护理用品和杀虫产品，其杀虫剂产品居美国市场份额第一，而之前尝试在美国市场推护肤品等产品，却一直没有成功。1991 年在政府的招商引资指令下，上海家化投入了 2/3 的固定资产，大部分骨干人员以及“美加净”和“露美”两个知名品牌，与美国庄臣公司合作，建立了上海庄臣公司，由外方全面管理。但两家公司的联盟并没有好的结果，庄臣公司极力扩大其品牌产品，而对“美加净”的生存进行压缩，加上经营不善，市场份额下降，销售低迷，当年销售量锐减。更为严峻的是在该合资联盟期间，世界十大化妆品公司都已经进入中国，凭借自身强大的全球网络以及营销管理等能力，在中国市场上竞争力超过民族化妆品品牌。

在跨国技术战略联盟迅速破裂的情况下，1992 年 5 月，上海家化从合资的上海庄臣公司撤资，其大部分骨干员工回归到上海家化。1994 年上海家化又用 0.19 亿元赎回了两个民族品牌，并重新开始做市场。这次合资使上海家化失去了 4 年的宝贵发展时间，连续 30 年 0.15 亿元资金，本可以从合资公司获得的返利，“美加净”的销售额也从鼎盛时期的 3 亿元萎缩到了不足 0.6 亿元。而直至今日，“美加净”这个品牌也没有恢复昔日的风采。但上海家化公司也正是在这次联盟的教训中得到成长，随后进行了多次改组和创新发展，为上海家化从计划经济下的工厂向市场经济下具有强大竞争力的现代化企业蜕变积累了宝贵的经验。之后的上海家化开发了“六神”品牌，又与国内外其他企业和研究机构合作，不断研发自主品牌，有计划地将销售收入的 3% ~5% 投入研发，建立国家级的科研中心和博士后工作站等，在中草药的个人护理领域里全国享有盛名。

细看上海家化与美国庄臣公司建立跨国技术战略联盟，其失败的原因在于：首先，中外企业当时大部分属于首次接触，可以借鉴的案例经验很稀缺，又是在行政力量的引导下进行的联盟合作，双方的合作机制十分不成熟。让外方全面管理整个合资公司的运营，也就是说中方企业在这个战略联盟中几乎没有话语权，却付出了巨大的品牌资源、渠道资源和其他优质资源。其次，成立战略联盟，建立合资公司时，双方的战略动机中，中方缺乏技术型战略动机对联盟稳定有负向影响；而美国庄臣公司在联盟中取得了控制权，在合资公司的运作中偏向自己的利益。虽然合作双方也都有获取对方社会资本的动机，但在双方的战略动机中不是最重要的。再次，由于跨国公司的跨文化经营经验相对于国内公司丰富，在战略联盟过程中很大程度上中国企业处于不利位置，两方的文化差异巨大。上海家化有很强的国营企业背景，市场化程度并不太高，合作时间短，磨合不顺利时联盟的稳定性受到很大影响。而且，当时合作中，双方认为两方有很强的互补性资产，事情却不是想象的那样，美国庄臣公司确实是有良好的管理经验、资金甚至是技术，但不是在化妆品领域，而像上海家化等公司在产品设计开发和市场推广上不是具有绝对优势的企业，只是在市场化过程中走了一段顺风路，在刚刚开放的中国市场上满足了要求不高的消费者的需求。可以说在技术联盟中，互相学习和共享知识的条件并不成熟，战略资源的互补性并不好。在这次合作中，上海家化得到更多的是教训和经验，对其之后的经营和再次与其他企业建立技术战略联盟合作关系有指导意义。

2. 比亚迪汽车

以工程师文化与戴姆勒公司合作，势均力敌共画新能源汽车蓝图。汽车行业现在相比以前有了很大的改变，中国已经成为世界上最大的汽车市场，而且在新能源汽车领域正在出现前所未有的大变化，并由之前的“单打独斗”逐渐变为“多方合作”局面，另外汽车与互联网行业的紧密结合也在急速地改变整个汽车行业，移动互联网对汽车行业的改造将是革命性的。比亚迪（BYD）创立于1995年，现主要有IT、汽车和新能源这三大产业，它的IT及电子零部件产业已经覆盖了手机所有的核心零部件及组装业务，而其镍电池、手机用锂电池、手机按键业务的市场份额均已达到全球第一位。它在建立之初就与当时国际一流的品牌如摩托罗拉、诺基亚等合作，建立了良好的国际网络关系，推动了电池技术的研发进度。建立庞大的产品研发团队，投入大量资金研究全球的专利技术，大量使用非专利技术，并在它们的基础上进行组合集成和创新（杨桂菊、刘善海，2013），它是一家具有民营企业背景的香港上市公司。比亚迪作为全球领先的二次充电电池制造商，它已经建成西安、北京、深圳、上海、长沙这五大汽车产业基地，目前在整车制造、模具研发、车型开发等业务上也都发展不错，日渐完善的产业格局并已迅速成长为中国创新型的新锐品牌。

从2003年比亚迪收购西安秦川汽车有限责任公司开始，它正式宣布进入汽车制造与销售领域，开始了它饱受争议却发展良好的民族自主品牌汽车的发展征程。它生产的汽车产品包括各种高、中、低端系列的燃油型轿车，以及相关的汽车模具、汽车零部件等，除此还研发和生产双模电动汽车及纯电动汽车等。其中的代表车型包括F3、F3R、F6、F0、G3、G3R、L3/G6、速锐等传统的燃油汽车，S8运动型的硬顶敞篷跑车、高端SUV车型S6和MPV车型M6，以及领先全球的F3DM、F6DM双模电动汽车和纯电动汽车E6等。2008年，股神巴菲特入资比亚迪，2008年10月6日比亚迪收购了半导体制造企业宁波中纬，花费近2亿元，这整合了它的电动汽车产业的上游产业链，加速了电动车业务的商业化步伐。正是这笔收购之后，比亚迪拥有了电动汽车驱动电机整体的研发和生产能力，而后成为电动车领域的领跑者和全球二次电池产业的领先者，能制造利用清洁能源的汽车产品。从1995年至今，比亚迪快速成长为一家大型跨国公司，拥有员工逾18万人。

比亚迪的创始人王传福强大的人格魅力对比亚迪的公司文化有很大的影响。王传福是安徽人，他家庭不幸，但十分用功，从不名一文的农家子弟成长为国家高级工程师再到饮誉世界的“电池大王”。看上去内向而朴拙，而且相比同行保持低调的风格，他始终坚持自主开发研制产品，在工艺、原料和质量成本控制等方面也投入巨大，他的工科背景和研究所的工作经历影响他的行事风格，在公司他更像是一个技术人员而不是一个企业家。作为公司董事长，他十分关心新型的技术，倡导“自己动手、丰衣足食”，公司很多高层都是当年毕业就进入比亚迪的大学生。比亚迪的工程师文化深远，理念是“以技术为王、创新为本”。他说：“一种新产品的开发，实际上60%来自公开文献，30%来自现成样本，另外5%来自原材料等因素，自身的研究实际上只有5%左右。”（王晓辉，2010）比亚迪自2004年进入汽车行业以来，招聘了大约1.5万名工程师，现在还有1万多名留在公司中，正是因为比亚迪文化对工程师十分尊重，给工程师技能分享、学习和上升的空间，鼓励创意和创新。

而戴姆勒—奔驰公司1926由两家公司合并，是一家享誉世界的德国高档汽车生产商，它的两位创始人一位是德国的工程师和发明家，一位被称为“汽车之父”。它生产的梅赛德斯—奔驰汽车以质优价高而闻名，延续了德国企业严谨、精益求精的态度，此外对科研和服务的重视也稳固了其在同行业中的地位，经历风风雨雨而保持了其企业文化不褪色。如今梅赛德斯—奔驰车也是成为戴姆勒公司旗下增长最为强劲的部门。根据理财周报报道，来自戴姆勒旗下乘用车品牌的销量数据显示，2014年梅赛德斯—奔驰全球的销量同比增长12.9%，达到165万辆。这其中中国市场的表现十分抢眼，在其全球销量中所占的比重由14.9%提高到了17.1%，而戴姆勒的这个牌子的汽车2014年全年在华的累计销量281588辆，较之2013年的218045辆，同比大涨29.1%。正是凭借戴姆勒对产品研究和开发的重视，它才能有效地巩固其在全球的竞争力。据其现任中国CEO蔡澈介绍，目前戴姆勒已经决定在2015年再次大幅度提高在研发上的投入，这个投入2014年约为57亿欧元。

2010年3月比亚迪与德国戴姆勒公司在几次谈判后，宣布就联手研发新型电动车达成了谅解备忘录，前期建立一个技术研发中心，主要展开电池技术研发，后期推出新品牌和以50:50的股份成立新的技术合资公司——比亚迪戴姆勒新技术有限公司（BYD Daimler New Technology Co. Ltd.，BDNT），该公司于7月正式成立。这是德国戴姆勒第一次在德国以外设立研发中心，两家共同投资6亿元人民币成立的新公司用于开发专门在中国销售的电动车。而在2009年4月，比亚迪曾与大众签署过合作谅解备忘录，谈判一年多的电池配套项目却“无果而终”。虽然舆论一致认为“戴姆勒与比亚迪联盟，将破坏自己的全球豪华汽车厂商形象”，但这没有阻止联盟。在此次战略联盟中，比亚迪也是技术输出方之一，不再是传统国内车企“以市场换技术”的路径，比亚迪主要负责电池和驱动技术，奔驰承担整车的开发。戴姆勒公司声称，比亚迪的磷酸铁锂电池比戴姆勒之前采用的锂电池更为先进。2009年，戴姆勒先是与特斯拉展开了合作，以5000万美元入股9%，而到5年之后的2014年10月，戴姆勒做出了看空特斯拉，专注比亚迪的判断。戴姆勒和比亚迪两家公司的人马在建立战略联盟后迅速磨合，高效地开始完成使命。

2012年3月30日两家联合发布新车品牌“TENZA 腾势”，2014年2月12日腾势宣布与ABB公司开展战略合作，生产和安装直流充电桩。腾势委托比亚迪代工生产，在比亚迪坪山工厂内建造了专门的车间，运行奔驰标准的生产流水线，有奔驰工程师支持调试。而作为新合资公司的首款产品，腾势在18个月里经历了全国各地多种极端天气的强化测试，总行程逾120万公里，安全碰撞测试中也成为首款在C－NCAP场地按照C－NCAP标准进行碰撞测试的电动车，达到五星标准。2014年9月26日新车正式在上海上市，随后10月在北京上市，时尚版车型起售价为人民币36.9万元，尊贵版39.9万元。腾势的实际产品享受政策补贴优惠后的价格25.5万~28.5万元处于低端到中高端之间，匀速续航里程为300公里，日常行驶续航里程在250公里左右，是国内目前除特斯拉Model S之外续航里程最长的，快速充电模式下仅需1小时可充满80%的电，时速可达150千米每小时，同时与iPhone可以实现智能无缝对接。腾势截至2015年2月27日，也获得了国内十二项大奖，包括网易的年度新能源车，经济观察报的年度最佳新能源车，胡润百富的新秀奖，北京晨报的北京人心目中最有价值的新能源汽车，寰球汽车传媒的2014年度新能源车型奖等。

这次战略联盟合作，亮度颇多，一是这次是中国本土的汽车民营企业的第一次跨国技术战略联盟，打破了以往世界巨头看不上中国民营企业的旧观点；二是这是中国车企第一次在与国际巨头合作中有计划、有影响力地输出技术；三是他们区别于以前的合作模式，这次联盟的战略目标是开发一个全新的品牌，介于比亚迪和戴姆勒品牌之间。这也很大程度上归功于比亚迪从2003年进入汽车行业以来取得的十分惊人的成绩，它专注核心电池技术的研发，在新能源领域开辟蹊径。2015年2月23日，比亚迪发布声明：比亚迪电动客车首次出口到日本市场，京都快车巴士公司采购了5辆，也是中国汽车首次出口到日本。在丹麦哥本哈根的测试中，City－Trafik巴士公司一辆比亚迪电动大巴分两段行驶完成325千米（202英里）的一次充电路程，打破了之前的电动巴士续航里程记录，该巴士采用的是比亚迪研发的磷酸铁锂电池，其一次续航里程为250千米。

比亚迪与戴姆勒进行技术战略联盟能保持稳定和达到既定的目标，主要的原因在于：①双方的资源互补性。比亚迪在新能源领域全线布局，具有技术和成本优势，靠着十几年的自主研发，掌握着电池、电机和电控的核心技术。2015年比亚迪汽车在新能源动力电池技术方面还将有重大突破，即推出全新的磷酸铁锰锂电池，它的能量密度提升将大约有40%。这将使比亚迪的汽车电池在实用性、可靠性上大大超过特斯拉。奔驰的汽车车体框架安全，做工性能及生产制造管理经验与比亚迪稳定的电池技术和成本优势形成强大互补性。对戴姆勒来说，该联盟是其推动中国市场电动车战略的重要支柱。对比亚迪来说，这是它通往高端的重要机会，两家在分工安排上各施所长，在结果上各取所需。②比亚迪与奔驰的技术战略联盟能保持稳定性，很大程度上是由于他们在设立合作制度上双方在信任的基础上谈判，积极完善合作制度，共同投资并以 50：50 的比例建立合资公司，这样的公平的气氛使双方能够长期相互信任，而使合作关系更加紧密。这种合资的合作方式下，双方能有效地取得对方的资源，同时能在过程中有效地保护自己的资源。比亚迪和戴姆勒此前都有相当的国际化合作的经验，它在电池上与松下、索尼、GE、诺基亚、摩托罗拉建立的合作，在新能源汽车方面与丹麦、荷兰、德国、新加坡、智利等建立的合作关系，都对战略联盟的稳定性起到一定的作用。

3. 跨案例对比分析

针对上述两个案例，我们分别从合作机制、战略动机和情景因素对联盟稳定的影响这三个方面来看他们的区别，对案例进行横向比较分析，如表 6－2 所示。

表 6－2　跨案例对比分析

联盟企业	合作机制	战略动机	联盟稳定的情景因素
上海家化和美国庄臣公司	合资公司，“露美”和“美加净”两个品牌与美国庄臣公司合资，合资公司由外方全面管理	美国庄臣公司希望开启中国化妆品市场，而上海家化则希望以优质资产投入，借得资金，学习先进的技术管理经验	联盟成员间的资源互补性在行业里没有优势，文化差距巨大，美国庄臣公司有投机行为的倾向，不到一年联盟破裂
比亚迪和戴姆勒公司	合资公司，等比共同投入，资本合作，股权为 50:50，双方共同控制合资公司的运作	双方的战略动机都是获取社会资本，实现以技术换技术的目的，同时新合资公司开创新品牌来为两家公司共同开拓新能源汽车市场，一起应对其他的竞争者	两家公司都是市场化的公司，比较丰富的跨文化合作经验，尤其是公司的文化距离较近，都以技术精益求精为目标，质量要求高；另外成立联盟四年，两家公司在联盟中都积极地互相学习；在战略资源互补性上，两家在行业中优势非常明显，戴姆勒公司高端品牌形象，精湛的整车开发技术，加上比亚迪在电池动力系统方面的优势

资料来源：本研究整理归纳。

(1) 合作机制上，两个技术战略联盟都采取了建立合资公司的方式。上海家化和美国庄臣公司联盟中，上海家化是在政府的引导下投入“露美”和“美加净”两个品牌和自身的其他优质资产与外方进行合作，合资公司由外方全面管理；而比亚迪和戴姆勒的联盟中，合资公司双方是等比共同投入的，股权比例为50:50，双方共同控制合资公司的运作，同时比亚迪与戴姆勒联盟的合作机制的建立是基于双方市场经济条件下的公平谈判。

(2) 在战略动机方面，上海家化案例中，美国庄臣公司希望开启中国化妆品市场，而上海家化则希望以优质资产投入后能借得资金，学习先进的技术管理经验。在缺乏积极技术战略动机和行政引导下，上海家化放弃了管理权，而寄希望于合作伙伴好好管理自己的品牌，没过多久联盟就失去稳定性。而比亚迪案例中，双方的战略动机都是获取社会资本，实现以技术换技术的目的，同时双方目标协商一致，用新合资公司开创新品牌来为两家公司共同开拓新能源汽车市场，互相学习进步，一起应对新能源领域其他的竞争者，在这样的积极战略动机引导下达成联盟的稳定。

(3) 从技术战略联盟稳定的情境因素来看，上海家化案例中联盟成员间的资源互补性在行业里没有优势，加之文化差距巨大，美国庄臣公司投机行为的倾向没有很好的监督，合作机制不够完善，不到一年联盟破裂。而比亚迪案例中，两家公司都是市场化的公司，都有过比较丰富的跨文化合作经验，尤其是公司的文化距离较近，都以技术精益求精为目标，质量要求高；另外成立联盟四年至今，合资公司按计划完成新品牌汽车的设计生产和推向市场，两家公司在联盟中都积极地互相学习；在战略资源互补性方面，两家企业在行业里的优势非常明显，戴姆勒公司高端品牌形象，精湛的整车开发技术，加上比亚迪在电池动力系统方面的领先优势，使得联盟达成稳定的合作状态。

三、理论分析与讨论

根据前述的案例纵向研究和跨案例分析，我们利用案例发现的信息与理论进行对话，通过案例与理论的结合讨论，得到本章的命题和理论框架。

(一) 跨国技术战略联盟的合作机制

前述的跨案例研究结果可以发现，跨国技术战略联盟的成员之间进行合作时，合作机制对联盟稳定很重要。整个联盟合作形式主要取决于两个因素：合作者都会希望通过联盟能取得其他合作者有价值的资源，同时能在合作过程中有效地保护自己有价值的资源，以维持自己的竞争优势（张延锋、刘益、李垣，2003）。胡珑瑛和崔岚（2012）提出，跨国技术战略联盟的核心是追求协同效应和知识获取，以实现技术创新的目的。而战略联盟是一种介于市场与企业之间的中间组织，它能发挥组织化市场的作用。技术战略联盟存在的必要性在于技术资源具有不完全流动、不可模仿和不可替代的特点。它主要存在于研发成本较高、风险大的高科技行业，例如生物科技、信息技术、汽车技术研发等（林季红，2003）。战略联盟主要包括以下两方面的合作类型：一是根据联盟伙伴之间的合约安排方式来看，双边契约联盟主要包括联合研究和开发、联合产品研制、长期供货合约、合作生产、联合营销、共享分销渠道或服务、标准制定等，单边合约则包括许可证方式和分包、分销协议等；二是根据股权安排方式来看，联盟合作可以采取参股或股权交换的模式，不产生新实体，或者是创建实体，像等股权合资和不等股权合资等。本章中，虽然上海家化与美国庄臣公司共同出资进行合作，但管理权在一方（美方）手中，但比亚迪汽车与奔驰的合作中，双方建立资本合作机制，而且双方共同控制合资公司的运作，良好的联盟合作机制对联盟稳定产生积极作用。跨国技术战略联盟建立之初，在考虑每一方的责任和权利时，需要着重强调合作制度作为管理整个联盟所必需的行政手段（Kale et al.，2007）。例如通过有效监督联盟的例行业务活动，用具体的政策或程序指导以应付各种联盟突发事件的发生，合作制度机制可以通过正式和常规的程序、规则、惯例、规范和政策来促进双方的知识共享。所以，我们需要从两个理论视角讨论跨国技术战略联盟的合作机制：一是跨国技术战略联盟成员建立的合作制度；二是跨国技术战略联盟成员之间的资本合作。根据以上文献和案例讨论，建立如下的研究命题：

命题 H1：跨国技术战略联盟成员之间建立合作制度并执行，可以提高联盟的稳定性。

命题 H2：跨国技术战略联盟成员之间进行有效的资本合作，可以提高联盟的稳定性。

（二）跨国技术战略联盟的战略动机

目前对技术战略联盟动机的理论研究中，学者们主要是从资源理论、组织学习理论、合作创新理论以及社会资本理论进行归纳。学者苏中锋、谢恩和李垣（2007）指出对于高技术企业来说，有形资源和无形的知识能力等同样重要，即技术战略联盟的形成动机主要有两个：①获取有形资源；②学习知识和能力提升。学者陈效林、施建军、张文红（2010）研究了中国企业与国外企业的战略联盟，认为形成战略联盟动机里重要的一点是双方互相的知识获取。张公一（2011）对合作创新方面的理论归纳为交易成本、产业组织理论、资源和能力、集群创新等。从交易成本理论来看，技术战略联盟是在公司和市场中间范围内的组织，由于市场环境的变化，使得在这两者中间进行联盟能减少成本，因此公司会去外部市场寻找合作。产业组织理论、资源和能力、集群创新等都强调的是联盟合作创新在新环境下形成资源和能力的互补，能产生强大的生产力和技术溢出效用。张公一（2011）从四个维度来描述跨国技术战略联盟的社会资本，分别是结构资本、认知资本、关系资本和位置资本，两位学者以跨国技术联盟组织的学习为中介因素，发现在跨国技术战略联盟社会资本正向作用于合作创新绩效的过程中，组织学习有明显的中介作用。另外，东道国政府的一些保护性政策对跨国技术战略联盟的形成起到了促进作用。一则会设置高的产品标准，环境保护规定，能耗标准的政策限制等，这些限制会提高企业进入该市场的风险。为降低产品和技术创新不被认可的风险，可选方案之一就是跟东道国相关企业和机构形成技术创新联盟。二则设置一些鼓励跨国技术战略联盟的优惠政策，让本国企业可以有机会跟国际性的大公司合作，从而学习和提高本国的技术创新能力（王辉，2007），跨国技术战略联盟的出现，带来了全球范围新技术的蓬勃发展，也极大地推动了世界经济的交流。所以，学者 Anthony Goerzen（2005）认为：社会资本有利于联盟企业之间显性和隐性知识的传播与共享，进而将有利于企业吸收能力的提升。Yang G. 和 Maskus K. E. （2003）从关系的质量方面认为：社会资本有利于企业对知识的获取，特别是隐性知识的获取，知识获取是知识吸收的关键。在本章中，美国庄臣公司希望利用技术战略联盟获得市场，而上海家化则希望获取技术资源，战略动机的不对等没能对联盟稳定性起到推动作用；而比亚迪汽车和戴姆勒公司双方都希望通过技术战略联盟获得社会资本，对等的战略动机正向调节了联盟的稳定发展。由此可见，获取社会资本是跨国技术战略联盟成员的一个重要战略动因，并影响着联盟合作与联盟稳定性的关系。所以，根据以上的文献和案例讨论分析，建立如下的研究命题：

命题 H3：高技术企业设定技术合作的战略动机可以正向调节跨国技术战略联盟企业合作与联盟稳定性之间的关系。

命题 H4：高技术企业设定获取社会资本的战略动机可以正向调节跨国技术战略联盟企业合作与联盟稳定性之间的关系。

（三）跨国技术战略联盟的稳定性

以往有很多学者以联盟中合作者的财务指标来间接地衡量联盟的绩效，这个对于技术战略联盟尤其不适合。一方面财务绩效跟联盟的成功关系并不紧密；另一方面，短期的财务绩效提高可能并不是联盟的首要目标，联盟成员会更在意企业的长期利益。因此，本案例研究中绩效评估的主要标准是联盟的稳定性。在本章中技术联盟稳定性指的是：联盟内的成员能留在联盟中而且持续投入自身的技术等资源以追求技术能力持续增长的一种状态。影响因素主要包括机制因素和非机制因素。这里机制因素指的是联盟之间的合作机制，非机制因素则是联盟成员本身的技术能力、战略、资源实力等。

目前关于联盟稳定性的研究中部分学者用博弈分析来进行解释，Inkpen 和 Beamish（1997）主要分析了跨国合资企业联盟，指出跨国企业如果有窃取知识的行为而不是追求共同利益，则不利于联盟的稳定性进而影响联盟绩效。Dickson 等（2006）的研究则指出在松散型的合作中，合作方之间的资源依赖关系是十分关键的，它能够增强联盟稳定性，促使联盟成员加强对合作关系的承诺。这里的依赖性指的是合作的各方都从交往中受益的情况。另外，依赖关系也反映了合作各方退出联盟时必须承担的高额代价，这将使合作企业更倾向于保持合作关系的紧密。Das 和 Teng（2002）在研究中指出联盟的内部环境因素，包括伙伴企业间的合作力量、冲突、相互依赖性等，与联盟绩效有着直接联系，其中，联盟伙伴间的合作力量和相互依赖性这两个因素可以促进双方的合作力度，提高联盟的绩效，保证联盟共同目标的顺利实现；而联盟伙伴间的冲突则会阻碍联盟双方人员的沟通和协作，从而降低联盟组织的绩效，甚至可能导致联盟的瓦解。赵昌平和葛卫华（2003）认为联盟稳定性是联盟成员不愿退出该联盟，并且联盟之外的企业不愿加入到联盟组织中来。梅花（2006）提出判定企业战略联盟是否稳定的依据只能是各个企业的发展利益及其联盟整体利益的统一：①企业联盟的合力最大。战略联盟之所以建立，各联盟成员的资源整合以达到效用最大化是占主要地位的原因，以便各方都能达到既定的战略目标；②合作双方的利益分配与协作合理。双方都能收回其资金成本，达到市场占有率、销售量、新产品开发等具体指标。在本案例研究中，我们从两个方面讨论了跨国技术战略联盟的稳定性：一是战略联盟的绩效是否有提升，这是联盟成员不退出的理由；二是联盟制度的成熟和稳定，这是维系战略联盟存在的重要稳定性因素。

（四）跨国技术战略联盟情景

有鉴于本章案例研究对象的特殊性，开发特别的联盟情景因素对跨国技术战略联盟稳定性的影响机制，也是本章的独特性。研究对象的独特性要求我们提出如下需要明确的联盟情景因素：性质不同的成员形成的技术战略联盟，这些情景因素是有明显差异的，也会引致不同的联盟稳定和差异性创新绩效。学者洪兆平（2004）在研究中用产业组织经济学和资源学说这两种理论，建立了"联盟的伙伴分析—联盟的状态特征—联盟的绩效"的线性因果关系模型，通过该模型系统地分析了影响战略联盟绩效的关键因素。其中伙伴分析主要包括三个方面：市场共性、资源特性以及资源组合；而联盟状态特征包括：共同优势、内部冲突、相互依赖性。另外，考虑不同企业之间的文化距离是导致联盟成员合作中的稳定性的关键因素（Kale，2007）。再有，Li H. Y. 和 Zhang Y.（2007）认为联盟成员是否具有国际化经验直接影响跨国联盟中的合作和联盟稳定，具有一定国际化经验的组织更容易获得联盟合法性地位，产生更好的联盟绩效。学者 Lavie D.

（2007）认为在技术战略联盟形成之初，联盟成员是否具有战略和资源互补性是联盟成功的关键。所以，本章选择以上的控制变量对案例研究结果的影响加以讨论，以扩大研究的外部有效性。研究发现：在美国庄臣与上海家化的案例中，联盟成员间的资源互补性在行业里没有优势、文化差距巨大，美国庄臣公司有投机行为的倾向，不到一年联盟破裂；而比亚迪汽车和戴姆勒公司的案例中，两家公司都是市场化的公司，有比较丰富的跨文化合作经验，尤其是公司的文化距离较近，都以技术精益求精为目标，质量要求高。另外，成立联盟四年，两家公司在联盟中都积极地互相学习，在战略资源互补性上，两家在行业中优势非常明显，戴姆勒公司高端品牌形象，精湛的整车开发技术，加上比亚迪在电池动力系统方面的优势明显，提升了联盟稳定性。根据以上文献和案例讨论，建立如下的研究命题：

命题 H5：跨国技术战略联盟成员之间的联盟情景因素（如联盟成员之间的文化距离、国际化经验和战略资源互补性）差异，导致不同的联盟稳定性。

根据以上的文献讨论和案例分析，提出本章研究的理论框架如图 6－1 所示。

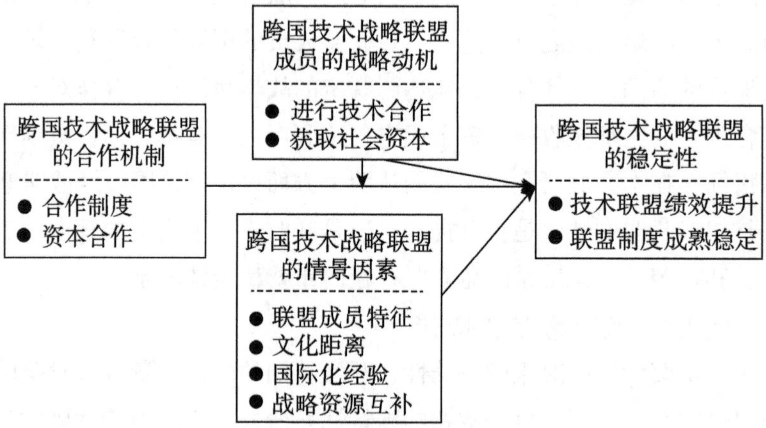

图 6－1　本章研究的理论框架

四、研究结论与启示

越来越多的国内高技术企业通过建立跨国技术战略联盟的方式进行技术创新与合作，这个过程本身并不平坦。本章通过近年来的相关文献的文献综述和跨案例研究，建立研究命题和理论框架，通过深入的跨案例研究，得到如下结论：

（1）在比亚迪与戴姆勒的技术战略联盟中，虽然在建立联盟时，技术合作战略动机是双方合作的主要原因，但技术战略动机没有引发投机行为，根本原因在于双方的相互信任和通过谈判建立规范的合作制度对联盟稳定起到了制约作用。在合作中，双方获取社会资本的战略动机对联盟的稳定也有重要作用，合资公司的新品牌“腾势”借到了奔驰的品牌效用，奔驰对整车技术开发的精益求精，也借鉴了比亚迪自主研发的核心电池动力技术。而在上海家化与美国庄臣公司的战略联盟中，上海家化的技术战略动机起到了负向作用，由于行政力量的引导，合作机制不完善，而使得美国庄臣公司在战略联盟中处于优势地位，直接控制了合资公司，在取得上海家化的优势资源后极力生产和推广自己公司的产品，导致联盟破裂。

（2）在跨国技术战略联盟中，上海家化的国有企业背景，不够市场化，另外其参与国际合作的时间不长，较少的国际合作经验影响了其参与制订联盟合作机制过程中的谈判能力，导致联盟的制度制订和合资公司的管理权掌握在外资企业手中。而比亚迪和戴姆勒公司都是充分市场化的公司，在文化距离上，两家公司都有工程师文化和对技术精益求精的文化，且具有相对丰富的国际化经验，尤其是在战略资源上有很强的互补性，这些都有助于提高技术战略联盟的稳定性。

（3）中国高技术企业在建立跨国技术战略联盟过程中，高效的合作机制的建立和具备一定的战略动机来安排联盟过程尤为重要。企业之间建立合作制度以及建立更紧密的合作关系（例如通过资本合作），可以提高联盟绩效并提升联盟制度的成熟和稳定。另外，建立获取社会资本的战略动机，可以有效提高联盟绩效，但是需要在技术合作战略过程中防范投机性行为的发生。有效的战略联盟动机可以促进跨国技术战略联盟合作机制和联盟稳定的关系。

根据研究结论，我们对高技术企业建立跨国技术战略联盟提出一些具有针对性的政策建议：

一是在建立联盟前选择与企业有比较合适的有互补性战略资源的企业来建立联盟，然后针对联盟的战略动机与合作伙伴通过谈判达成共识，以期其对联盟的稳定形成正向影响，也可以防范投机行为的发生。而更为重要的是，合作伙伴双方都应以合作共同创造新价值为重要的战略目标。

二是在建立跨国技术战略联盟合作关系时，对自身和合作伙伴的战略需求有充分的了解，然后在彼此信任的基础上谈判，根据合作双方或多方各自的实际情况来选择合适的合作方式，建立合适而完善的合作机制，相应的激励措施和奖惩机制也应建立，保证企业利益与联盟利益的一致性，有效地提高联盟的稳定性，以保障战略联盟目标的实现。另外，对企业的技术资源也需要专利保护等法律手段，防止合作伙伴以不正当手段获取，或者随意复制这些技术。对于不适合使用专利的技术，可以减少对合作伙伴的透明度，或添加相应的使用限制条款在合作协议中。

三是在合作过程中，了解合作企业之间的文化差距，在信任的基础上进行磨合，充分沟通，激发企业的创造力，减少文化距离带来的冲突。不断在联盟的合作过程中学习，通过“干中学”“学中用”，不仅仅相互学习技术知识，也学习和感受合作伙伴的管理经验，流程制度，运营方法等等。建立跨国技术战略联盟的目的需要企业时刻放在首要位置，建立跨国技术战略联盟是手段，企业的最终目的是提高自己的竞争实力，尤其是在技术研发方面，真正以创新为理念，“模仿学习”的基础上重视自主创新，以创新人才为本，形成自己有独特优势的战略资源和能力，这样才能在激烈的市场竞争中取得成功。

第7章　技术战略联盟风险、合作障碍与稳定的跨案例研究

上一章我们通过跨案例研究讨论不同战略目标和合作动机的高技术企业如何进行合作、建立技术战略进行创新，本章通过跨案例分析研究技术战略联盟合作中的风险、障碍与联盟稳定的关系。当今是一个知识、资本、技术迅速扩张和膨胀的时代，随着生产、科技、贸易、信息和金融全球化趋势的加快，企业面临的竞争愈加激烈。越来越多的企业尤其是技术型企业（H－tech firms）意识到单靠自身能力是很难融入到日趋复杂和激烈的市场竞争中去。西方跨国公司自20世纪80年代开始实行了从完全“竞争关系”到“竞合关系”的战略性调整。企业之间通过联盟合作的方式来共享资源、共担风险、优势互补共同提升技术创新能力及企业经营绩效，从而降低企业所处竞争环境的不确定性。

Barney（1991）以资源依赖理论为基础，认为通过战略联盟方式企业能够获得稀缺、有价值而且不可代替、不可模仿的资源或能力，就能取得竞争上的优势。学者Stuart T. E.（1998）提出企业战略联盟是企业根据已有资源的异质性，结合资源的互补性，以互惠互利为基础追求共同利益的行为。实际中企业形成的战略联盟，既包括相似性企业联盟之间的合作（如GE和小天鹅形成的联盟）又包括产品或资源互补性企业之间的联盟合作（如Intel和Windows形成的Wintel联盟）。通过对联盟中企业知识、人才、技术和管理等方面资源的整合，联盟中的企业不仅仅提高了抵抗外部风险能力、丰富自身资源并且降低了获取资源的成本，与此同时强化了联盟在同行业或者跨行业中的整体实力。

但根据美国麦肯锡咨询公司的调查，在美国800多家的公司联盟中，只有40%的联盟能维持在4年以上（王辉，2004；李瑞琴，2005）。2012年中国国家科技部对56家国家级产业技术创新战略试点开展绩效评估后，仅26家联盟优秀，另有4家联盟试点被取消资格（李瑞光、段万春，2015），研究发现导致联盟失败的原因很多，如投机主义风险、契约风险、政府政策改变等，并且在战略联盟成员的合作中，联盟成员间的实力并不相当、真正的目的也不相同，弱势一方想通过合作减少自己技术和管理上的劣势，而强势一方除了对于市场份额的占有外还隐藏对合作企业兼并或者吞并的野心，真实目的的不同将对联盟稳定性造成影响。Baum等（2000）将战略联盟中的“不稳定性”释义为“联盟过程中非计划内的联盟目标、联盟契约和联盟控制方式等方面的变动以及联盟的解体和兼并”。

针对这种情况本章对中国高技术企业与跨国公司形成技术战略联盟进行跨案例研究，分析中国企业建立跨国技术战略联盟中存在的风险和障碍、合作方式与联盟稳定性之间的内在关系，提出研究命题并基于研究命题提出具有针对性的政策建议。

一、研究设计与过程

（一）研究样本的选择

Eisenhardt 和 Graebner（2007）提出，案例研究是一种客观严谨的方法，它更接近事实而非观点。现许多学者更加偏好实证研究方法，但实证研究很容易将一般理论推向特殊情境，并且实证研究不能创造、发展和构建理论，而案例研究可以弥补这些不足。Eisenhardt（1989）认为案例研究是一种归纳理论的有效工具，从而来修订和补充研究假设而非统计分析。选择的案例需要具有典型性和特殊性保证良好的信度（陈昊文、李垣、刘衡，2011）；案例要与研究主题高度相关及并具有说服力（李雪松、司有和、龙勇，2008）；同时案例也需要具有代表性和社会影响力有利于理论的推广。典型案例的选取是案例研究的重要环节，关系到案例研究的质量和研究结论的支持方向。而且跨案例研究相比单案例研究能够构建基础更牢、更准确，也更具有普遍性的理论（Yin，2003）。因此本章选取了两个符合研究目的的案例：华为与摩托罗拉和中国第一汽集团与大众汽车公司的战略联盟。选择这两个案例的主要原因有以下三点：

（1）选择案例与研究主题高度相关性，具有典型性能够说明研究问题。国内企业选择跨国战略联盟方式主要基于发展各方共同利益为基础，提升技术创新能力、优势互补、利益共享等为目的。中国第一汽车集团与德国大众公司建立跨国战略联盟的时间比较早，处于改革开放初期市场化程度低。中国第一汽车集团缺少资金、先进的技术及管理经验与世界先进的汽车集团发展相距甚远，能够代表处于不够市场化同时又急需向跨国企业进行学习的中国企业。另一案例选择华为研究案例，因华为是技术创新能力快速发展、处于高度市场化的企业，但国际市场开拓缺乏。华为与摩托罗拉之间建立战略联盟能够共享资源，一面可以共享摩托罗拉的资源进入北美电信市场；另一方面通过建立战略联盟有利于进一步提升技术创新能力。

（2）选择案例具有代表性和对比性。两个案例一个成功一个失败，并且两个企业处于的技术创新水平不一样，一个技术创新能力不是很强同时缺少资金，需要与国外企业建立跨国技术战略联盟方式学习先进的技术、知识获取资源；另一个企业技术创新能力很强，需要与跨国企业建立跨国技术战略联盟方式获得机会进入国外市场达到双赢的结果。所以两个战略联盟建立的重点不同，合作方式也不同（资源分享型和资本共担型），代表处于不同情况的中国企业，具有很好的对比性和代表性。

（3）选择的案例具有一定的社会影响力。华为和一汽都是中国的民族品牌，在中国具有很高的知名度。华为是中国快速发展的电信制造企业，一汽是中国重要的汽车制造企业，分别都是各自行业中的佼佼者。所以社会影响力很大，并且两个案例中失败的案例对中国企业具有重要的警醒意义，而成功案例也会有很重要的借鉴作用。

（二）资料和数据收集

案例研究的数据来源包括访谈、问卷调查等一手资料，也包括行业报告、内部文献、书籍以及网上资料等二手资料（Yin，2003）。对于比较成熟、资料完整的案例可以利用二手资料来整理归纳；而资料缺乏的案例则需要采用访谈或问卷调查等进行收集。本章主要采用二手资料和企业访谈相结合方式对涉及的两个案例进行数据收集。首先，通过公开的途径收集大量的二手资料，从近年发表的大量有关跨国技术战略联盟的文献、权威新闻媒体报刊、企业年报以及相关书籍中收集整理；其次，对两家企业的管理者进行深度访谈来获取需要的关键资料。通过公开渠道收集二手资料及访谈方式获取一手资料，这两种方式不仅相互验证保证资料的有效性，同时也积累了与研究相关的资料足以提炼相关论据，验证研究命题（见表 7－1）。

表 7－1　跨案例的信息收集方式和渠道

具体案例	访谈地点	访谈经历	访谈对象
华为与摩托罗拉的跨国技术战略联盟	深圳	调研访谈经历（2015 年 4 月），一次现场调查，多次电话沟通	高级主管李先生、中层经理 1 名、员工 2 名
中国一汽与德国大众的跨国技术战略联盟	长春	调研访谈经历（2014 年 5 月），一次现场调查，多次电话和邮件访谈	总经理张先生、中层经理 1 名和员工 3 名

资料来源：本章整理。

在案例研究中，首先，对每个案例进行纵向深度分析，即对案例中涉及的公司的背景，联盟成立的过程，联盟中存在的风险和障碍、联盟的合作方式以及联盟的稳定性进行分析。其次，对跨案例进行整体对比分析，将每个案例所得的观点进行相互的比较从而得到本章理论的框架，提出本章的研究命题。

二、案例研究与分析

（一）案例纵向深度分析

1. 基于资源共享合作的华为与摩托罗拉的跨国技术战略联盟

华为技术有限公司，1987 年在中国深圳创立，是全球最大的电信服务设备供应提供商。华为从建立之初就认识到锻造企业强大的国际竞争力，需要技术优势做支撑。核心技术创新一直是华为的生命线。所以华为秉承这一理念注重技术积累，紧盯世界通信产业最新科技成果。重视自身战略的发展，不断与外界领先企业间进行业务上的合作并建立研发中心。华为年研发投入平均超过销售额 10%，2000 年华为的利润率和研发投入率分别为 19.08% 和 13.6%。虽然华为在中国已经成为电信制造行业的巨人，但对海外市场的开拓还处于弱势地位。

而在这个时候，摩托罗拉希望与华为进行合作。2000 年华为与当时的美国电信巨头摩托罗拉签订了 OEM 代工协议，贴牌生产华为自主研发的 GSM、RNC、UMTS 等产品。摩托罗拉原名 Galvin Manufacturing Corporation 成立于 1928 年，1947 年改名为摩托罗拉（Motorola），是全球芯片制造、电子通信的领导者，在北美的电信市场占据非常大的市场份额。而华为一直想进入北美庞大的电信市场，与摩托罗拉之间签订的代工协议为其进入北美市场提供了机会，摩托罗拉也通过与华为之间建立贴牌生产关系，借助华为的技术研发和产品优势挽回其在电信市场上的竞争力。因摩托罗拉将业务核心放在了手机上，使得其在核心网络通信设备技术和知识产权的研发上与主流供应商之间的差距越来越大。但是其凭借多年来积累的品牌优势和华为公司之间进行合作，以自有品牌转售华为的相关无线产品，在市场上仍有一定的份额。

随着思科、爱立信、诺西（诺基亚西门子）及阿尔卡特朗讯等电信制造商巨头之间的竞争日益激烈，摩托罗拉经营每况愈下，经营业务不景气，业绩下滑。2010 年 7 月，诺西宣布以 12 亿美元整体收购摩托罗拉的无线通信业务，业务涉及 21 个国家 41 个 WIMAX 合同，22 个国家 30 个 CDMA 合同，66 个国家 80 个 GSM 网络以及其他产品和服务。而在此前，华为也表达了其欲收购摩托罗拉北美无线业务的意向，然而摩托罗拉却将此业务出售给了报价相对低的诺西一方。北美地区是华为全球战略的弱势，北美电信市场相对封闭，外企很难迈入，而北美电信市场的利润最为丰厚，是各设备制造商竞相争夺的市场之一，所以对华为来说，此次收购若能成功意义重大，若是成功便可以壮大北美市场份额，同时提升北美市场竞争力。

由于华为与摩托罗拉公司之间有长期的商业技术合作关系，所以在诺西收购摩托罗拉公司的无线电通信业务过程中，华为主动与摩托罗拉和诺西两方就有关其与摩托罗拉的技术合作中涉及的商业秘密协议进行沟通。华为和摩托罗拉的技术战略联盟出现了危机。然而，在摩托罗拉宣布收购案后，在华为无防备的情况下将华为公司告上法庭，控告其在 2001—2008 年窃取摩托罗拉的商业机密和专利技术，此标志着华为与摩托罗拉之间的技术战略联盟关系失败。

其后，华为在 2011 年 1 月，向美国伊利诺伊州北区法院起诉摩托罗拉与诺西公司，同时要求摩托罗拉停止向诺西转移华为自主研发的知识产权，同年 2 月，法院分发禁止令，法令中包括临时限制摩托罗拉向诺西转移华为商业机密和专利技术内容，并要求摩托罗拉聘请独立于第三方对华为保密信息和专利技术等知识产权内容进行安全删除检查等。2011 年 3 月，中国商务部反垄断局因该案中涉及的知识产权纠纷和竞争关系提出将该项收购延期 60 天。2011 年 4 月，摩托罗拉和华为达成和解，摩托罗拉公司和华为公司撤回相关诉讼，华为公司最终同意诺西收购摩托罗拉无线业务并可以在全球范围中使用华为为摩托罗拉部署的网络产品和专业技术。

虽然此次摩托罗拉依然将业务出售给了华为的竞争对手诺西方，使得华为收购摩托罗拉无线业务失败，但是华为维护了其知识产权的独立性，给跨国企业保护自主知识产权一个优秀实例。总结华为与摩托罗拉之间建立的技术战略联盟失败的原因有以下四点：

（1）摩托罗拉对华为缺乏信任存在机会主义倾向。华为与摩托罗拉建立技术战略联盟中，华为目的能够获取进入北美市场的机会，但华为一旦进入北美市场将成为摩托罗拉的强劲竞争对手。因此，一方面摩托罗拉与华为进行合作销售华为生产的技术先进的产品来提升北美市场竞争力；另一方面摩托罗拉和华为是潜在竞争关系，而使摩托罗拉对华为存在不信任，具有机会主义倾向。

（2）在技术战略联盟中，华为与摩托罗拉之间存在长期的合作关系，华为对摩托罗拉很信赖，并且摩托罗拉也掌握部分华为的先进技术秘密。但是华为对摩托罗拉过度的信任和依赖，放松对涉及合作技术的知识产权保护，导致技术战略联盟面临机会主义风险，导致合作的失败。

（3）技术战略联盟过程存在障碍因素。华为的企业文化强调创新、稳健、和谐，充分体现了华为积极的进取精神和注重企业部分之间的协同合作创新。而摩托罗拉的企业文化是在鼓励部门之间相互竞争，但后来逐渐演变为了部门之间的内斗，导致企业的整体业绩下滑。摩托罗拉的竞争文化也决定了与华为的技术战略联盟的不稳定性。而且中国企业进入美国市场，美国政府比较忌惮，而中国政府因为地理距离不能及时给予支持。

（4）华为与摩托罗拉之间的合作方式是资源分享型合作，这种合作方式的特点是获取互补性资源来提升自身的竞争力，但是这种合作方式是非股权式的合作，灵活但是合作松散，对联盟稳定性具有负向调节作用。

2. 基于资本分担合作的一汽与大众建立的跨国技术战略联盟

中国第一汽车集团公司（简称中国一汽），建立于吉林省长春市，前身为第一汽车制造厂是中国汽车工业的诞生地。中国一汽于 1956 年建成投产是中国

“一五”期间苏联援建首批重点项目，制造出新中国第一辆解放牌卡车。中国一汽自建成到1978年期间经历了三年大跃进与十年文革的发展停滞时期，期间由于急于求成、忽视科学态度造成设备失修、生产质量下降、企业管理能力削弱。但20世纪80年代后期，中国轿车工业的发展已经提到了国家高度关注并给以全力支持的层面。中国一汽作为中国最大的汽车工业企业，必须承担起自己的责任来发展汽车。虽然经过几十年的发展建设，中国一汽积累了一些在产品设计、生产质量、市场营销、网络设计上的经验，但在企业管理、汽车整体设计水平、关键零部件研制技术以及工艺技术方面与国外汽车企业存在的差距很大。而且中国一汽的资金缺口非常大，再加上技术、管理经验不足还不具备大规模发展轿车的能力。所以寻找跨国公司作为合作伙伴进行战略联盟也就成为中国一汽发展轿车工业的优选之路。华为技术战略联盟的基本情况如表7－2所示。

表7－2　华为技术战略联盟的基本情况

合作公司	合作机制	合作方式	合作意图	合作状况
华为技术有限公司	OEM方式即华为代工生产，摩托罗拉贴牌进行生产售卖产品。	资源分享型	华为的意图：合作始于2000年，华为公司是原始设备商，而摩托罗拉近些年以手机为业务中心。华为与摩托罗拉之间的合作有助于其打开北美电信市场并寻求技术的进步 摩托罗拉的意图：借助华为的技术研发和产品优势挽回其在电信市场上的竞争力 因此两者展开了技术、代工（OEM）和品牌之间的合作，打开了两个公司的“双赢”局面	在合作期间，华为公司依托摩托罗拉的品牌优势，在技术和市场上获得了长足的进步，而摩托罗拉在电信市场上继续保持了自己的领先位置。2010年，摩托罗拉出售自己的无线业务给比华为报价少的诺西，导致了其与华为合作的紧张局势，最终以和解结束

资料来源：作者整理。

而当时德国大众的高层正好看好中国轿车市场未来巨大的发展潜力，因此双方不谋而合，建立了合作关系。德国大众始建于1938年，在全世界都有生产工厂的著名跨国企业集团，不仅能够为中国一汽提供宝贵的资金，同时也能向中国一汽学习先进的技术、管理经验及培养优秀技术和管理人才。但当时外资进入中国市场时必须要与中国企业进行合作，因此双方基于各自的利益和战略考虑，在1987年10月，中国一汽和德国大众的合作正式拉开序幕，德国大众集团的哈恩与奥迪公司总裁Piech首次访问中国一汽并与当时中国一汽厂长耿昭杰进行会谈，此访谈为中国一汽3万辆轿车先导工程的顺利进展打下基础。经过不断的谈判和协调，1988 年 8 月中国一汽与德国大众在德国狼堡签署“中国一汽和德国大众公司长期合作忘备录”，并明确双方组成的工作小组进行第二阶段 15 万辆轿车项目的前期合作。

经过两年多的可行性研究工作及前后多轮商务谈判，1990 年 11 月联盟双方在北京人民大会堂签署了合同，宣布了中国第一个按“规模经济纲领”建设的汽车合资企业。项目总投资为 111.3 亿元人民币，注册资本为 37.12 亿元人民币，并且中外股权结构为 60:40。此项合作也得到了国家的高度关注，1989 年在双方达成可行性报告之后，时任国家主席的江泽民在中南海会见了德国大众总裁哈恩，此次会见表明了国家对此合作项目的关心和政府在此合作中起到的促进作用。

从 1990 年签约成功，1991 年中国一汽大众汽车有限公司成立（简称一汽大众），1996 年全面投入生产。1996—2001 年一汽大众生产的捷达轿车以每年递增 1 万辆的销售量上升。1999 年生产的第一辆国产高级轿车奥迪 A6 在一汽大众总装车间下线，在高级轿车市场，奥迪稳占 50% 以上的市场份额；2001 年首辆中级轿车宝来下线；2006 年和 2007 年随着中国市场的不断成熟，一汽大众投产生产了迈腾和速腾，并采用了世界领先的 PQ35 和 PQ46 平台，全系标配 ESP、双区自动空调、FSI 发动机、电子手闸等成为该级别的王者。2008 年一汽大众经过三年的努力自主研发了新宝来，标志着一汽大众的成功。

随着中国一汽大众销售收入的提升，德国大众提出了增持 9% 的股份要求来获取更多分红。2014 年指派第三方全球性资产评估机构评定一汽大众的利润。德国大众如果增持一汽大众的 9% 的股份，评定结果与中方相似，将增加几十亿元的利润收入。对于利润的重新分配，中德双方进行了谈判，中方要求德国大众共享部分大众和奥迪技术，包括传统的燃油车和新能源汽车技术，来扶持一汽旗下的自主品牌奔腾和红旗提升技术实力，同时在新能源汽车布局方面占得市场先机，并且此项德国大众增持股比也得到了国家总理李克强的关注，表示会认真考虑德国大众要求。汽车行业的竞争最终是技术竞争，对于技术把控特别谨慎的德国大众来说，要与中国合作伙伴技术共享，会更加谨慎。最终中国一汽要求大众共享关键技术没有得到德方的同意而使增持股份争端告终。

中国市场占德国大众全球市场销量的 30%，而德国大众的关键技术一直是中国一汽需要的，因此，德国大众汽车和中国一汽借 2014 年 10 月李克强总理访问德国把双方合资关系本该 2015 年结束又延长了 25 年，将合作到 2041 年。据知情人士披露，大众集团将会加强同中国一汽集团在研究和开发项目上的合作，包括共同开发混合动力车和电动车。中国第一汽车集团技术战略联盟情况如表 7 - 3 所示。

表 7－3　中国第一汽车集团技术战略联盟情况

合作公司	合作机制	合作方式	合作意图	合作状况
中国第一汽车集团	合资公司，中国一汽和德国大众共同出资建立，股权结构为60:40。并且合资公司由中方进行管理	资本分担型	一汽意图：通过战略联盟的方式获得了发展轿车的宝贵的资金，并且也能够学习先进的制造技术和管理经验，降低了研发成本以及获取了全球顶尖的质量控制生产流程、制造技术和工艺 大众的意图：通过建立战略联盟方式迅速进入中国市场，为以后进一步开拓中国市场打下基础 双方相互信任并且资源互补使得联盟更加的稳固	一汽大众获取了大众的资金、技术、管理经验等方面的支持，使得汽车整体设计水平、关键零部件研发以及工艺技术方面得到了提升。在中国汽车生产行业中一汽大众年销售量跃升至行业第二，市场份额达到9.6%。而大众也成功地进入中国市场，大众品牌形象已经得到了中国众多消费者信赖

资料来源：作者整理。

中国一汽和德国大众的技术战略联盟能保持稳定和达到既定的目标主要原因在于：

第一，中国一汽是新中国刚成立时建立的首批重点项目，一直备受国家的关注和支持，而且大众具有雄厚的资金、技术及管理经验让政府相信能够使中国轿车快速发展。因此政府给予大力支持，减少了合作障碍，让一汽大众的技术战略联盟更加稳定。

第二，双方的战略目标都能得到满足，合作障碍减小。德国大众能够继续向中国一汽提供技术上的支持，并且与中国一汽共同研发混合动力车与电动车。德国大众选择继续和中国一汽合作是因中国巨大的消费市场，并且能够提升德国大众在中国的民族品牌认同感，从而提升德国大众的销售利润。因此，双方的战略目标都能得到满足，有利于技术战略联盟的稳定。

第三，双方是通过投入资本建立合资公司的方式进行合作，对合资公司都持有股权。因中国对外资投资的政策限制，中国一汽和德国大众的持股比例为60：40。这种股权式战略联盟能够增强双方资源共享和共担风险的倾向，并且双方在合作时非常谨慎地多次谈判，来确保相互之间的利益和信任，因此这种合作方式能够有效减少机会主义倾向，让双方快速达成共识减少差异，有利于联盟稳定。

（二）跨案例对比分析

根据以上两个案例，本章分别从跨国技术战略联盟面临的风险、障碍及合作方式对联盟稳定性的影响这三方面因素来看它们的区别，对案例进行横向比较分析如表 7－4 所示。

表7－4　案例比较分析

跨国技术联盟名称	联盟内部风险	联盟内部障碍	联盟合作方式	联盟稳定性情况
华为和摩托罗拉	机会主义风险：摩托罗拉在华为没有做出决策的情况下将电信业务出售给华为竞争对手诺西方。华为通过法律手段据理力争，维护了企业的知识产权。因为华为和摩托罗拉之间的复杂合作关系，以及技术和市场间的交换，已经形成了一定的依赖性风险	此次华为和摩托罗拉之间联盟的纷争之中，个体差异性明显，华为明显想借助摩托罗拉在北美市场的电信份额而进入利润最高的北美市场，而摩托罗拉并不打算将此业务卖给出价最高的华为。另外美国政府一直对华为有所忌惮，以各种理由阻止其在北美市场的渗透	资源分享型	对联盟稳定性产生了影响，此次事件之后，华为和摩托罗拉在电信业务上的合作不在，摩托罗拉旗下的该业务现已在诺西旗下，诺西被允许使用华为的自主知识产权
中国一汽和德国大众	联盟之间的资源相互依赖，特别是中国一汽依赖于德国大众的技术研发比较严重，存在机会主义风险。随着一汽大众的销售利润逐渐增长，2014年德方要求在原来40%股份基础上增持9%，德方将增加几十亿元的利润收入，而中国一汽要求德国大众分享部分大众和奥迪技术，包括传统燃油和新能源汽车技术，来扶持旗下自主品牌发展。但最终德方还是放弃增持股权	中国一汽和德国大众的企业文化比较相近，中国一汽的品牌标注的含义“争第一、创新业、担责任”，而德国大众的品牌标注含义是“必胜—必胜—必胜”，都秉承将企业做到行业第一为目标，并坚持自主创新、管理创新和质量之上为核心；另外中国一汽和德国大众之间建立的战略联盟一直都备受中国政府的关注，给予了诸多政策上的支持	资本分担型	从1990年建立战略联盟距今已有27年，双方虽然在合作过程中出现因为股权结构问题的纷争，但是整体稳定性较好。而且一汽大众品牌已经得到了中国市场的认可，企业绩效稳中攀升，并且中国一汽的自主创新能力也在积极的提升中。2014年中国一汽和德国大众的合作又在原来的基础上延长了25年

资料来源：作者整理。

（1）在面临的风险上，两个案例都面临着不同的机会主义行为和依赖性风险。华为与摩托罗拉主要是贴牌生产的方式（OEM）建立的战略联盟，但案例的 OEM 比较特殊，虽然华为被摩托罗拉委托生产，但关键技术仍然来源于华为。华为选择和摩托罗拉建立战略联盟主要目标是进入垄断性较高的北美市场。摩托罗拉选择华为的目标是获取技术含量较高的产品来提升摩托罗拉品牌的市场占有率，战略目标存在不一致，而且相互之间的战略联盟方式相比建立合资企业（股权式合作）方式更为松散，同时华为是摩托罗拉的较强劲的潜在竞争者。摩托罗拉对华为的迅速发展存在防范的心理。而华为对摩托罗拉很信任依赖，对其销售的产品中拥有华为的关键技术，这些因素都会加大出现机会主义的倾向。

中国一汽和德国大众之间是以成立合资公司方式建立战略联盟。中国一汽选择和德国大众合作的原因是德国大众提供关键的资金、技术及管理经验支持，而德国大众的主要目标是绕过中国政策限制进入中国市场，获取中国一汽的市场销售渠道及一汽与政府之间的良好的关系资源，相互之间的资源互补。中国一汽和德国大众之间的股权结构为 60:40，中方经营合资企业，但汽车制造的关键技术依然掌握在外方手中，因此双方达到了控制权上的平衡，而且一汽大众的销售利润和市场占有率一直处于稳中上升态势，符合德国大众战略目标。中国一汽的自主研发能力在增强，红旗和奔腾等自主品牌也得到市场的认可，符合中国一汽的战略目标。虽然 2014 年德国大众要求增持股份来进一步增加利润的获取，但因中国一汽要求德国大众共享关键技术没有得到德方的同意而告终。双方又回到原来的控制权平衡状态，而且双方经过近 30 年的合作相互已取得信任，因此机会主义倾向弱。

（2）合作障碍上，华为和摩托罗拉之间的资源互补性比较弱在行业发展中没有优势，摩托罗拉主要的目标是挽回其产品市场占有率，但摩托罗拉的经营业绩却一直在下滑。而华为主要是获取进入北美市场的机会，但加之文化差异较大，而且华为是较为强劲的竞争对手，美国政府对中国企业华为的进入较为忌惮，而中国政府又鞭长莫及，爱莫能助，并且 OEM 本身就是较不稳定的联盟方式，最终出现摩托罗拉的投机行为。

相比中国一汽和德国大众的联盟，中国一汽和德国大众之间的企业文化差异性较小。中国一汽的品牌标注的含义“争第一、创新业、担责任”，而德国大众的品牌标注含义是“必胜—必胜—必胜”，都以企业做到行业第一为目标，并坚持自主创新、管理创新和质量之上为核心，并且中国一汽与德国大众有意向建立合作关系开始就得到了中国政府的大力支持并推动项目前行。中国政府也重视大众雄厚的资金支持、先进的轿车产品和制造技术。通过向德国大众学习先进的制造技术，中国一汽自主研发出来具有中国特色的品牌红旗轿车，现在已经成为了国家领导人接待外宾和出访的专用车。因此，中国一汽与德国大众的合作关系在中国政府的政策支持和推动下更加稳定。

(3) 从合作方式上来看，华为与摩托罗拉之间的合作方式是资源分担型，主要是在于分担风险、共享技术及共同使用资源等战略考虑，通过契约形成的非股权参与的合作形式。但是这种非股权的战略联盟方式非常复杂，具有灵活性的特点，这个特点易导致战略联盟具有极其不稳定性和管理、协调上的复杂性，再加上华为与摩托罗拉在文化、战略目标上的差异等，使得最后摩托罗拉的投机行为，导致合作关系破裂。而中国一汽和德国大众之间的合作方式是资本分担型的合作方式，双方投入资金建立合作公司方式进行运营，双方都对合资公司持有股份，这种合作方式能够增强双方的信任感和责任感，在此合作方式的引导下中国一汽和德国大众之间的合作更加的稳定。

三、理论分析与讨论

根据前述的案例纵向研究和跨案例分析，我们利用案例发现的信息与理论进行对话，通过案例与理论的结合讨论，得到本章命题和理论框架。

(一) 跨国技术战略联盟风险

联盟企业在资源整合后，其创建的总体价值大于单个企业创造资源价值的总和（Oliver，1997）。这种"1+1>2"的形式主要来源于联盟中获取的互补性资源。当然联盟中"竞合关系"的存在，也必然使得联盟存在风险。本章讨论的联盟成员间潜在风险即内部风险，联盟内部风险出现的原因源头在于企业之间的竞争，企业借助于联盟内资源，弥补自己的资源劣势，使得企业竞争演变为企业所在的联盟内的竞争。亦有另一种情况，当联盟企业间出现资源依赖性时，即虽然存在内部竞争，但企业间已经形成了整体，无法割离。Hansan M. H. 等（2008）的观点是在机会主义最小化并且获得最大化的竞争的条件下，通过在联盟治理中联盟成员间强有力的信任关系来解决。机会主义行为的出现使得联盟中成员间关系的协调产生困难，并同时伴随技术泄密、投资降低、违背承诺等内部竞争问题的出现。交易成本理论（Hall R. E.，1984）对机会主义行为的解释为投资方得不到由他投资所产生的价值增值，另一方为获得相对利益而不用交易来威胁。资源依赖理论（Pfeffer J. & Salancik G. R.，2003）提出联盟企业无论利用何种方式，只要对合作方的核心资产造成侵犯都可以称为投机行为。因此，虽然联盟成员间存在契约关系，若毁约即做出了投机行为其获取的利益大于遵守契约获取的利益，那么在联盟运行中投机行为将会频繁发生。

龙勇、付建伟（2011）发现在非对称竞争新战略联盟中，联盟伙伴间的资源依赖性将增大联盟成员间的关系风险，进而直接或者间接降低联盟合作绩效。徐二明、徐帆（2012）揭示了联盟中的资源互补性对于机会主义可能产生的正向和负向影响。机会主义会使财务绩效和创新向消极方向发展，而适度的资源互补是遏制机会主义的有效手段。马亚男、李慧（2008）利用博弈论方法建立模型证明了当知识联盟合作方没有采取适当的风险控制机制和规避措施时，合作双方追求利益最大化的内部动机会致使形成联盟成员间技术知识共享不足的风险，更进一步说明了在战略联盟中进行有针对性的风险控制的必要性。

基于以上对于联盟风险的综述，本章从两个维度来讨论技术战略联盟企业间存在的风险性问题：①基于跨国技术战略联盟成员间存在的机会主义行为；②跨国技术战略联盟成员间存在的依赖性风险，并建立如下命题：

命题 H1：跨国技术战略联盟成员间的机会主义行为越多，技术战略联盟稳定性越差。

命题 H2：跨国技术战略联盟成员间潜在的内部战略依赖性程度越高，技术战略联盟稳定性越差。

（二）跨国技术战略联盟内部障碍

曾德明、黄玉勇（2012）提出政府支持、加强联盟保障和联盟成员知识水平能促进知识转移。刘中文、姜小冉（2010）分析了国内中小企业面临的技术创新障碍，提出加强政府作用、合理化联盟治理机制、创造新兴联盟文化的对策。然而现代合同理论认为合同并非完备，未来的不确定性会使联盟出现这样或那样的问题。在各方缔结成相应的战略联盟之后，成员间个体的固有差异便在战略联盟管理中逐渐表现出来，其中的一些差异并不是通过简单的调节形式就可以顺利解决。

联盟内部障碍影响企业自身，Mowery 等（1996）学者的早期研究中提出合作者间的文化距离是组织间知识转移的关键障碍。联盟成员的思维和行为一致性高，企业文化差距小联盟越稳定；联盟企业文化差距大，联盟失败的可能性就越大。联盟内部企业个体的差异性，如目标、资源异质性、技术研发水平、组织性质差异、信息不对称性等会对联盟稳定性造成一定的影响，虽然跨国技术战略联盟具有节省企业研发成本，分担市场和创新风险、强化企业竞争力以及拓展经济规模的积极功能，但差异性仍然会导致联盟合作障碍的发生。徐刚、高静等（2012）提出当前战略联盟存在问题的根源在于市场化与公益化结合很难、对联盟不同性质的认识不足、近期与远期目标之间矛盾，并提出强化政府引导和支持、发展技术中介机构、创新公共服务平台、加强联盟内部协调信任机制建设三点意见。大部分有关联盟障碍的研究都指出政府在技术战略联盟建立中发挥的作用，李新男（2007）提出当前环境、组织形式、资源配置以及部门沟通三方面在“产学研结合”中的重要作用，并提出市场驱动、政府引导，注重探索、逐步完善，集成资源、分类指导等构建产业技术创新联盟的原则和措施。从文献中可以总结得出，政府在技术战略联盟成立和发展中扮演了重要的角色，无论是政府的资金还是政策支持都需要有一定的针对性和可实施性，否则就会形成政府支持性障碍。

本章对于以上战略联盟成员中面临的障碍进行概括和总结，将联盟成员间障碍分为两个维度：一是由于联盟成员在加入联盟的目的不同、收益以及贡献的不平衡导致的联盟内个体差异障碍；二是由于联盟运作经费的缺少以及政府的支持力度和连续性的降低而导致的联盟支持性障碍。依据这两个维度，研究提出两个命题：

命题 H3：跨国技术战略联盟成员之间个体差异性程度越高，技术战略联盟稳定性越差。

命题 H4：跨国技术战略联盟得到的有关联盟内外部运作的支持性程度越高，技术战略联盟稳定性越高。

（三）跨国技术战略联盟合作方式

学者张树义（2006）等认为战略联盟间应该梳理“多赢”观念，探索和规范联盟治理和网络治理，企业应该融入联盟中以充分发挥联盟优势以及成员间应该建立良好的交流和信任机制，保持联盟开放性和活力。高新技术企业相较于非技术型企业具备知识性和智力性特点，其企业间合作源于所在领域的技术资源具有不完全流动、异质、不可模仿和不可替代的特点（Wernerfelt 1984）。研发成本较高、风险大的高科技行业会面临这样的合作性特征，例如生物科技、信息技术、汽车技术研发等（林季红，2003）。而知识、技术以及人才等相关资源的共享或者是资本资产的相关共担，合作方式的不同使得高技术企业达成自己对于技术和发展的不同目的。与此同时，不同的合作方式导致战略联盟中伙伴态度的不同，企业结成联盟的目的一般有如下四种：提升自身竞争力；避免单个企业研发风险；与大厂商合作，提高利润率；重组和兼并目标。

张延峰、刘益等（2003）认为合作资源成本与合作中自有资源价值是确定联盟企业合作形式的重要因素。Quinn 等（1996）学者认为联盟双方进一步进行知识互换并获得问题反馈比单纯的知识共享使得联盟双方在信息与经验的增长速度上更快。Das T. K.（2000）以资源组合为视角发现：在自有资源得到法律保护的情况下，“合资”适用于本方投入所有权型资源而对方投入知识型资源的联盟；“股权参与式”适用于本方投入知识型资源而对方投入所有权型资源时；双方都投入所有权型资源适用于“单边契约联盟”；而“双边契约联盟”偏好双方都投入知识型资源。

本章主要对两种理论视角的合作形式对技术联盟企业进行研究：第一种合作

方式是基于联盟伙伴涉及的合作资源，契约联盟中合作资源主要包括共同研究开发新技术和新产品、制定行业或联盟的技术产品标准、合作生产、共享信息和服务、技术人才共享、共同进行培训等；第二种合作方式是依据资本参与方式划分，按照股权分配方式来看，联盟合作可以采取参股或股权交换的模式，或者是创建新的实体如建立合资子公司，还有等股权合资和不等股权合资等，资本合作主要涉及的方面是购买原材料或设备仪器、共同出资确保市场份额和客户源、共同开发国外市场。结合以上文献讨论，建立如下的研究命题：

命题 H5：跨国技术战略联盟成员进行资源共享性合作可以调节战略联盟内部成员间面临的风险和障碍，使技术战略联盟的稳定性提升。

命题 H6：跨国技术战略联盟成员进行资本分担型合作可以调节战略联盟内部成员间面临的风险和障碍，使技术战略联盟的稳定性提升。

根据以上的文献讨论和案例分析得出本章研究的理论框架，如图 7－1 所示。

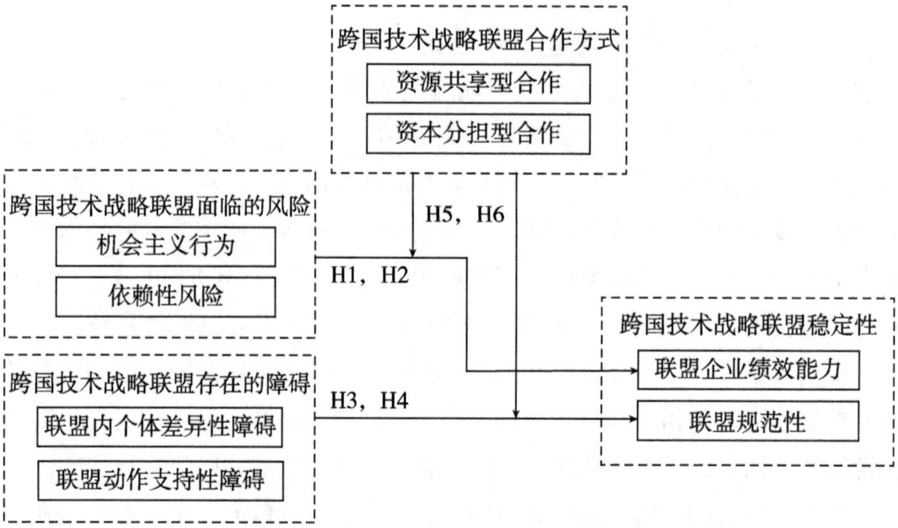

图 7－1　本章研究的理论框架

四、研究结论与启示

（一）结论

（1）高技术企业形成战略联盟往往会因为涉及巨大利益而导致联盟存在内部风险。联盟内机会主义行为的出现会引起联盟成员间的警惕和猜忌心理，使得联盟规范性和联盟企业绩效能力降低。联盟内企业因联盟关系系上纽带，企业间形成依赖性，这种依赖性风险对于稳定性影响存在一定的差异性。一方面，企业间的这种依赖性使得企业彼此间形成协同效应，促进企业绩效提升；另一方面，这种依赖性不管是单方还是双方的，其对于联盟制度规范性建设产生消极影响，可能导致单方主导的联盟形式抑或是依赖型双方绕过联盟独立行径。

（2）高技术联盟中存在的隐性和显性障碍对于联盟稳定性有一定的影响。由于跨国技术成员预期竞争对手组成战略联盟其本身目的不同对联盟诉求不同，其对于联盟的贡献以及自身获得的收益也不同。不同目标的企业会在联盟中有不同的行径，尤其是目的倾向于收购或兼并的企业，会降低战略联盟的稳定性。而联盟中的运作支持性障碍主要指联盟运作资金充裕性、政府支持性对于联盟的影响，但实证表明联盟运作支持性障碍对于联盟成员绩效能力的影响并不清晰。

（3）资源分享型和资本分担型合作方式对于联盟稳定性的影响不相同。在使联盟成员间的依赖性增强资本分担型（股权式）合作方式中，合作也更加紧密，使得联盟成员间关系得到了积极调节，削弱了联盟成员间存在的内部风险和障碍对于联盟稳定性的影响。而在资源共享型是非股权式合作方式，强调的是技术、知识、人才的合作，以此种方式建立的联盟在运营上更加独立。而且这种合作方式比较灵活、松散，但当双方合作过程中缺乏信任、出现机会主义倾向时，容易导致联盟不稳定，对联盟成员的关系起到负向调节作用。

（二）启示

（1）政府应该制定和完善相关政策措施以及行业规范，在相关领域的技术合作中，企业成员间都会存在一定的风险和障碍，企业成员需要相互信任、求同存异、高效合作，要注重利益共享；在不同合作制度下形成一套企业行为规范，在长期的战略实践中不断进行完善，并以纸质或者电子档案留存，有利于联盟规范的再修订亦是给新创立或者创立时间较短的技术战略联盟一定意义上的借鉴和参考价值。这样降低了联盟内企业在处理成员间的风险和障碍成本，增强了合作动力，增强战略的合作创新能力，形成并且稳固了战略联盟的合作关系。

（2）联盟内部建立相关的风险和障碍监督机制，增强对于联盟科技成果以及企业本身内部机密的保护措施。联盟内企业间存在的是一种“竞合关系”，企业“竞合关系”提升了联盟中企业的竞争力以及创新能力。但“竞合关系”的战略联盟中存在不稳定性。因联盟间的联系是多样、广泛的，不仅仅局限于战略主体之间的联系还包括行为非主体之间的联系，另外技术战略联盟不仅仅会带来知识的转移，也可能带来具有负面影响的知识产权纠纷，形成相应的依赖性风险、机会主义行为等。战略内部的监督机制的完成，可以有力地降低企业间存在的部分风险和障碍的消极影响，有利于提升战略联盟合作的有效性。

（3）不同技术行业战略联盟处于不同发展阶段、联盟成立的时间长短不一样或是相关行业技术的突破性发展，不同的时期需要的合作方式不同，对于技术前沿信息的搜集和建立相应灵活的合作机制就显得很重要，以最为合理的方式在转变时期提升企业创新能力，巩固联盟稳定性。资源型和资本型合作机制对联盟成员间关系的影响和联盟稳定性的影响是不同的，资源型性质的战略联盟合作方式最可能出现企业兼并风险即企业资源依赖性风险和因为企业间过分融合而存在的联盟规范性障碍；资本型性质的战略联盟合作方式最可能出现企业利己主义行为和因为个体差异性而存在的企业间合作障碍，其对于联盟合作的影响是很大的。处理不同合作机制面临的风险和障碍，需要各个企业和联盟部门共同的努力，企业要对自己核心的技术人员、专家进行保密培训，树立良好的行为规范。

（4）法律中对于知识产权体系的完善，企业对于知识产权这一权利的意识与国家法律环境有关系。国家相关部门应加强对于与知识产权的相关领域的法制建设工作，使知识保护系统更加完善。尤其是针对日渐频繁建立的战略联盟的知识产权法律，妥善处理联盟中企业出现的投机主义行为和联盟面临的内部危机。企业也要加强对于知识产权的学习，培养自身的法制观念，一旦出现相关问题要通过法律途径解决。

第 8 章　技术战略联盟知识转移与技术成果保护

自 20 世纪 80 年代以来，产业、技术、竞争的全球化趋势，不仅驱动着市场结构的快速变化，同时也使企业与市场的组织边界更加模糊，企业间关系日益紧密、复杂和多元化。企业、区域和经济体之间，越来越相互依存（冷民，2007）。在动态竞争环境下，一个企业的竞争地位不再完全取决于内部所拥有的能力和资源，而在相当程度上取决于与其他组织所结成战略联盟的广度和深度。联盟组织成员企业密切合作而达成的创新网络，可以对成员企业的双向式学习产生强制性作用，带来显著的经济和知识信息收益。网络观点认为联盟网络可以通过知识转移机制为企业成员提供知识信息的收益（李顺才、李伟，2007）。本章通过建立计量模型讨论技术战略联盟成员之间的知识转移、技术成果保护与企业创新之间的关系。

学者苏中锋，谢恩和李垣（2007）认为技术战略联盟的形成动机有两个：一是有形资源的获取；二是知识和能力的学习。而企业的本质就是知识整合的机制，企业从两个途径获得技术创新的知识：一个是通过企业内部过程，通过自身的努力进行知识的积累和创造，但企业内部知识的积累过程成本高、过程艰难，在产品创新竞争激烈、技术创新周期缩短的今天产生了局限性；企业获得知识和创造知识的另一个途径就是通过企业外部过程，与市场进行知识交换、建立技术战略联盟分享和传递知识（Teece，1997）。一种知识或一项技术能否在联盟合作者之间得到转移，不仅关系到这种知识或这项技术自身价值的实现，而且对促进高技术产业结构的合理化、高级化，提高科技投入的经济效益，促进经济发展和社会进步都具有重要意义。在高技术企业战略联盟中，影响知识转移的主要障碍因素有：知识的模糊性，知识的隐性，知识的特殊性，知识的复杂性，联盟者的经验，联盟者的自我保护以及联盟者的文化差异（庄亚明、李金生，2004）。可以说，企业之间形成的战略联盟是“共生”的关系，共生是根据生物界“共生现象”的原理而提出的，各企业以同类资源共享或异类资源互补为目的形成共生体。技术战略联盟可以有效地实现联盟成员技术资源的共享，弥补资源的不足，实现共生效应。然而，“共生”效应有两面：一是企业之间是一种“合作”的关系，通过互补资源、知识转移提升企业经营绩效；二是企业之间毕竟是独立的经济体，“共生”的基本存在方式是“竞争”。企业战略联盟间在知识转移过程中获得经济收益，但同时联盟企业之间的独立性、知识的特殊性不得不让企业考虑知识产权的自我保护问题。技术战略联盟的企业之间形成了一种特殊的“竞合”关系。

本研究从技术战略联盟间的“竞合”关系出发，研究联盟合作者之间知识转移对创新绩效获得的影响，同时讨论联盟合作者之间的自我保护机制（技术创新成果保护和企业内部知识产权管理实践）在知识转移和技术创新绩效之间的调节作用。本章分为四个部分：一是对技术战略联盟间知识转移、技术创新成果保护和创新绩效间的关系进行理论回顾和案例分析；二是介绍本研究的基本过程，包括量表开发、问卷发放、潜变量的萃取等过程；三是利用层次回归分析验证本章的概念模型和基本假设；四是讨论本章的基本结论以及理论价值，从而为技术战略联盟的建立、维护机制以及企业的自我保护等问题提出政策建议。

一、典型案例、理论回顾与研究假设

（一）典型案例：“天府可乐”与“百事可乐”之争

天府可乐与百事可乐的专利之争是典型的技术战略联盟的“竞合”博弈过程。天府可乐，一个尘封已久的名字，这个曾被誉为“一代名饮”的中国民族企业最终扼死于跨国公司之手。天府可乐公司前身是重庆“美华汽水厂”，也叫“中国汽水厂”，创建于炮火纷飞的 1936 年，中华人民共和国成立后实行全民所有制管理。为与世界接轨，天府可乐与四川中药研究所合作，首创性地开发了将白芍、当归、枸杞等中药成分用于饮料的先河，其传统中药成分在调理人体、抗黄曲霉素（一种强致癌物）方面的独特功效是洋可乐不可比拟的。这两家机构合作开发天府可乐，并约定由重庆饮料厂拥有“天府可乐”的生产专利权，并由双方对“天府可乐”的有关资料负有保密责任。

1988 年初，经重庆市政府和轻工业部、国家工商总局批准，天府可乐组建成为当年全国最大的饮料企业——“中国天府可乐集团”，与此同时，天府可乐开始走向全国。鼎盛时期，天府可乐的市场占有率近乎“一手遮天”，甚至成为“国宴饮料”。20 世纪 90 年代，天府可乐规模急剧扩张，但由于管理混乱、人浮于事等问题，集团经济效益迅速下降。邓小平视察南方谈话后，改革开放提速，中国对外资条件异常优越，外资享受超国民待遇，如所得税只有 15%，而国企却是 33%，大部分饮料厂亏损。在著名的“利用外资改造国有老企业”的方针指导下，天府可乐公司被相关部门以行政命令强制委身“两乐”——百事可乐和可口可乐。但当时由于可口可乐合资条件苛刻，此时百事可乐以貌似谦卑的姿态乘虚而入，承诺“发展壮大天府可乐”，于是天府可乐接受了百事可乐合资的要求。

合资经营是技术战略联盟的一种存在形式。1994年1月，天府可乐与百事可乐合资成立了重庆百事天府饮料有限公司，百事控股占60%。天府将原办公大楼划给它，双方在档案交接过程中，重庆百事指令档案人员占有“天府可乐”技术秘密档案，不移交给天府，且聘用了天府的主要生产骨干，用该技术进行生产。天府可乐寄希望于通过与跨国巨头的联姻使天府可乐再上一个台阶，并在合同中约定了合资公司不能在天府可乐集团生产百事可乐。天府公司天真地认为利用百事可乐的资金、技术、管理将会把企业迅速做大。

百事可乐只是“拔了一根毫毛”，天府公司却是全身心的投入。合资第一年，合资企业没有生产“百事”品牌，但委托其他“百事”厂代加工。第二年，百事可乐向国家主管部门提出申请要生产“百事”品牌，考虑到本地市场没有外国牌号，主管部门批复同意，但明确指出：天府可乐品牌销量不得低于50%。拿到这个批文后，百事公司利用其控股地位，在合资公司大力引进国际的高端技术和高价原材料，全力推广百事品牌，天府可乐的销售产量逐年递减，已近销声匿迹。与此同时，合资公司在百事可乐的这种高投入低效益的经营模式下连年亏损，天府可乐分文未得还背上了巨额债务。为了避免付出更大的代价，2006年，天府可乐不得已放弃全部股权。百事可乐拿下天府可乐后，并没有给天府可乐留下任何空间，现在的天府公司为纯国企，且仅剩一个空壳，原有的与百事可乐合资的生产厂、品牌商标以及更为重要的产品配方专利技术等资产均已被百事可乐据为己有，百事可乐也并没有继续发展天府可乐的品牌，而是将其当成代加工点。就这样，合资公司变成了独资公司，而天府可乐则黯然离场。

天府可乐与百事可乐技术战略联盟失败的案例说明，企业之间的技术战略联盟不仅是“合作”关系，更是一种“竞争”关系。技术战略联盟的合作形式，为企业创造了知识转移的机会、吸收联盟知识、带来了经济效益和创新绩效，但潜在的技术溢出风险和知识产权纠纷不容小觑。下面根据理论梳理的结果，建立本章的研究假设。

（二）联盟间的知识转移与创新的关系

经由联盟途径的学习和创新过程也被称为“联盟中学”（Learning - by - alliances），带有一定的特殊性和复杂性。首先，联盟知识所具有的特殊性，学者Inkpen（1998）首先，把这种合作伙伴所特有的、对企业有着重要的战略价值的、不通过与该合作伙伴组建企业联盟就无从学到的知识称为“联盟知识”（Alliance knowledge）。其次，联盟知识所具有的复杂性是指：共建模式下的合作创新是技术战略联盟的高级形式，合作各方共同投入人力、物力、财力及无形资产，通过共建实体来获得协同创新效应。其本质上，属于一种知识联盟，合作创新过程就是组织技术学习和知识转移的过程（余雅风、郑晓齐，2002），然而这个过程是复杂的。知识转移是组织内或组织间跨越边界的知识共享（Lin W. B.，2007），共建模式下的技术战略联盟合作创新，知识转移是发生在合作创新过程中由合作一方到另一方知识有目的、有计划的转移，是合作各方基于共建实体不断沟通的过程，包括合作知识源对知识的分享和知识接受体对知识的吸收与整合，其最终成果表现为企业知识存量的增加和技术创新能力的提升（邹艳、杨乃定等，2009）。

企业既可以与竞争对手形成技术战略联盟，也可以寻找与政府、公共机构以及科研组织之间的合作机会（蒋樟生、胡珑瑛等，2009）。技术战略联盟间的知识转移是一个多维度的过程，在实证研究中，Chan 等人（1997）通过分析一个形成于 1983—1992 年间的 345 个联盟发现，联合企业要比同行业非联盟竞争者具有更好的运行绩效，包括股东权益报酬率、资产报酬率以及未发放现金流量报酬率等三项指标。在半导体行业，Stuart（2000）证实了企业可以通过共享合作伙伴的资源获取竞争优势和高绩效。同样的，Park 等人（2004）证明了电子商务企业间的联盟对企业的累积非正常回报具有正向的影响作用。学者龚毅和谢恩（2005）从知识的属性出发分析了技术战略联盟中知识转移的基本过程，进而讨论了在中外企业战略联盟中影响知识转移效率的因素，认为企业之间的差异、联盟成员间的沟通以及联盟所采用的控制方式将决定知识转移与联盟企业创新绩效之间的关系。江旭、廖貅武和高山行（2008）通过引入知识转移这一中介变量，把信任和冲突与企业创新绩效联系起来，其数据来自 127 个德国联盟企业，采用结构方程模型对它们之间的关系进行了检验。研究结果表明，企业的知识转移与其绩效呈现正向的相关关系，表明企业需要重视知识转移活动以增强竞争力。根据以上的理论分析，得到本章的研究假设 H1 和假设 H2：

假设 H1：企业与竞争市场形成技术战略联盟的知识转移，可以提升企业的创新绩效。

假设 H2：企业与非营利组织形成技术战略联盟的知识转移，可以提升企业的创新绩效。

（三）技术创新成果保护方式的作用

在建立技术战略联盟的过程中，企业技术创新成果的保护方式有两类：一是采用创新成果的法律保护手段（主要是通过专利手段进行创新成果保护）；二是采取竞争性手段进行创新成果保护（如技术保密、产品设计复杂化和缩短研发周期等）。

学者 Najib Harabi（1995）对瑞士制造企业进行调查，共有 127 个不同行业中的 358 个企业的研发管理者完成了问卷。调查发现，专利的法律保护除了可以阻止新产品被模仿和保护许可收入外，它还为达到或保持与竞争对手的谈判地位、进入外国市场（直接投资和生产，或间接通过许可协议）、破坏竞争者研发或产品线以及评估研发人员绩效起到一定的作用。Cohen 等学者（2002）对美国制造业的工业研发进行了调查，发现专利的法律保护可以起到防止技术模仿、防止其他企业申请相关发明专利、防止侵权诉讼、增强企业名誉、增强企业与其他机构的谈判地位以及获取许可收益的作用。国内学者邢斐（2009）以中国地区大中型工业企业数据为样本，分别从技术投入与产出角度实证分析了加强专利保护的相应影响，发现中国企业整体技术创新能力还不足以进行高水平的创新活动，专利保护政策的加强无法激励出更多的研发投入，更强的专利保护提升了企业的专利保护意识，企业申请专利不仅能获得研发投资收益，也是为了构建专利组合以在累积创新背景下应对专利要挟或向竞争企业抽取利润。根据以上的文献分析，得到本章的假设 H3：

假设 H3：在企业获得技术战略联盟的知识转移过程中，采用创新成果的法律保护手段，可以提升企业的创新绩效。

然而，1980 年以来在绝大多数行业内，包括多数研发密集行业（医药品行业除外），企业没有把专利作为占有创新收入的唯一方式，而更多采用时间领先优势、商业秘密等其他机制（牟莉莉、汪克夷等，2009）。Cohen 等学者（2000）在 1994 年对美国制造部门研发实验室的调查发现，在企业保护发明收益的几种典型机制即专利、秘密、时间领先优势及运用补充营销和制造能力中，专利被大部分制造行业认为最不重要，而商业秘密和时间领先最受重视。Sanjaya（2003）认为，知识产权是协调技术创新与信息传播矛盾的第二解决方案，并不是最佳方案，即让创新者拥有暂时的技术垄断权使其从技术使用中收取“租金”，经济学家都承认这只是个折中的解决办法。更多企业采取了竞争性手段进行创新成果保护，不愿申请更多专利的原因主要在于：竞争者可以合法申请周边专利；不是所有的新工艺和新产品都可以申请专利；企业不能强制实施专利；专利文件披露太多信息，如果被质疑专利可能无效；技术转移太快使专利不再相关；企业参与竞争者的交叉许可协议；法院判决强制许可等（Levin et al.，1987）。根据以上的理论分析，得到本章的研究假设 H4：

假设 H4：在企业获得技术战略联盟的知识转移过程中，采用竞争性手段进行创新成果保护，可以提升企业的创新绩效。

（四）企业知识产权管理实践的作用

技术战略联盟之间的关系是一种竞合博弈过程，各方都想尽可能地向另一方学习以取得单方收益，而并不总是把取得共有收益作为首要目标。Hamel（1991）非常形象地把这种状态描述为“联盟中的学习竞赛”，“学习竞赛”的结果可能导致各个企业在市场中的地位发生改变。然而，企业是否能够顺利使用法律保护手段和竞争性手段进行创新成果保护、迅速对市场和竞争行为做出反应，还需要企业内的知识产权管理实践的配合，如设立专职部门或人员负责知识产权管理工作、定期对管理和技术人员进行知识产权管理培训、将获得知识产权的数量和质量作为部门考核指标以及与战略联盟合作中在合同上明确知识产权归属等。李烨（2010）提出企业知识产权管理通常有两种模式：一种模式是制定一份统一的全面的知识产权管理规范，该管理规范由企业的最高决策层来制定；另一种模式是将一些比较原则性的内容集中在一份文件中加以规定，而将其他较具体、有较强操作性的内容再按照一定标准在另外几个文件中规定。

学者杨震宁和李东红（2010）通过建模验证了企业知识产权管理实践作为调节要素模式的企业创新绩效提升机制，提出企业利用知识资源的动机和战略是政策环境的调节因素，企业知识产权管理行为的正确性和合法性直接影响到知识产权的合理应用，也将对知识产权的保护带来影响。另外，知识产权拥有者与获取者之间的战略实践也会影响知识产权保护并关系到企业创新能力的提升。胡允银（2008）认为企业知识产权管理会取代知识管理成为知识经济时代新的焦点，源于知识产权逐步成为现代企业最主要、最重要的资产，成为竞争优势的源泉。对知识产权资产的管理实践，既是企业自身管理的需要，又是提高创新能力的必然要求。根据以上文献的分析，提出研究假设 H5：

假设 H5：在企业获得技术战略联盟的知识转移过程中，进行必要的知识产权管理实践，可以提升企业的创新绩效。

（五）三种技术创新绩效

本章关注技术战略联盟间知识转移，创新成果的法律保护和竞争性手段以及企业知识产权管理实践对三种创新绩效的影响，这三种创新绩效包括：产品创新、生产运营过程创新和企业对环境的适应性。

1. 产品创新

学者 Leelts（2008）认为产品创新由其构思的新颖度决定，因此产品创新是由其创作者调控，不受方案最终实现与否、实现多少效益等因素影响。创作者选择采用不同的创新手法，例如产品系列延伸和重新定位等所生成的产品构思，其创新度是有别的。过去对重大创新突破、市场创新等产品创新研究显示，产品创新的程度高低与其耗费、风险、回报等要素存在复杂的互动关系。学者卫汉华、田也壮等（2010）认为，企业关心的是未来的业绩，产品创新绩效的研究也应以产品开发项目为分析单位，关注企业产品的技术新颖程度、市场需求新颖程度和企业新产品概念的新颖程度。本章从新产品种类、市场范围、服务质量和服务范围以及国内、国际市场份额等更全面的视角审视产品创新的效果。

2. 生产运营过程

产业集群理论认为，居于高度产业集群中的企业是以其特有的专有生产能力存在的，专有生产能力是集群企业创新核心能力形成的主要作用部分，也是集群企业之间有效联系的纽带（Porter M. E.，1998）。由此，对于企业来讲，要形成竞争优势，对其专有生产活动进行有效运营，实现生产运营绩效就相当重要了。因为在任何一种单一产品组成体系容易过时的竞争态势下，一个设计、制造良好并可扩充的生产体系结构可以随着关键技术一起发展，为顾客提供一种稳定的固定节点并作为辐射的、长期存在的产品家族的平台（刘高福、徐玖平，2009）。本章从生产灵活性、生产能力、生产劳动成本、原材料消耗以及能源消耗等更全面的视角审视生产运营创新的效果。

3. 环境适应性

企业创新的目的是为了不断提高自身对竞争环境的适应性（Adaptive fit）。因为创新企业需要保持对外部环境动荡变化和不确定性的能量交换过程的均衡。许多学者认为企业对环境不确定性的预测和评估是困难的（Pfeffer & Salancik，1978；Milliken，1987）或者人们对环境和组织因果关系的认识是不足的（Lawrence & Lorsch，1967）。正是面对竞争环境的挑战，企业组织为了满足目前的发展，在获得资源时必须在不破坏未来资源状况的前提下，保持可持续发展。通过企业组织的环境管理实现组织与环境的一体化（Aragon－Correa J. A.，1998），缓解组织通过技术革新过程和技术利用过程对环境的恶劣影响（Klassen et al.，1999），实现生产过程效率的有效提高。本章从企业与环境的关系、企业声誉、行业管制以及企业公众形象等更全面的视角审视企业的环境适应性。

根据以上的文献分析、理论回顾和研究假设的提出，得到本章研究的理论框架如图 8－1 所示。

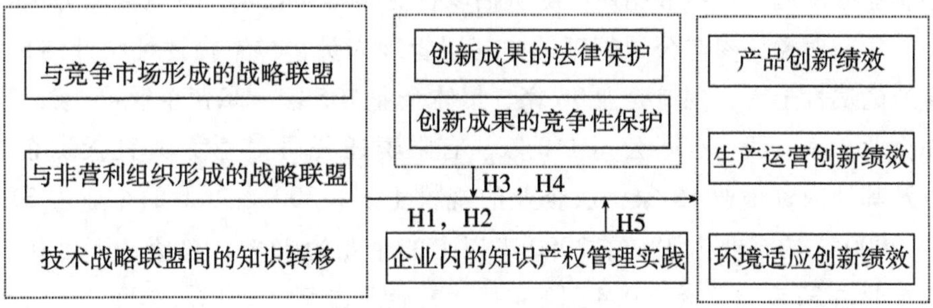

图 8－1　本章研究的理论框架

二、研究设计

（一）问卷设计与样本说明

学者 Zhang Y. 和 Begley T. M.（2011）开发了一个测量组织间知识转移的测量量表，把技术研发型的企业作为研究样本，验证组织创新氛围、知识转移和创新效果之间的关系。研究量表的设计受到不同国家人们的认知、情感和背景的重大影响，本章利用了这个测量组织间知识转移的量表（Scale），并对量表进行了适当修正和回译（Brislin，1980），考虑了量表的概念适用性、文化适用性和样本适用性，使其更加适合中国企业填写，克服了量表文化上的局限性。开发研究的首要任务就是要准确地、概括地定义所要测量的概念，清楚地说明概念的理论边界。一般有三种情况会影响一个测量量表的概念效度：研究者的操作性定义出现了偏差、操作性定义没有充分地反映目标概念以及检测问卷缺乏信度（杨震宁、李东红，2010）。根据学者 Klein、Danserau 和 Hau（1994）的建议，在测量量表（创新成果保护、企业知识产权管理实践量表和创新绩效量表）设计之前，笔者根据文献回顾，明确解释了所要测量的概念与其他相似概念的差异，清楚地确认了理论概念的层次性以及内部成分，说明了概念之间的前因后果，建立了概念之间的逻辑联系，从而避免定义偏差和操作性偏差，讨论各个测量潜变量的 Cronbach′s α 系数，从而有利保证研究的概念效度。

在问卷大规模发放之前，笔者对中兴集团公司、联想集团公司、唐钢集团和云南白药集团、一航集团公司等 10 家研发技术型企业进行了典型调查，通过深度访谈的形式获得需要的信息并对问卷进行了修改。问卷条目采用了 5 分制 Likert 尺度，被试者根据自己对技术战略联盟关系、创新成果保护、企业知识产权管理和创新效果的认识打分表示其不同意和同意的程度（“1”表示完全不同意；“5”表示完全同意），问卷内容征求了企业工作人员和相关学者的意见，保证了较高的内容效度。问卷样本来自国家统计局在中国 40 个城市技术型企业跟踪调查系统数据库，随机抽取企业样本 480 家，有效数据为 438 家企业。填写对象为参与公司管理的中高层管理人员，样本描述性统计结果为：从企业的属性上看，国有企业 96 家、集体企业 105 家、私营企业 48 家、股份合作企业 9 家、股份有限公司 110 家、有限责任公司 48 家、外商投资企业 7 家以及其他内资企业 15 家；从企业的规模上看，300 人以下的企业占 31%，300 ~ 2000 人的企业为 38%，2000 人以上的企业为 31%；总资产不足 0.4 亿元的企业占 32%、总资产 0.4 亿 ~ 4 亿元的企业占 52%，以及总资产 4 亿元以上的企业为 16%；从企业的行业分布上看，食品行业企业占 4%、纺织行业企业占 11%、加工制造业企业占 13%、能源加工企业占 11%、医药制造与研发企业占 9%、化工制造企业占 9%、矿产开发企业占 12%、设备制造企业占 13%、交通运输制造业企业占 10%，以及工艺制造业企业占 8%。

（二）变量萃取

本研究采用了主要信息提供者数据采集技术，被试者为企业的高层管理人员，这样的数据采集方式容易造成同源性偏差（Common Method Variance）。在变量萃取之前，为了检验数据的同源性偏差，根据学者 Podsakoff 和 Organ（1986）的建议，可以采用 Harman 单因子测试来进行数据检验，如果共同方法变异存在，从所有我们所关心的题目的因子分析中提取出来的第一个未被旋转的因子，应该解释了研究问题大部分的总体变异。从表 8－1 中可以看到我们对本研究量表的所有变量进行了单因子分析，使用的统计软件为 SPSS17.0，共生成了 8 个因子，第一个因子占到载荷量其解释变差的 15.681%，其他因子的解释变差都没有占到多数，所以样本数据的 CMV 问题在本研究中并不明显。

表 8－1　Harman 单因子同源性方差检验

单因子序号	因子的特征值	解释的变差（%）	累积解释变差（%）
1	13.317	15.681	15.681
2	3.896	13.587	29.268
3	2.877	9.183	38.450
4	1.766	6.915	45.366
5	1.499	5.767	51.132
6	1.172	5.722	56.855
7	1.121	5.118	61.973
8	1.008	3.040	65.013

研究采用探索性因子分析（EFA）对各个潜变量进行萃取和提炼，使用的统计软件为 SPSS17.0。

1. 自变量：技术战略联盟间的知识转移

采用主成分分析方法（Principal Components）提取因子，并对原始因子载荷系数采用最大方差垂直（Varimax）旋转交换。因子提取的最终个数以特征值大于 1 作为判别标准，有效性指标选用 KMO 和 Bartlett 球形检验。根据 Kaiser 准则的要求，KMO 数值大于 0.6 是进行因子分析的最低要求，KMO 数值大于 0.8 表明因子分析的效果良好。从表 8－2 看到 KMO 为 0.874、Bartlett 球形检验的 χ^2 值为 2013.996（自由度为 55），达到显著性水平（$p<0.001$），适合做因子分析。表 8－3 中保留了因子负荷超过 0.510 的条目，初始的 11 个条目全部保留，提取的两个因子解释方差变异的累计数是 54.799%，如表 8－3 所示。提取的两个因子分别为与竞争市场形成的战略联盟间的知识转移和与非营利组织形成的战略联盟间的知识转移，其两个因子的 Cronbach′s α 系数分别为0.689 和 0.876，显示了较好的信度，问卷总体 Cronbach′s α 系数为0.891。

表 8-2 潜变量萃取过程中的模型检验

潜变量因子	KMO 值	Bartlett 球形卡方检验	Sig.
战略联盟中的知识转移	0. 874	2013. 996	0. 000
技术创新成果保护和知识产权管理实践	0. 928	4340. 547	0. 000
技术创新绩效	0. 925	3829. 518	0. 000

表 8-3 技术战略联盟中的知识转移因子结构

概念与测量条目	因子结构	
	Factor1	Factor2
SA1：知识转移—与竞争市场形成的战略联盟		
KT1：与设备、原材料、零部件等供应商的知识交换	0. 516	
KT2：与客户和消费者的知识交换	0. 624	
KT3：与市场竞争对手的知识交换	0. 752	
KT4：与同行业其他企业的知识交换	0. 787	
SA2：知识转移—与非营利组织形成的战略联盟		
KT5：与咨询机构的知识交换		0. 501
KT6：与高等学校的知识交换		0. 792
KT7：与政府部门的知识交换		0. 844
KT8：与公共科研机构的知识交换		0. 854
KT9：在商品交易会和专业会议中的知识交换		0. 527
KT10：与私立研发机构的知识交换		0. 692
KT11：与专业行业协会的知识交换		0. 616
因子的特征值	1. 213	4. 815
因子的 Cronbach´s α 系数	0. 689	0. 867
解释的变差（%）	21. 962	32. 837
累计解释变差（%）	21. 962	54. 799

2. 调节变量：技术创新成果保护和知识产权管理实践

同样，采用主成分分析方法（Principal Components）提取因子，根据表 8-2 的结果，KMO 为 0. 928、Bartlett 球形检验的 χ^2 值为 4340. 547（自由度为 120），达到显著性水平（$p < 0.001$），适合做因子分析。表 8-4 中保留了因子负荷超过 0. 700 的条目，初始的 16 个条目全部被保留，提取的三个因子解释方差变异的累计数是 66. 440%，如表 8-4 所示。提取的三个因子分别为技术创新成果的法律保护、技术创新成果的竞争性保护和企业知识产权管理实践，其因子的 Cronbach´s α 系数分别为0. 829、0. 793 和 0. 932，显示了较好的信度，问卷总体 Cronbach´s α 系数为0. 942。

表8-4　技术创新成果保护与知识产权管理实践的因子结构

概念与测量条目	因子结构		
	Factor1	Factor2	Factor3
IP1：技术创新成果的法律保护			
TIP1：申请专利权	0.780		
TIP2：注册商标权	0.751		
TIP3：申请和注册版权	0.819		
IP2：技术创新成果的竞争性保护			
TIP4：技术保密		0.706	
TIP5：产品设计复杂化		0.659	
TIP6：产品推出时间上领先竞争对手		0.783	
TIP7：提升企业销售能力和服务质量		0.801	
KP：企业内的知识产权管理实践			
PRMP1：有专职部门或人员负责知识产权管理工作			0.702
PRMP2：定期对管理、技术人员进行知识产权管理培训			0.732
PRMP3：在雇佣合同中有明确的企业知识产权保护条款			0.759
PRMP4：将获得知识产权数量和质量作为部门考核指标			0.756
PRMP5：在研发和技术改造立项阶段进行知识产权论证			0.837
PRMP6：与战略联盟合作会在合同中明确知识产权归属			0.737
PRMP7：对技术创新成果进行知识产权分析和评价			0.833
PRMP8：主动监视、跟踪国内外竞争对手的专利情况			0.764
PRMP9：建立专利、技术文献的收集、整理的信息系统			0.769
因子的特征值	7.664	1.850	1.116
因子的 Cronbach´s α 系数	0.829	0.793	0.932
解释的变差（%）	35.271	16.399	14.770
累计解释变差（%）	35.271	51.670	66.440

3. 因变量：技术创新绩效

同样，采用主成分分析方法（Principal Components）提取因子，如表8-2所示，KMO为0.925、Bartlett球形检验的χ^2值为3829.518（自由度为91），达到显著性水平（$p<0.001$），适合做因子分析。表8-5中保留了因子负荷超过0.520的条目，初始的14个条目全部被保留，提取的三个因子解释方差变异的累计数是68.301%，如表8-5所示。提取的三个因子分别为产品创新绩效、生产运营创新绩效和环境适应性创新绩效，其因子的Cronbach´s α系数分别为0.835、

0.876 和0.854，显示了较好的信度，问卷总体 Cronbach´s α 系数为0.948。

表 8－5　技术创新绩效的因子结构

概念与测量条目	因子结构		
	Factor1	Factor2	Factor3
TP1：产品创新绩效			
TIP1：增加了产品种类或服务范围	0.767		
TIP2：开拓了新的市场	0.820		
TIP3：增加了国内市场份额	0.720		
TIP4：增加了国际市场份额	0.602		
TIP5：提高了产品或服务质量	0.543		
TP2：生产运营创新绩效			
TIP6：改善产品生产的灵活性		0.527	
TIP7：提高生产能力		0.720	
TIP8：降低单位产出的劳动成本		0.847	
TIP9：降低单位产出的原材料消耗		0.832	
TIP10：降低单位产出的能源消耗		0.561	
TP3：环境适应性创新绩效			
TIP11：减少对环境的污染			0.773
TIP12：满足行业管制的要求			0.731
TIP13：提高了公司的公众形象			0.772
TIP14：更容易获得资金支持			0.705
因子的特征值	7.225	1.211	1.126
因子的 Cronbach´s α 系数	0.835	0.876	0.854
解释的变差（%）	23.396	23.023	21.882
累计解释变差（%）	23.396	46.419	68.301

三、模型、结果与发现

（一）潜变量的相关性

采用 SPSS17.0 统计软件对所有萃取的潜变量进行相关性分析，各个潜变量之间的 Pearson 相关系数矩阵如表 8－6 所示。本章所提出的研究假设得到初步支持，企业与竞争市场形成战略联盟的知识转移与企业的产品创新、生产运营和环境适应性显著正相关；企业与非营利组织形成战略联盟的知识转移与企业的产品创新、生产运营绩效显著正相关；技术创新成果的法律保护和竞争性保护与企业的产品创新、生产运营和环境适应性显著正相关；企业的知识产权管理实践与企业的生产运营和环境适应性显著正相关。从 Pearson 相关系数来看，大多数相关系数都低于 0.30，因此多重共线性问题在本研究中并不突出。

表 8－6　各个潜变量的 Pearson 相关系数矩阵

变量	SA1	SA2	IP1	IP2	KP	TP1	TP2	TP3
SA1	1.000							
SA2	0.000	1.000						
IP1	0.378**	0.076	1.000					
IP2	0.165**	0.282**	0.000	1.000				
KP	0.248**	0.037	0.000	0.000	1.000			
TP1	0.114**	0.200**	0.139**	0.222**	-0.042	1.000		
TP2	0.180**	0.331**	0.233**	0.338**	0.115*	0.000	1.000	
TP3	0.278**	0.073	0.164**	0.337**	0.257**	0.000	0.000	1.000

注：双尾检验 * $p<0.10$；** $p<0.05$；*** $p<0.01$。

（二）建模

利用层次回归的方法，讨论技术型企业在与其他企业（竞争性和非营利性）间建立技术战略联盟、进行知识转移，通过技术成果的法律保护和竞争性保护以及企业知识产权管理实践，提升企业创新绩效的主效应和交互效应问题。交互效应是指两个变量（X_1 和 X_2）共同作用时对因变量 Y 的影响不等于两者分别影响 Y 的简单数学之和。在交互作用分析中，两个自变量的地位可以是对称的，可以把其中任何一个解释为调节变量；它们的地位也可以是不对称的，只要其中有一个起到调节变量的作用，交互效应就存在（Aiken and West，1991）。根据前期对研究潜变量的数据挖掘，得到联盟间知识转移的两个重要维度，包括：企业与竞争市场形成战略联盟的知识转移（SA1）和企业与非营利组织形成战略联盟的知识转移（SA2）；技术创新成果保护的三个重要维度，包括：技术创新成果的法律保护（IP1）、技术创新成果的竞争性保护（IP2）和企业的知识产权管理实践（KP）；企业的创新绩效可以从以下三个角度衡量：企业的产品创新绩效（TP1）、生产运营创新绩效（TP2）和环境适应性创新绩效（TP3）。利用研究中得到的各个潜变量的因子得分进行主效应（Main effect）和交互效应（Interaction effect）的多层次回归分析（Multi－level Regression Analysis），讨论研究潜变量之间的关系，建立如下计量模型（式 8 - 1、式 8 - 2 和式 8 - 3）。

$$TP_i = \beta_0 + \beta_1 SA_1 + \beta_2 SA_2 + \varepsilon_i \quad (8-1)$$

$$TP_i = \beta_0 + \beta_1 SA_1 + \beta_2 SA_2 + \beta_3 IP_1 + \beta_4 IP_2 + \beta_5 KP + \varepsilon_i \quad (8-2)$$

$$TP_i = \beta_0 + \beta_1 SA_1 + \beta_2 SA_2 + \beta_3 IP_1 + \beta_4 IP_2 + \beta_5 KP + \beta_6 SA_1 \times IP_1 + \beta_7 SA_1 \times IP_2 + \beta_8 SA_1 \times KP + \beta_9 SA_2 \times IP_1 + \beta_{10} SA_2 \times IP_2 + \beta_{11} SA_2 \times KP + \varepsilon_i \quad (8-3)$$

$$i = (1,2,3)$$

用多层次回归的方法检验交互作用的一个重要步骤是把自变量和调节变量进行数据整理，我们把这些变量进行了中心化，即用变量中的每一个测量值减去均值，使得新得到的数据样本均值为 0（Aiken and West，1991），因为预测变量和调节变量往往与它们的乘积高度相关。中心化的目的是减少回归方程中变量间的多重共线性（Multi - collinearity）问题。采用普通最小二乘法（Ordinary Least Square），使用 SPSS17.0 软件，对 9 个模型进行线性估计，分析结果如表 8 - 7 所示。

（三）结果与发现

1. 技术战略联盟间的知识转移与企业创新的关系

研究结果显示，技术战略联盟（竞争性和非营利性）间的知识转移对技术型企业创新绩效的主效应表现为：①与竞争市场形成技术战略联盟的知识转移对企业的产品创新绩效、生产运营创新绩效和环境适应性创新绩效均有显著正向影响（$t = 2.363^{**}$，$p < 0.05$；$t = 4.341^{***}$，$p < 0.01$；$t = 5.824^{***}$，$p < 0.01$），说明在中国行业内的企业关系已从单纯的“竞争”关系演变为一种“竞合”的博弈关系，与竞争对手形成的技术战略联盟间进行知识转移和交换有效促进了企业的创新绩效，假设 1 得到证明。②与非营利性组织形成技术战略联盟的知识转移对企业的产品创新绩效和生产运营创新绩效均有显著正向影响（$t = 3.909^{***}$，$p < 0.01$；$t = 7.215^{***}$，$p < 0.01$），而并没显著促进企业的环境适应性创新绩效（$t = 1.346$，$p > 0.1$），说明在中国企业与非营利性组织（如公共科研机构、机关、院校和咨询机构等）形成技术合作关系可以有效提升企业的新产品开发并降低生产运营成本，但是企业同时与政府等机构是监管与被监管的关系，知识转移对企业的环境适应性创新绩效影响不显著，假设 2 部分得到证明。以上研究结果说明，在企业间的联盟关系中，生产要素是异质而非均质的，这种资源的异质性决定着企业之间的不同状态。企业间关系就是竞争、合作和资源禀赋不同的产物。在企业内部报酬递增、管理成本不断提高和竞争环境日益增强的条件下，管理者倾向于在竞争市场和非营利组织间建立技术战略联盟，以利用知识转移和知识交换，减少技术开发风险，增强企业的核心竞争能力。

表 8-7　调节效应的层次回归模型分析结果

自变量	非标准化回归系数								
	产品创新绩效			生产运营创新绩效			环境适应性创新绩效		
	模型 1	模型 2	模型 3	模型 4	模型 5	模型 6	模型 7	模型 8	模型 9
与竞争市场形成的战略联盟	0.111**	0.057	0.054	0.196***	0.057	0.079	0.271***	0.116**	0.105**
（t 值）	2.363	1.080	1.016	4.341	1.151	1.581	5.824	2.347	2.103
与非营利组织形成战略联盟	0.190***	0.136***	0.109**	0.337***	0.247***	0.219***	0.065	-0.045	-0.062
（t 值）	3.909	2.706	2.083	7.215	5.266	4.475	1.346	-0.954	-1.285
技术创新成果的法律保护		0.109**	0.125**		0.195***	0.208***		0.121**	0.119**
（t 值）		2.165	2.456		4.148	4.345		2.563	2.493
技术创新成果的竞争性保护		0.166***	0.157***		0.251***	0.217***		0.329***	0.355***
（t 值）		3.323	3.023		5.377	4.451		7.063	7.343
企业的知识产权管理实践		-0.059	-0.041		0.101**	0.111**		0.236***	0.246***
（t 值）		-1.221	-0.859		2.245	2.449		5.254	5.481
交互变量									
与竞争市场形成的战略联盟 × 技术创新成果的法律保护			-0.002			0.076*			0.028
（t 值）			-0.035			1.784			0.650
与竞争市场形成的战略联盟 × 技术创新成果的竞争性保护			0.053			-0.076			0.113**
（t 值）			1.005			-1.533			2.305
与竞争市场形成的战略联盟 × 企业的知识产权管理实践			0.074*			-0.018			0.107**
（t 值）			2.027			-0.413			2.504
与非营利组织形成的战略联盟 × 技术创新成果的法律保护			-0.015			-0.083			-0.105**
（t 值）			-0.322			-1.085			-2.406
与非营利组织形成的战略联盟 × 技术创新成果的竞争性保护			-0.040			-0.040			-0.036
（t 值）			-0.987			-1.058			-0.939

续表

自变量	非标准化回归系数								
	产品创新绩效			生产运营创新绩效			环境适应性创新绩效		
	模型 1	模型 2	模型 3	模型 4	模型 5	模型 6	模型 7	模型 8	模型 9
与非营利组织形成的战略联盟×企业的知识产权管理实践			-0.168***			-0.061			-0.005
（t 值）			-3.344			-1.303			-0.117
模型参数									
可决系数 R^2	0.046	0.083	0.119	0.140	0.221	0.245	0.077	0.215	0.249
可决系数的变化 ΔR^2	0.000	0.037	0.036	0.000	0.081	0.024	0.000	0.138	0.034
经调整的可决系数 $Adj-R^2$	0.041	0.072	0.096	0.136	0.212	0.225	0.072	0.206	0.229
F 值	10.179***	7.632***	5.123***	34.598***	23.963***	12.292***	17.660***	23.092***	12.514***
（*Sig.*）	0.000	0.000	0.000	0.000	0.000	0.000	0.000	0.000	0.000
估计标准误差 *SSE*	0.969	0.953	0.941	0.933	0.891	0.884	0.962	0.890	0.877

注：双尾检验 * $p<0.10$；** $p<0.05$；*** $p<0.01$。

2. 技术创新成果保护与企业创新的关系

技术创新成果保护包含了三个理论维度：一是技术创新成果的法律保护；二是技术创新成果的竞争性保护；三是企业的知识产权管理实践。利用技术创新成果保护措施可以显著提升企业创新，验证过程发现：①采用技术创新成果的法律保护措施（如利用专利保护手段）显著地提升技术型企业的产品创新绩效、生产运营创新绩效和环境适应性创新绩效（$t=2.165^{**}$，$p<0.05$；$t=4.148^{***}$，$p<0.01$；$t=2.563^{**}$，$p<0.05$），而采用技术创新成果的竞争性保护措施（如技术保密和产品设计复杂化等）也显著地提升技术型企业的产品创新绩效、生产运营创新绩效和环境适应性创新绩效（$t=3.323^{***}$，$p<0.01$；$t=5.377^{***}$，$p<0.01$；$t=7.063^{***}$，$p<0.01$）。②在企业内进行知识产权管理实践（如有专职部门或人员负责知识产权管理工作，定期对管理、技术人员进行知识产权管理培训以及将获得知识产权数量和质量作为部门考核指标等）显著地提升技术型企业的生产运营创新绩效和环境适应性创新绩效（$t=2.245^{**}$，$p<0.05$；$t=5.254^{***}$，$p<0.01$）。以上的研究发现属于技术创新成果保护措施的主效应，然而在技术型企业与竞争市场和非营利性组织间形成技术战略联盟的知识转移中，情况并非如此简单。

技术型企业利用技术创新成果的保护措施可以在与技术战略联盟的知识转移过程中对创新效果产生调节作用，这种作用方式既有正向也有负向调节，层次回归研究发现：①在与竞争对手形成战略联盟的知识转移中，有效地进行企业内的知识产权管理实践可以正向调节企业的产品创新，提高企业创新效果（$t=2.027^{*}$，$p<0.10$，$\Delta R^2=0.036$）。在与非营利性组织（如政府部门等）形成战略联盟的知识转移中，企业与其更多是监督与被监督的角色关系，进行企业内的知识产权管理实践可能会提高企业产品开发成本，这种调节效应是负向的（$t=-3.344^{***}$，$p<0.01$，$\Delta R^2=0.036$），说明在目前激烈竞争的动态环境下，技术型企业在依托政府力量且对知识产权管理的投入较多，不利于知识的交流和溢出，反而提高了管理成本，企业也很难获得创新效果的提升，假设 5 部分得到证明并存在新的发现。②在与竞争对手形成战略联盟的知识转移中，有效地利用技术创新成果的法律保护措施可以正向调节企业的生产运营创新绩效，提高企业创新效果（$t=1.784^{*}$，$p<0.10$，$\Delta R^2=0.024$），假设 3 部分得到证明。③在与竞争对手形成战略联盟的知识转移中，有效地利用技术创新成果的竞争性保护措施以及在企业内进行知识产权管理实践可以正向调节企业的环境适应性创新绩效，提高企业创新效果（$t=2.305^{**}$，$p<0.05$，$\Delta R^2=0.034$；$t=2.504^{**}$，$p<0.05$，$\Delta R^2=0.034$），假设 4 部分得到证明。然而，在与非营利性组织（如政府部门等）形成战略联盟的知识转移中，企业与其更多是监督与被监督的角色关

系，进行技术创新成果的法律保护只是针对下一代厂商的模仿行为，而非针对政府组织，这种调节效应是负向的（$t = -2.406^{**}$，$p < 0.05$，$\Delta R^2 = 0.034$）。采用技术创新成果的法律保护和竞争性保护措施以及企业的知识产权管理实践是企业获得外部信息并保护核心知识资产的基础。这种技术创新成果保护措施的作用是分对象的，主要应用于与竞争市场形成的技术战略联盟的知识传递过程中。

四、研究结论与启示

本研究把企业形成的技术战略联盟分为两种情况进行讨论：一是与竞争市场形成技术战略联盟的知识转移过程；二是与非营利性组织形成技术战略联盟的知识转移过程。研究发现：无论企业与竞争对手还是与政府、科研机构形成技术战略联盟，联盟间的知识转移和交换均可以使企业获得战略性互补知识资产，从而促进企业的产品创新、生产运营创新，提升企业对环境的适应性。然而，只有显性知识才能长距离传递，而隐性知识的传递通常需要面对面的直接接触和交流，与知识源的地理临近性对隐性知识传递非常重要，但是与技术战略联盟的近距离知识交换却可能带来知识产权纠纷，使企业丧失核心知识资产，甚至对企业带来重创（如天府可乐与百事可乐之争）。因此，企业在与技术战略联盟进行合作过程中，可以采用技术创新成果的法律保护、竞争性保护措施以及在企业内进行知识产权管理实践，维护企业的核心能力，促进企业的创新效果。这种技术创新成果的保护过程在企业与竞争市场形成技术战略联盟的知识转移过程中更加有效。基于本章的研究结论，提出如下促进企业技术联盟合作、提升创新效果政策的三点建议：

（1）政府政策措施提升行业竞争与合作、进行产业结构调整，以及鼓励产业集群发展，形成企业间技术战略联盟合作的氛围和土壤，促进知识转移和交换，有效提升企业的自主创新能力。迈克·波特将产业区视为在某一特定领域内相互联系、在地理位置上集中的公司和机构集合，他特别强调区内集群企业在获取雇员和供应商、专业化信息、互补性、获取公共品方面的优势，同时也探讨了区位选择、就地参与、集群升级和集体协作对提高集群竞争力的作用。产业的地理性聚集，使得所有成员企业和相关机构（包括政府、大学或科研机构、中介机构、金融机构等）在地域上相互邻近，而且共同“锁定”于一个区域具有显著的地域相关特征，并且该地域聚集的成员企业从事某一产业或相关产业的生产和服务，成员之间有广泛的劳动分工和紧密的、基于长远关系的合作，并由此构成了技术战略联盟的形成机制。通过给予集群内企业广泛尝试机会、降低创新成本与风险、增强集体学习机制、扶持企业衍生，赋予企业集群创新活力，最终形成企业间技术战略联盟的合作体系。

（2）技术型企业可以依托技术创新成果的法律保护和竞争性保护措施，维护与技术战略联盟间的“竞合”关系，建立正常的竞争与合作机制，提升企业的创新能力。尤其是与竞争对手形成的技术战略联盟，正是基于资源的互惠交换、提高企业内部效率与减少外部环境的不确定性等目的而建立的。总的来说，技术战略联盟间的“竞合”关系有以下特点：①互利性。技术战略联盟间各行为主体之间相互交流合作，都是基于互惠互利基础上的。行为主体通过联盟能获取各自的利益，形成双边共赢。②平等性。技术战略联盟间的各行为主体是独立的法人实体，并不存在层级关系，是建立在信用基础上的优势互补。③联系的广泛性。技术战略联盟间的联系涵盖面非常的广，它既包括行为主体间的正式联系，也包括行为主体之间非正式联系。④不稳定性。技术战略联盟间的合作既能给成员带来知识转移，也可能带来一些消极的限制，如知识产权纠纷。技术创新成果的法律保护和竞争性保护措施为技术战略联盟间的合作带来积极地促进作用。

（3）处于不同发展阶段和类型不同的技术型企业需要选择不同的知识产权管理实践，建立与技术战略联盟合作的自我保护机制，从而提升企业创新能力。对于具有整体创新技术能力或局部创新具有突出优势的企业，其创新战略主要服务于企业的可持续发展和国际核心竞争力的培育，市场目标定位于满足高、精、尖的条件的高端客户需求，技术目标锁定世界前沿技术，如海尔、华为、大唐等企业就属于这样的类型。这类企业更应该主动监视国内外竞争对手的专利情况，建立有专利、技术文献收集、整理和利用的信息系统；对于具有低水平创新型技术能力的企业，虽然强烈的内部创新意愿有利于企业敏锐地获取需求信息、发现潜在的商业机会，但由于技术能力不足，难以实现能够带来核心竞争力的重大技术突破，一般只能通过辅助工艺改进或产品外观、辅助功能等低技术含量创新。这类企业要完善设置专职的知识产权管理人员，定期对人员进行知识产权管理培训，在员工雇佣合同中明确企业知识产权保护条款，以及将获得的知识产权数量和质量作为部门或人员的绩效考核指标等知识产权管理的基础性工作。

第9章　技术战略联盟“跨边界”立体学习模型

早在1996年，学者Powell W. W.，Kenneth W. Koput和Laurel Smith－Doerr就提出：当存在一个高速技术进步的体系时，研发上的突破会广泛分布，以至没有一个单独的机构能完全靠自身能力获得成功。近些年，我国的高技术企业(H－tech firms）与海外跨国公司之间形成技术战略联盟，进行合作、技术学习、知识转移并获得联合创新成功的现象（例如，海尔和日本三菱重工、小天鹅与美国GE公司等）引起学者们浓厚的研究兴趣。如，学者Hoffmann（2007）基于知识基础和动态能力视角，利用美国高技术企业联盟数据试图打开跨国技术战略联盟学习过程的“黑箱”，提出并检验联盟“结合—合规—分享—成功”的概念模型。再有，学者Li N. W. 和Staelin（2009）基于资源基础理论和制度理论视角，利用美国四个产业（计算机、钢铁、生物医药和天然气）的跨国联盟数据，提出并检验“资源互补—环境适应”的联盟学习机制，推动了跨国技术战略联盟相关理论发展。

与此同时，我们发现中国典型的高技术企业利用跨国技术战略联盟形式进行学习、知识吸收、提升创新能力并积累合作经验是一个动态演进的过程。有的企业在一次的跨国技术战略联盟合作中就失败了，更多联盟企业的合作是一个“摸着石头过河”的探索过程，失败、成长、改进进而成功并获得创新绩效，联盟间的学习不再局限于两两合作的“平面”式学习，而表现为一种多维度、横纵交织的“立体”式“跨边界”学习模式。这种演进的、复杂的和动态的知识获取和积累过程，也充满了不确定性和风险。2012年年底，国家科技部公布我国产业技术创新战略联盟（其中不乏跨国技术战略联盟）运行评估结果，其中高效节能铝电解技术、流感疫苗技术、有色金属工业环境保护产业技术、航空遥感数据获取与服务技术创新联盟存在较多突出问题（中国科技部在2012年5月推出39个产业创新技术联盟试点，包括光纤材料产业技术联盟、智能数字家电产业技术联盟等)。战略联盟的组织形式为企业带来了可观的回报（在过去的10年中，世界领先的2000家公司在战略联盟中的投资回报率接近17%，这比所有公司的平均数高出50%。在财富500强中，25个联盟最活跃的公司的净资产回报率平均为17.2%，对应的25家最不活跃的公司是10.1%)，但学术界也有学者对其进行评估和预测，认为战略联盟的合作失败率接近50%～60%，跨国技术战略联盟的失败率首当其冲。

中国跨国技术战略联盟创新的兴起，在为理论研究提供新的素材的同时，也向理论界提出了热切期待。本章从一个新的视角思考影响跨国技术战略联盟学习过程和创新绩效的因素。与跨国公司形成技术战略联盟并在公司内部成功进行技术知识学习，是众多中国高技术企业的重要战略。可是，现实中的中国企业所选择的这条道路并不平坦（如许多中国公司并没有真正从海外跨国企业合作中获得有价值的知识、一些原本是自己根基的知识产权和品牌却有可能拱手让人，如百事可乐收购天府可乐、雀巢收购银露等），多数做得好的企业也仅仅是在某些局部知识的转移上获得成功，而能够有计划、系统地从联盟过程中学习知识的中国企业凤毛麟角。所以，我们提出的问题是中国企业与跨国公司形成技术战略联盟的先前经验是否可能引致当前跨国技术战略联盟的学习成功并导致高的创新绩效？组织通过向过去成功或者失败的跨国联盟经验进行跨“时间”边界学习，从而提高当下联盟学习的质量并提高创新效果，本章将从这个新的视角讨论跨国技术战略联盟的成功之道。

本章与以往的战略联盟研究可能存在的创新体现在：一是对跨国技术战略联盟多维跨边界学习过程机理的探索。跨国技术战略联盟学习过程的多维概念，包括了“探索、甄别、吸收、应用和创造”过程，并且这种学习过程是跨边界的（跨组织边界和跨时间边界）。二是研究对象的特殊性。本章以中国高技术企业与跨国公司形成技术战略联盟为研究对象，之前技术战略联盟成员之间学习和知识转移影响因素的研究数据大部分来自于发达国家的跨国高技术公司，对于发展中国家的中国企业的研究相对缺乏。

最后，本章的结构安排如下：第二部分通过文献综述，阐述本章要测量的基本概念，建立相关的研究假设和实证的理论框架；第三部分讨论如何进行变量的测量、量表的设计、样本采集与样本分布特征，同时讨论研究的有效性；第四部分利用中国245家高技术企业（具有两次以上的跨国技术战略联盟经验）形成的跨国技术战略联盟问卷数据（总样本量为325家），建立结构方程模型（SEM，直接效应模型和中介效应模型），实证检验本章提出的研究假设和理论架构，得出确切的研究结论；第五部分利用第四部分的内容，总结研究结论并展开充分讨论，论述研究局限性和未来研究方向。

一、文献综述与研究假设

传统上对跨国技术战略联盟间的学习、技术知识转移和创新绩效的影响研究多从“组织间学习理论—技术知识特性—联盟网络治理”三元视角出发，重点研究技术战略联盟过程的影响因素、知识获取、知识创造以及学习治理机制等。这些研究大致可以分为三类：一是把跨国技术战略联盟间的企业看作相对独立的“黑箱”，研究技术知识的特性（如透明度、隐晦性、默会性等）、知识转移影响因素（如联盟目标、联盟战略、组织吸收能力、知识相关性以及界面管理等）的作用；二是打开“黑箱”后研究独立技术企业的学习能力、学习机制、知识能力提升、知识创造过程以及创新效果；三是把多个“黑箱”连接起来，研究跨国技术战略联盟间的协调机制、网络治理、信任沟通、合作调整、组织冲突等对联盟合作的影响作用。国内学者李景峰（2007）以“酚酒股份”为典型案例研究联盟企业间知识转移机制的设计，不过研究中仅仅考虑了两个联盟企业间的“平面”学习过程和知识转移，没有思考企业在多次联盟积累后联盟经验的空间影响。Shao - Chi Chang，Sheng - Syan Chen 和 Jong - Ho Lai（2012）仅仅应用美国和日本的技术战略联盟为研究样本，胡珑瑛和张自立（2007）、龙勇和李世清（2011）等国内学者的相关研究，或尝试构建技术战略联盟合作结构模式选择框架，或以联盟稳定性为因变量进行实证分析。本章研究先前跨国技术战略联盟经验对当下跨国技术战略联盟学习质量和创新绩效的影响，建立跨国技术战略联盟“跨边界”的立体学习模型。以下通过文献回顾建立研究假设和理论框架。

（一）先前跨国技术战略联盟学习过程的影响

多数学者把跨国技术战略联盟成员学习视为一个过程，而非结果。不少学者对联盟学习过程进行分解和细化，并形成三种跨国技术战略联盟学习过程模型：一是认知过程模型；二是行为过程模型；三是认知 + 行为过程整合模型，如表9 - 1所示。“认知观”侧重从组织认知或信息处理角度出发，将跨国技术战略联盟学习分为知识获取、使用、分享、交流、信任、洞察和储存等过程；“行为观”强调学习中的具体行为过程，研究者较少，认为跨国技术联盟过程可以分阶段展开研究（如合作过程阶段、项目行进阶段和技术获取阶段等）；而“知行观”则认为跨国技术联盟学习是成员认知和行为共同发挥作用、产生变化的过程，在技术战略联盟学习中融合认知和行为两个方面，如 Lin W. B.（2007）和邹艳、杨乃定（2009）的知识获得、提升、应用、能力提高、信任、沟通、冲突和调整模型，以及 David（2001）和许学国等（2004）的定义问题、掌握学习技能、组建完善学习环境和解决问题模型。

表 9 - 1　三种跨国技术战略联盟学习过程模型

认知过程模型		行为过程模型		认知 + 行为过程整合模型	
研究者	过程模型	研究者	过程模型	研究者	过程模型
Huber（1991）	知识获取、分配、解释、储存和检索	Kogut 和 Zander（1992）	合作开端、技术问题解决、冲突、决策、绩效	Inkpen A. C.（1997）	思维框架的再建立、实验、跨越边界、整合

续表

认知过程模型		行为过程模型		认知+行为过程整合模型	
研究者	过程模型	研究者	过程模型	研究者	过程模型
Ahuja G.（2000）	知识获取、使用、分享、遗忘、思考、即兴发挥、洞察和储存	范黎波和张中元（2006）	专用性资产投资、知识学习能力积累和知识共享平台	Lin W. B.（2007），邹艳和杨乃定（2009）	知识获得、提升、应用、能力提高、信任、沟通、冲突、调整
Prokecsch（1997），宁钟等（2005）	学习联系、知识获取目标、承诺、短视和融合	刘立群和柯昌清（2010）	技术研发、应用和扩散，技术分析、选择、获取、整合和更新	Handy（1994），谢卫红等（2006）	知识转移、新知识产生和新知识建构，同时存在竞争性、非竞争性学习，对称和非对称学习
Devidson（2004）	互动关系、愿景、信任和能力	阎立罡和吴贵生（2006）	技术获取、整合和技术储存	Lei David（1997），李新春（2000）	伙伴选择、促进联盟成员系统观、塑造关系资本、强化承诺
Foss（1996），江旭和高山行等（2008）	知识学习、分享和知识创造			Parise等（2001），葛京（2004）	学习平台建设、学习意图、可能性、学习能力、效果、合作地位
黄俊、杨柏和白硕（2006）	沟通、交流、连接、共享、信任			David等（2001），许学国等（2004）	定义问题、掌握学习技能、组建和完善学习环境，解决问题

以往的跨国技术战略联盟学习过程模型，有些是依照学习过程的顺序考虑的，强调学习从开始、进行到结束的全过程；有些则是指出了学习的各个环节，这些环节不一定有先后顺序之分，但每个过程之间都是有逻辑连接的。无论模型是如何界定，都有助于剖析跨国技术战略联盟是如何进行技术学习和知识转移

的。本章从“知行观”视角出发，依照一定的学习逻辑顺序，考虑联盟学习的时间和空间要素，建构先前的跨国技术战略联盟的多维度、跨边界学习过程模型。国内外目前较少有人明确提出技术联盟成员跨边界学习模型，这里的“多维度”是指联盟成员的学习是多个认知和行为的序贯过程；跨边界有两层含义：①联盟企业“跨组织边界”向联盟对手学习；②联盟企业通过过去的联盟经验“跨知识边界”学习。先前的跨国技术战略联盟学习过程是技术联盟成员在向联盟中其他组织学习时所经历的环节。我们根据以往对联盟实践企业的访谈和现场观察，初步提炼出五个环节：①“探索”，技术联盟成员从联盟中的其他组织搜寻各种信息、知识、经验、教训和资源；②“甄别”，对已搜索到的信息、知识、经验、教训和资源进行评价，并从中筛选出对企业有价值的信息；③“吸收”，将筛选出的信息、知识等经加工后储存到企业的知识库中（这个过程充分体现组织的先前经验学习特点）；④“应用”，调出存储的相关信息、知识等、并用于企业经营活动；⑤“创造”，企业创新过程中，把吸收到的相关信息、知识等转化、延伸和拓展为新知识（这一环节也体现出形成跨国技术战略联盟促进企业创新的目的）。组织先前的跨国技术战略联盟学习过程（探索、甄别、吸收、应用和创造）将对当前跨国技术战略联盟学习质量和创新效果产生影响，这也符合组织向过去经验学习的理论阐述，所以我们建立如下的研究假设：

假设 H1：先前的跨国技术战略联盟过程（探索、甄别、吸收、应用和创造）对当前的跨国技术战略联盟学习质量产生正向影响。

假设 H2：先前的跨国技术战略联盟过程（探索、甄别、吸收、应用和创造）对形成跨国技术战略联盟的高技术企业创新产生正向影响。

（二）当前跨国技术战略联盟学习质量的影响

Chesbrough（2003）提出越来越多的高技术企业从以前的封闭式创新转变为开放式创新，其中组织“跨边界”学习成为重要的创新环节，开放式创新的企业边界是多孔渗透的。Nonaka（1995）开始关注知识创造可以跨越组织和知识的界限，组织可以跨越边界分享隐性知识、建立概念、检验概念、建立原始模型和交流共享的知识。Menon 和 Pfeffer（2003）指出按照组织内部学习和外部学习逻辑，认识组织跨边界学习过程是合理的，吻合了组织“跨边界”学习的基本概念。国内学者李文元和梅强（2007）认为企业外部学习的途径包括：消费者、竞争对手、关系网络和制度，而知识获取的内部途径包括：个人学习、职能部门内学习、跨职能部门学习和多层次学习，并且企业内部学习和外部学习是相互依赖的关系。曾德明等（2007）比较了企业内部学习和外部学习对企业 R&D 速度、成本和竞争优势的影响，通过对高技术企业的访谈发现在技术实验阶段和产品开发阶段对内部学习和外部学习应有所侧重。国内学者钟竞、吴泗宗和张波

(2008) 利用KN公司与复旦软件公司的技术战略联盟案例，把组织跨边界学习细分为“跨知识边界”学习（利用式学习和探索式学习）和“跨组织边界”学习（与客户互动、与企业合作、与大学和科研机构的联系等），强调两种组织学习模式的交织互补关系对创新效果的影响。在最新的文献中，学者赖红波、王建玲和程建新（2012）则设计了组织跨边界学习量表，利用179份调查问卷实证分析了网络风险、声誉对组织跨边界学习和绩效的影响机制，在研究工具开发和利用方面做出了贡献。从以上的文献回顾中不难发现，跨国技术战略联盟“跨边界”学习理论很少考虑组织学习的质量，即学习效果和学习速度问题。

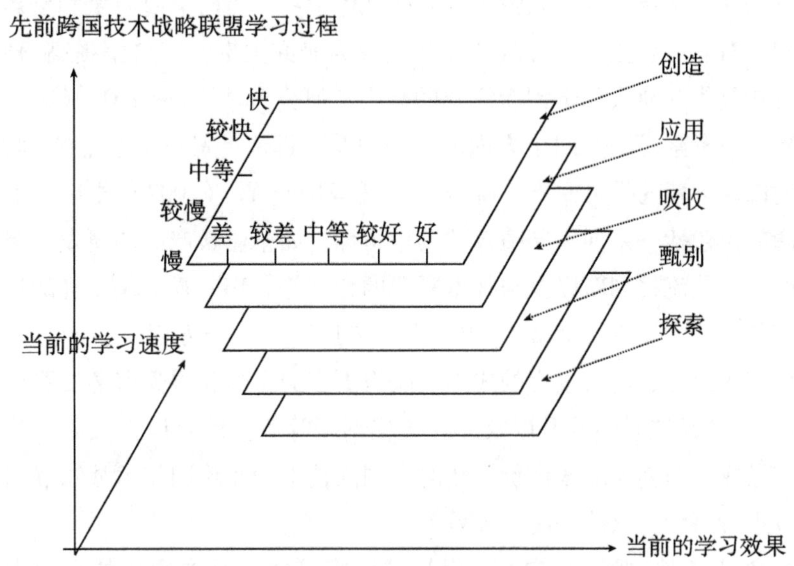

图9－1　跨国技术战略联盟学习过程模型

我们提出研究跨国技术战略联盟学习时，需要考察当前企业建立跨国技术战略联盟的学习质量，包括：联盟学习效果和联盟学习速度，这是影响企业创新的重要因素。学习效果是指跨国技术战略联盟成员向联盟中其他组织学习的有效性，可以用好、较好、中等、较差、差五个等级来衡量。学习速度是指跨国技术战略联盟成员向联盟中其他组织学习的及时性，可以用快、较快、中等、较慢、慢五个等级来衡量。基于这两个学习质量维度，可构建跨国技术战略联盟成员多维“跨边界”学习的立体模型，模型如图9－1所示。该模型由三个维度构成，第一个维度是企业先前的跨国技术战略联盟学习过程，由下而上分别是：探索、甄别、吸收、应用和创造；另外两个维度是当前跨国技术战略联盟的学习质量，即学习效果和学习速度。该模型的内涵是：跨国技术战略联盟成员先前跨边界学习包含五个学习过程，各个过程会影响当前联盟学习的质量，即当前联盟的学习效果和学习速度，这样当前联盟学习质量产生一定的中介效应，对企业创新产生影响。在技术战略联盟学习研究中，大多数学者在运用联盟学习过程量表时只关注联盟学习的整体水平，将学习过程各环节的评分（没有学习效果与学习速度的维度之分）平均化处理，只有少数研究会考察各学习过程与其他“构念”之间的关系。所以，我们建立如下的研究假设：

假设 H3：当前的跨国技术战略联盟学习质量越高，企业创新绩效越好。

假设 H4：当前跨国技术战略联盟学习质量在先前的跨国技术战略联盟学习过程和企业创新之间产生中介作用。

（三）高技术企业形成跨国技术战略联盟的创新绩效

本章关注跨国技术战略联盟企业先前立体学习、当前学习质量和创新绩效的影响机理，对联盟企业创新绩效的测量则成为研究关键。若希望提高研究效度，最好的方法是借鉴前人关于创新绩效的分类和研究方法。Lavie D.（2007）认为创新绩效应该考察组织的四个方面的创新效果，即新产品的开发、专利的申请、研发周期以及创新的投资回报。Li H. Y. 和 Zhang Y.（2007）指出企业创新绩效的概念应该包括一系列不同绩效的测量指标，如企业新产品的研发、新产品的市场状况、工艺流程创新以及与技术联盟的合作等。Milé Terziovski（2010）认为企业的创新绩效是个多维度的结构，应该包括以下几个方面：新产品的成功研发、市场进入速度、创新过程的成本、获得更多的国内和国际市场发展机会（服务外向性）、产品质量的提升以及工艺流程创新等等。综合以上文献，我们选择最典型和最成熟的创新绩效评价方法对中国高技术企业跨国技术战略联盟合作的创新绩效进行评价，以便提高研究效度。

（1）创新范围：服务外向性。发展中国家（尤其是中国）的企业进行技术战略联盟，使得企业接触到发达国家最先进的生产制造、技术研发与管理方式，直接或间接促进了发展中国家企业生产率和创新能力的提高。中国高技术企业的市场目标不仅仅是满足国内市场的需求，其产品和服务的创新绩效还体现在对国际市场的服务过程中。我们选取对中国高技术企业最具有特殊意义的创新绩效创新范围（服务外向性）进行考察，其意义主要体现在以下几个方面：中国企业在跨国技术战略联盟过程中提高或改善生产工艺过程；通过跨国技术战略联盟促进隐性技术知识诀窍的转移；同时，促进产品质量、品种、环保、安全等标准的提升。

（2）产品创新：产品（服务）寿命周期和研发周期。一些研究仅仅使用新产品专利数来测量企业创新绩效存在一定缺陷。一是申请专利的条件比较严格，可能会低估一些企业的创新绩效；二是某些企业出于战略原因不愿对创新产出申请专利（例如防范信息过早外泄）；三是企业申请专利积极性的差异也会影响这一指标测量创新绩效的准确性。因此，本章不单纯选用专利数指标来表示产品创新绩效的测量维度，而是考察产品（服务）寿命周期和研发周期。根据 Bell

(2005)、Ritter (2000) 的研究，认为产品创新绩效的一个重要方面是产品（服务）寿命周期的长短，企业比竞争对手率先推出新产品和新技术，并且新产品和新技术的寿命周期很长，说明企业有更高的创新能力；Li H. Y. 和 Zhang Y. (2007) 指出高技术性企业的创新其根本是新产品的研发，特别是为了满足新市场、新的顾客需求并对顾客产生价值的产品研发创新。先前的创新管理文献广泛使用研发周期作为评价企业创新效果的指标，新技术和新产品研发周期的缩短体现了技术型企业的创新产出效果。研发周期的加快，体现出企业研发边际成本效率的提升，是高技术企业应对不确定性跨国联盟环境、获取产品市场份额的重要途径。

(3) 工艺流程创新。技术创新是指一项技术或产品从创新思路的产生，到研究开发、试制和实现首次商业化的整个过程，它既包括产品创新，也包括工艺流程创新，仅仅考虑产品创新过程对高技术企业创新绩效进行评价是狭隘的。Romijn H. 和 Albaladejom (2002) 提出，企业的工艺流程创新是指工业制造业产品的加工顺序、加工方法、加工技术和程序方面的技术创新，工艺流程创新可以大大提升高技术企业的生产效率、降低生产成本并获得规模效应。工艺流程创新在产业内的深入实施将推动产业组织演进，在一定条件下会打破产业内企业间既有的垄断竞争关系，引致创新绩效的变动，促使企业改变创新行为模式。

(四) 控制变量的设定

根据 Michael Schrage (1999) 的观点，技术战略联盟是市场竞争日趋激烈、科技发展速度加快及企业实行国际化经营战略的必然趋势，是企业为了获取竞争优势而结成的具有一定相互技术依存的战略性伙伴关系。通过技术联盟，企业能在更大范围内合理分配和使用技术资源，实现企业优势互补，从而能更有效地提高企业的技术竞争力，改善创新效果。关于企业之间达成技术战略联盟关系的前因，Anthony Goerzen (2007) 利用日本和美国技术联盟企业问卷调查数据研究技术不确定性、地理距离和联盟经验对企业创新过程的影响，这里虽包含了联盟的情景要素（地理距离），但并未专门考虑联盟间的知识转移和学习行为对创新绩效的影响。有鉴于本章研究对象的特殊性，开发特别的联盟情景因素对联盟“跨边界”立体学习和创新的影响机制。由于对中国高技术企业与跨国公司形成技术战略联盟进行考察，研究对象的独特性要求我们提出如下三个研究的控制变量：文化距离、国际化经验和资源互补性。性质不同的成员形成的技术战略联盟，这些情景因素是有明显差异的，也会引致不同的联盟“跨边界”学习效果和差异性创新效果。文化距离 (Culture Distance) 是导致联盟成员学习效果、联盟合作中的信任和冲突的关键因素；Li H. Y. 和 Zhang Y. (2007) 认为联盟成员是否具有国际化经验 (International Experience) 直接影响跨国联盟中的合作和学习过程，具有一定国际化经验的组织更容易获得联盟合法性地位，产生更好的联盟学习效果。在这一点上，Zhenzhong Ma 和 Zhenning Yang（2012）也提出：对于中国高技术企业与跨国公司形成的技术战略联盟，企业是否具有国际化经验是影响技术战略联盟稳定性和联盟学习效果的一个关键情景因素；学者 Lavie D.（2007）认为在技术战略联盟形成之初，联盟成员是否具有战略和资源互补性（Strategic Match）是联盟成功的关键。

根据前面的文献综述和研究假设建立，得到本章研究的理论框架，如图 9－2 所示。讨论当前的联盟学习质量在先前的跨国技术战略联盟学习过程与企业创新效果之间的中介作用。

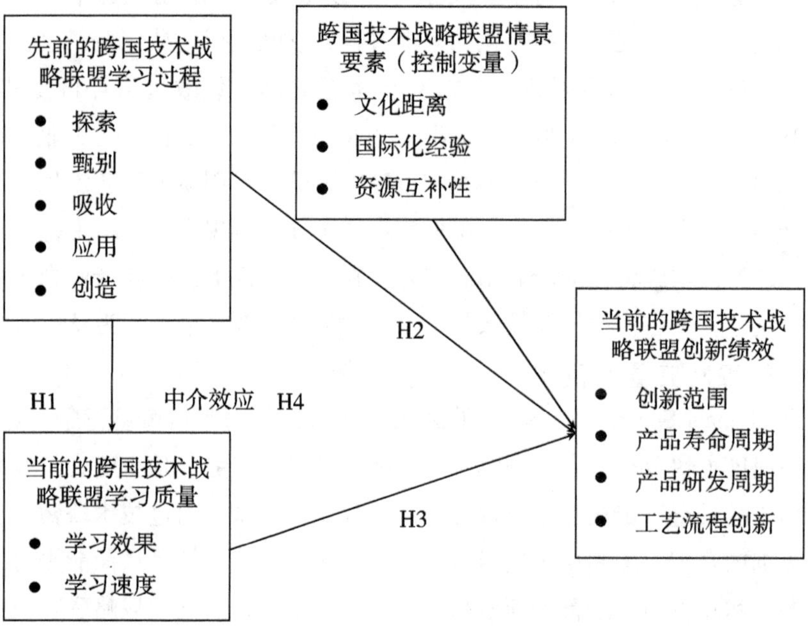

图 9－2　本章研究的理论框架

二、研究设计与过程

在这部分内容，主要讨论研究方法选择，量表设计，数据收集与样本特征，以及数据的共同方差、信度和效度的检验过程。通过量表的设计和测试，我们可以对于无法直接观察的潜变量进行控制和把握，虽然在一些具体环境条件下，这些潜变量是变化的，但却有利于研究者对问题的把握和验证。采用被试者感知量表的方法，主观感知测量能够对企业具体情况进行相对准确的评估，而且在实际操作上也简便易行。本章中的先前跨国技术战略联盟学习过程（探索、甄别、吸收、应用和创造）、联盟情景要素等均为潜变量，直接进行测量是困难的，通过量表设计和问卷发放，使企业战略联盟决策者感知先前的联盟过程和当前的联盟质量是科学和可行的。现有的量表，尤其是相关文献已经使用或者推广的量表往往具有较高的信度和效度。换言之，这些量表往往已经被不同的研究人员在不同的研究环境和不同的被调查群体中使用过。反复的应用，确保了这些量表能贴切地测量它们所代表的概念和变量（效度），也证实了这些变量的稳定性和准确性（信度），但是新量表的设计则可以更好地为新理论的研究服务。所以，本章的研究设计使用了经典量表和新量表开发相结合的方式。

（一）量表设计、预测试与数据收集

在量表设计和问卷调查环节，有鉴于本章研究的对象选择，任何特定的中国高技术企业（具有两次以上跨国技术战略联盟合作经验）都可以视为一个独立的样本。科学合理的测量量表应当充分借鉴前人已有的研究成果，变量的测量条目应通过深度访谈、概念化操作与相关文献综述来设计。量表中的测量条目的有效程度决定了量表的内容效度，即测量条目是否覆盖了理论变量的内涵。所以，本章借鉴了学者 Gupta P. P. 等（1994）对联盟学习“探索、甄别和应用”过程进行测量的量表。对于先前的技术战略联盟学习过程中的“吸收”和“创造”过程，我们借鉴了学者 Yadong Luo（2008）对组织“吸收能力”的测量方法。关于跨国技术战略联盟的情景要素，文化距离的测量借鉴了 T. K. Das（2010）的研究、国际化经验的测量借鉴了 Li H. Y. 和 Zhang Y.（2007）的研究成果、而对资源互补性概念的测量则借鉴了学者 Lavie D.（2007）开发的量表。对企业创新绩效的测量，我们借鉴了 Milé Terziovski（2010），Li H. Y. 和 Zhang Y.（2007）以及 Romijn H. 和 Albaladejom（2002）的相关研究。没有相关研究对当前联盟质量（学习效果和学习速度）进行测量，我们结合相关文献、企业访谈和案例分析对这部分的测量量表进行了设计，在条目设计上，本章采用 5 点 Likert 量表。另外，为了使被试者能够清晰地对先前联盟经验和当前联盟质量进行区分，我们在问卷设计中设置了被试者遴选题目（仅具有一次跨国联盟经验的被试样本被剔除）、先前联盟过程和当前联盟质量评估分页设计以及清晰的提示语句，尽量避免被试者发生感知偏差。

在正式问卷发出之前，我们进行了小规模的预测试（Pre－test）。预测试的目的是为了识别并消除可能存在的问题，而对一个小样本的调查对象进行问卷的测试，目的是通过潜在的被调查者对问卷的所有方面进行评估，包括问题的内容、措辞、顺序、形式和布局、问题难度以及指示说明等，要求参与者就问卷的可操作性提出意见和建议。在本研究中，测量条目数目最多的分量表（先前联盟学习过程量表）包含了 17 个问题，因此，最终选择了 50 家高技术企业调查对象进行预测试。预测试采用集中填答法进行，填写者为来自北京、河北、天津、深圳、广东等地域的 50 位公司的高层管理人员，他们都是企业进行跨国技术战略

联盟的决策者。在预测试结束后，我们对预测问卷的条目进行了分析，排除和修改了鉴别度不显著（$p > 0.05$）的条目。在此基础上，做了初步的可靠性分析和净化条目处理，计算了各个条目对于相应概念的 Item – to – total 相关系数，以及去掉每个条目后的 Cronbach′s α 值。去除对 α 值有负贡献或者 Item – to – total 相关系数值低的题项。经过这样的处理，Cronbach′s α 值都达到了令人满意的水平，然后通过探索性因子分析（EFA）确认各个概念对应条目的单维性。完成预测试修正后的正式问卷，如后面的表 9 – 4、表 9 – 6 和表 9 – 8 所示。

正式调查的执行时间是在 2013 年 10 月到 2014 年 8 月间，主要采取现场发放方式和电子邮件方式并且利用了国家科技部的产业技术创新战略联盟评估系统，要求各调研对象的问卷须独立如实完成，且保证每份回收问卷均在被访者自主和自愿的前提下完成。最终共发放问卷 400 份，回收问卷 391 份，我们剔除了明显不符合常理和缺失值太多的无效问卷以及职位层级不符合研究标准的问卷，最终有效问卷 384 份，其中具有跨国技术战略联盟经验的样本企业为 325 家，而具备研究条件拥有两次以上跨国技术战略联盟经验的企业样本为 245 家，有效问卷回收率为 63%。我们从回收的有效问卷中随机抽取了 35 份问卷，根据应答者提供的企业名称搜索其网址，查询公司的基本信息，如成立时间、人数、所有权性质、跨国技术战略联盟相关新闻报道等，并将之与应答者填写的信息进行比较，结果表明应答者对相关信息的回答与网上公开的信息一致，不存在明显偏差。

（二）样本的统计特征描述

245 个高技术企业有效样本的描述性统计特征，如表 9 – 2 所示。其中，高技术企业的行业分布为：电子通信企业占 22%、生物医药企业占 18%、家电制造业企业占 21%、食品加工占 7%、服装纺织企业占 8%，以及网络技术企业占 24%；高技术企业的所有制类型的分布为：国有及控股企业占 47%、民营企业占 38% 和合资企业占 15%；高技术企业的规模用企业员工数量进行统计分析，其中，300 人以下的企业占 24%、300 ~ 2000 人的企业占 41%、2000 ~ 5000 人的企业占 22%、5000 人以上的企业占 13%；高技术企业的地理分布特征，北京地区的企业占 16%、天津的企业占 15%、深圳的企业占 24%、河北地区的企业占 11%、广东地区的企业占 21% 以及福建地区的企业占 13%；企业建立的时间可以衡量企业的年龄，其中，2010 年以后建立的新企业占 26%、2000—2010 年间建立的企业占 29%、1990—2000 年建立的企业占 23%、1980—1990 年建立的企业占 16%、1980 年以后建立的企业比较少仅占 6%。在问卷调查时，本章对高技术企业进行了筛选，仅挑选具有两次以上跨国技术战略联盟经验的企业进行研究，其中，拥有 2 次跨国技术战略联盟经验的企业占 61%、3 次经验的占 35%、

4次经验的占3%、5次经验的企业比较少仅占1%。关于跨国联盟成员的国家地理分布为，与美国企业联盟的占23%、与日本企业联盟的占9%、与德国企业联盟的占22%、与法国企业联盟的占17%、与意大利企业联盟的占18%、与加拿大企业联盟的占7%，其他占4%。高技术企业如何与跨国企业形成战略联盟，也就是联盟的性质和形式，其中，参股的企业占27%、形成技术性协议的企业占17%、形成研发协议的企业占20%、产生生产和营销协议的企业占11%、形成短期项目合作的企业占19%、其他形式占6%。

表9-2 245个高技术企业有效样本的描述性统计特征

行业分布	百分比（%）	所有制类型	百分比（%）	规模（员工数量）	百分比（%）	地域分布	百分比（%）
电子通信	22	国有及控股	47	300人以下	2	北 京	16
生物医药	1	民营企业	3	300～2000人	41	天 津	15
机械、家电制造	21	合资企业	15	2000～5000人	22	深 圳	24
食品加工	7			5000人以上	13	河 北	1
服装纺织	8					广 东	21
网络技术	24					福 建	13
企业年龄（建立时间）	百分比（%）	形成跨国技术联盟（次）	百分比（%）	联盟成员的国家分布	百分比（%）	技术联盟性质	百分比（%）
1970年以前	2	2	61	美 国	23	参 股	27
1970—1980年	4	3	35	日 本	9	技术性协议	17
1980—1990年	16	4	3	德 国	22	研发协议	2
1990—2000年	23	5	1	法 国	17	生产营销协议	11
2000—2010年	29			意大利	18	短期项目合作	19
2010年以后	26			加拿大		其 他	6
				其 他	4		

（三）共同方差、信度和效度检验

1. 共同方差检验

在研究中，数据收集我们采用的是关键知情人自我报告（Self - report）方式，也就是先前联盟过程经验与当前联盟质量和创新效果分页、但都由同一份问卷测量获得，因此研究中的三个量表分值可能会受到填答者自身内在因素的影响，如一致性基调（Consistency Motif）、迎合社会期望（Social Desirability）的联想和消极情绪（Negative Affectivity）等，造成同源性偏差，即共同方法方差（Common Method Variance），结果导致变量之间的相关性会不适当膨胀。为避免共同方差问题，根据 Lance（2001）的方法，本章进行了 Harman 因果单因子测试（Harman's Post - hoc Single Factor Test），如果存在较大的共同方法同源方差问题，当对所有变量进行因子分析时，会出现单一因子，或者会出现一个综合因子，该因子将解释大部分的变量方差。我们将研究中涉及的所有量表放在一起作探索性因子分析（EFA），采用主成分分析法，不经过任何正交旋转和斜交旋转后抽取特征值大于 1 的因子。结果显示，特征值大于 1 的因子有 14 个，它们对总方差的累计解释程度为 69.940%，第一个因子对总方差的解释程度为 24.395%，如表 9 - 3 所示。由于探索性因子分析的结果没有出现单一因子的情形，而且第一个因子解释的方差没有出现集中化的现象。因此，在本章中，共同方差问题不太可能成为影响数据分析结果的重要因素。

表 9 - 3 Harman 单因子检验

成 分	抽取的载荷量平方和		
	特征值	方差解释（%）	累计解释（%）
1	22.918	24.395	24.395
2	7.352	11.529	35.924
3	5.529	6.412	42.336
4	4.672	5.396	47.732
5	3.922	4.711	52.443
6	2.493	2.663	55.106
7	1.711	2.475	57.581
8	1.682	2.391	59.972
9	1.548	2.276	62.248
10	1.429	1.849	64.097
11	1.317	1.641	65.738
12	1.249	1.529	67.267
13	1.152	1.411	68.678
14	1.081	1.262	69.940

在获得有效样本的完整数据资料、进行共同方差检验后，需要对问卷获取数据的信度（Reliability）和效度（Validity）进行检验。本章采用 Cronbach´s α 系数作为量表信度的检验标准，采用探索性因子分析（EFA）和验证性因子分析（CFA）相结合来讨论问卷对概念测量的区分效度并展示测量概念的量表的基本情况。

2. 先前跨国技术战略联盟学习过程

对先前跨国技术战略联盟学习过程的测量由 17 道题目组成，包括了探索、甄别、吸收、应用和创造过程。首先，对先前跨国技术战略联盟学习过程进行探索性因子分析。检验 17 个观测变量的相关矩阵、KMO 检验值和 Bartlett 球形检验值，判断是否适合对观测变量进行探索性因子分析。采用主成分分析方法提取因子，并对原始因子载荷系数采用最大方差垂直（Varimax）旋转交换。因子提取的最终个数以特征值大于 1 作为判别标准，有效性指标选用 KMO 和 Bartlett 球形检验。根据 Kaiser 准则的要求，KMO 数值大于 0.6 是进行因子分析的最低要求，KMO 数值大于 0.8 表明因子分析的效果良好。这里的 KMO 为 0.869，Bartlett 球形检验的χ^2值为 5419.316（自由度为 348），达到显著性水平（$p<0.001$），适合做因子分析。表 9-4 中保留了因子负荷超过 0.510 的条目，初始的 17 个条目均被保留（由于进行了问卷的预测试），提取的五个公共因子（Underlying Common Factor）解释方差变异的累计数是 73.449%，如表 9-4 所示。另外，五个因子的 Cronbach´s α 系数均超过0.750，显示了很好的信度。其次，我们用验证性因子分析对上述结果进行验证。模型的标准化负载系数均为正，都在 0.80 以上，且具有显著性（$p<0.001$）。表 9-5 显示了验证性因子分析的结果，这些指标表明各个概念潜变量的验证性因子分析的各项指标均符合最基本的分析要求，这说明模型具有良好的效度，进行结构方程模型的讨论是可行的。

表 9-4　先前跨国技术战略联盟学习过程量表探索性因子分析结果

维度与测量条目	因子结构				
	Factor1	Factor2	Factor3	Factor4	Factor5
E：探索					
e1：先前联盟过程中企业搜集技术信息和知识	0.631				
e2：先前联盟过程中企业善于发现问题	0.815				
e3：先前联盟过程中企业可以积累技术知识	0.596				
D：甄别					
d1：先前联盟过程中企业可以选择更有用的信息		0.769			
d2：先前联盟过程中企业有能力判断信息的价值		0.722			
d3：先前联盟过程中企业可以挑选有价值的知识		0.647			
O：吸收					

续表

维度与测量条目	因子结构				
	Factor1	Factor2	Factor3	Factor4	Factor5
o1：先前联盟过程中企业能把有价值的信息保留			0.656		
o2：先前联盟过程中企业把有用的知识形成文档			0.687		
o3：先前联盟过程中企业制定了知识和信息档案			0.734		
o4：先前联盟过程中企业有相应的应激预案			0.825		
A：应用					
a1：先前联盟过程中企业把知识和技术为我所用				0.536	
a2：先前联盟过程中企业把学到的知识用于实践				0.693	
a3：先前联盟过程中企业把学习的技术用于生产				0.722	
C：创造					
c1：先前的联盟后企业可以创新产品设计					0.711
c2：先前的联盟后企业可以开发新的专利和产品					0.823
c3：先前的联盟后企业有新知识和新技术产生					0.851
c4：先前的联盟后企业可以积累经验并创新					0.678
因子的特征值	7.328	5.642	3.296	2.114	1.586
因子的 Cronbach's α 系数	0.852	0.834	0.904	0.795	0.803
解释的变差（%）	27.561	16.358	12.273	10.331	6.926
累计解释变差（%）	27.561	43.919	56.192	66.523	73.449

注：采用主成分分析法，表中数字为采用 Varimax 旋转后因子载荷标准，没有标注的因子载荷数字小于 0.510。

表 9－5　先前跨国技术战略联盟学习过程量表验证性因子分析结果

测量潜变量	χ^2	df	GFI	RMSEA	CFI	TLI
探　索	69.359	24	0.940	0.061	0.950	0.940
甄　别	104.217	31	0.950	0.081	0.950	0.930
吸　收	98.923	33	0.930	0.093	0.970	0.950
应　用	64.491	22	0.960	0.074	0.960	0.930
创　造	63.513	21	0.940	0.071	0.950	0.940

3. 当前跨国技术战略联盟学习质量与创新绩效

针对当前跨国技术战略联盟学习质量与创新绩效的测量由 8 道题目组成，包括学习效果、学习速度、创新范围、产品创新和工艺流程创新。同样，这部分量表先进行探索性因子分析。检验 8 个观测变量的相关矩阵、KMO 检验值和 Bartlett 球形检验值，判断是否适合进行探索性因子分析。采用主成分分析方法提取因子，并对原始因子载荷系数采用最大方差垂直（Varimax）旋转交换，因子提取的最终个数以特征值大于 1 作为判别标准。这里的 KMO 为 0.842、Bartlett 球形检验的χ^2 值为 2094.756（自由度为 104），达到显著性水平（$p<0.001$），适合做因子分析。表 9－6 中保留了因子负荷超过 0.530 的条目，初始的 8 个条目均被保留，提取的五个公共因子解释方差变异的累计数是 65.562%，如表 9－6 所示。另外，三个因子的 Cronbach´s α 系数均超过0.800，显示了很好的信度（这里创新范围和工艺流程创新为单一条目测量变量，则不计算信度水平）。我们再利用验证性因子分析对上述结果进行验证。模型的标准化负载系数均为正，都在 0.800 以上，且具有显著性（$p<0.001$）。表 9－7 显示了验证性因子分析的结果，说明模型具有良好的效度，进行结构方程模型的讨论是可行的。

表 9－6　当前跨国技术战略联盟学习质量和创新效果量表探索性因子分析结果

维度与测量条目	因子结构				
	Factor1	Factor2	Factor3	Factor4	Factor5
SP：学习效果					
sp1：当前的联盟过程中企业掌握了有价值的知识	0.815				
sp2：当前的联盟过程中企业学到了技术信息	0.792				
SV：学习速度					
sv1：当前的联盟过程中企业能迅速学习技术知识		0.711			
sv2：当前联盟过程比先前联盟的学习速度快		0.659			
SE：创新范围					
se1：销售到其他国家和地区的产品占企业全部市场的比重为：小于 10%，10%～30%，30%～50%，50%～70%，大于 70%		0.873			
PI：产品创新					
pi1：企业主要产品和服务的寿命周期约为：不到 1 年，1～3 年，3～5 年，5～7 年，超过 7 年				0.711	

续表

维度与测量条目	因子结构				
	Factor1	Factor2	Factor3	Factor4	Factor5
pi2：企业最新颖的产品在投放市场之前的研发周期是：不到 1 年、1 ~ 3 年、3 ~ 5 年、5 ~ 7年，超过 7 年			0.684		
CFI：工艺流程创新					
cfi1：在过去三年内企业推出工艺流程方面的创新情况是：没有、3 次以内、5 次以内、7 次以内，超过 7 次				0.852	
因子的特征值	6.917	4.276	3.215	2.201	1.326
因子的 Cronbach′s α 系数	0.847	0.803	–	0.901	–
解释的变差（%）	21.271	14.625	11.278	9.973	8.415
累计解释变差（%）	21.271	35.896	47.174	57.147	65.562

注：采用主成分分析法，表中数字为采用 Varimax 旋转后因子载荷标准，没有标注的因子载荷数字小于 0.530。

表 9 – 7　当前跨国技术战略联盟学习质量和创新效果量表验证性因子分析结果

测量潜变量	χ^2	df	GFI	RMSEA	CFI	TLI
学习效果	75.298	22	0.930	0.051	0.940	0.930
学习速度	87.129	29	0.940	0.071	0.940	0.930
创新范围	89.981	31	0.940	0.089	0.950	0.940
产品创新	54.386	19	0.950	0.073	0.950	0.940
工艺流程创新	61.257	21	0.920	0.072	0.930	0.940

4. 联盟情景因素

测量控制变量联盟情景因素的量表由 8 道题目组成，包括文化距离、国际化经验和资源互补性。同样，采用主成分分析方法提取因子，并对原始因子载荷系数采用最大方差垂直（Varimax）旋转交换，因子提取的最终个数以特征值大于 1 作为判别标准。这里的 KMO 为 0. 849、Bartlett 球形检验的 χ^2 值为 1689. 427（自由度为 86），达到显著性水平（$p < 0.001$），适合做因子分析。表 9 – 8 中保留了因子负荷超过 0. 520 的条目，初始的 8 个条目均被保留，提取的三个公共因子解释方差变异的累计数是 63. 574%，如表 9 – 8 所示。另外，三个因子的 Cronbach′s α 系数均超过0. 800，显示了很好的信度水平。最后，我们再利用验证性因子分析对上述结果进行验证。模型的标准化负载系数均为正，都在 0. 800 以

上，且具有显著性（$p<0.001$）。表9－9显示了验证性因子分析的结果，说明模型具有良好的效度，进行结构方程模型的讨论是可行的。

表9－8 当前跨国技术战略联盟情景因素量表探索性因子分析结果

维度与测量条目	因子结构		
	Factor1	Factor2	Factor3
CD：文化距离			
cd1：企业与当前技术联盟伙伴的文化差异非常大	0.765		
cd2：企业与当前技术联盟伙伴的地理距离非常远	0.692		
IE：国际化经验			
ie1：企业具有开拓国际市场的经验		0.814	
ie2：企业具有与其他跨国企业合作的经验		0.763	
ie3：企业具有在技术、产品设计和市场拓展方面的国际化经验		0.711	
SR：战略资源互补			
sr1：企业看中与其形成技术联盟伙伴成员的独特资源			0.815
sr2：企业与技术联盟伙伴之间具有战略互补关系			0.756
sr3：技术战略联盟伙伴企业的资源是企业所不具备的			0.682
因子的特征值	4.791	2.986	1.342
因子的 Cronbach′s α 系数	0.852	0.817	0.894
解释的变差（%）	29.492	21.375	12.707
累计解释变差（%）	29.492	50.867	63.574

注：采用主成分分析法，表中数字为采用 Varimax 旋转后因子载荷标准，没有标注的因子载荷数字小于0.520。

表9－9 当前跨国技术战略联盟情景因素量表验证性因子分析结果

测量潜变量	χ^2	df	GFI	RMSEA	CFI	TLI
文化距离	73.822	21	0.940	0.053	0.930	0.940
国际化经验	74.325	22	0.930	0.069	0.930	0.940
战略资源互补	88.693	30	0.930	0.086	0.940	0.930

三、研究结果与发现

（一）潜变量间的相关关系与多重共线性诊断

表9－10显示了所有潜变量的均值、标准差和 Pearson 相关系数矩阵。

从表 9 - 10 中显示的 Pearson 相关系数结果对各个潜变量之间的多重共线性状况进行诊断：①根据 Rockwell（1975）给出的判断标准，表 9 - 10 中所有潜变量之间的 Pearson 相关系数都小于 0.8，最大的 Pearson 相关系数为 0.641***（创造和学习效果）；②我们把创新绩效（创新范围、产品创新和工艺流程创新）作为因变量，其他变量作为自变量逐步（Stepwise）进行 OLS 回归分析，发现每一步回归模型的 $\triangle R^2$ 都在 0.010 水平上显著，说明每一个自变量被丢入回归模型中都增加了模型的解释力度；③我们把创新绩效作为因变量，其他变量都作为自变量强迫（Enter）进行 OLS 回归，每个自变量的方差膨胀因子（VIF）均小于 3（经验值），最大的方差膨胀因子为 2.562，最小的为 1.141；④我们采用 Box G. G. 等人（1994）的程序来检验共线性。通过在 Stata12.0 软件中运行 "coldiag" 程序，获得了关于自变量的条件指数。根据 Box G. G. 等人（1994）的研究，如果条件指数高于 30，说明存在严重的共线性问题。在本章中，控制变量和自变量的条件指数为 24.369。因此，从上述研究结果看，进行结构方程模型分析时的多重共线性问题不严重，研究的有效性可以保证。

（二）结构方程模型检验与研究发现

1. 模型设置与充足模型

本章以软件 Lisrel8.70 为研究工具，采用结构方程模型对前面提出的研究假设和理论框架进行检验。我们采用 Bagozzi 和 Edwards（1998）的方法，先对理论框架提出的充足模型（Full Model of Path Analysis）进行检验。模型中的探索、甄别、吸收、应用、创造、学习效果、学习速度以及创新范围、产品创新和工艺流程创新是潜变量，分值越高，代表该变量所测量概念的强度越强。整个模型共有 10 个潜变量，测量模型的数据点（Data Points）为 DP = 25。模型设定条件如下：①模型中有 10 个潜变量，25 个测量变量；②模型中有 25 个测量残差，三个内生变量有 3 个解释残差（ζ_1、ζ_2 和 ζ_3），其方差被自由估计；③第一个内生变量（创新范围）被 7 个外生潜变量解释，因此 B 矩阵包含 7 个结构参数（γ_{11}、γ_{12}、γ_{13}、γ_{14}、γ_{15}、γ_{16} 和 γ_{17}）；④第二个内生变量（产品创新）被 7 个外生潜变量解释，因此 Γ 矩阵有 7 个结构参数（γ_{21}、γ_{22}、γ_{23}、γ_{24}、γ_{25}、γ_{26} 和 γ_{27}）；⑤第三个内生变量（工艺流程创新）被 7 个外生潜变量解释，因此 Ψ 矩阵有 7 个结构参数（γ_{31}、γ_{32}、γ_{33}、γ_{34}、γ_{35}、γ_{36} 和 γ_{37}）；⑥七个外生变量（探索、甄别、吸收、应用、创造、学习效果和学习速度）之间的相关系数允许自由估计；⑦存在嵌套路径模型，嵌套路径模型中第一个内生变量（学习效果）被 5 个外生潜变量解释，因此 Ξ 矩阵有 5 个结构参数（γ_{41}、γ_{42}、γ_{43}、γ_{44} 和 γ_{45}），第二个内生变量（学习速度）被 5 个外生潜变量解释，因此 Π 矩阵有 5 个结构参数（γ_{51}、γ_{52}、γ_{53}、γ_{54} 和 γ_{55}），假设充足模型路径示意图如图9 - 3所示。充足

表9-10　各个潜变量的相关系数矩阵

潜变量	均值	标准差	E	D	O	A	C	SP	SV	SD	IE	SR	SE	PI
E 探索	3.236	0.983	1.000											
D 甄别	3.517	1.075	0.362**	1.000										
O 吸收	4.291	0.985	0.295*	0.317**	1.000									
A 应用	4.161	1.116	0.258*	0.351**	0.291*	1.000								
C 创造	3.983	0.859	0.011	0.014	0.287**	0.329**	1.000							
SP 学习效果	3.691	1.027	0.231*	0.211*	0.362**	0.517***	0.641***	1.000						
SV 学习速度	3.993	0.792	0.217*	0.224*	0.375**	0.498***	0.525***	0.228*	1.000					
SD 文化距离	4.114	1.086	-0.031	-0.025	-0.191	-0.254*	-0.396**	-0.469***	-0.312**	1.000				
IE 国际经验	4.275	1.115	0.235*	0.241*	0.367**	0.321**	0.341**	0.382**	0.316**	0.037	1.000			
SR 资源互补	3.692	0.934	0.256*	0.243*	0.382**	0.337**	0.354**	0.371**	0.325**	0.351**	0.417***	1.000		
SE 创新范围	4.112	0.891	0.022	0.017	0.213*	0.025	0.327**	0.415***	0.481***	0.392**	0.337**	0.295*	1.000	
PI 产品创新	2.964	1.057	0.015	0.024	0.018	0.028	0.392**	0.387**	0.411***	-0.356**	0.419***	0.381**	0.215*	1.000
CFI 工艺创新	3.274	0.713	0.027	0.031	0.026	0.037	0.117	0.286*	0.374**	-0.324**	0.374**	0.392**	0.252*	0.319**

注：* $p<0.1$，** $p<0.05$，*** $p<0.01$。

模型的拟合优度指标和路径分析结果如表 9－11 和表 9－12 所示，可以看到充足模型达到饱和，符合前面提出的研究假设，但存在路径不显著的限制，我们进一步分析限制路径模型（Restrained Model of Path Analysis）。

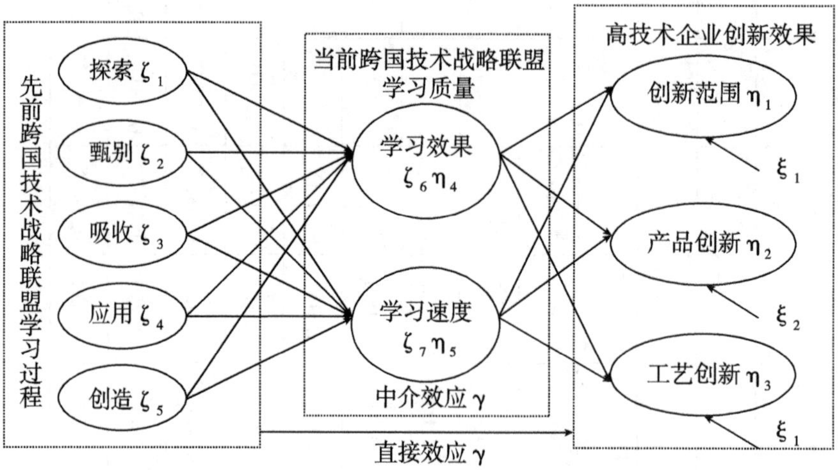

图 9－3　假设充足模型的路径示意图

表 9－11　充足模型的拟合优度指标

模型	χ^2	df	χ^2/df	p	RMSEA	GFI	CFI	NFI	IFI
充足模型	0	0	0	1.000	0.000	1.000	1.000	1.000	1.000

表 9－12　充足模型路径分析结果

变量之间的关系	路径系数	估计值	t 值
探索 ζ_1 → 学习效果 η_4	γ_{41}	0.115*	1.971
甄别 ζ_2 → 学习效果 η_4	γ_{42}	0.213*	2.173
吸收 ζ_3 → 学习效果 η_4	γ_{43}	0.287**	2.962
应用 ζ_4 → 学习效果 η_4	γ_{44}	0.639***	5.742
创造 ζ_5 → 学习效果 η_4	γ_{45}	0.725***	6.541
探索 ζ_1 → 学习速度 η_5	γ_{51}	0.126*	1.984
甄别 ζ_2 → 学习速度 η_5	γ_{52}	0.243*	2.256
吸收 ζ_3 → 学习速度 η_5	γ_{53}	0.327**	2.988
应用 ζ_4 → 学习速度 η_5	γ_{54}	0.341**	3.117
创造 ζ_5 → 学习速度 η_5	γ_{55}	0.583***	5.476
学习效果 ζ_6 → 创新范围 η_1	γ_{16}	0.454***	4.556
学习速度 ζ_7 → 创新范围 η_1	γ_{17}	0.576***	5.293

续表

变量之间的关系	路径系数	估计值	t 值
学习效果 ζ_6 → 产品创新 η_2	γ_{26}	0.493***	5.181
学习速度 ζ_7 → 产品创新 η_2	γ_{27}	0.562***	5.372
学习效果 ζ_6 → 工艺创新 η_3	γ_{36}	0.533***	5.283
学习速度 ζ_7 → 工艺创新 η_3	γ_{37}	0.532***	5.275
探索 ζ_1 → 创新范围 η_1	γ_{11}	0.015	1.297
甄别 ζ_2 → 创新范围 η_1	γ_{12}	0.022	1.313
吸收 ζ_3 → 创新范围 η_1	γ_{13}	0.017	1.299
应用 ζ_4 → 创新范围 η_1	γ_{14}	0.124*	1.973
创造 ζ_5 → 创新范围 η_1	γ_{15}	0.137*	2.054
探索 ζ_1 → 产品创新 η_2	γ_{21}	0.027	1.315
甄别 ζ_2 → 产品创新 η_2	γ_{22}	0.223*	2.116
吸收 ζ_3 → 产品创新 η_2	γ_{23}	0.196*	2.095
应用 ζ_4 → 产品创新 η_2	γ_{24}	0.023	1.279
创造 ζ_5 → 产品创新 η_2	γ_{25}	0.201*	2.098
探索 ζ_1 → 工艺创新 η_3	γ_{31}	0.031	1.365
甄别 ζ_2 → 工艺创新 η_3	γ_{32}	0.035	1.372
吸收 ζ_3 → 工艺创新 η_3	γ_{33}	0.027	1.194
应用 ζ_4 → 工艺创新 η_3	γ_{34}	0.236*	2.233
创造 ζ_5 → 工艺创新 η_3	γ_{35}	0.187*	2.112

注：* $p<0.1$，** $p<0.05$，*** $p<0.01$。

2. 限制路径模型与发现

根据充足模型的检验结果，我们对所有充足模型中不显著的路径关系进行限制估计，得到拟合效果优良的限制路径模型。如表 9－13 所示，可以看到：限制路径模型对样本数据的拟合优度系数，其中的卡方自由度比 χ^2/df 反映单位自由度的卡方值，其数值越小越好，此处为 1.499 小于 2，可以认为模型具有理想的拟合优度。绝对拟合指标 GFI 大于 0.850、增值拟合指标 CFI、PNFI、NNFI、AGFI 都大于 0.900，RMSEA 为 0.071，Steiger（1990）认为 RMSEA 小于 0.100 就可以认为模型拟合良好，RMR 也低于临界值 0.500，这些拟合效果指标的大小说明模型的拟合效果良好。限制路径模型的分析结果如表 9－14 所示，可以根据图 9－4 所示的限制路径模型关系示意图来辨析限制路径模型的研究结果。

表 9－13　限制路径模型的拟合效果指标

模型	χ^2	df	χ^2/df	p	RMSEA	GFI	NNFI	CFI	RMR	AGFI	PNFI
限制路径模型	47.962**	32	1.499	0.000	0.071	0.970	0.950	0.950	0.041	0.930	0.334

注：* $p<0.1$，** $p<0.05$，*** $p<0.01$。

表 9－14　限制路径模型的分析结果

变量之间的关系	路径系数	估计值	t 值
探索 ζ_1 → 学习效果 η_4	γ_{41}	0.172*	1.998
甄别 ζ_2 → 学习效果 η_4	γ_{42}	0.201*	2.034
吸收 ζ_3 → 学习效果 η_4	γ_{43}	0.315**	2.985
应用 ζ_4 → 学习效果 η_4	γ_{44}	0.681***	5.973
创造 ζ_5 → 学习效果 η_4	γ_{45}	0.753***	6.694
探索 ζ_1 → 学习速度 η_5	γ_{51}	0.138*	1.992
甄别 ζ_2 → 学习速度 η_5	γ_{52}	0.274*	2.269
吸收 ζ_3 → 学习速度 η_5	γ_{53}	0.415**	3.356
应用 ζ_4 → 学习速度 η_5	γ_{54}	0.406**	3.295
创造 ζ_5 → 学习速度 η_5	γ_{55}	0.531***	5.346
学习效果 ζ_6 → 创新范围 η_1	γ_{16}	0.552***	5.362
学习速度 ζ_7 → 创新范围 η_1	γ_{17}	0.563***	5.379
学习效果 ζ_6 → 产品创新 η_2	γ_{26}	0.327***	3.125
学习速度 ζ_7 → 产品创新 η_2	γ_{27}	0.492***	4.324
学习效果 ζ_6 → 工艺创新 η_3	γ_{36}	0.487***	4.226
学习速度 ζ_7 → 工艺创新 η_3	γ_{37}	0.516***	5.117
探索 ζ_1 → 创新范围 η_1	γ_{11}	路径限制	路径限制
甄别 ζ_2 → 创新范围 η_1	γ_{12}	路径限制	路径限制
吸收 ζ_3 → 创新范围 η_1	γ_{13}	路径限制	路径限制
应用 ζ_4 → 创新范围 η_1	γ_{14}	0.186*	1.998
创造 ζ_5 → 创新范围 η_1	γ_{15}	0.155*	1.974
探索 ζ_1 → 产品创新 η_2	γ_{21}	路径限制	路径限制
甄别 ζ_2 → 产品创新 η_2	γ_{22}	0.246*	2.217
吸收 ζ_3 → 产品创新 η_2	γ_{23}	0.204*	2.135

续表

变量之间的关系	路径系数	估计值	t 值
应用 ζ_4 → 产品创新 η_2	γ_{24}	路径限制	路径限制
创造 ζ_5 → 产品创新 η_2	γ_{25}	0.215*	2.156
探索 ζ_1 → 工艺创新 η_3	γ_{31}	路径限制	路径限制
甄别 ζ_2 → 工艺创新 η_3	γ_{32}	路径限制	路径限制
吸收 ζ_3 → 工艺创新 η_3	γ_{33}	路径限制	路径限制
应用 ζ_4 → 工艺创新 η_3	γ_{34}	0.313*	2.427
创造 ζ_5 → 工艺创新 η_3	γ_{35}	0.176*	1.982

注：* $p<0.1$，** $p<0.05$，*** $p<0.01$。

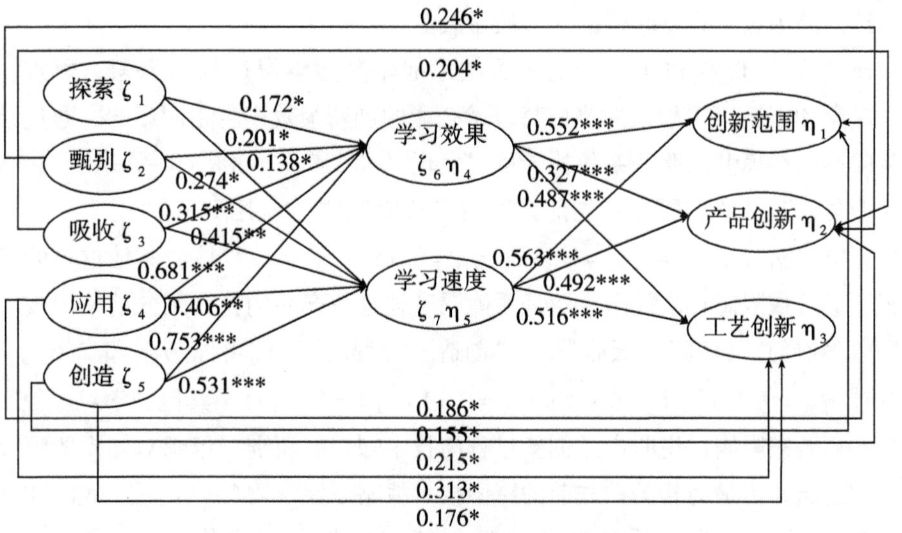

图9-4　限制路径模型关系示意图

注：*** $p<0.001$；** $p<0.05$；* $p<0.1$，

研究假设H1讨论了先前的跨国技术战略联盟学习过程（探索、甄别、吸收、应用和创造）对当前的跨国技术战略联盟学习质量（学习效果和学习速度）产生正向影响。从结构方程限制路径模型研究结果看（如表9-14和图9-4所示）：先前的跨国技术战略联盟学习的“探索”过程对当前跨国技术战略联盟的“学习效果和学习速度”均产生正向促进作用（$\gamma_{41}=0.172^*$，$t=1.998$；$\gamma_{51}=0.138^*$，$t=1.992$）；先前形成跨国技术战略联盟的“甄别”信息过程正向影响了当前跨国技术战略联盟的“学习效果和学习速度”（$\gamma_{42}=0.201^*$，$t=2.034$；$\gamma_{52}=0.274^*$，$t=2.269$）；高技术企业先前的跨国技术战略联盟的组织“吸收”过程对当前技术战略联盟的“学习效果和学习速度”产生正向促进作用

（$\gamma_{43}=0.315^{**}$，$t=2.985$；$\gamma_{53}=0.415^{**}$，$t=3.356$）；高技术企业越是通过先前的跨国技术战略联盟很好地把学习到的技术知识“应用”于实践，企业当前跨国技术战略联盟的“学习效果”越好、“学习速度”越快（$\gamma_{44}=0.681^{***}$，$t=5.973$；$\gamma_{54}=0.406^{**}$，$t=3.295$）；先前的跨国技术战略联盟学习过程中若能“创造”出新技术和新知识，则可以正向促进当前跨国技术战略联盟的“学习效果”和“学习速度”（$\gamma_{45}=0.753^{***}$，$t=6.694$；$\gamma_{55}=0.531^{***}$，$t=5.346$），研究假设 H1 得到了验证。在检验假设 H1 的过程中，有一个特别的研究发现：先前的跨国技术战略联盟学习过程的五个环节（探索、甄别、吸收、应用和创造）对当前跨国技术战略联盟学习质量（学习效果和学习速度）的正向促进作用逐渐加强（路径系数逐渐增大，显著性逐渐提高），这说明技术知识的探索、甄别过程相对容易，关键是对技术知识的吸收、应用和创造是否能够成功，关系到企业后续的跨国技术战略联盟的学习质量改进。

研究假设 H2 探讨了先前的跨国技术战略联盟学习过程（探索、甄别、吸收、应用和创造）可能会对当前高技术企业的创新绩效产生正向影响。通过结构方程限制路径模型的路径系数检验可以发现（如表 9－14 和图 9－4 所示）：高技术企业创新范围的扩展受到先前跨国技术战略联盟“应用”和“创造”过程的正向影响（$\gamma_{14}=0.186^{*}$，$t=1.998$；$\gamma_{15}=0.155^{*}$，$t=1.974$），其他过程的影响路径不显著被限制；高技术企业是否能顺利地进行产品创新受到先前跨国技术战略联盟学习的“甄别”“吸收”和“创造”过程的正向影响（$\gamma_{22}=0.246^{*}$，$t=2.217$；$\gamma_{23}=0.204^{*}$，$t=2.135$；$\gamma_{25}=0.215^{*}$，$t=2.156$），其他的学习过程影响路径不显著被限制，说明产品创新过程与技术知识的甄别、组织对知识的吸收和企业创造新知识最为相关；先前的跨国技术战略联盟学习的“应用”和“创造”过程对高技术企业当前的工艺流程创新产生正向促进作用（$\gamma_{34}=0.313^{*}$，$t=2.427$；$\gamma_{35}=0.176^{*}$，$t=1.982$），其他环节的路径系数不显著被限制，说明技术联盟的知识是否能被应用于工艺流程实践并在实践中创造新知识对企业的工艺流程创新最重要，研究假设 H2 被部分证明。虽然研究假设 H2 没能全部被验证，这里隐含着其他原因，与先前跨国技术战略联盟学习的聚合作用有关。

研究假设 H3 研究当前跨国技术战略联盟的学习质量（学习效果和学习速度）会对高技术企业的创新绩效产生正向促进作用。从结构方程限制路径模型的统计结果（如表 9－14 和图 9－4 所示），可以发现：高技术企业当前技术战略联盟学习的效果正向促进了企业的创新范围、产品创新和工艺流程创新（$\gamma_{16}=0.552^{***}$，$t=5.362$；$\gamma_{26}=0.327^{***}$，$t=3.125$；$\gamma_{36}=0.487^{***}$，$t=4.226$）；高技术企业在当前跨国技术战略联盟学习过程中的学习速度也正向促进了企业的创新范围、产品创新和工艺流程创新的改善（$\gamma_{17}=0.563^{***}$，$t=5.379$；$\gamma_{27}=$

0.492***，t=4.324；γ_{37}=0.516***，t=5.117），研究假设 H_3 得到全部检验。

研究假设H4讨论了当前跨国技术战略联盟学习质量（学习效果和学习速度）的中介作用，这种中介作用实际就是讨论先前跨国技术战略联盟学习过程对企业创新绩效的直接效应更明显，还是当前的跨国技术战略联盟学习质量在先前跨国技术战略联盟学习过程和企业创新绩效之间产生了中介作用关系。根据温忠麟、刘红云和侯杰泰（2012）对中介作用关系的定义和检验过程，从结构方程限制路径模型的统计检验结果（如表9-14和图9-4所示），可以发现：先前跨国战略联盟学习的"探索"过程对当前跨国战略联盟"学习效果"和"学习速度"正向作用显著（γ_{41}=0.172*，t=1.998；γ_{51}=0.138*，t=1.992），当前跨国技术战略联盟"学习效果"和"学习速度"又对企业创新范围、产品创新和工艺流程创新正向作用显著（γ_{16}=0.552***，t=5.362；γ_{26}=0.327***，t=3.125；γ_{36}=0.487***，t=4.226；γ_{17}=0.563***，t=5.379；γ_{27}=0.492***，t=4.324；γ_{37}=0.516***，t=5.117，以下仍会出现，表示为同上），但是先前跨国技术战略联盟的"探索"过程对企业的创新范围、产品创新和工艺流程创新直接效应影响路径均不显著并被限制；先前跨国技术战略联盟的"甄别"学习过程对企业创新范围和工艺流程创新的直接影响路径不显著均被限制，对产品创新的直接效应影响显著（γ_{22}=0.246*，t=2.217），但是先前跨国技术战略联盟的"甄别"学习过程对当前的跨国技术战略联盟"学习效果"和"学习速度"影响显著（γ_{42}=0.201*，t=2.034；γ_{52}=0.274***，t=2.269），并且"学习效果"和"学习速度"对企业创新范围、产品创新和工艺流程创新正向影响非常显著（路径系数和显著性同上），这些中介作用路径系数与显著性比直接效应路径系数要大或更显著；先前跨国技术战略联盟学习的组织"吸收"过程正向影响当前技术战略联盟的"学习效果"和"学习速度"（γ_{43}=0.315**，t=2.985；γ_{53}=0.415**，t=3.356），并且"学习效果"和"学习速度"对企业创新范围、产品创新和工艺流程创新正向影响非常显著（路径系数和显著性同上），然而组织"吸收"过程对企业创新范围和工艺流程创新的直接效应路径系数不显著并被限制，"吸收"过程对企业产品创新的直接效应路径系数显著（γ_{23}=0.204*，t=2.135），但路径系数大小和显著性不如中介效应强；先前技术战略联盟学习的"应用"过程显著正向影响当前技术战略联盟的"学习效果"和"学习速度"（γ_{44}=0.681***，t=5.973；γ_{54}=0.406**，t=3.295），并且"学习效果"和"学习速度"对企业创新范围、产品创新和工艺流程创新正向影响非常显著（路径系数和显著性同上），但是"应用"过程对企业产品创新的直接效应路径系数不显著并被限制，"应用"过程对企业创新范围和工艺流程创新影响的直接效应路径系数和显著性（γ_{14}=0.186*，t=1.998；γ_{34}=0.313*，t=2.427）不如中介效应强；先前跨国技术战略联盟学习的“创造”过程显著正向促进当前跨国技术战略联盟“学习效果”和“学习速度”（$\gamma_{45}=0.753^{***}$，$t=6.694$；$\gamma_{55}=0.531^{***}$，$t=5.346$），并且“学习效果”和“学习速度”对企业创新范围、产品创新和工艺流程创新正向影响非常显著（路径系数和显著性同上），但是“创造”过程对企业创新范围、产品创新和工艺流程创新的直接效应路径系数（$\gamma_{15}=0.155^{*}$，$t=1.974$；$\gamma_{25}=0.215^{*}$，$t=2.156$；$\gamma_{35}=0.176^{*}$，$t=1.982$）的大小和显著性不如中介效应强。根据以上的统计检验过程，可以发现先前跨国技术战略联盟学习过程（探索、甄别、吸收、应用和创造）与当前跨国技术战略联盟学习质量产生中介作用，共同作用于企业创新绩效，当前跨国技术战略联盟学习质量的中介作用明显，企业通过过去的经验学习才能提高当前学习质量。

3. 控制变量的影响

讨论控制变量的影响是为了拓展研究的外部有效性。这里我们利用三个控制变量（文化距离、国际化经验和战略资源互补）的因子得分作为自变量，以三个创新绩效（创新范围、产品创新和工艺流程创新）为因变量构建三个回归模型，讨论控制变量对研究结论的影响。回归模型的统计结果如表9－15所示，可以发现：中国高技术企业与跨国技术战略联盟成员的文化距离和差异越大，企业创新绩效越难以提高（$\beta=-0.214^{***}$，$P<0.010$；$\beta=-0.245^{***}$，$P<0.010$；$\beta=-0.141$，$P>0.100$），这里可能的理论解释是文化距离大是造成合作冲突的直接原因，两个联盟组织越需要更多时间进行磨合；中国高技术企业具有一定的国际化战略经验，可以提高跨国技术战略联盟学习质量，进而提升企业的创新效果（$\beta=0.096^{*}$，$p<0.100$；$\beta=0.414^{***}$，$p<0.010$；$\beta=0.118^{*}$，$p<0.100$）；最后，两个跨国技术战略联盟成员企业具备一定的战略资源互补性，可以提高企业合作质量并提升企业的创新效果（$\beta=0.046^{**}$，$p<0.050$；$\beta=0.017^{*}$，$p<0.100$；$\beta=0.106$，$p>0.100$）。

表9－15　回归模型的统计结果

自变量与模型参数	非标准化的回归系数（P值）		
	创新范围	产品创新	工艺流程创新
文化距离	-0.214^{***}（0.002）	-0.245^{***}（0.003）	-0.141（0.312）
国际化经验	0.096^{*}（0.064）	0.414^{***}（0.005）	0.118^{*}（0.071）
战略资源互补	0.046^{**}（0.046）	0.017^{*}（0.077）	0.106（0.213）
可决系数 R^2	0.094	0.224	0.072
经调整可决系数 $Adj-R^2$	0.073	0.206	0.050

续表

自变量与模型参数	非标准化的回归系数（P 值）		
	创新范围	产品创新	工艺流程创新
F 值	4.392***	12.189***	3.263*
Sig.	0.000	0.000	0.061
估计标准误差 SSE	0.922	0.833	0.928

注：双尾检验 * $p<0.100$；** $p<0.05$；*** $p<0.01$。

四、研究结论与启示

（一）研究结论及其理论意义

在国内学术领域，关注联盟经验作用的文献并不多，实证研究的文献更是屈指可数。陈效林和施建军（2010）提出了联盟经验在联盟中的知识获取与知识保护过程中有重要作用。之后，陈效林、施建军和张文红（2010）提出中国企业的联盟经验可以对企业联盟中的知识获取产生正向作用（这种作用是非线性的），并且企业之间的“合作技能”在联盟经验和联盟绩效之间产生中介作用。陈效林（2012）研究了联盟经验对企业间知识获取与本土知识保护的作用机制，以上的三项研究均基于对文献的回顾与逻辑分析，并没有进行实证检验。曹兴和宋娟（2011）利用问卷调查的方式研究了中国企业的社会嵌入关系、联盟动机、吸收能力等因素对联盟之间知识转移的影响。张红兵（2013）研究了联盟企业的资源柔性和能力柔性在联盟企业之间的学习过程与联盟知识转移有效性之间产生中介作用。孙道军和王栋（2013）聚焦于研发联盟，发现联盟经验在联盟伙伴间冲突和创新绩效之间产生正向的调节作用。在这些研究中，大多数学者并未充分关注技术战略联盟企业间即包含相对独立的市场关系，又不排斥联盟内部之间多维度、跨边界的网络联系，这种网络联系包含先前跨国技术战略联盟的经验，即组织跨时间层面的学习机制。本章利用量表开发和问卷调查的方式，研究中国高技术企业先前的跨国技术战略联盟学习过程是否影响当前跨国技术战略联盟学习质量，进而影响到企业的创新绩效。本章关注的重点在于过去的跨国技术战略联盟经验是否通过目前跨国技术战略联盟学习质量对企业创新产生影响，这种“路径依赖的结果”（中介效应）是否影响高技术企业的创新过程。根据前面的文献回顾、研究假设的提出和理论框架的统计检验过程，本章得到有价值的理论发现，其结论概括如下：

（1）本章动态地追踪中国高技术企业通过跨国技术战略联盟进行学习的过程。本章认为应该从动态的视角（跨时间和空间）对中国高技术企业的跨国技术战略联盟学习过程进行考察（通过先前跨国技术战略联盟学习量表进行史事件回顾）。技术型企业竞争优势的形成是一个过程，要从系统的角度借鉴创新理论和战略联盟理论，结合中国企业跨国技术战略联盟发展的实际情况提出新的、改进的理论分析框架。通过研究假设的统计分析过程，本章对技术战略联盟学习的动态性研究体现在：我们发现企业先前的跨国技术战略联盟学习过程（知行观）包括五个理论维度，分别是“探索、甄别、吸收、应用和创造”，并且我们把当前企业通过跨国技术战略联盟学习的质量分为“学习效果”和“学习速度”两个维度，动态地进行考察。进而研究发现，这五个先前联盟学习环节对当前学习质量的影响是逐步增强的，这样的结论在现有文献中较少有类似的研究。

（2）中国高技术企业通过形成跨国技术战略联盟进行学习和知识转移，具有“路径依赖的特征”，先前的跨国技术战略联盟经验与当前的学习质量产生中介效应，共同作用于企业的创新绩效。根据结构方程限制路径模型路径系数的统计结果，当前跨国技术战略联盟学习质量（学习效果和学习速度）在先前跨国技术战略联盟学习过程（探索、甄别、吸收、应用和创造）和高技术企业创新绩效之间起到了中介作用。具有跨国技术战略联盟经验的高技术企业更容易从过去的经验中学习，从而能够比没有跨国技术战略联盟经验的企业更快、更好地进行联盟学习并提升创新效果。

（3）中国高技术企业形成跨国技术战略联盟进行组织学习受到一定联盟情景因素影响，具有“跨国联盟”的自身特点。根据研究模型控制变量影响的统计结果，可以发现：首先，中国高技术企业在挑选跨国技术战略联盟伙伴时，需要考虑自身与联盟成员企业的文化差异，文化距离较大会造成企业合作过程中的磨合成本，需要企业花时间处理合作冲突，才能取得更好的知识转移效果。其次，中国高技术企业具备一定的国际化投资经验，对形成跨国技术战略联盟进行组织学习和知识转移具有一定的帮助，所以企业积累国际化经验对企业通过跨国合作方式进行创新是非常重要的。最后，在选择跨国技术战略联盟伙伴时，与联盟伙伴是否具有战略资源互补关系，是中国高技术企业不得不考虑的成功因素。

（二）管理实践意义

另外，根据本章的理论贡献和基本结论，在管理实践中也有如下启发：

（1）本章为改进中国企业开展跨国技术战略联盟学习、知识转移和推动中国高技术企业创新提供方法指导和对策建议。在中国企业的跨国技术战略联盟实践中，企业“跨越组织和知识边界”向跨国联盟成员学习过程却往往不尽如人意，两个经典的案例是：①在小天鹅与德国西门子的跨国技术战略联盟合作中，西门子成功获得了渠道知识跻身家电行业前“三甲”，而小天鹅却沦为“ST”企业，但是小天鹅获得了联盟经验并为后续联盟行为（与美国 GE 公司的技术联盟合作获得了成功）奠定了基础，从而获得联盟成功（这是联盟过程路径依赖的典型案例）；②我国的天府可乐公司没有任何联盟学习经验，与百事可乐进行跨国技术战略联盟合作，却导致其丢失了可乐核心配方（内含中草药成分的可乐配方）知识产权，进而从行业中消失。本章的研究结论告诉中国企业，跨国技术战略联盟合作是“摸着石头过河”的过程，不断积累国际化和跨国合作经验，企业才能建立成熟的技术学习和转移机制，从而获得创新绩效。

（2）本章揭示了中国企业通过跨国技术战略联盟合作、学习和促进创新的机理和规律，为政府部门制定促进高技术企业创新的相关政策提供实践依据。本章的研究发现，可以推进中国高技术企业从联盟“立体式”学习模型的视角看待企业的知识转移和创新问题，并借助统计分析结论清晰回答如下问题，给予政府管理部门和企业管理者富有实践价值的指导：影响中国企业通过跨国技术战略联盟进行知识转移和学习的关键因素有哪些？这些因素是以怎样的作用机制促进或者阻碍技术学习的？中国高技术企业成功从跨国联盟公司进行学习的关键行为是什么？这些要素是如何提升企业创新能力的？本章在为中国高技术企业和政府部门提供指导的同时，也必然能够为其他新兴经济体的高技术企业提供有益的借鉴。

（三）研究局限与未来研究方向

由于历史事件回顾和研究数据收集的操作性困难，本章研究的局限性主要是问卷数据和同源性方差带来的影响。虽然 Harman 单因子检验以及潜变量的区分效度（探索性因子分析和验证性因子分析）和信度检验说明本章的测量质量很好，并且有研究可以证明同源性方差并不足以使研究的结论变得无效，但是未来的研究可以针对特定企业进行追踪调查，收集纵向时间序列数据进行假设检验（比如观察更多先前联盟学习过程和经验），拓展研究的有效性。另外，未来在理论模型中可以加入更多的联盟情景要素，讨论具有中国本土跨国技术战略联盟特征的研究假设，也许会有新的学术发现。

第10章　技术战略联盟合作、战略动机与联盟稳定

目前，创新理论关于跨国技术战略联盟占主导地位的学术研究仍然集中以发达国家高技术企业间联盟为研究对象。然而，近些年来，中国越来越多的高技术企业开始与海外跨国公司形成技术战略联盟（如海尔与三菱重工等），通过这种组织形式实现技术学习、吸收和转移，从而提升组织的创新能力和效果（Janet Y. Murray等，2005；Yadong Luo等，2008）。在中国创新驱动发展的背景下，中国政府“十二五”规划明确把创新和产业转型提到重要位置，强调国家产业发展三个方面的政策取向：①科学发展观；②转型升级提升产业竞争力；③建设创新驱动型国家。中国企业建立跨国技术战略联盟的技术学习、风险防范和创新发展过程越来越受到关注。但是，学术界也有学者对其进行评估和预测（Inkpen & Beamish，1997；Reuer，1999；Young - Ybarra & Wiersema，1999），认为战略联盟的合作失败率接近50% ~60%。例如，与跨国公司形成技术战略联盟并在公司内部成功进行技术知识转移与扩散，是众多中国高技术企业的重要战略（Kogut & Zander，1992）。可是，现实中的中国企业所选择的这条道路并不平坦，多数做得好的企业也仅仅是在某些局部知识的转移上获得成功，而能够有计划、系统地从联盟过程中转移知识的中国企业凤毛麟角（如本书中天府可乐与百事可乐跨国联盟的失败案例）。本章通过建立计量模型讨论技术战略联盟合作关系、战略动机与联盟稳定的关系。

现有的文献中，Shao - Chi Chang，Sheng - Syan Chen 和 Jong - Ho Lai（2012）仅仅应用美国和日本的技术战略联盟为研究样本，胡珑瑛和张自立（2007）、龙勇和李世清（2011）等国内学者的相关研究，或尝试构建技术战略联盟合作结构模式选择框架，或以联盟稳定性为因变量进行实证分析。有鉴于此，本章选择建立跨国技术战略联盟的中国高技术企业为研究对象，讨论在跨国技术战略联盟的合作过程中，选择怎样的战略动机可以在跨国技术战略联盟合作中获得联盟稳定并提升联盟绩效。本章的特色在于，把战略动机作为一个调节变量，探索不同的战略动机在跨国技术战略联盟合作中获得联盟成功的途径。研究中也挑选了特别的控制变量，如跨国联盟情景因素、企业类型、研发规模，以及联盟经费投入等控制变量进行分析，扩展研究的外部有效性。

一、文献回顾与研究假设

根据哈佛大学教授 Michael Porter E. （2002）的观点，技术战略联盟是市场竞争日趋激烈，科技发展速度加快及企业实行国际化经营战略的必然趋势，是企业为了获取竞争优势而结成的具有一定相互技术依存的战略性伙伴关系。通过技术战略联盟，企业能在更大范围内合理分配和使用技术资源，实现企业优势互补，从而能更有效地提高企业的技术竞争力。关于企业之间达成技术战略联盟关系的前因，最早的研究来自知识管理领域，因为技术知识具备的特性（隐晦性、复杂性、不确定性、有价值和稀缺），企业需要联合起来进行创新，才能获得技术学习、知识转移带来的利益（Parkhe，1991；Barney，1991；汪涛，2001）。之后，学者们开始关注联盟成员的特征和战略意图对技术联盟过程的影响，认为联盟成员的差异（如有否联盟经验、文化距离、特性互补和自我保护意识等）（Hamel，1991；Dyer，2001；Yadong Luo，2002；李晶晶和杨震宁，2011）和联盟意图及战略（战略目标、战略资源、创新和市场导向、交易成本以及机会主义行为）（许树沛，2001；Hitt，2004；Dickson，2006）成为联盟成功的关键。以下，通过文献综述来建立本章的研究假设和理论框架。

（一）跨国技术战略联盟的合作机制

胡珑瑛和崔岚（2012）提出：跨国技术战略联盟的核心目标是追求协同效应和知识获取，以实现技术创新。对联盟的稳定性影响的研究不仅要考虑联盟的协同效应，同时还应考虑各联盟成员的资源获取能力。跨国技术战略联盟在建立之初，在考虑每一方的责任和权利时，需要强调合作制度作为管理联盟的行政手段（Kale et al.，2007）。通过有效监督联盟的例行业务活动，并提供具体的政策或程序，以应对各种联盟突发事件的发生，合作制度机制可以通过正式和常规的程序、规则、惯例、规范和政策来促进双方的知识共享。学者赵阳、刘益和张磊楠（2009）认为技术战略联盟的合作制度建设方法包括：建立促进联盟交流和沟通的企业文化、形成联盟政策和惯例（岗位描述、冲突解决机制、绩效检测机制）、开发共同的战略计划项目并监督制度执行、建立信息交流控制系统等。此外，一种更稳定的技术战略联盟关系来自企业之间的资本合作。Das T. K.（2000）以资源组合为视角，对技术战略联盟的合作机制进行了研究，发现：当企业投入所有权型资源而合作方投入知识型资源时，在自身资源得到法律保护的情况下，更偏好“合资”这种股权战略联盟以进行更有效的知识交换；当企业投入知识型资源而合作方投入所有权型资源时，更偏好“股权参与式”联盟以防止自身的核心知识泄密；当双方都投入所有权型资源时，更偏好选择“单边契约联盟”；当双方均投入知识型资源，则偏好选择“双边契约联盟”。所以，本章从两个理论视角讨论跨国技术战略联盟的合作机制：一是跨国技术战略联盟成员建立的合作制度；二是跨国技术战略联盟成员之间的资本合作。根据以上文献讨论，建立如下的研究假设：

假设 H1：跨国技术战略联盟成员之间建立合作制度并执行，可以提高联盟的稳定性。

假设 H2：跨国技术战略联盟成员之间进行有效的资本合作，可以提高联盟的稳定性。

（二）跨国技术战略联盟的战略动机

企业战略联盟形成的一般动机包括：企业在联盟中共享资源或业务行为、在联盟中共享知识和技能、在联盟中共同分担风险、在联盟中实现组织成员之间的相互学习和技术创新等（李新春，2000）。李垣、谢恩和廖貅武（2006）提出，企业形成跨国技术战略联盟进行合作的目的在于通过各种契约或股权等合作方式，实现企业与其他跨国企业之间知识共享和优势资源互补，利用全球性资源促进知识整合和知识创新，并最终降低高技术企业成本和提高企业创新收益。首先，从跨国技术战略联盟的本质上说，技术战略联盟像企业一样是一个集合知识的仓库，它能为企业提供多种机会以获取合作伙伴的信息、技术和知识，而这种机会通常是独自经营的企业在特定的时间和成本约束下难以获得的，技术战略联盟为企业间的学习和知识管理提供一个独特的平台或管道（江旭、高山行，2007）。所以，跨国技术战略联盟形成的第一个重要战略动机就是企业之间进行技术合作，从而转移技术知识。其次，Dyer，Kale 和 Singh（2001）提出企业与外部组织的关系越紧密，吸收能力越强，知识获取的机会越多。跨国技术战略联盟企业获取社会资本有利于企业从外部进行知识学习、获取和利用，其通过企业之间有效的交流促进知识学习，同时减少了跨国联盟企业从事机会行为可能性（Anthony Goerzen，2005），企业之间的知识交流和共享就越顺利，对知识的吸收和利用就越充分。Anthony Goerzen（2005）认为：社会资本有利于联盟企业之间显性和隐性知识的传播与共享，进而有利于企业吸收能力的提升。Yang G. 和 Maskus K. E.（2003）从关系的质量方面认为：社会资本有利于企业对知识的获取，特别是隐性知识的获取，知识获取是知识吸收的关键。由此可见，获取社会资本是跨国技术战略联盟成员的一个重要战略动因，并影响着联盟合作与联盟稳定性的关系。所以，根据以上的文献分析，建立如下的研究假设：

假设 H3：高技术企业设定技术合作的战略动机可以正向调节跨国技术战略联盟企业合作与联盟稳定性之间的关系。

假设 H4：高技术企业设定获取社会资本的战略动机可以正向调节跨国技术战略联盟企业合作与联盟稳定性之间的关系。

（三）跨国技术战略联盟的稳定性

文献中，关于战略联盟“不稳定性”的探讨相对较多，Baum 等（2000）将战略联盟的“不稳定性”定义为“联盟过程中非计划内的联盟目标、联盟契约和联盟控制方式等方面的变动，以及联盟的解体和兼并”。相对于不稳定性的界定，对战略联盟的“稳定性”概念在学术界却缺乏一致的理解（张卫国、青雪梅，2012），更何况跨国技术战略联盟“稳定性”的概念定义。在合作关系质量的视角下，跨国技术战略联盟稳定性是基于伙伴间有效合作基础上的联盟成功运营与发展（J. Adertunji et al.，2010）。项宝华（2001）认为联盟的稳定性就是能够在联盟合作契约范围内维持其功能的属性并建立在全体联盟成员对合作所形成的共同认知基础上和激励相容基础上的一种制度均衡状态。赵昌平和葛卫华（2003）认为联盟稳定性是联盟成员不愿退出该联盟并且联盟之外的企业不愿加入到联盟组织中来。梅花（2006）提出判定企业战略联盟是否稳定的依据只能是各个企业的发展利益及其联盟整体利益的统一：一是企业联盟合力最大。战略联盟之所以建立，各联盟成员的资源整合以达到效用最大化是占主要地位的，以便各方都能达到既定的战略目标；二是合作双方利益分配与协作合理。双方都能收回其资金成本，达到市场占有率、销售量、新产品开发等具体指标。学者 Zollo 和 Meyer（2008）将联盟的稳定性定义为基于合作者共享的有效合作的联盟能够成功运作及发展的程度。从以上的文献分析，可以看出，学者们所关注的战略联盟稳定性概念无外乎关系到两个具体内容：①战略联盟的绩效是否有提升，这是联盟成员不退出的理由；②联盟制度的成熟和稳定，这是维系战略联盟存在的重要稳定性因素。基于以上的分析，考虑到跨国技术战略联盟的自身特点（存在文化距离、目标差异等战略情景），本章从两个方面考察中国跨国技术战略联盟的稳定性：一是跨国技术战略联盟的绩效是否提高；二是跨国技术战略联盟的制度建设是否成熟稳定。

（四）跨国技术战略联盟情景

孙彪、刘玉和刘益（2012）认为跨国技术战略联盟作为一项知识高度密集的技术创新形式，单个成员内部以及成员之间知识的简单堆砌，并不能产生足以支持创新成果的原创性知识，必须依赖合作各方通过知识整合机制把融入技术创新过程中的知识进行有效整合。但是，企业在通过跨国技术战略联盟提升其创新能力和联盟绩效的过程中，联盟合作中涉及的环境不确定性（企业成员特征、任务、经验和环境不确定性）是影响联盟行为及联盟稳定性的重要因素，因此，需要设置具有跨国技术战略联盟自身特点的控制变量并加以讨论。有鉴于本章研究对象的特殊性，开发特别的联盟情景因素对跨国技术战略联盟稳定性的影响机制，也是本章的独特性。研究对象的独特性要求我们提出如下需要明确的联盟情景因素：性质不同的成员形成的技术战略联盟，这些情景因素是有明显差异的，也会引致不同的联盟稳定和差异性创新绩效，所以我们考虑不同跨国联盟成员的企业类型、加入联盟的时间、业务收入规模、研发规模和用于维系战略联盟的费用规模。另外，考虑不同企业之间的文化距离是导致联盟成员合作中的稳定性的关键因素（T. K. Das，2010）。再有，Li H. Y. 和 Zhang Y.（2007）认为联盟成员是否具有国际化经验直接影响跨国联盟中的合作和联盟稳定，具有一定国际化经验的组织更容易获得联盟合法性地位，产生更好的联盟绩效。最后，学者 Lavie D.（2007）认为在技术战略联盟形成之初，联盟成员是否具有战略和资源互补性是联盟成功的关键。所以，本章选择以上的控制变量对研究结果的影响加以讨论，以扩大研究的外部有效性。根据以上文献讨论，建立如下的研究假设：

假设 H5：不同性质的跨国技术战略联盟成员（如企业类型、加入联盟的时间、业务收入规模、研发规模和用于维系战略联盟的费用规模），对跨国技术战略联盟稳定性影响是不同的。

假设 H6：跨国技术战略联盟成员之间的联盟情景因素（如联盟成员之间的文化距离、国际化经验和战略资源互补性）差异，导致不同的联盟稳定性。

根据以上的文献回顾、研究假设的建立，提出本章研究的理论框架，如图 10－1 所示。

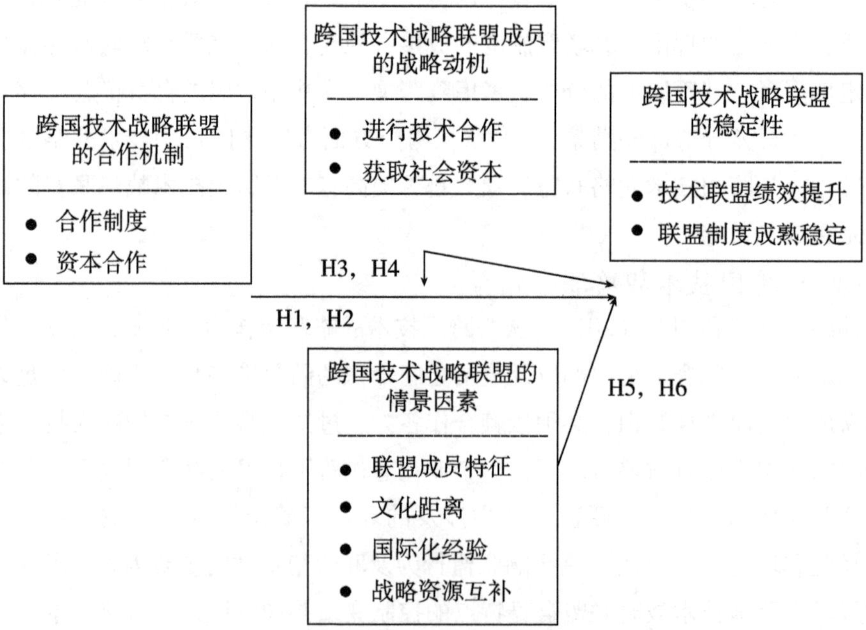

图 10－1　研究的理论框架

二、研究设计与过程

（一）量表设计与数据收集

本研究的量表设计采用了经典量表和新设计量表相结合的方式。具体的，对于跨国技术战略联盟合作机制的测量，没有现成的量表可以使用，通过文献讨论和案例分析，我们对这部分量表进行了设计，合作机制共包括两个理论维度：合作制度和资本合作；对跨国技术战略联盟战略动机的测量，我们参考了学者 Aurélie Brunie（2009）设计的量表；关于跨国技术战略联盟稳定性的测量，我们借鉴了学者 Zollo 和 Meyer（2008）的研究；关于跨国技术战略联盟的情景因素，文化距离的测量借鉴了 T. K. Das（2010）的研究、国际化经验的测量借鉴了 Li H. Y. 和 Zhang Y.（2007）的研究成果、对战略资源互补性概念的测量则借鉴了学者 Lavie D.（2007）开发的量表。而对于联盟成员的特征变量，如企业性质、联盟时间、业务收入规模、研发费用和联盟投入费用等，通过问卷调查的方式，收集具体的数字进行科学编码（截至 2013 年的数据），进行初始数据库的建设。

正式问卷调查过程，有效样本数量和样本企业的统计特征分布情况与第 9 章内容一致，这里不再赘述。

（二）数据的信度与效度

本章采用 Cronbach's Alpha 系数讨论量表在测量概念中的信度，利用探索性因子分析（EFA）方法讨论数据的概念区分效度。表 10 - 1 是所有潜变量探索性因子分析拟合效果指标，可以看到：跨国技术战略联盟的合作机制、联盟动机、联盟情景因素和联盟稳定四个潜变量的探索性因子分析过程，其 Kaiser - Meyer - Olkin（KMO）统计量分别为 0.919、0.889、0.849 和 0.942，超过 0.6 的最低标准，推翻了变量之间的相关系数矩阵为单位阵的零假设，Bartlett 球形检验值分别为 2722.995、1311.820、1689.427 和 4606.951，通过了显著性检验（$p < 0.010$），说明数据适合进行探索性因子分析。对所有量表数据进行 Varimax 最大方差垂直转换，使得到的因子所能解释的方差水平达到最大，这样可以更清晰地辨别因子结构。跨国技术战略联盟合作机制潜变量，保留了因子负荷超过 0.600 的条目，初始的 11 个条目全部保留，提取的两个因子解释方差变异的累计数是 70.651%，如表 10 - 2 所示，提取的两个因子分别为合作制度和资本合作，其两个因子的 Cronbach´s α 系数分别为0.927 和 0.879，显示了较高的信度，问卷总体的 Cronbach´s α 系数为0.932，信度较高；同样，跨国技术战略联盟动机潜变量的探索性因子分析过程，保留了因子负荷超过 0.510 的条目，初始的 12 个条目全部保留，提取的两个因子解释方差变异的累计数是 53.467%，如表10 - 3所示。提取的两个因子分别为获取社会资本和进行技术合作，其两个因子的 Cronbach´s α 系数分别为

0.872 和0.843，显示了较高的信度，问卷总体的 Cronbach´s α 系数为0.899，信度较高；再有，跨国技术战略联盟的情景因素潜变量的探索性因子分析过程，保留了因子负荷超过0.520 的条目，初始的8 个条目全部保留，提取的三个因子解释方差变异的累计数是63.574%，如表10－4所示。提取的三个因子分别为文化距离、国际化经验和战略资源互补，其三个因子的 Cronbach's α 系数分别为0.852、0.817和0.894，显示了较高的信度，问卷总体的 Cronbach's α 系数为0.913，信度较高；最后，跨国技术战略联盟的稳定性潜变量的探索性因子分析过程，保留了因子负荷超过0.600 的条目，初始的11 个条目全部保留，提取的两个因子解释方差变异的累计数是75.234%，如表10－5 所示。提取的两个因子分别为跨国技术联盟绩效提升和跨国技术联盟制度成熟稳定，其两个因子的 Cronbach's α 系数分别为0.955 和0.953，显示了较高的信度，问卷总体的 Cronbach's α 系数为0.926，信度较高。

表10－1　所有潜变量探索性因子分析模型拟合效果

潜变量	KMO 值	Bartlett 球形检验值	总体信度	累计解释变差%
合作机制	0.919	2722.995	0.932	70.651
联盟动机	0.889	1311.820	0.899	53.467
跨国联盟情景	0.849	1689.427	0.913	63.574
联盟绩效	0.942	4606.951	0.926	75.234

表10－2　跨国技术战略联盟合作机制因子分析结果

维度与测量条目	因子结构	
	Factor1	Factor2
CI：合作制度		
ci1：共同开发新技术	0.852	
ci2：共同开发新产品	0.811	
ci3：委托或者受托开发技术或产品研发	0.782	
ci4：共同制定技术或产品标准	0.754	
ci5：共同进行研发信息交流	0.830	
ci6：确保企业原材料和元器件的采购	0.653	
ci7：共同争取政府资源支持	0.774	
CC：资本合作		
cc1：共同出资购买设备或者生产研发场地		0.677
cc2：共同出资确保市场和客户源		0.902

续表

维度与测量条目	因子结构	
	Factor1	Factor2
cc3：共同出资进行人员培训与学习		0.917
cc4：共同出资开发国内外市场		0.628
因子的特征值	7.066	1.412
因子的 Cronbach´s α 系数	0.927	0.879
解释的变差（%）	43.877	26.775
累计解释变差（%）	43.877	70.651

注：采用主成分分析法，表中数字为采用 Varimax 旋转后因子载荷标准，没有标注的因子载荷数字小于 0.600。

表 10－3　跨国技术战略联盟动机因子分析结果

维度与测量条目	因子结构	
	Factor1	Factor2
SC：获取社会资本		
sc1：申请国家科技计划项目	0.520	
sc2：享受联盟提供的服务	0.557	
sc3：借参与联盟了解产业技术发展前景	0.775	
sc4：借参与联盟学习成员企业的管理经验	0.652	
sc5：借参与联盟扩大企业在业内的影响	0.829	
sc6：与其他联盟企业建立友谊	0.780	
TC：进行技术合作		
tc1：与联盟成员合作研发产业共性技术		0.638
tc2：突破本单位发展中的技术瓶颈		0.772
tc3：与联盟单位共同形成技术产业链条		0.643
tc4：与联盟单位共同制定技术或产品标准		0.579
tc5：可以与成员单位共同使用关键技术设备		0.598
tc6：与联盟成员共同开拓技术市场		0.615
因子的特征值	5.356	1.061
因子的 Cronbach´s α 系数	0.872	0.843
解释的变差（%）	28.011	25.456
累计解释变差（%）	28.011	53.467

注：采用主成分分析法，表中数字为采用 Varimax 旋转后因子载荷标准，没有标注的因子载荷数字小于 0.510。

表 10-4　跨国技术战略联盟影响因素因子分析结果

维度与测量条目	因子结构		
	Factor1	Factor2	Factor3
CD：文化距离			
cd1：企业与当前技术联盟伙伴的文化差异非常大	0.765		
cd2：企业与当前技术联盟伙伴的地理距离非常远	0.692		
IE：国际化经验			
ie1：企业具有开拓国际市场的经验		0.814	
ie2：企业具有与其他跨国企业合作的经验		0.763	
ie3：企业具有在技术、产品设计和市场拓展方面的国际化经验		0.711	
SR：战略资源互补			
sr1：企业看中与其形成技术联盟伙伴成员的独特资源			0.815
sr2：企业与技术联盟伙伴之间具有战略互补关系			0.756
sr3：技术战略联盟伙伴企业的资源是企业所不具备的			0.682
因子的特征值	4.791	2.986	1.342
因子的 Cronbach´s α 系数	0.852	0.817	0.894
累计解释变差（%）	29.492	50.867	63.574

注：采用主成分分析法，表中数字为采用 Varimax 旋转后因子载荷标准，没有标注的因子载荷数字小于 0.520。

表 10-5　跨国技术战略联盟稳定性因子分析结果

维度与测量条目	因子结构	
	Factor1	Factor2
PP：跨国技术联盟绩效提升		
pp1：联盟帮助本企业实现初始合作目标	0.614	
pp2：联盟帮助本企业提升核心竞争力	0.742	
pp3：联盟帮助本企业提升技术水平	0.760	
pp4：联盟帮助本企业提升管理水平	0.815	
pp5：联盟帮助本企业改善财务绩效	0.784	
pp6：联盟帮助本企业扩大市场份额	0.860	
pp7：联盟帮助本企业降低成本	0.850	
IB：跨国技术联盟制度成熟稳定		
ib1：联盟理事会制度成熟稳定		0.888

续表

维度与测量条目	因子结构	
	Factor1	Factor2
ib2：联盟理事会快速有效决策联盟重大事项		0.863
ib3：联盟的管理制度健全规范		0.894
ib4：联盟的管理制度被有效执行		0.890
因子的特征值	9.511	1.774
因子的 Cronbach´s α 系数	0.955	0.953
解释的变差（%）	44.594	30.640
累计解释变差（%）	44.594	75.234

注：采用主成分分析法，表中数字为采用 Varimax 旋转后因子载荷标准，没有标注的因子载荷数字小于 0.600。

三、研究结果与发现

（一）变量间的相关性与多重共线性诊断

所有潜变量之间的 Pearson 相关系数矩阵，如表 10 - 6 所示。从表 10 - 6 中显示的 Pearson 相关系数结果对各个潜变量之间的多重共线性状况进行诊断：①根据 Rockwell（1975）给出的判断标准，表 10 - 6 中所有潜变量之间的 Pearson 相关系数都小于 0.8，最大的 Pearson 相关系数为 0.456*** （进行技术合作和联盟绩效提升）；②把联盟稳定性（联盟绩效提升和联盟制度建设）作为因变量，其他变量作为自变量逐步（Stepwise）进行 OLS 回归分析，发现每一步回归模型的 $\triangle R^2$ 都在 0.010 水平上显著，说明每一个自变量被丢入回归模型中都增加了模型的解释力度；③把联盟稳定性（联盟绩效提升和联盟制度建设）作为因变量，其他变量都作为自变量强迫（Enter）进行 OLS 回归，每个自变量的方差膨胀因子（VIF）均小于 3（经验值），最大的方差膨胀因子为 2.485，最小的为 1.214。这些研究结果说明数据的多重共线性并不严重，不会影响后续的回归模型统计结果。

（二）模型统计结果与发现

本章的样本数据具有两个特征：①本研究使用的是截面数据；②本研究的因变量和自变量均是量表测量的潜变量。所以，截面潜变量的统计分析，可以利用所有变量的因子得分进行进一步的统计模型讨论（温忠麟、刘红云、侯杰泰，2012），我们使用 OLS 层次回归模型（MMR）进行分析。因为本研究涉及调节变量，所以我们采用如下步骤进行调节回归模型检验：第一步我们把自变量（跨国

表 10－6　变量之间的 Pearson 相关系数矩阵

变量	CI	CC	SC	TC	T	ST	INCOME	RD	AF	PP	IB	CD	IE	SR
CI 合作制度	1.000													
CC 资本合作	0.000	1.000												
SC 获取社会资本	0.271***	0.018	1.000											
TC 进行技术合作	0.264***	0.295***	0.000	1.000										
T 企业类型	−0.178***	0.122**	−0.038	0.137**	1.000									
ST 联盟时间	−0.080	−0.110	0.046	−0.003	0.041	1.000								
INCOME 业务收入	0.086	−0.243***	0.099	−0.212***	−0.008	−0.087	1.000							
RD 研发经费	0.089	−0.060	−0.007	−0.025	−0.047	−0.069	0.353***	1.000						
AF 联盟经费	0.160**	0.074	0.031	0.101	0.138**	−0.079	0.124*	0.378***	1.000					
PP 绩效提升	0.420***	0.370***	0.129***	0.456***	−0.020	−0.198**	−0.123*	0.016	0.117*	1.000				
IB 制度成熟稳定	0.450***	−0.012	0.279***	0.024	0.069	0.162*	0.141**	0.052	0.086	0.000	1.000			
CD 文化距离	0.012	0.013	0.021	0.024	0.000	0.016	0.025	0.018	0.027	−0.131*	−0.142*	1.000		
IE 国际化经验	0.028	0.032	0.025	0.018	0.014	0.037	0.040	0.028	0.024	0.147*	0.139*	0.000	1.000	
SR 战略资源互补	0.035	0.031	0.027	0.051	0.011	0.013	0.047	0.027	0.023	0.156*	0.136*	0.000	0.000	1.000

注：* $p<0.100$，** $p<0.050$，*** $p<0.010$。

技术战略联盟合作机制：合作制度和资本合作）和调节变量（跨国技术战略联盟动机：获取社会资本和进行技术合作）进行中心化处理，即用每个变量的观测值减去其均值，这样可以解决自变量和调节变量往往与它们的乘积项高度相关的问题。第二步是构造乘积项，把经过中心化处理的自变量和调节变量相乘，形成相应的乘积项。第三步是构造方程，将控制变量、调节变量、自变量和乘积项按顺序依次放置于回归方程中进行主效应和交互效应的检测。如果乘积项的回归系数是显著的，并且方向与我们预测的一致，就可以证明调节作用的存在（温忠麟、刘红云、侯杰泰，2012）。假设检验的研究结果，如表 10－7 所示。

假设 H1 和 H2 研究跨国技术战略联盟成员企业之间建立合作机制对联盟稳定性的影响。如表 10－7 的统计结果显示：模型 1 和模型 5 为合作机制对联盟稳定性影响的直接效应，可以看到跨国技术战略联盟企业成员之间建立规范的合作制度和通过资本合作方式进行技术联盟可以显著提升联盟的绩效（$\gamma_{1,1}=0.415^{***}$，$p<0.010$；$\gamma_{1,2}=0.367^{***}$，$p<0.010$，$\gamma_{i,j}$，i 为模型编号，j 为自变量顺序，以下同)，并且成员间联盟制度的合作和规范可以推进联盟制度走向成熟（$\gamma_{5,1}=0.415^{***}$，$p<0.010$)，但是联盟成员之间的资本合作过程没能正向影响联盟制度的成熟度（$\gamma_{5,2}=-0.019$，$p>0.100$)，研究假设 H1 和 H2 基本得到检验，说明跨国技术战略联盟成员合作机制的建立对联盟合作过程是非常重要的；另外，我们可以从模型 2 和模型 6 中看到调节变量战略联盟动机对联盟稳定性影响的直接效应，高技术企业通过制定获取社会资本和与联盟成员进行技术合作的战略动机均能够积极地影响联盟绩效的提升（$\gamma_{2,3}=0.287^{***}$，$p<0.010$；$\gamma_{2,4}=0.120^{***}$，$p<0.010$)，获取社会资本的战略动机也可以建立成员之间的信任机制从而使联盟制度趋于成熟稳定（$\gamma_{6,3}=0.163^{***}$，$p<0.010$)。这里有个有趣的研究发现，企业拥有技术合作战略动机对联盟制度稳定具有负向影响（γ_6，$4=-0.063^{***}$，$p<0.010$)，虽然这种负向影响不显著，但存在隐性的合作隐患，合理的理论解释可能是技术获取的合作动机可能存在投机性行为（如百事可乐与天府可乐的战略合作中，百事可乐获取了天府可乐的核心技术，最后天府可乐不复存在)，从而影响联盟合作制度的稳定性。

假设 H2 和 H3 研究联盟战略动机在跨国技术战略联盟合作机制与联盟稳定之间起到的调节作用。从表 10－7 中可以看到：模型 4 和模型 8 为调节关系检验结果，建立技术合作的战略动机可以正向调节合作制度机制与联盟绩效提升的关系（$\gamma_{4,14}=0.163^{***}$，$p<0.010$)，而且调节效果明显（$\Delta R^2=0.134$，$\Delta R^2$为加入交互项后模型拟合系数的变化，以下同)。在战略动机的直接效应检验中，我们发现企业拥有技术合作的战略动机对联盟制度稳定具有负向影响（$\gamma_{6,4}=-0.063^{***}$，$p<0.010$)，这里可以看到当技术获取动

机与建立规范的合作制度共同作用下，技术合作动机可以负向调节合作制度与联盟制度稳定之间的关系（$\gamma_{8,14} = -0.063^{***}$，$p<0.010$），负向调节效应明显（$\Delta R^2=0.059$），说明建立合理的合作制度是规避技术合作过程中投机行为的途径。另外，获取社会资本的战略动机可以正向调节资本合作与联盟制度成熟稳定之间的关系（$\gamma_{8,15}=0.404^{**}$，$p<0.050$），正向调节效应明显（$\Delta R^2=0.059$），说明资本合作机制提升联盟成员之间的信任关系，获取社会资本的战略动机得以提升联盟稳定性。

假设 H4 和 H5 研究几个控制变量对研究结果的影响，这样可以提高研究的外部有效性。根据表 10－7 的统计结果分析，可以看到：模型 3 和模型 7 为加入控制变量后模型发生的变化，企业类型（T）按照市场化程度进行编码，市场化程度越高的企业间跨国技术战略联盟制度安排越稳定成熟（$\gamma_{7,5}=0.179^{**}$，$p<0.050$），战略联盟建立的时间（ST）越长其制度建设越成熟稳定（$\gamma_{7,6}=6.30E-006^{***}$，$p<0.010$），而企业业务收入（INCOME）、研发经费投入（RD）和联盟经费投入（AF）对研究结果没有直接影响（$\gamma_{3,7}=-1.0E-008$，$p>0.100$；$\gamma_{3,8}=7.16E-007$，$p>0.100$；$\gamma_{3,9}=-1.3E-005$，$p>0.100$；$\gamma_{7,7}=2.40E-008$，$p>0.100$；$\gamma_{7,8}=-9.4E-007$，$p>0.100$；$\gamma_{7,9}=-1.8E-006$，$p>0.100$）。最后，可以看到：中国高技术企业与跨国技术战略联盟成员的文化距离和差异越大，联盟稳定性越难以维系（$\gamma_{3,10}=-0.132^{*}$，$p<0.100$；$\gamma_{7,10}=-0.127^{**}$，$p<0.050$），这里可能的理论解释是文化距离大是造成合作冲突的直接原因，两个联盟组织越需要更多时间进行磨合；中国高技术企业具有一定的国际化战略经验，可以提高跨国技术战略联盟学习质量，进而提升联盟稳定（$\gamma_{3,11}=0.127^{**}$，$p<0.050$；$\gamma_{7,11}=0.139^{**}$，$p<0.050$）；两个跨国技术战略联盟成员企业具备一定的战略资源互补性，可以提高企业合作质量获得联盟稳定（$\gamma_{3,12}=0.136^{**}$，$p<0.050$；$\gamma_{7,12}=0.126^{**}$，$p<0.050$）。这里研究假设 H4 和 H5 部分得到验证。

表 10－7　层次回归模型统计结果

自变量和参数	因变量 1：联盟绩效提升				因变量 2：联盟制度成熟稳定			
	模型 1	模型 2	模型 3	模型 4	模型 5	模型 6	模型 7	模型 8
CI 合作制度	0.415***	0.395***	0.729***	0.639***	0.452***	0.430***	0.564***	0.703***
	(0.049)	(0.056)	(0.135)	(0.140)	(0.052)	(0.062)	(0.102)	(0.121)
CC 资本合作	0.367***	0.295***	0.319***	0.149	−0.019	−0.023	0.134*	0.262***
	(0.049)	(0.052)	(0.105)	(0.113)	(0.053)	(0.058)	(0.080)	(0.097)

续表

自变量和参数	因变量 1：联盟绩效提升				因变量 2：联盟制度成熟稳定			
	模型 1	模型 2	模型 3	模型 4	模型 5	模型 6	模型 7	模型 8
SC 获取社会资本		0.287***	0.124	0.098		0.163***	0.095	0.017
		(0.056)	(0.160)	(0.142)		(0.060)	(0.122)	(0.123)
TC 进行技术合作		0.120**	0.240	0.224		-0.063	-0.178	-0.279**
		(0.054)	(0.146)	(0.145)		(0.062)	(0.111)	(0.125)
T 企业类型			0.006	-0.036			0.179**	0.200**
			(0.116)	(0.105)			(0.088)	(0.090)
ST 联盟时间			-1.6E-006	-3.4E-006			5.89E-006***	6.30E-006***
			(0.000)	(0.000)			(0.000)	(0.000)
INCOME 业务收入			-1.1E-008	-1.0E-008			2.40E-008	2.42E-008
			(0.000)	(0.000)			(0.000)	(0.000)
RD 研发经费			5.51E-007	7.16E-007			-6.5E-007	-9.4E-007
			(0.000)	(0.000)			(0.000)	(0.000)
AF 联盟经费			-2.1E-005	-1.3E-005			-1.8E-006	-1.2E-005
			(0.000)	(0.000)			(0.000)	(0.000)
CD 文化距离			-0.132**	-0.114*			-0.127**	-0.119*
			(0.049)	(0.037)			(0.051)	(0.034)
IE 国际化经验			0.127**	0.118*			0.139**	0.115*
			(0.053)	(0.041)			(0.047)	(0.037)
SR 战略资源互补			0.136**	0.114*			0.126**	0.121**
			(0.058)	(0.036)			(0.052)	(0.051)
CI 合作制度 × SC 获取社会资本				0.371				0.058
				(0.291)				(0.117)
CI 合作制度 × TC 进行技术合作				0.547***				-0.269*
				(0.135)				(0.251)
CC 资本合作 × SC 获取社会资本				-0.011				0.404**
				(0.207)				(0.179)
CC 资本合作 × TC 进行技术合作				0.113				-0.123
				(0.141)				(0.122)

续表

自变量和参数	因变量 1：联盟绩效提升				因变量 2：联盟制度成熟稳定			
	模型 1	模型 2	模型 3	模型 4	模型 5	模型 6	模型 7	模型 8
常数项	0.006	-0.051	-0.245	-0.222	-0.003	0.002	-0.666**	-0.630**
	(0.049)	(0.049)	(0.386)	(0.341)	(0.051)	(0.055)	(0.293)	(0.294)
可决系数 R^2	0.309	0.423	0.586	0.720	0.203	0.226	0.513	0.572
经调整可决系数 Adj - R^2	0.304	0.414	0.511	0.645	0.197	0.214	0.430	0.458
F 值	65.424***	45.848***	8.329***	9.681***	37.246***	18.293***	6.192***	5.038***
Sig.	0.000	0.000	0.000	0.000	0.000	0.000	0.000	0.000
估计标准误差 SSE	0.835	0.785	0.775	0.663	0.899	0.874	0.587	0.572

注：* $p<0.100$，** $p<0.050$，*** $p<0.010$，括号内为回归系数的估计标准误差。

四、研究结论与启示

越来越多的国内高技术企业通过建立跨国技术战略联盟的方式进行技术创新与合作，这个过程本身并不平坦。本章通过文献综述建立研究假设，通过量表设计、问卷调查并收集国内 325 家建立了跨国技术战略联盟的高技术企业有效研究样本，对提出的研究假设和理论框架进行实证分析，研究得到了以下结论：

（1）中国高技术企业在建立跨国技术战略联盟过程中，高效的合作机制的建立和具备一定的战略动机来安排联盟过程尤为重要。统计模型的研究结果显示，企业之间建立合作制度以及建立更紧密的合作关系（通过资本合作），可以提高联盟绩效并提升联盟制度的成熟和稳定。另外，建立获取社会资本的战略动机，可以有效提高联盟绩效，但是需要在技术合作战略过程中防范投机性行为的发生。

（2）有效的战略联盟动机可以正向调节跨国技术战略联盟合作机制和联盟稳定的关系。调节关系的统计模型检验过程显示，技术合作战略动机可以正向提高合作制度安排对联盟绩效提升的作用，获取社会资本的战略动机可以正向调节资本合作对联盟制度成熟稳定的作用。一个有趣的研究发现是：如果技术合作可能导致投机性行为的出现，通过规范合作制度可以避免这个情况的发生，可以看到技术合作动机在合作制度与联盟制度稳定成熟之间具有负向调节作用。

（3）在控制变量的检验过程中，我们发现：越是市场化的企业、联盟合作时间越长，联盟的制度越稳定和成熟。高技术企业与合作联盟成员的文化距离和差异越大，联盟越不稳定。高技术企业具备一定的国际化经验可以提升跨国技术战略联盟合作中的质量。跨国合作技术战略联盟的企业之间具有一定的战略资源互补性，可以提高联盟的稳定性。

在未来的研究中，我们可以逐渐打开跨国技术战略联盟合作这个管理学“黑箱”，聚焦跨国合作的具体情景过程，例如跨国技术战略联盟的谈判过程、成员之间的信任关系、合作冲突与调整、多次的跨国技术战略联盟合作经验的影响，以及跨国技术战略联盟存在的潜在风险与组织保护机制等具体过程，也许会得到新的学术发现。

第11章 技术战略联盟的信任、冲突与联盟稳定

在20世纪80年代以前，跨国公司间形成的战略联盟与产品联盟实际上差别不大，因为这一时期的联盟形式主要是跨国公司选择国外的厂商进行合作，并将其作为自己产品的零部件供应商（Product Link）。产品联盟不仅可以在国际范围内寻求低成本优势和规模效应，而且还可以降低风险和适应产品灵活性发展的要求。经济运行到80年代以后，世界经济和区域经济一体化都得到了发展，企业间逐步开展了以技术创新为主要战略的合作，这标志着企业联盟开始向技术联盟转变。在激烈的市场竞争下，许多组织选择通过与合作伙伴的技术联盟来迅速扩大组织的整体知识存量、提升企业竞争力。通过技术联盟，组织可以获得互补性资源，加快研发速度，降低研发成本，分散研发风险。

国外学者对于技术联盟的研究比较早，主要是对发达国家企业技术联盟的研究。Porter（1986）认为跨国技术联盟也是企业协议的一种，是一种高于正常市场交易但低于合并的长期协议。Contractor（1988）认为跨国技术联盟是规模和实力相近的跨国公司之间形成的涉及经营、研发和生产等方面的联合行为。Sierra（1998）认为跨国技术联盟是一种竞争性的联盟，组成联盟的企业之间依旧存在竞争关系，因为组成临时伙伴关系的两个跨国公司在组合前是竞争对手。T. T. Tyebjee（1988）等人解释了为什么客观上企业会选择战略联盟，提出了“战略缺口”的理论，“战略缺口”就是企业当前能达到的目标与期望目标之间的差距。国内学者对技术战略联盟的研究主要是关于技术联盟的鉴别、特征和创新绩效等方面。李东红（2002）认为，企业技术联盟并不是单独存在的个案，它应该属于企业合作研发的一种类型，这些类型特指某一企业通过与其他有意愿合作的企业进行联系和筛选，在其中选取有能力和有长期合作意向的对象从而建立起来的联盟契约关系，在一段时间内协作从事技术或产品项目研究开发，能够在保持各自相对独立的利益及社会身份的同时，实现合作者共同确定的研发目标。唐晓云（2003）认为，跨国技术联盟具有亲竞争性与反竞争性的双重性特征。企业结成联盟后，经营收益归全体成员共同拥有，但是在联盟内部这些收益要重新分配给每一个联盟成员。而企业与企业结成跨国技术联盟的根本目的就是在动态的博弈中使自己的经济效益最大化，以提升自己的核心竞争力及市场份额，这就是所谓的亲竞争性。另外，已经缔结的跨

国技术联盟在很大程度上控制了新研发产品的规格、周期和技术标准，从而影响到市场的竞争结构形成垄断。同时，一个跨国技术联盟的形成就意味着联盟成员已经形成协议，达成了某种妥协，这就是所谓的反竞争性。这种亲竞争性或许就是联盟冲突的根源之一。江旭（2008）研究表明，联盟信任通过知识获取的中介作用对企业绩效产生正向影响，而冲突对知识获取的影响作用并不显著，说明冲突可以不经过知识获取的中介作用直接降低企业的绩效。部分学者承认信任、沟通和冲突解决方法的有效性与联盟绩效正相关（郭焱，2014），也有学者就联盟冲突对联盟绩效的影响做了讨论，认为冲突对组织的影响不一定都是负面的，他们将冲突划分为破坏性冲突和建设性冲突，认为破坏性冲突可能造成联盟运作失调、伙伴关系恶化，联盟整体效率降低甚至联盟解体，而建设性冲突可以产生凝聚、认知、激活等积极作用（陈震红，2004）。

2012 年年底，党的十八大强调要坚持走中国特色自主创新道路、实施创新驱动发展战略。创新驱动发展的战略含义包括中国未来的发展要靠科技创新驱动，而不是传统的劳动力以及资源能源驱动。在创新驱动发展的背景下，中国企业通过建立技术战略联盟（尤其是建立跨国技术战略联盟，如小天鹅与 GE 的合作等）来提升自身科技创新能力越来越受到关注。在对中国跨国技术战略联盟的研究中，目前对联盟信任沟通、联盟冲突和联盟绩效（以联盟稳定为考量的标准）的研究仍然比较少，本章利用量表开发和问卷调查的方式研究中国跨国技术战略联盟的信任、沟通机制在联盟冲突作用下对联盟效果的影响，进而揭示保持良好的联盟稳定性的管理学逻辑，妥善解决联盟冲突，最终使联盟双方获得双赢的方法，从而对管理实践产生启发。

一、文献综述与研究假设

（一）联盟稳定的影响因素

Pierre Dussauge（2004）研究了 135 个由相互竞争的全球汽车行业组成的联盟，收集到了它们从 1966—1995 年的数据。研究中将联盟区别为规模联盟和链接联盟，所谓规模联盟，是联盟伙伴在价值链的相同阶段投入相似的资源，通过协作来使这些生产活动产生规模经济，比如合作研发就是一种。所谓链接联盟，目标是整合联盟伙伴的不同资源和技术，比如说一家公司研发，另一家公司建立产品的市场分销渠道。研究结果对技术战略联盟的贡献是，对于竞争性公司结成的联盟，整体来看，并不是相互协作也不是相互破坏，但是分开来看，链接联盟更倾向于相互破坏，原因是它们之间更有机会造成信息的不对称。然而，规模联盟更倾向于相互协作，因为联盟带来的规模经济加强了联盟伙伴间的合作。

Andrew C. Inkpen（1997）研究了跨国联盟的知识获取对联盟稳定性的影响。

其中，关于不稳定性的定义是，不稳定性是未预划和基于一方或双方观点所形成的联盟关系状态的一个主要变量。关于不稳定性与联盟伙伴讨价还价能力的变化间的关系一直是争论的话题，当跨国联盟中的部分伙伴得到了充足的知识和技巧，就会削弱对其他伙伴的依赖，打破现有的平衡。有学者（Hamel，1991）认为联盟就是一场“学习的赛跑”，学得快的联盟成员主导着联盟的关系。其主要以基于股权的跨国联盟为研究对象，基于股权的跨国联盟，也就是所谓的子公司，子公司的股权是由很多组织结构的股权共同组成的。Andrew C. Inkpen（1997）指出，如果本土公司采取措施来保证其提供的不止包括一次性关于当地知识的贡献，不稳定性也许可以得到控制。产生联盟不稳定性的内生变量有：国外投资的变化，所有权规定的变化和政权的更替等。对于技术型知识来说，比起本地企业获得知识，外国企业获得知识后会加剧联盟的不稳定性。总结来看，联盟稳定是指联盟双方相信联盟带来的收益大于超过联盟终止的成本的一种合作状态。

（二）联盟的信任与沟通

联盟治理中一个关键的问题是联盟伙伴间的信任与沟通，对于信任和沟通对联盟的影响，有的学者对联盟信任的类型进行了详细的分类，Mark H. Hansen（2008）对联盟的研究中指出，联盟治理中有一个明显的悖论，那就是联盟管理者同时面临着交易收益最大化和机会主义威胁最小化的问题。研究显示，这两个问题都受到公司特性（合作能力和诚信）和交易属性（信息不对称和资产专用性）的影响，且这两个问题可以通过关系治理中强烈的相互诚实守信来解决。关于联盟诚实守信、相互信任的概念，Barney 和 Hansen（1994）将诚信分为三种：弱形式、半强形式和强形式。这种对信任下定义的方法，与其他的理论共同点在于信任是关于对联盟中另一家公司行为的预期（比如 Axelrod，1984；Lewis 和 Weigert，1985；Gambetta，1988；Sako，1992；Sabel，1993；Hosmer，1995；Madhok，1995）。Williamson（1975，1985）提出诚信主要与行为不确定性有关，即更换联盟伙伴存在很大的不确定性，因此普遍会产生机会主义威胁，但是在 Mark H. Hansen（2008）的研究中基本的概念是公司的诚信在某种程度上是可知的，而且能够减少联盟行为的不确定性。关于三种诚信形式的解释是，弱形式诚信：存在于由于交易属性，联盟伙伴间没有任何交易漏洞的联盟中，换句话说，就是在弱形式诚信下，联盟伙伴之间无法利用彼此，因为交易是完全公开透明的；半强形式诚信：在有违约成本的契约或其他联盟管理机制下，联盟公司间能相互信任，这种形式的信任主要靠公司对契约或其他管理机制的反应。半强形式诚信可以作为不均匀分布的公司特征。反过来，联盟公司间的信任度也会影响联盟治理机制的选择。

Yadong Luo（2008）研究了跨国战略联盟中的合作与控制，将联盟控制分为两种：自我控制和集体管制，在集体管制和合作的相互作用下，根据两者程度不同，会出现松散联结，股权抵押，紧密一体化和信任等状态。在其研究中还考虑到的因素有：联盟的目标一致，联盟的资源互补，国内国外联盟伙伴谈判的信息不对称等。研究中还提到了联盟的一种状态——“蜜月”，“蜜月”的联盟合作状态是联盟间保持高合作、低竞争的状态且用于自我控制的努力较少。比如施乐和上海电影与照片实业有限公司的股份合作联盟，从 1987 年起一直是中国复印机市场上的领头羊，它之所以成功很大程度上有赖于两家公司间长期的信任关系。这种良好的“蜜月”期维持时间主要取决于四点：①资源相互依赖和共享；②跨文化的司法程序、成果共享和感知到的双方互动；③持续的双方在多方面的相互妥协；④持续的双方在多方面的相互信任。关于信任状态提到，信任状态下的联盟伙伴间有很长的合作历史，高度相互依存关系，最终结果是高合作、低集体控制。比如富士和施乐的合作，在合作中日本方面是比较被动的，但是日本方面相信施乐和联盟的管理能够有益于双方的利益，因此在多变的商业环境中和由于遇到施乐财政危机导致的股权重新分配的大事件时，双方仍然能够保持较好的合作。

还有研究表明，良好的信任关系对于联盟是有利的。McEvily 和 Marcus（2005）的研究中指出，强信任互惠关系为知识整合提供了有利的环境，因为双方不会诋毁对方的观点而是致力于解决项目中的问题，这样的信任是解决联盟问题的关键。Andrew C. Inkpen（1998）对跨国技术战略联盟研究中提到，联盟伙伴双方不断增进信任关系可能会减少双方对各自知识的保护，使得知识的获取变得更容易些，对于新形成的联盟来说，联盟伙伴会有共享知识的犹豫踌躇，尤其对于先前没有任何联盟经验的联盟伙伴来说，这种犹豫更为明显。对于成员间的信任，企业文化是有影响的，尤其是灵活的企业文化正向的影响成员间的信任感，Eric Fang（2011）研究了中国高技术企业战略联盟中知识互补性对产品创新的影响。文中提到，文化和商业惯例差异，本地和外国公司间的不信任，都导致吸收与整合双方知识变得更加困难。中国是一个低信任度的国家（Fukuyama，1995），高信任关系只存在于亲近的家人之间，而不存在于没有血缘关系的普通人之间。Yan 和 Gary 的研究提出，信任作为一个变量，能缓和管理控制与联盟绩效间的关系。Panteli 和 Sockalingam 研究了三种不同结构的联盟下，信任是如何最大限度地减少不正常冲突的。

基于以上的文献分析，我们得到如下的研究假设：

假设 H1：跨国技术联盟信任沟通会直接或间接的影响联盟稳定性。

假设 H2：跨国技术联盟信任沟通对联盟稳定性的影响是正向的。

（三）联盟冲突的作用

目前，关于跨国技术战略联盟冲突的研究不是很多，故借鉴组织行为学中部分对冲突的研究。其中，Lisa Hope Pelled（1996）研究冲突和团队绩效的关系中指出，一个多样性变量的能见度和工作相关度可以影响团队中的情感和任务冲突的程度，反过来，这种程度的情感冲突和任务冲突也会影响团队的绩效。有研究（Ross，1989）提到，冲突变量是有两个维度的，一个维度是任务冲突，另一个维度是社会情感或人际关系冲突。关于任务冲突和情感冲突的定义，任务冲突：团队成员关于目标性质、目标重要程度、关键决策、关键程序和任务完成所采取的合适的行动等方面的意见不合；情感冲突：团队成员间的负面情绪如生气、不信任、害怕和失望等。Das 和 Teng（2002）将联盟成员冲突的原因分为三大类：一是联盟各企业不同的组织规章、技术、决策风格和偏好；二是联盟成员目标互不适应，只追求自身私有利益的最大化，不顾联盟其他方的利益；三是联盟企业抱有机会主义的想法，将联盟伙伴的无形知识和保密技术据为己有。Changxia Ke，Kai A. Konrad 和 Florian Morath（2015）研究了联盟冲突，书中指出取得胜利的联盟常常在战利品上争执，所以提出了是否联盟在打败一个共同的敌人之后，联盟内部会有冲突甚至导致联盟破裂。研究结果是：首先，共享不对称的租金分配增加了冲突的可能性，反过来，内斗可能性的增加削弱了联盟战胜外部对手的能力；其次，联盟伙伴间做出一些没有约束力的互不侵犯申明并不能使联盟间的矛盾得到和平解决；最后，在对联盟努力程度方面，联盟伙伴间贡献的差异性越大，越有可能导致冲突和激烈的对抗。基于以上的文献研究和对相关学者观点的整理归纳，提出以下研究假设：

假设 H3：跨国技术联盟冲突会直接或间接的影响联盟稳定性。

假设 H4：跨国技术联盟冲突对联盟稳定性的影响主要是负向的，但是也存在少部分正向的影响。

假设 H5：跨国技术联盟冲突会直接或间接的影响联盟信任沟通。

假设 H6：跨国技术联盟冲突对联盟信任沟通的影响是负向的。

二、研究设计与过程

（一）量表设计与数据收集

本研究的量表设计采用了经典量表和新设计量表并检验相结合的方式。具体地，关于跨国技术战略联盟稳定性的测量，我们借鉴了学者 Zollo 和 Meyer（2008）的研究；对于跨国技术战略联盟冲突的测量，本研究借鉴了学者 Gupta P. P. 等（1994）在对联盟学习“探索、甄别和应用”过程进行测量时，对联盟冲突的具体讨论，我们对冲突量表进行了进一步的开发和检验；关于跨国技术战略联盟信任沟通的测量，我们参考了 Romijn H. 和 Albaladejom（2002）的相关研究；而对于联盟成员的特征变量，如企业类型、联盟时间、主营业务收入、研发费用和联盟投入费用等，通过问卷调查的方式，收集具体的数字进行科学编码（截至 2013 年的数据），进行初始数据库的建设。

（二）量表结构效度与信度

我们采用 Cronbach's Alpha 系数讨论量表在测量概念中的信度，利用探索性因子分析（EFA）方法讨论数据的概念结构效度。从表 11-1 中可以看到：跨国技术战略联盟的稳定性、联盟冲突和联盟信任沟通三个潜变量的探索性因子分析过程。根据联盟企业对调查问卷变量“联盟运行中成员单位出现意见分歧的情况”和“联盟运行中成员单位出现冲突的情况”的打分，即联盟企业间的意见分歧程度和冲突程度，其中我们量化打分的标准是：1 分——很少，2 分——较少，3 分——一般，4 分——较多，5 分——很多。根据原始数据分析，对于联盟运行中成员单位出现意见分歧的情况的均值是 1.60，联盟运行中成员单位出现冲突的情况的均值是 1.29，都介于很少和较少之间。于是，我们将意见分歧情况打分大于 3 和出现冲突情况打分大于 2 的企业作为联盟冲突程度比较重的“冲突型”联盟，而将意见分歧情况打分小于且出现冲突情况打分小于 2 的企业作为联盟冲突程度比较轻的“意见分歧型”联盟，这样将联盟根据内部意见分歧和冲突情况进行分别讨论的原因是：探究不同冲突程度的联盟稳定性与联盟冲突间的关系，以及联盟信任沟通对不同冲突程度的联盟稳定性的影响。总之，通过对联盟实际冲突情况的分类找出一般适用和特殊的缓和联盟冲突、增强联盟稳定性的方法。

表 11-1　所有潜变量探索性因子分析模型拟合效果

潜变量	KMO 值	Bartlett 球形检验值	总体信度	累计解释变差（%）
意见分歧型联盟稳定性	0.931	3126.118	0.953	74.336
冲突型联盟稳定性	0.901	1267.071	0.952	72.511
意见分歧型联盟冲突	0.788	444.358	0.783	60.380
潜变量	KMO 值	Bartlett 球形检验值	总体信度	累计解释变差（%）
冲突型联盟冲突	0.806	459.472	0.943	74.436
意见分歧型联盟信任沟通	0.829	1332.605	0.928	74.412
冲突型联盟信任沟通	0.831	485.801	0.940	88.018

将冲突程度不同的两类跨国高技术联盟分开讨论，首先讨论冲突程度较轻的“意见分歧型”联盟：

（1）“意见分歧型”联盟的稳定性：Kaiser - Meyer - Olkin（KMO）统计量为0.931，超过0.6的最低标准，相关系数矩阵为单位阵的零假设不成立，Bartlett球形检验值为3126.118，通过了显著性检验（$p < 0.010$），说明数据适合进行探索性因子分析。对所有量表数据进行Varimax最大方差垂直转换，使得到的因子所能解释的方差水平达到最大，这样可以更清晰地辨别因子结构。意见分歧型跨国技术战略联盟稳定性变量，保留了因子负荷超过0.600的条目，初始的15个条目全部保留，提取的两个因子解释方差变异的累计数是74.336%，如表11-2所示。提取的两个因子分别为“联盟绩效提升”和“基本运营规范”，其两个因子的Cronbach´s α系数分别为0.953和0.952，显示了较高的信度。

表11-2 “意见分歧型”跨国技术战略联盟稳定性因子分析结果

维度与测量条目	因子结构	
	Factor1	Factor2
SD：联盟绩效提升		
sd1：联盟帮助本单位实现初始合作目标	0.636	
sd2：联盟帮助本单位提升竞争力	0.728	
sd3：联盟帮助本单位提升技术水平	0.737	
sd4：联盟帮助本单位提升管理水平	0.817	
sd5：联盟帮助本单位培养人才	0.746	
sd6：联盟帮助本单位扩大业内外影响	0.654	
sd7：联盟帮助本单位改善财务绩效	0.869	
sd8：联盟帮助本单位增加收入和扩大市场占有率	0.838	
sd9：联盟帮助本单位降低成本	0.841	
sd10：联盟帮助本单位获得政府经费支持	0.738	
sd11：联盟帮助本单位获得政府政策支持	0.710	
SO：基本运营规范		
so1：联盟理事会正常运转		0.897
so2：联盟理事会有效决策联盟重大事项		0.836
so3：联盟管理制度规范健全		0.884
so4：联盟管理制度有效执行		0.891
因子的特征值	9.269	1.882
因子的Cronbach´s α系数	0.953	0.942
解释的变差（%）	43.934	30.402

续表

维度与测量条目	因子结构	
	Factor1	Factor2
累计解释变差（%）	43.934	74.336

注：采用主成分分析法，表中数字为采用 Varimax 旋转后因子载荷标准，没有标注的因子载荷数字小于 0.600。

（2）"冲突型"联盟的稳定性：Kaiser－Meyer－Olkin（KMO）统计量为 0.901，超过 0.6 的最低标准，推翻了变量之间的相关系数矩阵为单位阵的零假设，Bartlett 球形检验值为 1267.071，通过了显著性检验（$p<0.010$），说明数据适合进行探索性因子分析。对所有量表数据进行 Varimax 最大方差垂直转换，使得到的因子所能解释的方差水平达到最大，这样可以更清晰地辨别因子结构。冲突型跨国技术战略联盟稳定性变量，保留了因子负荷超过 0.600 的条目，初始的 15 个条目全部保留，提取的两个因子解释方差变异的累计数是 72.511%，如表 11－3 所示。提取的两个因子分别为"联盟绩效提升"和"基本运营规范"。

表 11－3　"冲突型"跨国技术战略联盟稳定性因子分析结果

维度与测量条目	因子结构	
	Factor1	Factor2
SD：联盟绩效提升		
sd1：联盟帮助本单位实现初始合作目标	0.636	
sd2：联盟帮助本单位提升竞争力	0.728	
sd3：联盟帮助本单位提升技术水平	0.737	
sd4：联盟帮助本单位提升管理水平	0.817	
sd5：联盟帮助本单位培养人才	0.746	
sd6：联盟帮助本单位扩大业内外影响	0.654	
sd7：联盟帮助本单位改善财务绩效	0.869	
sd8：联盟帮助本单位增加收入和扩大市场占有率	0.838	
sd9：联盟帮助本单位降低成本	0.841	
sd10：联盟帮助本单位获得政府经费支持	0.738	
sd11：联盟帮助本单位获得政府政策支持	0.710	
SO：基本运营规范		
so1：联盟理事会正常运转		0.897
so2：联盟理事会有效决策联盟重大事项		0.836
so3：联盟管理制度规范健全		0.884
so4：联盟管理制度有效执行		0.891

续表

维度与测量条目	因子结构	
	Factor1	Factor2
因子的特征值	8.944	1.932
因子的 Cronbach´s α 系数	0.968	0.968
解释的变差（%）	43.934	30.402
累计解释变差（%）	43.934	74.336

注：采用主成分分析法，表中数字为采用 Varimax 旋转后因子载荷标准，没有标注的因子载荷数字小于 0.600。

如前面所述相应的根据联盟冲突程度的不同分为“意见分歧型”和“冲突型”，对这个分类方法不再赘述。下面讨论两类跨国技术战略联盟冲突和信任沟通：

（3）“意见分歧型”联盟的冲突：Kaiser – Meyer – Olkin（KMO）统计量为 0.788，超过 0.6 的最低标准，推翻了变量之间的相关系数矩阵为单位阵的零假设，Bartlett 球形检验值为 444.358，通过了显著性检验（$p<0.000$），说明数据适合进行探索性因子分析。对所有量表数据进行 Varimax 最大方差垂直转换，使得到的因子所能解释的方差水平达到最大，这样可以更清晰地辨别因子结构。意见分歧型跨国技术战略联盟冲突变量，保留了因子负荷超过 0.600 的条目，初始的 7 个条目全部保留，提取的两个因子解释方差变异的累计数是 60.380%，如表 11 – 4 所示。提取的两个因子分别为成员间“合作显性冲突”和成员“内因需求隐性冲突”。

表 11 – 4　“意见分歧型”跨国技术战略联盟冲突因子分析结果

维度与测量条目	因子结构	
	Factor1	Factor2
CDC：成员间合作显性冲突		
cdc1：联盟分歧与冲突源自初始合同不完善的情况	0.814	
cdc2：联盟分歧与冲突源自合同未能得到有效遵守的情况	0.815	
cdc3：联盟分歧与冲突源自沟通不畅的情况	0.590	
IRC：成员内因需求隐性冲突		
irc1：联盟分歧与冲突源自各单位文化差异的情况		0.459
irc2：联盟分歧与冲突源自收益不平衡的情况	0.650	
irc3：联盟分歧与冲突源自宏观形势发生变化的情况		0.754
irc4：联盟分歧与冲突源自成员单位目标发生变化的情况		0.912
因子的特征值	3.221	1.005

续表

维度与测量条目	因子结构	
	Factor1	Factor2
因子的 Cronbach´s α 系数	0.743	0.655
解释的变差（%）	33.478	26.902
累计解释变差（%）	33.478	60.380

注：采用主成分分析法，表中数字为采用 Varimax 旋转后因子载荷标准，没有标注的因子载荷数字小于0.450。

（4）“冲突型”联盟的冲突：Kaiser - Meyer - Olkin（KMO）统计量为0.806，超过0.6 的最低标准，推翻了变量之间的相关系数矩阵为单位阵的零假设，Bartlett 球形检验值为459.472，通过了显著性检验（$p<0.000$），说明数据适合进行探索性因子分析。对所有量表数据进行 Varimax 最大方差垂直转换，使得到的因子所能解释的方差水平达到最大，这样可以更清晰地辨别因子结构。冲突型跨国技术战略联盟冲突变量，保留了因子负荷超过0.600 的条目，初始的7 个条目全部保留，提取的两个因子解释方差变异的累计数是78.436%，如表11 -5所示。提取的两个因子分别为成员间“合作显性冲突”和成员“内因需求隐性冲突”。

表 11 -5　“冲突型”跨国技术战略联盟冲突因子分析结果

维度与测量条目	因子结构	
	Factor1	Factor2
CDC：成员间合作显性冲突		
cdc1：联盟分歧与冲突源自初始合同不完善的情况	0.885	
cdc2：联盟分歧与冲突源自合同未能得到有效遵守的情况	0.911	
cdc3：联盟分歧与冲突源自沟通不畅的情况	0.766	
IRC：成员内因需求隐性冲突		
irc1：联盟分歧与冲突源自各单位文化差异的情况		0.703
irc2：联盟分歧与冲突源自收益不平衡的情况		0.815
irc3：联盟分歧与冲突源自宏观形势发生变化的情况		0.875
irc4：联盟分歧与冲突源自成员单位目标发生变化的情况		0.891
因子的特征值	4.381	1.109
因子的 Cronbach´s α 系数	0.869	0.916

续表

维度与测量条目	因子结构	
	Factor1	Factor2
解释的变差（%）	36.310	42.127
累计解释变差（%）	36.310	78.436

注：采用主成分分析法，表中数字为采用 Varimax 旋转后因子载荷标准，没有标注的因子载荷数字小于 0.600。

（5）“意见分歧型”联盟的信任沟通：Kaiser - Meyer - Olkin（KMO）统计量为 0.829，超过 0.6 的最低标准，推翻了变量之间的相关系数矩阵为单位阵的零假设，Bartlett 球形检验值为 1332.605，通过了显著性检验（$p < 0.10$），说明数据适合进行探索性因子分析。对所有量表数据进行 Varimax 最大方差垂直转换，使得到的因子所能解释的方差水平达到最大，这样可以更清晰地辨别因子结构。意见分歧型跨国技术战略联盟信任沟通变量，保留了因子负荷超过 0.600 的条目，初始的 6 个条目全部保留，提取的一个因子解释方差变异的累计数是 74.412%，只提取出一个因子即“信任沟通”因子。

（6）“冲突型”联盟的信任沟通：Kaiser - Meyer - Olkin（KMO）统计量为 0.831，超过 0.6 的最低标准，推翻了变量之间的相关系数矩阵为单位阵的零假设，Bartlett 球形检验值为 485.801，通过了显著性检验（$p < 0.10$），说明数据适合进行探索性因子分析。对所有量表数据进行 Varimax 最大方差垂直转换，使得到的因子所能解释的方差水平达到最大，这样可以更清晰地辨别因子结构。意见分歧型跨国技术战略联盟信任沟通变量，保留了因子负荷超过 0.600 的条目，初始的 6 个条目全部保留，提取的两个因子解释方差变异的累计数是 88.018%，如表 11 - 6 所示，提取的两个因子分别为“成员互动”和“信赖沟通”。

表 11 - 6 “冲突型”跨国技术战略联盟信任沟通因子分析结果

维度与测量条目	因子结构	
	Factor1	Factor2
MT：双方互信度		
mt1：本单位对联盟中其他成员单位的信任	0.937	
mt2：其他成员单位对本单位的信任	0.903	
TC：信赖沟通		
tc1：本单位与其他成员单位沟通渠道的畅通性		0.857
tc2：本单位与其他成员单位交流的频繁性		0.866

续表

维度与测量条目	因子结构	
	Factor1	Factor2
tc3：本单位与其他成员单位交流的及时性		0.931
tc4：本单位与其他成员单位沟通内容的充分性		0.923
因子的特征值	4.115	1.166
因子的 Cronbach´s α 系数	0.963	0.888
解释的变差（%）	32.574	55.444
累计解释变差（%）	32.574	88.018

注：采用主成分分析法，表中数字为采用 Varimax 旋转后因子载荷标准，没有标注的因子载荷数字小于 0.600。

三、研究结果与发现

（一）变量多重共线性及控制变量的讨论

（1）“意见分歧型”：各控制变量、联盟绩效提升、联盟信任沟通等变量间的相关系数如表 11－7 所示，所有潜变量间的 Pearson 相关系数都小于 0.8，最大的 Prearson 相关系数为 0.567** （基本运营规范和联盟信任沟通），说明数据的多重共线性并不严重，不会影响后续的回归模型统计结果。

（2）“冲突型”：各控制变量、联盟绩效提升等变量间的相关系数如表 11－8 所示，所有潜变量间的 Pearson 相关系数都小于 0.8，最大的 Prearson 相关系数为 0.455* （基本运营规范和双方互信度），说明数据的多重共线性并不严重，不会影响后续的回归模型统计结果。

（3）对控制变量的讨论：根据文献的分析和对企业实际情况的了解，选取五个变量作为控制变量，分别是：企业类型、联盟时间、业务收入、研发费用和联盟经费。后面的研究显示，这五个控制变量对主要变量间关系的研究影响很小。

（二）“意见分歧型”技术战略联盟信任沟通与稳定性的关系

本章的样本数据具有两个特征：①本研究使用的是截面数据；②因变量和自变量均是量表测量的潜变量。所以，截面潜变量的统计分析，可以利用所有变量的因子得分进行进一步的统计模型讨论（温忠麟、刘红云、侯杰泰，2012），我们使用 OLS 层次回归模型（MMR）进行分析。假设 H1 和假设 H2 讨论联盟稳定性与联盟信任沟通间的关系。表 11－9 中的统计结果显示，跨国技术战略联盟企业成员之间进行良好有效的信任沟通可以显著的直接影响联盟的稳定性，且这种影响是显著的正向提升（联盟绩效提升：未经标准化之前的 B 系数为 0.581，标准化后为 0.646；基本运营规范：未经标准化之前的 B 系数为 0.659，标准化后为 0.781）。故假设 H3 和假设 H4 得到完全验证。

表 11－7 “意见分歧型”联盟所有变量间 Pearson 相关系数矩阵

变　量	T	ST	INCOME	RD	AF	YTC	SD	SO	CDC	CRC
T 企业类型	1.000									
ST 联盟时间	0.041	1.000								
INCOME 业务收入	-0.008	-0.087	1.000							
RD 研发经费	-0.047	-0.069	0.353**	1.000						
AF 联盟经费	0.138*	-0.079	0.124	0.378**	1.000					
YTC:联盟信任沟通	-0.147*	-0.186	0.030	0.091	0.165*	1.000				
SD:联盟绩效提升	-0.077	-0.263*	-0.163*	0.020	0.103	0.507**	1.000			
SO:基本运营规范	0.009	0.182	0.201*	0.122	0.096	0.567**	0.000	1.000		
CDC:成员间合作显性冲突	0.095	-0.063	-0.057	-0.051	-0.063	-0.056	-0.013	0.006	1.000	
CRC:成员内因需求隐性冲突	0.119	0.179	-0.102	-0.080	-0.075	-0.143*	-0.099	0.019	0.000	1.000

注：* $p<0.100$，** $p<0.050$，*** $p<0.010$。

表 11－8 “冲突型”联盟所有变量间 Pearson 相关系数矩阵

变　量	T	ST	INCOME	RD	AF	MT	TC	SD	SO	CDC	CRC
T 企业类型	1.000										
ST 联盟时间	0.041	1.000									
INCOME 业务收入	-0.008	-0.087	1.000								
RD 研发经费	-0.047	-0.069	0.353**	1.000							

续表

变 量	T	ST	INCOME	RD	AF	MT	TC	SD	SO	CDC	CRC
AF 联盟经费	0. 138 *	-0. 079	0. 124	0. 378 **	1. 000						
MT:双方互信度	0. 135	-0. 034	-0. 053	0. 037	0. 059	1. 000					
TC:信赖沟通	0. 066	-0. 010	-0. 169	-0. 064	0. 108	0. 000	1. 000				
SD:联盟绩效提升	0. 147	-0. 102	-0. 063	0. 068	0. 138	0. 259 *	0. 407 **	1. 000			
SO:基本运营规范	0. 155	0. 042	-0. 012	-0. 015	0. 022	0. 455 *	0. 157	0. 000	1. 000		
CDC:成员间合作显性冲突	0. 147	-0. 102	-0. 063	-0. 075	-0. 162	-0. 012	-0. 025	-0. 052	-0. 016	1. 000	
CRC:成员内因需求隐性冲突	0. 155	0. 042	-0. 012	-0. 189	-0. 045	-0. 267 *	-0. 200	-0. 148	-0. 174	0. 000	1. 000

注：* $p < 0.100$，** $p < 0.050$，*** $p < 0.010$。

表 11 -9　层次回归模型统计结果（1）

自变量和参数	因变量 1：联盟绩效提升			
	未标准化之前 B 系数	标准化之后 B 系数	VIF	Sig.
T 企业类型	0. 195	0. 160	1. 224	0. 217
ST 联盟时间	-2. 8E-006	-0. 123	1. 055	0. 169
INCOME 业务收入	-4. 5E-008	-0. 270	1. 057	0. 014
RD 研发经费	-4. 2E-007	-0. 047	5. 706	0. 852
AF 联盟经费	2. 84E-005	0. 070	5. 653	0. 778
YTC：联盟信任沟通	0. 581	0. 646	1. 197	0. 000
自变量和参数	因变量 2：联盟绩效提升			
	未标准化之前 B 系数	标准化之后 B 系数	VIF	Sig.
T 企业类型	0. 067	0. 059	1. 224	0. 518
ST 联盟时间	7. 84E-006	0. 362	1. 055	0. 000
INCOME 业务收入	4. 53E-008	0. 288	1. 057	0. 001
RD 研发经费	-1. 0E-006	-0. 121	5. 706	0. 538
AF 联盟经费	1. 96E-005	0. 051	5. 653	0. 792
YTC：联盟信任沟通	0. 659	0. 781	1. 197	0. 000

（三）“冲突型”技术战略联盟信任沟通与稳定性的关系

同理，假设 H1 和假设 H2 讨论联盟稳定性与联盟信任沟通间关系。如表11-10所示的统计结果显示，所有的解释变量都不显著，且模型未通过整体显著性检验。

表 11 -10　层次回归模型统计结果（2）

自变量和参数	因变量 1：联盟绩效提升			
	未标准化之前 B 系数	标准化之后 B 系数	VIF	Sig.
T 企业类型	0. 028	0. 026	1. 551	0. 921
ST 联盟时间	-3. 4E-007	-0. 014	1. 295	0. 955
INCOME 业务收入	2. 66E-008	0. 089	2. 091	0. 775
RD 研发经费	0. 000	0. 238	1. 160	0. 312
AF 联盟经费	0. 414	0. 349	1. 592	0. 210
YTC：联盟信任沟通	0. 696	0. 410	1. 578	0. 143

续表

自变量和参数	因变量 2：联盟绩效提升			
	未标准化之前 B 系数	标准化之后 B 系数	VIF	Sig.
T 企业类型	0. 129	0. 175	1. 551	0. 540
ST 联盟时间	5. 01E－006	0. 295	1. 295	0. 266
INCOME 业务收入	3. 03E－008	0. 148	2. 091	0. 654
RD 研发经费	1. 04E－005	0. 016	1. 160	0. 947
AF 联盟经费	0. 382	0. 472	1. 592	0. 117
YTC：联盟信任沟通	0. 173	0. 149	1. 578	0. 604

（四）“意见分歧型”技术战略联盟冲突与信任沟通的关系

假设 H5 和假设 H6 讨论联盟冲突与联盟信任沟通间的关系。如表 11－11 所示的统计结果显示，跨国技术战略联盟冲突会对联盟信任沟通产生影响，且这种影响是负向的（成员间合作显性冲突的未标准化 B 系数为－0. 007，标准化系数为－0. 006；成员内因需求隐性冲突的未标准化系数为－0. 361，标准化系数为－0. 337）。其中，联盟冲突中主要影响“意见分歧型”联盟的是成员内因需求冲突，成员间合作显性冲突对联盟信任沟通的影响不显著，且值很小（－0. 006）故假设 H5 和假设 H6 得到完全验证。

表 11－11 层次回归模型统计结果（3）

自变量和参数	因变量：联盟信任沟通			
	未标准化之前 B 系数	标准化之后 B 系数	VIF	Sig.
T 企业类型	－0. 439	－0. 343	1. 085	0. 010
ST 联盟时间	－3. 2E－006	－0. 126	1. 047	0. 325
INCOME 业务收入	－9. 6E－009	－0. 052	1. 072	0. 689
RD 研发经费	7. 08E－005	0. 157	5. 613	0. 594
AF 联盟经费	6. 51E－007	0. 064	5. 627	0. 827
CDC：成员间合作显性冲突	－0. 007	－0. 006	1. 034	0. 964
IRC：成员内因需求隐性冲突	－0. 361	－0. 337	1. 057	0. 011

（五）“冲突型”技术战略联盟冲突与信任沟通的关系

同理，假设 H5 和假设 H6 讨论联盟冲突与联盟信任沟通间关系。如表11－12 所示，成员间合作显性冲突与成员内因需求隐性冲突对双方信任度和信赖沟通的影响是不同的。其中，成员间合作显性冲突对双方互信度的影响是负向的（-0.363），但是对信赖沟通的影响是正向的（0.363）；成员内因需求隐性冲突对双方互信度的影响是正向的（0.588），而对信赖沟通的影响是负向的（-0.311）。

表 11-12　层次回归模型统计结果（4）

自变量和参数	因变量 1：双方互信度			
	未标准化之前 B 系数	标准化之后 B 系数	VIF	Sig.
T 企业类型	0.338	0.333	1.282	0.137
ST 联盟时间	3.78E-006	0.155	1.381	0.493
INCOME 业务收入	-5.9E-008	-0.202	1.574	0.403
RD 研发经费	-1.6E-005	-0.018	1.144	0.929
AF 联盟经费	-0.363	-0.272	1.235	0.210
YTC：联盟信任沟通	0.588	0.411	1.606	0.104
自变量和参数	因变量 2：联盟绩效提升			
	未标准化之前 B 系数	标准化之后 B 系数	VIF	Sig.
T 企业类型	0.388	0.516	1.282	0.022
ST 联盟时间	4.40E-006	0.244	1.381	0.264
INCOME 业务收入	-1.3E-007	-0.582	1.574	0.020
RD 研发经费	0.000	0.310	1.144	0.126
AF 联盟经费	0.363	0.369	1.235	0.082
YTC：联盟信任沟通	-0.311	-0.240	1.6606	0.214

（六）“意见分歧型”技术战略联盟冲突与稳定性的关系

假设 H3 和假设 H4 讨论联盟稳定性与联盟冲突间的关系。表 11-13 的结果显示，没有通过模型的整体检验，即联盟冲突与联盟稳定性之间的关系并不显著。

表 11-13　层次回归模型统计结果（5）

自变量和参数	因变量 1：联盟绩效提升			
	未标准化之前 B 系数	标准化之后 B 系数	VIF	Sig.
T 企业类型	-0.072	-0.059	1.099	0.680
ST 联盟时间	-5.0E-006	-0.218	1.046	0.121

续表

自变量和参数	因变量 1：联盟绩效提升			
	未标准化之前 B 系数	标准化之后 B 系数	VIF	Sig.
INCOME 业务收入	-5.1E-008	-0.304	1.075	0.034
RD 研发经费	6.68E-005	0.164	5.658	0.610
AF 联盟经费	3.36E-008	0.004	5.719	0.991
CDC：成员间合作显性冲突	-0.022	-0.019	1.034	0.890
IRC：成员内因需求隐性冲突	-0.133	-0.165	1.059	0.239
自变量和参数	因变量 2：联盟绩效提升			
	未标准化之前 B 系数	标准化之后 B 系数	VIF	Sig.
T 企业类型	-0.229	-0.200	1.099	0.148
ST 联盟时间	5.82E-006	0.269	1.046	0.049
INCOME 业务收入	4.17E-008	0.265	1.075	0.055
RD 研发经费	7.85E-005	0.207	5.658	0.507
AF 联盟经费	-7.4E-007	-0.087	5.719	0.781
CDC：成员间合作显性冲突	0.138	0.130	1.034	0.331
IRC：成员内因需求隐性冲突	-0.144	-0.191	1.059	0.159

（七）“冲突型”技术战略联盟冲突与稳定性的关系

同理，假设 H3 和假设 H4 讨论联盟稳定性与联盟冲突间的关系。如表 11-14 所示的统计结果显示，所有的解释变量都不显著，即联盟冲突对联盟稳定性的影响不显著。

表 11-14 层次回归模型统计结果（6）

自变量和参数	因变量 1：双方互信度			
	未标准化之前 B 系数	标准化之后 B 系数	VIF	Sig.
T 企业类型	0.338	0.333	1.282	0.137
ST 联盟时间	3.78E-006	0.155	1.381	0.493
INCOME 业务收入	-5.9E-008	-0.202	1.574	0.403
RD 研发经费	-1.6E-005	-0.018	1.144	0.929
AF 联盟经费	-0.363	-0.272	1.235	0.210
YTC：联盟信任沟通	0.588	0.411	1.606	0.104

续表

自变量和参数	因变量 2：联盟绩效提升			
	未标准化之前 B 系数	标准化之后 B 系数	VIF	Sig.
T 企业类型	0. 388	0. 516	1. 282	0. 022
ST 联盟时间	4. 40E - 006	0. 244	1. 381	0. 264
INCOME 业务收入	- 1. 3E - 007	- 0. 582	1. 574	0. 020
RD 研发经费	0. 000	0. 310	1. 144	0. 126
AF 联盟经费	0. 363	0. 369	1. 235	0. 082
YTC：联盟信任沟通	- 0. 311	- 0. 240	1. 6606	0. 214

四、研究结论与启示

跨国技术战略联盟作为一种联盟的形式，企业打破国别的界限，共享联盟伙伴的优势和资源，从而提升企业的绩效和能力，尤其是当一国的产品想要走出国门，走向更大的市场或者有获取先进技术等战略动机的时候，这种联盟形式显得更为重要。国内企业与国外企业结成跨国技术战略联盟的例子也越来越多，当前的联盟有产品联盟，即双方的合作主要是关于产品的生产和销售，比如 TCL 和飞利浦的合作；但是随着环境的改变和技术的快速发展，跨国公司的研究和开发的难度逐渐变大，与本国企业的技术战略联盟也越来越多地涌现出知识联盟，知识联盟是基于技术开发和研究成果共享。跨国技术战略联盟越来越得到发展，但同时也伴随着对联盟稳定性的考验，联盟冲突的产生会不会一定就负面的影响企业的稳定性，联盟成员间信任沟通起到的作用和角色是怎样的，通过本章的研究，得出以下结论：

（1）联盟信任沟通可以正向的影响联盟稳定性，即不论联盟的情况是如何的复杂多变，联盟伙伴间保持高度的信任和高效的沟通是十分必要的，这样的高信任沟通可以大大的促进联盟稳定性的保持。

（2）联盟冲突对联盟信任沟通的影响总体来说是负向的，对于分析中根据联盟冲突程度我们将联盟分为冲突程度较轻的“意见分歧型”联盟和冲突程度较重的“冲突型”联盟，对于联盟中只是意见分歧为主的时候，成员间的显性冲突对联盟成员的信任沟通影响不显著，成员内因需求冲突对信任沟通是显著的负向影响，这说明，联盟成员不同的文化差异和宏观形势发生变化对联盟的信任沟通提出了挑战，跨国联盟企业需要注意这些隐患，在沟通中注意文化差异，并且在宏观形势发生变化的时候，及时地进行有效沟通。

（3）联盟信任沟通在联盟冲突与联盟稳定性中起着完全中介的效应。当联盟冲突不会直接影响联盟稳定性，还需要考察联盟的信任沟通情况，也就是说，联盟的努力方向不仅仅是放在规避冲突上，而更应该注重信任与沟通。

跨国技术战略联盟意味着至少涉及到两国，双方为本国企业和外国企业。为了建立一个稳定、长期的跨国联盟关系，相关的建议有，从外来联盟伙伴的角度：首先，明显的通过利用当地伙伴的经验来得到对方国家的知识通常容易被识破，并且对方自然认为这种行为比起合作性来说，更有竞争的意味；其次，跨国联盟的伙伴必须允许他们的合资公司发展自己的文化和体系。比如 GE 与日本知名公司的合作，GE 利用日本伙伴的名声来招聘员工，允许合资企业发展成为一家独立的公司，而不是天天对它进行管理；再次，联盟高层管理人员间持续良好的私人关系会成为联盟相互依附的纽带。如果没有这种持续的良好关系的话，联盟双方可能会出现“合作失忆症”，即联盟双方忘了合作的初衷和过去的教训。从本土伙伴的角度：①劝阻外来联盟伙伴派大量的管理人员到联盟中。因为，组织内知识的创造是由个人完成的，跨国联盟中外方管理人员越多，外方人员就更容易获得当地知识；②本地伙伴也可以继续投资本地的知识，换句话说，本地伙伴不应该只是被动的贡献知识，而是应该不断更新提供给外方的知识的价值；③对于潜在的合作者，本土企业可以考察它在其他跨国联盟中合作时间长短，关于外来企业给本土企业在联盟中的角色定位，这些记录会有些启示；④本土企业可以争取在联盟中拥有更多的管理权力来增加自己的重要性（Changxia Ke，Kai A. Konrad & Florian Morath，2015）。

需要注意的是，跨国技术战略联盟中的合作与竞争存在着一种动态平衡的关系，盲目的信任和绝对的竞争都不利于一个长期稳定联盟关系的维护，所以需要双方的沟通来明晰彼此的需求和困难，对合作带来的更大的收益保持信任的态度。

第12章　技术战略联盟的驱动力、合作优化与联盟稳定

在技术迅速更新、不断突破的今天，企业技术研发活动具有社会协作复杂、规模大及成本高等特点，单个企业的有限资源显然难以满足技术创新活动的需求。选择与具有资源互补的企业进行合作是大多数企业生存与发展的主流方向。技术战略联盟成功实现了整合资源的目的并使产业链与创新链有机结合在一起，改善了市场上企业各自为政、恶意攻击的情况。

但技术战略联盟过程是动态的、复杂的，具有很高的不确定性。美国麦肯锡咨询公司的调查显示调查的800多家的公司联盟中，只有40%的联盟能维持在4年以上。对于这一问题，学者们从各个角度分析影响联盟稳定的因素。陈菲琼、范良聪从辩证法中的矛盾理论和内在张力视角分析联盟不稳定性，发现不稳定性随着联盟内合作与竞争力量之间的差异程度的扩大而上升。张光曦运用资源依赖和实物期权理论的核心概念分析技术战略联盟的不稳定的成因，资源依赖理论分析不稳定归因联盟伙伴的资源依赖性变化，而实物期权理论更关注外部环境信号的改变对稳定性造成的影响。Shi et al.（2014）从交易成本理论视角分析认为联盟不稳定是由伙伴之间的机会主义行为导致的。

以往学者的研究中，涉及影响联盟稳定因素的文献成果较多，但是从联盟的本质驱动力角度研究联盟后合作机制优化与联盟稳定关系的文献仍很少。本章将企业形成技术战略联盟的驱动力作为研究起点，将形成战略联盟的五种驱动力量作为自变量，研究不同驱动因素对联盟稳定性的影响，把联盟中的合作优化方式作为调节变量，研究合作优化对驱动力与联盟稳定性关系的调节作用。其研究意义总结来看：一是通过挖掘企业愿意组建技术战略联盟的驱动力，讨论驱动力与联盟稳定性的关系，为企业是否选择组建战略联盟提供参考；二是本章把联盟中的合作优化作为调节变量，研究合作优化是否会提高联盟稳定性，对技术战略联盟的发展起到实践指导意义。通过合作优化，技术战略联盟可以更好地进行管理，提升联盟绩效，使联盟更加稳定。

一、文献综述与研究假设

（一）技术战略联盟与驱动力

技术战略联盟是一种以彼此的互相信任为基础的合作形式，是为了实现联盟

企业间资源共享、优势互补的战略活动。Stuart、Ahlstrom 等（2011）和 Das（2013）从资源视角认为技术战略联盟是企业间资源的整合，即技术战略联盟以彼此互利互惠为原则，将异质资源共享，追求共同的利益。但联盟过程是复杂的、充满不确定性的过程，容易导致失败，致使很多企业望而却步或经历了失败。很多学者对影响技术战略联盟稳定性的因素进行研究并产生了多样的观点，但从联盟驱动力视角研究是否组建联盟及联盟后合作优化与联盟稳定性的文章不多。以下通过文献综述来建立本章的研究假设和理论框架。

1. 市场竞争驱动

通过与潜在的竞争对手开展合作，联盟参与方可以及时发现竞争对手，寻找到竞争突破点，进而加强竞争优势，这样不仅可以抵御强劲的竞争对手，维持目前企业在市场的竞争地位，还可以削弱对手的报复能力。Glaister（1996）指出技术战略联盟不仅可以用作降低行业竞争程度的一种防御性手段，例如与竞争企业结成联盟，按照约定规则共同使用新技术，共同运营市场，进而降低由于竞争所造成的成本；同时，技术战略联盟也可以用作进攻性手段来提高企业竞争实力，例如企业可以通过与一些竞争对手结合，来对抗共同的竞争者。Kwon et al.（1998）认为当竞争的结果导致联盟成员的资源优势增加，而不是减少时，联盟会更容易达到稳定的状态。

2. 资源互补驱动

资源互补驱动理论认为技术战略联盟是企业在战略上的资源需求与社会资源机会共同驱动的结果。如果一个行业的资源很容易就被获取，企业结成战略联盟的意愿就会大大下降，削弱了结成技术战略联盟的必要性。而对那些难以获取的稀缺资源，企业往往会选择合作获得共同盈利。Grant（1995）认为技术战略联盟可以更有效的将企业间互补性资源整合在一起，更准确的挖掘新的市场商机。Lambe 和 Spekman（1997）经研究发现如果一个企业不能完全从自身内部获取企业发展所必需的资源，为了使企业目标实现，企业只能通过与具有这类资源的组织交换来得到资源。而一个行业的技术特性决定了企业所需的资源，进而影响企业是否做出组建技术战略联盟的决策。

3. 政府支持的外部驱动

技术战略联盟是一种边界模糊的中介组织，介于市场与企业之间，因此联盟的健康发展需要良好的社会环境，政府正是提供并维持这种社会环境的使者。政府的支持在联盟的发展过程中是必不可少的，这种支持不仅包括政策上的鼓励，亦包括制定完善的法律规章制度，以维护各方利益。由于联盟类型多种多样，政府有必要对症下药，必须对不同类型的战略联盟进行分类监督管理、分类提供不同类型的支持。Mowery（1996）等学者将非股权式联盟分为基于双边契约的双边契约联盟与基于单边契约的单边契约联盟；Kamien（1992）等学者从股权角度将战略联盟划分为：股份合资企业、非相互参股联盟及传统形式的合同；从价值链视角，任浩（2008）等学者将战略联盟形式划分为纵向、横向及混合联盟。不同类型的战略联盟需求不同，发展阶段不同，成熟度不同，因此政府应针对不同类型的战略联盟给予支持。

4. 牵头单位驱动

技术战略联盟是企业为获取先进的技术资源提升竞争优势而联合起来进行技术创新的合作方式。因此企业通常会寻求提升自身创新能力的知识、技术资源而加盟技术战略联盟。但技术战略联盟是一种不稳定的合作方式，联盟过程易出现机会主义风险导致联盟失败。而牵头企业在联盟过程中扮演组织者角色，通过协调能力来促进技术战略联盟的稳定发展；同时牵头单位具有坚实的研发能力和知识储备，有助于解决技术联盟过程中的知识不足等问题。牵头单位具有的强大市场影响力、产业链整合能力、雄厚的技术实力，以及关键信息资源等感召力能够吸引众多借技术战略联盟共享技术来提升竞争优势的企业，牵头单位对于技术战略联盟的形成具有驱动作用。

5. 同行示范驱动

很多企业因缺乏进行技术战略联盟的经验，且技术战略联盟因涉及多方企业，合作过程比较复杂、充满不确定性和风险，致使不会轻易选择技术战略联盟方式。但是随着越来越多企业间形成战略联盟方式进行合作、技术学习、知识转移并取得成功，给予了其他企业示范效应，驱动企业尝试通过技术战略联盟方式来提升企业竞争优势。企业可通过向联盟成功的企业学习合作经验和管理模式来有效提升联盟的创新绩效。技术战略联盟失败的案例也是存在的（很多企业通过技术战略联盟方式非但没有获取先进的技术知识反而失去了自身的品牌和知识产权）。这对后来选择技术战略联盟方式企业来说具有“后发优势”，可通过吸取同行企业失败的经验并认真思考失败的原因，来积累更多进行技术战略联盟经验，有利于促进企业对技术战略联盟选择。根据以上的文献分析，我们提出如下假设：

假设 H1：市场竞争压力越大，企业越有动力形成技术战略联盟，联盟稳定性越好。

假设 H2：企业资源越互补，企业越有动力形成技术战略联盟，联盟稳定性越好

假设 H3：政府的支持越多，企业越有动力形成技术战略联盟，联盟稳定性越好。

假设 H4：牵头单位的感召力越强，企业越有动力形成技术战略联盟，联盟稳定性越好。

假设 H5：同行的示范效应越强，企业越有动力形成技术战略联盟，联盟稳

定性越好。

（二）技术战略联盟的合作优化

在目前已有的文献资料中，有关战略联盟合作方面的探讨，学者较多的聚焦于战略联盟间的管理机制、合作模式、联盟合作伙伴的选择等。战略联盟是否能实现绩效上的高产出目标，在一定程度上取决于联盟成员企业的资源投入，李瑞琴（2015）指出联盟参与方在资金、技术等方面增加投入可以有效地表明强烈的合作意愿，进而提高联盟的稳定性；Ahlstrom et al.（1996）指出企业间相对投入与绝对投入的程度、彼此信任程度及回报的对称性等因素影响了联盟的稳定性；Christoffer 和 Sara（2016）也认为信任会降低联盟合作伙伴之间的隔阂，减少摩擦和机会主义行为，而良好的沟通会使信息交流更加的通畅有利于问题解决，增加彼此信任。因此联盟成员之间合作的完善对联盟稳定性具有影响。

同时政府作为利益相关者对技术战略联盟的稳定发展具有重要影响。在联盟运营中，政府可以制定产业政策来规范联盟企业的行为，并通过法律监督机制来管理联盟中的企业，减少机会主义行为，维护各方利益，并对技术战略联盟给予经费支持，有利于联盟顺利运行。牵头单位作为联盟的组织者，联盟运行中牵头单位的协调能力能够有效减少联盟中企业的诸多障碍。Klerkx 和 Aarts（1996）指出联盟中企业会面临管理经验缺乏、知识不足、伙伴关系不平衡问题，而牵头企业因拥有权力基础不同，从而在协调能力上会针对不同的问题有所侧重，从而对联盟稳定性具有重要影响。根据以上文献探讨，提出如下研究假设：

假设 H6：联盟合作的完善正向调节技术战略联盟的驱动力与联盟稳定的关系。

假设 H7：政府的规范正向调节技术战略联盟驱动力和联盟稳定的关系。

假设 H8：牵头单位的协调能力正向调节技术战略联盟的驱动力与联盟稳定的关系。

（三）技术战略联盟的稳定

技术战略联盟的稳定通常被认为是联盟作为一种合作组织形式在一定时间内可以保持不变的状态。Osborn（1990）通过对 55 个战略联盟运行结果的研究指出，如果联盟满足了以下条件情形便可称为稳定：成员企业没有退出联盟的、伙伴合作关系稳定且这种关系会继续存在、合作过程中没有激烈的冲突。在此基础上，战略联盟稳定性可理解为成员企业在合作实现既定战略目标的过程中，对于联盟合作的总体满意程度能使联盟正常运行和发展时，联盟所达到的一种状态。Daellenbach 和 Davenport（2004）研究了维持联盟稳定性的条件：①联盟企业首先要拥有核心资源，比如地理资源、专利技术等，并充分利用这些资源不断为联盟做出贡献；②联盟中的企业联合致力于一系列共同目标；③联盟企业共同享有联盟的垄断租金并控制业务绩效；④联盟参与方在联盟构建后要保持独立性。梅花（2005）给出了两个判定技术战略联盟是否稳定的判别标准：①技术战略联盟可以使其合力最大，即两个或两个以上的企业之所以组建技术战略联盟是为了实现利益最大化的战略目标，只有形成的技术战略联盟合力最大才可以充分体现出联盟的战略优势；②参与方利益分配合理、合作效应突出，即参与方都能回收资金成本，实现开发新市场、提高市场份额、共享研发新技术等合作目标。

（四）控制变量的选择

控制变量有可能对被解释变量产生影响（技术战略联盟的稳定性），可以通过找出这些技术战略联盟稳定性的影响因素，提出有效的控制措施。学者 Mcgrath（2004）指出当企业参与联盟所获取的价值小于企业自身发展所获取的价值时，企业会理性地选择不加入，说明企业从联盟得到的益处在一定程度上影响着企业加入联盟的意愿，进而影响着联盟的稳定性。Luo（2008）指出，成员企业的资源投入程度及投入回报的对称性都是影响技术战略联盟稳定性的因素，并认为资源投入程度在一定程度上影响联盟的稳定性，不能通过完善机制来避免该因素的影响。本章选取了企业主营业务收入、联盟合作经费投入及联盟对本单位带来的收益作为控制变量，提高研究的有效性。所以，建立如下研究假设：

假设 H9：不同性质的联盟成员特征（如主营业务收入、用于联盟的合作经费、联盟对本单位带来的收益），对技术战略联盟稳定性影响是不同的。

综合上述文献回顾和研究假设的讨论，得到本研究的理论框架，如图 12－1 所示。

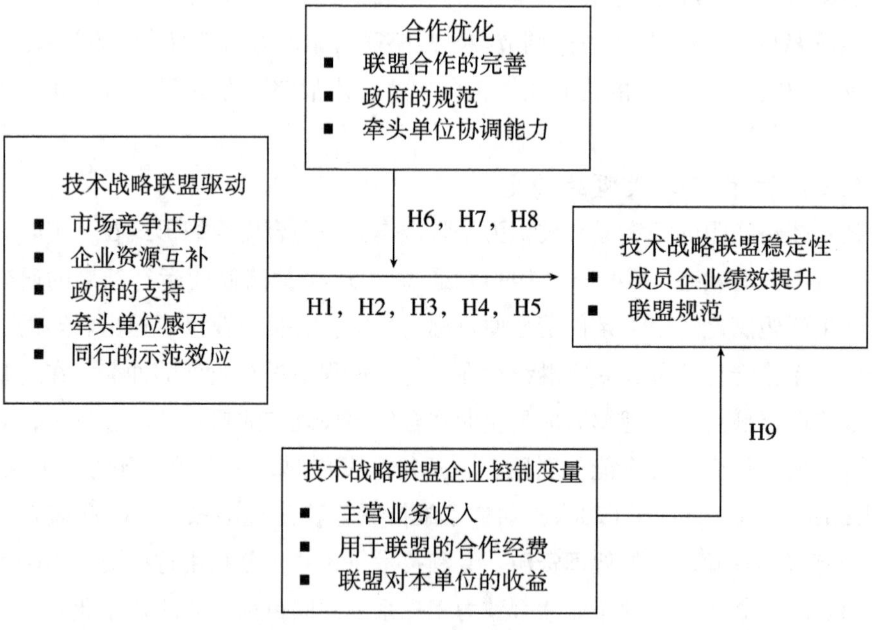

图 12－1　本章研究的理论框架

二、研究设计与过程

（一）量表设计

在本章中，我们采用了新设计量表和经典量表相结合的方式来收集数据。其中，有关技术战略联盟稳定的度量，参考学者杨震宁、范黎波和曾丽华（2015）研究成果；在对技术战略联盟间合作优化的测量时，我们没有发现符合要求的量表，经过查阅文献和收集案例资料，我们对合作优化这部分量表进行了设计，合作优化方式共包括三个度量方向：联盟合作的完善、政府的规范及牵头单位的协调能力；对于联盟驱动的测量，我们同样也新设计了量表，包括五个理论维度：市场竞争压力、企业资源互补、政府的支持、牵头单位的感召和同行的示范效应；而研究的控制变量，如主营业务收入、用于联盟的合作经费、联盟对本单位的效益等，通过收集具体的数字进行科学编码（截至 2016 年的数据），进行初始数据库的建设。调查涉及的各条目采用了 5 分制 Liket 尺度，被调查企业对于问卷在技术联盟驱动、合作优化方式及联盟稳定的相关条目按照企业自身实际情况如实进行填写（“1”表示完全不符合，“5”表示完全符合）。

（二）数据采集和样本分布

本研究数据收集的方式是问卷调查，最终问卷发放数量为 650 份，回收问卷数量是 391 份，对明显“缺失值”太多及不符合常理的无效问卷以及调查对象中职位层级不符合研究标准的问卷进行剔除，最终获取有效问卷 384 份，有效问卷回收率为 59%。我们在 2016 年 6 月到 12 月间，执行问卷调查程序，主要方式是现场发放和发送电子邮件并且得到了国家科技部的支持，利用其产业技术创新战略联盟评估系统，要求保证每份回收问卷均在被访者自主和自愿的前提下完成，且调研对象能如实独立的填写调查问卷。为保证数据的有效性，我们随机从回收的有效问卷中抽取了部分问卷，根据调查对象填写的企业名称搜索企业网址，查询公司的基本信息，如注册时间、企业董事、所有权性质、相关新闻报道、经营范围等，并将信息与调查对象填写的内容进行比对，结果显示调查对象对相关信息的填写均与网上公开发布的信息一致，不存在明显不符现象。经统计，在 384 个形成技术战略联盟的高技术企业有效研究样本的统计结果，如表 12－1 所示。

表 12－1　技术战略联盟企业有效样本的描述性统计结果

行业分布	百分比（%）	所有制类型	百分比（%）	规模（员工数量）	百分比（%）	地域分布	百分比（%）
电子通信	22	国有及控股	47	300 人以下	24	北　京	16
生物医药	18	民营企业	38	300～2000 人	41	天　津	15

续表

行业分布	百分比（%）	所有制类型	百分比（%）	规模（员工数量）	百分比（%）	地域分布	百分比（%）
机械、家电制造	21	合资企业	15	2000～5000 人	22	深　圳	24
食品加工	7			5000 人以上	13	河　北	11
服装纺织	8					广　东	21
网络技术	24					福　建	13
企业年龄（建立时间）	百分比（%）	形成跨国技术联盟次数	百分比（%）	联盟成员的国家分布	百分比（%）	技术联盟性质	百分比（%）
1970 年以前	2	1 次	28	美　国	23	参　股	27
1970—1980 年	4	2 次	45	日　本	9	技术性协议	17
1980—1990 年	16	3 次	27	德　国	22	研发协议	20
1990—2000 年	23			法　国	17	生产营销协议	11
2000—2010 年	29			意大利	18	短期项目合作	19
2010 年以后	26			加拿大	7	其　他	6
				其　他	4		

（三）数据信度与效度

1. 信度分析

本研究所使用数据分析信度结果如表 12－2 所示。我们可得出：三个潜变量即技术战略联盟驱动力、合作优化与技术战略联盟稳定的 Cronbach's α 系数均超过了 0.6，数值分别是 0.830、0.613 和 0.957，问卷数据的统计结果具有较高的可靠性。

表 12－2　所有潜变量信度检测效果

潜变量	总体信度
形成联盟驱动力	0.830
联盟成员合作优化	0.613
联盟稳定	0.957

2. 结构效度

KMO 和 Bartlett 球形检验是反应调查问卷是否有合适效度的指标。表 12－3 中的 KMO 指标是对所有潜在变量的探索性因子分析拟合结果的整理，从表12－3中可以看出：技术战略联盟合作优化和联盟稳定两个变量的因子分析中 KMO 统计量分别为 0.645 和 0.942 都达到了 0.6 的最低要求。同时，我们通过 SPSS19.0 进行数据检测，其结果表明该组数据适合进行探索性因子分析（EFA），Bartlett 球形检验的值为 484.059 和 4606.665，即两个潜变量都通过了显著性检验（Sig. <0.010）。而技术联盟驱动力，我们通过单个测量项目分别设置进入模型的方式进行讨论。

表 12－3　潜变量探索性因子分析模型拟合效果

潜变量	KMO 值	Bartlett 球形检验值	Sig.
联盟成员合作优化	0.645	484.059	0.000
联盟稳定	0.942	4606.665	0.000

（1）合作优化。我们对合作优化这一变量涉及到的 9 个条目进行因子分析，分析结果如表 12－4 所示。我们保留了因子载荷超过 0.700 的条目，初始 9 个条目全部保留，提取出联盟合作优化变量的三个核心因子，即：联盟合作的完善、政府的规范和牵头单位的协调能力，解释方差变异的累计数为 60.488%，三个因子的 Cronbach's α 系数分别为 0.695、0.658 和 0.661，显示出较高的信度。

表 12－4　技术战略联盟合作优化因子结构

维度与测量条目	因子结构		
	Factor1	Factor2	Factor3
C1：联盟合作的完善			
ci1：增加成员单位	0.537		
ci2：增加各成员单位对联盟的经费投入	0.591		
ci3：增加成员单位理事会定期沟通次数	0.559		
ci4：若联盟已有实体，维持现有实体	0.782		
Ci5：若联盟尚未建立实体，走向实体化	0.797		
C2：政府的规范			
Ci6：加大政府经费支持力度		0.804	
Ci7：加大政府对联盟运行的指导力度		0.860	
C3：牵头单位的协调能力			
Ci8：组建知识共享交流平台			0.755
Ci9：为企业知识共享提供信任机制			0.880
因子的特征值	2.699	1.619	1.125
因子的 Cronbach´s α 系数	0.695	0.658	0.661
解释的变差（%）	29.994	17.989	12.505
累计解释变差（%）	29.994	47.983	60.488

注：采用主成分分析法，表中数字为采用 Varimax 旋转后因子载荷标准，没有标注的因子载荷数字小于 0.500。

（2）联盟稳定。对技术战略联盟稳定变量进行探索性因子分析，保留因子负荷超过0.600的条目，初始的15个条目全部保留，提取有关联盟稳定的两个因子：成员企业绩效提升和联盟规范，其解释方差变异的累计数是75.15%，从表12－5中看到两个因子的Cronbach´s α系数分别为0.955和0.953，显示出较高的信度。

表12－5　技术战略联盟稳定因子结构

维度与测量条目	因子结构	
	Factor1	Factor2
P1：成员企业绩效提升		
pa1：联盟帮助本单位实现初始目标	0.615	
pa2：联盟帮助本单位提升竞争力	0.742	
pa3：联盟帮助本单位提升技术水平	0.760	
pa4：联盟帮助本单位提升管理水平	0.815	
pa5：联盟帮助本单位培养人才	0.784	
pa6：联盟帮助本单位扩大业内外影响	0.677	
pa7：联盟帮助本单位改善财务绩效	0.860	
pa8：联盟帮助本单位增加收入和扩大市场占有率	0.818	
pa9：联盟帮助本单位降低成本	0.851	
pa10：联盟帮助本单位获得政府经费支持	0.717	
pa11：联盟帮助本单位获得政府政策支持	0.697	
P2：联盟规范		
na1：联盟理事会正常运转		0.886
na2：联盟理事会有效决策联盟重大事项		0.863
na3：联盟的管理制度是健全规范的		0.894
na4：联盟的管理制度有效执行		0.889
因子的特征值	9.500	1.772
因子的Cronbach´s α系数	0.955	0.953
解释的变差（%）	63.337	11.813
累计解释变差（%）	63.337	75.150

三、研究结果与发现

（一）共线性诊断

Rockwell（1996）曾在其研究中给出多重共线性的判断标准，即变量间的

Pearson 相关系数小于 0.8。表 12－6 中给出的变量间的相关性系数均小于 0.7，满足判断标准；各自变量的方差膨胀因子（VIF）均小于3（经验值）。利用以上两种检验多重共线性的方法得到的结果表明数据不存在严重的多重共线性，不影响后续回归模型的统计结果及分析。所有变量的简写符号，后面会有所说明。

（二）模型设置与结果

本章所使用样本数据均为截面数据，研究中的调节变量和因变量均是量表的潜变量，因此可以用变量的因子得分对截面潜在变量进行进一步统计模型的讨论。使用多层次线性回归模型，探究添加不同层次变量，模型的解释程度及结果分析。根据对前期的数据挖掘并对其分析的结果，得出测量技术战略联盟驱动的五个变量：市场竞争压力（D1）、企业资源的互补（D2）、政府的支持（D3）、牵头单位的感召（D4）和同行的示范效应（D5）；技术战略联盟合作优化的三个重要维度：联盟合作的完善（C1）、政府的规范（C2）和牵头单位的协调能力（C3）；技术战略联盟稳定的两个维度：联盟企业绩效提升（P1）和联盟规范（P2）。利用主效应（Main effect）总结出的这些因子变量，以及因子间交互效应（Interaction effect）进行多层次回归分析（Multi－1evel Regression Analysis）。采用最小二乘法（OLS）对 8 个模型进行线性分析，结果如表 12－7 所示。

1. 联盟驱动力对联盟稳定的影响

统计结果如表 12－7 所示，模型 1 和模型 5 为技术战略联盟驱动对联盟稳定影响的直接效应。从表 12－7 中看出：市场竞争力的驱动对于技术战略联盟稳定的影响呈现显著正相关的关系（$\gamma 1, 1 = 0.166^{***}$，$p < 0.010$；$\gamma 5, 1 = 0.233^{***}$，$p < 0.010$，γi，j，i 为模型编号，j 为自变量顺序，以下同），即市场竞争越激烈，技术战略联盟成员企业的绩效提升越显著，技术战略联盟的制度亦会趋于规范，假设 H1 得到完全验证；企业资源的互补对技术战略联盟稳定的影响并不显著（$\gamma 1, 2 = 0.040$，$p > 0.100$；$\gamma 5, 2 = 0.098$，$p > 0.100$），即假设 H2 未得到有效验证；政府的支持会使企业的绩效显著提升，推进技术战略联盟的制度规范（$\gamma 1, 3 = 0.266^{***}$，$p < 0.010$，$\gamma 5, 3 = 0.176^{**}$，$p < 0.050$），假设 H3 得到完全验证；牵头单位的感召效应对联盟绩效的影响不是很明显（$\gamma 1, 4 = 0.122$，$p > 0.100$），但是对联盟制度规范的影响是显著的（$\gamma 5, 4 = 0.163^{*}$，$p < 0.100$），假设 H4 得到部分验证；同行的示范效应对联盟稳定的影响是显著的（$\gamma 1, 5 = 0.153^{**}$，$p < 0.050$；$\gamma 5, 4 = 0.166^{**}$，$p < 0.050$），正向影响企业的绩效和联盟制度的规范，即假设 H5 得到明显验证。

2. 联盟合作优化的直接效应和调节效应

假设 H6、假设 H7 和假设 H8 研究的是技术战略联盟中三种合作优化方式对联盟稳定的直接作用。模型 2 和模型 6 分析的是联盟的合作优化对联盟稳定的直

表 12-6　变量间 Pearson 相关系数矩阵

变量	D1	D2	D3	D4	D5	C1	C2	C3	P1	P2	RE	CO	BF
D1	1.000												
D2	0.517**	1.000											
D3	0.462**	0.582**	1.000										
D4	0.438**	0.512**	0.647**	1.000									
D5	0.452**	0.492**	0.459**	0.562**	1.000								
C1	0.152*	0.125*	0.070	0.070	0.229**	1.000							
C2	0.249**	0.221**	0.210**	0.179**	0.149*	0.000	1.000						
C3	-0.320**	-0.370**	-0.297**	-0.292**	-0.302**	0.000	0.000	1.000					
P1	0.389**	0.362**	0.432**	0.393**	0.377**	0.294**	0.083	-0.194**	1.000				
P2	0.464**	0.422**	0.442**	0.433**	0.423**	0.016	0.154*	-0.406**	0.000	1.000			
RE	0.150*	0.099	0.139*	-0.024	0.039	-0.052	-0.044	-0.138	-0.114	0.129*	1.000		
CO	0.097	0.090	0.079	0.074	0.083	0.021	-0.024	-0.120	0.110	0.054	0.111	1.000	
BF	-0.368**	-0.392**	-0.380**	-0.361**	-0.367**	-0.140*	-0.060	0.380**	-0.342**	-0.418**	-0.058	-0.056	1.000

注：** 在 0.01 水平（双侧）上显著相关；* 在 0.05 水平（双侧）上显著相关。

表 12-7　多层次线性回归模型分析结果

自变量和参数	因变量1:联盟企业绩效提升				因变量2:联盟制度规范			
	模型1	模型2	模型3	模型4	模型5	模型6	模型7	模型8
D1:市场竞争压力	0.166***	0.120*	0.196**	0.309***	0.233***	0.197***	0.093	0.041
(t值)	(0.062)	0.071	0.092	0.092	(0.059)	0.064	0.080	0.081
D2:企业的资源互补	0.040	0.029	0.001	-0.019	0.098	0.043	0.115	0.152
(t值)	(0.091)	0.098	0.113	0.110	(0.087)	0.088	0.098	0.097
D3:政府的支持	0.266***	0.297***	0.365***	0.354***	0.176**	0.211**	0.137	0.174*
(t值)	(0.090)	0.095	0.115	0.113	(0.087)	0.085	0.100	0.100
D4:牵头单位的感召	0.122	0.103	0.114	0.100	0.163*	0.162*	0.320***	0.285***
(t值)	(0.097)	0.104	0.124	0.123	(0.093)	0.094	0.108	0.108
D5:同行的示范效应	0.153**	0.102	0.103	0.133	0.163**	0.166**	0.083	0.079
(t值)	(0.071)	0.078	0.093	0.095	(0.068)	0.070	0.081	0.084
C1:联盟合作的完善		0.224***	0.216***	0.104		-0.082	-0.101*	0.251
(t值)		0.055	0.069	0.441		0.050	0.060	0.389
C2:政府的规范		-0.038	-0.058	-0.672*		0.010	0.026	0.372
(t值)		0.057	0.068	0.366		0.051	0.059	0.323
C3:牵头单位的协调能力		-0.025	-0.079	1.171**		-0.197***	-0.065	-1.293***
(t值)		0.060	0.083	0.511		0.054	0.072	0.451

续表

自变量和参数	因变量1:联盟企业绩效提升				因变量2:联盟制度规范			
	模型1	模型2	模型3	模型4	模型5	模型6	模型7	模型8
RE:主营业务收入			-6.916E-08***	-7.510E-08***			3.384E-08*	2.784E-08
（t值）			0.000	0.000			0.000	0.000
CO:用于联盟的合作经费			2.686E-05	-6.935E-06			-3.312E-05	3.700E-06
（t值）			0.000	0.000			0.000	0.000
BF:联盟对本企业的收益			-0.061	-0.227			-0.469***	-0.145
（t值）			0.204	0.219			0.177	0.194
C1×D1				-0.073				-0.004
（t值）				0.117				0.103
C1×D2				0.157				-0.124
（t值）				0.135				0.119
C1×D3				-0.115				0.009
（t值）				0.149				0.131
C1×D4				-0.025				0.081
（t值）				0.153				0.135
C1×D5				0.079				-0.030
（t值）				0.083				0.073

续表

自变量和参数	因变量1:联盟企业绩效提升				因变量2:联盟制度规范			
	模型1	模型2	模型3	模型4	模型5	模型6	模型7	模型8
C2×D1				-0.095				0.193 *
(t 值)				0.115				0.101
C2×D2				0.023				-0.251 **
(t 值)				0.128				0.113
C2×D3				-0.025				0.113
(t 值)				0.152				0.134
C2×D4				0.113				0.082
(t 值)				0.157				0.139
C2×D5				0.123				-0.216 **
(t 值)				0.112				0.099
C3×D1				-0.351 ***				0.059
(t 值)				0.082				0.073
C3×D2				-0.126				-0.018
(t 值)				0.135				0.120
C3×D3				0.441 ***				-0.133
(t 值)				0.157				0.139

续表

自变量和参数	因变量1:联盟企业绩效提升				因变量2:联盟制度规范			
	模型1	模型2	模型3	模型4	模型5	模型6	模型7	模型8
C3×D4				−0.312**				0.253*
(t值)				0.153				0.135
C3×D5				0.034				0.139
(t值)				0.106				0.094
常数	−3.132	−2.772	−3.230	−3.516			−2.538	−2.801
(t值)	(0.341)	0.402	0.649	0.665			0.565	0.587
可决系数 R^2	0.255	0.294	0.420	0.539	0.317	0.417	0.447	0.548
经调整可决系数 $Adj-R^2$	0.243	0.271	0.379	0.453	0.306	0.398	0.408	0.463
F值	20.474	12.777	10.135	6.257	27.772	21.882	11.325	6.475
Sig.	0.000	0.000	0.000	0.000	0.000	0.000	0.000	0.000
估计标准误差SSE	0.870	0.855	0.820	0.769	0.833	0.771	0.713	0.679

注：* $p<0.100$，** $p<0.050$，*** $p<0.010$，括号内为回归系数的估计标准误差。

接影响。联盟成员的合作完善可以显著提升联盟绩效（γ2，1 = 0.224***，$p < 0.010$）；而政府的规范和牵头单位的协调能力对联盟绩效的提升影响并不显著（γ2，2 = −0.038，$p > 0.100$；γ2，3 = −0.025，$p > 0.100$）；联盟的合作完善和政府的规范不会对联盟的制度规范产生显著影响（γ6，1 = −0.082，$p > 0.100$；γ6，2 = 0.010，$p > 0.100$）；牵头单位的协调能力会对联盟的制度规范产生非常显著的负面影响，这可能是由于牵头单位强大的话语权影响了联盟制度的规范性。

模型 4 和模型 8 研究战略联盟合作优化对联盟驱动力和联盟稳定的调节效应。数据分析结果如表 12 − 7 所示：①合作优化对联盟企业绩效的调节效应。市场竞争压力和政府的支持显著提升了联盟企业绩效（γ4，1 = 0.309***，$p < 0.010$；γ4，3 = 0.354***，$p < 0.010$，$\triangle R^2 = 0.119$，$\triangle R^2$ 为加入交互项后模型拟合系数的变化，以下同），联盟合作的完善对联盟驱动和联盟企业绩效具有负向调节效应但并不显著（γ4，12 = −0.073，$p > 0.100$；γ4，14 = −0.115，$P > 0.100$，$\triangle R^2 = 0.119$），联盟合作的完善削弱了市场竞争力和政府的支持对联盟企业绩效提升的作用，这可能因为当联盟成员企业有实力进行企业内部研发时，削弱了合作对企业的影响，进而联盟绩效可能下降；牵头单位的协调能力负向调节了市场竞争力对联盟绩效提升的作用，且这种作用非常明显（γ4，22 = −0.351***，$p < 0.010$，$\triangle R^2 = 0.119$），即市场竞争力越小，牵头单位的协调能力对提升联盟绩效的作用越明显；②合作优化对联盟制度规范的调节效应。政府的规范与市场竞争力的交互作用对联盟的制度规范性具有明显的正向调节作用（γ8，17 = 0.193*，$p < 0.100$，$\triangle R^2 = 0.101$），当市场竞争力大时，政府的规范会使联盟的制度规范显著提高，使联盟运行更加稳定；同时，政府的规范会负向调节企业资源的互补和同行的示范效应对联盟的制度规范的作用（γ8，18 = −0.251**，$p < 0.050$；γ8，18 = −0.216**，$p < 0.050$，$\triangle R^2 = 0.101$），同行的示范效应越弱，政府的规范对联盟的制度规范性的影响越明显，从而技术战略联盟越稳定，并且联盟企业资源互补性越弱，政府规范对联盟的制度规范性的调节作用越明显。综上分析，假设 H6，假设 H7 和假设 H8 均得到完全验证。

3. 控制变量的作用

模型 3 和模型 7 分析的是控制变量对联盟稳定的影响，以检验假设 H9，其中主营业务收入对联盟绩效的提升和联盟的制度规范均有明显的影响（γ3，9 = −6.916E − 08***，$p < 0.010$；γ7，9 = 3.384E − 08*，$p < 0.100$）；用于联盟合作经费的投入对联盟稳定的影响不明显；联盟对本单位的收益对联盟的制度规范性的影响非常显著（γ7，11 = −0.469***，$p < 0.010$）。联盟的主营业务收入越高，联盟绩效提升越快，联盟的制度规范越强，技术战略联盟运行越稳定；技术战略联盟对联盟成员企业的收益越多，越促进企业遵守联盟的规章制度，联盟

运行越稳定。

四、研究结论与启示

本章通过研读文献，提出假设，通过实证分析研究了技术战略联盟驱动力、合作优化与联盟稳定的关系，现将所得结论总结如下：

（1）市场竞争越激烈，企业更有动力组建技术战略联盟，形成的联盟更加稳定。在这样的情况下，政府的规范对竞争驱动和联盟稳定的调节作用并不明显。市场竞争驱动变量对因变量（战略联盟的稳定）的两个度量标准（联盟企业绩效和联盟的规范）影响显著。市场竞争压力的增加会驱动企业构建技术战略联盟实现企业的技术创新与突破，成员企业的合作意愿会更加强烈，会更加积极地进行企业间的知识交流与传播，共享企业资源，共担技术风险，共享研发成果；同时，为了应对联盟成员间投机行为的出现，为了公平、公开、公正的共享联盟收益，联盟必会建立相应的管理机制，形成完善的规章制度，相辅相成的是企业为了从联盟中获益会希望联盟能够稳定长久的运行，企业就会主动维护联盟的稳定。此时，如果政府再介入，并没有太大必要，联盟自身已经呈现稳定状态，政府管制可能还会限制联盟的发展。

（2）政府的支持会使联盟更加稳定。政府的外部支持作为自变量对因变量（技术战略联盟的稳定）的两个度量标准影响显著。即政府的支持可以使联盟绩效显著提升并加强联盟的制度规范性。但是政府的规范作为调节变量对联盟稳定的调节作用不明显；牵头单位的协调能力却可以正向调节政府的支持对联盟稳定的影响。虽然技术战略联盟的发展是时代的产物，是市场催化的结果，但是也离不开政府的支持。尤其在中国，从技术战略联盟的发展来看，虽然中国技术战略联盟发展起步晚，但其成长却非常迅速，这与中国政府的大力支持是分不开的。政府的支持可分为资金注入和政策扶持。由于某些行业具有风险高、投入大等特点，在一定程度上不能完全依靠市场化运作时，政府的宏观调控便成为行业发展的关键。在组建技术战略联盟的初始阶段，政府的支持可以作为一种驱动力量，促使企业组成技术战略联盟，比如政府出台相关产业支持性政策、政府注资于联盟，甚至加入联盟的运营，指引联盟向需求强劲的产业发展，引导战略的发展方向。然而，同样当联盟运行已经稳定，这时政府的调节作用并不大，甚至会阻碍联盟成员的合作，抑制联盟的发展。

（3）不同的合作优化方式对联盟绩效的影响和联盟规范性的影响是不相同的。企业资源的互补可以有力提升联盟绩效，可能是因为单位成员增加投入表明企业对联盟的一种信任以及企业的实力，使得企业合作的忠诚度大大加强，从而提升了联盟绩效。而政府的规范和牵头单位的协调效应并不会在联盟绩效上产生实质性影响。牵头单位的协调能力虽然不会对联盟绩效产生影响，但是却会对联盟的制度规范性有非常明显的负面影响，这可能是由于牵头单位的优势，降低了其他企业参与联盟建设的热情，所以不利于强化联盟的制度规范性。

（4）本章所选取的主营业务收入、企业用于联盟的合作经费和联盟对本单位的收益这三个控制变量对技术战略联盟绩效的提升，以及对联盟的制度规范性影响比较显著。得出结论为，联盟对成员单位的益处越多，联盟的制度规范性越强，这可能是由于企业通过构建技术战略联盟获得了效益，得到了回报，作为一种良性循环，企业也愈加愿意建设并维护联盟的制度规范，使联盟运行得更加长久和稳定；而主营业务收入是企业从联盟得到的益处之一亦会影响联盟的制度规范性，而企业获得利润的同时即意味着联盟的整体绩效得到提升。虽然控制变量对联盟的稳定产生了一定的作用，但这并不会对本章所研究的技术战略联盟驱动力与联盟稳定性之间的关系造成严重影响，所以其影响可以忽略不计。

第 13 章　社会网络嵌入过度对企业创业过程的影响

20 世纪 80 年代以来，社会转型和新技术的快速发展在世界范围引发了新一轮的创业热潮，创业活动日趋繁荣，已成为经济发展和社会进步的重要推动力，出现了一大批例如百度、搜狐网络等成立不久就实现快速成长的明星企业。人们在认识到创业活动对经济发展意义的同时，也观察到创业的高失败率、新创企业发展质量不容乐观和成长出现巨大差异的社会经济现象（胡望斌、张玉利、牛芳，2009）。Barringer（2005）对美国每年成立的约 70 万家新创企业的调查显示，只有 3.5% 实现了快速成长。根据中国企业评价协会的研究（2005），我国新创企业中具有高成长性和渐进成长能力的比例不足 3.32%。新创企业本身具有"新"和"小"的缺陷，资源和能力都需要从外部获取和培养。如同身陷"盘丝洞"，面对丰富的社会网络资源，有些创业企业不是缺乏网络资源而是需要提高优质网络资源识别能力，如何应对变幻莫测的经营环境，如何适度地嵌入社会网络、获取充足优质的社会资源，如何提升企业的适应能力，解决这些问题对于新创企业的快速成长有重要的理论和现实意义。本章从社会网络理论视角讨论新创高技术企业的创业过程，是对技术联盟理论研究的拓展。

从已有研究来看，新创企业创业问题研究仍存在着不足：一是新创企业活动与最终价值创造之间的转化过程这一"黑箱"仍未得到很好的解释（Van de Ven et al.，2004；Gilbert，2006），仍旧无法充分预测新创企业的成长和失败现象（Delmar et al.，2003）；二是现有研究过分关注新创企业之间成长的差异性，而缺乏对企业成长独特性的思考；三是现有研究强调创业成功变量之间的相互关系，忽视了企业创业过程与绩效间最为关键、最为本质要素的总结，尤其对新创企业创业困境的关注不够（Gartner et al.，2002）。在实践层面，新创企业在创业阶段所表现出的特征决定了其必然会对某类资源产生需求或偏好，从而对具备一定资源属性或资源禀赋的社会网络颇有青睐。然而，身处新创企业的决策者对自身所在环境位势、社会关系嵌入过程和创业资源的认知存在局限性，在资源获取和创业决策过程中不能做到完全理性，有限理性背景下的决策对新创企业的创业绩效产生影响。本章通过文献讨论、研究假设的建立，利用对新创企业的问卷调查数据，建立结构方程统计模型，检验新创企业社会网络嵌入过度产生的创业认知偏差，以及对企业资源获取的影响，根据研究结论总结有助于新创企业走出创业困境的理论和策略建议。

一、文献讨论与研究假设

国外学者 Lin N.（2001）将社会网络界定为“特定的个人之间的一系列独特的联系”。学者 Michael Song 等（2008）把研究对象从个人扩大到组织，认为社会网络是由一些社会关系（如友谊和交易关系等）连接的节点的集合。社会网络行动者的本质是对社会网络关系的嵌入。嵌入性（embeddedness）概念的提出最早可见于学者 Granovetter（1976）的研究，他认为“人类经济嵌入并缠结于经济与非经济的制度之中”。后来，Peng 和 Luo（2000）把经济活动放到了更为宽泛的社会和人际关系的背景下，认为经济行为实际上是嵌入在社会网络中或非正规的社会关系之中。对于创业企业而言，受限于其自身所拥有的有限资源以及尚待提高的合法性认知（legitimacy），它们在经营中不可避免地面临着所谓的“新进入缺陷”（liability of newness，Stinchcombe，1965），这又进而导致了较高的风险与失败率（Lei - Yu Wu et al.，2008）。面对这种不利的竞争态势，在与先行者企业的竞争中，先天居于劣势的新创业企业必须通过正面竞争之外的其他途径以抵消其“新进入缺陷”的不利影响，克服创业初期的高失败风险，快速嵌入社会网络关系成为新创企业的发展突破口。然而社会网络的关系嵌入不能过度，以下从几个方面建构本章的理论框架。

（一）关系嵌入过度产生创业认知偏差

关系嵌入程度，是指由不同的行动主体对其周围环境产生的不同知觉和不同的解释意义进而产生不同的社会关系嵌入程度，并由于组织对环境的过度感知使组织行为受到其认知限制的过程（Lei - Yu Wu et al.，2008）。身陷“盘丝洞”不能自拔是对社会网络关系嵌入过度形象的比喻，从这个意义上讲，关系嵌入过度就是要关心“组织心智过程中结构化的规则对经济理性限制”的方式（DeBresson Christian，1999）。Uzzi（1996）认为关系嵌入是相对于市场有更多独特机会的交换系统，并认为关系嵌入表现为交换双方的信任、承诺、优质信息共享和共同解决问题（Uzzi，1997）。若没有组织认知偏差的中介作用，适度的关系嵌入可以提高组织资源获取的质量。其中，信任是交易一方对另一方不会以自己的损失为代价获得利益的信心（Morse E. A. et al.，2007）；而适度的承诺使得关系嵌入比纯粹的市场关系能共享更多的私有及隐性知识，包括战略、利润边际以及只有通过干中学才能获得的隐性知识（Timmons J. A.，1994）；适度的紧密关系包含着共同解决问题的机制，促成交易者的功能协调与灵活地解决问题，共同解决问题的安排增加组织获取资源的效率，从而降低生产误差、减少产品开发时间，同时可以促进学习与创新，提高资源获取质量。针对以上的论述，社会网络的关系嵌入过度是指，创业主体过度地依赖社会网络资源而夸大在网络利用中的信任、承诺和信息共享关系，这样的社会嵌入程度会影响组织的创业认知和资源获取质量。新创企业关系嵌入过度的三种表现形式如下：

1. 过度信任

过度信任，是指组织在获取外部资源和信息过程中过度相信合作伙伴将执行对其带来正面结果的行动倾向（Jim Dewald & Frances Bowen，2009）。在交易之前，企业间的网络关系可以作为一种信息甄别和筛选机制，为企业节省大量的搜寻成本与费用。处于共同网络结构中的企业，彼此间对各自的品质与能力将会有较全面的了解，并且在双方频繁的交往中，建立起一定的信任关系。但是，过度信任对方却可能造成自身的认知局限和有限理性行为，从而增加组织的认知成本（Batjargal B. N. & Liu M.，2004），主要原因是：①过度信任可能让组织夸大合约的规范性，产生行为与认知偏差；②当违约情况出现时，过度信任使得组织行为受到约束而反应不利；③通过人际约束，把人们的言行置于一个过度相互依赖的体系中，使人们看不到良好的交易秩序背后隐藏的实质（Markus et al.，2009）。基于以上的文献分析，得到研究假设 H1。

假设 H1：新创企业社会关系嵌入过程中的过度信任，导致组织产生创业认知偏差。

2. 非理性承诺

学者 Cummings（2003）认为注重彼此承诺的组织间合作具有长期导向性，但是这种长期合作的基础受到合作者双方的能力和认知的局限性影响，合作者双方的非理性承诺将会试图去建立起一种可以解决非预期性问题的伙伴关系，维系这种伙伴关系的基础是脆弱的。非理性承诺，是指合作伙伴间在有限理性下关注长期、稳定的伙伴关系，从而试图去建立可以解决非预期性问题的共同目标，进而产生投机性行动的行为倾向（DeBresson Christian，1999）。非理性的承诺能让伙伴双方达成各自的目标与共同的目标，这种目标体系被非理性地放大，因此伙伴间将可能采取一些投机性的行动。Kuratko（2001）指出非理性承诺的伙伴将会产生认知偏差，并且将在短期目标与长期目标间取得平衡的问题上出现差错。Matt Grimes（2010）定义承诺为企业愿意投资稀有资源来向合作伙伴表明他对彼此间关系的评估，承诺展现出了不同于信任关系的作用，这种愿意投资稀有资源的承诺可能是非理性的。基于以上的文献讨论，得到研究假设 H2。

假设 H2：新创企业社会关系嵌入过程中的非理性承诺，导致组织产生创业认知偏差。

3. 关系过度紧密

在经济交换关系里，两个参与者之间亲密的和频繁的接触会促进交流和加速信息交换（Gary Dushnitsky et al.，2010）。高频率的接触加强了两个组织间的关系，提供了控制交换合作者的机会，使得接触双方更容易协调和学习。但是，组织间关系过度紧密也会影响组织的认知。关系过度紧密是指组织为了维持持久的社会关系而与其他组织进行的过于频繁的接触，形成了组织间的高阶纽带和过于紧密的关系，从而带来过度的时间和精力投入（David Ahlstrom et al.，2010）。过度紧密的关系可能会在三个方面影响组织的认知过程：一是由于共同认可的规范是紧密关系的基础，过度紧密的关系可能会妨碍网络规范的传播，从而影响关系网络的扩张；二是在过度紧密的网络中，其运行基础是过度信任，违反规范的行为不容易被发现，从而影响网络的稳定性和质量，造成组织的认知偏差（Dominic S. K. Lim et al.，2010）；三是在过度紧密的网络中，由于存在着多种信息来源，影响网络成员对投机行为判断的正确性（Hult，2001）。基于以上的文献回顾，得到研究假设 H3。

假设 H3：新创企业社会关系嵌入过程中的关系过度紧密，导致组织产生创业认知偏差。

（二）认知偏差对创业资源获取过程的影响

Simon（1956）定义了人类有限理性（bounded rationality）的概念，揭示了人们在认知上无法实现最优化，其结果就产生了各种对规则的偏离和认知谬误。在 Simon（1956）有限理性概念的基础上，Park（2002）等人将组织认知偏差定义为：在某种情景下，组织决策者在共同决策中与事实本身、标准规则间，所产生的某种差别和偏离，或偏离的倾向和趋势，是组织认知与被认知的事物之间、应遵从的判断规则和组织成员的现实表现之间所存在的距离。本研究从三个理论角度讨论创业组织的认知偏差（P. A. Geroski et al.，2010）：

1. 过度自信

过度自信是指人们有系统地高估自己决策的准确性和预测未来事件发生概率精度的倾向，过度自信会表现为决策者倾向于高估自己的预测而低估其他人的预测（Lichtenstein，2001；Wu L. Y.，2006）。Cooper，Woo 和 Dunkelberg（1988）的研究发现，企业家常常高估其投资项目成功的可能性。McKinley 和 Zhao（2000）的实验研究表明，创业者通过社会网络的过度嵌入，会认为自身可以获得更多的资源支持，普遍相信自己的能力高于其竞争对手，这种对自己能力的过度自信导致新创企业过多地进入商业竞争，从而引发创业困境的发生。在获取创业资源的过程中，过度自信会导致决策者高估自身的知识和能力，低估所遇到的风险，夸大自身对事件的控制能力（Anderson，2002）。基于以上的文献分析，得到研究假设 H4。

假设 H4： 组织创业认知偏差中的过度自信，导致组织资源获取过程不顺利。

2. 控制错觉

控制错觉是一种技术性认知偏差，是人们对所处位置、处理机会与资源的能力和对未来事件预测的评价偏差，是决策者过度依赖技术性措施的结果（Sirmon et al.，2007）。Trersky（1976）、Weinstein（1980）以及 March 和 Shapira（1987）的研究发现，选择了投资项目的创业者，可能存在控制错觉，并严重低估投资项目失败的可能性。当新创企业过度嵌入社会网络，组织使用有限的信息来源进行决策（Trersky et al.，1976），并且决策过程中大量使用统计推断、使用小样本推断（Simon，1956）、决策者受限制于信息和数据的收集过程（Sirmon et 2007），产生控制错觉的组织将会低估获取资源的风险（Powell et al.，1990）。Heirman（2004）的模型表明，与理性的管理者相比，有控制错觉的管理者倾向于过度依赖技术性措施，从而选择风险更大的资源机会。基于以上的文献分析，得到研究假设 H5。

假设 H5： 组织创业认知偏差中的控制错觉，导致组织资源获取过程不顺利。

3. 行为约束

学者 Bernardo 和 Wehch（2001）指出，行为约束是行动者对信息加工整理过程所产生的认知偏差，是行动者对自我信息过分依赖而产生的行为限制。行为约束对行动者处理信息有很大的影响：一方面，行动者会过分依赖自己获取的信息而忽视其他层面获取的信息，使决策者看不到事物的整体；另一方面，行动者在处理和加工信息时，会注重那些能够增强他们自信心的信息，而忽视那些明显限制他们自信心的信息，这两种影响会分别导致对信息的反应过度与反应不足。反应过度是行动者对信息理解和反应出现非理性偏差，从而产生对信息权衡过重，行为过激的现象；反应不足是行动者不愿意改变既有的信念（Shane，2002），当有新的信息到来时，行动者对原有信念的修正往往不足。新创企业通过社会网络的嵌入，获取外部创业资源，将企业外部资源进行内部化的过程需要进行信息的处理，处理信息的过程如果受到行为约束的限制，企业的资源获取过程将产生差错（Eisenhardt et al.，1990）。基于以上分析，得到研究假设 H6。

假设 H6： 组织创业认知偏差中的行为约束，导致组织资源获取过程不顺利。

（三）认知偏差在关系嵌入过度和资源获取之间的中介作用

学者 Michael 等（2001）提出创业企业必须能够理智地分析、鉴别来自不同社会网络关系中的信息和资源，企业只有通过参加网络活动、嵌入于社会网络中，才能通过网络获取资源并保持资源的多样性和价值性，抢占先机是创业企业随时需要准备的。另外，利用丰富的社会网络关系不仅可以使新创企业更好地规划获取资源的进程，而且能够帮助企业预测未来的竞争者和客户等关联者的行为和表现，随时准备做出调整，有利于企业吸收经验、汲取教训，为下一步的创业行为奠定基础（Ritter et al.，2004）。但是，社会网络具备动态性，一些企业的社会网络比较稳定，而外部环境变化和社会网络动态演变（如某社会成员进入或者退出社会网络）带来不稳定性，这种不稳定性产生对企业资源获取的负面影响（Gulati et al.，1999）。再有，人的行为“即是有意识地理性的，但这种理性又是有限的”。经济学家 Simon（1956）的论述最为经典，人们“主观上追求理性，但客观上只能有限地做到这一点”。正因为“客观上只能有限地做到这一点”，于是 Simon（1956）试图找到“限制决策者信息处理能力的约束”。他从三个方面做了说明：一是决策的不完全信息或知识的不完备；二是处理信息的成本存在；三是一些非传统的决策者目标函数、认知偏差或决策经验的存在。“问题的关键还不在于是否有信息，而在于我们能够加工多少信息，我们的知识能使我们分析什么样的信息，并从中抽取出有意义的部分。”正是“有限理性”理论做基础，人们意识到创业过程中存在信息不完备性、处理信息的成本和认知偏差，新创企业有陷入创业困境的危险，而社会网络的嵌入程度又在影响着组织的有限理性认知过程。Park（2004）等人自 20 世纪 70 年代以来进行了大量关于认知决策的启发式和认知偏差的研究，他们发现：组织在认识和判断事物时，与事实本身、标准规则间，所产生的某种差别和偏离、或偏离的倾向和趋势，是认知与被认知的事物之间、应遵从的判断规则和人们的现实表现之间所存在的一种无法拟合的缺口，一种没有实现的不完全匹配，是人们的认知局限和认知风格、感觉机制和加工策略等因素共同作用的结果，而这一结果势必会影响组织获取社会资源的过程。综合上述文献分析，可以发现当社会网络关系嵌入良好，嵌入性会直接导致资源获取的价值性和丰富性，从而引致创业成功。但是，当社会网络关系嵌入过度，组织认知偏差会发生作用，在社会嵌入与资源获取之间产生中介效应，这也符合组织行为中“心理要素—行为表现”的基本理论逻辑。所以，我们得到研究假设 H7。

假设 H7：认知偏差在社会网络的关系嵌入过度和资源获取之间起到中介作用。

学者 Eric、Sally 和 Thomas（2007）认为获取资源的关键是用最小的成本获得所需资源，同时指出利用社会网络在获取资源的过程中是非常重要的，即广泛的社会网络或稀疏的网络都会提供给创业者所缺少的资源，能够使创业企业进入稳定期。本研究的因变量聚焦新创企业有以下三个典型的资源获取过程。

1. 资源合作

这种资源获取形式往往发生在企业间的合作中。并非所有的资源获取都需要交易获得，相对于部分资源的业性交易，资源合作发生于企业间的合作交流中，资源获取方式在接受者与提供者间没有很重大的鸿沟，或者说他们的资源主体是互相依存的（张玉利，2008）。由于合作方具有各自不同的知识基础，合作伙伴间可以充分利用彼此的知识资源和能力，如研发技术知识和生产性知识的互补、产品知识和营销知识的互补，都可能带来竞争优势的创造（Geoffrey et al.，2010）。合作同时也避免了企业各自运作同样功能部门时，知识资源的浪费，使资源成本更低并创造出对双方都有利的效率和效益（李翠娟、宣国良，2005）。Eric 和 Sally（2007）等学者通过研究得出，新创企业间知识合作与共享可以促使总体知识的指数增长，取得双赢的效果，帮助合作者完成创业过程。

2. 资源转移

这种资源获取方式更强调方向性，比如成熟企业和新创企业之间。资源转移，不需要通过商业的方式，也不需要逆向过程去回馈资源提供者，资源获取仅仅通过一个简单的接口管理，从资源提供方直接获得资源。对于不易转移的知识资源，资源的接受者与提供者应该去调整他们的文化、工作程序与技术，甚至是一些知识机制以达到接口顺畅的目的（Nahapiet et al.，1998）。Kogut 和 Zander（1992）认为，企业转移知识和资源的能力是企业存在的重要理由，知识转移的目的是吸收新知识和有效利用新知识。通过知识转移，将那些使组织获益的知识加速应用，从而使组织获得竞争优势。企业有效的进行知识和资源转移，对新创企业提高竞争优势至关重要（唐炎华、石金涛，2006）。

3. 资源交换

资源交换是经济系统中任何潜在价值被实现的机制（March，1987）。资源交换是使资源分配到其更有价值的地方去的过程，交换证明了被交换资源的价值，其促进和标志着通过新组合而创造的潜在价值的实现。交换使得新组合所需要的一系列资源被重新安排，交换标志着整个经济系统价值实现的最终路径（March，1987）。事实上，组织间互动的实质内容，都牵涉到资源的交换。Mellahi 和 Jackson（2002）说明，由于新创组织重要的资源往往掌握在其他组织中，所以组织为了确保资源的获取，必须维持和其他组织之间顺利可靠的资源流动管道。资源交换是种互惠的活动，组织为了从外界获取必要的资源，必须也要回馈给对方一定的资源（Sheila et al.，2010）。

我们通过文献回顾建立了研究假设，现在对本研究所涉及的基本“概念”和包含的“构念”进行总结和梳理，如表 13 - 1 所示。

表 13 -1 本研究所涉及的基本"概念"和包含的"构念"

序号	概念	概念内涵	构念	构念内涵
1	社会网络的关系嵌入过度	创业主体过度地依赖社会网络资源而夸大在网络利用中的信任、承诺和信息共享关系	过度信任	组织在获取外部资源和信息过程中过度相信合作伙伴将执行对其带来正面结果的行动倾向（Jim & Frances, 2009）
			非理性承诺	合作伙伴间在有限理性下关注长期、稳定的伙伴关系，从而试图去建立可以解决非预期性问题的共同目标，进而产生投机性行动的行为倾向（Kuratko, 2001）
			关系过度紧密	组织为了维持持久的社会关系而与其他组织进行的过于频繁的接触，形成了组织间的高阶纽带和过于紧密的关系，从而带来过度的时间和精力投入（David Ahlstrom et al. , 2010）
2	创业认知偏差	在某种情景下，组织决策者在共同决策中与事实本身、标准规则间，所产生的某种差别和偏离，或偏离的倾向和趋势，是组织认知与被认知的事物之间、应遵从的判断规则和组织成员的现实表现之间所存在的距离（Park, 2002）	过度自信	人们有系统地高估自己决策的准确性和预测未来事件发生概率精度的倾向（Licht-enstein, 2001; Wu L. Y. , 2006）
			控制错觉	一种技术性认知偏差，是人们对所处位置、处理机会与资源的能力和对未来事件预测的评价偏差，是决策者过度依赖技术性措施的结果（Sirmon et al. , 2007）
			行为约束	行动者对信息加工整理过程所产生的认知偏差，是行动者对自我信息过分依赖而产生的行为限制（Bernardo & Wehch, 2001）

续表

序号	概念	概念内涵	构念	构念内涵
3	资源获取	组织创业过程中，广泛的社会网络或稀疏的网络都会提供给创业者所缺少的资源，能够使创业企业进入稳定期	资源合作	合作方具有各自不同的知识基础，合作伙伴间可以充分利用彼此的知识资源和能力，进行合作中获取创业资源（张玉利，2008）
			资源转移	不需要通过商业的方式，也不需要逆向过程去回馈资源提供者，资源获取仅仅通过一个简单的接口管理，从资源提供方直接获得资源
			资源交换	使资源分配到其更有价值的地方去的过程，交换证明了被交换资源的价值，其促进和标志着通过新组合而创造的潜在价值的实现（March，1987）

根据文献回顾与研究假设的建立，得到本章的理论研究框架，如图 13－1 所示。

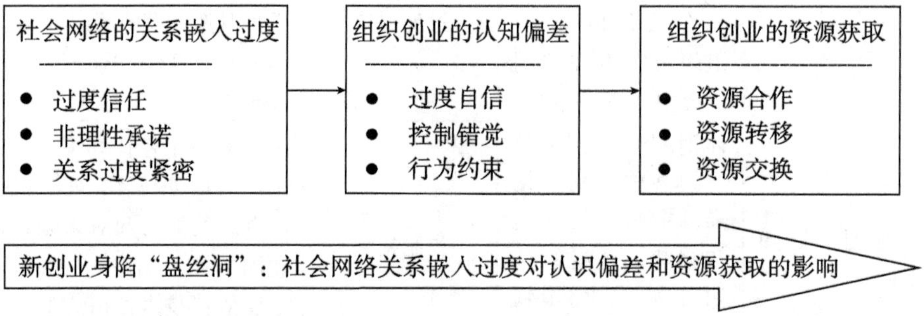

图 13－1　本章研究的理论框架

二、研究设计与过程

（一）测量

前面文献研究提出的新创企业“创业困境”概念模型，包含了三组潜变量，如社会网络的关系嵌入过度、组织创业认知偏差以及组织创业的资源获取。对潜变量进行测量和研究最适合的方法就是量表设计和问卷调查，这里我们选择问卷规模性发放的方式收集初级数据，进而进行统计建模并验证研究提出的基本假设。

对于新创企业资源获取过程的测量，本研究借鉴了 Wilkinson（2001）、Susanna 等（2007）学者对企业资源获取过程的测度，主要包含三个理论维度，即资源合作、资源转移和资源交换；关于创业认知偏差的测量，过度自信借鉴了 McKinley 和 Zhao（2000）的相关研究，控制错觉汲取了学者 Heirman（2004）的研究量表，而行为约束的概念测量则借鉴了学者（Shane，2002）的相关研究；关于对社会网络关系嵌入过度的测量，没有相关研究可以借鉴，我们对这部分量表进行了设计。根据众多学者（Jarle Aarstad et al.，2010；Linda Edelman et al.，2010）的建议，在“社会网络关系嵌入过度”量表设计之前所进行的文献回顾和理论分析，目的就是明确解释所要测量的概念与其他相似概念的差异，清楚地确认理论概念的层次性以及内部成分，说明概念之间的前因后果，建立概念之间的逻辑联系，从而避免定义偏差和操作性偏差出现。在量表设计上，本研究采用了 7 点 Likert 量表。采用 7 点量表的理由是：①与 5 点量表相比，7 点量表可以获得更高的数据变异，得分值围绕平均值更加广泛的分布将使概念具有更大的识别力，可以更准确和有效地捕捉被调研者的态度；②建模采用的结构方程模型是以变量间的协方差结构为基础进行的分析，对于围绕均值有更大离差或方差的两个变量，更容易确定它们的协方差（Alex Nicholls，2010）。基于以上两点，本章采用了 7 点 Likert 量表。

（二）预测试

在正式问卷发出之前，我们进行了小规模的预测试（Pre - test）。对一个小样本的调查对象进行问卷的测试（Lindsay N. J.，Craig J. A.，2002），目的是通过潜在的被调查者对问卷的所有方面进行评估，包括问题的内容、措辞、顺序、形式和布局、问题难度以及指示说明等，要求参与者就问卷的可操作性提出意见和建议。本研究最终选择了 35 家新创企业，预测试采用集中填答法进行，填写者为来自北京、河北、天津、山东等省（直辖市）的 35 位新创企业高层管理者。在预测试的过程结束后，我们对预测问卷的条目进行了分析，排除和修改了鉴别度不显著（$p > 0.100$）的条目。

（三）样本与数据收集

本章的样本调查对象是新创企业，即“new venture”或“emerging venture”，是指创业者利用商业机会，通过整合资源所创建的一个新的具有法人资格的实体，它能够提供产品或服务，主要是指企业的初创期和成长期，其基本目标主要以获利和成长为主。学者 Wilkinson（2001）认为，创业者创建企业后需要有过渡期和起飞期，这与成熟企业的生命周期不同。过渡期主要是指企业从创建开始到盈利，也就是从第一次获利开始可看作是新创企业能够生存（survival），但这种情况一般需要持续 3 ~ 5 年才算生存下来并开始起飞，进而成长，整个过程需要 5 ~ 8 年。Burt（1993）也研究了新创企业创建对经济发展的影响，认为 8 年是新创企业创建后的一个过渡期，即从创建向发展阶段转变，而且他认为创业者能够清晰地记起8年内新创企业的发展及其对社会经济逐渐产生的影响，对实证研究具有可操作意义。本章借鉴前人成果和结合对我国企业的实际考察，把新创企业界定为创建8年以内的企业，这些企业成为本研究重点调查的样本。

正式的问卷调查是在2011年2月至2012年12月间进行。参与调查的企业有798家新创企业（样本空间），这些新创企业样本（企业建立时间是8年以内）分别来自北京、上海、天津、石家庄、深圳、广州、东莞、苏州、南宁、乌鲁木齐等城市或地区，问卷的发放首先通过国家科技部的协调，然后通过当地的科技局的相关部门帮助得以顺利回收。为了提高统计有效性，我们随机抽选了615家新创企业作为研究样本，其中抽选到的问卷数据缺失严重的无效样本为21家企业，最终我们共获得594家新创企业的有效样本数据。这些有效样本企业的描述性统计结果如表13－2所示。

表13－2　有效样本新创企业的描述性统计

企业年龄	比例（%）	企业规模	比例（%）	企业性质	比例（%）	细分行业类型	比例（%）
3年以内	27	300人以下	26	国有企业	11	食　品	5
				集体企业	19	纺　织	18
				私营企业	14	加工制造	10
3～6年	39	300～2000人	42	股份合作企业	3	能源加工	9
				股份有限公司	24	生物医药	9
				有限责任公司	26	化工制造	8
6～8年	34	2000人以上	32	其他内资企业	1	金融服务	9
				外商投资企业	2	IT技术	15
合　计	100	合　计	100	合　计	100	交通运输	7
						通信技术	5
						其　他	5
						合　计	100

（四）统计建模方法

统计建模方法我们选用结构方程模型（SEM）对本章提出的研究假设进行检验。由于本章提出的“社会网络关系嵌入过度—认知偏差—资源获取”概念模型（见图13－1）是由多个潜变量（非显性变量）构成，结构方程模型在讨论“潜变量关系模型”的过程中有更多的优势。另外，我们利用因子分析的方法（探索性因子分析EFA和验证性因子分析CFA）对潜变量进行结构效度检验，这是进行结构方程模型进行假设检验的基础和前提，并且利用Conbach′s α系数来检测数据的信度。

（五）同源性偏差、结构效度和信度

我们把 594 个有效企业样本数据随机地均匀分成两个部分：第一部分 297 个样本数据用于各个潜变量的探索性因子分析（EFA）；第二部分 297 个样本数据用于各个潜变量的验证性因子分析，总体 594 个有效企业样本数据用于结构方程模型的假设检验过程。我们对问卷进行了数据同源性检验。数据同源性是指在使用问卷调研作为定量研究的方法时，由于所有的条目均为同一人所填写而导致的同源偏差问题（common method variance，CMV）。我们的问卷被试者为新创企业相关的高层管理人员，需要对数据进行同源性检验。定量分析过程中，我们可以通过 Harman 单因子检测方法，即将问卷所有条目进行因子分析，在未旋转时得到的第一个主成分的载荷量来反映 CMV 的程度。我们将本章所用量表的所有变量进行了因子分析，共生成了 19 个因子，第一个因子占到载荷量的 5.87%，其他因子均在 2% ~5% 之间，都没有占到多数，所以样本数据的同源性偏差问题在本研究中并不明显。结构效度检验过程如下：

1. 社会网络的关系嵌入过度

社会网络的关系嵌入过度潜变量（第一半样本数据），其 Kaiser - Meyer - Olkin（KMO）统计量为 0.882，超过 0.6 的最低标准，推翻了变量之间的相关系数矩阵为单位阵的零假设，Bartlett 球形检验值为 4787.681，通过了显著性检验（$p < 0.000$），说明数据适合进行探索性因子分析；对数据进行 Varimax 最大方差垂直转换，使得到的因子所能解释的方差水平达到最大，这样可以更清晰地辨别因子结构。社会网络的关系嵌入过度潜变量，保留了因子负荷超过 0.510 的条目，初始的 15 个条目全部保留，提取的三个因子解释方差变异的累计数是 73.650%，如表 13 - 3 所示。提取的三个因子分别为过度信任、非理性承诺和关系过度紧密，其三个因子的 Cronbach′s α 系数分别为 0.821、0.804 和 0.793，显示了较高的信度。问卷总体的 Cronbach′s Alpha 系数为 0.921，信度较高。以探索性因子分析（EFA）过程为基础，对社会网络的关系嵌入过度潜变量进行验证性因子分析（CFA）（第二半样本数据），过度信任、非理性承诺和关系过度紧密三个因子结构能较好地拟合样本数据（$\chi^2 = 99.930$，df = 42，GFI = 0.960，RMSEA = 0.066，CFI = 0.970，TLI = 0.950），上述指标值说明各个概念的验证性因子分析的各个指标均达到研究要求（Hair，Anderson，Tatham & Black，1998；Kelloway，1998），说明进行下一步的概念之间的关系分析是可行的。

表 13-3　社会网络的关系嵌入过度因子结构

概念与测量条目	因子结构		
	Factor1	Factor2	Factor3
OT1：过度信任			
ot1：所有合作伙伴都能做出理性决策	0.720		
ot2：所有合作伙伴的行为都是有意义的	0.672		
ot3：所有合作伙伴对我们的决策都有正向促进作用	0.659		
ot4：所有合作伙伴都愿意积极采取合作态度	0.712		
ot5：所有合作伙伴都是诚心诚意地进行合作	0.639		
IC2：非理性承诺			
ic1：对于合作决策合作伙伴总是给予承诺		0.592	
ic2：对于合作决策合作伙伴从不给予反驳意见		0.627	
ic3：合作决策总是在双方有限理性判断下做出		0.791	
ic4：合作伙伴的合作总是伴随投机性行为		0.711	
ic5：合作双方对所有合作决策总是表现出一致性意见		0.704	
RC3：关系过度紧密			
rc1：合作双方投入大量时间进行接触			0.613
rc2：合作双方投入大量精力进行接触			0.843
rc3：遇到困难总是寻求对方的支持和帮助			0.793
rc4：合作双方频繁讨论和交流			0.682
rc5：合作双方维持非常持久的合作关系			0.713
因子的特征值	7.278	1.398	1.026
因子的 Cronbach´s α 系数	0.821	0.804	0.793
解释的变差（%）	32.988	20.796	19.893
累计解释变差（%）	32.988	53.784	73.650

注：主成分分析法，表中数字为 Varimax 旋转后因子载荷，没有标注数字的因子载荷小于0.510。

2. 认知偏差

认知偏差潜变量（一半样本数据），其 Kaiser - Meyer - Olkin（KMO）统计量为0.854，超过0.6的最低标准，推翻了变量之间的相关系数矩阵为单位阵的零假设，Bartlett 球形检验值为4529.765，通过了显著性检验（$p<0.010$），说明数据适合进行探索性因子分析；对数据进行 Varimax 最大方差垂直转换，使得到的因子所能解释的方差水平达到最大，这样可以更清晰地辨别因子结构。认知偏差潜变量，保留了因子负荷超过0.530的条目，初始的12个条目全部保留，

提取的三个因子解释方差变异的累计数是65.346%，如表13-4所示。提取的三个因子分别为过度自信、控制错觉和行为约束，其三个因子的Cronbach´s α系数分别为0.843、0.812和0.807，显示了较高的信度。问卷总体的Cronbach´s α系数为0.897，信度较高。以探索性因子分析（EFA）过程为基础，对认知偏差潜变量进行验证性因子分析（CFA）（第二半样本数据），过度自信、控制错觉和行为约束三个因子结构能较好地拟合样本数据（χ^2 =98.780，df =39，GFI =0.960，RMSEA =0.057，CFI =0.960，TLI =0.950），上述指标值说明各个概念的验证性因子分析的各个指标均达到研究要求（Hair，Anderson，Tatham & Black，1998；Kelloway，1998），说明进行下一步的概念之间的关系分析是可行的。

表13-4 认知偏差因子结构

概念与测量条目	因子结构		
	Factor1	Factor2	Factor3
OST1：过度自信			
ost1：我们的创业决策准确性非常高	0.721		
ost2：我们可以准确预测业务的发展趋势	0.694		
ost3：创业中我们总是能获得更多资源支持	0.674		
ost4：创业决策中我们的决策准确率高于竞争对手	0.732		
IOC2：控制错觉			
ioc1：创业决策必须有赖于信息收集过程		0.614	
ioc2：创业决策必须有赖于正确的数据推断		0.639	
ioc3：我们可能会忽略创业决策中的风险评估		0.725	
Ioc4：只要有正确的样本数据推断就能做出正确的创业决策		0.743	
BR3：行为约束			
br1：创业决策更多依赖于自己的信息收集过程			0.651
br2：创业决策缺乏系统性，可能会重视局部而忽略整体			0.796
br3：面对新的信息来源，创业决策总是不断权衡利弊			0.776
Br4：创业决策过程可能会抗拒新的信息来源			0.813
因子的特征值	7.411	2.322	1.122
因子的Cronbach´s α系数	0.843	0.812	0.807
解释的变差（%）	29.335	18.621	17.390
累计解释变差（%）	29.335	47.956	65.346

注：主成分分析法，表中数字为Varimax旋转后因子载荷，没有标注数字的因子载荷小于0.530。

3. 资源获取

资源获取潜变量（一半样本数据），其 Kaiser - Meyer - Olkin（KMO）统计量为0.903，超过0.6的最低标准，推翻了变量之间的相关系数矩阵为单位阵的零假设，Bartlett 球形检验值为5321.437，通过了显著性检验（$p<0.010$），说明数据适合进行探索性因子分析；对数据进行 Varimax 最大方差垂直转换，使得到的因子所能解释的方差水平达到最大，这样可以更清晰地辨别因子结构。资源获取潜变量，保留了因子负荷超过0.520的条目，初始的12个条目全部保留，提取的三个因子解释方差变异的累计数是62.935%，如表13－5所示。提取的三个因子分别为资源合作、资源转移和资源交换，其三个因子的 Cronbach´s α 系数分别为0.803、0.836和0.815，显示了较高的信度。问卷总体的 Cronbach´s α 系数为0.889，信度较高。以探索性因子分析（EFA）过程为基础，对资源获取潜变量进行验证性因子分析（CFA）（第二半样本数据），资源合作、资源转移和资源交换三个因子结构能较好地拟合样本数据（$\chi^2=97.890$，df＝39，GFI＝0.950，RMSEA＝0.062，CFI＝0.960，TLI＝0.960），上述指标值说明各个概念的验证性因子分析的各个指标均达到研究要求（Hair，Anderson，Tatham & Black，1998；Kelloway，1998），说明进行下一步的概念之间的关系分析是可行的。

表13－5　资源获取因子结构

概念与测量条目	因子结构		
	Factor1	Factor2	Factor3
RO1：资源合作			
ro1：合作伙伴的技术知识和生产知识是互补的	0.691		
ro2：合作伙伴的市场知识和营销知识是互补的	0.658		
ro3：我们可以充分利用合作伙伴的知识和资源	0.673		
ro4：通过合作我们可以获得竞争优势	0.705		
RT2：资源转移			
rt1：企业愿意为新创企业提供知识和资源		0.598	
rt2：企业从其他成熟企业可以获取知识和资源		0.648	
rt3：企业从其他企业获取知识和资源的渠道顺畅		0.727	
rt4：企业的知识和资源获取接口管理规范		0.781	
RC3：资源交换			
rc1：企业可以通过其他合作伙伴有偿获得知识和资源			0.674
rc2：企业从外部获取知识和资源的通道顺畅			0.814

续表

概念与测量条目	因子结构		
	Factor1	Factor2	Factor3
rc3：企业获得知识和资源时需要回馈资源提供方			0.803
rc4：企业获取有价值的信息和资源，同时也提供信息给对方			0.793
因子的特征值	5.598	1.532	1.036
因子的 Cronbach′s α 系数	0.803	0.836	0.815
解释的变差（%）	28.553	18.294	16.088
累计解释变差（%）	28.553	46.847	62.935

注：主成分分析法，表中数字为 Varimax 旋转后因子载荷，没有标注数字的因子载荷小于 0.520。

最后，我们对社会网络关系的嵌入过度、认知偏差和资源获取三个概念进行了结构效度检验，采用验证性因子分析（CFA）对"全样本数据"进行检验，社会网络的关系嵌入过度、认知偏差和资源获取三个因子结构能较好地拟合"全样本数据"（$\chi^2=98.560$，df = 72，GFI = 0.950，RMSEA = 0.060，CFI = 0.950，TLI = 0.950），上述指标值说明各个概念的验证性因子分析的各个指标均达到研究要求，三个概念的测量具有较好的区分效度。

三、研究结果与发现

（一）潜变量的相关关系和多重共线性诊断

九个潜变量的均值、标准差和 Pearson 相关系数，如表 13－6 所示。根据各个潜变量的 Pearson 相关系数进行多重共线性诊断：①根据 Rockwell（1975）给出的标准，表 13－6 中所有自变量间的相关系数都小于 0.8，最大的是过度信任和关系过度紧密之间的相关系数 0.662；②我们把资源合作、资源转移和资源交换分别作为因变量，把其他八个潜在变量作为自变量逐步丢入进行回归分析，每一步 ΔR^2 都在 0.01 水平显著。这说明每个潜变量进入回归方程都增加了解释力度；③我们把资源合作、资源转移和资源交换分别作为因变量，把其他八个潜变量作为自变量强迫进入回归分析，每个自变量的方差膨胀因子（VIF）均小于 3，最大的为 2.024、最小的为 1.248。因此，多重共线性诊断的结果说明数据适合结构方程模型讨论。

（二）结构方程模型选择结果

本章所研究的过度信任、非理性承诺、关系过度紧密、过度自信、控制错觉、行为约束、资源合作、资源转移和资源交换九个潜变量，每个变量的测量都是单个因子。对于单个因子的变量，在结构方程模型中每个变量的测量误差赋值为该变量

表 13-6　九个潜变量的均值、标准差和 Pearson 相关系数

变量	均值	标准差	1	2	3	4	5	6	7	8	9
1. 过度信任	4.352	0.923	1.000								
2. 非理性承诺	4.028	1.235	0.438**	1.000							
3. 关系过度紧密	3.395	1.022	0.662**	0.522**	1.000						
4. 过度自信	3.927	0.995	0.389**	0.287**	0.186**	1.000					
5. 控制错觉	4.119	0.974	0.411**	0.311*	0.215**	0.511**	1.000				
6. 行为约束	3.874	0.962	0.396*	0.274**	0.179*	0.496**	0.388**	1.000			
7. 资源合作	3.928	0.935	-0.287**	-0.193**	-0.156*	-0.225**	-0.203**	-0.315**	1.000		
8. 资源转移	3.651	1.115	-0.221**	-0.174**	-0.193**	-0.173**	-0.114*	-0.193**	0.395**	1.000	
9. 资源交换	3.995	1.005	-0.198*	-0.203**	-0.221**	-0.052	-0.138*	-0.103	0.284**	0.247**	1.000

注：* $p<0.100$，** $p<0.050$，*** $p<0.010$。

的方差与 1 减去该变量的信度之差的乘积：方差 × （1 - 综合信度）；因子负荷赋值为信度系数与标准差的乘积：综合信度 × 标准差。该部分对结构方程模型比较分析可以分为两个部分：首先，比较理论模型及其若干个嵌套模型，然后根据结果运用决策结构树分析方法比较其他结构模型（Anderson & Gerbing，1988），并以此验证本章的理论模型并寻找最佳路径模型。根据研究假设建立的理论模型 M_T，如图 13 - 2 所示。各个结构方程模型对总体 594 个样本数据的拟合优度指标，如表 13 - 7 所示。模型讨论我们应用软件 LISREL87 进行分析。

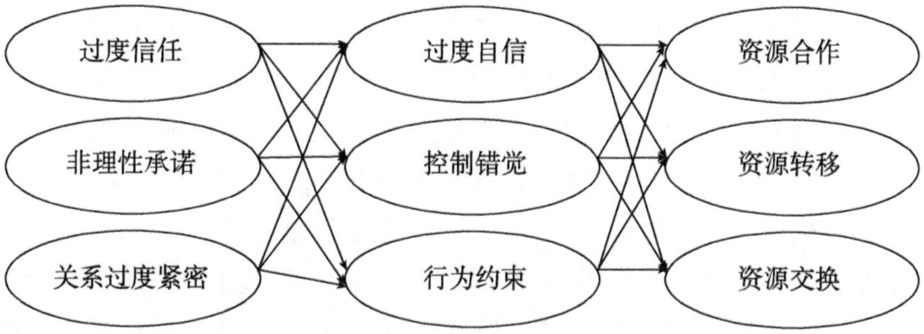

图 13 - 2 社会网络关系嵌入过度和创业资源获取在认知偏差下的中介作用模型 M_T

表 13 - 7 各个结构模型的拟合优度指标及其比较

Model	χ^2	df	$\Delta\chi^2$	Δdf	P(a)	GFI	AGFI	RMR	RMSEA	NNFI	PNFI
Null	1798.048	22									
M_T	112.702**	10				0.950	0.870	0.081	0.130	0.879	0.410
M_1	112.545**	9	0.157(b)	1	0.679	0.950	0.860	0.080	0.140	0.860	0.370
M_2	111.796**	9	0.906(b)	1	0.574	0.950	0.860	0.080	0.140	0.860	0.370
M_3	112.397**	9	0.305(b)	1	0.621	0.950	0.850	0.079	0.141	0.860	0.370
M_{C1}	56.458**	8	56.244(b)	2	0.000	0.980	0.930	0.052	0.089	0.930	0.371
M_{C2}	44.962**	7	11.496(c)	3	0.000	0.980	0.940	0.042	0.072	0.950	0.335
M_{C3}	23.375**	6	21.587(d)	4	0.000	0.990	0.960	0.024	0.061	0.970	0.281
M_{C4}	9.324NS	5	14.051(e)	5	0.000	1.000	0.980	0.015	0.032	0.980	0.243

注 1：样本量为 594；** $p < 0.001$；NS 表示不显著；M_T 表示理论模型，M_C 表示限制路径模型。

2：(a) 该列是给定 Δdf 下 $\Delta\chi^2$ 的 p 值；(b) 是指与 M_T 相比较的 $\Delta\chi^2$ 值；(c) 是指与 M_{C1} 相比较的 $\Delta\chi^2$ 值；(d) 是指与 M_{C2} 相比较的 $\Delta\chi^2$ 值；(e) 是指与 M_{C3} 相比较的 $\Delta\chi^2$ 值。

第一步分析结果：理论模型与若干嵌套模型的比较（从 M_T 到 M_4）

（1）理论模型（M_T）。仅有 GFI 指标超过公认的临界值 0.9，所以该模型对数据的拟合效果并不理想。理论模型的 18 条路径中的 12 条在 0.010 的显著性水平下显著，剩下的 6 条路径不显著。

（2）模型 1（M_1）。M_1 是在理论模型（M_T）基础上增加估计过度信任到资源合作、非理性承诺到资源转移以及关系过度紧密到资源交换这三条路径。与理论模型（M_T）相比，M_1 的 χ^2 变化不显著（$\Delta\chi^2 = 0.157$，$\Delta df = 1$，$p = 0.679$），而且 AGFI、NNFI 和 PNFI 指标都有所下降，而 RMSEA 有所上升，因此增加估计过度信任到资源合作、非理性承诺到资源转移以及关系过度紧密到资源交换这三条路径不但不能增强模型的解释力度，而且破坏了模型的简约性。

（3）模型 2（M_2）。M_2 是在理论模型（M_T）基础上增加估计过度信任到资源转移、非理性承诺到资源交换以及关系过度紧密到资源转移这三条路径。与理论模型（M_T）相比，虽然 M_2 的 χ^2 变化不显著（$\Delta\chi^2 = 0.906$，$\Delta df = 1$，$p = 0.574$），而且 AGFI、NNFI 和 PNFI 指标都略有下降，而 RMSEA 略有上升，同样增加估计过度信任到资源转移、非理性承诺到资源交换以及关系过度紧密到资源转移这三条路径不但不能增强模型的解释力度，而且降低了模型的简约性。

（4）模型 3（M_3）。M_3 是在理论模型（M_T）基础上增加估计过度信任到资源交换、非理性承诺到资源合作以及关系过度紧密到资源合作这三条路径。与理论模型（M_T）相比，M_3 的 χ^2 变化不显著（$\Delta\chi^2 = 0.305$，$\Delta df = 1$，$p = 0.621$），而且 AGFI、NNFI 和 PNFI 指标都略有下降，而 RMSEA 略有上升，同样增加估计过度信任到资源交换、非理性承诺到资源合作以及关系过度紧密到资源合作这三条路径不但不能增强模型的解释力度，而且降低了模型的简约性。

第二步分析结果：决策结构树的路径模型分析

决策结构树分析方法是学者 Anderson 和 Gerbing（1988）提出来的，这种方法利用一系列的 $\Delta\chi^2$ 检验对理论模型（M_T）与嵌套替代模型、完全饱和模型进行比较分析。完全饱和模型（M_S）就是对所有潜在变量间的路径进行拟合估计的模型，该模型的自由度为 0，χ^2 值也为 0。在决策结构树分析中，完全饱和模型被看作是基准模型，而嵌套模型是基于第一步分析而选择的最可能模型，它既有可能是增加路径限制模型（M_C，即取消估计 M_T 中原先“待估计”的某一个路径，限制该路径系数为 0），也可能是减少路径限制模型（M_U，即增加估计 M_T 中原先“未估计”的某一个路径），这里是第一种情况，即增加路径限制模型（因为理论模型的 18 条路径中的 12 条在 0.010 的显著性水平下显著，剩下的 6 条路径不显著）。首先，比较理论模型（M_T）和完全饱和模型（M_S）。如表 13－7 所示，M_T 与 M_S 是显著差异的（$\Delta\chi^2 = 112.702$，$df = 10$，$p = 0.001$）；其次，比较理论模型（M_T）和模型 M_{C1}，M_{C1} 模型是在 M_T 模型基础上减少过度信任到行为约束和行为约束到资源转移的路径关系。模型 M_{C1}（$\chi^2 = 56.458$，$df = 8$，$p < 0.001$），可以看到模型 M_{C1} 与理论模型 M_T 是显著差异的（$\Delta\chi^2 = 56.244$，

$\Delta df = 2$，$p < 0.001$)，并且各个模型拟合指标显著变好，表示限制过度信任到行为约束和行为约束到资源转移的路径关系估计显著地改善模型的拟合效果，得到更优化的结构模型；到此，模型 M_{C1} 似乎是比理论模型 M_T 更可取的替代模型。但是学者 Anderson 和 Gerbing（1988）认为限制路径是探索性的，而非验证性的。我们可以重复以上步骤，进一步限制研究路径，直到模型无显著差异变化又达到简约目的。进一步分析比较 M_{C2}、M_{C3} 和 M_{C4} 与完全饱和模型 M_S 的关系，发现模型 M_{C4} 与完全饱和模型 M_S 无显著性差异（$\chi^2 = 9.324$，df = 5，NS），这说明再增加模型的限制路径都不会对模型的拟合优度指标的提升有帮助。因此模型 M_{C4} 可以看作分析的最终模型，它既与完全饱和模型 M_S 无显著差异又最简约；虽然模型 M_{C3} 和 M_{C4} 的拟合效果达到最优、模型解释力度达到最大，但变量间的路径关系限制与相关系数矩阵和理论关系相悖。因此，本研究把模型 M_{C2} 看作是最优模型，模型 M_{C2} 限制了过度信任到行为约束、行为约束到资源转移和控制错觉到资源转移的路径关系（图中的虚线部分），模型 M_{C3} 和 M_{C4} 需要进一步研究检验。

（三）假设检验结果

通过结构方程路径模型的比较和分析，我们接受了模型 M_{C2}，即在理论模型基础上限制过度信任到行为约束、行为约束到资源转移和控制错觉到资源转移的路径关系。表 13－7 显示，模型 M_{C2} 对样本数据的拟合优度系数 GFI、AGFI 和 NNFI 都超过临界值 0.900，RMR 低于临界值 0.050，RMSEA 低于临界值 0.080。因此，模型 M_{C2} 对样本数据的拟合程度很好。模型 M_{C2} 的路径关系，表示对研究假设的检验过程和结果，如图 13－3 所示。

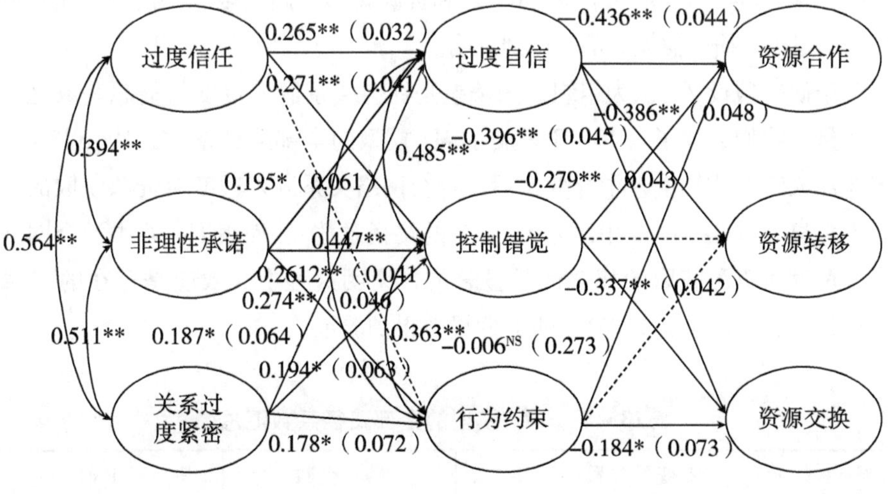

图 13－3 社会网络关系嵌入过度和创业资源获取在认知偏差下的中介作用模型 MC_2

注：直线上的数字为非标准化系数，弧线上是相关系数，括号里是标准误差。*** $p < 0.001$；** $p < 0.050$；* $p < 0.100$，NS 不显著。

研究假设1、2和3提出社会网络的关系嵌入过度会导致组织的创业认知偏差。根据图13－3的M_{C2}路径关系模型，可以看到组织过度信任可以导致过度自信（$r = 0.265^{**}, p < 0.050$）和控制错觉（$r = 0.271^{**}, p < 0.050$）的创业认知偏差，但是过度自信没有导致组织的行为约束（路径限制，模型优化），研究假设1部分得到证明；组织的非理性承诺可以导致组织的过度自信（$r = 0.195^{*}, p < 0.100$）、控制错觉（$r = 0.262^{**}, p < 0.050$）和行为约束（$r = 0.274^{**}, p < 0.050$）三种组织创业认知偏差，研究假设2得到验证；创业时与其他组织的关系过度紧密可以导致组织产生过度自信（$r = 0.187^{*}, p < 0.100$）、控制错觉（$r = 0.194^{*}, p < 0.100$）和行为约束（$r = 0.178^{*}, p < 0.100$）三种创业认知偏差，研究假设3得到证明。

研究假设4、5和6提出组织的创业认知偏差会影响企业创业中的资源获取过程，从而使企业身陷“盘丝洞”，不能正确地做出资源获取决策和行动，这三个研究假设把创业认知偏差作为对资源获取产生影响的变量来讨论。根据图13－3的M_{C2}路径关系模型，可以看到组织的过度自信可以对资源合作（$r = -0.436^{**}$，$p < 0.050$）、资源转移（$r = -0.386^{**}$，$p < 0.050$）和资源交换（$r = -0.396^{**}$，$p < 0.050$）产生负向影响，从而削弱组织的资源获取过程，研究假设4得到验证；组织的控制错觉可以抑制组织的资源合作（$r = -0.279^{**}$，$p < 0.050$）和资源交换（$r = -0.337^{**}$，$p < 0.050$），但是控制错觉对组织资源转移的抑制作用不明显（路径限制，模型优化），研究假设5部分得到验证；创业时组织产生的行为约束仅仅对组织的资源交换过程产生抑制作用（$r = -0.184^{*}$，$p < 0.100$），组织的行为约束对资源合作（$r = -0.006^{NS}$，$p > 0.100$）和资源转移（路径限制，模型优化）的抑制作用不显著，研究假设6部分得到证明。

关于研究假设7，认为组织认知偏差是社会关系嵌入过度与资源获取之间的中介变量。我们设置了表13－8来展示M_{C2}模型的全部路径系数，从表13－8中看到在加入组织认知偏差中介变量后，社会网络关系嵌入过度对资源获取的直接效应不再显著（表13－8中序号10～18的路径系数），而表13－6中社会网络关系嵌入过度对资源获取的相关性是显著的，说明这种中介效应是存在的（温忠麟、刘红云、侯杰泰，2012），研究假设7得到验证。

表13－8　M_{C2}模型的全部路径系数汇总

序号	潜变量关系	路径系数	P值
1	过度信任＞＞＞＞过度自信	0.265^{**}	0.032
2	过度信任＞＞＞＞控制错觉	0.271^{**}	0.041
3	过度信任＞＞＞＞行为约束	路径限制	路径限制

续表

序号	潜变量关系	路径系数	P 值
4	非理性承诺 > > > > 过度自信	0.195^{*}	0.061
5	非理性承诺 > > > > 控制错觉	0.262^{**}	0.041
6	非理性承诺 > > > > 行为约束	0.274^{**}	0.046
7	关系过度紧密 > > > > 过度自信	0.187^{*}	0.064
8	关系过度紧密 > > > > 控制错觉	0.194^{*}	0.063
9	关系过度紧密 > > > > 行为约束	0.178^{*}	0.072
10	过度信任 > > > > 资源合作	-0.019^{NS}	0.198
11	过度信任 > > > > 资源转移	-0.025^{NS}	0.184
12	过度信任 > > > > 资源交换	-0.092^{NS}	0.162
13	非理性承诺 > > > > 资源合作	-0.018^{NS}	0.213
14	非理性承诺 > > > > 资源转移	-0.007^{NS}	0.491
15	非理性承诺 > > > > 资源交换	-0.011^{NS}	0.393
16	关系过度紧密 > > > > 资源合作	-0.078^{NS}	0.173
17	关系过度紧密 > > > > 资源转移	-0.065^{NS}	0.196
18	关系过度紧密 > > > > 资源交换	-0.057^{NS}	0.199
19	过度自信 > > > > 资源合作	-0.436^{**}	0.044
20	过度自信 > > > > 资源转移	-0.386^{**}	0.048
21	过度自信 > > > > 资源交换	-0.396^{**}	0.045
22	控制错觉 > > > > 资源合作	-0.279^{**}	0.043
23	控制错觉 > > > > 资源转移	路径限制	路径限制
24	控制错觉 > > > > 资源交换	-0.337^{**}	0.042
25	行为约束 > > > > 资源合作	-0.006^{NS}	0.273
26	行为约束 > > > > 资源转移	路径限制	路径限制
27	行为约束 > > > > 资源交换	-0.184^{*}	0.073

注：NS$p > 0.100$，∗ $p < 0.100$，∗∗ $p < 0.050$，∗∗∗ $p < 0.010$。

另外，图 13－3 的 M_{C2} 路径关系模型也给出了自变量和中介变量之间的相关关系结果：自变量中的过度信任与非理性承诺之间正相关（$\beta = 0.394^{**}$，$p < 0.050$），非理性承诺与关系过度紧密正相关（$\beta = 0.511^{**}$，$p < 0.050$），过度信任与关系过度紧密正相关（$\beta = 0.564^{**}$，$p < 0.050$）；在中介变量中的过度自信与控制错觉之间正相关（$\beta = 0.485^{**}$，$p < 0.050$），控制错觉与行为约束正相关（$\beta = 0.363^{**}$，$p < 0.050$），过度信任与行为约束正相关（$\beta = 0.447^{**}$，$p < 0.050$）。因变

量之间的相关关系无须讨论。

四、研究结论与启示

（一）研究结论及其理论意义

在创业理论研究中，创业过程与绩效关系的研究，经历了从最原始的双变量直接关系模型到无限追加调节变量和中介变量复杂模型的演变，学者们考虑的因素和构建的模型愈来愈复杂，研究角度也越来越宽泛。现有研究强调利用定量方法来描述变量之间的相互关系，但是仍然对新创企业创业困境的关注不够，缺乏系统构建出创业困境的概念性要素和困境过程模型的研究（Gartner et al., 2002）。本研究是对现有创业理论研究的一个有益补充，其特点是从创业绩效抑制变量入手，建构社会网络关系嵌入过度和创业资源获取之间的关系并以组织认知偏差作为中介作用变量进行讨论，其研究创新表现为对社会网络关系嵌入过度（过度信任、非理性承诺和关系过度紧密）、认知偏差（过度自信、控制错觉和行为约束）和资源获取（资源合作、资源转移和资源交换）概念维度的开发和路径关系的探讨。本章通过建立结构方程模型的路径系数检验过程，验证研究假设得到如下结论：

（1）适度地进行社会网络关系嵌入、获得社会资本可以使组织更容易获取创业资源和知识，但是社会网络的关系嵌入过度会导致组织产生创业认知偏差。这里的社会网络关系嵌入过度可以表现为组织过度信任合作伙伴、合作伙伴间的非理性承诺以及与合作伙伴之间的关系过度紧密，这种社会网络的过度性嵌入容易使创业企业身陷“盘丝洞”，产生认知上的偏差，比如创业决策中的过度自信、太过依赖于数据上的概率判断产生控制错觉以及创业决策缺乏系统性，只重视局部而忽略整体的行为约束现象。与成熟的企业相比，新创企业一般都会遇到“新进入缺陷”问题。这种缺陷不但包括围绕企业内部过程的“新进入内部缺陷”，还存在围绕企业外部环境的“新进入外部缺陷” （朱振坤、金占明，2009）。不难理解，新创企业的组织形式、内部运作模式以及企业与外界的联系等都还没有有效地形成，或者尚未经历市场的考验，这就必然会出现在成熟企业中不易出现的问题、支付在成熟企业不必支付的成本，甚至失败。而有效地利用社会资本、适度地嵌入社会网络并规避创业认知偏差的出现成为新创企业必须思考的问题。

（2）组织的创业认知偏差在社会网络关系嵌入过度与创业资源获取之间产生中介抑制作用。根据本章研究的结构方程 M_{C2} 模型结果可知，社会网络关系嵌入过度（包括过度信任、非理性承诺和关系过度紧密）并不能直接抑制组织的资源获取过程（通过比较多个结构方程路径模型的路径系数显著性可知），而组织创业认知偏差扮演了中介关系作用角色。由于组织社会网络关系嵌入过度导致了组织创业决策中的过度自信、产生控制错觉并伴随行为约束，从而抑制了组织的创业资源合作、资源转移和资源交换过程。Justin Tan（1993）研究了中国转型经济下创业环境特性、战略导向和绩效之间的关系，强调组织内部的资源和资源整合能力对新创企业绩效产生正向的影响（Barney，1991）。Aldrich 和 Zimmer（2006）认为组织生存不但依赖于战略层面的选择或环境自身，更重要的取决于创业组织自身努力与环境力量之间的匹配关系，而这种匹配关系是不可模仿的资源。可见，对新创企业走出创业困境的重要举措就是避免组织认知偏差对新创企业资源获取过程带来的影响，本章是这一结论的重要证据。

（3）本章通过量表设计和问卷调查收集数据，利用结构方程模型检验了"关系嵌入过度—认知偏差—资源获取"概念模型，理论检验还需要回归管理学现实，这里我们列举两个管理学案例对研究结论做进一步说明。在中国企业的创业实践中，企业在与外部组织保持适度嵌入关系、理性决策并获取创业资源过程往往不尽如人意，两个经典的对比案例（一个合作成功，另一个合作失败）是：①在小天鹅与西门子的创业合作中，西门子成功获得了渠道知识跻身家电行业前"三甲"，而小天鹅却沦为"ST"企业，但是小天鹅获得了合作经验并为后续创业合作行为奠定了基础。在"非典"时期，小天鹅对合作者进行认真评估并建立合理的自我保护机制、重视知识学习，适度的保持与合作者（GE 公司）的合作关系，成功开发军用洗衣机，从而获得创业资源并实现后续成功；②1994 年，国家为引进外资，由轻工业部牵头引进两家饮料公司（可口可乐和百事可乐），与中国签订《长期共同发展计划备忘录》，表示他们会用资金和技术帮助我国发展民族饮料品牌。但是，中国的天府可乐公司没有任何创业学习经验，与百事可乐进行技术合作，天府可乐没有能与合作者保持适度的社会嵌入关系、过度信任对方并没有实施自我保护措施，在决策出现认知偏差后，导致自己丢失了可乐核心配方（内含中草药成分的可乐配方）知识产权（创业核心资源），进而从行业中消失。从企业实践的案例中可以发现，本章的研究将为中国企业创业过程中的社会网络嵌入、理性决策和获得优质创业资源方面提供理论、方法和对策指导，理论验证回归管理实践可能更生动和具有实际意义。

（二）实践意义

本研究可以对管理实践产生如下的几个启示：

（1）在有限理性背景下，新创企业需要适度调节社会网络嵌入关系，从而避免组织创业认知偏差。支持性的创业社会网络不仅给企业提供各种资源和信息，而且也给企业提供各种社会服务及支撑。实践中，新创企业通过与银行、政府机构、中介组织和其他科研院所等建立密切联系，有利于企业保持战略柔性，适应环境的动态变化，从而提升企业能力。较强的外部支持可以增加新创企业的可支配资源，从而有利于企业应对不确定的外部环境（Wu L. Y.，2006）。然而，身处新创企业的决策者对自身所在环境位势、社会关系和创业资源的认知存在局限性，在资源获取和创业决策过程中不能做到完全理性，有限理性背景下的决策对新创企业的创业绩效产生影响。保持适度的社会网络关系嵌入，可以获得高质量的社会资本，从而避免或者减少组织认知偏差，这样可以提升组织资源获取过程质量。

（2）新创企业在嵌入社会网络并获取创业资源过程中的“适度性”需要辨析。任何组织都不是一个绝对的独立实体，组织在社会生活中与其他各种各样的社会实体有着千丝万缕的联系。但是，新创组织在获取创业资源时需要适度地嵌入社会网络，首先，根据本章的研究过程，这里对所谓“适度”性嵌入进行简单讨论：如新创企业在与其他组织建立社会关系时需要进行认真评估、斟酌并且不能把创业绩效获取过程完全寄托在其他外部社会资源基础上，合作时需要相信合作方，但是不能过度信任、不能在没有进行认真评价和没有任何合作经验基础上过度信任合作方，保持理性决策是合作信任的基础。其次，在与对方合作过程中，关键的决策点需要保持理性，在企业资源优势和组织能力保证下，合理地进行合作承诺，对超出自己能力范围的决策和合作关系，对企业来说可能会丧失合作伙伴抑或面临更大的决策承诺损失。最后，与合作方尽量保持适当的互动次数和频率，不能所有的决策都依赖于对方，培养自身的核心竞争优势才是获取创业成功的关键，毕竟企业与企业之间的联盟不是单纯的合作关系，更多表现为“竞合”状态。

（3）新创企业需要把主要精力聚焦于优质社会关系并建立创业信息资源的辨识、加工与整合系统，从而提升资源获取质量。实践过程中，尽管新创企业实践者都明白建立和嵌入社会网络关系的重要性。但是，企业在其社会网络中的一个重要使命是充当有效的信息桥梁，即不仅要准确传递信息，还需要完成对各种具备不同属性（介质）个体所传递信息的辨识、加工与整合过程，这个过程的准确性和高质量完成是很多新创企业难以把握的。社会网络中的信息量与社会个体的属性和规模成正比。通常情况下，作为信息枢纽的新创企业处理同质信息较为容易，但对于异质信息的处理则受到企业自身能力的束缚。因此，对于不同的资源需求，企业需要借助不同的锁定手段，将主要精力投入某些关键性网络关系的培养（谢科范、彭华涛，2006），从而走出创业困境。

（4）新创企业应该更加关注影响创业绩效的抑制性因素，从而走出创业困境。最早研究“创业困境”的是学者 Stinchcombe（1965）提出了所谓“新进入缺陷”理论，但是后来学术界对创业困境的研究关注度有限。对创业绩效影响因素研究，学者们和新创企业更加重视组织的创业导向、创新文化、新的机会识别和利用机制的研究，而忽视组织的认知偏差问题。本章提示新创企业开始重视影响创业绩效的抑制性要素，如过度信任、非理性承诺、关系过度紧密、过度自信、控制错觉和行为约束等重要抑制性变量的影响，提高创业资源获取质量并提升创业绩效。

（三）研究局限与未来研究方向

由于数据收集的操作性困难，本章研究的局限性主要是截面数据（Sectional data）和同源性方差带来的影响。虽然 Harman 单因子检验以及潜变量的区分效度（验证性因子分析）和信度检验说明本研究的测量质量很好，并且有研究可以证明同源性方差并不足以使研究的结论变得无效（Doty & Glick，1998），但是未来的研究可以进行追踪调查，收集纵向时间序列数据进行假设检验（比如社会网络关系嵌入程度在企业各个阶段的变化等），拓展研究的有效性。另外，未来在理论模型中可以加入创业绩效，讨论“社会网络关系嵌入过度—认知偏差—资源获取—创业绩效”之间的关系，也许会有新的学术发现。

第三篇　企业创新绩效及其影响因素研究

第14章　高技术企业研发伙伴、政治嵌入与创新绩效

这一篇内容主要讨论中国高技术企业的创新绩效及其影响因素。随着人类知识的爆炸式增长和全球化竞争的加剧，新技术和新产品的更新速度越来越快，单个企业仅凭自身的力量越来越难获得可持续的竞争优势。这就要求企业重视开放式创新，努力突破技术边界、组织边界和地理边界，从其他技术领域、组织机构和地区国家来获取新信息和新知识，从而提升自己的创新实力（Chesbrough，2003）。研发合作作为开放式创新的一种途径，能够帮助企业获得互补性知识，提高创新的速度和质量，同时降低研发的成本和风险，从而更好地为顾客创造价值（Hagedoorn，1993；2002）。现有的技术创新文献主要从三个层面来探讨企业之间的研发合作：第一个层面是以参与合作的企业个体作为研究单元，探讨企业研发合作的动机、企业个体特征与合作创新绩效之间的关系（Annand & Khanna，2000；Hagedoorn，1993）；第二个层面集中于研发伙伴的双边关系，探讨合作双方之间的互动、信任、合作过程如何影响合作的创新绩效（Das & Teng，1998；Hoang & Rothaermel，2005）；第三个层面是以某个企业的所有研发伙伴作为一个整体组合（R&D alliance portfolio）来进行研究，探讨合作伙伴的整体特征对创新绩效的影响（Duysters & Lokshin，2011；Jiang et al.，2010；Van Beers & Zand，2014）。目前，针对第三个层面的研究尚处于起步阶段（Duysters & Lokshin，2011），涉及研发伙伴组合的复杂性、多样性、结构特征等诸多问题还有待进一步细致的研究和清晰的界定。

本章主要探讨研发伙伴的多样性如何影响企业的技术创新绩效；这一研究问

题是目前研发合作战略领域的新兴话题（Van Beers & Zand，2014；Jiang et al.，2011）。研发伙伴的多样性是指企业众多研发合作方在某一组织特征上表现出来的差异性（Jiang et al.，2011）。张妍（2014）在文献回顾的基础上总结出研发伙伴多样性的四个维度，即技术多样性、组织类型多样性、产业多样性和地理多样性。现有文献认为，企业研发伙伴的多样性与企业创新绩效之间存在倒U型关系：一方面多样性能够拓宽企业知识探索的广度，促进企业的技术创新；另一方面多样性会导致企业的管理成本上升（Duysters & Lokshin，2011）。

尽管学者们围绕研发伙伴多样性问题已经展开了一定的研究，得出了很多启发性的结论，但该领域仍然存在进一步提升和改善的空间：①现有文献主要依据知识基础理论和学习理论来探讨研发伙伴多样性对技术创新的影响，这就需要和其他的理论视角相结合，更加全面深入地分析研发伙伴多样性的前因后果。②现有研发伙伴多样性的文献主要以发达国家的高科技企业作为研究对象，研究中国企业的相关文献还非常有限。作为新兴市场，中国高科技企业面临的制度环境有别于发达国家的同类企业，其中最重要的一点就是政府对资源配置还发挥着重要作用。因此，现有的研究结论能否适用于像中国这样的新兴市场还有待进一步确认。③研发伙伴多样性与创新绩效之间的实证研究结果并不是非常一致，这就需要进一步深入研究现有理论的适应范围。譬如，Van Beers & Zand（2014）发现研发伙伴的地理多样性与渐进性创新存在正向线性关系，组织多样性与突破性创新存在正向线性关系；而Duysters & Lokshin（2011）则发现研发伙伴的组织多样性与创新绩效之间存在倒U型关系。针对现有文献的不足，本章将知识基础理论和政治嵌入视角（Political Embeddedness）相结合，以中国高科技企业为研究对象，探讨企业研发伙伴的多样性、政治嵌入和技术创新绩效三者之间的关系。

一、理论与假设

知识基础理论认为，技术创新是一个知识要素重新组合的过程（Fleming，2001）；知识要素存在于整个社会，既包括企业内部的员工和组织流程，也包括企业外部的各个相关利益者。Chesbrough（2003）指出，随着产品更新换代速度的加快，企业单纯依靠内部知识库来进行创新已经跟不上竞争的步伐，越来越多的企业开始注重开放式创新，在进行内部研发的同时，更多地依赖外部的知识来源，包括供应商、竞争对手、客户、大学、独立研发机构、行业协会等。通过研发合作，企业技术创新的搜寻范围可以跨越技术边界、组织边界和地理边界，获得更加独特的知识要素，从而提升自己的技术创新绩效。

Hagedoorn（1993）将研发合作的动机分为三类：第一类是成本节约型，譬如在类似通信设备这样的资本和研发密集型行业，大型的研发项目往往超越了单个企业的力量，通过研发合作可以降低研发的不确定性、降低和分摊研发的成本；第二类动机与具体的创新过程相关，帮助企业获取合作伙伴的沉默知识，实现技术转移和技术跳跃；第三类动机与市场拓展相关，通过研发伙伴来监测外部环境的变化，识别环境中新的机会、进入海外市场等。现有实证研究表明，与客户、竞争对手、科研机构的研发合作确实能够帮助企业提高技术水平和创新绩效，从而建立起自己的竞争优势（Ahuja，2000；Annand & Khanna，2000）。当一家企业同时与多个组织进行研发合作时，这些研发合作伙伴的群体特征在一定程度上就会影响到企业的创新行为和创新效果（Lavie & Miller，2008）。譬如，合作伙伴的数量越多，其汇聚形成的知识库的规模就越大，企业获取新知识和知识要素再组合的概率也相应提高，从而有助于提升企业的创新成果。另外，合作伙伴的异质性程度越高，企业接触到的知识的新颖程度和差异化程度也会相应提高，这就更易于形成突破性创新。本研究主要探讨研发合作伙伴的多样性（包括组织多样性和地理多样性）对企业技术创新绩效的影响。

（一）研发合作伙伴的组织多样性与技术创新绩效

研发伙伴的组织多样性是指研发合作企业在组织类型上分布的多样性。企业是一个由诸多价值活动形成的有机体（Porter，1985）。企业价值链上的每一个环节都面临着不同的外部组织。依据知识基础理论，每一个外部组织都是特定知识的集合体，所以一旦企业与价值链上的其他组织进行研发合作，就会形成合作伙伴的多样性问题。譬如，企业需要从科研机构或大学科研院所获取基础的科学知识（Tether，2002；Van Beers et al.，2008）；企业可以和供应商合作，以提高原材料和零部件的质量，降低供应成本（Chung & Kim，2003）；企业可以和客户合作，将客户的需求作为内部持续创新的源泉（Von Hippel，1988；2005）；企业还可以和竞争对手进行研发合作，获得互补性知识，分摊研发成本，实现资源共享和市场的快速渗透（Miotti & Sachwald，2003）。

Laursen 和 Salter（2006）将企业可以进行研发合作的组织分为四大类型：市场类、机构类、专业类和其他类。市场类包括：①各种设备、原材料、零部件或软件的供应商；②顾客；③竞争对手；④咨询公司；⑤商业性实验室或研发公司。机构类包括：①大学或其他院校；②政府研究部门；③其他的公共组织；④私营的研究机构。专业类包括：①技术标准组织；②健康与安全标准的制定与管制机构；③环境标准的制定与管制机构。其他类包括：①各学术组织和会议机构；②行业协会；③技术/贸易类的媒体、计算机数据库；④各种展会等。

现有文献认为，企业研发伙伴的组织多样性程度越高，其技术创新绩效越好。首先，企业研发伙伴的组织类型越多，其涉及到的信息渠道越广泛，研发合作的“雷达效应”越显著（Duysters & Lokshin，2011；Laursen & Salter，2006）。

这有助于企业跟踪整个产业链相关技术的前沿发展，拓宽自己的研发视野，从而开发出更具创新性的技术和产品。其次，企业研发伙伴的组织类型越多，其涉及到的知识点的异质性程度越高，从而越有可能形成原创性技术和产品。知识基础理论认为，在一定程度上创新就是社会上现有知识点的重新排列和整合（Kogut & Zander，1992）。每一个研发伙伴都拥有自身独特的知识库，研发伙伴的组织多样性越高，各自知识库之间重叠的部分比例越小，企业越有可能接触到不同领域的新思想、新视角，这样形成产品或技术新组合的创新概率越大。再次，创新在很多时候需要综合考虑顾客特定的需求、前沿的原材料/零部件、竞争对手的技术路线、健康与安全标准等。研发伙伴的组织多样性越大，企业越有可能在多个研发合作协议上获得“协同效应”，综合各相关利益方的专业知识，实现资源和知识的互补，提高技术和产品的前沿水平和适用程度（Mowery et al.，1998）；最后，研发伙伴的多样性程度越高，其学习效益越突出（Van Beers & Zand，2014）。这里包括两方面的学习效益：一是学习如何合作；二是学习如何创新。通过和不同类型的组织进行合作，企业能够提升自己的研发合作的管理能力，这有助于提升伙伴之间的信任度，降低协调成本和交易成本。随着研发管理能力的提升，企业能够开发出更好的研发新伙伴和更加有效的合作流程，提升创新的投入产出比。

随着研发伙伴组织多样性的提高，其负面效应也会越来越显著：一是每一个合作伙伴都有其独特的联盟制度和流程，譬如合作伙伴的挑选原则、新技术搜索的特定标准、新技术领域的专家招聘、战略联盟的考核机制、技术和产品的开发流程等（Danneels，2002）。研发伙伴的组织多样性越大，企业需要去了解和适应的成本越高，管理研发合作面临的挑战也越多，结果其管理成本和协调成本必然会上升（Duysters & Lokshin，2011）。二是每个合作伙伴都拥有自身的创新诉求，组织类型越多，相互之间的诉求差异越大。而针对每个诉求，企业都需要投入相应的人力、物力、财力以及时间去应对。但是，由于管理人员的注意力和精力毕竟是有限的（Ocasio，1997），企业可能很难在同一时间内满足所有的研发伙伴的需求，这就会相应地削弱最终的创新绩效。三是研发伙伴的组织多样性对企业的创新管理能力也会提出更高的要求。创新不是简单的知识点的叠加，它需要合作双方在对彼此知识库充分学习、深入了解、高度吸收之后进行提炼升华。如果企业的创新管理能力不足，反而会在庞大的、高度差异化的知识库面前束手无策，不利于企业提升创新绩效（Duysters et al.，2012）。综上所述，我们得出以下假设：

假设 H1：研发伙伴的组织多样性与企业的技术创新绩效之间呈现倒 U 型关系。

（二）研发合作伙伴的地理多样性与技术创新绩效

研发伙伴的地理多样性是指研发合作企业在地理区域上分布的多样性。很多高科技企业在进行研发创新时，不仅会跨越组织边界，有时候还会走出国门，与其他国家的企业进行研发合作。这种跨越国别边界的研发合作的动机是多元化的：有些合作是为了向国外先进企业学习，了解国际的最新前沿，提升自己的创新能力；有些合作是为了更好地适应当地的特定需求，设计出符合当地顾客特点的产品；有些研发合作是为了向当地输出新技术和新标准。一个企业如果和多个国家的企业进行研发合作，其海外研发伙伴就形成了一个组合，这时候研发伙伴的地理多样性问题就会凸显出来。

现有研究表明，研发伙伴的地理多样性越高，其技术创新绩效越好：首先，如果研发伙伴来自多个国家或地区，那么企业能够涉及到知识点的异质性程度就会比较高。因为每一个国家的政治、经济、社会和技术的环境都会有所不同，企业面临的顾客的生活习惯、行为准则也都会有所差异。每个研发伙伴都会积累一套特定制度环境下的知识库体系。从知识基础论的角度来看，异质性知识越多，进行知识整合、实现突破性创新的概率越大（Eisenhardt & Schoonhoven，1996）。其次，技术创新是一个不断探索、失败、再探索的过程。研发伙伴的地理多样性越高，各自的创新经历、经验和教训就越丰富多彩，彼此之间经验分享、相互借鉴的可能性越大。换句话说，企业在自身研发过程中遭遇到的技术瓶颈和困境问题其他国家的伙伴可能早就经历过，这样企业就易于避开某些技术陷阱、寻找技术捷径，提高创新的效率和效果（Miotti & Sachwald，2003）。最后，技术和产品创新是为了更好地满足顾客的现实或潜在的需求。研发伙伴发布的国别越多，能接触到的顾客的需求越多元化。为了适应特定市场条件下的顾客需求，企业创新的压力和动力都会提升。而在一个国家或地区形成的新思路、新技术和新产品又可以被应用到其他国家或地区，实现范围效益，提升技术创新的绩效（Lavie & Miller，2008）。

但是，随着研发伙伴的地理多样性的增加，企业跨越的国别边界、制度边界和组织边界会越来越多，其负面效应也会随之增加。吴剑峰等（2015）指出，空间距离、注意力分散和制度距离都会增加企业研发合作时的管理成本。首先，研发伙伴的地理多样性越高，企业面临的空间距离越分散。由于研发合作需要双方团队成员密切合作、频繁交流，空间距离的分散性会导致人际交流和隐形知识转移过程出现各种障碍（Patel & Pavitt，1994）。即使现代信息技术的进步和普及在一定程度上缓解了沟通问题，但是空间距离带来的研发负面效应仍然存在。其次，研发伙伴的地理多样性越高，企业管理者需要面临的合作伙伴的需求就越多样化，同时需要整合的知识体系也越复杂。但是，管理者的注意力是一种相对有限的稀缺资源（Ocasio，1997），在同一时间内，管理者必须对注意力进行合理的资源配置，可能无法同时满足所有合作伙伴的需求。如果面临的知识库和伙伴需求超过了企业管理者的应对能力，反而会导致企业的资源、努力和精力过于分散，不利于知识的整合和创新绩效的提升。最后，制度差异在带来异质性的知识体系同时，也会增加企业的研发协调和管理成本。每个国家都有其特定的文化、价值观和研发制度。企业如果在多个国家从事研发合作，就必须去适应不同的制度环境，其面临的研发风险也会相应提升（Boutellier 等，1998）。综上所述，我们得出以下假设：

假设 H2：研发伙伴的地理多样性与企业的技术创新绩效之间呈现倒 U 型关系。

假设 H1 和假设 H2 主要探讨研发伙伴的组织多样性和地理多样性对技术创新绩效的影响。这些推论并没有考虑到企业所处的制度环境的差异性。Granovetter（1985）指出，企业的经济交换行为都会“嵌入”在一定的社会关系中。工业革命后，尽管经济交换行为大多趋于市场经济中的理性交换，但是以市场为基础的交换关系不仅仅嵌入着人与人之间的社会关系，而且还广泛地嵌入着政治、文化与社会等诸多方面的关系。其中，政治嵌入是指企业在市场经济活动中存在的与政府部门千丝万缕的联系（Michelson，2007：356）。政治嵌入会影响到企业的资源获得性、管理者的战略偏好、资源配置和战略选择，进而影响到企业的创新动力和绩效。本章主要关注两种类型的政治嵌入：国有企业和政府采购。

（三）国有企业的调节作用

在国有企业，研发伙伴多样性对创新绩效的负面效应会更加显著。

（1）和民营企业相比，国有企业的市场导向相对薄弱（任立坤，2007）。长期以来，国有企业并不是真正意义上的参与市场竞争的企业，而是政府意志的一个实施工具。通常情况下，政府希望国有企业能够保障就业、维持社会稳定、展现社会公平。

（2）和民营企业相比，国有企业的管理效率相对低下（张淑丽、黄业德，2001）。前面提到，研发伙伴的多样性越高，对企业所需的管理能力和协调能力要求也会相应提升。如果企业的管理能力跟不上，面对多个组织、多个国家的研发伙伴的不同需求时，反而会顾此失彼，出现管理混乱。

（3）国有企业的管理层缺乏创新动力（王玉荣、杨素云，2008）。这是因为大多数国有企业的领导人都是行政任命的，而且一般都有任期制，这就导致他们出于自身的业绩考虑，更看重短期的利润指标。而研发创新通常投入周期长、风险大、回报慢，这就导致国有企业在面对多样化的研发伙伴时，不一定愿意投入足够的人力、物力和财力来整合研发资源。

（4）国有企业的技术创新人员普遍缺乏创新激情，科技人员流动现象非常普遍。这是因为国有企业缺乏有效的创新考核和奖励机制，科技人才的激励机制非常低效。在这种情况下，即使多样化的研发伙伴能带来很多创新观点和建议，但是国有企业对接的科技人员不一定愿意采纳和实施，进而导致创新绩效下滑。程正中（2008）研究了 1996—2005 年电子和通信设备行业的技术创新能力，发现国有企业的技术创新投入能力强于三资企业，但是投入产出效率较低。综上所述，我们得出以下假设：

假设 H3a：国有企业性质会对研发伙伴的组织多样性与企业的技术创新绩效之间的关系起到负向的调节作用。

假设 H3b：国有企业性质会对研发伙伴的地理多样性与企业的技术创新绩效之间的关系起到负向的调节作用。

（四）政府采购的调节作用

公共政策领域的文献表明，政府采购一方面可以扩大市场需求，另一方面可以降低技术创新的不确定性，因而可以促进企业的技术创新（晋朝军，2015）。中国于 2006 年发布《国家中长期科学和技术发展规划纲要（2006—2020 年）》及《实施〈规划纲要〉的若干配套政策》，正式将政府采购作为自主创新的激励政策之一。随着政府采购规模的不断扩大和创新驱动发展战略的实施，目前开始有中国学者质疑政府采购对创新的推动作用。譬如，胡凯等（2013）利用2001—2010 年省级面板数据进行了实证检验，结果表明，中国的政府采购没有促进技术创新，甚至阻碍了技术创新。

现有关于政府采购和创新绩效之间关系的文献背后存在一个基本假设，即政府采购是在公平竞争的市场环境下进行的。Geroski（1990）提出，政府采购能否刺激技术创新取决于一定的实施条件，包括政府采购的高标准、市场需求的清晰界定、鼓励竞争的市场环境等。这一假设是否适用于转型经济体则有待商榷。因为中国尚处于从计划经济向市场经济过渡的阶段，制度空缺表现得比较明显，市场一体化水平、政府采购的规范性等都有待进一步完善，因此政府采购可能会带来地方保护主义、权力寻租等负面影响，反而不利于企业开展技术创新。本章认为，企业主营业务收入来自政府采购的比例越高，研发伙伴多样性的负面效应越显著：首先，政府采购比例越高，企业对政府的依赖性越强，就会越关注政府的需求，而企业管理者的注意力资源是有限的，如果对政府关注越多，对其他的研发伙伴的关注度必然会降低。结果，研发伙伴的多样性越高，企业越难有效地满足不同组织、不同地理国别的研发伙伴的诉求，从而会忽略众多创意和创新机会。其次，在转型经济中，政府采购通常伴随着明显的地方保护主义色彩，譬如对外地企业设置各种进入壁垒、优先采购本地产品，那么企业面临的市场竞争就会减弱。而技术和产品创新需要面临很多的不确定性，在这种情况下，企业的风险规避倾向会导致企业减少研发活动（胡凯等，2013）。最后，政府采购一般都是以招标方式进行，一旦入选，企业可以在3～5年内享受到稳定的订单来源。企业向政府销售的比例越高，企业的业绩就会越稳定，利润也都有所保障。在这种情况下，企业通常缺失危机感，缺少创新的原动力。这就会导致研发伙伴的多样性成为一种摆设，没有实质性的创新进展。综上所述，本章得出以下假设：

假设 H4a：政府采购会对研发伙伴的组织多样性与企业的技术创新绩效之间的关系起到负向的调节作用。

假设 H4b：政府采购会对研发伙伴的地理多样性与企业的技术创新绩效之间的关系起到负向的调节作用。

根据上述的文献讨论与研究假设的提出，得到本章研究的理论框架，如图14－1所示。

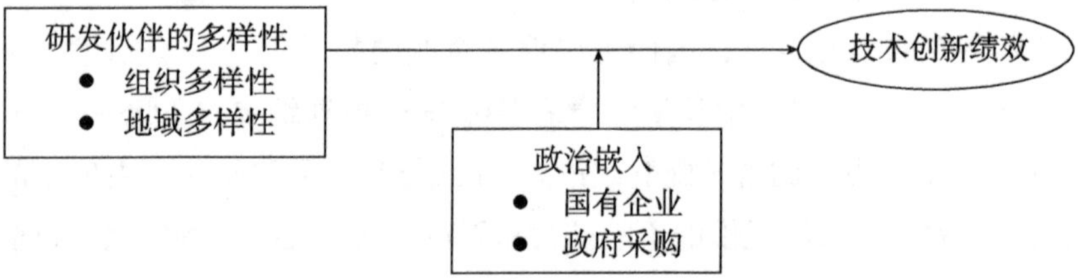

图14－1　本章研究的理论框架

二、研究设计

（一）数据来源

本章实证研究的样本来自国家统计局的问卷调查。2009年10月至2011年8月期间，国家统计局针对全国40个城市进行了一次制造企业调查。最终参与调查的企业共有1409家，其中制造业共细分为30个行业。因为本章主要探讨企业研发伙伴的特征对其技术创新绩效的影响，所以本章选取高科技制造行业作为研究对象。具体地讲，这些高科技行业包括：①化学原料及化学制品制造业；②医药制造业；③通用设备制造业；④专用设备制造业；⑤交通运输设备制造业；⑥电气机械及器材制造业；⑦通信设备、计算机及其他电子设备制造业；⑧仪器仪表及文化、办公用机械制造业。1409家制造业企业中共有694家分布在上述8个细分行业中，占比49.25%。在剔除缺失值后，本章最终统计分析的样本为682家。

（二）变量测量

（1）因变量：本研究的因变量是企业的技术创新绩效。本章采用企业在过去3年中提出申请的发明专利总和来测量企业的技术创新绩效（Wu & Shanley，

2009)。中国的专利分为三种类型：发明专利、实用新型专利和外观设计专利。本章认为发明专利能够更好地体现企业的创新实力，所以用它作为因变量；为了进一步验证模型的稳健性（Robustness），我们还以企业在过去 3 年中申请的各类专利的总和作为替代因变量进行了回归分析。以技术专利作为创新指标是现有文献的常用做法，其优点是可量化操作、客观性强、易于进行对比分析，其缺点是难以覆盖企业所有的创新成果。由于本章关注的是高科技行业，申请专利已经成为这些行业普遍使用的知识产权保护措施，专利数量的多少基本上能够客观地体现一个公司的创新成果。

（2）自变量：本章的核心自变量是企业研发伙伴的组织多样性和地域多样性。本章借鉴 Duysters & Lokshin（2011）通过测量类别数量的方式来测量研发伙伴的组织多样性和地域多样性。通常情况下，企业的研发伙伴可以分为六大类：①集团公司内其他分公司；②设备、原材料或软件的供应商；③客户或消费者；④市场竞争者或同行其他企业；⑤咨询公司或私立研发机构；⑥高等学校或公共科研机构。本章采用研发伙伴的组织类别的数量来衡量组织多样性：如果一个企业拥有上述六类研发伙伴，则研发伙伴的组织多样性得分为 6；如果只有一类合作伙伴，则取之为 1；如果一个研发伙伴都没有，则取值为 0。

类似的，我们将研发伙伴的地域分布分为五大类：①中国大陆；②中国香港、中国台湾地区，新加坡、韩国；③欧洲、美国、日本；④其他国家；⑤没有合作。如果一个企业在上述四个地域都存在研发伙伴，则地域多样性取值为 4；如果只在一个地域存在研发伙伴，则地域多样性取值为 1；如果一个研发伙伴都没有，则地域多样性取值为 0。

（3）调节变量：本章的调节变量是体现政治嵌入的两个变量：国有企业和政府采购。国有企业是通过一个哑变量来进行测量：1 表示该企业是国有企业；0 表示该企业是非国有企业。政府采购是指在过去三年中政府采购占企业全部销售额的比重，分为四个区间：1 =0%；2 =0 ~10%；3 =10% ~50%；4 =50% 以上。

（4）控制变量：为了排除其他可能影响企业技术创新绩效的原因，本章还设置了一些相关的控制变量，包括企业集团隶属、企业年龄、企业规模、企业内部研发和企业研发机构数量。企业集团隶属是指被调查企业是否属于某集团公司的子公司（1 = 隶属于某集团；0 = 否）；企业年龄是 2008 年减去企业成立时的年份；企业规模是用企业的资产总额来进行衡量（1 = 不足 0.4 亿元；2 = 0.4 亿 ~4 亿元；3 =4 亿元以上）；企业内部研发是指企业内部研发活动的多少（1 = 从来没有；2 = 有些；3 = 很多）；企业研发机构数量是指企业在全球范围内设立的研发机构的数量。表 14 -1 列出了本研究涉及的所有相关变量及其测量指标。

表 14-1　变量的描述性统计与相关系数

变　量	均值	标准差	1	2	3	4	5	6	7	8	9	10	11
1. 专利总量	26.350	204.547	1.000										
2. 发明专利数量	12.271	157.830	0.959*	1.000									
3. 研发伙伴组织多样性	2.094	2.226	0.000	-0.011	1.000								
4. 研发伙伴地理多样性	1.009	1.098	0.036	0.014	0.764*	1.000							
5. 国有企业	0.094	0.292	-0.016	-0.013	0.040	0.007	1.000						
6. 政府采购	1.412	0.737	0.077*	0.044	0.168*	0.129*	0.109*	1.000					
7. 企业集团隶属	0.452	0.498	-0.012	-0.015	0.110*	0.091*	0.056	0.025	1.000				
8. 企业年龄	16.659	18.309	-0.006	-0.015	0.103*	0.046	0.355*	0.106*	0.023	1.000			
9. 企业规模	0.800	0.324	0.086*	0.058	0.212*	0.243*	0.095*	0.089*	0.307*	0.153*	1.000		
10. 企业内部研发	2.200	0.825	0.104*	0.066	0.405*	0.393*	0.060	0.170*	0.061	0.133*	0.275*	1.000	
11. 企业研发机构数量	2.154	11.018	-0.009	-0.007	0.023	0.037	0.064	0.037	0.212*	0.040	0.052	-0.005	1.000

注：* 表示在 $p < 0.050$ 上显著。

（三）描述性统计与相关性分析

本章首先利用STATA11.0软件对研究中涉及的研究变量进行了描述分析和相关性分析。从表14-1中可以看出，样本企业在技术创新方面非常活跃，每家企业过去3年中申请的发明专利数量达到12项；另外，我们发现两个有意思的现象：一是企业的规模越大，企业申请的专利总量越多；二是企业的内部研发投入越大，企业申请的专利总量越多。这和已有的创新文献的结论是基本一致的。

三、检验结果与讨论

鉴于本研究的样本数据是一个截面数据，同时因变量是企业申请的发明专利数量，属于非负整数，本章采用分层负二项式线性回归（Hierarchical negative - binomial regression）来进行分析。这种方法比较适合于以专利数量来测量创新绩效的研究（Hausman et al.，1984）。在具体统计分析时，首先将核心解释变量（研发伙伴的组织多样性和地理多样性）和调节变量（国有企业和政府采购）进行中心化处理，即用每个变量的观测值减去其均值，这样可以解决解释变量和调节变量往往与它们的乘积项高度相关的问题。然后构造乘积项，把经过中心化处理的解释变量和调节变量相乘，形成相应的乘积项。最后是构造回归方程，将控制变量、调节变量、解释变量和乘积项按顺序依次放置于回归方程中进行主效应和交互效应的检测。如果乘积项的回归系数是显著的，并且方向与我们预测的一致，就可以证明调节作用的存在。

假设H1认为研发伙伴的组织多样性与技术创新绩效之间存在倒U型关系。在表14-2中，模型1覆盖了所有的控制变量和调节变量；模型2在模型1的基础上添加了组织多样性的一次项和平方项，结果模型2的解释力度显著提高。其中组织多样性平方项的系数为-0.135，p值小于0.001，说明研发伙伴组织多样性与技术创新绩效之间存在倒U型关系，并且从统计意义上看是非常显著的。因此假设H1得到了实证支持。

表14-2 以发明专利为因变量的负二项式线性回归

	1	2	3	4	5	6	7
常数项	-4.054***	-3.558***	-3.737***	-3.560***	-3.575***	-3.721***	-3.571***
	(0.513)	(0.541)	(0.544)	(0.546)	(0.567)	(0.566)	(0.568)
企业集团隶属	0.169	0.227	0.180	0.276	0.356	0.360	0.357
	(0.263)	(0.266)	(0.265)	(0.266)	(0.280)	(0.282)	(0.280)
企业年龄	-0.005	-0.006	-0.009	-0.006	-0.007	-0.009+	-0.007
	(0.006)	(0.006)	(0.005)	(0.006)	(0.006)	(0.005)	(0.006)
企业规模	2.711***	2.520***	2.496***	2.402***	2.367***	2.399***	2.370***
	(0.406)	(0.436)	(0.434)	(0.446)	(0.474)	(0.466)	(0.475)

续表

	1	2	3	4	5	6	7
企业内部研发	1.464 *** (0.164)	1.548 *** (0.160)	1.666 *** (0.162)	1.540 *** (0.156)	1.484 *** (0.164)	1.530 *** (0.164)	1.483 *** (0.165)
企业研发机构数量	0.005 (0.009)	0.005 (0.009)	0.001 (0.009)	0.009 (0.009)	0.006 (0.009)	0.003 (0.009)	0.006 (0.009)
国有企业	0.801 (0.548)	1.098 * (0.552)	1.168 * (0.496)	0.742 (0.535)	1.039 + (0.565)	0.972 + (0.528)	1.052 + (0.585)
政府采购	0.636 ** (0.238)	0.571 * (0.225)	0.505 * (0.216)	0.774 ** (0.246)	0.694 ** (0.230)	0.652 *** (0.228)	0.688 ** (0.242)
研发伙伴组织多样性		0.070 (0.083)	0.085 (0.081)	0.044 (0.082)			
研发伙伴组织多样性的平方		-0.135 *** (0.036)	-0.140 *** (0.036)	-0.113 ** (0.037)			
研发伙伴组织多样性 X 国有企业			-0.437 ** (0.158)				
研发伙伴组织多样性 X 政府采购				-0.202 * (0.091)			
研发伙伴地理多样性					0.308 (0.190)	0.312 + (0.187)	0.311 (0.194)
研发伙伴地理多样性的平方					-0.326 *** (0.095)	-0.306 ** (0.097)	-0.330 *** (0.105)
研发伙伴地理多样性 X 国有企业						-0.682 * (0.285)	
研发伙伴地理多样性 X 政府采购							0.014 (0.169)
Log Likelihood	-1219.50	-1210.30	-1206.97	-1207.84	-1213.89	-1211.52	-1213.88
开平方	147.98	166.38	173.04	171.30	159.21	163.94	159.21
开平方的改进度		18.40	6.66	4.92	11.23	4.73	0.00
自由度	7	9	10	10	9	10	10

注：$^{+}p<0.1$，$*\ p<0.5$，$**\ p<0.01$，$***\ p<0.001$，N = 682。括号内为回归系数的标准差。

模型 3 和 4 在模型 2 的基础上分别增加了组织多样性与国有企业、政府采购的乘积项，结果和模型 2 相比，模型 3 和 4 的解释力度都显著增强。其中，组织多样性与国有企业的乘积项的回归系数为 -0.437，p 值小于 0.010，这说明在国有企业，组织多样性对创新绩效的影响会被削弱。组织多样性与政府采购的回归系数为 -0.202，p 值小于 0.050，这说明企业得到的政府采购越多，组织多样性对创新绩效的负面影响越显著。因此，假设 H2 得到了实证支持。

假设 H2 认为研发伙伴的地理多样性与技术创新绩效之间存在倒 U 型关系。模型 5 在模型 1 的基础上增加了地理多样性的一次项和平方项，结果模型 5 的解释力度也是显著提高。其中地理多样性平方项的系数为 -0.326，p 值小于 0.001，说明研发伙伴地理多样性与技术创新绩效之间存在倒 U 型关系，并且从统计意义上看是非常显著的。因此假设 H2 得到了实证支持。

模型 6 和 7 在模型 5 的基础上分别增加了地理多样性与国有企业、政府采购的乘积项，结果和模型 5 相比，模型 6 的解释力度显著增强。其中，地理多样性与国有企业的乘积项的回归系数为 -0.682，p 值小于 0.050，这说明国有企业对地理多样性与创新绩效之间的关系起到负面的调节作用。因此假设 4Ha 得到了实证支持。在模型 7 中，地理多样性与政府采购的回归系数为 0.014，p 值不显著，因此，假设 4Hb 没有得到实证支持。

为了进一步验证结论的稳健性，本章将因变量由原来的发明专利总数变为所有专利总数来进行回归统计，结果如表 14-3 所示。从表 14-3 中可以看出，统计结果与表 14-2 基本一致，只是个别回归系数的显著水平略有变化。

表 14-3 以专利总量为因变量的负二项式线性回归

	1	2	3	4	5	6	7
常数项	-2.391*** (0.351)	-1.887*** (0.389)	-1.950*** (0.387)	-1.864*** (0.388)	-1.984*** (0.373)	-1.991*** (0.370)	-1.986*** (0.375)
企业集团隶属	-0.189 (0.187)	-0.129 (0.188)	-0.145 (0.187)	-0.197 (0.189)	-0.105 (0.187)	-0.104 (0.187)	-0.106 (0.187)
企业年龄	-0.001 (0.006)	-0.003 (0.006)	-0.006 (0.005)	-0.004 (0.005)	-0.003 (0.006)	-0.006 (0.005)	-0.003 (0.006)
企业规模	1.890*** (0.289)	1.695*** (0.303)	1.684*** (0.299)	1.654*** (0.303)	1.588*** (0.307)	1.584*** (0.304)	1.588*** (0.307)
企业内部研发	1.474*** (0.124)	1.472*** (0.121)	1.532*** (0.123)	1.480*** (0.120)	1.505*** (0.125)	1.528*** (0.125)	1.505*** (0.125)
企业研发机构数量	0.005 (0.007)	0.006 (0.007)	0.003 (0.008)	0.008 (0.007)	0.007 (0.007)	0.004 (0.007)	0.007 (0.007)

续表

	1	2	3	4	5	6	7
国有企业	0.277 (0.366)	0.387 (0.378)	0.453 (0.362)	0.316 (0.371)	0.477 (0.382)	0.517 (0.367)	0.475 (0.387)
政府采购	0.658*** (0.160)	0.707*** (0.161)	0.670*** (0.158)	0.779*** (0.169)	0.706*** (0.158)	0.687*** (0.158)	0.707*** (0.161)
研发伙伴组织多样性		-0.076** (0.026)	-0.080** (0.026)	-0.065* (0.026)			
研发伙伴组织多样性的平方		0.112+ (0.059)	0.122* (0.058)	0.102+ (0.059)			
研发伙伴组织多样性 X 国有企业			-0.334* (0.132)				
研发伙伴组织多样性 X 政府采购				-0.132+ (0.071)			
研发伙伴地理多样性					-0.237*** (0.068)	-0.243*** (0.069)	-0.236*** (0.071)
研发伙伴地理多样性的平方					0.334** (0.120)	0.352** (0.119)	0.334** (0.121)
研发伙伴地理多样性 X 国有企业						-0.491* (0.250)	
研发伙伴地理多样性 X 政府采购							-0.005 (0.131)
Log Likelihood	-1880.95	-1876.50	-1873.61	-1874.73	-1875.28	-1873.58	-1875.28
开平方	210.64	219.54	225.33	223.08	221.99	225.39	222.00
开平方的改进度		8.90	5.79	3.54	11.35	3.4	0.01
自由度	7	9	10	10	9	10	10

注：+ $p<0.1$，* $p<0.5$，** $p<0.01$，*** $p<0.001$，N = 682。括号内为回归系数的标准差。

四、研究结论与启示

开放式创新强调企业要突破技术边界、组织边界和地理边界，更好地跟踪、吸收世界前沿技术领域的知识，从而提升企业的原创能力。在这种理念的指引下，国际范围内的研发合作活动与日俱增。当企业的研发伙伴跨越了不同的组织类型、不同的地理区域时，如何有效地管理和协调研发伙伴组合就成为业界和管理学者关心的问题。本章以知识基础理论和开放式创新为基础，引入“政治嵌入”这一概念，探讨研发伙伴的多样性、政治嵌入和创新绩效三者之间的关系。通过对来自中国 40 个城市 682 家企业的实证分析，本章得出了如下结论：

（1）研发伙伴的多样性与技术创新绩效之间存在倒 U 型关系。这一结论与 Laursen & Salter（2006）、Duysters & Lokshin（2011）的实证结果是一致的。这说明当企业与不同组织类型、不同国别区域的组织进行研发合作时，需要综合考虑两种力量的平衡：一是知识库的规模扩大和异质性带来的创新机会；一是不同类型组织之间、不同国家之间合作产生的管理成本和协调成本。随着研发伙伴多样性的提高，管理和协调成本所带来的负面效应会超越创新效益，导致创新绩效下滑。

（2）企业的性质会影响到研发伙伴多样性与技术创新之间的关系。本章将企业分为两大类：国有企业和非国有企业。由于中国处于特殊的转型经济时期，资源配置正在由过去的政府计划为主、市场为辅的模式向市场为主、政府为辅的模式转变。在这一过程中，国有企业与生俱来的“政治嵌入”会影响到企业管理层的创新意识和市场导向。本章的研究结果显示，和非国有企业相比，国有企业会削弱研发伙伴多样性带来的技术创新效果。

（3）政府采购会影响到研发伙伴组织多样性与技术创新之间的关系，但是对研发伙伴地理多样性与技术创新之间的关系没有显著的负面调节作用。本章发现，企业获得的政府采购占收入的比例越高，越会削弱研发伙伴组织多样性带来的技术创新效果。

本章进一步拓展了研发伙伴多样性领域的研究，其理论意义主要表现在以下三个方面：

一是本章首次将“政治嵌入”这一概念引入到研发伙伴多样性研究，探讨了两种类型的政治嵌入（国有企业和政府采购）对研发伙伴多样性与技术创新绩效之间关系的调节作用。市场与政府一直是影响企业技术创新的两股重要力量，它们之间究竟是互补关系还是替代关系，这在文献中一直没有定论。本章发现与政府的关联性会削弱市场带来的创新作用。

二是本章以转型经济体内的高科技企业为研究对象，来探讨研发伙伴多样性对技术创新的影响。现有研究中国企业的研发伙伴多样性的文献屈指可数。本章的结论有力地说明了研发伙伴多样性与技术创新的关系不仅适用于发达国家的高科技企业，而且也适用于转轨时期的中国高科技企业。

三是本章将知识基础理论与制度理论进行了有机的结合，来探讨研发伙伴多样性、政治嵌入与技术创新绩效三者之间的关系，从而有效地拓宽了研发伙伴多样性研究的理论视野。

第 15 章　关系资本、锁定效应与制造业企业创新绩效

本章从社会网络、关系资本视角研究中国制造业企业在锁定效应中的创新绩效问题。技术创新被认为是区域与国家发展的原动力（Malecki，1991），从经济学家 Schumpeter（1954）到 Romer（1994）都在研究技术创新在国家经济发展中所扮演的战略角色。产业创新是国家创新体系（NIS）的一部分，包括了：企业创新、企业研发、技术知识转移与扩散以及专利保护等要素（Sun，2002）。无论是工业发达国家（如美国、英国和德国等）还是新的工业化发展国家（如中国、泰国、马来西亚和越南等），其制造业企业都面临着市场导向、产品寿命周期缩短、技术快速变化以及国际市场竞争等环境变化的挑战（Daniel I. Prajogo et al.，2007）。由于中国正处于经济转轨的发展阶段，国家创新环境独特并典型，其制造业企业的技术创新过程成为学者关注的重点。在中国的计划经济时期，制造业企业承担了产业工厂的角色，其技术创新过程不存在市场导向和绩效导向，企业是制度和资源配置的接受者（Brockhoff & Guan，1996）。然而，经历三十多年的经济体制改革，中国进入经济转轨时期，制造业企业也经历了从计划经济到市场导向的转变，企业的竞争合作、技术研发、创新战略选择以及创新绩效的获得成为影响地区和国家经济发展的重要因素（Jian Chen Guan et al.，2009）。企业的创新能力被认为是企业获得竞争优势的关键（Helfat et al.，1997），创新的加强可以延长产品/服务的寿命周期、缩短技术研发周期并获得市场地位的提升（Bogner & Bansal，2007）。制造业企业如何跨越创新障碍，获得创新绩效（innovation performance）成为学术界的研究兴趣（Liu & Buck，2007），理论界把企业克服创新阻力获得创新绩效的过程形象地比喻为一场创新“障碍赛”（barriers to innovation），谁在这场比赛中抢占了先机谁就能够赢得市场并获取超额利润（Edwin J. Nijssen et al.，2005）。

从本质上来说，制造业企业的创新“障碍赛”根植于创新这一破坏性创造（destroying innovation）过程本身所带来的不确定性与风险（Schumpeter，1954）。结合先前的研究结论，本章认为创新过程所面临的阻碍是旧的技术轨道所带来的锁定效应（lock－in effectiveness），如创新面临的技术创新成本锁定、知识转换锁定、市场锁定和技术标准锁定所带来的抑制性作用。面对锁定效应的抑制作用，一方面学者（Dittrich & Duysters，2007；Sherwood & Covin，2008）提出企业

可以通过与外界建立关系资本以及合作的形式获得创新资源、特定的知识和制度性支持，这种关系资本的来源包括政府、顾客、咨询机构、供应商甚至是竞争对手。本章把企业获取的关系资本划分为两类：一是政治关系资本；二是商业关系资本，通过关系资本获得创新资源，可以顺利地跨越锁定效应的抑制，提升企业创新绩效并赢得市场份额（Belderbos, Carree, Diederen, et al., 2004; Belderbos, Carree & Lokshin, 2004）。另外，正如前面所述，技术创新过程存在着不确定性和风险，制造业企业的产品和服务创新充满了挑战，一些厂商采用模仿跟踪的方式获得“经济租”，降低创新成本进而追赶“先进入者”（Elias Dinopoulos & Constantinos Syropoulos, 2007）；还有一些企业采用技术领先战略，抢占市场先机、补充市场的缺位并获得“先入者”竞争优势。无论如何，任何一种创新战略的选择都是在特定的竞争环境下发挥着不同的作用机制（Chesbrough, 2003）。

出于上述考虑，本章用中国40个城市的493家制造业企业作为研究样本，以关系资本（商业关系资本和政治关系资本）和创新战略（技术领先战略和模仿跟随战略）为调节变量，试图构建锁定效应（技术创新成本锁定、知识转换锁定、市场锁定和技术标准锁定）对企业创新绩效（服务外向性、工艺流程创新、产品/服务寿命周期、研发周期以及国内/国外市场地位）之间潜在的关系路径模型，通过实证过程检验中国制造业企业创新“障碍赛”的运行机制，以期对现有的创新理论进行相应的扩展并对中国转轨时期市场特征下企业的创新实践和政府对企业自主创新支持制度的建设提出一些有价值的建议。

一、文献综述与理论假设

（一）锁定效应与创新绩效的关系

新古典经济学解释了静态的短期均衡状态，但不能解释均衡形成的跃迁和演化过程，对技术创新政策制定有更大贡献的是演化经济学（Witt, 1993）。锁定效应的概念来自演化经济学，演化经济理论告诉我们，市场不一定能够选择出最优的技术，还有可能锁定于劣质技术，从而对技术创新产生障碍（常志宵，2000）。正是因为技术创新与范围变化是一个演化的过程，使得新技术的创新与技术扩散产生空间和时间效应，经济系统锁定于先前的技术标准、市场竞争以及技术转换过程，从而为新技术替代先前技术造成障碍（Arthur, 1989; Cowan, 1996; David, 1985）。经济意义上的锁定效应（lock - in effectiveness）是指行为主体当前的决策选择受制于前期的决策行为，从而导致行为主体的利益受到相应的影响。锁定效应是经济系统中的一种特定均衡，要打破这样的一种均衡需要付出相当的成本，若其行为主体不能够承受这个成本，就只能继续以前的决策，于是经济系统就被锁定在当前均衡状态中（Arthur, 1989）。锁定效应产生于企业为了在既有的技术轨道（technology trajectory）中获得规模经济、学习（Schilling, 1998）和网络资本（Economides, 1996），而不能进行突破创新的过程中。学术界对锁定效应的讨论主要集中在以下几个方面：

1. 技术创新成本锁定

Aghion 等（2005）指出国家经济发展水平和金融市场制度完善程度等因素会影响技术创新的水平。Aghion 和 Howitt（2006）通过实证研究证明了包括产权制度、金融制度等在内的因素会对创新产生影响。陈钰芬、陈劲（2009）通过实证研究发现中国企业的创新绩效在很大程度上取决于外部金融资源，而非企业能够调配的内部资金资源。学者 Eric 等（2007）认为企业在进行技术创新过程中需要付出成本，因为技术创新需要进行融资、承担经济风险并建立资金支持渠道，他们尤其强调在进行合作研发过程中，为了降低技术创新风险，企业合作双方需要建立成本分担机制。企业技术创新受限于资金和成本规模，称为技术创新成本锁定。基于以上分析，得到以下假设：

假设 H1：中国制造业技术创新成本锁定效应的存在，抑制了企业的创新绩效。

2. 知识转换锁定

Michael（1999）和 Frenken 等（2004）认为知识的传递需要成本，因此也会产生不同行为间的转换成本，从而导致锁定现象。技术创新本身就是知识的创新（Grimaldi & Tunzelmann, 2002），技术创新过程离不开知识的创造、传递和转换（Paul, 1990）。知识转移过程中消耗的资源总和构成了知识转移成本。企业的创新过程是在求知领域中的“干中学”，学习过程中的信息发送成本、接受成本、管理成本三者构成知识的转移成本（王开明、万君康，2000），知识转移中的噪声、信息不对称而产生的运行成本，使企业更愿意利用先前知识进行技术开发，知识的闭锁造成了企业技术轨道的锁定效应（汪应洛、李勖，2002）。对于知识依赖的风险，可能会使组织丧失学习和创新的能力，Grimaldi 和 Tunzelmann（2002）认为知识的转移成本使组织产生对先前知识依赖的风险提高，过度依赖先前知识会让组织失去通过干中学而获得新知识的机会，产生知识转换的锁定效应。基于以上分析，得到以下假设：

假设 H2：中国制造业知识转换锁定效应的存在，抑制了企业的创新绩效。

3. 市场锁定

市场锁定包含两层含义：一是顾客锁定，顾客前期的购买行为使得后来的消费行为受到影响，通常不得不继续使用前期购买的产品（李明、王云美、司春林，2010）。从厂商的角度来说“顾客锁定是一种持续的交易关系，它是经济主体为了特定目的，在特定交易领域，通过提高对方转移成本的方式对交易伙伴所达成的排他性稳定状态；在具体的商业行为中，锁定状态表现为锁定主体对客体的获得与保有”（王琴，1998）。顾客基于持续的交易关系和技术转换成本，从而继续使用前期的产品，使得厂商的技术轨道受到顾客需求的限制，厂商难以进行突破式创新（Javier Carrillo - Hermosilla，2006）。二是过度竞争锁定，行业中存在过度竞争，市场被主要的竞争对手垄断和控制，使得其他厂商只能获得很低的利润率，这样的缺乏规模经济效应的市场状况，使得厂商缺乏创新动力，不能进行技术创新和技术跃迁（Rammel et al.，2003），在使用目前的技术条件下，运营成本更低廉，厂商的技术被锁定在前期技术轨道中（Rammel and Van den Bergh，2003）。基于以上分析，得到以下假设：

假设 H3：中国制造业市场锁定效应的存在，抑制了企业的创新绩效。

4. 技术标准锁定

随着技术专利与技术标准的日益融合，技术标准成为产品的市场准入限定条件，而技术专利可借此实现更大利益，这使得技术标准由纯粹的技术规范逐步转变为少数企业的竞争工具（张米尔、冯永琴，2010），这为技术标准成为创新锁定条件创造了机会。技术标准锁定是指厂商从一个技术标准转换到另一个技术标准的转移成本高到转移不经济，从而使得厂商在选择了一种标准之后就很难退出，只有当从这一技术标准中退出的转移成本小于转移收益时，退出锁定才可能发生（Shapiro et al.，2001）。技术标准锁定的本质是厂商将来的选择会受到现在选择的约束，更换到新技术标准，意味着厂商在旧技术标准及其互补资产的投资在很大程度上将沦为沉没成本，特别是当新旧两种技术标准完全不兼容时，这些投资会完全沦为沉没成本；更换到新技术标准还意味着厂商放弃原有的关于旧技术标准的操作知识和经验，重新学习和训练有关新技术标准的操作知识和经验的附加成本增加（陶爱萍、沙文兵，2009；Frenken et al.，2004；Carrillo - Hermosilla，2004；Makuch，2003）。基于以上分析，得到以下假设：

假设 H4：中国制造业技术标准锁定效应的存在，抑制了企业的创新绩效。

（二）关系资本对创新的促进

资源基础理论（RBV）认为，企业的竞争优势来源于从知识转换与创造过程中获得的独特能力（Foss，2005）。在已有资源的限制下，企业把关系资本（relational capital）作为建立特殊关系资产（relation - specific assets）和知识分享的途径，从而对企业能力的提高产生杠杆作用（Yli - Renko et al.，2001）。创新知识和信息的获取过程主要是一个社会过程（Kogut & Zander，1992），知识的成功传递、分享和内化不仅取决于企业自身的能力，而且与企业建立的社会资本网络机制有关（Walter，Lechner & Kellermanns，2007）。存在于企业与相关利益群体间的关系资本，是基于主客体之间的相互信任、社会联结与其价值分享过程

（Kale, Singh & Perlmutter, 2000；Uzzi & Lancaster, 2003），这样的关系资本帮助组织有效地进行了知识转移，获得外部知识信息并建立创新的智力资源（Dyer & Hatch, 2006；Nahapiet & Ghoshal, 1998）。Uzzi 等（2003）开拓性的研究首先从实证角度证明，组织间关系强度能够显著的促进技术知识转移。Kale（2000）等学者在总结前人研究的基础上，结合社会交易理论和社会资本理论提出，企业的关系资本表现为管理者与其主要利益相关者所建立的关系，这些关系包括两大类：商业关系资本和政治关系资本（姜翰、金占明，2009；Ahuja, 2000；Luo & Chen, 1997）。

1. 商业关系资本

根据“高阶理论”和战略领导学的观点（蒋春燕、赵曙明，2006；Hambrick & Pettigrew, 2001），企业的商业关系资本是企业高层管理者一系列强/弱商业关系的总和（Collins & Clark, 2003）。强关系是指那些情感上联系非常紧密、接触很频繁、多重的商业关系，网络中的成员对彼此都十分熟悉，信息传递非常迅速，但是建立和保持强关系需要大量的时间和精力；而弱关系是指那些情感上联系不是非常紧密、接触也不是很频繁、单一的社会关系，弱关系能促进组织获得大量新的、不重复的信息和资源，建立和保持弱关系需要的时间和精力则要少很多（蒋春燕、赵曙明，2006）。高度的承诺与成功的商业伙伴关系为合作双方达成各自的目标、实现合作收益，不倾向采取一些机会主义行为（Cumming, 2006）奠定基础，并且良好的商业关系资本带来创新的知识流入、共享和外部信息支持（Lavie, 2007），从而提升企业的创新绩效。基于以上分析，得到以下假设：

假设 H5：在锁定效应下，制造业企业对商业关系资本的运用显著增加企业的创新绩效。

2. 政治关系资本

Choi 等（1999）认为，在经济转型的过程中（尤其是在中国），由于缺乏良好的价格体系和完善的法律系统，从定价和法律执行的角度出发，交易成本将十分昂贵。这就意味着，政治关系在企业各种关系中的地位显得尤其重要（罗党论、唐清泉，2009）。国内学者潘越等（2009）在研究政治关系资本与公司决策的影响机制中指出，企业不仅可以利用政治关系资本获得诸多优惠，促进企业的创新投资，而且在投资过程中如果出现违约现象，具有政治关系资本的企业可以直接利用政治权力制止投资合同中违约行为的发生，甚至可能通过影响法律，对合作方的违约行为施以严厉的行政或法律惩罚，保证创新行为有效执行。在结构性制度缺失的情况下，政治关系资本为企业带来更多的关于行业调整、政府干预、政策走势以及产业发展等方面的信息（Yang, 1994），同时这些信息比其他渠道获得的公开信息更加及时、透明和准确（姜翰、金占明，2009；Li & Zhang,

2007；Yang，1994）。企业与政府的政治关系资本不仅使企业避免了被侵占的可能，而且也是企业优先获得政府创新补贴、技术创新融资机会和税收减免的途径（Shleifer & Vishny，1994）。基于以上分析，得到以下假设：

假设 H6：在锁定效应下，制造业企业对政治关系资本的运用显著增加企业的创新绩效。

（三）锁定效应下的创新战略选择与创新绩效

创新战略（innovation strategy）是制造业企业创新过程成功的基础（Gary，2005；Burgelman et al.，2001）。在高竞争环境下，制造业企业持续创新的能力关系到企业的生存和发展。对企业保持、获取和评价其创新能力主要依托企业的创新目标和创新战略实施的效果（Burgelman et al.，2001）。制造业企业的创新导向（innovation orientation）引导企业适应、调整和重塑其技术能力、管理能力和资源配置，以便适应变化的环境，维持和加强可持续的创新（Dess et al.，1997）。

大量先前的研究都证明了创新战略与创新绩效的关系（Therrien，2003）。例如，Dess 等（1997）采用田野研究方法，发现了战略竞争环境、创新战略与企业绩效的正向关系。然而，技术型企业面临着快速多变的市场环境、短暂的产品寿命周期以及大量的竞争对手（Daniel I. Prajogo et al.，2007），单纯地运用创新战略，克服不了企业的资金匮乏锁定、知识信息短缺以及市场过度竞争等创新障碍。Therrien（2003）发现如果企业的创新战略在使用外部信息资源的基础上来瞄准内部研发，可以大大提升企业新产品的研发速度、缩短研发周期。基于知识基础观（KBV），Poon 和 MacPherson（2005）发现针对应用研究、新产品开发和市场能力的创新战略可以显著提升企业的创新绩效。尤其是聚焦于产品创新战略，Li 和 Atuahene - Gima（2001）认为政府的政策强化了企业创新战略的实施效果，企业产品创新战略提升了产品创新绩效。基于对公共机构、大学和相关利益群体的关系资本的利用，创新战略可以显著提升企业的创新绩效，企业如果仅仅依靠自身的信息和内部资源，是很难进行突破创新（breakthrough innovation）的（Jian Chen Guan et al.，2009）。

Tan J. 和 Litschert（1994）提出，企业尤其是制造业企业需要建立“创新战略”的框架理念，来分析为达到其商业竞争目标服务而如何部署、分配和集成其技术资源的目的，企业的创新战略管理一般应该包括技术定位、竞争者分析乃至研发战略导向等内容（杨震宁、李东红，2010）。当前的战略管理研究主要把创新战略划分为技术领先战略、模仿跟随战略、市场导向战略和新产品开发战略等等（Burgelman et al.，2001）。组织在利用和实施这些创新战略时，需要一些特殊的资源集合（包括技术、产品、流程、知识、经验和组织）（Burgelman et al.，2001）的支持。为了简化问题，本章主要关注技术领先战略（technological leadership strategy）和模仿跟随战略（imitative innovation strategy）对创新绩效提升的作用。当市场和技术发生变化时，技术领先战略的目标是为一种新产品、新技术和新服务建立一个新市场，通过满足市场新需求，克服创新障碍，使新技术代替旧技术的战略导向（Christensen et al.，2006）。而 Sandberg（2007）认为模仿跟随战略则是企业使用其他组织已经实施的创新模式进行创新的过程，Lavie（2007）认为一个快速模仿和跟随者可以超越第一代创新者而拥有更可靠的创新模式，在快速变化的环境下，模仿跟随创新已经成为成本最低和风险最小的创新方式。对于创新战略的作用，Collins 和 Clark（2003）有过一个详尽的分析，他们认为创新战略的有效实施能够帮助企业增强对商业环境变化做出更快更有效反应的能力，帮助企业减轻技术轨迹跳跃的冲击或者是保护企业现有业务避免受到竞争替代品的挤压，从而在创新环境的背景下起到显著作用（杨震宁、李东红，2010）。基于以上分析，得到以下假设：

假设 H7：面对锁定效应，中国制造业企业在合理利用关系资本基础上，采用技术领先战略可以提升创新绩效。

假设 H8：面对锁定效应，中国制造业企业在合理利用关系资本基础上，采用模仿跟随战略可以提升创新绩效。

（四）创新“障碍赛”：制造业企业的创新绩效

获得高的创新绩效（innovation performance）是制造业企业生存和成功的关键（Gassmann，2006）。大量的创新文献在讨论企业创新绩效的测量问题，但是仍然有学者认为选取合适的指标来测量企业的创新绩效是困难的（Romijn & Albaladejo，2002）。若希望提高研究效度，最好的方法是借鉴前人关于创新绩效的分类和研究方法（Romijn & Albaladejo，2002）。Hagedoorn 和 Cloodt（2003）认为创新绩效应该考察组织的四个方面的创新效果，即新产品的开发、专利的申请、研发周期以及创新的投资回报。Li 和 Atuahene－Gima（2001）指出企业创新绩效的概念应该包括一系列不同绩效的测量指标，如企业新产品的研发、新产品的市场状况、工艺流程创新以及与技术联盟的合作等。Milé Terziovski（2006）认为企业的创新绩效是个多维度的结构，应该包括新产品的成功研发、市场进入速度、创新过程的成本、获得更多的国内和国际市场发展机会（服务外向性）、产品质量的提升以及工艺流程创新等。学者高建（1999）在国内首次提出创新绩效的概念，认为创新绩效是指企业技术创新过程的效率、产出的成果及其对商业成功的贡献，包括技术创新产出绩效和技术创新过程绩效。任胜钢（2010）利用中国企业数据验证学者 Ritter（2000）的创新绩效量表，证明创新绩效至少存在两个维度：产品研发周期和工艺流程创新。综合以上文献，我们选择最典型和最成熟的创新绩效评价方法，对中国制造业企业创新“障碍赛”的绩效进行评价，以便提高研究效度。

1. 创新范围：服务外向性

发展中国家（尤其是中国）的企业参与到全球性的出口市场，使得发展中国家企业接触到发达国家最先进的生产制造、技术研发与管理方式，直接或间接促进了发展中国家企业生产率和创新能力的提高（刘志彪等，2009）。中国制造业企业的市场目标不仅仅是满足国内市场的需求，其产品和服务的创新绩效还体现在对国际市场的服务过程中（Shleifer & Vishny，1994）。我们选取了对中国制造业企业最具有特殊意义的创新绩效服务外向性（Milé Terziovski，2006）进行考察，其意义主要体现在以下几个方面：中国企业在服务外向性过程中提高或改善生产工艺过程；促进隐性技术知识诀窍的转移；促进产品质量、品种、环保、安全等标准的提升。

2. 产品创新：产品（服务）寿命周期和研发周期

一些研究仅仅使用新产品专利数来测量组织创新绩效存在一定缺陷（Griliches，1990）。一是申请专利的条件比较严格，可能会低估一些企业的创新绩效；二是某些企业出于战略原因不愿对创新产出申请专利（例如防范信息过早外泄）；三是企业申请专利积极性的差异也会影响这一指标测量创新绩效的准确性（钱锡红等，2010）。因此，本章不单纯选用专利数指标来表示产品创新绩效的测量维度，而是考察产品（服务）寿命周期和研发周期。根据 Bell（2005）、Ritter（2000）的研究，认为产品创新绩效的一个重要方面是产品（服务）寿命周期的长短，企业比竞争对手率先推出新产品和新技术，并且新产品和新技术的寿命周期很长，说明企业有更高的创新能力；Li 和 Atuahene - Gima（2001）指出技术性企业的创新其根本是新产品的研发，特别是为了满足新市场、新的顾客需求并对顾客产生价值的产品研发创新。先前的创新管理文献广泛使用研发周期作为评价企业创新效果的指标（Griliches，1990），新技术和新产品研发周期的缩短体现了技术型企业的创新产出效果。研发周期的加快，体现出企业研发边际成本效率的提升（Schoenecker & Swanson，2002），是制造业企业应对不确定性竞争环境、获取产品市场份额的重要途径（Qian & Li，2003）。

3. 工艺创新：工艺流程创新

技术创新是指一项技术或产品从创新思路的产生，到研究开发、试制和实现首次商业化的整个过程，它既包括产品创新，也包括工艺流程创新，仅仅考虑产品创新过程对企业创新绩效进行评价是狭隘的（张方华，2010）。Romijn H. 和 Albaladejom（2002）提出，企业的工艺流程创新是指工业制造业产品的加工顺序、加工方法、加工技术和程序方面的技术创新，工艺流程创新可以大大提升制造业企业的生产效率、降低生产成本并获得规模效应。工艺流程创新在产业内的深入实施将推动产业组织演进，在一定条件下会打破产业内企业间既有的垄断竞争关系，引致创新绩效的变动，促使企业改变自身的创新行为模式（胡川，2006）。

4. 市场导向：国内和国外市场地位

在产品创新背景下，Kohli 和 Jaworski（1993）认为，市场导向反映了产品创新过程中，企业获取、分配、利用以及最终依赖有关顾客、竞争者和供应商市场信息的程度。Baker 和 Sinkula（1999）认为，市场竞争地位直接体现了企业对产品创新所持有的基本信念和所开展的活动进行挑战的程度。市场导向型制造业企业不但重视顾客的现有需求，还会积极探寻其潜在需求，部门间协调更会创造丰富的顾客价值（Slater，1998）。但是，相比国内市场，国际市场的开发充满了信息不确定性和市场风险，国际市场的运营决策更加具备复杂性和风险性（Baker et al.，1999）。我们选择国内和国外市场地位进行创新效果衡量，更加全面。

本研究的理论框架如图 15－1 所示。

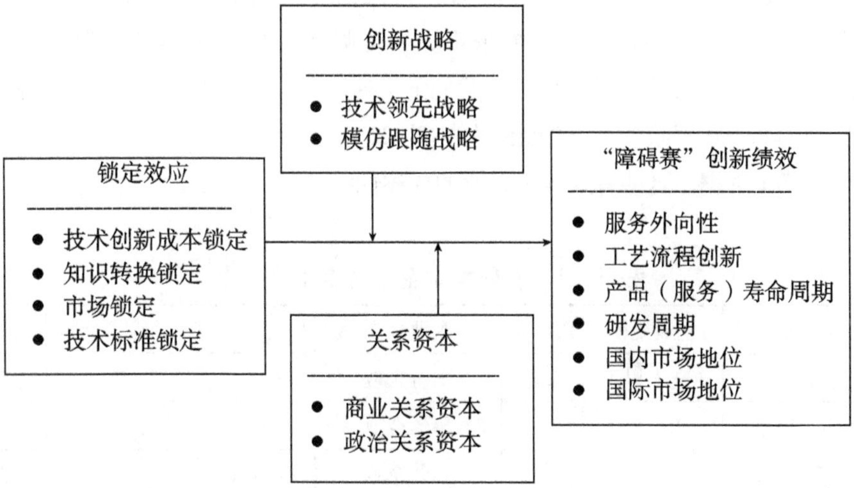

图 15－1　本章研究的理论框架

二、研究设计与变量设定

（一）样本与数据收集过程

前期的文献讨论、模型与假设的建立，使研究有一个清晰的理论作指导，防止问卷的内容在无意中产生漂移（DeVellis，2001）。由于样本空间为中国的制造业企业，在问卷的规模性发放和数据采集之前，2007 年 3 月至 2008 年 6 月之间，我们进行了 10 家制造业企业的典型调查，这些典型访谈的企业包括：华为集团公司、中兴集团公司、联想集团公司、唐钢集团公司、邯郸集团公司、一航集团公司、彩虹集团公司、康佳集团公司、格兰仕公司和万向集团公司。为了提高访谈过程的效率，我们在进入企业之前，首先收集了有关企业技术创新的二手资料，由3名博士生进行讨论，产生出一个半结构化的访谈提纲，这样可以提高研究过程的概念效度（陈向明，2000）。通过典型调查和企业高管的深度访谈过程，获得企业四个方面的信息：一是制造业企业对商业关系资本和政治关系资本的利用过程与效果；二是企业的创新战略的制定、实施与效果；三是企业所面临的技术锁定效应的类型、具体形式和创新阻碍；四是企业的创新绩效和历史发展路径的总结。这些信息的获得，帮助我们对问卷进行修订、对测试条目表述方式进行调整以及对研究概念模型进行修正（Kelly J. R. et al.，1988）。

正式的问卷调查是在2008年10月至2010年8月间进行。为了贯彻落实中央提出的提高中国制造业企业自主创新能力，建设创新型国家的战略部署，了解中国制造业企业的创新活动和创新环境，为企业改进创新管理提供决策依据，为政府了解情况和制定政策提供支持，国家统计局在全国40个城市开展了制造业企业自主创新的追踪调查。我们正是在国家统计局的支持和帮助下对中国40个城市的制造业企业进行了问卷发放和数据采集。参与调查的企业有1409家制造业企业（样本空间），为了提高统计有效性，我们随机抽选了515家企业作为研究样本，其中抽选到的问卷数据缺失严重的无效样本为22家企业，最终我们共获得493家企业的有效样本数据。这些有效样本企业的描述性统计结果如表15－1所示。

表15－1　有效样本企业的描述性统计

企业年龄	比例%	企业规模	比例%	企业性质	比例%	细分行业类型	比例%
3年以内	4	300人以下	29	国有企业	21	食　品	5
3～6年	5			集体企业	19	纺　织	18
6～9年	22			私营企业	14	加工制造	13
9～12年	26	300～2000人	37	股份合作企业	3	能源加工	9
12～15年	14			股份有限公司	24	医药制造	6
15～18年	21			有限责任公司	16	化工制造	10
21～24年	6	2000人以上	34	其他内资企业	1	矿产加工	7
25年以上	2			外商投资企业	2	设备制造	17
合计	100	合计	100	合　计	100	交通运输制造	7
						工艺制造	3
						其　他	5
						合　计	100

（二）问卷设计与变量设定

本研究问卷中采用的测量条目大部分来自现有研究中已经经过测试的成熟量表（scale），通过前期的企业深度访谈（来自10家中国制造业企业的35名企业高层管理者）以及征求了6名管理学领域专家的意见，并通过一次小规模的问卷预测试（共45个企业的预测试样本），对量表的具体内容进行调整，这样的处理提高了研究的概念有效性（construct validity）。

研究对关系资本（包括商业关系资本和政治关系资本）的测量，借鉴了学者Peng和Luo（2000）开发的测量条目并根据中国企业的现状进行了微调。其中商业关系资本考虑了制造业企业与设备、原材料或零部件供应商的关系，与客户或者消费者的关系，与市场竞争者或同行业其他企业的关系以及与咨询公司、其他研发机构的关系；政治关系资本主要考虑了制造业企业与政府、公共机构和行业协会的关系。最终的关系资本量表共有10个相关的测量条目，采用了4分度的Likert量表形式，4分代表这种关系程度“高”，1分代表这种关系程度“不存在”。

关于创新战略（技术领先战略和模仿跟随战略）的测量，借鉴了学者Jian Cheng Guan和Richard（2009）的相关研究。采用技术领先战略的企业优先选择进入新的行业、优先考虑新的市场需求、紧随新技术变化以及优先考虑扩大规模和占有率；采用模仿跟随战略的企业优先选择应用技术开发、优先进行技术模仿和跟随以及优先考虑降低已有产品成本的创新方式。最终的创新战略量表共有7个相关的测量条目，采用了5分度的Likert量表形式，5分代表此种战略与企业采用的战略形式“完全符合”，1分代表此种战略与企业采用的战略形式“完全不符合”。

如前面所述，企业在进行创新过程中会受到锁定效应的影响（Nelson & Sampat，2001）。我们把锁定效应分为技术创新成本锁定、知识转换锁定、市场锁定和技术标准锁定四个理论维度。对锁定效应的研究，目前更多地局限于经济理论模型的推导和演绎，能够使用的成熟量表不多。对锁定效应的测量，我们采用成熟量表和新开发量表相结合的测量方式。参考Nelson和Sampat（2001）的研究测量技术创新成本锁定效应，技术创新活动的经济风险太大、技术创新所需的资金太多、技术创新活动融资成本太高以及现有融资渠道存在困难为企业创新过程设置了阻碍；借鉴Munir和Phillips（2002）的研究测量知识转换锁定效应，企业缺乏知识技术人才积累、缺乏技术知识积累、缺乏相关技术信息、缺乏市场信息以及缺少技术创新合作伙伴是阻碍企业获得高创新绩效的阻力；由于没有成熟量表可以借鉴，我们开发了测量市场锁定效应的量表，根据市场锁定的概念关注顾客锁定和竞争锁定两方面，市场被主要竞争对手垄断或控制、行业存在过度竞争、行业利润率太低、同行企业较少从事创新活动、消费者对产品创新需求不敏感，以及创新产品需求存在不确定性等都会使企业闭锁于旧的技术轨道；参照 Totti Könnölä 等（2006）的研究，对技术标准锁定进行测量，关注行业、地区、国家和国际技术标准对企业技术创新的影响。最终的锁定效应量表共有 21 个相关的测量条目，采用了 4 分度的 Likert 量表形式，4 分代表此种不利影响的程度"高"，1 分代表此种锁定效应"无影响"。

本章把企业的创新绩效细分为创新范围（服务外向性）、产品创新（产品/服务寿命周期和研发周期）、工艺流程创新和市场导向（国内和国外市场地位）四个理论维度进行测量，提高了概念有效性。采用的创新绩效量表是已经得到实证检验的成熟量表。其中，服务外向性的测量参考了 Milé Terziovski（2006）的研究，询问制造业企业销售到其他国家和地区的产品占企业全部市场的比重；产品创新过程绩效的测量借鉴了 Miller（1990）的研究，询问企业主要产品/服务的寿命周期和企业最新颖的产品在投放市场之前的研发周期；工艺流程创新测量参考了 Deshpandé 等（2004）的研究，询问企业在过去三年内推出工艺方面创新的次数；市场导向结果的测量参照 Subramanian 和 Youndt（2005）的方式，询问企业对自身在主营业务方面的国内和国外市场排名的估计状况。所有的创新绩效的测量均采用实际创新数据，没有采用 Likert 量表形式，这样使研究的内部有效性和客观性得到提高（Li & Zhang, 2007）。

成熟的企业比起年轻的企业来说建立了良好的管理方式和组织结构，具有更多的组织优势（Nelson & Winter, 1982），而年轻的企业通常资源匮乏、缺乏经验、不能为企业的创新提供丰富的资源和资本支持（Stinchcombe, 1965）。大企业比起小企业来说，很少必须依赖于外部资源（Baum & Oliver, 1992），更能够满足应对外部相关利益群体的行为合法性问题。而不同类型（性质）的企业在商业关系资本和政治关系资本的利用程度上存在差异，国有企业更容易获得政治关系资本的支持，而更加市场化的企业更容易获得商业关系资本（Chia – ling Liu et al., 2010）。不同的制造业细分市场，其市场竞争程度和态势存在差异（Peterson & Kaput, 1991），从而产生不同的创新战略和行为。基于以上分析，本章将企业年龄（Baron et al., 1986）、企业规模（Cox & Snell, 1981）、企业性质（Agarwal et al., 2002）和企业所在的制造业细分市场类型（杨震宁、李东红，2010）作为控制变量进行相关讨论，全部控制变量均以企业的客观指标进行测量。

本研究所涉及的所有观测变量的设置，以及对观测变量进行测量的相关题项，如表 15 – 2 所示。

表 15 - 2　观测变量设定

潜变量名称	参考文献	问卷题项
自变量：锁定效应（lock - in effectiveness）		
TICL：技术创新成本锁定	Nelson 和 Sampat（2001）	TL1：技术创新活动的经济风险太大
		TL2：技术创新所需的资金太多
		TL3：技术创新活动融资成本太高
		TL4：引进大的技术创新时，现有融资渠道难以支持
KTL：知识转换锁定	Munir 和 Phillips（2002）	KL1：缺乏知识技术人才积累
		KL2：缺乏技术知识积累
		KL3：缺乏相关技术信息
		KL4：缺乏市场信息
		KL5：缺少技术创新合作伙伴
ML：市场锁定	杨震宁、李东红（2010）	ML1：市场被主要竞争对手垄断或控制
		ML2：行业存在过度竞争
		ML3：行业利润率太低
		ML4：同行企业较少从事创新活动
		ML5：消费者对产品创新需求不敏感
		ML6：创新产品需求存在不确定性
TSL：技术标准锁定	Totti Könnölä 等（2006）	SL1：行业规则不确定或产生限制
		SL2：行业技术标准产生限制
		SL3：地区技术标准产生限制
		SL4：国家技术标准产生限制
		SL5：国际技术标准产生限制
		SL6：存在现成的（包括国外）技术
调节变量：关系资本（relational capital）		
BRC：商业关系资本	Peng 和 Luo（2000）	RC1：与设备、原材料或零部件供应商的关系
		RC2：与客户或者消费者的关系
		RC3：与市场竞争者或同行业其他企业的关系
		RC4：与咨询公司、其他研发机构的关系

续表

潜变量名称	参考文献	问卷题项
PRC：政治关系资本	Peng 和 Luo（2000）	RC5：与高等学校的产学研关系
		RC6：与政府或公共科研机构的关系
		RC7：利用政府的科技研发计划进行创新
		RC8：从商品交易会、专业会议获得创新资源
		RC9：从科技期刊、文献获得创新资源
		RC10：与专业行业协会的关系
调节变量：创新战略（innovation strategy）		
TLS：技术领先战略	Jian Cheng Guan 和 Richard（2009）	IS1：在创新方向上，优先选择进入新的行业
		IS2：在技术投资上，优先考虑新的市场需求
		IS3：在行业技术发生变革时，紧随新技术变化
		IS4：在创新定位上，优先考虑扩大规模和占有率
IS：模仿跟随战略		IS5：在研发定位上，优先选择应用技术开发
		IS6：在市场出现新技术时，优先进行模仿和跟随
		IS7：优先考虑降低已有产品成本的创新方式
因变量：创新绩效（innovation performance）		
SB：服务外向性	Milé Terziovski（2006）	SB：销售到其他国家和地区的产品占企业全部市场的比重是：A < 10%，B 10% ~50%，C > 50%
PLC：产品（服务）寿命周期	Miller（1990）	LC：贵企业主要产品/服务的寿命周期约为：A. 不到1年、B. 1~3年，C. 4~10年，D 超过10年
RDC：研发周期		RD：贵企业最新颖的产品在投放市场之前的研发周期是：A. 不到1年，B. 1~3年，C. 4~10年，D 超过10年
TPI：工艺流程创新	Deshpandé 等（2004）	PI：在过去三年内贵企业推出工艺方面的创新情况：A. 没有，B. 5次以内，C. 5~10次，D. 10次以上

续表

潜变量名称	参考文献	问卷题项
HMR：国内市场地位	Subramanian 和 Youndt（2005）	HM：近期贵企业在主营业务方面的国内市场排名如何：A. 第 1 名，B. 2～5 名，C. 6～10 名，D. 11～50 名，E 50 名之后
OMR：国外市场地位		OM：近期贵企业在主营业务方面的全球市场排名如何：A. 第 1 名，B. 2～5 名、C. 6～10 名，D. 11～50 名，E 50 名之后
控制变量（control variables）		
AGE：企业年龄	Baron 等（1986）	Y：企业成立于哪一年
EC：企业性质	Agarwal 等（2002）	EC：贵企业登记注册类型：A 国有企业，B 集体企业，C 私营企业，D 股份合作企业，E 股份有限公司，F 有限责任公司，G 其他内资，H 外商及港澳台投资企业
ES：企业规模	Cox 和 Snell（1981）	ES：近年底贵企业平均从业人数为：A. 300 人以下，B. 300～2000 人，C 2000 人以上
EI：细分制造业类型	杨震宁、李东红（2010）	EI：贵企业属于 30 类细分制造业的哪一种

（三）信度/效度检验与潜变量提炼

问卷的信度检验选取删除该条目后的 Cronbach´s α 系数、潜变量的 Cronbach´s α 系数、问卷总体 Cronbach´s α 系数、平均提取方差（AVE）和复合信度（CR）进行观测。表 15－3 的问卷信度分析显示，删除该条目后的 Cronbach´s α 系数均大于0.7，变量的内部一致性很高（Fornell & Michael，1996）；所有潜变量的 Cronbach´s α 系数都高于0.6（Nunnally，1978），复合信度（CR）都大于 0.8（Nunnally & Bernstein，1994），显示测量具有很好的信度；变量的会聚效度以平均提取方差（AVE）来测量，所有潜变量的平均提取方差都大于 0.65，表明测量的会聚效度良好（Bagozzi & Yi，1988）。问卷总体的 Cronbach´s a 系数为 0.919，显示了很高的信度。

表 15－3　问卷的信度分析

因子	测量条目	删除条目后的 Cronbach´s α	潜变量的 Cronbach´s α	总体 Cronbach´s α	多重相关系数平方	平均提取方差(AVE)	复合信度（CR）
商业关系资本	RC1	0.827	0.687		0.215	0.711	0.832
	RC2	0.833			0.215		
	RC3	0.827			0.263		

续表

因子	测量条目	删除条目后的 Cronbach´s α	潜变量的 Cronbach´s α	总体 Cronbach´s α	多重相关系数平方	平均提取方差(AVE)	复合信度（CR)
政治关系资本	RC4	0.814	0.837	0.919	0.443	0.735	0.891
	RC5	0.804			0.645		
	RC6	0.805			0.606		
	RC7	0.824			0.326		
	RC8	0.811			0.439		
	RC9	0.813			0.434		
	RC10	0.821			0.396		
技术创新成本锁定	TL1	0.917	0.839		0.483	0.692	0.811
	TL2	0.916			0.589		
	TL3	0.917			0.526		
	TL4	0.918			0.475		
知识转换锁定	KL1	0.916	0.866		0.529	0.742	0.845
	KL2	0.914			0.614		
	KL3	0.914			0.670		
	KL4	0.915			0.587		
	KL5	0.916			0.437		
市场锁定	ML1	0.915	0.818		0.477	0.810	0.853
	ML2	0.917			0.514		
	ML3	0.916			0.490		
	ML4	0.917			0.377		
	ML5	0.914			0.507		
	ML6	0.916			0.357		
技术标准锁定	SL1	0.915	0.860		0.567	0.843	0.892
	SL2	0.913			0.637		
	SL3	0.916			0.456		
	SL4	0.916			0.469		
	SL5	0.915			0.602		
	SL6	0.916			0.585		
技术领先战略	IS1	0.744	0.705		0.310	0.661	0.856
	IS2	0.729			0.336		
	IS3	0.724			0.325		
	IS4	0.734			0.248		
模仿跟随战略	IS5	0.758	0.621		0.220	0.715	0.822
	IS6	0.739			0.310		
	IS7	0.738			0.241		

对数据结构效度的检验和潜变量的因子提炼采用探索性因子分析（EFA）进行，关系资本、锁定效应与创新战略三个潜变量提炼过程的Kaiser－Meyer－Olkin（KMO）统计量均大于0.8，超过0.6的最低标准（Anderson & Gerbing，1988)，推翻了变量之间的相关系数矩阵为单位阵的零假设；三个潜变量提炼过程的

Bartlett 球形检验值分别为 1726. 336、5408. 968 和 943. 177，如表 15 –4 所示。通过显著性检验（$p<0.010$），说明数据适合进行探索性因子分析；对数据进行 Varimax 最大方差垂直转换，使得到的因子所能解释的方差水平达到最大，这样可以更清晰地辨别因子结构，表 15 –4 中的因子载荷均大于 0. 5，显示了较高的结构效度；因子分析结构中，关系资本提炼出商业关系资本和政治关系资本两个因子，能够解释概念变差的 53. 932% 的。锁定效应提炼出技术创新成本锁定、知识转换锁定、市场锁定和技术标准锁定四个因子，解释概念的力度为 62. 052% 。创新战略潜在变量提炼出两个因子，即技术领先战略和模仿跟随战略，能够解释概念变差的 45. 632% ，显示了较高的概念有效性。

表 15 –4　潜变量的提炼和结构效度分析

潜变量名称	测量条目	KMO 值	Bartlett 球形检验值	Bartlett 球形检验的 P 值	解释方差百分比（%）	累计解释方差百分比（%）	初始特征值	VARIMAX 旋转的因子载荷
关系资本（relational capital）								
商业关系资本	RC1	0. 856	1726. 336	0. 000	36. 671	37. 115	1. 222	0. 512
	RC2						1. 094	0. 765
	RC3						0. 891	0. 734
政治关系资本	RC4				17. 261	53. 932	0. 652	0. 742
	RC5						0. 560	0. 803
	RC6						0. 504	0. 715
	RC7						0. 490	0. 585
	RC8						0. 400	0. 693
	RC9						0. 233	0. 679
	RC10						0. 221	0. 594
锁定效应（lock – in effectiveness）								
技术创新成本锁定	TL1				16. 772	16. 772	8. 130	0. 725
	TL2						1. 999	0. 823
	TL3						1. 531	0. 797
	TL4						1. 370	0. 756
知识转换锁定	KL1				16. 277	33. 050	0. 885	0. 731
	KL2						0. 768	0. 795
	KL3						0. 710	0. 820
	KL4						0. 636	0. 737
	KL5						0. 622	0. 614

续表

潜变量名称	测量条目	KMO 值	Bartlett 球形检验值	Bartlett 球形检验的 P 值	解释方差百分比（%）	累计解释方差百分比（%）	初始特征值	VARIMAX 旋转的因子载荷
市场锁定	ML1	0.909	5408.968	0.000	14.569	47.619	0.595	0.653
	ML2						0.496	0.798
	ML3						0.447	0.725
	ML4						0.430	0.579
	ML5						0.376	0.538
	ML6						0.358	0.520
技术标准锁定	SL1				14.433	62.052	0.733	0.574
	SL2						0.363	0.616
	SL3						0.295	0.692
	SL4						0.209	0.734
	SL5						0.231	0.760
	SL6						0.215	0.761
创新战略（innovation strategy）								
技术领先战略	IS1	0.807	943.177	0.000	25.773	25.773	3.224	0.779
	IS2						1.339	0.719
	IS3						0.969	0.663
	IS4						0.873	0.622
模仿跟随战略	IS5				19.839	45.632	0.753	0.779
	IS6						0.675	0.775
	IS7						0.489	0.557

三、假设检验与研究发现

（一）变量的相关性分析

为研究变量的相关系数矩阵，给出了主要变量的均值、标准差，以及其间的 Pearson 相关系数，如表 15 – 5 所示。从表 15 – 5 中可以看到，被调查企业的平均年龄为 10 年，大部分企业的性质为股份有限公司和有限责任公司，规模在 300 ~ 2000 人的企业居多，企业的产品/服务寿命周期大部分集中于 4 ~ 10 年，研发周期集中于 1 ~ 3 年之间，过去三年内企业在工艺创新方面的次数集中在 5 ~ 10 次之间。可以看到，大部分变量之间的 Pearson 相关系数都小于 0.2，说明变量之间不存在多重共线性，并且两两概念之间的区分效度明显。服务外向性与企业海外市场地位之间的相关系数最高并达到 0.353，说明出口型的制造业企业把重点市场放置于海外，其外向型战略实施较为成功。而更加市场化的企业以及规模比较大的企业，更加倾向服务于海外市场，服务外向性与企业性质、企业规模的相关系数分别达到 0.232 和 0.321。规模较大的企业更容易进行工艺流程创新，企业规模与工艺流程创新的相关系数为 0.237。

（二）模型检验结果

本研究以 SAS9.0 软件为主要分析工具，采用调节层次回归（moderated multiple regression，MMR）的方法对所提出的概念模型进行相关的假设检验，验证变量的主效应和调节效应关系。根据学者罗胜强和姜嬿（2007）的建议，我们采用如下步骤进行调节回归模型检验：一是把连续型变量（比如商业关系资本、政治关系资本、技术领先战略、模仿跟随战略、技术创新成本锁定、知识转移锁定、市场锁定、技术标准锁定，这些潜变量来自因子分析过程萃取后的因子得分）进行中心化处理，即用这个变量中测量的每个数据点减去其均值，使得新得到的数据样本均值为 0（Aiken & West，1991），因为预测变量和调节变量往往与它们的乘积项高度相关，中心化后减小了回归方程中变量间的多重共线性（multicollinearity）问题；二是构造乘积项，把经过中心化处理以后的自变量（锁定效应）和调节变量（关系资本和创新战略）相乘，形成相应的乘积项；三是构造方程，把自变量、调节变量、因变量（这里使用了未中心化的创新绩效变量）和乘积项分层放置于回归方程中检验主效应和交互效应的作用。我们关注交互乘积项的影响是否显著，若其显著则证明出调节效应的存在。研究结果如表 15 -6、表 15 -7 和表 15 -8 所示。

1. 锁定效应对创新的影响

假设 H1 ~ H4 预测了锁定效应的存在对中国制造业企业的 6 个创新绩效指标存在抑制作用。表 15 -6、表 15 -7 和表 15 -8 的统计分析结果表明，锁定效应主要抑制了中国制造业企业的服务外向性行为、产品/服务寿命周期、研发周期和国内/国外市场地位等创新绩效的表现，而锁定效应对企业工艺流程创新的抑制作用不明显，这样的分析结果揭示了中国制造业企业目前面临的锁定效应作用机制的部分特征。

（1）技术创新成本锁定效应、市场锁定效应和技术标准锁定效应对中国制造业企业的服务外向性的抑制作用明显（$\beta_{1,1} = -0.094^{**}$，$p < 0.050$；$\beta_{1,3} = -0.174^{***}$，$p < 0.010$；$\beta_{1,4} = -0.073^{*}$，$p < 0.100$）（$\beta_{i,j}$，i 代表模型编号，j 代表回归系数序号，以下同）。市场锁定效应和技术标准锁定效应对中国制造业企业在国内/国外市场地位的提升也产生了明显的抑制作用（$\beta_{13,3} = -0.112^{*}$，$p < 0.100$；$\beta_{13,4} = -0.145^{**}$，$p < 0.050$；$\beta_{16,3} = -0.143^{**}$，$p < 0.050$；$\beta_{16,4} = -0.106^{**}$，

$p<0.050$）。如前面所述，中国经济发展水平和金融市场制度完善程度有限，这些制度因素会影响中国制造业企业技术创新的水平（Aghion & Howitt, 2006），很多中国制造业企业由于缺乏技术创新资金的支持限制了企业服务外向性的行为；再有，国内制造业企业的服务外向性受到国外客户市场需求和国外市场过度竞争的影响，尤其是国外竞争对手的垄断或控制、海外市场存在过度竞争以及创新产品需求存在的不确定性，使中国制造业企业闭锁于旧的技术轨道，产生市场锁定效应。国内学者辛枫冬（2004）认为，跨国公司在华的服务外向性也受到中国市场锁定效应的影响，所以很多跨国公司都存在独资化的趋势，我们的研究结论也证明中国制造业企业的服务外向性同样存在海外市场的锁定问题；由于中国制造业企业处于全球产业链条的最低端，其创新过程受到国际寡头竞争对手所制定的技术标准（如ISO 9000/14000 等）的抑制。国内学者高旭东（2005）持有类似观点，认为国外企业具有“先发优势”，新技术标准虽然更具有技术优势且如果被选中将对整个社会的经济和科技发展有利，但对正在享受旧技术标准所带来递增收益的国外技术垄断企业来说却不是最优的选择。国际技术标准竞争中的“囚徒困境”导致了技术系统创新的市场失灵，中国作为国际技术标准的接受者，其服务外向性创新行为一定受到技术标准锁定的抑制。

（2）技术创新成本锁定效应和市场锁定效应对中国制造业企业的产品/服务寿命周期产生明显的抑制作用（$\beta_{8,1}=-0.057^{*}$，$p<0.100$；$\beta_{8,3}=-0.058^{*}$，$p<0.100$）；国内市场锁定效应和技术标准锁定效应对中国制造业企业的研发周期产生明显的抑制作用（$\beta_{10,3}=-0.055^{**}$，$p<0.050$；$\beta_{10,4}=-0.061^{**}$，$p<0.050$）。国内市场金融制度不完善，制造业企业（尤其是规模小的新企业）很难获得外部资本支持，企业缺乏技术创新所需要的资金来源，势必会影响企业的创新行为，缩短企业产品/服务的市场寿命周期。Chandy 和 Tellis（2000）提出制造业企业推出新产品的速度取决于企业的创新意愿（willingness to innovate），而这种创新意愿受到市场消费者潜在价值和投资价值的影响。所以，国内市场消费者的需求锁定、市场导向和市场的过度竞争抑制了企业产品生命周期的拓展、延长了企业的新产品研发周期（Edwin J. Nijssen et al., 2005）。很多学者（Elias & Constantinos, 2007）认为市场的动荡、竞争的存在以及需求的不确定性，使市场导向的制造业企业可以调整企业的创新行为，以便适应不断变化的环境。然而，“先进入优势”企业会制定技术标准，从而稳定市场需求，扩大自身的市场份额，为“后进入”企业制造技术壁垒。这些技术标准起到了统一技术规范、降低研发成本和交易成本的积极作用，但也限制了“后发企业”（比如中国的制造业企业）的创新行为，本章的结果显示技术标准的锁定效应，对中国制造业企业的研发周期的缩短产生了抑制作用。

表 15 – 5 变量的相关系数矩阵

	均值	标准差	SB	HMR	OMR	PLC	RDC	TPI	BRC	PRC	TICL	KTL	ML	TSL	TLS	IIS	AGE	EC	ES	EI
SB	2.380	1.067	1.000																	
HMR	3.160	1.443	-0.198**	1.000																
OMR	4.310	1.159	0.353**	-0.281**	1.000															
PLC	3.110	0.919	-0.037	0.037	0.017	1.000														
RDC	1.930	0.628	-0.121**	0.118**	0.002	0.187**	1.000													
TPI	2.020	0.937	-0.198**	-0.227**	-0.136**	-0.046	0.017	1.000												
BRC	-0.002	1.002	0.096**	0.007	-0.021	0.019	0.113*	0.135**	1.000											
PRC	-0.001	0.997	-0.139**	0.017	0.056	0.037	-0.177**	0.089*	0.004	1.000										
TICL	0.011	1.003	0.096*	0.006	-0.066	-0.043	-0.015	0.070	0.114*	0.014	1.000									
KTL	0.004	1.001	0.019	-0.047	-0.050	-0.024	-0.045	-0.039	0.101*	-0.045	-0.012	1.000								
ML	0.014	0.994	-0.169**	-0.070	-0.133**	-0.030	-0.114*	-0.016	-0.016	0.018	-0.010	-0.003	1.000							
TSL	0.007	1.000	-0.049	-0.101*	-0.102*	-0.004	0.112*	0.018	0.110*	-0.059	-0.006	0.003	-0.014	1.000						
TLS	-0.114	0.990	-0.005	0.118**	0.100*	0.029	-0.006	-0.041	0.041	0.017	-0.050	0.141**	0.096*	0.062	1.000					
IIS	0.020	0.982	0.000	0.047	0.061	0.020	0.007	0.038	0.045	-0.140**	0.110*	0.021	0.099*	0.169**	0.036	1.000				
AGE	1990.4	21.286	0.073	0.002	0.045	-0.060	0.113*	-0.074	-0.029	-0.019	-0.091*	-0.011	-0.059	-0.013	-0.043	-0.122**	1.000			
EC	5.770	1.915	0.232**	0.056	0.119**	-0.116**	0.156**	-0.020	0.012	0.011	-0.036	0.002	-0.110*	0.030	0.042	-0.025	0.275**	1.000		
ES	1.970	0.665	0.321**	0.128**	0.075	-0.010	-0.022	0.237**	0.085	0.039	0.057	-0.018	0.037	-0.003	-0.047	0.038	-0.187**	0.020	1.000	
EI	19.270	7.973	0.167**	0.153**	0.153**	0.037	-0.055	0.151**	0.069	0.094*	0.008	-0.082	0.008	-0.004	-0.028	-0.049	0.028	0.048	0.087	1.000

注：双尾检验 ** $p < 0.01$，* $p < 0.05$。

最后，我们得到一个未被预期的研究结果：技术创新成本锁定、知识转换锁定、市场锁定和技术标准锁定四个锁定效应对中国制造业企业工艺流程创新的影响是不显著的（$\beta_{4,1} = -0.031$，$p > 0.10$；$\beta_{4,2} = -0.054$，$p > 0.10$；$\beta_{4,3} = -0.039$，$p > 0.10$；$\beta_{4,4} = -0.106$，$p > 0.10$）。为了对这一样本现象做出合理解释，我们需要分析锁定效应存在的本质根源。锁定效应对企业工艺流程创新是一个外生性的环境变量，其影响并非是直接存在的。工艺流程创新在企业内一定范围展开，虽然存在工艺流程的引进和吸收，但是其本身还是企业的内化过程，是企业“干中学”的结果，这样的创新其剧烈程度会影响市场总产量、消费者剩余、生产者剩余和社会总剩余的变动（Brozen R.，1982）。另外，从控制变量的影响上看，随着企业规模的扩大企业的工艺流程创新越明显（$\beta_{5,11} = 0.288^{***}$，$p < 0.01$），规模扩张伴随着资源的获取和技术经验的积累，企业在知识积累和内化过程中，表现出越来越多的工艺流程创新行为。因此，锁定效应这个外生环境变量对内生性更强的工艺流程创新影响不直接，反而企业的规模、企业的年龄等这些内生性控制变量的影响更加显著。

表 15－6　服务外向性和工艺流程创新的多层次回归分析结果

被解释变量	服务外向性 SB			工艺流程创新 TPI		
	模型 1	模型 2	模型 3	模型 4	模型 5	模型 6
解释变量						
常数项	2.381***	-6.808	-5.612	-2.025***	-1.954	-2.065
技术创新成本锁定 TICL	-0.094**	-0.090**	-0.090**	-0.031	-0.023	-0.031
知识转换锁定 KTL	-0.004	-0.021	-0.026	-0.054	-0.042	-0.025
市场锁定 ML	-0.174***	-0.165***	-0.173***	-0.039	-0.048	-0.023
技术标准锁定 TSL	-0.073*	-0.077*	-0.090**	-0.106	-0.003	-0.022
商业关系资本 BRC	0.096**	0.056	0.062	0.131**	0.107**	0.092**
政治关系资本 PRC	-0.153***	-0.187***	-0.170***	0.089**	0.067	0.046
技术领先战略 TLS	0.019	0.032	0.036	-0.034	-0.021	-0.040
模仿跟随战略 IIS	-0.006	0.022	-0.006	0.038	0.036	0.050
控制变量						
企业年龄 AGE		0.004*	0.003		0.000	0.000
企业性质 EC		0.103***	0.104***		-0.007	-0.008
企业规模 ES		0.523***	0.527***		0.288***	0.264***
企业细分行业 EI		0.020	0.021		0.013	0.012

续表

被解释变量	服务外向性 SB			工艺流程创新 TPI		
	模型 1	模型 2	模型 3	模型 4	模型 5	模型 6
交互变量						
BRC × TICL			0.017			0.018
BRC × KTL			-0.037			0.028
BRC × ML			0.029			-0.096**
BRC × TSL			0.080*			-0.063
PRC × TICL			-0.043			-0.087**
PRC × KTL			0.032			-0.061
PRC × ML			0.054			-0.019
PRC × TSL			0.056			-0.045
TLS × TICL			-0.009			-0.004
TLS × KTL			0.012			0.003
TLS × ML			-0.010			-0.023
TLS × TSL			-0.058			0.007
IIS × TICL			0.097**			0.112**
IIS × KTL			-0.039			-0.041
IIS × ML			-0.044			0.019
IIS × TSL			-0.027			0.001
模型拟合指标						
R^2	0.069	0.246	0.288	0.058	0.115	0.159
$Adj-R^2$	0.052	0.225	0.235	0.041	0.090	0.095
估计标准误差 SEE	1.039	0.940	0.930	0.918	0.894	0.891
F 值	3.970***	11.970***	5.427***	3.294***	4.707***	2.499***
p 值	0.000	0.000	0.000	0.001	0.000	0.000
样本量	493	493	493	493	493	493

注：回归系数是非标准化系数；* $p<0.100$，** $p<0.050$，*** $p<0.100$。

2. 锁定效应下，关系资本运用对创新的影响

面对锁定效应的影响，中国制造业企业如何跨越障碍获得高的创新绩效，企业如同经历一场创新“障碍赛”，在这场比赛中企业从商业关系资本和政治关系资本中获得资源支持，从而减小竞争环境的不确定性，依赖排他性和相对稀缺的关系资本获得高的创新绩效。假设 H5 和 H6 预测了在锁定效应存在的前提下，中国制造业企业利用商业关系资本和政治关系资本会显著提升企业的创新绩效。根据表 15-6、表 15-7 和表 15-8 的统计分析结果，可以清晰地看到商业关系资本和政治关系资本对企业跨越创新障碍所起到的调节作用效果。

(1) 中国制造业企业通过与市场竞争同行建立联盟，获得咨询机构的商业关系支持可以顺利地跨越技术标准锁定效应的抑制性影响，增加服务外向性行为的可能性 ($\beta_{3,16}=0.080^{*}$, $p<0.100$)，但不一定能获得高的海外市场地位 ($\beta_{18,16}=0.038$, $p>0.100$) 。因为在中国，企业进行国际化经营获得高绩效，可能对政治关系资本的利用更加重要。本章的这一结论进一步说明，相对国内交易来说，服务外向性意味着企业要面对国外消费者更为苛刻的产品质量、价格、技术、安全与环保等进入壁垒并且会面临更加激烈的竞争环境，这就要求作为发展中国家的中国制造业企业必须具备较高的资源积累，以保证外向性服务的质量要求与生产效率要求。然而，通过借助企业间联盟的力量和咨询机构的关系支持，企业可以通过资源学习获取外向性服务的竞争能力 (Arthur, 1994)。有些学者认为市场导向可以导致成功的创新和更卓越的公司绩效 (Augusto & Coelho, 2009)，制造业企业紧盯消费者市场并从客户方获得信息和资源支持，其建立了客户商业关系资本的企业可以顺利地规避市场锁定效应的抑制性，从而延长企业的产品/服务寿命周期 ($\beta_{9,15}=0.070^{*}$, $p<0.100$)。出现这一现象的主要原因是市场导向强化了组织的模仿能力，使企业规避自身的“创新能力陷阱”，从而促进了创新的发展。本研究的这一结论与 Chen 等人 (2009) 在对台湾制造型企业的实证研究中的发现一致，企业向客户的关系学习、商业关系资本的获得对企业的创新绩效有积极的作用。制造业企业从供应商、竞争同行以及其他研发机构获得信息资源支持，可以顺利规避知识转换锁定效应，从而缩短技术研发周期提升企业创新绩效 ($\beta_{12,14}=0.070^{**}$, $p<0.050$)。如前所述，知识转换需要付出成本，企业更愿意利用先前知识进行技术开发，知识的闭锁造成了企业技术轨道的锁定效应。然而，从动态发展角度来看，发展中国家的制造业企业对发达国家的技术引进和模仿以及从其他研发机构获得的帮助，的确能够促进其市场竞争力，立足于消化、吸收以及自我创新能力的技术获取缩短了企业的技术研发周期 (刘志彪、张杰, 2009)。然而，与预期不一致的是制造业企业对商业关系资本的获取并没有显著调节锁定效应下的工艺流程创新绩效 ($\beta_{6,13}=0.018$, $p>0.100$; $\beta_{6,14}=0.028$, $p>0.100$; $\beta_{6,15}=-0.096^{**}$, $p<0.050$; $\beta_{6,16}=-0.063$, $p>0.100$)。这个结论进一步证明工艺流程创新是企业的内化过程，是企业在“干中学”过程中的积累，外部商业关系资本对于企业工艺流程的改造影响更多的是外生性的。另外，对商业关系资本的利用并没有显著提升企业在国内的市场地位 ($\beta_{15,13}=-0.003$, $p>0.100$; $\beta_{15,14}=0.002$, $p>0.100$; $\beta_{15,15}=-0.094$, $p>0.100$; $\beta_{15,16}=-0.005$, $p>0.100$)，这个结论显而易见。因为除了合作关系，企业与其他商业群体更多的是一种竞争和讨价还价的交易关系，从而这样的调节效应并不明显。

（2）具体到政治关系资本，这种政治性的互惠关系，即包括个体层面上企业管理者与政府官员之间的私人关系，也包括组织层面上获取政府所提供的各项有利于企业创新的优惠政策，政治关系资本先天具备了稀缺性的特点（Li & Zhang，2007；姜翰、金占明，2009）。从统计结果中，可以发现中国制造业企业通过政治关系资本的运用可以克服技术创新成本锁定效应（$\beta_{9,17}=0.057^{*}$，$p<0.100$）和知识转换成本锁定效应（$\beta_{9,18}=0.101^{**}$，$p<0.050$）的抑制作用，顺利地延长企业的产品/服务寿命周期。企业与政治家的联系不仅保护了企业避免其资源被侵占的可能，而且这也是企业优先获得政府补助、融资机会和税收减免的一个途径（Bertrand et al.，2004）。Bertrand 等（2004）证明了那些与政府有联系的企业在日常经营上更能获得政府提供的便利。在新兴市场，也有相对应的证据证明了政企联系可以为企业带来一定的融资便利。正是以上论述的原因，中国制造业企业确实可以从与政府的政治关系中，获得更多的金融制度支持，顺利地跨越技术创新成本锁定的抑制效应。如前所述，Choi 等（1999）认为，在经济转型的过程中（尤其是中国），由于缺乏良好的价格体系和完善的法律系统，从定价和法律执行的角度出发，知识的交易成本将十分昂贵。制造业企业通过与政府的政治关系获得诸多优惠，促进了企业的知识投资与技术获取（Bertrand et al.，2004）。统计结果显示，制造业企业通过改善与政府的政治关系，顺利地获得更多的市场垄断力，跨越市场锁定效应，提升国内市场地位（$\beta_{15,19}=0.101^{*}$，$p<0.100$）。在中国市场经济转轨过程中，政府在资源配置、政策制定和规范，市场导向和塑造市场行为中仍然扮演着重要角色，哪个企业能够通过政府的政治关系资本获得市场垄断和政策支持就能够提高其市场份额，政治关系资本更多地成为制度缺失的替代品。企业通过政府政治关系资本的辅助，顺利地克服技术标准锁定，提升企业在海外的市场地位（$\beta_{18,20}=0.101^{**}$，$p<0.050$），例如海尔集团的国际化道路与海外市场的拓展与中国政府的支持与辅助不无关系。

表 15－7　产品（服务）寿命周期和研发周期的多层次回归分析结果

被解释变量	产品（服务）寿命周期 PLC			研发周期 RDC		
	模型 7	模型 8	模型 9	模型 10	模型 11	模型 12
解释变量						
常数项	3.116***	5.556	5.454	－1.929***	－5.545**	－6.141**
技术创新成本锁定 TICL	－0.053	－0.057*	－0.070*	－0.011	－0.006	－0.004
知识转换锁定 KTL	－0.035	－0.008	－0.017	－0.034	－0.036	－0.041

续表

被解释变量	产品（服务）寿命周期 PLC			研发周期 RDC		
	模型 7	模型 8	模型 9	模型 10	模型 11	模型 12
市场锁定 ML	-0.048	-0.058*	-0.062	-0.055**	-0.045*	-0.042
技术标准锁定 TSL	-0.017	-0.015	-0.044	-0.061**	-0.058**	-0.063**
商业关系资本 BRC	0.026	0.023	0.030	0.067**	0.070**	0.076**
政治关系资本 PRC	0.037	0.040	0.047	-0.111***	-0.106***	-0.101***
技术领先战略 TLS	0.031	0.034	0.048	0.004	0.001	-0.002
模仿跟随战略 IIS	0.031	0.030	0.034	-0.013	-0.008	-0.010
控制变量						
企业年龄 AGE		-0.001	-0.001		0.002	0.002
企业性质 EC		-0.055**	-0.056**		0.040**	0.044**
企业规模 ES		-0.020	-0.011		-0.002	-0.007
企业细分行业 EI		0.004	0.003		-0.004	-0.005
交互变量						
BRC × TICL			-0.039			-0.001
BRC × KTL			0.009			0.070**
BRC × ML			0.070*			-0.031
BRC × TSL			0.057*			0.031
PRC × TICL			0.057*			-0.013
PRC × KTL			0.101**			-0.021
PRC × ML			0.010			0.018
PRC × TSL			0.055			-0.034
TLS × TICL			-0.019			0.057**
TLS × KTL			0.074*			-0.026
TLS × ML			0.031			-0.014
TLS × TSL			0.008			0.024
IIS × TICL			0.081**			-0.029
IIS × KTL			0.016			0.030
IIS × ML			0.072			-0.021
IIS × TSL			0.022			0.016
模型拟合指标						
R^2	0.015	0.031	0.084	0.082	0.103	0.150
$Adj-R^2$	0.003	0.005	0.016	0.065	0.078	0.085
估计标准误差 SEE	0.920	0.916	0.917	0.608	0.603	0.597
F 值	0.823	1.192	1.432*	4.704***	4.104***	2.302***

续表

被解释变量	产品（服务）寿命周期 PLC			研发周期 RDC		
	模型 7	模型 8	模型 9	模型 10	模型 11	模型 12
P 值	0.595	0.282	0.099	0.000	0.000	0.000
样本量	493	493	493	493	493	493

注：回归系数是非标准化系数；* p<0.100，** p<0.050，*** p<0.100。

3. 锁定效应下，创新战略实施对创新的影响

知识资源观（KBV）认为企业的技术能力体现在新产品和新流程的开发和创新的技术知识运用中，那些采用技术领先创新战略的制造业企业确实可以赢得市场先机、获得更高的创新绩效（Cohen & Levinthal, 1989）。在一些特殊的产业环境中（国家经济处于转轨时期，比如中国、印度等），采用模仿跟随战略的企业比采用技术领先战略的企业更容易获得技术成本优势，是一种更好的创新战略选择（Zhou, 2006）。假设 H7 和 H8 预测了在锁定效应存在的前提下，中国制造业企业采用技术领先战略和模仿跟随战略会显著提升企业的创新绩效。根据表 15－6、表 15－7 和表 15－8 的统计分析结果，可以清晰地看到两种创新战略的使用对中国制造业企业跨越创新障碍所起到的调节作用效果。

模仿跟随战略的使用有三个条件：一是市场中存在既有的、先进的产品和服务（Sandberg, 1999），企业需要提升模仿创新速度从而获得模仿这些产品和技术的机会（Lavie, 2007）；二是使用模仿跟随战略的企业的技术能力应体现在研发资源的整合与调配上（Slater, 1998）；三是技术创新成本的管理成为一个挑战，模仿跟随者需要跨越技术创新成本锁定的影响，建立创新优势超越“先进入者”（Gassmann, 2006）。从统计结果中发现，使用模仿跟随战略的企业成功地跨越技术创新成本锁定的抑制，提升了服务外向性行为（$\beta_{3,25}=0.097^{**}$，$p<0.050$）并把创新重点设置在工艺流程的改造和创新中（$\beta_{6,25}=0.112^{**}$，$p<0.050$），获得高的创新绩效。采用模仿跟随战略的制造业企业也通过战略的实施，跨越了技术创新成本的限制，延长了产品/服务的寿命周期（$\beta_{9,25}=0.081^{**}$，$p<0.050$）。日本的产业发展模式与美国相比，突出了工艺创新和模仿创新的重要性。当年日本对美国产业的追赶，在创新上的区别，体现为日本的创新主要是在工艺技术上，美国主要追求在产品上突破（Paul, 1990）；日本成功的另一个关键是善于模仿（Schilling, 1998），其产业凭借在技术创新商业化上的优势而领先于美国。中国的制造业企业一旦进入全球制造业价值链的低端，作为采购商的跨国公司为了使东道国的供应商能够提供质量合乎其要求的中间品，会主动向东道国（中国）转移技术。这样，模仿跟随战略势必会成为中国制造业企业的重要选择。

在变化的竞争环境中，创新将促进企业绩效的提高，先动性可能因为“提前行动者优势”而为企业积累稀缺资源或经验曲线效应，使企业取得更高的创新绩效。从统计结果中我们发现，技术领先战略的实施主要帮助企业跨越技术创新成本锁定和知识转换锁定的限制，延长企业的产品/服务寿命周期（$\beta_{9,22}=0.074^{*}$，$p<0.100$）并缩短企业新产品和技术的研发周期（$\beta_{12,21}=0.057^{**}$，$p<0.050$）。党的十七大报告指出：“提高自主创新能力，建设创新型国家。这是国家发展战略的核心，是提高综合国力的关键”。事实上，这是继2006年年初提出“建设创新型国家”发展战略后，中国共产党在党代会报告中再次强调这一发展战略的重要地位。然而，中国的自主创新有更为深刻的内涵：一是原始创新；二是集成创新；三是在消化吸收国外先进技术的基础上再创新。自主创新，就是把原始创新、集成创新和引进消化吸收再创新结合起来，在积极跟踪、关注和参与原始创新、集成创新的同时，高度重视对引进技术的消化吸收再创新（工人日报，2007）。本研究的结果证明，在目前阶段，制造业企业采用技术领先战略并没有显著提升企业的服务外向性行为、工艺流程创新以及国内/国外市场地位（$\beta_{3,21}=-0.009$，$p>0.100$；$\beta_{3,22}=0.012$，$p>0.100$；$\beta_{3,23}=-0.010$，$p>0.100$；$\beta_{3,24}=-0.058$，$p>0.100$；$\beta_{6,21}=-0.004$，$p>0.100$；$\beta_{6,22}=0.003$，$p>0.100$；$\beta_{6,23}=-0.023$，$p>0.100$；$\beta_{6,24}=0.007$，$p>0.100$；$\beta_{15,21}=-0.068$，$p>0.100$；$\beta_{15,22}=0.067$，$p>0.100$；$\beta_{15,23}=0.043$，$p>0.100$；$\beta_{15,24}=0.061$，$p>0.100$；$\beta_{18,21}=-0.021$，$p>0.100$；$\beta_{18,22}=-0.007$，$p>0.100$；$\beta_{18,23}=0.047$，$p>0.100$；$\beta_{18,24}=0.052$，$p>0.100$）。自主创新是一个历史过程，对引进技术的吸收、消化和模仿反而在中国目前的阶段会起到更明显的加强创新绩效的效果，这个结论在本研究的统计结果中得到证明。

表15-8　国内和国外市场地位的多层次回归分析结果

被解释变量	国内市场地位 HMR			国外市场地位 OMR		
	模型13	模型14	模型15	模型16	模型17	模型18
解释变量						
常数项	3.158***	4.888	-5.947	-4.305***	-6.991	-6.425
技术创新成本锁定 TICL	-0.019	-0.019	-0.005	-0.074	-0.076	-0.079
知识转换锁定 KTL	-0.064	-0.039	-0.019	-0.041	-0.026	-0.021
市场锁定 ML	-0.112*	-0.110*	-0.120*	-0.143**	-0.135**	-0.147**
技术标准锁定 TSL	-0.145**	-0.142**	-0.154**	-0.106**	-0.106**	0.109**
商业关系资本 BRC	0.038	0.004	0.000	-0.014	-0.035	-0.026
政治关系资本 PRC	-0.013	-0.005	0.012	0.058	0.037	0.040

续表

被解释变量	国内市场地位 HMR			国外市场地位 OMR		
	模型 13	模型 14	模型 15	模型 16	模型 17	模型 18
技术领先战略 TLS	0. 145**	0. 137**	0. 132**	0. 088	0. 084	0. 094*
模仿跟随战略	IIS0. 034	0. 029	0. 032	0. 192*	0. 197*	0. 199*
控制变量						
企业年龄 AGE		0. 000	0. 001		0. 001	0. 001
企业性质 EC		0. 040	0. 043		0. 060**	0. 062**
企业规模 ES		0. 241**	0. 272**		0. 109	0. 119
企业细分行业 EI		0. 024	0. 022		0. 020	0. 019
交互变量						
BRC × TICL			-0. 003			-0. 029
BRC × KTL			0. 002			-0. 061
BRC × ML			-0. 094			0. 012
BRC × TSL			-0. 005			0. 038
PRC × TICL			-0. 038			0. 033
PRC × KTL			0. 055			0. 055
PRC × ML			0. 111*			0. 008
PRC × TSL			0. 036			0. 111**
TLS × TICL			-0. 068			-0. 021
TLS × KTL			0. 067			-0. 007
TLS × ML			0. 043			0. 047
TLS × TSL			0. 061			0. 052
IIS × TICL			0. 027			-0. 005
IIS × KTL			-0. 014			-0. 049
IIS × ML			0. 001			-0. 034
IIS × TSL			-0. 020			0. 043
模型拟合指标						
R^2	0. 038	0. 073	0. 106	0. 044	0. 080	0. 112
Adj - R^2	0. 020	0. 047	0. 039	0. 026	0. 054	0. 044
估计标准误差 SEE	1. 428	1. 409	1. 419	1. 144	1. 128	1. 128
F 值	2. 127**	2. 866***	1. 572**	2. 420**	3. 114***	1. 648**
P 值	0. 026	0. 001	0. 025	0. 011	0. 000	0. 015
样本量	493	493	493	493	493	493

注：回归系数是非标准化系数；$*p<0.100$，$**p<0.050$，$***p<0.100$。

4. 控制变量的影响

为了排除对中国制造业企业创新绩效产生影响的其他外部因素，我们结合先前的研究引入四个控制变量（企业年龄、企业性质、企业规模和细分制造业类型）进行综合讨论。引入控制变量后，所有回归模型的经调整可决系数（$Adj-R^2$）都有显著提高，模型的估计标准误差（SEE）也都显著下降，模型的总检验（F检验）也更加趋于显著，这一结果进一步支持了本研究引入上述四个控制变量的合理性。从统计模型的结果，可以看到：随着企业年龄的增加，企业的创新经验和市场知识逐渐积累，创新成本逐渐下降，企业的服务外向性行为则更加明显（$\beta_{2,9}=0.004^{*}$，$p<0.100$）；随着企业市场化性质的提高（问卷中设置国有企业的计划性质最强，而股份制企业、有限责任公司和外商投资企业的市场化性质最明显），企业的自主创新行为越显著，其服务外向性行为越明显（$\beta_{3,10}=0.104^{**}$，$p<0.050$）、海外市场地位更卓著（$\beta_{18,10}=0.062^{**}$，$p<0.050$），而且市场化的技术资源和知识交换更容易，从而缩短了企业的研发周期（$\beta_{12,10}=0.044^{**}$，$p<0.050$）。与预期的一致，计划性质越强的企业（如国有企业），其市场垄断力越强，企业的产品／服务寿命周期比市场化的企业更长（$\beta_{9,10}=-0.056^{**}$，$p<0.050$）；规模越大的企业，掌握了更多的创新资源（资金、人才和信息等），其服务外向性行为更加明显（$\beta_{3,11}=0.527^{**}$，$p<0.050$），企业的工艺流程创新也更容易（$\beta_{6,11}=0.264^{**}$，$p<0.050$），并且获得了更高的国内市场地位（$\beta_{15,11}=0.272^{**}$，$p<0.050$）；另外，研究发现在制造业的细分市场中，行业细分类型对研究结果没有显著性影响（$\beta_{3,8}=0.021$，$p>0.100$；$\beta_{6,8}=0.012$，$p>0.100$；$\beta_{9,8}=0.003$，$p>0.100$；$\beta_{12,8}=-0.005$，$p>0.100$；$\beta_{15,8}=0.022$，$p>0.100$；$\beta_{18,18}=0.019$，$p>0.100$），说明锁定效应、关系资本的运用和创新战略的选择对制造业企业创新绩效的影响机制具有行业共性，进一步验证了本研究具有较高的外部有效性。

四、研究结论与启示

（一）本研究的结论与理论贡献

本章把制造业企业跨越创新障碍获得创新绩效的过程比喻成一场创新“障碍赛”，以中国40个城市493家制造业企业为样本，基于创新过程的锁定效应为视角，研究关系资本（商业关系资本和政治关系资本）和创新战略（市场领先战略和模仿跟随战略）对企业跨越创新“障碍”及获得创新绩效的影响机制进行详细考察。作为制造业企业创新锁定于旧的技术轨道跨越创新“障碍”的研究，首次从关系资本与创新战略的调节关系出发，本章的相关发现具有一定的理论和实践意义。

比较前期的相关研究，本章最重要的创新在于拓宽了“锁定效应”的定义，把制造业企业所遇到的技术锁定效应系统地划分为技术创新成本锁定、知识转换锁定、市场锁定和技术标准锁定，从实证的角度对这四种锁定效应进行科学测量，开发了相应的测量量表，从而为今后的研究探索了更为规范的研究工具。以制造业企业所遇到的锁定效应为切入点，将企业获得创新绩效的过程机制引入关系资本和创新战略，拓展了相关研究的着眼点。作为创新战略管理相关领域的探索性研究，本章采用客观性指标考察了中国制造业企业服务外向性、工艺流程创新、产品/服务寿命周期、研发周期和企业国内/国外市场地位六个创新绩效，探讨锁定效应对这六个企业创新绩效的抑制作用，并利用调节层次回归的方法讨论关系资本和创新战略对企业跨越锁定效应的调节机制。从本章的实证结果上看，首先，由于工艺流程创新更多的是企业“干中学”的内化过程，四个锁定效应对中国制造业企业工艺流程创新的影响是不显著的，而对其他的创新绩效的抑制作用明显，这样的结论为相关研究进一步的发展提供了实证依据。其次，制造业企业运用商业关系资本可以跨越技术标准锁定效应的抑制性影响，增加服务外向性行为的可能性，建立客户商业关系资本的企业可以顺利地规避市场锁定效应的抑制性，从而延长企业的产品/服务寿命周期，从供应商、竞争同行以及其他研发机构获得信息资源支持，企业可以顺利规避知识转换锁定效应，从而缩短技术研发周期提升企业创新绩效。同时，中国制造业企业通过政治关系资本的运用可以克服技术创新成本锁定效应和知识转换成本锁定效应的抑制作用，顺利地延长企业的产品/服务寿命周期。通过改善与政府的政治关系，顺利地获得更多的市场垄断力，跨越市场锁定效应，企业提升了国内市场地位。通过政府政治关系资本的辅助，企业顺利地克服了技术标准锁定，提升企业在海外的市场地位。再次，可以发现在中国目前的阶段，制造业企业采用技术领先战略并没有显著提升企业的服务外向性行为、工艺流程创新以及国内/国外市场地位，而采用模仿跟随战略却可以缩减创新成本，获得更高的创新绩效，这与中国“引进—消化—吸收—再创新”的自主创新国家战略相吻合。最后，结合中国社会与市场体系的特点以及本研究的考察对象——制造业企业的自身特点，我们以企业年龄、企业性质、企业规模和企业所在细分的行业类型为四个控制变量对研究的影响进行了实证分析，这些新现象的发现和理论解释为中国特定的社会与市场环境下的制造业企业创新提供了新的研究证据和研究方向。

与此同时，本章的相关结论对政府部门与制造业企业的管理实践也具有一定的现实指导意义。首先，研究结论发现企业对政治关系资本的利用可以使其顺利规避知识转换锁定、市场锁定和技术标准锁定的影响，从而缩短研发周期、提升企业产品的国内和国际市场地位，这样的结论值得政府部门认真总结和思考：除了企业通过私人关系与政府建立良好而稳固的个人关系（如礼仪性馈赠、日常交际以及私人网络联系等），更多的政府政治关系资本表现为企业对政府制度、市场规则以及法定性行为（legitimacy）的获取。如何保持公平和公正，保证制造业企业能够顺利获得政策性支持，而避免投机性的“寻租”行为出现，在制度建设的保证下促进制造业企业的自主创新，是政府部门需要思考的。本章提供的结论为政府与其他相关机构深入分析企业的创新行为并建立相应的政策保障制度提供了实证证据。其次，本章也深入讨论了不同的创新战略对制造业企业克服锁定效应、获得创新绩效的作用，进而解释并实证分析了模仿跟随战略和技术领先战略在对冲锁定效应、降低技术创新障碍的抑制性影响的作用。本章对不同规模、不同性质、不同年龄和不同细分市场制造业企业的考察，从理论上对中国制造业企业的创新战略选择和关系资本获取提供了支持和指导。

（二）局限性与未来研究方向

本章的局限性表现为：一是选择了中国的制造业企业为研究样本，这样的特定样本空间可能造成结论的选择性偏差，因为高新技术企业、咨询行业企业等高智能企业的创新对国家发展的影响也是重要的，这些其他类型的企业也在利用关系资本和不同的创新战略克服创新障碍的影响，获得创新绩效；二是本章仅仅考察了技术领先战略和模仿跟随战略对锁定效应的调节效应机制，然而创新战略有很多种（如进攻战略、防御战略、成本领先战略以及消费者焦点战略等）（Harris，2002；Freeman，1994），这些其他类型的创新战略如何克服锁定效应、使企业提升创新绩效的作用机制并未得到考察。因此，本章的相关结论有待未来基于其他类型和行业的企业进行采样和实证检验，这样可以增加本章的外部有效性和理论的可推广性。另外，对于其他类型创新战略的调节效果的检验，有待于进行经典量表的检索和新量表的开发，并获取新的企业样本数据进行调节效应分析，这样可以丰富本章的结论，使研究的实践意义得到进一步提升。

第16章　科技园的“温床”与“围城”效应

本章通过对科技园内高技术企业进行观察，讨论科技园环境下企业的创新绩效表现。科技园（Science Parks, SPs）是研究开发与产业互动的桥梁。国家建立科技园的目的是为了提升相关产业组织，如高技术企业（H－tech based firms）和研究机构的创新竞争力，以及塑造创新文化（Mariagrazia Squicciarini, 2008）。科技园应该激发和管理大学、研发机构、企业之间的技术和知识的流动，应该吸引更多的高技术企业进驻并提供具有增值的设施和服务项目（IASP, 2002）。科技园是特殊的组织形式，具有多种投资人性质（政府、研究机构和高校，甚至是企业），具有多重的存在目的和利益群体，提供给不同性质组织一个良好的创新环境和驱动力。从政府部门的角度出发，科技园区更多地承担了创新制度工具的角色，利用科技园区这样有效的制度工具驱动高技术企业进行技术创新，建立大学和产业互动发展的媒介，通过科技园区的发展带动周边区域经济的腾飞。

学者 Clark（2003）认为不能单纯地认为科技园是政府科技政策的制度工具，而应该是技术创造和技术转移的社会实验，这个社会实验可能成功也可能失败。所以，无论在中国还是其他国家，国家建立科技园区都存在质疑的声音。建立科技园区使用了过多不必要的社会资源，科技园区管理官僚、效率低下，园区的存在限制了高科技企业创新行为的自由发展，科技园区这种组织形式是有多重利益相关者（政府、研究机构、高校甚至是企业）存在，很难满足统一的利益要求以及建立科技园成为地方政府向上要政策、向下要收益的制度工具等。而且，就目前关于科技园区的实证研究更多地关注科技园区创新“温床”的角色，很少研究会真正思考：科技园到底是什么，科技园应该为企业提供什么设施和服务，这种设施和服务体系有作用吗，在科技园内经营的高技术企业真的获得了创新绩效吗，若建立科技园是一种社会资源浪费，那么企业有必要进驻科技园吗？（Cefis, 2003）科技园区对于高技术企业来说到底是“温床”还是“围城”有待实证检验。

如果担心企业是否能获得创新绩效，而仅仅怀疑企业进驻科技园的必要性，那么就会犯孤立地看问题的错误。研究科技园区问题的著名学者诺丁汉大学的教授 Peter Lindelöf 和 Hans Löfsten（2005）指出：不是所有进驻科技园的高技术企业都能获得创新绩效，企业除了获得科技园区提供的创新环境“温床效应”外，还必须找到适合的创新战略并有效实施，获得高的创新绩效还与“公司行为”有关。本章通过文献回顾和理论探讨建立研究假设和框架，通过量表设计和问卷调查（在中国的8个科技园，457家高技术企业有效样本）的方式，检验了科技园所提供的技术创新驱动平台、管理服务咨询、基础设施服务、创新文化环境和市场对接服务是否有利于高技术企业获得创新绩效，并且检验了科技园区这种组织形式强化内部网络、弱化外部网络联系，增加企业的交易成本，形成集体思维风险的围城效应对企业创新的影响。同时，为了避免犯孤立和片面的错误，本研究也同时考察了高技术企业自身的资源获取战略、提升核心能力战略和企业形象战略对创新效果的交互影响。本章也通过对研究结论的探讨，提出促进科技园发展和高技术企业创新的政策建议。

一、文献综述与研究假设

讨论企业是否有必要进驻科技园，要从科技园的定义开始谈起。关于什么是“科技园”这个概念有一个很长而且复杂的发展过程。从目前的理论发展来看，“科技园”应该是一个多维度的概念，从多个角度来定义科技园与其本身与创新的多维关系有关。根据欧盟（European Union，1990）的定义，科技园应该是一个新建高技术公司的聚集地，目的是为这些高技术企业能获得增长和创新提供公共设施。国际科技园联合会（The International Association of Science Parks，IASP，2004）则从组织和管理的角度定义“科技园”，认为科技园是为了提升基于知识和技术企业的创新文化和创新驱动力而提供资源的组织和管理形式，科技园把众多利益群体汇集在一起，激励和管理大学、研发机构、公司和市场的知识和技术流动，培育创新型公司的产生和成长，提供更多的高增值的服务和设施。学者Storey和Tether（1998）则从以下几个维度来定义科技园：①能够为大学和研究机构产生学术思想和科学研究提供场所；②能够为大学、研究机构、公司和市场提供最近的连接；③能够为高技术公司的创新提供高质量的服务平台并创造价值。综上所述，根据众多科技园的理论定义，国家建立科技园的主要目的有：驱动创新、提供基础设施、咨询服务、塑造创新文化以及技术和市场的对接等，以下分别进行讨论并建立研究假设。

（一）温床效应：科技园与创新

比较早的关于科技园与创新关系的研究是英国学者Monck等（1988），他们利用一手数据研究了坐落于英国科技园内的高技术企业，发现这些高技术公司的研发绩效和导向、新产品和新服务的开发、企业的存活率以及企业的利润都与科技园的运行效果是正相关的。在国内，吕萍（2007）等学者较早提出了科技园的“温床效应”，其内涵应该包括：为高新技术企业提供技术支持、风险投资资金支持、创新文化支持和市场支持。理论界对科技园与高技术企业创新之间的关系进行了一系列考察：

1. 技术创新驱动平台

瑞典的科技园在世界范围内取得了成功的经验，学者 Peter Lindelöf 和 Hans Löfsten（2001；2004）发现科技园区通过建立一个技术创新平台或系统为高技术公司提供了创新驱动力和经济租。学者 Ferguson 和 Olofson（2004）得到了相同的结论，认为科技园是一个鼓励科技创新的政策工具池。科技园区通过建立一个政府、高校、科研机构和高技术企业，能够共享的技术创新平台或者是系统，提供创新激励政策和措施，为科技园内不同的利益群体建立知识创造的机会和知识交换的桥梁；具体的创新平台的内涵包括：建立企业、高校和研究机构的联系，保护知识产权，对创新进行鼓励和评价等（Colombo & Delmastro, 2002）。基于以上文献的论述，得到以下假设：

假设 H1：科技园区通过建立技术创新驱动平台可以提升园内高技术企业的创新绩效。

2. 基础设施服务

从科技园的定义可以看出，欧盟从地域和设施的角度来定义科技园，比国际科技园联合会更加关注科技园的基础设施提供功能。学者 Link 和 Scott（2003）认为科技园区特殊的地方就在于它有临近大学和区域研究机构的地理便利性，这种地理特征造就了科技园可以为高技术企业提供创新所需要的基础设施服务。科技园的首要任务就是为企业提供创新所需要的公共设施服务，包括公共建筑、办公场所、图书馆、交流中心等，这些物理设施和场所为科技园内的知识交换和流动创造了空间。科技园区正是提供了这些基础设施服务，才可以被称为创新中心、商务中心或者是知识交换中心（Nowotny et al.，2001）。基于以上文献的论述，得到以下假设：

假设 H2：科技园区通过提供创新所需的基础设施可以提升园内高技术企业的创新绩效。

3. 管理咨询服务

进驻科技园的企业很多都是新的高技术企业（New Technology - based firms, NTBFs），这些新的高技术企业都成立不到 10 年，由于缺乏相关行业经验，企业有很强的生命力但容易陷入“新组织”困境（Liability of newness, Rickne, 2000）。学者 Grayson（1993）认为科技园有必要建立机构组织为这些新生的高技术企业提供管理咨询服务，为这些企业提供的咨询服务对象既包括高级管理人员也包括一般管理者，服务内容既包括技术创新问题也包括一般的企业管理咨询服务。甚至，学者 Westhead 和 Storey（1994）认为，科技园也可以为园外企业提供管理咨询服务，树立科技园管理服务第三方提供者的专业形象，这样的知识流动和溢出过程符合科技园的战略定位，从而带动科技园区周遍和区域经济的发展，真正成为驱动区域经济发展的“增长极”。基于以上分析，得到以下假设：

假设 H3：科技园区通过提供管理咨询服务可以提升园内高技术企业的创新绩效。

4. 创新文化环境

很多科技园之所以吸引高技术企业进驻，其根本在于科技园区特殊的形象和地理位置（Ferguson，2004）。科技园已经成为了一种“社会符号”，它把政府、大学、研究机构和高技术企业汇集在一起，创造一种和谐的创新文化，让这些有价值的合作者们可以创造想法、制造新产品和新服务。这些科技园内的合作者们通过一种创新文化，共同获得科技园内的合法性认知和地位，从而与合作者甚至与竞争者分享自己的战略构想和创新理念（Davidsson，2002）。同时，Peter Lindelöf 和 Hans Löfsten（2004）也提出，科技园所提供的文化环境是一种竞争秩序的环境、一种合作创新的环境，也是一种良好的商业环境，这种特殊的园内文化是高技术企业创新的原动力。基于以上分析，得到以下假设：

假设 H4：科技园区的创新文化可以提升园内高技术企业的创新绩效。

5. 市场对接服务

高技术企业技术创新和产品服务的创造是一个持续的商业过程。Monck 等（1988）发现，在英国那些坐落于科技园内的高技术企业比在科技园外的企业表现出更好的市场增长率。Olofsson 和 Wahlbin（1993）认为，自从有了科技园使得大学和科研机构距离市场的消费者更近，知识和技术更容易进行产业化，高技术企业可以更靠近市场，了解市场的需求变化，从而架起科学研究与产业市场的桥梁。高技术企业提供给消费者更直接的增值服务，推动了知识的溢出和交换，提高了科技园内的企业所生产和创造产品、服务的市场绩效。所以，科技园区需要为园内的高技术企业提供市场对接服务，缩短知识创新与市场需求的距离，真正实现科学技术的产业化和科学技术应用的落地生根（杨震宁、吴杰，2011）。基于以上分析，得到以下假设：

假设 H5：科技园区的市场对接服务可以提升园内高技术企业的创新绩效。

（二）围城效应：科技园的创新悖论

科技园的地理集聚性质和知识转移的特点被认为是促进园内企业创新行为的重要原因（Jou & Chen，2001）。然而，持相反的观点，有些学者认为科技园的运行是不能显著促进企业创新的（Massey et al.，1992；Castells & Hall，1994）。学者 Quintas 等（1992）发现，技术型企业和大学的地理距离的拉近，并没有促进技术型企业的创新，这种地理的靠近并不能真正地成为大学和企业之间互动的桥梁，真正促进创新合作和互动关系的要素不是地理距离。实际上，在科技园内的技术型企业、大学、研究机构与政府管理部门之间的互动关系是受到约束和限制的，其商业交易和互动关系是过于拘束和受到特殊制度的严格管制的，行动不再自由，增加了交易成本（Bakouros et al.，2002）。科技园可以被看作是一个相互联结的、密集的强联系的关系网络（Link，2006）。Smith 和 Todd（2005）认为社会网络的强联系可以为科技园内企业带来两个重要的作用：①强联系与高质量的信息和隐性知识的交换相联系，促进了园内组织间信任的程度（Uzzi，1997）；②强联系有助于园内企业间合作解决问题和进行价值创造。但是，当科技园区形成的集群要应付外部环境的变化时，集群会面临锁定和集体思维的风险（Grossman，1991）。所以，科技园外部社会资本的弱联系，对于企业创新也是重要的。然而，科技园有围城效应，影响企业建立园外的外部网络弱联系，没有外部网络，集群就更易遭受衰退或死亡（Luger，1991）。基于以上文献论述，得到以下假设：

假设 H6：科技园区强化内部网络，弱化外部网络联系，增加企业的交易成本，形成集体思维风险，其围城效应抑制了园内企业的创新。

（三）高技术企业的战略行为与创新

学者 Miller（1987）很早就认为，在激烈的竞争环境下，组织的结构和采用的战略过程决定了公司是否能获得更高的经营绩效。科技园内的高技术企业，面对复杂的创新流程，进行必要的计划、分析决策、对环境变化进行系统的审视和检测，这样的企业能够提高自身对市场变化、研发情景和生产条件变化的敏感度，从而获得创新的成功（Chandler，1991）。以下，从三个理论视角讨论科技园中高技术企业的战略行为与创新的关系。

1. 资源获取战略

高技术企业的发展不可能拥有需要的所有资源，这就产生了资源依赖性、互补性资产和企业获取补充性资源的战略行为和过程。资源基础理论（RBV）认为，科技园的地理位置特殊性（Usefulness of location theory）表现为市场进入价值、可利用的人力资本和政府在技术创新方面的优惠政策。基于这样的研究视角，学者 Ottaviano 和 Thisse（2001）首先认为高技术企业进驻科技园是与企业资源获取战略契合的，高技术企业可以依靠科技园的地理位置优越性，使用资源获取机制降低技术创新过程的风险和不确定性。国内学者刘雯雯、杨震宁和王以华（2009）最早对科技园内高技术企业采用战略的作用模式进行了实证研究与分析，他们利用问卷调查的方式证实科技园的地域差异带来高技术企业所需要的互补性资源，这种资源获取过程可以提高企业的技术技能、创新能力和企业合作能力，这些能力的提升可以促进高技术企业获得更好的创新效果。基于以上文献分析，得到以下假设：

假设 H7：科技园内的高技术企业采用资源获取战略显著提升创新绩效。

2. 提升核心竞争力战略

传统的企业战略研究理论认为，基于资源基础理论（RBV）和知识的视角（KBV），企业拥有的资源和能力将带来企业的核心竞争力，而核心竞争力的提升会提高企业的绩效（Verspagen & Schoenmakers，2000）。国内学者陆雄文和孙金云（2011）认为高技术企业的核心竞争力可以有四个维度：①企业家能力；②成本创新能力；③吸收能力；④网络能力，这四种核心竞争能力的提升对于科技园内的高技术企业具有普遍意义。核心竞争能力的提升与创新绩效的获得具有共同演化的过程，在新兴技术市场国家尤为如此。高宏（2011）利用物元分析法对中国企业的核心能力进行了评估，发现企业的核心能力不是一朝一夕获得的，核心能力的形成有一个典型的战略演化和提升过程。肖绍平、邓超（2011）利用双寡头模型验证了企业核心能力的获得是一个学习策略选择、学习追赶与知识积累的过程，核心能力的提升是可以促进企业创新的。基于以上分析，得到以下假设：

假设 H8：科技园内的高技术企业通过提升核心竞争力战略显著改善创新绩效。

3. 企业形象战略

进入21世纪以后，在全球化浪潮的带动下，市场的竞争程度也日益激烈。在不同企业之间的同类产品日益趋同化的同时，企业之间的竞争也由价格竞争、服务竞争、产品质量竞争逐渐向公众形象竞争转变（黄业德、杜龙波，2011）。国外学者 Francis 等（2005）提出，高技术企业入驻科技园可以提升自身的企业形象和声誉，为获得更高的经营绩效打下基础。Nha Nguyen 和 Gaston LeBlanc（2001）以服务产业为研究对象，研究了企业公众形象与企业绩效之间的关系。研究表明，企业公众形象能够影响顾客对企业的忠诚度，进而可以影响企业的绩效状况。F. Xavier（2005）把研究的重点放在了企业形象对新产品销售的影响上，研究结果表明：企业良好的公众形象能够促进企业产品的销售，进而有利于企业创新绩效的提高。基于以上分析，得到以下假设：

假设 H9：科技园内的高技术企业通过提升企业形象战略显著改善创新绩效。

根据以上的文献分析和理论回顾，得到本章研究的理论框架，如图 16－1 所示。

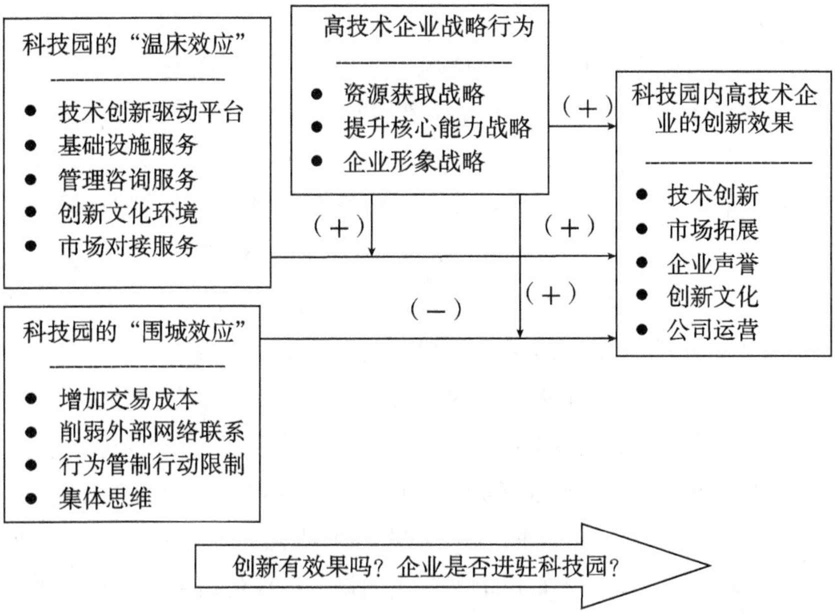

图 16－1　本章研究的理论框架

二、研究设计与过程

（一）测量

本研究利用量表设计和问卷调查的方式对研究变量进行测量，问卷中采用的测量条目是通过前期的企业深度访谈（来自 8 家科技园内高技术企业的 32 名高层管理者），以及征求了 6 名管理学领域专家的意见，并通过一次小规模的问卷预测试（共 35 个企业的预测试样本），对量表的具体内容进行调整，这样的处理提高了研究的概念有效性（Construct validity）。研究对科技园的“温床效应”（包括技术创新驱动平台、管理咨询服务、创新文化环境、基础设施服务和市场对接服务）的测量，借鉴了学者吕萍（2007）开发的测量条目并根据高技术企业访谈的结果进行了调整。最终的科技园“温床效应”量表共有 24 个相关的测量条目，采用了 7 分度的 Likert 量表形式，“7”分代表这种温床效应程度“高”，“1”分代表温床效应程度“弱”；对于科技园“围城效应”的测量，没有成熟的量表可以借鉴，本研究根据文献、理论、高技术企业访谈和专家的意见形成了 15 个相关测量条目的测量量表，量表主要从四个方面测量科技园的围城效应：①科技园的组织形式有可能增加交易成本；②科技园可以削弱外部组织网络联系；③科技园对高技术企业形成行动限制；④科技园的环境容易形成集体思维、降低企业决策效率。为了提高新开发量表的有效性，本章对“围城效应”量表进行了结构效度检验（探索性因子分析，EFA），效度检验结果在潜变量萃取部分汇报。科技园“围城效应”量表共15个相关测量条目，采用了7分度的Likert量表形式，“7”分代表这种围城效应程度“高”，“1”分代表这种围城效应程度“弱”；对于高技术企业战略行为（包括资源获取战略、核心能力提升战略和企业形象战略）的测量，分别借鉴了学者刘雯雯（2009）、Scott和Jenny（2005）、Davis和Weinstein（2003）对这三种企业战略行为的测量方法，高技术企业战略量表共15个相关测量条目，采用了7分度的Likert量表形式，“7”分代表这种战略与企业行为吻合程度“高”，“1”分代表这种战略与企业行为吻合程度“低”；本章把高技术企业的创新绩效细分为技术创新、市场拓展、企业声誉、创新文化和公司运营等五个理论维度进行测量，提高了概念有效性。采用的创新绩效量表是已经得到实证检验的成熟量表。其中，技术创新、市场拓展和公司运营的测量参考了杨震宁、李东红（2010）的研究；企业声誉和创新文化的测量分别借鉴了Tijssen（2001）和Anderson（1998）的研究，所有创新绩效共26个相关测量条目，均采用7分度Likert量表形式测量，这样使研究的内部有效性和客观性得到提高。

（二）问卷发放和样本描述

正式的问卷调查是在2009年10月至2011年12月间进行的。参与调查的高技术企业来自国内8个科技园或高科技开发区。为了提高统计有效性，我们随机抽选了600家高技术企业作为研究样本池，其中调查过程中抽选到的问卷数据缺失严重的无效样本为143家企业，最终我们共获得457家企业的有效样本数据。这些有效样本企业的描述性统计结果如下：企业样本所在的科技园，其中，深圳高新科技园59家、北京中关村科技园78家、昆山清华科技园41家、北京昌平科技园65家、南宁高新区53家、乌鲁木齐经济技术开发区（头屯河区）43家、北京大兴科技园62家，以及石家庄方大科技工业园56家；被试高技术企业的性质，国有企业占6%、民营企业占56%、合资企业占18%、股份制企业占7%，以及上市公司占13%；高技术企业的行业分布状况，其中，电子信息占35%、IT通信占13%、软件设计与制造占21%、光机电占5%、家电制造占7%、生物医药占8%、能源企业占1%、新材料开发占3%、农业企业占1%，以及其他行业企业占6%；被试高技术企业的规模分布状况，100人以下的企业占52%、100~500人的企业占42%、500~1000人的企业占2%、1000~3000人的企业占3%，以及3000人以上的企业占1%。

（三）潜变量的萃取

（1）我们对问卷进行了数据同源性检验。数据同源性是指在使用问卷调研作为定量研究的方法时，由于所有的条目均为同一人所填写而导致的同源偏差问题（Common method variance）。我们的问卷被试者为科技园内高技术企业相关的高层管理人员，需要对数据进行同源性检验。定量分析过程中，我们可以通过Harman单因子检测方法，即将问卷所有条目进行因子分析，在未旋转时得到的第一个主成分的载荷量来反映CMV的程度。我们将本章所用量表的所有变量进行了因子分析，共生成了12个因子，第一个因子占到载荷量的9.87%，其他因子均在2%~9%之间，都没有占到多数，所以样本数据的同源性偏差问题在本章中并不明显。

（2）我们对问卷数据潜变量的萃取过程采用了探索性因子分析（EFA）方法，科技园的“温床效应”、科技园的“围城效应”、高技术企业的战略行为和高技术企业的创新绩效四个潜变量提炼过程的Kaiser－Meyer－Olkin（KMO）统计量均大于0.8（分别为0.881、0.876、0.850和0.872），超过0.6的最低标准，推翻了变量之间的相关系数矩阵为单位阵的零假设；四个潜变量提炼过程的Bartlett球形检验值分别为4887.883、4655.824、2152.788和4288.613，如表16－1所示。通过了显著性检验（$p<0.000$），说明数据适合进行探索性因子分析；对数据进行Varimax最大方差垂直转换，使得到的因子所能解释的方差水平达到最大，这样可以更清晰地辨别因子结构。科技园“温床效应”潜变量，保留了因子负荷超过0.509的条目，初始的24个条目全部保留，提取的五个因子解释方差变异的累计数是76.350%，如表16－2所示。提取的五个因子分别为科技园的技术创新驱动平台、管理咨询服务、创新文化环境、基础设施服务和市场对接服务，其五个因子的Cronbach′s α系数分别为0.918、0.803、0.927、0.873和0.798，显示了较高的信度；科技园“围城效应”潜变量，保留了因子负荷超过0.550的条目，初始的15个条目全部保留，提取的四个因子解释方差变异的累计数是60.070%，如表16－3所示。提取的四个因子分别为交易成本的增加、削弱外部组织网络联系、行动限制和群体思维，其四个因子的Cronbach′s α系数分别为0.734、0.812、0.825和0.772，显示了较高的信度；高技术企业战略行为潜变量，保留了因子负荷超过0.609的条目，初始的15个条目全部保留，提取的三个因子解释方差变异的累计数是66.652%，如表16－4所示。提取的三个因子分别为资源获取战略、核心能力提升战略和企业形象战略，其三个因子的Cronbach′s α系数分别为0.901、0.792和0.827，显示了较高的信度；创新绩效潜变量，保留了因子负荷超过0.567的条目，初始的26个条目全部，提取的五个因子解释方差变异的累计数是67.742%，如表16－5所示。提取的五个因子分别为技术创新、市场拓展、企业声誉、创新文化和公司运营绩效，其五个因子的Cronbach′s α系数分别为0.737、0.926、0.885、0.839和0.776，显示了较高的信度。

表 16－1　潜变量萃取过程统计指标

潜变量	KMO 值	Bartlett 球形卡方检验	Sig.	自由度 df
科技园的“温床效应”	0. 881	4887. 883	0. 000	276
科技园的“围城效应”	0. 876	4655. 824	0. 000	127
高技术企业的战略行为	0. 850	2152. 788	0. 000	105
高技术企业创新绩效	0. 872	4288. 613	0. 000	351

表 16－2　科技园的“温床效应”因子结构

概念与测量条目	因子结构				
	Factor1	Factor2	Factor3	Factor4	Factor5
E1：技术创新驱动平台					
e1：帮助企业与技术和科研机构牵线搭桥	0. 768				
e2：帮助企业对研发成果进行评价	0. 731				
e3：帮助企业实现技术和专利的产业化	0. 761				
e4：帮助企业有计划地保护知识产权	0. 758				
e5：奖励自主创新取得成果的企业	0. 795				
e6：科技园区提供园内技术交流平台	0. 625				
e7：提供和扩大创新产品对外宣传和服务	0. 509				
E2：管理咨询服务					
e8：促进园内企业间的人才交流		0. 742			
e9：建立管理咨询、审计和培训服务机构		0. 668			
e10：积极协助企业寻找当地的投资渠道		0. 597			
E3：创新文化环境					
e11：科技园内有良好的学习氛围			0. 737		
e12：科技园内的环境鼓励良性竞争			0. 613		
e13：科技园区整体有踏实进取的风气			0. 588		
e14：科技园的环境是鼓励创新的			0. 736		
e15：科技园区服务人员有较高的文化道德素质			0. 813		

续表

概念与测量条目	因子结构				
	Factor1	Factor2	Factor3	Factor4	Factor5
e16：科技园区服务人员工作效率比较高			0.758		
e17：科技园附近居民对公司有高的文化认同			0.567		
E4：基础设施服务					
e18：科技园需提供银行、商业等基础设施服务				0.815	
e19：科技园有相应的文化设施如设立图书馆等				0.688	
e20：科技园需提供托儿所、泊车位等生活设施				0.830	
e21：科技园区为企业提供办公支持				0.790	
E5：市场对接服务					
e22：科技园为企业提供了产品进入市场服务					0.648
e23：科技园为企业提供了市场预测咨询服务					0.809
e24：科技园为企业提供了市场调研服务					0.592
因子的特征值	11.767	2.238	2.072	1.206	1.040
因子的 Cronbach′s α 系数	0.918	0.803	0.927	0.873	0.798
解释的变差（%）	20.328	18.747	17.106	10.353	9.817
累计解释变差（%）	20.328	39.075	56.180	66.534	76.350

表 16－3　科技园的“围城效应”因子结构

概念与测量条目	因子结构			
	Factor1	Factor2	Factor3	Factor4
W1：交易成本的增加				
w1：园内企业合作增加了烦琐的手续	0.782			
w2：寻找供应商和客户变得困难	0.724			
w3：增加了企业寻找客户的搜寻成本	0.683			
w4：科技园的各种服务步骤烦琐拖沓	0.583			
W2：削弱外部组织网络联系				
w5：企业仅仅关注园内的合作者		0.814		

续表

概念与测量条目	因子结构			
	Factor1	Factor2	Factor3	Factor4
w6：企业只与园内企业打交道		0.776		
w7：企业与园外企业的交流减少了		0.693		
W3：行动限制				
w8：企业行动遵循科技园的各项规定			0.834	
w9：科技园的规章制度限制了企业的行动			0.765	
w10：企业在科技园内行动受到限制			0.752	
w11：企业不能进行自由竞争与合作			0.622	
W4：群体思维				
w12：企业总是与园内其他成员保持思维一致				0.822
w13：企业总是与园内其他成员保持行动一致				0.763
w14：企业受到园内其他企业思维模式的影响				0.651
w15：企业不能打破已经形成的思维定式				0.559
因子的特征值	10.589	3.541	2.127	1.552
因子的 Cronbach´s α 系数	0.734	0.812	0.825	0.772
解释的变差（%）	19.456	15.398	14.863	10.353
累计解释变差（%）	19.456	34.854	49.717	60.070

表 16－4　高技术企业战略行为因子结构

概念与测量条目	因子结构		
	Factor1	Factor2	Factor3
S1：资源获取战略			
s1：进驻科技园获取技术资源	0.719		
s2：进驻科技园获得资金支持	0.660		
s3：进驻科技园获得战略支持	0.662		
s4：进驻科技园获得低成本人力资源	0.707		
s5：规避地区贸易壁垒，直接投资进入市场	0.684		
s6：吸收研发成果，从技术转移中学习	0.804		
s7：获得产品、工艺等方面的技术支持	0.711		
s8：应对市场竞争获得发展路径	0.715		

续表

S2：提升核心能力战略			
s9：扩大公司市场占有规模		0.528	
s10：加强搜寻市场需求和交易信息的能力		0.614	
s11：有能力获得政府的优惠政策		0.782	
s12：培养高质量的专业性人才		0.707	
S3：企业形象战略			
s13：强化公司的竞争形象和声誉			0.609
s14：获得地方政府的支持			0.829
s15：获得地方公众的认可和支持			0.812
因子的特征值	7.334	1.607	1.057
因子的 Cronbach′s α 系数	0.901	0.792	0.827
解释的变差（%）	32.276	17.682	16.694
累计解释变差（%）	32.276	49.958	66.652

表 16－5　高技术企业创新绩效因子结构

概念与测量条目	因子结构				
	Factor1	Factor2	Factor3	Factor4	Factor5
P1：技术创新绩效					
p1：企业的技术能力获得提升	0.661				
p2：企业可以缩短研发周期	0.660				
p3：企业实施的技术项目是领先的	0.657				
p4：企业可以迅速吸收前沿技术	0.639				
P2：市场拓展绩效					
p5：入驻科技园区可以创造更多专利成果		0.633			
p6：入驻科技园区提高自主创新产品比例		0.569			
p7：企业有明确的市场拓展计划		0.660			
p8：入驻科技园区提高了产品市场份额		0.721			
p9：入驻科技园区提升产品的附加值		0.811			
p10：入驻科技园区提高产品的市场竞争力		0.848			
p11：企业占领了新的市场		0.835			
p12：企业的研发投资产生了经济效益		0.648			
P3：企业声誉绩效					

续表

概念与测量条目	因子结构				
	Factor1	Factor2	Factor3	Factor4	Factor5
p13：企业的新技术很快能够获得市场认可			0.691		
p14：企业技术成果促进产业研发水平提高			0.756		
p15：企业的离职率很低			0.703		
p16：企业能够吸引各地的优秀人才			0.761		
p17：企业更好地履行了社会责任			0.656		
p18：促进了企业产品国际化提升			0.779		
p19：企业在当地树立了品牌形象			0.567		
P4：创新文化绩效					
p20：企业成员有严谨的研究作风				0.530	
p21：企业研究人员关系融洽、合作顺畅				0.667	
p22：企业成员的学习意愿和主动性很高				0.556	
p23：企业成员有很强的创新意识				0.743	
P5：公司运营绩效					
p24：企业可以获得贷款减轻资金压力					0.659
p25：企业可以利用研发启动基金获得支持					0.828
p26：企业运营顺畅，成本降低					0.798
因子的特征值	11.001	2.508	1.990	1.561	1.229
因子的 Cronbach´s α 系数	0.737	0.926	0.885	0.839	0.776
解释的变差（%）	20.968	17.807	11.277	8.959	8.732
累计解释变差（%）	20.968	38.775	50.052	59.011	67.742

三、研究结果与发现

（一）潜变量间的相关性分析

利用统计软件 SPSS17.0 生成了潜变量之间的 Pearson 相关系数矩阵，如表16－6所示。全部潜变量之间的 Pearson 相关系数，最大的是创新文化环境与市场拓展绩效之间达到 0.482***，只有三对潜变量之间的 Pearson 相关系数超过 0.3（如技术创新驱动平台和企业声誉绩效之间达到 0.340***，创新文化环境与提升核心能力战略之间达到 0.412***），说明变量间的多重共线性问题并不严重。另

表 16-6　变量间的 Pearson 相关系数矩阵

变量	E1	E2	E3	E4	E5	W1	W2	W3	W4	S1	S2	S3	P1	P2	P3	P4	P5
E1	1.000																
E2	0.000	1.000															
E3	0.000	0.000	1.000														
E4	0.000	0.000	0.000	1.000													
E5	0.000	0.000	0.000	0.000	1.000												
W1	-0.097	-0.074	-0.071	-0.081	-0.091	1.000											
W2	-0.078	-0.076	-0.069	-0.083	-0.094	0.000	1.000										
W3	-0.069	-0.081	-0.067	-0.073	-0.083	0.000	0.000	1.000									
W4	-0.082	-0.090	-0.058	-0.064	-0.085	0.000	0.000	0.000	1.000								
S1	-0.098	0.138**	0.075	0.113*	0.139**	0.092	0.138**	0.129**	0.093	1.000							
S2	0.041	0.185**	0.412***	-0.068	0.026	0.089	0.146**	0.137**	0.264***	0.000	1.000						
S3	0.193**	0.110	0.188**	0.088	-0.020	0.072	0.157**	0.065	0.071	0.000	0.000	1.000					
P1	0.078	0.107	0.209**	0.267***	0.220***	-0.081	-0.201**	-0.215**	-0.224**	0.137**	0.215***	0.136**	1.000				
P2	0.018	0.270***	0.482***	0.035	0.073	-0.213**	-0.221**	-0.091	-0.082	0.132*	0.294***	-0.036	0.000	1.000			
P3	0.340***	0.176**	0.027	0.216***	0.185**	-0.062	-0.073	-0.082	-0.083	0.080	0.042	0.214***	0.000	0.000	1.000		
P4	0.207**	0.018	0.039	-0.072	0.072	-0.075	-0.085	-0.205**	-0.214**	0.176**	-0.025	-0.123*	0.000	0.000	0.000	1.000	
P5	0.123	0.018	-0.080	-0.043	0.060	-0.225**	-0.073	-0.081	-0.090	0.060	-0.089	-0.067	0.000	0.000	0.000	0.000	1.000

注：双尾检验 * $p < 0.100$，** $p < 0.050$，*** $p < 0.010$。

外，在影响显著（p 值至少小于0.100）的变量之间，技术创新驱动平台建设与企业形象战略（0.193**）和企业创新文化绩效（0.270**）之间正相关。科技园管理咨询服务与企业资源获取战略（0.138**）、提升核心能力战略（0.185**）、市场拓展绩效（0.270***）以及企业声誉绩效（0.176**）之间正相关。科技园区创新文化环境与企业形象战略（0.188**）和企业技术创新绩效（0.209**）之间正相关。科技园区基础设施服务与企业资源获取战略（0.113*）、企业技术创新绩效（0.267***）和企业声誉绩效（0.216***）之间正相关。科技园区市场对接服务与企业资源获取战略（0.139**）、企业技术创新绩效（0.220***）和企业声誉绩效（0.185**）之间正相关。入驻科技园后交易成本的增加抑制了企业的市场拓展绩效（-0.213**）和公司运营绩效（-0.225**）。科技园的围城效应削弱了企业与园外组织的联系，增强了企业使用资源获取战略（0.138**）、提升企业核心能力战略（0.146**）和企业形象战略（0.157**），抑制了企业技术创新绩效（-0.201**）和市场拓展绩效（-0.221**）。科技园区对企业产生的行动限制，激发了企业采取资源获取战略（0.129**）和提升企业核心能力战略（0.137**），但也抑制了企业的技术创新绩效（-0.215**）和创新文化绩效（-0.205**）。科技园区产生的群体性思维，使企业采取核心能力提升战略（0.264***），也直接抑制了企业的技术创新绩效（-0.224**）和创新文化绩效（-0.214**）。企业采取资源获取战略提升了技术创新绩效（0.137**）和创新文化绩效（0.176**），采取提升核心能力战略促进了企业获得技术创新绩效（0.215**）和市场拓展绩效（0.294**），企业形象战略促进了技术创新绩效（0.136**）和企业声誉绩效（0.214**）提升，但却抑制了创新文化绩效（-0.123*）。更多数据背后隐藏的规律和关系，需要开发计量模型进行进一步的详细考察。

（二）建模与研究发现

本章以SAS9.0软件为主要分析工具，采用调节层次回归（Moderated multiple regression，MMR）的方法对所提出的概念模型进行相关的假设检验，验证变量的主效应和调节效应关系。根据学者谢家琳（2007）的建议，我们采用如下步骤进行调节回归模型检验：一是把连续型变量（比如技术创新驱动平台、创新文化环境、行动限制、群体性思维、资源获取战略、提升企业核心能力战略、技术创新绩效以及企业声誉绩效等，这些潜变量来自因子分析过程萃取后的因子得分）进行中心化处理，即用这个变量中测量的每个数据点减去其均值，使得新得到的数据样本均值为0，因为预测变量和调节变量往往与它们的乘积项高度相关，中心化后减小了回归方程中变量间的多重共线性（Multicollinearity）问题。二是构造乘积项，把经过中心化处理以后的自变量（温床效应和围城效应）和调节变量（企业战略行为）相乘，形成相应的乘积项。三是构造方程，把自变量、调节变量、因变量（这里也使用了中心化处理的企业绩效变量）和乘积项分层放置于回归方程中，检验主效应和交互效应的作用。我们关注交互乘积项的影响是否显著，若其显著并且模型的拟合优度有所改善，则证明出调节效应的存在。研究结果如表 16－7 所示。

科技园的“温床效应”检验。研究假设 H1～H5 提出了科技园的“温床效应”对园内高技术企业的绩效有积极的促进作用。表 16－7 中的统计建模结果显示：从科技园“温床效应”的主效应上看，科技园区的管理咨询服务、创新文化环境和基础设施服务有效提升了园内企业的技术创新绩效（$\beta_{12}=0.107^{*}$，$\beta_{13}=0.209^{***}$，$\beta_{14}=0.267^{***}$）（β_{ij}，β 表示回归系数，i 表示模型序号，j 表示变量序号，以下同）；科技园区的管理咨询服务和创新文化环境改善了园内高技术企业的市场拓展绩效（$\beta_{42}=0.270^{***}$，$\beta_{43}=0.482^{***}$）；科技园区提供的技术创新驱动平台、管理咨询服务和基础设施服务有效提升了园内高技术企业的企业声誉绩效（$\beta_{71}=0.340^{***}$，$\beta_{72}=0.176^{**}$，$\beta_{74}=0.216^{***}$），与预期不一致的结果是科技园区提供的市场对接服务反而没能提升企业的声誉，而是对园内企业声誉产生负向影响（$\beta_{35}=-0.185^{**}$），这里一个极有可能的解释是企业的市场行为更多的是内生性行为，仅仅依靠科技园管理委员会提供有限的市场对接服务而不积极地开拓市场，反而会给高技术企业的形象带来负面影响，进一步的原因揭示需要进行企业战略的调节作用分析；科技园区提供的技术创新驱动平台和创新文化环境有效提升了园内企业的创新文化建设绩效（$\beta_{101}=0.207^{**}$，$\beta_{103}=0.209^{**}$），这与研究假设预期是一致的；科技园区提供的技术创新驱动平台有效提高了园内企业的公司运营绩效，降低了企业产品开发和管理运营成本，促进企业成长（$\beta_{131}=0.123^{*}$）。高技术企业入驻科技园区，就是为了获得科技园所提供的技术“温床效应”，与学者吕萍等（2007）的研究不同，吕萍（2007）认为科技园的温床效应有二：一是科技园为高技术企业提供了技术支持；二是科技园为高技术企业提供办公服务和文化氛围。而我们的研究则进一步证明了，科技园区对于高技术企业来说存在更丰富内涵的“温床效应”，包括技术创新平台、管理咨询服务、创新文化环境、基础设施服务和市场对接服务。这些科技园提供的“温床效应”有效促进了园内高技术企业的技术创新绩效、企业声誉绩效、创新文化绩效和公司运营绩效。

科技园的“围城效应”检验。假设 6 提出了科技园的“围城效应”对园内高技术企业的绩效有负向的抑制作用。表 16－7 中的统计建模结果显示：高技术企业入驻科技园后，其所引起的行动限制和群体性思维对高技术企业的技术创新绩效产生抑制作用（$\beta_{18}=-0.217^{***}$，$\beta_{19}=-0.193^{**}$）；科技园区所产生的交易

表 16－7　调节效应的层次回归模型分析结果

自变量	非标准化回归系数														
	绩效 1			绩效 2			绩效 3			绩效 4			绩效 5		
	模型 1	模型 2	模型 3	模型 4	模型 5	模型 6	模型 7	模型 8	模型 9	模型 10	模型 11	模型 12	模型 13	模型 14	模型 15
E1	0.078	0.081	0.037	0.018	0.017	0.069	0.340***	0.326***	0.232***	0.207**	0.261***	0.217**	0.123*	0.155**	0.124
E2	0.107*	0.121*	0.174**	0.270***	0.250***	0.198**	0.176**	0.150**	0.129*	0.018	0.018	0.069	0.018	0.034	0.064
E3	0.209***	0.130*	0.002	0.482***	0.457***	0.265**	0.027	0.042	0.195**	0.209**	0.206**	0.205**	－0.080	－0.075	－0.042
E4	0.267***	0.240***	0.081	0.035	0.031	0.136*	0.216***	0.195**	0.141*	－0.072	－0.084	－0.060	－0.043	－0.047	－0.090
E5	0.220	0.215***	0.190**	0.073	0.065	0.112*	－0.185**	－0.196***	－0.149**	0.072	0.042	0.005	0.060	0.049	0.054
W1	－0.071	－0.062	－0.059	－0.254***	－0.243***	－0.241***	－0.059	－0.057	－0.055	－0.015	－0.013	－0.011	－0.235***	－0.218***	－0.207***
W2	－0.092	－0.084	－0.081	－0.196**	－0.187**	－0.179**	－0.045	－0.043	－0.039	－0.034	－0.032	－0.028	－0.043	－0.037	－0.034
W3	－0.217***	－0.215***	－0.198**	－0.023	－0.021	－0.020	－0.038	－0.034	－0.029	－0.216**	－0.207**	－0.196**	－0.022	－0.020	－0.019
W4	－0.193**	－0.189**	－0.178**	－0.018	－0.015	－0.012	－0.037	－0.033	－0.028	－0.396***	－0.374***	－0.368***	－0.052	－0.046	－0.040
S1		0.081	0.083		0.053	0.092		0.093	0.126*		0.202**	0.218**		0.075	0.092
S2		－0.176**	－0.180**		0.059	0.083		0.002	0.025		－0.052	－0.071		－0.075	－0.097
S3		0.065	－0.011		0.018	0.056		0.121*	0.097		－0.105**	0.184**		－0.110	－0.053
交互项															
E1×S1			0.131*			－0.002			0.175**			－0.064			0.006
E1×S2			－0.059			0.084			0.094			－0.107			0.075
E1×S3			0.157**			－0.058			0.077			－0.043			－0.090

续表

自变量	非标准化回归系数														
	绩效 1			绩效 2			绩效 3			绩效 4			绩效 5		
	模型 1	模型 2	模型 3	模型 4	模型 5	模型 6	模型 7	模型 8	模型 9	模型 10	模型 11	模型 12	模型 13	模型 14	模型 15
E2 × S1			0. 151 **			−0. 046			−0. 065			0. 135 **			0. 067
E2 × S2			0. 143 *			−0. 044			0. 188 **			−0. 020			−0. 089
E2 × S3			0. 053			0. 045			−0. 090			−0. 009			0. 016
E3 × S1			0. 099			0. 112 *			0. 090			0. 045			0. 016
E3 × S2			0. 237 **			0. 149 *			0. 030			−0. 013			−0. 021
E3 × S3			0. 028			−0. 049			−0. 041			0. 018			−0. 072
E4 × S1			0. 118 *			0. 125 *			0. 152 **			0. 053			−0. 020
E4 × S2			−0. 041			0. 085			0. 142 **			0. 040			0. 145 *
E4 × S3			0. 114 *			−0. 030			0. 054			0. 158 **			0. 057
E5 × S1			−0. 092			0. 026			0. 172 **			0. 095			−0. 070
E5 × S2			0. 114 *			0. 087			−0. 046			0. 121 *			0. 023
E5 × S3			0. 003			0. 098			−0. 035			−0. 080			0. 045
W1 × S1			−0. 229 **			−0. 231 **			−0. 024			−0. 036			−0. 315 **
W1 × S2			−0. 032			−0. 025			−0. 022			−0. 038			−0. 296 **
W1 × S3			−0. 028			−0. 019			−0. 032			−0. 029			−0. 016
W2 × S1			−0. 019			−0. 011			−0. 258 **			−0. 026			−0. 027

续表

自变量	非标准化回归系数														
	绩效 1			绩效 2			绩效 3			绩效 4			绩效 5		
	模型 1	模型 2	模型 3	模型 4	模型 5	模型 6	模型 7	模型 8	模型 9	模型 10	模型 11	模型 12	模型 13	模型 14	模型 15
W2 × S2			-0.016			-0.026			-0.275**			-0.311**			-0.021
W2 × S3			-0.237**			-0.031			-0.269**			-0.022			-0.034
W3 × S1			-0.011			-0.291**			-0.027			-0.229**			-0.037
W3 × S2			-0.275**			-0.022			-0.034			-0.031			-0.321**
W3 × S3			-0.024			-0.030			-0.051			-0.038			-0.035
W4 × S1			-0.021			-0.027			-0.027			-0.029			-0.042
W4 × S2			-0.281**			-0.028			-0.029			-0.034			-0.044
W4 × S3			0.022			-0.024			-0.035			-0.052			-0.053
模型参数															
R^2	0.181	0.216	0.349	0.312	0.317	0.390	0.228	0.250	0.380	0.055	0.121	0.224	0.027	0.049	0.121
ΔR^2			+0.133			+0.073			+0.130			+0.103			+0.072
$Adj-R^2$	0.162	0.186	0.272	0.296	0.291	0.317	0.210	0.221	0.307	0.033	0.088	0.132	0.004	0.013	0.017
F 值	9.368***	7.187***	4.528***	19.215***	12.145***	5.384***	12.550***	8.711***	5.176***	2.477**	3.604***	2.435***	1.191	1.352	1.163
(Sig.)	0.000	0.000	0.000	0.000	0.000	0.000	0.000	0.000	0.000	0.033	0.001	0.001	0.315	0.220	0.283
SSE	0.916	0.902	0.853	0.839	0.842	0.826	0.889	0.882	0.832	0.983	0.955	0.932	0.998	0.994	0.991

注：双尾检验 * $p < 0.100$，** $p < 0.050$，*** $p < 0.010$。

成本增加和对组织外部网络联系的削弱抑制了高技术企业取得市场拓展绩效(β_{46} = -0.254***,β_{47} = -0.196**),交易成本提高了企业开拓市场的困难,外部网络联系的削弱也使得企业难以获得外部资源支持,从而影响了园内企业的市场拓展效果;科技园所产生的交易成本增加、外部网络联系的削弱、行动限制以及群体性思维的产生并没有显著抑制园内高技术企业的企业声誉绩效(β_{76} = -0.059,β_{77} = -0.045,β_{78} = -0.038,β_{79} = -0.037);园内高技术企业的创新文化建设效果受到科技园区产生的行动限制和群体性思维的抑制作用(β_{106} = -0.216**,β_{107} = -0.396***),行动限制和群体性思维限制了企业产生开创性想法和创新的思想;局限了研发人员的行动;抑制了创新文化的产生;入驻科技园区交易成本的增加抑制了园内高技术企业的公司运营绩效(β_{136} = -0.235***),运营成本提高并且限制了企业的赢利。

科技园内高技术企业战略行为的调节效应检验。研究假设7、8和9提出了科技园内高技术企业的战略行为对企业的绩效提升有积极作用，积极的战略行为是否正向调节科技园的“温床效应”作用，是否负向调节科技园的“围城效应”作用有待模型的实证检验。表16-7中的统计建模结果显示：

(1) 战略行为对科技园“温床效应”和企业绩效间的正向调节作用：①科技园内高技术企业通过资源获取战略和企业形象战略，加强了科技园区技术创新驱动平台对企业技术创新绩效的提升作用（β_{313} = 0.131*,β_{315} = 0.157**),高技术企业通过资源获取战略和核心能力,提升战略正向调节科技园管理咨询服务对园内高技术企业的技术创新绩效的作用(β_{316} = 0.151**,β_{317} = 0.143*),高技术企业通过实施核心能力提升战略,有效调节科技园区创新文化环境对高技术企业技术创新绩效的正向促进作用(β_{320} = 0.237**),通过实践资源获取战略和企业形象战略高技术企业的战略行为,正向调节科技园区基础设施服务对企业技术创新绩效的促进作用(β_{322} = 0.118*,β_{324} = 0.114*),高技术企业通过提升企业核心能力战略正向调节科技园区市场,对接服务对企业技术创新绩效的促进和提升作用(β_{326} = 0.114*),调节回归模型的拟合优度在整体上提高13.3%(ΔR^2 = 0.133);②科技园内高技术企业通过使用资源获取战略和核心能力提升战略,正向调节科技园区创新文化环境温床效应对企业市场拓展绩效的促进作用(β_{619} = 0.112*,β_{620} = 0.149*),高技术企业通过实施资源获取战略正向调节科技园区基础设施服务对企业市场拓展绩效的促进作用(β_{622} = 0.125*),调节回归模型的拟合优度在整体上提高7.3%(ΔR^2 = 0.073);③高技术企业通过资源获取战略的实施对科技园区技术创新驱动平台和企业声誉绩效之间的促进产生正向调节作用(β_{913} = 0.175**),高技术企业通过提升企业核心能力过程改善了科技园区管理咨询服务对企业声誉绩效的提升作用(β_{917} = 0.188**),科技园内高技术企业通过资源获取战略和核心能力提升战略并用，对科技园区基础设施服务和企业声誉绩效之间产生正向调节作用（$\beta_{922}=0.152^{**}$，$\beta_{923}=0.142^{**}$），企业通过实施资源获取战略正向调节科技园区市场对接服务对企业声誉绩效的促进作用（$\beta_{925}=0.172^{**}$），调节回归模型的拟合优度在整体上提高 13.0%（$\Delta R^2=0.130$）；④ 科技园内高技术企业通过资源获取战略正向调节科技园区管理咨询服务对企业创新文化绩效的提升作用（$\beta_{1216}=0.135^{**}$），企业通过实施企业形象战略，正向调节科技园区基础设施服务对企业创新文化的正向促进作用（$\beta_{1224}=0.158^{**}$），高技术企业通过提升企业核心能力，改善了科技园区市场对接服务对企业创新文化的促进作用（$\beta_{1226}=0.121^{*}$）；⑤ 高技术企业通过实施核心能力提升战略显著改善科技园区基础设施服务对园内企业运营绩效的促进作用（$\beta_{1523}=0.145^{*}$），降低了企业运营成本，改善了运营业绩。通过以上的战略行为对科技园“温床效应”和企业绩效间的正向调节作用模型检验，我们不难发现虽然科技园区“温床效应”对园内企业绩效提升有直接影响，但是企业获得高绩效不仅受到外部环境影响，而且内生性也是明显存在的。正如战略学者 Porter（1990）所言，“环境”决定“战略”，“战略”决定“绩效”，园内企业的战略行为显著调节了科技园“温床效应”对园内企业绩效的促进作用。

（2）战略行为对科技园“围城效应”和企业绩效间的负向调节作用：①高技术企业可以通过实施资源获取战略，克服地处科技园内交易成本增加的“围城效应”，有效提高技术创新绩效（$\beta_{328}=-0.229^{**}$），采用企业形象提升战略可以有效克服科技园削弱外部组织网络联系的“围城效应”影响，提升企业的技术创新绩效（$\beta_{333}=-0.237^{**}$），采用提升核心能力战略的高技术企业可以有效规避科技园带来的行动限制和群体性思维模式，从而提升企业的技术创新绩效（$\beta_{335}=-0.275^{**}$，$\beta_{338}=-0.281^{**}$）；② 科技园内的高技术企业可以采用资源获取战略，克服科技园带来的交易成本增加和行动限制带来的“围城效应”，从而获得市场拓展绩效的提升（$\beta_{628}=-0.231^{**}$，$\beta_{634}=-0.291^{**}$）；③ 科技园内的高技术企业采用资源获取战略、提升核心能力战略和企业形象战略，改善科技园带来的削弱外部组织网络联系的“围城效应”，从而提升企业的声誉绩效（$\beta_{931}=-0.258^{**}$，$\beta_{932}=-0.275^{**}$，$\beta_{933}=-0.269^{**}$）；④ 科技园内高技术企业若想克服科技园带来的削弱外部组织网络联系的“围城效应”，提升企业的创新文化绩效，可以采用企业提升核心能力战略（$\beta_{1232}=-0.311^{**}$），而通过实施资源获取战略可以克服科技园带来的行动限制，从而活跃和改善高技术企业的创新文化（$\beta_{1233}=-0.229^{**}$）；⑤ 科技园内的高技术企业通过实施资源获取战略和提升企业核心能力战略，有效改善科技园带来的交易成本增加的“围城效应”，提升企业的公司运营绩效（$\beta_{1528}=-0.315^{**}$，$\beta_{1529}=-0.296^{**}$），通过提升核心能力战略还可以克服科技园带来的行动限制，提升企业的公司运营绩效（$\beta_{1535} = -0.321^{**}$）。通过以上的战略行为对科技园“围城效应”和企业绩效间的负向调节作用模型检验，我们不难发现虽然科技园区“围城效应”对园内企业绩效提升有直接的抑制作用，但也进一步证明企业绩效的外部性与内生性并存。园内企业的战略行为不仅显著调节了科技园“温床效应”对企业绩效的促进作用，而且显著改善了科技园“围城效应”对企业创新的抑制性影响，企业进驻科技园并获得高绩效是有条件的。

四、研究结论与启示

（一）主要研究结论

本研究利用国内 8 个科技园 457 家高技术企业的问卷调查数据，详细分析了科技园这一高新技术促进政策工具的实施效果，从理论和实证角度验证了国内科技园存在的“温床效应”（对园内高技术企业创新的正向促进作用）以及科技园存在的“围城效应”（对园内高技术企业创新的负向抑制作用），并提出园内高技术企业获得创新绩效不仅仅是环境外生性的，而是与企业采取的战略行为有直接联系，具体可以把研究的主要结论总结如下：

（1）与前人（吕萍，2007）的研究不同，本章提出了科技园“温床效应”更丰富的内涵，这种促进园内企业创新的“温床效应”包括了五个理论维度：即，科技园区的技术创新驱动平台、管理咨询服务、创新文化环境、基础设施服务以及市场对接服务。

（2）科技园的五种“温床效应”对园内企业创新起到了直接促进作用，单从科技园温床的主效应上看，高技术企业进驻科技园还是必要的，这种主效应体现在：科技园区的管理咨询服务、创新文化环境和基础设施服务有效提升了企业的技术创新绩效，科技园区的管理咨询服务和创新文化环境改善了园内高技术企业的市场拓展，技术创新驱动平台、管理咨询服务和基础设施服务有效提升了园内企业的声誉，并且技术创新驱动平台和创新文化环境有效提升了企业的创新文化建设效果和公司运营绩效。

（3）与预期不一致的结果是科技园区提供的市场对接服务没能提升企业的声誉，而是对园内企业声誉产生负向影响，我们的研究则进一步证明了科技园区对于高技术企业来说也存在创新抑制作用的“围城效应”，包括交易成本的增加、对组织外部网络联系的削弱、行动限制以及群体性思维的形成，“围城效应”的实证研究结果在国内的科技园区创新问题研究中尚属首次。

（4）科技园“围城效应”抑制创新的主效应表现在：科技园的行动限制和群体性思维对企业的技术创新产生抑制作用，交易成本的增加和对组织外部网络联系的削弱抑制了企业的市场拓展效果，企业的创新文化建设受到科技园区产生的行动限制和群体性思维的抑制，交易成本的增加也抑制了企业的运营效果。

（5）虽然科技园的运行存在所谓的“围城效应”，但我们也不能得到高技术企业入驻科技园区不能促进创新的表面性结论，正如战略学专家迈克尔·波特所说企业高绩效是环境和战略的综合作用，同样进驻一家科技园区，战略行为不同的企业其运行结果是不同的，企业战略在“温床效应”“围城效应”与高技术企业创新之间产生了正向促进和负向调节作用，这种正向促进作用体现在：企业通过资源获取战略和企业形象战略，加强了技术创新驱动平台对企业技术创新绩效的提升；通过资源获取战略和核心能力提升战略正向调节管理咨询服务对企业的技术创新绩效的作用，企业通过实施核心能力提升战略，可以有效调节科技园区创新文化对技术创新绩效的正向促进；通过实践资源获取战略和企业形象战略正向调节基础设施服务对技术创新绩效的促进作用；通过使用资源获取战略和核心能力提升战略正向调节创新文化环境对企业市场拓展绩效的促进作用；通过实施资源获取战略正向调节基础设施服务对企业市场拓展效果；通过资源获取战略的实施对技术创新驱动平台和企业声誉绩效之间的促进产生正向调节作用，企业通过提升企业核心能力过程，改善了管理咨询服务对企业声誉绩效的提升作用；通过实施资源获取战略正向调节市场对接服务对企业声誉绩效的促进，企业通过实施企业形象战略正向调节科技园区基础设施服务对企业创新文化的促进，并显著改善科技园区基础设施服务对企业运营绩效的促进。

（6）企业战略在科技园“围城效应”对企业创新产生的抑制性作用之间产生负向调节，正确的企业战略可以改善和规避科技园区带来的资源集聚负向影响，具体表现在：①通过实施资源获取战略克服科技园内交易成本的增加，有效提高技术创新绩效；②采用企业形象提升战略可以有效克服科技园削弱外部组织网络联系并提升技术创新绩效；③采用提升核心能力战略的企业可以有效规避科技园带来的行动限制和群体性思维模式并提升技术创新绩效；④企业可以采用资源获取战略克服交易成本的增加和行动限制获得市场拓展绩效；⑤企业采用资源获取战略、提升核心能力战略和企业形象战略改善科技园带来的影响，提升企业的声誉；⑥通过实施资源获取战略可以克服科技园带来的行动限制，从而活跃和改善高技术企业的创新文化并提升企业的公司运营绩效。

（二）政策建议和未来的研究

根据本章的研究结论，可以提出如下的政策建议，这些建议有两个利益趋向：一个是为建立科技园区、促进地区经济发展的政府部门；另一个则是为希望入驻或者已经入驻科技园区并想要获得创新绩效的高技术企业，具体的建议有以下几点：

第一，对于建立科技园区和高技术开发区、促进地方经济发展的政府部门，需要思考建立科技园区的最根本目的是什么，这样才能基于高技术企业需求和地方经济发展设立科技园的创新环境和服务体系。

第二，政府在设立科技园区时，基础设施服务是硬件，但是在管理和服务体系的软环境设计中，需要明确科技园到底为企业创新创造什么样的“温床效应”环境，必要的技术创新驱动平台、管理咨询服务、创新文化环境、基础设施服务以及市场对接服务是否存在服务盲点，完善的服务体系和政策配套措施设计往往比建立科技园的“一纸公文”来得更重要、更实在。

第三，科技园区这样的区域经济发展政策池毕竟是聚集经济带来的产物，可能会存在交易成本增加、对组织外部网络联系的削弱、行动限制以及群体性思维等“围城效应”，而“围城效应”的存在也势必会抑制高技术企业的创新效果，设立一系列的政策和配套措施规避科技园的聚集负向效应，未来将成为政府相关部门需要思考的头等大事（如中国政府在海外和国内设立的一系列科技园出现了高技术企业退出园区的现象）。

第四，对于即将进驻和已经入驻科技园的高技术企业来说，需要明白一个简单的道理，如同进入学校学习的孩子，孩子的成绩高低不是受到学校教育环境影响的外生性问题，而是一个内因和外因并存的结果。一个没有清晰的企业战略（包括资源获取战略、核心能力提升战略和企业形象战略等）的高技术企业，即使科技园“温床效应”再明显，也不能抑制资源集聚和竞争加剧带来的负向影响，也走不出科技园“围城效应”的困局。积极地布局和实施合理的企业战略，才能适时地利用创新环境带来的促进效果，从而在未来运筹帷幄。

本章有两个研究局限：一是没有对数据来源的 8 个科技园进行分类研究，不同类型和不同地域的科技园所带来的“温床效应”和“围城效应”可能存在比较大的差异，没有能对此进行更细致的分类研究；二是不同类型尤其是行业不同、规模不同的高技术企业，其采用的组织战略类型和效果也是存在差异的，本章受到篇幅影响没能在此进行详细考察。基于以上的研究局限，未来的研究可以继续深入讨论如下的三个问题：一是科技园“围城效应”和“温床效应”的地域和功能性差异问题；二是对不同类型尤其是国家重视的战略新兴产业高技术企业的分类研究；三是基于分类研究提出更加合理和针对性更强的政策性建议，这样的研究方向可以为“科技园”相关理论的完善做出更大的贡献。

第 17 章　环境不确定性、研发管理与创新绩效

制造业是国民经济主体，是立国的根本，强国之基。本章讨论环境不确定性和企业研发管理对创新绩效的影响。经过几十年的快速发展，中国制造业发展取得规模现居世界第一位成绩，但与发达国家的制造业的发展水平还存在一定的差距，特别在技术创新能力。2008 年的美国次贷危机之后，发达国家开始认识到发展实体经济的重要性，开始纷纷制定促进制造业回归和发展的政策，像美国提出的“再工业化”战略，德国的工业 4.0 战略等。虽然中国制造业的规模发展跃居世界第一，但技术创新能力很薄弱，与世界一流的制造业企业相比还存在很多差距，中国制造业现在需要由制造业大国向制造业强国转型升级。

当今全球经济快速发展，技术不断进步，需求多元化，企业间的竞争日益激烈，产品生命周期缩短，企业的创新环境也变幻莫测。对于处于转型升级的中国制造业企业来说，一方面可以获取更多更先进的技术创新的信息；另一方面，中国市场的竞争越来越激烈，企业所面临的创新环境越来越严峻。面对这一发展趋势，管理学者开始探索创新环境的变化与技术创新绩效之间的关系。一些学者认为环境可以被视为企业的信息源和知识库，强调外部知识和开放的技术源泉的重要性，企业可以从外部环境中获取所需的信息、知识或技术，降低研发的成本和风险，因此对技术创新绩效的提升具有积极的影响（唐国华、孟丁，2015）；同时环境的不确定性会创造大量的机会，能够感知和抓住机会的企业可以保持竞争优势（William P. Wan & Daphne W. Yiu，2009）。但是，另一些学者认为，在不确定的环境中企业难以洞察新技术萌芽的能力和绩效，无法准确预测或无法完全理解技术环境。企业外部的新技术、新机会对于企业现有的经验优势，企业先前储备的知识和能力可能随着创新环境的变化而过时，原有的核心能力可能变成“核心刚性”，对于创新绩效产生负面影响（朱朝晖，2008）。所以对于创新环境与技术创新绩效之间关系的研究还没有明确的结论。

组织学习理论（Organizational Learning Theory，OLT）通过探索式的学习汲取更好的知识，加以理解整合新知识，从而提高创新行动的过程（Fiol & Lyles，1985）。组织学习（Organizational Learning）是对企业的创新行为研究的重要视角，企业进行创新知识的学习在此视角下可以分为外空间（Outer Space）和内空间（Inner Space）学习（周长辉、曹英慧，2011）。在学习的外空间方面，企业通过与外空间中的其他企业或组织进行互动和交换获取信

息、资源及创新技能，并且不断适应外部创新环境的变化获取新知识，提升企业自身的创新能力。企业获取的知识的有效利用还取决于企业的内空间。在学习的内空间方面，企业对从外部创新环境获取的信息、资源和技能进行企业内部的互动和交流，从而深入对知识进行探索、吸收、转化、组合和利用，这对于企业的技术创新与发展奠定知识基础（Cohen & Levinthal, 1990）。本章作者认为在变化的创新环境中信息及资源的流动、技术的更替更加频繁快速，这使得企业有更多的机会接触到新的知识和技术，激励企业积极地采用技术领先战略，获取技术创新优势；同时企业为了在竞争激烈环境中生存，必须培养其核心竞争力，而核心竞争力即为企业技术创新能力的可持续性，企业要重视技术研发。企业能够在机会来临的时候紧紧抓住是因为企业重视企业的研发能力，这需要企业对自身的研发管理活动进行培育，包括重视研发投入、积极的建设产学研合作以及对知识产权进行管理。

因此本章提出了一个权变理论模型研究中国制造业企业的创新环境、研发管理与技术创新绩效之间的关系，即中国制造业企业面临的创新环境与技术创新绩效之间的关系，以及研发管理（主要包括研发投入、产学研合作以及知识产权的管理）对于创新环境与技术创新绩效之间的关系存在调节效应。

一、文献回顾

（一）组织学习理论与技术创新绩效

组织学习理论（Organizational Learning Theory，OLT）强调知识学习的重要性，知识资源是企业进行技术创新的基础，有助于企业获取竞争优势来应对快速变化、竞争激烈的外部环境（Agarwal et al. ，2004）。组织学习的概念是从个人学习的概念发展起来的，组织成员不断获取知识、提升自身的知识储备、优化组织的体系，在不断变化的环境中保持组织的技术创新能力（陈国权、郑红平，2005）。组织学习的载体并不仅仅包括个人即内部学习，同时也包括外部学习（Hamel，1991）。内部学习认为知识首先存在于组织个体之中，因为组织成员存在相似的技术背景和工作经历，复杂的知识也能容易的在组织个体之间流动；因此内部学习过程被认为是组织知识产生、积累的前提（Dawn & Terry，1991）。Zollo 和 Winter（2002）认为外部学习是指企业通过竞争者、供应商、顾客以及科研合作者等形式，进行知识的探索、吸收、整合、应用以及再创造的过程，从而来弥补内部学习的不足，进行知识的积累，有助于企业适应外部环境的变化，积极进行技术创新，提升技术创新的能力和绩效。

技术创新的实质是知识在个人和组织之间的分享及转化，两者之间通过组织学习机制相互融合。企业内部的资源能力是有限的，而企业外部环境中新技术、新产品、消费者需求及产学研合作研发等更新越发快速。企业要在这一竞争激烈的环境中获得可持续的竞争优势，就要努力从不确定的环境中获取新信息和新知识，从而提升企业本身的创新实力。现有文献对于创新环境与技术创新绩效之间的研究，主要从动态能力理论视角以及开放式创新理论视角进行探讨。动态能力理论认为当企业面临不确定的创新环境时，企业需要动态能力来感知、整合和重新配置企业内外创新资源，从而有助于技术创新能力的提升（Sirmon & Hitt, 2007；Teece et al.，1997）。其实感知、整合以及重构能力涉及知识的积累过程，并且还包括内部知识的积累与外部知识的吸收过程（Zott，2003）。企业能够获取技术方面的竞争优势首先企业要能够感知外部不确定环境中新的知识和信息（Teece，2007），并将获取的新的知识和信息传递到企业内部与现有的资源进行整合，从而适应外部环境，重新构建新的竞争优势（O' Reilly & Tushman, 2008）。

开放式创新理论由 Chesbrough 提出，认为随着环境不确定性的增加，企业自身很难拥有满足技术创新变革和市场需求的全部的创新知识和信息资源，强调利用外部知识和技术资源的重要性（Chesbrough，2003；陈劲和吴波，2012），并重视企业内部的技术创新（Chesbrough & Vanhaverbeke et al.，2006）。开放式创新模式能够有效利用和整合企业内外部的创新资源，并提升企业的技术创新的效率。在不确定的环境中技术创新日新月异，新产品的研发周期缩短，总体需求变化迅速，开放式创新模式有助于企业利用和整合外部创新资源，获取更多、更新和互补知识，从而提升技术创新绩效（唐国华、孟丁，2012）。

但是也有学者研究认为环境的不确定性对于企业的技术创新绩效具有消极的影响。外部环境发生变化会使得企业依靠资源优势或产业定位所建立起来的竞争优势很快就被技术创新或者模仿创新所破坏（陈收等，2013）。外部创新环境是高度不确定性的，并且不可预测，像环境中的技术、消费者需求的变化，以及供应商提供原材料波动性等，而且环境的改变以及不可预测性也会使得企业减少产品和工艺的渐进性技术创新，不愿再承担巨额的研发经费。因此，企业研发新技术的数量将下降，对技术创新绩效提升产生了负面影响（Zahra，1996；Segev，1989）。

二、理论推导和假设

（一）创新环境与技术创新绩效之间的关系

创新环境不确定性是因为缺乏外部环境的相关的信息即数据而致使的不可预测性（Uzkurt et al.，2012）。环境的不确定性包括技术不确定性和市场不确定性（Abernathy & Clark，1985；Roberts & Berry，1985；Anderson & Tushman，2001）。

技术的不确定性主要指新产品的研发周期变短、推出新产品的非常多，以及核心技术发展较快，从而使技术变化的不可预测（Van et al. ，1995）。市场的不确定性是指消费者需求的变化、供应商的技术发展变化速度，以及竞争强度的不确定性等（Huchzermeier & Loch，2001）。根据组织学习理论，环境被认为是企业信息源及资源的存储池，因此，企业可以向环境中的其他企业或研发组织进行交流和学习，从而有助于企业获取先进的创新知识，促进企业知识积累，以及获取资源或技术，从而提升技术创新能力。笔者认为，不确定的环境能够增强中国制造业企业知识积累，增进企业的知识获取、吸收和整合能力，从而提升企业的技术创新能力。

1. 中国市场的大环境有利于中国制造业获取技术创新的知识

随着全球化和信息技术的快速发展，现在已经进入了知识经济时代，不确定与动态的市场与技术环境对于企业的技术创新产生了重要影响。经过几十年的发展中国市场逐步开放，世界各国的企业、研发机构的进入导致市场竞争更加激烈。环境是知识的储备库，现在中国制造业所面临的创新环境更加的不确定、更复杂，储存的知识的异质性更高；激烈的市场竞争促使着产品研发周期更短，技术创新速度更快，以及消费者需求也更加多样等，这些变化说明蕴含的知识更加的丰富。当知识储备库中的知识点数量越多、异质性越高时，则越有利于企业的技术创新绩效的提升（Dorothy，1992）。

2. 环境不确定性迫使企业获取更多的知识和创新资源。

在环境不确定下，企业面临的不可预测的因素增多，受竞争者、客户及在技术的不确定驱动下进行结构升级或变革。从技术不确定性方面来分析：一方面，技术不确定性增强时，技术更新速度加快，企业为了保持竞争优势和满足顾客需求，会倾向于采用先动战略（Tushman & Romanelli，1985），并且会努力提高自身的知识识别、吸收及整合能力进行技术创新；另一方面，技术不确定性较高时，企业外部环境具有丰富的技术创新的知识，能够补充企业内部的技术创新知识的不足，增加新知识、新技术的机会，从而扩宽自身知识库的深度和广度，有助于企业的技术创新能力的提高。

从市场不确定性方面进行分析：一方面，在市场不确定性增强时，产品推出更加快速，市场需求总体需求变动难以预料，这对于企业来说会存在创新压力。企业为了在市场竞争激烈的市场中生存下去，会与顾客、供应商、竞争者及研发机构等作为组织学习的重要外部资源建立联系，随时关注外部的商业环境的变化，及时获取最新的信息、知识或创新资源（Von Hippel，1988）；另一方面，市场环境不确定时可以为企业的发展提供大量潜在的机会，企业在不断的探索外部环境变化时，并适时调整经营战略，从而获取对企业自身有利的知识资源及机会，从而对技术创新具有促进作用。

因此，本章基于组织学习理论得出假设：

H1a：技术不确定性对技术创新绩效提升具有正向促进作用

H1b：市场不确定性对技术创新绩效提升具有正向促进作用

（二）研发管理和国有企业的调节作用

假设H1a和H1b指出，不确定的外部环境能够使企业接触到更多的新知识、拓宽企业技术创新知识边界、利用和整合创新资源的机会，但是企业能够利用好这些机会，使获取的知识和资源转化为创新成果，还要依赖于企业自身的科研管理水平，企业之间的知识的识别、吸收和转换能力是存在差异的（Cohen & Levinthal，1990）。研发管理是一个相互协调的系统过程，既包括研发投入、知识产权管理以及产学研合作等"硬性"科研管理方面，也包括领导者意识确立、创新文化建设、创新制度完善等"软性"科研管理方面，而本章主要聚焦在"硬性"的科研管理活动对环境不确定性与技术创新绩效提升之间关系的调节效应。

1. 企业研发投入的调节作用

在企业进行研发管理过程中，研发投入是企业技术创新基础，其主要包括研发人员的工资投入，购买研发设备、技术及原材料，以及支付研发团队进行研讨、会议交流以及学习培训等费用（杨百寅、高昂，2013）。由此可知研发投入（R&D）是企业进行技术创新获得可持续创新能力的平台和基础（Raffaele & Maurizio，2008）。在环境不确定情况下，研发投入提升能够对环境不确定与技术创新绩效之间的关系产生影响。首先，充足的研发投入为企业吸引到更多的高端研发人员，研发人员是知识的重要载体，随着研发人员的数量和质量提升，企业内部知识的流动和共享增加，企业通过组织内部的学习，有助于企业的创新知识的积累，能够在不确定的环境具有技术创新的前瞻性。其次，研发投入增多能够支持企业购买更加先进的技术设备、基础技术、专利等从事技术创新活动。在不确定环境中技术创新的基础设施建设为企业的研发工作提供了坚实的物质保障。再次，企业的研发投入越多，越能够使得企业技术研究可持续进行，能够深入研究先进技术并突破技术壁垒，通过学习能力来吸收、整合外部先进的技术知识或资源，促进企业科技知识积淀，从而有助于企业开发出新工艺，研发新产品以及发明专利（Gassiman & Veugelers，2006）。

因此，企业的研发投入越多，在技术人才引进和培养、技术创新基础建设以及知识积累方面的优势越明显。因此，在环境不确定性情况下，能够基于企业自身的知识积累及时对技术以及市场的变化做出反应，运用组织学习能力，将接触到的知识吸收并运用转化成为创新成果。

基于上述分析，可提出以下假设：

H2：研发投入对环境不确定性与技术创新绩效之间的关系具有正向调节作用。

2. 企业产学研合作的调节作用

产学研合作是指企业与高校及科研机构之间建立的合作，可以共享实验室设备、共同建立研发机构及开展项目，并且合作方之间可以直接购买技术成果（杨百寅、高昂，2013）。在不确定的环境下，通过产学研合作的方式，具有不同优势的主体之间可以发挥协同优势。首先，企业和科研院所都具有不同技术创新知识和资源，通过合作多元化的知识的碰撞和整合，形成新的创新知识，并且科研院所具有技术创新方面的优势，企业通过合作能以更低成本和风险获取技术创新成果及知识。其次，企业与科研院所汇集了众多科技人才，通过相互之间的交流合作，可以增进创新的灵感和火花的出现。同时，科技人才是暗默性知识的载体，暗默性知识是很有价值的知识，是形成核心竞争力的基础，但很难用言语进行表达和进行转移，研发人员之间通过频繁的交流和沟通就会促进暗默性知识转化为显性知识并进行转移和流动（丛聪、徐枞巍，2010），从而提高企业获取和利用知识的效率。再次，在不确定环境中，市场竞争激烈、技术创新周期缩短，拥有有限创新资源的企业单独进行创新越发困难，而科研院所作为领先技术的源头和生长点，具有很强的信息功能，在复杂的市场中可以获取各种相近的技术信息和知识，产学研合作有助于企业获取先进外部知识和信息，有助于企业开发尖端科技技术（Tsai & Wang，2009）。

基于以上观点，本章认为在不确定的环境下，产学研合作能够获取先进的创新成果、技术、信息和知识，企业通过组织学习进一步增加企业技术创新知识的积淀，从而有助于企业的技术创新绩效提升。

通过上述分析，可提出如下假设：

H3：企业产学研合作对环境不确定性与技术创新绩效提升之间的关系具有正向调节作用。

3. 企业知识产权管理的调节作用

知识产权管理是指企业通过法律、经济等途径对知识产权进行有计划的谋划、开发、获取，以及维护到商业化一系列过程的活动。在不确定的环境中企业的知识产权管理水平对于企业技术创新优势的影响尤为重要。在环境不确定性的情况下，由于技术环境和市场环境快速变化，企业面临的技术、知识和信息更庞大，而知识产权管理可有助于企业更好的管理、学习新知识和新技术，通过内部学习的整合和利用，对技术创新绩效产生积极影响。首先，知识产权管理以知识及知识活动为核心并涉及到创新知识的学习、运用及传播的过程。因此，有助于企业知识价值链的形成，从而加速知识在企业内部的流动、分享并形成新知识，促进企业员工进行技术创新，创造出新的产品、新工艺。其次，知识产权管理能够帮助企业确定技术创新的战略目标和方向。企业根据自身知识产权的状况，及时了解和跟踪全球最新技术创新的发展态势，并结合自身的创新资源，以及国内外竞争者的技术创新的路径和发展方向，制定明确的知识产权管理的基本策略，确定企业技术创新的战略方向。再次，知识产权管理可以保护企业的创新成果及知识产权不受侵犯，防止知识产权在技术开发、生产经营过程中流逝，而使企业竞争力下降及经营利润下降；并且企业可通过法律手段强化自身拥有的知识产权的保护；同时，可以对企业内外部的知识产权活动及时进行监控，防范知识产权的侵权行为发生。

因此，基于以上观点可知，在不确定的环境中知识产权管理有助于企业确定自身的创新目标，有计划、有意识的保护自身的知识产权，同时追踪外部环境的知识产权的变化，并积极地运用组织学习能力去加以整合和利用，从而对技术创新能力产生积极影响。

通过上述分析，提出以下假设：

H4：企业知识产权管理对环境不确定性与技术创新绩效提升之间的关系具有正向调节作用。

本章研究的理论框架，显示了中国制造业企业所面临的环境不确定性、研发管理与技术创新绩效之间的关系，如图 17－1 所示。

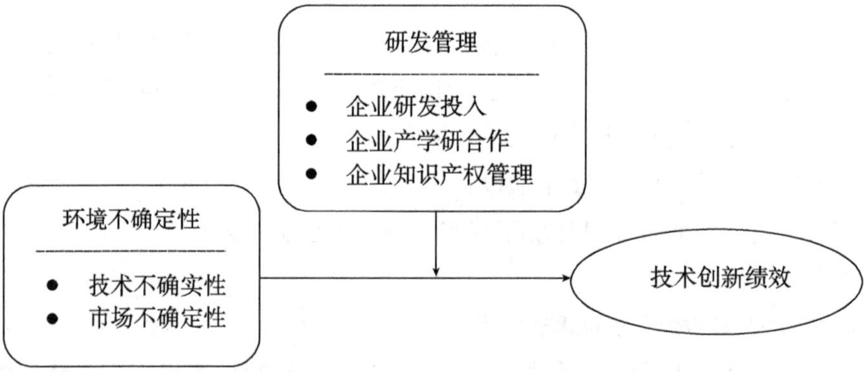

图 17－1　本章研究的理论框架

三、研究设计

（一）数据来源

本章主要研究中国制造业企业面临的环境不确定性、研发管理，以及技术创新绩效之间关系。为了检验本章提出的假设，本章数据来源于国家统计局于 2011—2013 年期间，在全国 40 个城市开展的制造业企业自主创新的跟踪调查问卷的数据库，其目的为了解中国制造业创新活动和创新环境，为企业改进创新管理和政府制定政策提供支持。此次的调查问卷共收回问卷1450份，剔除不合格及有部分缺失值的问卷后，最终用于本章分析的制造业企业数量为1408家。

（二）变量测量

1. 因变量

本章的因变量是技术创新绩效，利用企业过去三年中申请的专利数量总和来进行测量，选取专利作为技术创新绩效的衡量指标，一方面因为专利是代表知识的创新性和新颖性的元素（Liu & Xiaohui et al. ，2010）；另一方面专利能容易被外界验证创新性的度量指标。同时专利易于比较和收集，但专利不能反映企业整体的技术创新的成果（Lahiri，2010）。本章中的中国制造业企业的专利分为发明专利、实用新型专利，以及外观设计专利，用三者之和来反应制造业企业的技术创新的整体水平。本章还用了发明专利在稳健性模型中做因变量，来检验模型的稳健性。

2. 自变量

本章的自变量是环境不确定性包括技术不确定和市场不确定性。在调查问卷中，环境不确定性（技术不确定性和市场不确定性）的衡量利用了9个Likert指标进行测量（1＝完全不同意；3＝中立；5＝完全同意），其中技术不确定性包括5个衡量指标：①核心技术发展较快；②研发投资成本高；③企业先前技术积累非常重要；④企业间竞争非常激烈；⑤技术创新成果可以通过技术秘密等手段保护。环境不确定性包括4个衡量指标：①市场推出的新产品非常多；②市场总体需求变化非常大；③上游供应商的技术发展很快；④模仿创新是本行业普遍采用的策略。经过因子分析得出环境不确定性的Cronbach´s α系数为0.806大于0.8，说明数据的信度良好；Kaiser－Meyer－Olkin（KMO）统计量值为0.834大于0.6的最低标准，Bartlett球形检验的值为3114.347，其显著性检验（sig. <0.000），说明数据的结构效度良好，问卷数据统计结果如表17－1所示。

表17－1 环境不确定性的因子结构

维度与测量条目	因子载荷（factor loading）	
	因子1	因子2
1. 技术不确定性		
（1）核心技术发展较快	0.669	

续表

维度与测量条目	因子载荷（factor loading）	
	因子1	因子2
（2）研发投资成本高	0.742	
（3）企业先前技术积累非常重要	0.804	
（4）企业间竞争非常激烈	0.610	
（5）技术创新成果可以通过技术秘密等手段保护	0.555	
2. 市场不确定性		
（1）市场推出的新产品非常多		0.682
（2）市场总体需求变化非常大		0.701
（3）上游供应商的技术发展很快		0.701
（4）模仿创新是本行业普遍采用的策略		0.652
方差（%）	3.590	1.087
特征值（%）	28.537	23.432

注：采用主成分分析法，表中数字为采用 Varimax 旋转后因子载荷标准，没有标注的因子载荷数字小于0.500。

3. 调节变量

本章的调节变量为制造业企业的研发管理活动，主要从三个维度进行分析。第一个维度是企业研发投入，取值为1－3（1＝从来没有；2＝有些；3＝很多）。第二个维度是企业产学研合作，该维度包括3个Likert指标进行测量（1＝完全不同意；3＝中立；5＝完全同意）：①企业之间合作比较普遍；②产学研合作比较普遍；③高校和研究机构基础研究成果对企业技术发展非常重要，并且利用这三个指标的平均得分来衡量产学研合作。第三个维度是企业知识产权管理，该维度用了四个likert指标进行衡量（1＝完全不符合；3＝中立；5＝完全符合）：①有专职部门或设有专职人员负责日常知识产权管理工作；②与外单位合作研发会在合同中明确知识产权的归属和保护；③对技术创新成果进行知识产权分析和评价以确定保护措施；④主动监视、跟踪国内外竞争对手的专利情况。经过因子分析发现这四个指标实际上测量的是一个概念，分析得出的Cronbach´s α 系数为0.932大于0.8，Kaiser－Meyer－Olkin（KMO）统计量值为0.924，Bartlett球形检验的值，7964.422，其显著性检验（sig. < 0.000）说明数据的结构效度良好。

4. 控制变量

本章控制了可能对技术创新绩效产生影响的变量，包括企业的规模、企业所属行业、企业资产总额及国有企业。企业规模是指企业的平均从业人数，用 1 ~ 3 来表示（1 =300 人以下；2 =300 ~3000 人；3 =2000 人以上）。企业所属行业主要是指企业属于哪一细分制造业，一共有 30 个制造业细分行业，用 1 ~30 来表示。企业资产总额则用 1 ~3 来表示（1 = 不足 0.4 亿元；2 =0.4 亿 ~4 亿元；3 =4 亿元以上），国有企业用哑变量进行控制，即国有企业为 1，非国有企业为 0。

（三）统计模型

本章研究样本为截面数据，并且本章的研究样本为大样本，采用 stata12.0 进行分层线性回归方法进行分析（Hausan & McFadden，1984）。首先，将控制变量和调节变量放入回归方程中；其次，加入核心变量环境不确定性（技术不确定性和市场不确定性）；最后，依次加入交互项即环境不确定性（技术不确定性和市场不确定性）与研发管理的三个交互项，来检测调节结果。同时使用了稳健的标准误差使结果更加稳健可靠。

四、实证结果

各个变量之间的描述性统计和相关系数，如表 17 –2 所示。从表 17 –2 可以看出，中国制造业企业的技术创新活动较活跃，三年的平均申请的专利数量大约为 7 项。从相关系数的显著性可知，企业的技术创新绩效与企业面临的环境不确定性（技术不确定性和市场不确定性）、企业知识产权管理、企业研发投入、企业产学研合作之间都存在显著的正相关关系。而且自变量之间的相关系数只有知识产权管理和企业产学研合作之前的相关系数为 0.408 稍微大于 0.400，其他的相关系数均小于 0.400，并且 vif 值最大为 1.730 小于 3000，说明数据的多重共线性问题在本章中不是很严重。同时为了降低数据自变量环境不确定性（技术不确定性和市场不确定性）与调节变量研发管理（企业知识产权管理、企业研发投入及企业产学研合作）之间的乘积项的多重共线性，本章还对环境不确定性（技术不确定性和市场不确定性）与调节变量研发管理的三个维度进行了中心化处理。

各假设条件的统计分析结果，如表 17 –3 所示。模型 2 是在模型 1 的基础之上加入了环境不确定性（技术不确定性和市场不确定性），从调整后的 R^2 上看，由原来的 0.208 增加到了 0.211，说明解释力度提高了。技术不确定性的回归系数为 0.837（$p<0.100$），市场不确定性的回归系数为 0.714（$p<0.100$），这说明企业在不确定性的环境中对企业的技术创新绩效的提升具有积极促进作用。因此，假设 H1a 和 H1b 得到实证支持。

表 17-2 变量的描述性统计与相关系数

变　量	均值	标准差	1	2	3	4	5	6	7	8	9	10
专利总量	6.914	14.07	1.000									
技术不确定性	0.018	0.894	0.237*	1.000								
市场不确定性	0.011	0.894	0.129*	0.022	1.000							
企业知识产权管理	-6.21e-07	1	0.330*	0.326*	0.197*	1.000						
企业研发投入	1.257	0.919	0.337*	0.294*	0.136*	0.320*	1.000					
企业产学研合作	3.030	0.756	0.154*	0.295*	0.299*	0.408*	0.182*	1.000				
企业固定资产	2.200	0.668	0.262*	0.210*	0.0380	0.225*	0.271*	0.107*	1.000			
所属行业	18.44	8.267	0.144*	0.194*	0.048*	0.141*	0.124*	0.051*	0.152*	1.000		
企业规模	1.850	0.691	0.288*	0.178*	0.106*	0.191*	0.231*	0.075*	0.324*	0.105*	1.000	
国有企业	0.071	0.257	0.041	0.061*	-0.017	-0.001	0.038	0.057*	0.100*	0.016	0.144*	1.000

注：* 表示 $p<0.050$。

表 17-3 以专利总数为因变量的分层回归结果

变 量	1	2	3	4	5
常 数	−8.096*** (2.080)	−7.028*** (2.228)	−7.474*** (2.257)	−7.121*** (2.266)	−8.127*** (2.217)
企业研发投入	3.141*** (0.378)	2.910*** (0.397)	2.981*** (0.406)	2.888*** (0.395)	3.093*** (0.387)
企业产学研合作	0.179 (0.523)	−0.014 (0.568)	0.00681 (0.576)	−0.102 (0.557)	0.0238 (0.565)
企业知识产权管理	3.015*** (0.391)	2.684*** (0.391)	2.717*** (0.388)	2.727*** (0.392)	2.768*** (0.394)
固定资产	0.948* (0.563)	0.994* (0.570)	0.986* (0.569)	1.034* (0.571)	0.977* (0.566)
所属行业	0.109*** (0.041)	0.0958** (0.040)	0.0893** (0.040)	0.101** (0.040)	0.0963** (0.040)
企业规模	3.537*** (0.637)	3.465*** (0.644)	3.440*** (0.640)	3.467*** (0.641)	3.410*** (0.637)
国有企业	−0.0148 (1.469)	0.0182 (1.473)	−0.00723 (1.465)	−0.307 (1.468)	−0.162 (1.472)
技术不确定性		0.837* (0.435)	0.873** (0.433)	0.717* (0.432)	0.640 (0.420)
市场不确定性		0.713* (0.405)	0.686* (0.396)	0.727* (0.401)	0.677* (0.385)
技术不确定性 × 企业研发投入			1.379*** (0.465)		
市场不确定性 × 企业研发投入			1.025** (0.456)		
技术不确定性 × 企业产学研合作				1.953*** (0.595)	
市场不确定性 × 企业产业研合作				−0.870 (0.529)	
技术不确定性 × 企业知识产权管理					2.224*** (0.461)
市场不确定性 × 企业知识产权管理					0.0514 (0.419)
F 值	43.020	32.890	29.120	27.490	28.810
Observations	1341	1324	1324	1324	1324
调整后的 R-squared	0.208	0.211	0.219	0.218	0.227

注：*** $p < 0.010$，** $p < 0.050$，* $p < 0.100$。

假设 H2 提出企业研发投入增加对于环境不确定性和技术创新绩效提升之间关系存在正向调节作用。模型 3 则是在模型 2 的基础上增加了环境不确定性（技术不确定性和市场不确定性）与企业研发投入之间的交互项，结果发现模型3的解释力度上升了 R^2 由模型3的0.219大于模型2的0.211。技术不确定性与企业研发投入乘积项的回归系数为1.379（$p<0.010$），市场不确定性与企业研发投入乘积项的回归系数为1.025（$p<0.050$），说明调节效应明显，因此，假设H2得到了实证支持。

假设H3提出企业的产学研合作对环境不确定性和技术创新绩效之间的关系具有正向的调节作用。模型4是在模型2的基础上加入环境不确定性（技术）和企业产学研合作之间的乘积项，发现模型4调整后的 R^2 值为0.218大于模型2的0.211，模型的解释力度有所提高。技术不确定性与企业产学研合作的乘积项的回归系数为1.593（$p<0.010$），但是市场环境不确定性与企业产学研合作的乘积项的回归系数为 -0.870（p 值不显著）。因此，H3得到了部分的实证支持。

假设H4认为企业的知识产权管理对环境不确定性与技术创新绩效提升之间的关系存在正向的调节效应。模型5是在模型2的基础上加入环境不确定性（技术不确定性和市场不确定性）与企业知识产权管理之间的交互项，结果发现技术不确定性与企业知识产权管理的交互项的回归系数为2.224（$p<0.010$），市场不确定性与企业知识产权管理的交互项的回归系数为0.051（p 值不显著）。并且模型的解释力度上升 $\Delta R^2=0.190$。因此，H4得到了部分实证支持。

为了进一步检验模型结果的稳健性，本章还进一步采用企业过去三年中申请的发明专利总和作为因变量进行回归，发现模型中的环境不确定性的回归结果系数与其与研发管理（企业研发投入、企业产学研合作及企业知识产权保护）的乘积项回归结果的系数符号以及显著性基本一致，因此说明模型的统计结果比较稳健。

五、研究结论与启示

（一）结论

当前中国经济社会发展已经从前期高速增长进入了中高速增长的新阶段，即“新常态”，预示着中国经济告别粗放型增长方式，走向依靠技术创新驱动、消费主体拉动、制度创新推动的以内源式发展为主导的市场引导型经济。但是，中国从制造业大国向制造业强国转型升级的过程之中，仍存在很多的问题，与世界一流制造业企业相比也还存在很大差距，并且将制造业企业“做强、做优、做大”还需继续努力，技术创新水平也要积极的向国际靠拢。同时中国制造业企业还面临着国内外创新环境动荡不安的情况，企业竞争更加激烈。在不确定的环境中，中国制造业企业需要通过组织学习能力吸收利用环境不确定性带来的多样、丰富的知识和信息，从而提升自身技术创新能力来保持可持续的竞争优势。针对这一情况，本章着重研究环境不确定性、研发管理与技术创新绩效三者之间的关系。通过 1408 家中国制造业企业实证分析得出以下几个结论：

（1）企业在不确定性的环境中经营是有助于企业的技术创新能力提升。因为企业面临更加残酷的生存现实，逼迫企业提升技术创新能力，培养核心竞争力。而且动态的环境中蕴含的技术创新知识和信息更加多样，能够接触到新知识，增加知识库储备，推动技术创新能力提升。

（2）企业内部的研发投入对企业面临的不确定的环境（技术不确定性和市场不确定性）与技术创新绩效之间关系存在正向调节关系。即企业的研发投入是技术创新的基础，当研发投入高时，将使企业有能力去让更多的员工参与培训提升创新技能，同时购买先进的技术创新设备以及技术等。这些都有利于提高企业的创新的意识，塑造更好的创新文化和氛围。而且企业创新投入高也有利于企业的创新知识储存的增加，这有利于企业应对不确定性的环境，并且对技术创新绩效也具有积极的影响。

（3）企业的产学研合作对环境不确定性与技术创新绩效之间的关系存在正向调节作用。即企业面临着技术不确定性时，科研院所因为有丰富的创新知识和资源以及众多的创新型人才，与科研院所进行合作能够帮助企业获取先进的信息知识与技术。因为科研院所主要聚焦在技术创新的研究方面，对于市场环境变化不敏感、没有快速反应，所以企业产学研合作对技术不确定性与技术创新绩效之间的关系的正向调节效应显著。

（4）企业知识产权管理对环境不确定性与技术创新绩效之间的关系存在正向调节关系。在不确定的环境中，知识产权管理变得越发重要。一方面，因为企业不重视知识产权管理导致企业错失很多机会；另一方面，因为企业不重视知识产权管理使企业遭遇知识产权陷阱。因为重视知识产权管理对企业技术创新非常重要。但知识产权管理焦点在于对知识产权进行有计划的谋划、开发、取得以及维护到商业化一系列过程的活动上。因此知识产权管理对技术的不确定性与创新绩效提升之间的关系调节效应会更显著。

（二）管理启示

（1）在不确定的环境中，中国制造业企业要去积极的抓住技术创新的机会，要求企业不仅要正视企业内部学习能力以及创新能力的提升，同时也要随时关注外部环境的变化，积极获取外部创新知识，并加以整合、运用形成自身的新的创新知识。因为创新环境的变化不可预测，企业为了保持竞争优势生存下去，能够重新规划自身的技术研发战略，会更加注重提升研发投入、产学研合作及知识产权管理，从而能够获得人力、技术、基础设施，以及产权保护等方面的支持，提升技术研发的效率，降低研发风险。

（2）中国制造业企业应该注重进行研发投入。在竞争激烈的环境中有很多的企业因为没有竞争优势最终被淘汰，主要原因是自身的研发能力弱。企业的研发能力弱是因为研发投入不强，而致使吸引不到高端的技术创新人才，同时没有支撑前沿技术研发的基础设备等，这些都对修炼自身内部的研发能力至关重要。

（3）中国制造业企业在技术创新过程中要注重产学研合作。通过与科研院校之间合作，可以共享实验设备、共同开展科研项目以及共建研发机构等，这都能够降低研发成本并且也会极大降低研发的风险。中国制造业企业要注重开放式创新，从而很好的应对环境的不确定性。

（4）中国制造业企业在面临不确定的环境时要兼顾知识产权管理。知识产权管理是中国制造业企业薄弱之处。在国际先进的高科技企业都会将技术创新和知识产权管理上升到战略层面。中国制造业企业因为不注重知识产权管理，不仅使得自身的合法权益受到侵犯，同时频繁遭受知识产权陷阱，而导致企业经济利益受到损失。因此，中国制造业企业在知识产权管理方面应该进一步系统加强，使企业制定出有效的创新战略，从而提高企业创新绩效，获得经济效益。

第 18 章　政府监管、鳗鱼效应与知识产权管理：企业创新绩效的提升

随着知识产权在世界经济和科技发展中的作用日益凸显，越来越多的国家都认识到未来全球竞争的关键就是经济的竞争，经济竞争的实质是科学技术的竞争，科学技术的竞争，归根到底就是知识产权的竞争。本章讨论政府市场监管、鳗鱼效应和知识产权管理对企业创新绩效的影响。美国自 20 世纪 80 年代起，为恢复其在世界经济中的强势地位，陆续采取了一系列加强知识产权保护和管理的重大举措；日本在过去几十年里，曾提出过“教育立国”“科技立国”等口号，到 2002 年进一步认识到知识产权的战略地位，制定了《知识产权战略大纲》，成立了跨政府部门的知识产权战略会，把“知识财产”定位到“立国战略”的高度，发展成“全球屈指可数的知识产权大国”。此外，俄罗斯、韩国和印度等国在制定技术创新战略的同时，也把对技术创新过程中的知识产权保护纳入国家战略中。中国也在知识产权的保护方面取得了很大进展。国家知识产权局在全国有关科研院所、企业、大学进行了知识产权管理工作的试点。在一些基础较好的科研院所、企业、大学，知识产权管理工作已经达到较高的水平，如设有专门管理机构，配备合适的管理人员，经费有安排，制度较完善，每年注册的国内外专利急速上升。

回归于学术界，学者们关注对“更强的专利保护会使厂商更多地从事创新”这一命题进行实证检验。Sakakibara 和 Branstetter（1999）对日本专利制度改革的效果进行了评估，结果表明，尽管专利制度发生显著的变动，厂商的反应却非常小。其他对单个国家的单项强化专利保护政策展开的实证研究（Scherer Weisburst，1995；Bassen & Maskin，2000）也表明，知识产权保护强化对本国创新的影响要么微弱，要么没有。Lerner（2001，2002）对 60 个国家在过去 150 年间发生的显著的专利改革的影响进行了分析，结论依然是专利保护强化并没有显著地促进本国企业的专利申请，虽然来自国外的专利申请有所增加。对此，Merge 和 Nelson（1994）提出，在评估专利保护的影响时，必须考虑行为、历史和技术等方面的具体因素。可见，不管是理论研究还是实证研究，都不能支持“增强专利保护一定能够促进技术创新”这一结论。因此，有必要为专利保护增强对中国技术创新活动的影响进行实证分析，以此作为中国调整科技政策的依据。

一、文献回顾与研究假设

知识产权概念的定义一直以来都存在着诸多不同。以《法律辞典》（中科院法学研究所，2003）为例，知识产权的定义为："自然人或法人对自然人通过智力劳动所创造的符合法定条件的智力成果，依法确认并享有的权利。"（魏后凯，2003）知识产权是一些思想集，这些思想集中的知识首先是新颖的和适用的，即企业的创新性知识，并能为企业所用。然后，这些知识能以有形的方式在实践中消耗，并能依法进行管理。实践表明，企业在管理专利过程中取得的经验能广泛地应用到其他类型的知识产权管理之中。由于创新不能脱离企业所处的外部环境和竞争态势而进行，政府的监管、竞争机制的引入，以及企业对知识产权的管理战略，其目的都是为了促进创新、提升企业绩效。

（一）企业的创新绩效

关于企业的创新绩效测量，Anthony Ward（1996）采用了基于企业特性的测度，设计一种由上至下测度系统，这种测度方法将企业任务的复杂性考虑在内，并且能使其量化，由此测度出区域中企业技术创新所存在的问题。本研究侧重一般企业（尤其是制造业内的企业）的创新绩效问题，制造业企业的创新绩效更加具备战略绩效的普遍性。狭义战略论者 H. Igor Ansoff（1976），对企业战略所要实现的绩效就进行了普遍性论述，认为企业战略是贯穿于企业经营与产品和市场之间的一条共同经营主线，这条主线由四个要素构成，其中与创新绩效相关的要素有三个：一是产品与市场范围的选择，这说明企业首先要确定所生产的产品和市场领域，因为不仅根据企业当前的具体产品组合与局部市场领域来确定，而且还根据企业未来，从发展的眼光来确定企业的产品和市场范围，其目的是为了企业可以降低运营成本、提高企业运营效率、最终提升企业的运营绩效；二是增长向量的选择，就是确定企业的成长方向，企业经营活动应该向什么方向发展，如进行市场渗透、新产品开发或者市场开发等，其目的是使企业迅速扩张；三是使企业内部若干因素的有效组合可以比单个因素能够产生更大的效果，产生销售协同效应、管理协同效应，其目的是使企业运行具备动态相乘的效果。本研究，在中国制造业企业截面数据基础上，研究政府制度监管、市场竞争和企业知识产权管理实践对企业运营绩效、扩张绩效和动态相乘绩效等三个企业创新绩效的影响。

（二）鳗鱼效应与企业创新绩效的关系

一般而言，专利权保护的增强，会刺激研发投入，导致专利申请上升。乐观的看法是，强化知识产权保护，将会促使中国企业更加重视创新和增加研发投入，企业核心竞争力也将逐步提高。从国际经验看，在发展中国家（或地区）

从知识产权的弱保护阶段向强保护阶段过渡的过程中，的确出现过这样的情形，即强化知识产权保护后，原来不重视自主创新的企业，在侵权会受到严厉惩罚的压力下，不得不重视自主创新，经历一段时间的磨合后，本地企业不仅没有因为环境更严峻而无法生存，反而提高了创新能力以及在国际市场上的竞争力。这种现象类似于通常所说的“鳗鱼效应”。“鳗鱼效应”经常被用来比喻市场开放后国内外企业之间竞争加剧对民族企业产生的影响。这个故事的原始情节是，当把一群金枪鱼放在水盆中时，时间稍长，鱼便会死掉。但是，当在水盆中放进一条鳗鱼——金枪鱼的天敌时，大部分鱼都会好好地活下来。它说明更加恶劣的环境反而会有利于激发生命的活力。这样一个经济学理论告诉我们，当政府对知识产权保护的监管加强时，必须引入一定的竞争机制，这时企业才能真正提高自主创新意识，提升企业活力。

当前，知识产权的保护已经陷入一个两难的（效率与公平）抉择之中：一方面，知识产权保护有利于激励知识产权所有者继续创新，促进知识存量的绝对增长，进而推动整个社会的发展和进步；另一方面，知识产权保护加大了知识扩散的成本，设置了技术传播的鸿沟，过度不当的保护不仅阻碍了知识和科学技术的进一步发展，甚至产生某种程度上的倒退现象。Scotchmer（1996a，1996b，1998）描述了累积创新会导致一个基本的两难困境，为了回报第一代创新者发明对第二代创新的溢出，要允许第一代创新者可以占用第二代创新者发明的价值；另外，允许第一代创新者从第二代发明中获取部分收益，这会减少第二代创新者的激励。Bessen 和 Maskin（2000）试图回答这样一个问题：从历史来看，软件、半导体、计算机等产业尽管受到的是弱保护，但为何仍具有较大的创新激励？他们认为在这些产业中竞争可以增加厂商未来收入，因此可以补偿近期的租金耗散，并发展了一个模型说明在一个动态的产业中，保护会减少创新和社会福利，而且他们将研究放入 20 世纪 80 年代的软件产业中进行检验。传统的观点认为，R&D 的密度和生产率在保护企业中应该会增加，但这些增加并没有发生，所以他们的研究表明：将专利保护扩展到软件领域后并没有对计算机产业带来促进作用。这就是鳗鱼效应产生的微观基础，在知识产权制度保护下，通过合理竞争保护创新成果，同样可以提高企业的创新绩效，基于以上分析，得到以下假设：

假设 H1a：在知识产权保护下，若不引入竞争机制，企业的运营绩效不会得到提升。

假设 H1b：在知识产权保护下，若不引入竞争机制，企业的扩张绩效不会得到提升。

假设 H1c：在知识产权保护下，若不引入竞争机制，企业的动态相乘绩效不会得到提升。

（三）政府监管对技术创新的影响

在动态的环境下，考虑到创新开发以后的技术扩散（如：许可或模仿），两企业从事一项创新的竞争。在这种情况下，企业创新激励将由率先创新与创新滞后之间的利润差距所驱动。此时，创新者的 R&D 的竞争采用的是“争速度的”竞争。一些学者考察了在这种情况下的创新激励，如 P. Dasgupta 和 J. Stiglitz（1981），R. Gilbert 和 D. Newbery（1982），以及 J. Reinganum（1982）等人的研究结果。但是我们必须看到，如果一个企业从其竞争对手的创新开发中受益（即从创新的溢出效应中受益），其获得的利润超过了从事创新者的利润，那么 R&D 的竞争特征将变成企业间相互“等待”的策略，而不是“争速度”的抢先创新。企业都希望率先创新的企业能提供“公共物品”（Public Goods），自己从无偿的模仿中获利。

国外的一些调查如 E. Mansfield，M. Schwartz 和 S. l Wagne（1981）的研究表明：在 48 项研究的样本中，化学、药品、电子及机械等行业大约 70% 的项目申请了专利，但是只有一项得到了模仿许可，大约 60% 的创新，在 4 年内被无偿模仿了。R. Lewin（1986）等人发现：即使是申请了专利的创新，在 3 年或几年内，在 129 个行业的创新中都被模仿了。随着现代市场竞争的加剧，传统的竞争方式越来越不能适应竞争的要求，特别是实力雄厚的大企业仿制小企业的创新产品，不仅使模仿产品能够很快进入市场，而且产品质量毫不逊色于创新产品，这将极大地抑制中小企业的技术创新活动（Glass，2000）。特别是在高技术领域，由于创新者在前期的高投入，使模仿者的成本优势更是令率先创新者难以承受。因此，现代创新竞争必须引入知识产权监管机制来影响创新与模仿。知识产权制度的核心是如何合理分配权利和义务，以便在权利人和社会公共利益之间形成一种平衡（Xu Qing - rui, Chen Jin, Guo Bin, 1998）。在技术创新中，知识产权发挥着重要的作用，它给技术创新企业提供一些合法权利来阻止技术创新过早或过快地被全社会模仿和吸收。事实上，政府对知识产权的监管和对技术创新的保护并不仅仅限于专利这一种法律形式。在知识经济时代，将不同形式的知识产权作为一个有机联系的整体来看待的要求越来越迫切。基于以上分析，得到以下假设：

假设 H2a：政府对知识产权的监管，可以激励企业获得更高的运营绩效。

假设 H2b：政府对知识产权的监管，可以激励企业获得更高的扩张绩效。

假设 H2c：政府对知识产权的监管，可以激励企业获得更高的动态相乘绩效。

（四）企业知识产权管理的调节作用

知识产权保护对发展中国家自主创新的影响一直争议颇多。在对巴西 377 家公司的调查中，80% 的公司表示：如果国内知识产权保护得到加强，它们将加大对国内的研发投资，提高对员工的培训（Yang et al.，2001）。Gould 和 Gruben（1996）的研究表明：市场结构可能影响知识产权保护与技术创新的关系；知识产权保护对技术创新的影响在竞争较弱和高度保护的市场中很小。发展中国家的市场大多存在上述问题，因而知识产权保护力度的提升对技术创新的激励作用微乎其微。此外，McCalman（2001）认为：知识产权保护还增加了发展中国家的技术使用成本，抑制了技术引用和转移。为什么在发展中国家的知识产权保护监管机制的作用不明显，本研究认为，政府监管和竞争机制的形成对企业创新绩效的影响过程中存在调节因素。

在一定程度上，主导企业的 R&D 战略与知识产权管理，成为塑造整个产业市场结构和标准化联盟网络结构的关键。知识产权管理不仅是主导企业彼此关注和交易的焦点，代表了它们各自的战略能力，更为关键的是，不同的知识产权战略决定了它们在标准战中的成败。比如，在 GSM 标准发展过程中，Philips 公司和 Motorola 公司基于知识产权的战略差异就导致了它们完全不同的结局。Philips 早期在技术和专利上的强势地位造就了它对于技术联盟网络的主宰，使它成为 4 家联盟网络巨人之一。但是，当标准建立时，它却无意申请专利去开发利用知识产权。到 20 世纪 90 年代早期，Philips 则决定完全从 GSM 中退出，原因是德国子公司 PKI（为 Philips 主要的移动通信业务子公司）持续大规模的研究与产品开发损失严重，母公司的管理层认为电话通信不是其当时的核心业务，从而决定不再承担这些研发活动所带来的损失。这一决策使 Philips 在 GSM 市场节节败退，以至最后它仅占有基站市场的 2%，总体排名第 10 位（Bekkers，Duysters，2002）。与 Philips 不同，Motorola 公司实行激进的专利战略。Motorola 公司在标准化决策过程中，成功地将其专利优势转化成为强大的联盟网络地位。尤其是在标准起草的缓慢过程和早期的产品开发阶段，Motorola 申请了大量的专利，发展了强大的基本专利组合，并利用源自专利组合的谈判力量，控制向其他公司提供许可的条件，通过与选择好的有限的几家公司执行排他性交叉许可协议，建立了体现其意志的市场结构（孙耀吾、贺石中、曾德明，2006）。基于以上分析，可以看到当企业拥有自己的知识产权保护战略和管理实践，政府监管与竞争机制的引入才能真正发挥作用，促进企业创新绩效的提升。基于以上分析，得到以下假设：

假设 H3a：企业知识产权管理在政府监管、竞争机制和企业运营绩效之间起到调节作用。

假设 H3b：企业知识产权管理在政府监管、竞争机制和企业扩张绩效之间起到调节作用。

假设 H3c：企业知识产权管理在政府监管、竞争机制和企业动态相乘绩效之间起到调节作用。

基于以上的文献分析与研究假设的建立，本研究认为政府监管和竞争机制（鳗鱼效应）的引入可以提升企业的创新绩效，并且企业知识产权管理战略的实施可以产生积极的调节效应，作用于知识产权制度机制和企业创新绩效之间，本章研究的理论框架如图 18－1 所示。

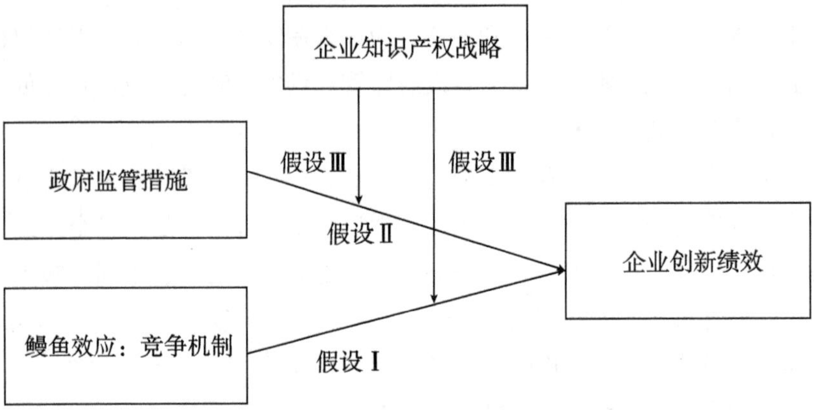

图 18－1　本章研究的理论框架

二、研究方法与过程

（一）量表设计

1. 沿用现有的量表：政府知识产权监管和竞争机制的测量

为了说明专利保护变动对研发投入的影响，Sakakibara 和 Branstetter（1999）在 Denicolo（1996）、Lee 和 Wilde（1980）研究的基础上，构造了一个简单的创新竞赛模型并开发了测量量表。研究者假设，有 n 个同质厂商，为获得一项可以申请专利的新技术展开竞赛。专利保护过后，不论胜负，每个厂商都能使用该技术从中获利。厂商通过选择研发投入来使期望利润最大。研发技术是没有记忆的，也就是说，在某一时点上发现新技术的概率只受到支出流量的影响，而与支出存量无关。模型表明，尽管创新竞赛的结果是不确定的，专利保护强度的增加将引致更多的创新。Markus 和 Kitayama（1991）认为，研究量表的设计受到不同国家的认知、情感和背景的重大影响，本研究利用了这个测量政府知识产权监管和竞争机制设计的测量量表，并对量表进行了适当修正和回译（Brislin，1980），考虑了其量表的概念适用性、文化适用性和样本适用性，使其适合中国企业填写，克服了量表文化上的局限性。

2. 开发新量表：企业知识产权管理战略与创新绩效的测量

开发研究的首要任务就是要准确地、概括地定义所要测量的概念，清楚地说明概念的理论边界。一般有三种情况会影响一个测量量表的概念效度：研究者的操作性定义出现了偏差、操作性定义没有充分地反映目标概念，以及检测问卷缺乏信度。根据众多学者（Pedhazur & Schmelkin，1991；Klein，Danserau & Hau，1994）的建议，在测量量表（企业知识产权管理战略量表和创新绩效量表）设计之前，笔者根据文献回顾，明确解释了所要测量的概念与其他相似概念的差异，清楚地确认了理论概念的层次性以及内部成分，说明了概念之间的前因后果，建立了概念之间的逻辑联系，从而避免定义偏差和操作性偏差，讨论各个测量潜变量的 Cronbach´s α 系数，从而有利保证研究的概念效度。

（二）问卷修改、样本选取和数据采集

知识产权在保护制造业创新成果方面意义重大。其中，专利保护机制的运用最为普遍（曹勇、佘硕，2009）。中国专利法规定：发明创造是指发明、实用新型和外观设计，其中第二十二条指出授予专利权的发明和实用新型，应当具备新颖性、创造性和实用性。专利的基础特征包括申请技术在制造领域可实现性，与以往技术相比而言的创新性。专利机制浓厚的技术烙印，从一定程度上解释了为什么专利机制对于整个制造业而言是重要的。事实上，制造业在 20 世纪 90 年代的复兴也充分说明了这一点，制造业对美国经济结构转型的最直接贡献体现在推动技术进步方面。制造业本身不仅是高新技术的“消费者”，更是技术创新的“投资人”。投资是技术进步的最主要来源，而企业是研究开发的主体，在美国其全国研发活动中有 75% 的工作在制造业进行。据统计，90 年代后期，美国制造业的研究开发投入增长速度超过了服务业，在工业界总研发投入中一度占据了 80% 的份额。整个 90 年代，美国制造业企业在信息技术上投资数千亿美元。保证企业研发投资获得收益的正是美国政府推行旨在直接促进产业技术进步的国家技术政策，而知识产权保护就是该政策的重要组成部分（陈宇峰、曲亮，2005）。综上所述，专利机制所保护的客体范围不能涵盖大多数知识型服务业创新成果，而在制造业中的作用更加明确，制造业企业也是接受政府监管和参与竞争的主体。因此，本章选择中国的制造业企业为被试对象，研究政府监管、竞争机制和企业知识产权管理对企业创新绩效的提升问题，可以大大地提高研究效率。

在问卷大规模发放之前，笔者对中兴集团公司、一航集团公司、唐钢集团和彩虹集团等 10 家制造型企业进行了典型调查，通过深度访谈的形式获得需要的信息并对问卷进行了修改。问卷条目采用了 5 分制 Likert 尺度，被试者根据自己对政策环境、制造行业和企业自身的认识打分表示其不同意和同意的程度（“1”表示完全不同意；“5”表示完全同意），问卷内容征求了企业工作人员和相关学者的意见，保证了较高的内容效度。问卷样本来自国家统计局 40 个城市制造业企业跟踪调查系统数据库，随机抽取企业样本 474 家，有效数据为 472 家企业。填写对象为参与公司管理的中高层管理人员，样本描述性统计结果如表 18 - 1 所示。

表 18-1 样本描述性统计

企业类型	比例（%）	企业规模	比例（%）	制造业细分行业	比例（%）
国有企业	22	300 人以下	35	食　品	5
集体企业	24	300~2000 人	37	纺　织	19
私营企业	11	2000 人以上	28	加工制造	12
股份合作企业	2	总资产不足 0.4 亿元	32	能源加工	12
股份有限公司	25	0.4 亿~4 亿元	52	医药制造	8
有限责任公司	11	4 亿元以上	16	化工制造	9
其他内资企业	1			矿产加工	10
外商投资企业	4			设备制造	13
				交通运输制造	7
				工艺制造	5

（三）数据同源性检验

数据同源性是指在使用问卷调研作为定量研究的方法时，由于所有的条目均为同一人所填写而导致的同源偏差问题（Common Method Variance）。定量分析过程中，我们可以通过 Podsakoff 和 Organ 提议的 Harman 单因子检测方法，即将问卷所有条目进行因子分析，在未旋转时得到的第一个主成分的载荷量来反映 CMV 的程度。我们将本研究所用量表的所有变量进行了因子分析，共生成了 11 个因子，第一个因子占到载荷量的 10.42%，其他因子均在 2%~9% 之间，都没有占到多数，所以样本数据的同源性偏差问题在本研究中并不明显。

（四）潜变量的萃取

1. 自变量：知识产权保护机制（政府监管和鳗鱼效应）

采用主成分分析方法（Principal Components）提取因子，并对原始因子载荷系数采用最大方差垂直（Varimax）旋转交换。因子提取的最终个数以特征值大于 1 作为判别标准，有效性指标选用 KMO 和 Bartlett 球形检验。根据 Kaiser 准则的要求，KMO 数值大于 0.6 是进行因子分析的最低要求，KMO 数值大于 0.8 表明因子分析的效果良好。此处的 KMO 为 0.830，Bartlett 球形检验的 χ^2 值为 1234.901（自由度为 21），达到显著性水平（$p<0.001$），适合做因子分析。文中保留了因子负荷超过 0.66 的条目，初始的 7 个条目全部保留，提取的两个因子解释方差变异的累计数是 67.477%，如表 18-2 所示。提取的两个因子分别为政府监管和知识产权竞争机制（鳗鱼效应），其两个因子的 Cronbach´s α 系数分别为 0.826 和 0.849，显示了较好的信度，问卷总体 Cronbach´s α 系数为 0.892。

表 18－2 知识产权保护机制的因子载荷矩阵

维度与测量条目	探索性因子	
	Factor1	Factor2
M1：政府监管		
m1：申请专利权可以保护知识产权	0.855	
m2：申请注册商标权可以保护知识产权	0.786	
m3：申请和注册版权可以保护知识产权	0.848	
M2：知识产权竞争机制（鳗鱼效应）		
m4：技术保密		0.726
m5：产品设计复杂化		0.670
m6：产品推出时间上领先竞争对手		0.799
m7：提升企业销售能力和服务质量		0.806
各因子解释方差（%）	51.764	15.713
累计解释方差（%）	51.764	67.477
Cronbach´s α 系数	0.826	0.849

2. 调节变量：企业的知识产权管理战略

同样，采用主成分分析方法（Principal Components）提取因子，此处的 KMO 为 0.930，Bartlett 球形检验的 χ^2 值为 2823.001（自由度为 36），达到显著性水平（$p<0.001$），适合做因子分析。文中保留了因子负荷超过 0.60 的条目，初始的 9 个条目保留了 7 个，提取的一个因子解释方差变异的累计数是 64.801%，如表 18－3 所示。提取的一个因子为企业的知识产权管理战略，其因子的 Cronbach´s α 系数为 0.834，显示了较好的信度，由于仅仅保留了一个因子，此处不必讨论问卷的总体 Cronbach´s α 系数。

表 18－3 企业知识产权管理战略的因子载荷矩阵

维度与测量条目	探索性因子
	Factor1
K1：企业的知识产权管理战略	
k1：有专职部门或设有专门人员负责日常的知识产权管理工作	0.621
k2：定期对管理和技术人员进行专门知识产权宣传和培训	0.664
k3：将获得的知识产权数量和质量作为部门或人员的绩效考核指标	0.622
k4：在研发和技术改造立项阶段经常进行知识产权的调查和论证	0.752

续表

维度与测量条目	探索性因子
	Factor1
k5：对技术创新成果进行知识产权分析和评价以确定保护措施	0.771
k6：主动监视和跟踪国内外竞争对手的专利情况	0.620
k7：建立有专利、技术文献的收集、整理和利用信息系统	0.618
各因子解释方差（%）	64.801
累计解释方差（%）	64.801
Cronbach´s α 系数	0.834

3. 因变量：企业创新绩效

同样，采用主成分分析方法（Principal Components）提取因子，此处的 KMO 为 0.925，Bartlett 球形检验的χ^2值为 3809.930（自由度为 91），达到显著性水平（$p<0.001$），适合做因子分析。文中保留了因子负荷超过 0.55 的条目，初始的 14 个条目保留了 13 个，提取的三个因子解释方差变异的累计数是 68.467%，如表 18－4 所示。提取的三个因子分别为企业运营绩效、企业扩张绩效和动态相乘绩效，其三个因子的 Cronbach´s α 系数分别为0.891、0.847 和 0.723，显示了较好的信度，问卷总体 Cronbach´s α 系数为0.923。

表 18－4　企业创新绩效的因子载荷矩阵

维度与测量条目	探索性因子		
	Factor1	Factor2	Factor3
P1：企业运营绩效			
p1：提高了企业的生产能力	0.712		
p2：降低了企业的劳动成本	0.846		
p3：降低了原材料和能耗	0.834		
p4：减少了对环境的污染	0.565		
P2：企业扩张绩效			
p5：增加了产品种类和服务范围		0.766	
p6：拓展了新市场		0.820	
p7：增加了国内市场份额		0.713	
p8：增加了海外市场份额		0.603	
p9：提高产品和服务质量		0.553	

续表

维度与测量条目	探索性因子		
	Factor1	Factor2	Factor3
P3：**动态相乘绩效**			
p10：满足行业政策要求			0.770
p11：获得更多资金支持			0.733
p12：提高企业声誉			0.772
p13：吸引更多高端人才			0.709
各因子解释方差（%）	51.839	8.561	8.067
累计解释方差（%）	51.839	60.400	68.467
Cronbach´s α 系数	0.891	0.847	0.723

三、研究结果

（一）研究变量的相关关系

本研究所用潜变量的相关性分析结果，如表 18－5 所示。表 18－5 显示，本研究所选取的变量分别为：保护知识产权的政府监管、保护知识产权的竞争机制（鳗鱼效应）、企业的知识产权管理战略、企业的运营绩效、企业的扩张绩效和企业的动态相乘绩效。从 Pearson 相关系数来看，大多数相关系数都低于 0.35，因此，多重共线性问题在本研究中并不突出。

表 18－5　研究变量之间的相关关系

研究变量	Pearson 相关系数						
M_1：政府监管措施	1.000						
M_2：竞争机制	－0.018‡	1.000					
K_1：知识产权管理	0.339‡	0.488‡	1.000				
P_1：企业运营绩效	0.236***	0.003‡	0.164＊	1.000			
P_2：企业扩张绩效	0.362***	0.177**	0.312**	0.002‡	1.000		
P_3：动态相乘绩效	0.354***	0.283***	0.298‡	0.020‡	－0.017‡	1.000	

注：双尾检验 ‡ $p>0.100$，＊ $p<0.050$，＊＊ $p<0.010$，＊＊＊ $p<0.001$。

（二）建模与结果

根据学者 Johnson,、Morgeson、Meyer 和 Lloyd（2006）对调节作用分析的解释，本章利用层次回归的方法，讨论制造业企业知识产权管理战略在政府监管、知识产权竞争机制（鳗鱼效应）与企业创新绩效之间的主效应和交互效应问题。根据前期对研究潜变量的数据萃取，得到本研究的知识产权保护机制（自变量）的两个理论维度，包括：政府监管措施（M_1）和知识产权竞争机制（鳗鱼效应）（M_2）；企业知识产权管理战略（调节变量）（K_1）；企业的创新绩效（因变量）可以从以下三个角度衡量：企业运营绩效（P_1）、扩张绩效（P_2）和动态相乘绩效（P_3）。利用研究中得到的各个潜变量的因子得分（Factor score）进行主效应（Main effect）和交互效应（Interaction effect）的多层次回归分析（Multi - level Regression Analysis），讨论研究潜变量之间的关系。调节效应模型建模过程与结果如下：

（1）对连续变量进行中心化处理。用多层次回归的方法检验调节作用的一个重要步骤是把自变量和调节变量进行数据整理，本研究把这些潜变量的因子得分（连续变量）进行了中心化，即用变量中的每一个测量值减去均值，使得新得到的数据样本均值为0（Aiken & West，1991），因为预测变量和调节变量往往与它们的乘积高度相关。中心化的目的是减少回归方程中变量间的多重共线性（Multi - collinearity）问题并构造乘积交互项。

（2）构造乘积项和模型估计。由于要讨论调节效应，需要构造自变量与调节变量的乘积项，把经过中心化处理以后的自变量和调节变量相乘，得到以下三个交互乘积项：$M_1 \times M_2$，$M_1 \times K_1$ 和 $M_2 \times K_1$。构造出乘积项后，把自变量、因变量和乘积项逐步放入多元层次回归方程中检验交互调节作用，关注乘积交互项是否显著。如果乘积项显著，可以判断调节效应存在（Johnson，Morgeson，Meyer & Lloyd，2006）。研究采用普通最小二乘法（Ordinary Least Square）对6个层次回归模型进行线性估计，如表18 - 6所示。

表18 - 6 模型估计结果

自变量	标准化回归系数					
	模型1	模型2	模型3	模型4	模型5	模型6
知识产权保护措施 M	营运绩效	营运绩效	扩张绩效	扩张绩效	相乘绩效	相乘绩效
政府监管 M_1	0.193***	0.194***	0.312***	0.306***	0.338***	0.340***
（p值）	（0.000）	（0.000）	（0.000）	（0.000）	（0.000）	（0.000）
竞争机制 M_2	-0.055‡	-0.050‡	0.107*	0.104*	0.253***	0.263***
（p值）	（0.317）	（0.367）	（0.037）	（0.044）	（0.404）	（0.000）
企业的知识产权管理 K						
知识产权管理战略 K1	0.125*	0.122*	0.154**	0.156**	0.054‡	0.058‡
（p值）	（0.032）	（0.037）	（0.005）	（0.004）	（0.308）	（0.268）
交互项						

续表

自变量	标准化回归系数					
	模型 1	模型 2	模型 3	模型 4	模型 5	模型 6
政府监管×竞争机制		−0.137‡		−0.039‡		0.202 *
（p 值）		(0.279)		(0.740)		(0.049)
政府监管×管理战略		0.166‡		−0.018‡		0.064‡
（p 值）		(0.281)		(0.898)		(0.646)
竞争机制×管理战略		0.008‡		−0.006‡		0.313 ***
（p 值）		(0.934)		(0.943)		(0.000)
模型参数						
可决系数	0.066	0.070	0.180	0.184	0.211	0.240
经调整的可决系数	0.059	0.058	0.174	0.172	0.206	0.229
F 检验	10.176 ***	5.435 ***	31.653 ***	16.131 ***	38.621 ***	22.595 ***
（p 值）	(0.000)	(0.000)	(0.000)	(0.000)	(0.000)	(0.000)
估计标准误差	0.958	0.959	0.911	0.912	0.884	0.871

（1）自变量：政府监管措施，竞争机制，知识产权管理战略，政府监管措施与竞争机制交互项，政府监管措施与知识产权管理战略交互项，竞争机制与知识产权管理战略交互项。

（2）因变量：企业营运绩效，企业扩张绩效，企业动态相乘绩效。

（3）注：‡$p > 0.100$，* $p < 0.050$，** $p < 0.010$，*** $p < 0.001$。

（三）研究发现

研究结果显示，政府监管和鳗鱼效应（竞争机制）对制造业企业创新绩效的主效应表现为：①政府监管行为对企业的运营绩效、扩张绩效和动态相乘绩效均有显著影响（$t = 3.803$，$p < 0.001$；$t = 6.573$，$p < 0.001$；$t = -1.677$，$p < 0.05$；$t = 7.304$，$p < 0.001$），说明中国政府部门对知识产权的监管制度对企业的创新绩效的提升产生了积极影响。假设Ⅱ在整体上得到证明。②对行业内引入竞争机制、获得竞争的鳗鱼效应对制造业企业的运营绩效没有显著影响（$t = -1.002$，$p > 0.100$），而对企业的扩张绩效和动态相乘绩效均有显著影响（$t = 2.096$，$p < 0.050$；$t = 5.239$，$p < 0.001$），说明中国制造业企业在知识产权监管制度下，谋求竞争发展，适当的竞争机制的引入，有利于中国制造业企业获得规模效应并带来企业竞争声誉，从而获得更多的发展资源和能力。假设 H1a 没有得到证明，而假设 H1b 和 H1c 得到证明。

然而，企业通过知识产权管理战略可以对政府监管和鳗鱼竞争机制产生一定的调节作用，这个假设的验证过程发现：①企业知识产权管理战略不是政府管制、竞争机制和企业运营绩效、企业扩张绩效提升之间的调节变量，交互变量的引入并没有带来变量拟合系数的提升，而且变量的回归结果也是不显著的（$t = -1.083$，$p > 0.100$；$t = 1.079$，$p > 0.100$；$t = 0.083$，$p > 0.100$；$t = -0.332$，

$p>0.100$；$t=-0.128$，$p>0.100$；$t=-0.071$，$p>0.100$)，说明在目前激烈竞争的动态环境下，中国制造业企业对知识产权管理战略的投入，确实增加了企业的运营成本，并且不利于企业获得增长向量并扩大企业规模。假设 H3a 和 H3b 没有得到证明。②企业知识产权管理战略是政府管制、竞争机制和企业动态相乘绩效提升之间的调节变量，交互变量的引入带来了变量拟合系数的提升，而且变量的回归结果也是显著的（$t=1.763$，$p<0.050$；$t=3.547$，$p<0.001$），说明在目前激烈竞争的动态环境下，中国制造业企业对知识产权管理战略的投入，可以使企业获得行业声誉，树立企业知识产权保护的正面形象，使企业更加顺利地获取市场竞争地位，获得更多的发展资源和机会。假设 H3c 得到证明。

四、研究结论与启示

应当充分认识，知识产权作为政策工具，它是关于创新成果和知识财富归谁所有、如何使用和转让，以及由此产生的利益怎样分享的制度安排。知识产权是按照价值规律和市场法则，在企业研究开发、成果转化和市场营销的全过程实现创新的良性循环、效益倍增的激励约束和竞争机制。它反映现代社会财富和资产构成，是保障创新成果及其知识要素参与分配的实现形式。因此，知识产权是任何一个国家十分重要的经济政策和科技政策，这种政策环境的正确使用，是可以提升企业创新能力和创新绩效的。同时，需要看到，企业利用知识资源的动机和战略是政策环境的调节因素，企业行为的正确性和合法性直接影响到知识产权的合理应用，也将对知识产权的保护带来影响，如知识产权获取者的道德风险可能导致知识产权流失。另外，知识产权拥有者与获取者之间的战略实践也会影响知识产权保护并关系到企业创新能力的提升。由于受知识产权保护的知识具有隐性、复杂性和专业性等因果模糊的特征，使知识产权本身具有很大的不确定性和风险，因而也会影响知识产权的保护。基于对本章基本结论的分析，提出以下政策建议：

（1）中国知识产权制度机制设计应以鼓励和促进国内企业的自主创新为出发点。所谓自主技术创新能力，是指一个国家或企业依靠自身的力量进行独立的研究，进而在有关的科学知识和工艺技术上形成发明创新的能力，其基本的标志之一是在技术创新过程中拥有自主知识产权。自主技术创新是相对于模仿创新而言的，后者是指通过借鉴国外现有的技术知识，通过引进和消化把国外现成的技术应用到本国的生产中来，从全球的范围内来考察，模仿创新不是真正意义上的创新，只是相对于本国技术发展而言成为创新。模仿创新有时也会出现具有优势产业或产品的诞生，但通常存在着明显的时差，产业的关联程度比较低。自主技术创新意味着企业通过自身的研究与开发，攻破技术难关，形成技术上的突破，进而实现产业化。一般而言，自主技术创新不仅意味着技术水平的领先，也表明国家有可能从中获得更大的利益。进一步讲，它能形成相对的竞争优势和广泛的产业关联等。从当前产业发展的实际看，中国公开的专利制度主要保护了国外申请。目前，中国知识产权保护方面问题主要不是保护不力，而是代表技术创新水平的发明专利申请太少。

（2）中国知识产权制度机制设计应有效地制造合理的竞争环境。知识产权制度最重要的功能之一就在于促进社会科技的发展，当一国知识产权制度不能促进科技发展时，该国的知识产权制度也就“名存实亡”了。竞争环境的缺失是阻碍一国科技发展与技术创新的主要障碍，不对其加以规制和激励，就无法发挥知识产权的应有功能。少数企业在市场中抢先“布阵”和“圈地”，限制了多数企业参与竞争和技术创新的空间，使领先技术不能及时溢出和扩散。这种垄断行为严重阻碍了中国企业的技术进步，但目前中国却缺乏相应的政策法律加以规制（如反垄断法律的规范），这种状况大大降低了中国知识产权制度的积极作用。因此，在中国知识产权战略中应当突出限制知识产权滥用和垄断的内容，也对知识产权进行合理的保护。中国在建立知识产权制度的初期，强调知识产权的保护是现实所必需的。但若我们只是片面地关注权利人利益的保护，没有确立相应的权利约束机制，那就无法防止权利人的滥用行为而抑制了合理竞争，失去了鳗鱼效应。为此，在实施国家知识产权战略中应恰当地把握知识产权制度不同的政策目标之间的平衡和协调，正确处理好知识的生产与知识的传播和利用的关系、知识产权的获得与知识产权权利行使的关系、有效保护知识产权与切实防止知识产权滥用的关系，并在此基础上建立起有效规制知识产权滥用行为的法律机制，以使中国知识产权机制的各个方面得以协调发展，既能充分保护知识产权所有人的利益以鼓励技术创新，又能防止知识产权的过度垄断和被滥用以促进知识的有效传播，从而保护知识产权使用人（社会公众）的利益，维护正常的市场竞争秩序，并能在国际交往中合理保护中国的利益。这对中国在知识经济和经济全球化的背景下全面、有效地实施知识产权战略是非常重要的。

（3）中国知识产权制度机制设计应有利于国家技术标准体系的建立。技术标准的实质和核心就是技术体系中对于技术的知识产权，技术标准的技术垄断都是通过知识产权的权利来实现的。由于知识产权有其地域性和排他性，一旦这种标准得到一定的普及，会形成一定形式的垄断。尤其在市场准入方面，它会排斥不符合此标准的产品，只将符合自己标准的产品视为正宗的嫡传，从而达到排斥异己的目的。这也就是技术标准和知识产权关系的关键所在。技术标准中的技术必然有很多是专利技术，因为只有专利权的技术才能实现垄断和排他，技术标准战略的实质就是通过专利战略、技术许可等综合的知识产权战略的运用，是要通过这些知识产权战略实现技术垄断（肖武岭，2006）。在现今的产品生产领域，尤其是高科技产品生产领域，正是由于上述的原因，技术标准成了一种新的进行技术垄断和市场限制的手段，谁能够抢先进行技术标准的制定和管理工作，谁就有可能把握住对这个产品乃至产业的主动，所以说标准体系对于一个新型产业，对于知识经济的发展都有着至关重要的作用。

第四篇　中国高技术企业的创新环境
——以科技园为例

第19章　嵌入科技园的研发中心资源需求定位研究

"研发中心"通常也称作"R&D中心""R&D机构"等，一般指在自然科学领域直接以从事科学或技术的研究与发展（R&D）活动为主要任务，以获得知识产权为特征的组织（董书礼，2004）。本章讨论科技园为企业所建立的研发中心提供的不同功能的资源环境。随着中国经济的快速发展，特别是中国目前已经成为世界重要的"制造基地"之一，并拥有丰富的智力资源，越来越多的跨国公司和本土高技术企业开始在华设立研发中心，地理位置主要分布在北京、上海、广州和深圳等城市。这些研发机构绝大多数进行应用实验、开发及成果转让，近几年来也开始出现少数从事自然科学基础研究，它们涉足计算机、通信、软件、机械、汽车、化工、医药等诸多行业领域（林嵩、张帏、高建，2007）。"在中国，'新加坡模式'正成为国际化科技园开发的主流。与大学科技园不同的是，吸引世界知名企业及中国新一代高新技术企业的研发中心落户，是国际化科技园的重要目标。"上述文字来自"CWEEK每周电脑报"的新闻报道（2007年1月22日）。近几年，高技术企业对研发中心的选址战略决策发生一系变化，在国际化的科技园内建立"创新型的研发中心"已经成为跨国公司和中国本土高技术企业自主创新、开发新技术，以及追赶市场的重要举措。

本章基于资源基础理论（Resource Based View，RBV，J. B. Barney，1991），从高技术企业建立"研发中心"的资源需求定位出发，通过设计和发放高技术企业建立研发中心的资源需求定位量表，建立资源需求因子模型，通过对不同需求因子的回归模型讨论不同行业、属性企业、不同规模企业和嵌入不同类型科技园的研发中心对资源需求的定位与差异，便于科技园在吸引高技术企业入驻科技园并建立研发中心的行为过程进行分类管理，对本章的基本结论我们也提出了有效的管理与政策建议。

一、文献综述与研究假设

目前，在全球化的国际企业竞争中，竞争的焦点已从价格竞争转移到技术与产品差异的竞争上，寻求成本价值领先与差异化相结合的竞争战略成为必然选择。面对这种情况，中国应在发挥比较优势的同时，适时地研究建立世界“研发中心战略”。通过掌控研发环节，增加国际价值链中的国内增值比重，在国际价值链的分配中获取平等的地位，进而掌握资源在全球范围内配置的主动权（陈华，2005）。高技术企业把研发中心办在国际化科技园内，可以获得需要的资源优势，这是与科技园区资源供给的特征分不开的。在中国已经有很多高技术企业把自己的研发中心建立在科技园内（典型的嵌入科技园内高技术企业“研发中心”的基本情况如表 19 - 1 所示），研发中心在科技园内的资源定位和分类管理已经成为普遍性问题。国内最早利用计量模型研究科技园区资源供给的学者杨震宁和王以华（2007）提出，基于入驻高技术企业的需求，科技园区应该为这些企业提供良好的技术创新环境、创新文化氛围、地区资源禀赋、地方政府政策支持、资金筹集渠道和市场对接服务。然而，很少有学者专门针对高技术企业在科技园内创建研发中心的资源需求定位进行研究。本章认为高技术企业在科技园内建立研发中心需要其提供特殊资源并获得竞争优势，而且随着企业的属性、规模、行业类型的不同及入驻科技园的功能类别不同，其研发中心的需求定位也呈现差异。下面从高技术企业建立研发中心的资源需求定位和资源需求定位差异的来源两方面进行文献讨论并建立研究假设。

（一）建立研发中心的资源需求定位

1. 研发技术资源支持

学者 Aloysius（1999）运用博弈理论分析了高技术企业建立研发中心，需要内外资源的支持与配合，才能取得成功。企业在科技园内建立的研发中心与科技园的管理部门之间既存在合作，又要争取平衡自身的经济利益和需要，合作伙伴之间的相配度直接影响合作水平和自身收益。为了改变发展中国家低要素生产率的经济增长方式，科技园的相关管理部门需要鼓励投资于研发环节和科技人力资本。这样，可生成新知识，带来内生性人力资本的形成和知识公共存量的增加。因此，对处于发展阶段的中国来说，建立科技园作为经济“增长极”的过程需要重视为高技术企业建立研发中心提供良好的研发技术资源支持，尤其是技术型

表 19－1　典型的嵌入科技园的高技术企业“研发中心”

序号	集团公司	研发中心	嵌入的科技园	研发业务	成立时间
1	中兴集团	西安研发中心	西安高新技术产业开发区	移动通信系统、无线系统核心部件、3.5G、4G 产品的软件研发、转产、部分生产	2008 年
2	华为集团	成都研究所	成都天府软件园	4G 通信技术研发及转产	2007 年
3	叶氏化工	集团研发中心	上海张江高科技园	油性涂料研究实验室、水性涂料研究实验室、印刷油墨研究实验室和分析实验室	2010 年
4	TCL 集团	TCL 通讯成都研发中心	成都天府软件园	基于 Android 平台的移动智能终端的平台软件、应用软件的开发、测试和维护	2011 年
5	海特集团	海特航空科技园研发中心	天津市化名工业园	航空培训、航空零部件研发与制造、航空发动机维修及改造、电力设备制造等四项综合业务功能	2010 年
6	南车集团	ZELRI－MSU 电力电子系统研发中心	Lansing/East Lansing Smart Zone 美国密歇根市	轨道交通牵引变流器领域研发与应用；电力、电子相关的项目进行产品开发、工程化转换等	2005 年
7	华锐风电	大功率海上风力发电联合研发中心	上海紫竹新兴产业区	海上风力发电技术和装备的研发	2010 年
8	比亚迪汽车	电动车研发中心	香港科技园	研发右洟电动车	2011 年
9	百　度	上海研发中心	上海张江高科技园区微电子港	互联网经济基础研究、互联网商务产品及工具研发等项目	2008 年
10	展讯通信	芯片研发中心	天津滨海新区空港经济区	3G、4G 手机核心芯片研发	2010 年
11	康佳集团	汽车电子研发中心	成都高新区孵化园	车载液晶、车载 DVD、车载电话为主的汽车娱乐和通信系统的产品	2005 年
12	万向集团	万向研究院	杭州萧山经济技术开发区	汽车零部件研发	1996 年

资料来源：作者整理。

人力资源的供给和支持性配套政策的出台。更重要的是，中国具有丰富的劳动力资源与崇尚学习的优秀文化传统，为较快培养出大批具有研发能力的知识型人力资源提供了可能（姜黎辉、张朋柱，2003）。基于以上的文献分析，得到以下假设：

假设 H1：科技园区需要为高技术企业在园内建立研发中心提供研发技术资源支持。

2. 集群配套支持

所谓产业集群是指在一定地域范围内集聚的一群独立自主又彼此依赖的成员组合，成员间常具有专业分工、资源互补现象，并维持着一种长期的、非特定合约的区域经济组织形式（汪少华、佳蕾，2003）。科技园是集群的一种具体形式，国内学者虞锡君（2006）认为科技园作为一种集群形式，能够为高技术企业建立的研发中心提供关键共性技术。科技园集群内关键共性技术，是集群内众多企业研发中心共同面临的、对其生存提升和发展具有决定性作用的技术，这些关键共性技术可以提升高技术企业研发中心的研究水平，节约研究与开发成本，形成研发资源集结的内驱动力，促进科技研发水平的提升。科技园所形成的集群配套支持，为高技术企业建立和运作研发中心提供了产业配套服务，在产业链条上形成关键共性技术，提升研发中心技术研究效率。根据以上的文献分析，得到以下假设：

假设 H2：科技园区需要为高技术企业在园内建立研发中心提供集群配套支持。

3. 研发创新文化支持

研发中心作为企业聚集人才进行创造性活动的基地，在企业掌握具有自主知识产权的核心技术方面具有决定性作用。建设成功的“研发中心”，必定会大大提高企业的创新力和竞争力，推动企业快速发展（刘钒、李光，2009）。企业研发中心的重要作用不仅体现在工艺的改良和新产品的开发，还应体现在技术开发的前瞻性和预研性，即在“开发性”的基础上体现“研究性”，这种工作对于所在环境的创新文化特性需求更大。因此，高端人才的引进和培养、塑造和培育科技园的创新文化氛围，成为科技园区支持企业研发中心技术创新和综合技术实力提升最高水平的体现。对科技园区创新文化进行系统研究的杨震宁、吕萍和王以华（2008）提出，科技园应该重视培育良好的竞争氛围、学习氛围、创新风气，注重完善相关的政策法规并保护知识产权，科技园良好的创新文化可以提升高技术企业研发中心的科研开发水平。基于以上的文献分析，得到以下假设：

假设 H3：科技园区需要为高技术企业在园内建立研发中心提供研发创新文化支持。

4. 技术研发硬件支持

国内学者李才、马庆喜和董振荣（2008）提出高技术企业设立研发中心的区域选择需要考虑诸多方面的因素，包括人才来源、研发中心的经营成本、基础设施建设等重要的硬件设施。在科技园内的高技术企业研发中心要求构建与高技术研发工作相适应的工作方式和生活硬件设施，包括国际化的信息交流设备条件、区域外语沟通系统设备、便捷的国际化交通设施、住房办公硬件条件、园内图书馆、购物中心、子女教育、餐饮等与生活休戚相关的配套生活环境，这需要当地政府、科技园与企业共同建设（朱岩梅，2008）。对于高技术企业在科技园内开办“研发中心”，需要一定的技术研发硬件条件支持，这些硬件支持是科技园所提供的最基本的研发和创新环境，体现了科技园最为基础的服务质量。基于以上的文献分析，得到以下假设：

假设 H4：科技园区需要为高技术企业在园内建立研发中心提供技术研发硬件支持。

（二）资源需求定位的差异来源

学术界关注以下差异来源给企业研发过程带来的影响，包括企业的行业差异、企业属性、研发规模和区域资源禀赋的差异。从行业层面探讨影响企业研发的变量，主要包括：产业技术类型、产业的研发强度、研发的地方适应性和地方管制环境等。其中，产业的技术类型、产业研发强度与企业研发绩效呈正相关（Conceicao Vedocello，1997；Bengtsson，2001），这里为了简化研究问题，我们考虑不同行业技术类型的企业研发中心对资源需求定位的差异性，从而便于提出具有针对性的政策建议；高技术企业的属性不同（如国有企业、集体企业、私营企业、上市公司等）国家环境管制的严格程度也不同，管制更严格的产业企业，规模化研发的程度也越高（Conceicao Vedocello，1997）。这里，我们对样本企业属性进行分类讨论，研究企业属性对研发资源需求定位的影响；企业规模与创新程度之间也存在线性关系。研究发现，企业规模与创新行为之间存在“U”型关系，也有研究认为，公司规模与研发密度之间存在三维函数曲线“S”型关系（Lindelöf P & Löfsten H，2004；2005）。这里，我们选择公司的人员数量作为企业规模变量，考察企业规模与研发资源需求定位之间的数量关系；企业研发区位决定因素有其独特性，尽管自然禀赋区位变量、经济发展区位变量、人文区位变量及政府区位变量等 FDI 区位决定因素，基本都会影响企业研发的区位抉择，但是，我们的研究更关注不同类型科技园的资源禀赋供给差异给高技术企业“研发中心”资源需求定位带来的影响。Grossman G M 和 E. Helpman Von（1991）将研发机构的区位决定因素分为研发特定因素和研发外部因素，研发特定因素包括当地所能提供的资源质量、预期的产出功能和这一研发机构的总体运作效率。研发外部因素包括税收优惠，当地社会体制和政策体系的稳定性、可靠性，以及创新观念的提升等。研发中心的区位决定因素更为集中于影响研发的区位变量。对于这些区位变量的研究一直是研发理论的焦点（Link A N & Scott J T.，2003；Pearce，2004）。对不同类型科技园区资源供给差异问题，学者杨震宁和吴杰（2011）认为：不同功能的科技园区为入驻企业提供的资源也是差异化的，可以把科技园区分为五类：综合功能型科技园、基础研究型科技园、技术研发型科技园、高技术产品加工区及孵化器。不同功能的科技园区所供给的资源差异是显著的，这些资源差异性包括市场对接机会、人才集聚效应、产业集群的成熟度和功能、提供的研究资源以及竞争机制的差异性。从具体的科技园区功能分类来看，不同功能的科技园区所提供的资源既有共性也存在显著差异。基于以上的文献分析，得到以下假设：

假设 H5：不同行业、规模和属性的企业在不同类型科技园内建立研发中心的资源需求定位是有差异的。

本章研究的理论框架如图 19 - 1 所示。

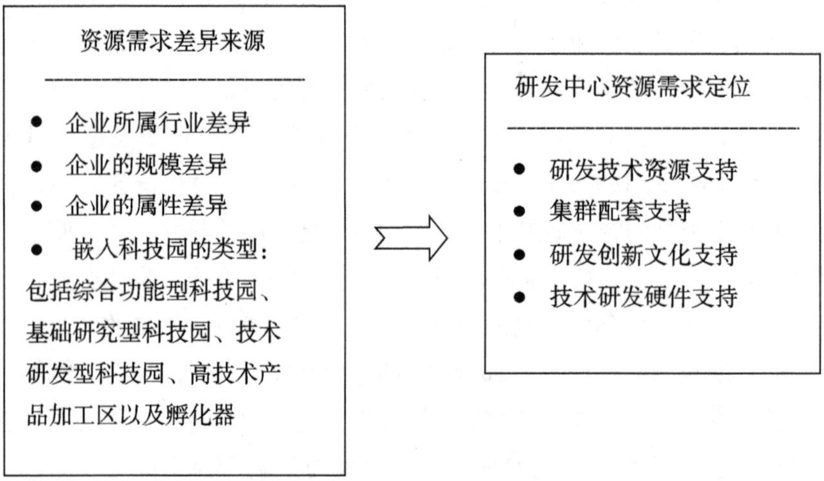

图 19 - 1　本章研究的理论框架

二、研究方法与过程

（一）研究方法的选择

本研究讨论两个基本问题：一是嵌入科技园内的高技术企业“研发中心”的资源需求定位；二是对不同行业类型、不同属性和不同规模并嵌入不同类型科技园区的“研发中心”的资源需求差异进行考察。测量是一个基本的科学活动，学者们通过观察人类、物体、事件和过程而获得相关的知识，通过不同的测量从不同的方面获得的同一普遍现象的信息可能得到更加可靠的结论（Anderson J C & Gerbing D W，1998）。在管理学研究中，很多结构都是没有公认的测量工具，无法直接测量。本研究中关于“研发中心”资源需求定位的基本概念，如研发技术资源支持、集群配套支持、研发创新文化支持和技术研发硬件支持等概念均属于没有公认测量工具的潜在变量（Latent variable），它们反映了两个主要的特征：①它们是潜在的而不是显现的；②其结构是可变化的而不是恒定的。这里我们通过量表的设计和测试，对于无法直接观察的潜在变量进行控制和把握。虽然在一些具体环境条件下，这些潜在变量是变化的，但却有利于研究者对问题的把握和验证（Anderson J C & Gerbing D W, 1998）。不同类型高技术企业的“研发中心”所需要的资源定位存在差异性，这种差异性的感知过程是由园内获得资源的企业“研发中心”管理者与科技园区管理者共同经历完成的（互动过程中进行设计和获得资源支持），因此我们的量表数据采集对象是这些“研发中心管理者”和“科技园区管理者”。本研究通过量表的设计开发、发放的方式获得初级数据，数据的分析首先采用探索性因子分析（EFA）验证理论框架，同时进行问卷的信度和效度检验（共同方法方差检验），最后利用对各个因子得分结果的回归模型分析研发中心资源需求的差异性，这样的过程保证了研究方法选择的科学性。

（二）量表设计

根据众多学者的前期的研究经验（Pedhazur & Schmelkin，1991；Klein，Danserau & Hau，1994），本研究通过查阅相关的“企业研发中心运行案例”和“国内若干科技园区管理报告”，结合文献回顾，设计研究量表，这些“研究案例”和“科技园管理报告”提供了大量有效的问卷测量条目，提高了量表设计的科学性和实践性。问卷从科技园区为高技术企业建立研发中心所提供的差异性资源角度进行设计，共 18 个测量条目如表 19－2 和表 19－3 所示，问卷测量条目采用了 7 分制 Likert 尺度（7 分制 Likert 尺度具有更好的感知差异辨别性，提高了研究的有效程度）。被试者根据自己对科技园区政策管理和企业研发中心资源需求实际情况的认识打分表示其不同意和同意的程度（“1”表示完全不同意；“7”表示完全同意）。在问卷大规模发放之前，问卷内容征求了研发中心管理者、科技园工作人员和相关学者的意见，根据具体意见我们对问卷进行了相应调整，提高了研究的有效性。

（三）样本选取、数据采集和样本差异检验

正式的问卷调查是在 2011 年 10 月至 2012 年 8 月进行的。参与调查的高技术企业“研发中心”：来自国内 15 个科技园或高科技开发区。为了提高统计有效性，我们随机抽选了 400 家高技术企业“研发中心”，或具有研发性质的机构作为研究样本池，其中调查过程中抽选到的问卷数据缺失严重的无效样本为 78 家，最终我们共获得 322 家企业“研发中心”的有效样本数据，填写问卷的被试者均来自这些高技术企业“研发中心”的管理者。这些有效样本企业的描述性统计

结果如下：企业“研发中心”样本所在的科技园，其中，深圳高新科技园33家、北京中关村科技园46家、昆山清华科技园19家、北京昌平科技园37家、南宁高新区14家、乌鲁木齐经济技术开发区（头屯河区）4家，北京大兴科技园32家、石家庄方大科技工业园6家、西安高新技术产业开发区26家、成都天府软件园15家、上海张江高科技园24家、天津市化名工业园14家、天津滨海新区空港经济区21家、成都高新区孵化园15家，以及杭州萧山经济技术开发区16家；被试高技术企业的性质，国有企业占6%、民营企业占56%、合资企业占18%，股份制企业占7%、上市公司占13%；高技术企业的行业分布状况，其中，电子信息占35%、IT通信占13%、软件设计与制造占21%、光机电占5%、家电制造占7%、生物医药占8%、能源企业占1%、新材料开发占3%、农业企业占1%，其他行业企业占6%；被试高技术企业的规模分布状况，100人以下的企业占52%，100～500人的企业占42%，500～1000人的企业占2%，1000～3000人的企业占3%，3000人以上的企业占1%。为了提高研究效度，我们还请这些科技园区的管理者填写了问卷（资源提供和资源获取是互动的过程），总的被试样本为250个，其中有效问卷样本为135个，这样总体的有效问卷达到457个，数据的采集过程具有一定的统计意义。

由于本研究的问卷被试者有两个：一是嵌入科技园的高技术企业“研发中心”管理者；二是科技园的管理者，所以有必要对被试者样本进行分组检验，了解被试者对问卷内容理解的差异性，提高研究的效度。我们采用二元Logit回归模型对样本差异性进行检验，被试者为“研发中心管理者”命名为“1”，被试者若为“科技园管理者”则命名为“0”，分别检验不同样本分组后对问卷各个测量条目理解的差异性。样本的差异性检验如表19－2所示，结果显示被试者仅仅对“科技园的固定资产购置便捷且成本低”（r4）和“科技园区具备良好的竞争氛围”（r15）理解存在差异，对其他的16个测量条目的理解不存在较大差异，说明样本对问卷测量条目的理解是普遍趋同的。不同样本来源不会严重影响其研究结果，研究的有效程度很高。

表19－2　样本的差异性检验

问卷中的测量条目	被试者为“研发中心管理者”（取值为1）		被试者为“科技园管理者”（取值为0）	
	β	S. E.	β	S. E.
r1：科技园区当地广阔的市场机会	2.091***	0.292	1.459***	0.283
r2：科技园区当地的关键性技术人才	1.143**	0.334	1.532***	0.271

续表

问卷中的测量条目	被试者为“研发中心管理者”（取值为 1）		被试者为“科技园管理者”（取值为 0）	
r3：科技园区当地有其他地区获得不了的核心技术	0.876**	0.336	0.776**	0.342
r4：科技园的固定资产购置便捷且成本低	0.815**	0.339	0.341 +	0.415
r5：可以获得稀缺的原材料	1.321***	0.290	1.411***	0.276
r6：可以获得其他研发机构的技术支持	1.771***	0.283	1.527***	0.268
r7：有利于参与技术市场竞争	0.752**	0.342	0.831**	0.322
r8：科技园内有企业需要的产业集群	0.526*	0.375	0.465*	0.391
r9：科技园内产业链非常成熟	1.782***	0.264	1.658***	0.273
r10：科技园的研发环境比其他地区好	0.592*	0.382	0.611*	0.375
r11：科技园的相关法律法规比较健全	0.339 +	0.428	0.316 +	0.511
r12：科技园有踏实进取的创新文化	1.711***	0.273	1.694***	0.281
r13：科技园对知识产权的保护比较严格	0.695**	0.352	0.773**	0.341
r14：科技园区具备良好的学习和创新氛围	0.726**	0.332	0.772**	0.279
r15：科技园区具备良好的竞争氛围	0.326 +	0.445	0.811**	0.324
r16：科技园的基础设施建设比较完善	0.341 +	0.413	0.303 +	0.526
r17：科技园的信息系统比较完善	0.784**	0.315	0.665**	0.379
r18：科技园内的厂房、建筑比较容易获取	0.411 +	0.374	0.315 +	0.467
Constant 常数项	−3.062***	0.344	−3.581***	0.511
——2Log − likelihood	321.107		171.559	
Sample size 样本量	322		135	

注：双尾检验 + $p > 0.100$，* $p < 0.100$，** $p < 0.050$，*** $p < 0.010$。

（三）共同方法方差检验

我们对问卷有效数据进行了数据同源性检验。数据同源性是指在使用问卷调研作为定量研究的方法时，由于所有的条目均为同一人所填写而导致的同源偏差问题（Common method variance，CMV）。我们的问卷被试者为嵌入科技园内高技术企业“研发中心”相关的管理人员和科技园的管理者，需要对数据进行同源性检验。在定量分析过程中，我们可以通过 Harman 单因子检测方法，即将问卷所有条目进行因子分析，在未旋转时得到的第一个主成分的载荷量来反映 CMV 的程度。我们将本研究所用量表的所有变量进行了因子分析，共生成了 10 个因子，第一个因子占到载荷量的 8.892%，其他因子均在 2% ~8% 之间，都没有占到多数，所以样本数据的同源性偏差问题在本研究中并不明显。

三、研究结果与发现

（一）潜变量的萃取：“研发中心”的资源需求定位

研究假设 H1 ~ H4，提出科技园区需要为高技术企业在园内建立“研发中心”，提供研发技术资源支持、集群配套支持、研发创新文化支持和技术研发的硬件支持。我们对问卷数据潜变量的萃取过程采用了探索性因子分析（EFA）方法。利用统计软件 SPSS19.0，嵌入科技园的高技术企业“研发中心”资源需求定位的潜变量提炼过程的 Kaiser - Meyer - Olkin（KMO）统计量为 0.851，超过 0.6 的最低标准，推翻了变量之间的相关系数矩阵为单位阵的零假设；潜变量提炼过程的 Bartlett 球形检验值为 2197.753，通过了显著性检验（$p<0.000$），说明数据适合进行探索性因子分析；对数据进行 Varimax 最大方差垂直转换，使得到的因子所能解释的方差水平达到最大，这样可以更清晰地辨别因子结构。嵌入科技园的高技术企业“研发中心”资源需求定位潜变量，保留了因子负荷超过 0.530 的条目，初始的 18 个条目全部保留，提取的四个因子解释方差变异的累计数是 65.650%，如表 19 -3 所示。提取的四个因子分别为科技园提供的研发技术资源支持、集群配套支持、研发创新文化支持和技术研发的硬件支持，其中研发技术资源支持因子所解释的方差变异系数最高达到 24.935%，其四个因子的 Cronbach's α 系数分别为0.853、0.675、0.904 和 0.719，显示了较高的信度，问卷总体的 Cronbach's α 系数为0.901，信度也非常高。通过因子萃取的 EFA 过程，研究假设 H1 ~ H4 得到证明。

表 19 -3 “研发中心”资源需求因子结构

概念与测量条目	因子结构			
	Factor1	Factor2	Factor3	Factor4
R1：研发技术资源支持				

续表

概念与测量条目	因子结构			
	Factor1	Factor2	Factor3	Factor4
r1：科技园区当地广阔的市场机会	0.716			
r2：科技园区当地的关键性技术人才	0.804			
r3：科技园区当地有其他地区获得不了的核心技术	0.863			
r4：科技园的固定资产购置便捷且成本低	0.631			
r5：可以获得稀缺的原材料	0.584			
r6：可以获得其他研发机构的技术支持	0.679			
r7：有利于参与技术市场竞争	0.709			
R2：集群配套支持				
r8：科技园内有企业需要的产业集群		0.535		
r9：科技园内产业链非常成熟		0.866		
R3：研发创新文化支持				
r10：科技园的研发环境比其他地区好			0.802	
r11：科技园的相关法律法规比较健全			0.704	
r12：科技园有踏实进取的创新文化			0.875	
r13：科技园对知识产权的保护比较严格			0.827	
r14：科技园区具备良好的学习和创新氛围			0.545	
r15：科技园区具备良好的竞争氛围			0.774	
R4：技术研发硬件支持				
r16：科技园的基础设施建设比较完善				0.530
r17：科技园的信息系统比较完善				0.724
r18：科技园内的厂房、建筑比较容易获取				0.658
因子的特征值	6.037	3.467	1.769	1.202
因子的 Cronbach´s α 系数	0.853	0.675	0.904	0.719
解释的变差（%）	24.935	20.880	10.585	9.249
累计解释变差（%）	24.935	45.815	56.400	65.650

（二）“研发中心”资源需求定位差异检验

为了检验高技术“研发中心”资源需求的差异性，我们在问卷中设计了如下指标进行讨论：高技术企业的规模 X1（100 人以下的企业、100～500 人的企业、500～1000 人的企业、1000～3000 人的企业，以及 3000 人以上的企业），高技术企业的行业分布 X2（电子信息、IT 通讯、软件设计与制造、光机电、家电制造、生物医药、能源、新材料开发、农业，以及其他行业企业），高技术企业的性质 X_3（国有企业、民营企业、合资企业、股份制企业，以及上市公司），高技术企业所在科技园的类型 X_4（综合功能型科技园、基础研究型科技园、技术研发型科技园、高技术产品加工区，以及孵化器）。对企业规模变量以规模越大赋值越大进行量化（0～5），对于企业的性质以越市场化的企业性质赋值越大进行量化（0～5），企业的行业分布以技术性质的高端程度进行量化，技术越高端赋值越大（0～10），企业所在的科技园区类型则随着科技园的功能综合性的显著差异赋值，综合性越显著赋值越小（0～5）。这样的数据处理方式便于进行讨论并得到显著的研究发现。

如表 19－4 所示，把所有研究潜变量（研发技术资源支持、集群配套支持、研发创新文化支持和技术研发的硬件支持）和显变量（企业的规模、企业的行业分布、企业的性质和企业所在科技园的类型）综合起来的变量间的 Pearson 相关系数矩阵。

表 19－4　变量间的 Pearson 相关系数矩阵

变量	R_1	R_2	R_3	R_4	X_1	X_2	X_3	X_4
R_1	1.000							
R_2	0.000	1.000						
R_3	0.000	0.000	1.000					
R_4	0.000	0.000	0.000	1.000				
X_1	-0.217^{***}	0.134^{**}	0.135^{**}	0.003	1.000			
X_2	-0.114^{*}	-0.135^{**}	−0.038	0.050	0.249^{***}	1.000		
X_3	0.029	-0.200^{**}	−0.021	0.179^{**}	-0.196^{**}	−0.086	1.000	
X_4	−0.026	−0.058	-0.142^{**}	-0.195^{**}	0.095	0.212^{**}	−0.004	1.000

注：双尾检验 * $p<0.100$，** $p<0.050$，*** $p<0.010$。

从表 19－4 的相关系数矩阵中可以发现，企业规模和企业的性质与科技园提供的研发技术资源支持负相关（$\rho=-0.217^{***}$，$\rho=-0.114^{*}$）；企业性质和企业所在细分行业与科技园提供的集群配套支持负相关（$\rho=-0.135^{**}$，$\rho=-0.200^{**}$），而企业规模则与科技园提供的集群配套支持正相关（$\rho=0.134^{**}$）；企业规模与科技园提供的研发创新文化支持正相关（$\rho=0.135^{**}$），而企业“研发中心”所在科技园的类型则与科技园提供的研发创新文化支持负相关（$\rho = -0.142^{**}$）；企业的性质与科技园提供的技术研发硬件支持正相关（$\rho = 0.179^{**}$），而企业所在科技园的类型则与科技园提供的技术研发硬件支持负相关（$\rho = -0.195^{**}$），具体的研究发现还需要根据统计建模的回归结果进行判断。变量间的 Pearson 相关系数矩阵中，相关系数均小于 0.300，说明本研究中不存在严重的多重共线性问题，保证了研究的有效性。

研究假设 H5，提出了不同行业、规模和属性的企业在不同类型科技园内建立“研发中心”的资源需求定位是有差异的。为了验证假设 V 并得到有价值的研究发现，我们以科技园为高技术企业建立“研发中心”提供的资源为因变量，企业的规模、细分行业分布、企业性质和企业所在科技园的类型作为自变量，建立四个回归模型（OLS），研究结果如表 19 - 5 所示。

表 19 - 5　“研发中心”资源需求定位差异回归分析结果

自变量	非标准化回归系数			
	模型 1	模型 2	模型 3	模型 4
X_1	-0.144^{**}	0.103^{**}	0.115^{**}	0.026
（t 值）	-2.908	2.116	2.302	0.530
X_2	-0.082	-0.223^{**}	-0.058	0.128
（t 值）	-0.947	-2.608	-0.661	1.500
X_3	-0.005	-0.055^{**}	0.002	0.057^{**}
（t 值）	-0.251	-2.789	0.093	2.903
X_4	0.006	-0.026	-0.112^{**}	-0.166^{***}
（t 值）	0.111	-0.516	-2.156	-3.264
模型参数				
R^2	0.051	0.083	0.045	0.083
Adj - R^2	0.033	0.066	0.027	0.066
F 值	2.868^{**}	4.839^{***}	2.487^{**}	4.809^{***}
Sig.	0.024	0.001	0.045	0.001
SSE	0.983	0.966	0.987	0.967

注：双尾检验 * $p < 0.100$，** $p < 0.050$，*** $p < 0.010$。

研究发现：①高技术企业规模越小，资源相对缺乏，在建立“研发中心”时越需要科技园提供研发技术资源支持（$\beta = -0.144^{**}$，$t = -2.908$），这一点与小组织困境理论不谋而合（Hannan & Freeman，1977）。组织的规模能缓冲自然选择的压力，即大型组织业绩不良面临危机时，可以选择缩小组织规模，把运行不良的部分去除，从而不至于出现太大的问题，而小型的企业组织则几乎没有收缩的空间，在建立“研发中心”时则更需要获得资源支持。②高技术企业的规模越大，在建立“研发中心”时，越需要科技园提供集群配套支持（$\beta=0.103^{**}$，$t=2.116$），说明大规模的企业相对具有的社会网络规模越大，其生产和研发的复杂程度越高，企业需要更多的产业和集群配套支持。高技术企业的行业技术性质越高端，反而不需要更多的集群配套支持（$\beta=-0.223^{**}$，$t=-2.608$），说明越是技术高端的行业其创新的独立性和自主性越强，在高端的制造业行业中的企业“研发中心”需要发挥自身的创新能力和创造能力，才能满足行业竞争的需要。高技术企业性质的市场程度越低（如国有企业、集体企业等），则需要更多的集群配套支持（$\beta=-0.055^{**}$，$t=-2.789$），说明越是市场化程度低的企业越需要盘活市场和社会网络联系，科技园为这些企业的“研发中心”提供了市场化的机会和集群商业配套支持。③规模越大的高技术企业，越需要科技园提供的研发创新文化支持（$\beta=0.115^{**}$，$t=2.302$），说明大规模的企业建立“研发中心”越容易受到僵化、刻板和缺乏活力的创新文化的影响，科技园的创新文化氛围为企业提供了改善创新文化、促进“研发中心”创新绩效提升的机会。然而，越是功能综合性的科技园越需要创造良好的研发创新文化氛围（$\beta=-0.112^{**}$，$t=-2.156$），功能综合性的科技园区承担着高技术企业研发、运营、规模性生产和管理等诸多战略性任务，良好的创新文化必不可少。④越是市场化的高技术企业（如上市公司），越需要科技园提供的技术研发硬件支持（$\beta=0.057^{**}$，$t=2.903$），这样可以针对性地降低企业“研发中心”的运营成本，获得更好的创新效果。越是功能综合型的科技园越需要为高技术企业“研发中心”提供技术研发硬件支持，高技术企业在综合功能型科技园内的战略性意图比较复杂，研发、生产、运营、市场和管理样样都需要进行，综合性的硬件配套支持是综合功能型科技园区必须提供的。

四、研究结论与启示

越来越多的高技术企业把“研发中心”嵌入到区域性的科技园内，科技园作为政府促进创新的政策池也必须思考要为企业“研发中心”的创新活动提供什么样的资源，资源供给需要如何定位，是否要对不同性质企业的“研发中心”资源供给进行分类管理，使资源需求的满足具备针对性和科学性。本研究进行了文献分析，建立研究假设，根据理论和实践的启发设计研究量表，通过国内15个科技园或高科技开发区内高技术企业“研发中心”管理人员和科技园管理者的问卷调查（有效样本为457个），获得初级数据、建立研究模型，研究发现：

①通过探索性因子分析对资源需求数据进行挖掘发现，科技园应为高技术企业“研发中心”提供四种主要的创新资源，满足高技术企业“研发中心”的创新需求，这四种资源可以总结为研发技术资源支持、集群配套支持、研发创新文化支持和技术研发的硬件支持；②科技园为高技术企业“研发中心”提供的“研发技术资源支持”是最重要的资源供给（能够解释“资源定位”概念的 24.935%变差），若不能够提供“研发技术资源支持”的科技园就不具备支撑高技术企业建立“研发中心”的战略行为；③科技园应该对企业“研发中心”进行分类管理，不同规模、细分行业和不同性质的高技术企业，在嵌入不同类型科技园的过程中，其资源需求定位是有差异的。

根据本章的研究结论，可以提出一定的管理政策建议，这些政策建议有两个目标趋向：一是给嵌入科技园建立“研发中心”的高技术企业；二是给地区科技园或高技术开发区的管理部门。对进驻科技园建立“研发中心”的高技术企业来说，有两个管理政策建议：①企业的“研发中心”若想提高创新能力和创新效果，需要考虑进驻科技园所能够提供的资源供给状况，科技园区需要提供四种资源供给（包括研发技术资源支持、集群配套支持、研发创新文化支持和技术研发的硬件支持）才值得嵌入，并且最基本的资源供给是“研发技术资源支持”，否则即使嵌入任何一个科技园，科技园区管理部门若不能满足“研发中心”最基本的创新资源需求，则这种嵌入行为会失去战略意义。②高技术企业在科技园内建立“研发中心”还需要思考所嵌入科技园的基本类型（综合功能型科技园、基础研究型科技园、技术研发型科技园、高技术产品加工区还是孵化器），越是综合功能型的科技园越能够提供更多的研发创新文化支持和技术研发硬件支持。对不同类型科技园的管理部门来说，也有两个管理政策建议：①科技园的建设不是一个“围城”过程，硬件设施建设仅仅是个开始，科技园的后续管理需要思考管理政策体系的建设。科技园内若引入高技术企业建立“研发中心”，科技园管理者则需要思考特殊的资源供给政策，帮助高技术企业“研发中心”提高创新能力和创新效果。②科技园区需要对高技术企业“研发中心”的资源需求定位进行分类管理，如规模小的高技术企业资源相对缺乏，在建立“研发中心”时越需要科技园提供研发技术资源支持。而对于规模大和市场化程度越低的高技术企业，在建立“研发中心”时，越需要科技园提供集群配套支持。规模越大的高技术企业，越需要科技园提供的研发创新文化支持，而越是市场化的高技术企业，越需要科技园提供的技术研发硬件支持。只有对这些不同类型的高技术企业资源需求定位进行分类管理，其资源供给过程才更加具备针对性，创新战略政策才能有的放矢。

第 20 章　科技园区政策环境、资源禀赋与招商服务

科技园（Science Park），是 20 世纪全球经济发展的重要动力来源。1951 年在美国创立的斯坦福大学研究园，已经发展成为当代世界上最著名的高科技园区—硅谷。20 世纪 80 年代后，中国先后创建了 53 个高新技术产业开发区，经过 20 多年的发展，目前这些园区已逐步成为中国经济发展的增长极（Poles de Croissance）和最具活力的科技产业化基地。无论是理论界还是企业实践，都认为加快科技园的建设，有助于形成产业集群效应。科技园是区域创新系统的重要组成部分，不仅仅促进了区域经济增长、加快社会发展，而且使区域具备持续创新能力，成为区域创新的源泉（Lindelöf Peter & Löfsten Hans，2001）。本章讨论中国科技园区政策环境、资源禀赋和招商服务的作用。

从地区的产业联系来看，只有当孤立的企业间形成有机的集聚，企业间产生的物质流和信息流汇成网络时，区域创新的功能才能实现（Andersson & Karlasson，2002）。而且，区域创新网络的形成是科技园发展成熟的本质特征，园区内各行为主体必须扎根本地、相互结网以充分利用本地各种资源，并相互支持以获得长期竞争优势。企业入驻科技园的本质目的就是获取资源，获取优势的区域优惠政策和获取本地特色的资源禀赋。目前，中国境内已经形成了区域性众多的科技园区，地区分布和功能差异的科技园区建设应体现本地域的资源特色和政策优势，这样才能充分发挥科技园区创新集聚的地域优势和资源差异定位。理论界并没有对中国不同地域和不同功能的科技园区的区域政策、资源优势与服务进行差异化检验，本章通过文献回顾，设计适合中国企业填写的测量量表，对不同地域和功能的科技园区所提供的区域政策、资源禀赋和招商服务进行了差异性检验，提出科技园建设的政策建议。

一、文献回顾

（一）科技园的区域政策

学者 Kon，Winston、Feichin（2003）认为，不同地域的科技园区具有区域政策差异，这些区域政策包括：一是科技投入政策。设立技术创新专项基金，加大财政科技投入，逐年提高研发经费投入占 GDP 的比重，保证政府财政科技经费的稳步增长，引导高技术企业、金融机构、风险资金加强创新投入，提升企业核

心竞争力，增强科技园区的持续发展力。二是产业倾斜政策。为增强主导产业或特色产业的聚集效应，科技园区应将优惠政策向技术倾斜和产业倾斜，有针对性地吸引那些具有产业带动优势和有产业关联效应或配套协作功能的项目进入科技园区。三是推动产学研合作的政策。建设以企业为主体、以市场为导向和产学研结合的技术创新体系，需要科技园区管理机构制定促进产学研合作的政策措施，鼓励大学和科研院所的科技人员，以各种形式直接参与科技园区技术创新活动。四是发展中介组织的政策。中介组织是联系政府与企业、企业与企业、企业与研究机构的重要桥梁和纽带，在科技园区技术创新和制度创新中发挥着不可替代的作用。然而，正是科技园的分布存在地域和功能差异，不同地区和功能定位的科技园应发挥不同的作用，提供差异性的、具备区域自身特征的政策。基于以上分析，得到以下假设：

假设 H1：中国地域和功能定位不同的科技园区应该提供差异性的区域政策。

（二）科技园的资源禀赋

科技园的资源禀赋差异体现在两个方面：一是园内的企业和园外的企业所获得的资源具有天壤之别；二是不同地域分布的科技园所提供的资源也是具有差异的。Braun 和 Mchone（1992）对美国佛罗里达科技园内的高新技术企业和其他区域的高新技术企业进行了比较研究，发现园内企业获得了科技园的资源支持，并在运行中表现出特殊性：①科技园内的企业更多地努力扩张自己的产品类型和进行运营管理；②园内企业与园外企业在运行条件上有区别，园内企业更多地进行研究开发工作，园外企业更多地进行生产制造；③科技园内的企业在创业和研究开发管理上更加有经验；④科技园内的企业更加知道如何获得和利用风险投资或者其他资源，而园外的企业更多利用自有资金；⑤园内企业有大规模的资金需求，并普遍缺乏市场研究能力和克服困难的市场滚动计划，而园外的企业则普遍面临缺乏优质劳动力资源的问题。Malecki（1987）概括了科技园区特殊区位带来的资源条件：①具有作为新技术开发活动的研究与开发机构；②具有高素质熟练的劳动力；③政府对新公司的研究与开发活动的支持程度不同；④具有空间差异的风险资本；⑤具有刺激和鼓励企业家创业的不同环境；⑥对新公司具有廉价的房地产市场。从以上理论的分析可以发现，不同的地理位置和功能定位导致了科技园在资源禀赋的基础条件上存在差异。基于以上分析，得到以下假设：

假设 H2：不同地域和功能定位不同的科技园区应具有差异性的资源禀赋。

（三）科技园的招商服务

国内学者杨震宁（2008）提出，科技园招商机构的服务，如举办地区资源和科技园区情况说明会、举办园内企业经验交流会等可以强化企业的入驻动机。Nobuya Fukugawa（2006）认为企业入驻科技园的动机主要是：①企业为了获得市场进而得到生存和发展的机会；②方便建立与大学和科研机构的联系，改善企业的研发技术环境；③借助科技园使得企业获得声誉，扩大企业的知名度和影响力；④科技园良好的地理位置，使得企业获得更多的创新机会和创新渠道。正是因为企业的这些入驻动机的存在，才使得科技园区管理机构的招商服务显得尤为重要。学者赵剑波（2009）从政府政策和企业需求两方面分析了对于高新科技园区内企业运营绩效的影响因素，验证了包括政府政策、园区管理机构服务、企业主观评估、企业需求对于园内企业绩效的作用。特别值得注意的是，研究发现不同功能和类型科技园管理机构的招商服务形式是趋同的，对企业的技术绩效和市场绩效表现出的作用是一致的。由于企业入驻不同类型的科技园的动机是趋同的，所以科技园区管理机构的招商服务功能是一致的。基于以上分析，得到以下假设：

假设 H3：不同类型和地域分布的科技园区招商服务功能是趋同的。

（四）科技园的地域分布

从 1991 年中国正式设立国家级科技园区至今，中国科技园区经济发展水平的不均衡度基本上呈 U 形分布。少数起步早、基础好、措施得力的科技园区很快获得发展的优势；20 世纪 90 年代中期各科技园区通过优惠政策的制定和各项改革措施的实施，创造局部优化环境，借用一切可能的国内外先进科技资源、资金和管理手段，推进科技产业化进程，取得了较为明显的效果，科技园区经济发展水平的差异明显减小（Kon，Winston & Feichin，2003）。但科技园区的发展与其所在城市的基础有很大的关系，由于各地政府重视程度、科技园区政策、环境及具体发展措施的不同，近年来中国科技园区发展的不均衡度有所增加。就经济发展的限制因素而言，内陆科技园区在自然资源方面有一定的优势。但是，内陆科技园区在技术进步、制度创新、企业家创新精神等因素方面不如沿海科技园区强劲。Wallsten（2004）也提出科技园的地理位置优势对园内企业的发展呈负相关关系，这种优势不明显甚至产生某种局限性。本研究将讨论不同地理分布特征的科技园区在区域政策设计、资源禀赋特色和招商服务方面的差异性。基于以上分析，得到以下假设：

假设 H4：功能定位和地域分布不同的科技园区应制定不同的区域政策、利用差异性资源禀赋，以及采取招商服务措施提升企业入驻动机。

根据以上的文献回顾和研究命题的建立，得到本章研究的理论框架如图 20－1所示。

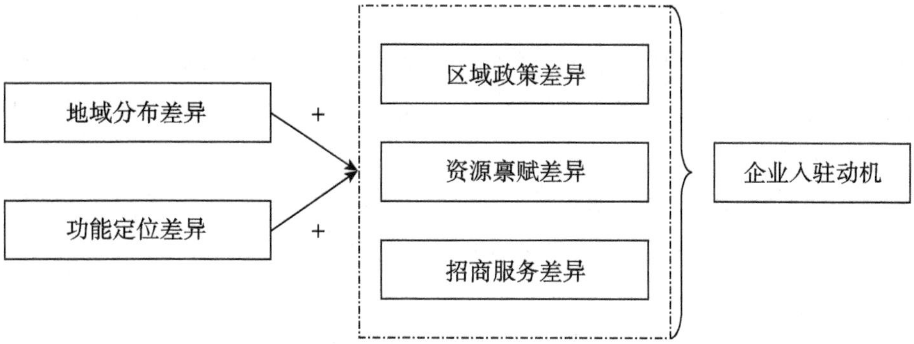

图 20－1　本章研究的理论框架

二、研究设计

（一）量表开发

本研究的量表依据中国的实际情况进行了设计。开发研究的首要任务就是要准确地、概括地定义所要测量的概念，清楚地说明概念的理论边界。在测量中，把概念的定义与测量之间的一致程度称为概念效度（Construct Validity）（Schwab，1980）。一般有三种情况会影响一个测量量表的概念效度：研究者的操作性定义出现了偏差、操作性定义没有充分地反映目标概念、检测问卷缺乏信度。根据众多学者（Pedhazur & Schmelkin，1991；Klein，Danserau & Hau，1994）的建议，本研究通过查阅相关的案例和国内若干科技园区管理报告，结合文献回顾，设计研究量表。问卷从不同功能和不同地理分布的科技园区所提供的差异性区域政策、资源禀赋和招商服务角度进行设计，共 20 个条目，问卷条目采用了 7 分制 Likert 尺度，被试者根据自己对科技园管理和企业自身的认识打分表示其不同意和同意的程度（"1"表示完全不同意；"7"表示完全同意），问卷内容征求了科技园工作人员和相关学者的意见，保证了较高的概念效度。

（二）问卷修改及数据采集

在问卷大规模发放之前，笔者对深圳高新科技园、深圳软件园、北京中关村科技园、北京清华科技园内的 10 家企业进行了典型调查，通过深度访谈的形式获得需要的信息并对问卷进行了修改。由于研究问题是调查不同功能和地域科技园的政策、资源和服务差异，而这些政策、资源和服务的供给对象是园内企业，所以调查样本确定为科技园内的高技术型企业。问卷的规模发放采取主要信息提供者技术（Key informant approach），即每个园内企业由该企业的高层管理团队回答问卷的所有问题（组织层面问题），这种方法长期以来一直在战略领域被广泛使用。我们获得了来自多个科技园区不同企业内多个高层管理者的样本数据，而且数据分析时，我们对决策团队中每个成员在各个题目上的得分进行处理得到综合值（均值），提高数据分析的科学性。问卷样本来自深圳高新科技园、深圳软件园、昆山清华科技园、北京清华科技园、北京大兴科技园、北京昌平科技园、北京中关村科技园和南宁高新区不同功能和不同地理分布（中国东部、沿海及西部地区）的科技园区（共8家科技园），共有105家公司参与调查，有效问卷回收218份（有部分公司是以高管团队方式参与被试调查取样），问卷回收率39%。

样本描述性统计结果如表20－1所示。特别指出的是，这些被试者分别隶属于不同功能分类和地理分布的科技园区，具体被试在不同功能和地理区域科技园区的分布状况，如表20－2、表20－3所示。

表20－1　被试样本描述性分析

被试者职位	比例（%）	企业规模	比例（%）	企业性质	比例（%）
高层主管	32	100人以下	58	国有企业	5
中层管理者	20	100～500人	37	民营企业	50
基层管理者	19	500～1000人	1	合资企业	21
技术人员	19	1000～3000人	3	股份制企业	12
一般人员	10	3000人以上	1	上市公司	12
分行业	比例（%）	分行业	比例（%）	分行业	比例（%）
电子信息	40	IT通信	14	软件	18
光机电	4	家电	2	能源	1
生物医药	11	新材料	2	农业	1
其　他	7				

资料来源：作者整理。

表20－2　不同功能科技园内被试样本的分布状况

不同功能的科技园	被试样本的数量（份）
综合功能型科技园	120
基础研究型科技园	16
技术研发型科技园	36

续表

不同功能的科技园	被试样本的数量（份）
高技术产品加工区	26
孵化器	20
合　计	218

资料来源：作者整理。

表 20-3　不同地域科技园内被试样本的分布状况

不同地理分布的科技园	被试样本的数量（份）
东部地区	105
沿海地区	104
西部地区	9
合　计	218

资料来源：作者整理。

三、研究结果

（一）量表的信度检验

在统计分析中，通常使用项目总体相关系数 CITC 和 Cronbach´s α 系数检验来测量量表的信度。我们对本研究所使用的量表中的各项指标逐条进行了项目总体相关系数 CITC 检验，寻找那些项目删除后可以显著增加 Cronbach´s α 系数的测量项目，同时剔除 CITC 小于 0.20 的测量条目，从而达到纯化量表的目的。这些测量指标的 CITC 值均在 0.25 以上，同时计算如果剔除了此测量条目后的 Cronbach´s α 系数以及各个测量潜变量的 Cronbach´s α 系数，问卷总体 Cronbach´s α 系数为0.887，如表 20-4 所示（已经进行纯化后的量表）。可以看到，量表具有很好的测量信度。

表 20-4　问卷测量条目的信度检验

量表测量条目	CITC	Cronbach´s α if Item Deleted	Latent Variables´ Cronbach´s α	Cronbach´s α
Z_1：政府帮助企业与临近的科研合作机构取得联系	0.459	0.884		
Z_2：政府提供更多国内科技园区的相关信息	0.582	0.880	0.854	
Z_3：税收优惠政策	0.552	0.881		

续表

量表测量条目	CITC	Cronbach's α if Item Deleted	Latent Variables' Cronbach's α	Cronbach's α
Z_4：启动资金优惠政策	0.396	0.886		
X_1：科技园区当地有需要的关键性人才	0.334	0.887	0.831	
X_2：科技园区当地有在其他地区获得不了的核心技术	0.288	0.889		
J_1：入驻科技园区的相关手续简化	0.451	0.884		0.887
J_2：采取更多宣传手段扩大科技园的影响力	0.471	0.883	0.820	
J_3：提供更多的当地环境的具体信息	0.544	0.881		
J_4：组织入驻企业的经验交流会	0.520	0.882		

资料来源：作者整理。

（二）测量条目的相关性

10个测量条目（潜变量为区域政策、资源禀赋和招商服务）的描述性统计结果，以及Pearson相关系数矩阵，如表20－5所示。从Pearson相关系数来看，大多数相关系数都低于0.45，因此多重共线性问题在本研究中并不突出。

（三）区域政策、资源禀赋和招商服务的结构效度

因子分析是一种分析测量结构效度的方法，这种方法适用于多种特质在多类样本（不同功能和地理分布的科技园）测评方法中进行评定时对结构效度的检验。使用这种方法进行分析可以判断测量科技园区运行问题是否具有假设潜变量较高的区分效度和较高的汇聚效度。验证性因子分析是20世纪60年代后从探索性因子分析发展而来的，它是公认的一种适宜评估概念结构效度的数据方法（Marsh，1989）。本研究以科技园区不同的地理区位和功能差异作为质性变量，对全部科技园区不同的区域政策、资源禀赋和招商服务潜变量分别进行了探索性因子分析和验证性因子分析（包括高阶因子分析HOF），采用的统计分析软件为SPSS13.0和LISREL8.0，其目的是进行概念的多维度验证。

1. 汇聚效度检验：探索性因子分析（EFA）

采用主成分分析方法提取因子，并对原始因子载荷系数采用最大方差垂直（Varimax）旋转交换。因子提取的最终个数以特征值大于1作为判别标准，有效性指标选用KMO和Bartlett球形检验。根据Kaiser准则的要求，KMO数值大于0.6是进行因子分析的最低要求，KMO数值大于0.8表明因子分析的效果良好。

表 20－5 问卷测量条目的描述性分析与 Pearson 相关系数

条目	均值	标准差	Pearson 相关系数									
Z_1	4.881	1.800	1.000									
Z_2	4.730	1.727	0.789**	1.000								
Z_3	5.257	1.496	0.634**	0.701**	1.000							
Z_4	4.619	1.885	0.509**	0.474**	0.514**	1.000						
X_1	4.628	1.758	0.309**	0.366**	0.219**	0.073‡	1.000					
X_2	4.615	1.898	0.398**	0.369**	0.199**	0.119‡	0.714**	1.000				
J_1	5.798	1.346	0.123‡	0.266**	0.330**	0.253**	0.272**	0.190**	1.000			
J_2	5.711	1.250	0.280**	0.267**	0.400**	0.290**	0.312**	0.431**	0.587**	1.000		
J_3	5.124	1.523	0.147*	0.344**	0.435**	0.286**	0.344**	0.291**	0.527**	0.564**	1.000	
J_4	5.344	1.547	0.225**	0.363**	0.328**	0.380**	0.373**	0.251**	0.576**	0.383**	0.588**	1.000

注：双尾检验 ‡ $p>0.100$，* $p<0.050$，** $p<0.010$，*** $p<0.001$。

资料来源：作者整理。

对于本研究潜在变量因子的提炼过程，此处的 KMO 为 0.833，Bartlett 球形检验 χ^2 值为 1158.055（自由度为45），达到显著性水平（$p<0.001$），适合做因子分析。研究中保留了因子负荷超过 0.5 的条目，初始的 20 个条目被保留了 10 个，提取的三个公共因子解释方差变异的累计数是 73.525%，如表 20－6 所示。提取的三个潜变量因子分别为科技园区的区域政策、资源禀赋和招商服务，其 Cronbach´s α 系数均在0.820 以上，显示了较好的信度。

表 20－6　潜变量的探索性因子分析结果

测量条目与潜在变量	探索性因子		
	FACTOR1	FACTOR2	FACTOR3
Z 区域政策			
Z_1	0.873		
Z_2	0.841		
Z_3	0.799		
Z_4	0.751		
X 资源禀赋			
X_1		0.895	
X_2		0.864	
J 招商服务			
J_1			0.842
J_2			0.799
J_3			0.745
J_4			0.703
各因子解释方差（%）	27.729	27.024	18.772
累计解释方差（%）	27.729	54.753	73.525
Cronbach´s α 系数	0.854	0.831	0.820

资料来源：作者整理。

汇聚效度从以下两个方面来评断：一是测量量表的项目都来自于成熟量表的研究和专家讨论，而本研究的量表是新设计的，则需要更多检测；二是从表 20－6中看出，测量科技园区域政策、资源禀赋和招商服务的 10 个项目在对应因子上的负载全部大于 0.7，高于参考值 0.5，说明测量具有较好的汇聚效度。此外，研究检验了测量项目的信度，进一步说明本研究的有效性和可靠性。

2. 区分效度检验：验证性因子分析（CFA）

在确立了初步的测量工具后，研究对数据的区分效度进行检验。以验证性因子分析研究三个潜变量（区域政策、资源禀赋和招商服务），使用 LISREL8.0 软件（Jöreskog & Sörbom，1993）进行分析，如图 20－2。

模型的拟合指标如表20－7 所示，可以看到模型的 Chi－Square 统计量为 331.380、自由度为 32，通过了模型的总检验（P 值为 0.000）。模型拟合指标 RMSEA 为 0.021，小于 0.06 的参考值；非常规拟合度（NNFI）和比较拟合度（CFI）一般应该大于 0.9，这里的 NNFI、CFI 和 NFI 分别为 0.950、0.980 和 0.960，模型的拟合效果较好。

表 20－7　验证性因子分析模型拟合效果

Chi－Square 统计量	自由度 DF	P 值	RMSEA	NFI	NNFI	CFI
331.380	32.000	0.000	0.021	0.960	0.950	0.980

资料来源：作者整理。

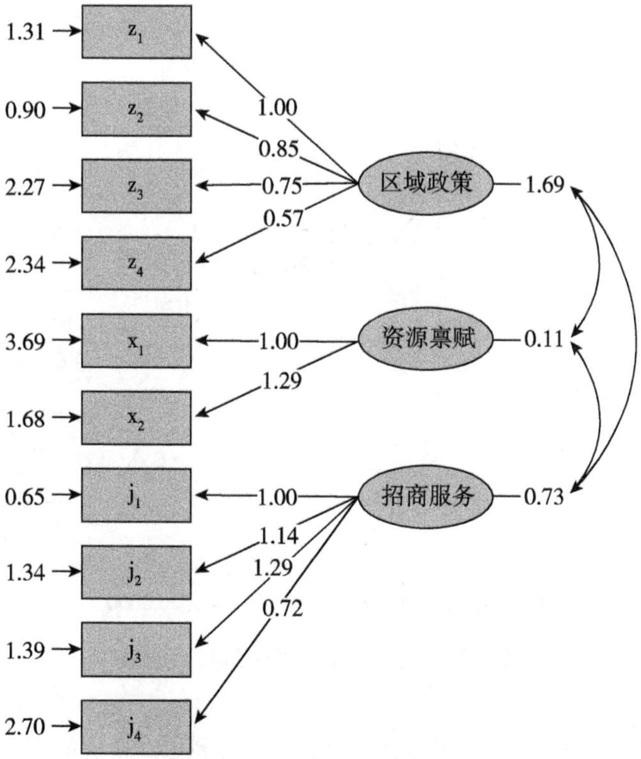

Chi-3quare=331.38，df=32，p-value=0.0000

图 20－2　潜变量的区分效度

3. 企业入驻科技园的动力：高阶因子分析（HOF）

统计模型需要不断强调好的模型，是既简单又能准确描述数据中各个变量关系的模型，这就是模型评价的简约标准（Parsimony），所以本研究提出一个更加简约的模型（假设企业入驻动力为区域政策、资源禀赋和招商服务的高阶因子），应用 LISREL8. 0 软件，讨论入驻动力的高阶因子模型（HOF），输出结果如图 20 - 3 所示。

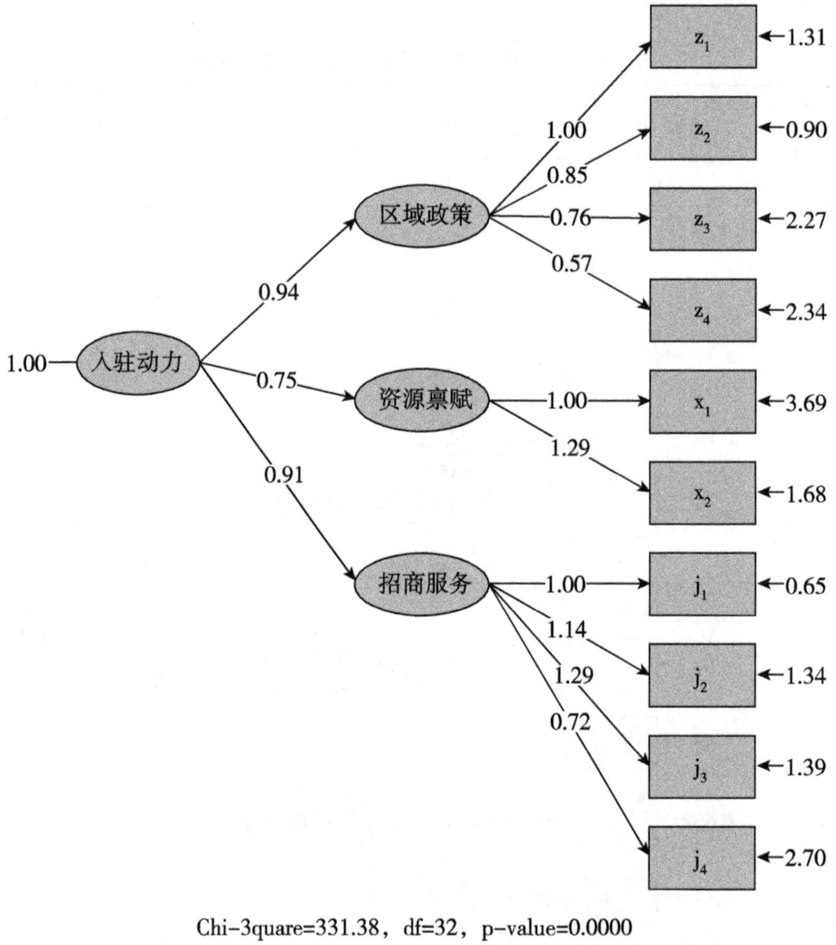

图 20 - 3　企业入驻动力的高阶因子结构

研究发现：入驻动力的高阶因子结构模型的 Chi - Square 统计量仍然为 331. 380、自由度为 32，通过了模型的总检验（P 值为 0. 000），比起一阶因子结构模型其 Chi - Square 统计量并没有显著增加，模型拟合指标 RMSEA 为 0. 020，小于 0. 06 的参考值，这里的 NNFI、CFI 和 NFI 分别为 0. 970、0. 970 和 0. 950，模型的拟合效果较好如表 20 - 8 所示。根据模型简约的标准，企业入驻动力的高阶因子是存在的，高阶因子结构模型是可以保留的。

表 20 - 8　高阶因子分析模型拟合效果

Chi - Square 统计量	自由度 DF	P 值	RMSEA	NFI	NNFI	CFI
331.380	32.000	0.000	0.020	0.950	0.970	0.970

资料来源：作者整理。

研究结果显示：①企业入驻科技园的动力可以由三个潜变量进行解释，分别是区域政策、资源禀赋和招商服务；②区域政策、资源禀赋和招商服务对企业入驻科技园动力的解释方差分别为 94%、75% 和 91%，这里区域政策对入驻动力的解释力度最强，说明企业入驻科技园最看重的是地方政府所提供的配套政策的优惠程度。

4. 地理与功能差异的多变量检验

把被试数据按五种不同科技园区功能和不同的地理性分布特征进行分组，以科技园的功能和不同的地理位置作为质性变量，对科技园的区域政策、资源禀赋和招商服务潜变量进行多变量统计检验（Multivariable Testing），多变量检验方法采用典型相关分析方法（Canonical Correlation）。当因变量多于一个时，必须进行多变量特征值检验，如表 20 - 9 所示。Wilks´ Lambda 值、Pillais 迹、Hotelling - lawley迹和 Roy´s 最大根统计量检验的结果，质性变量的主效应特征值检验均在 0.001 ~ 0.01 之间的水平上显著，说明科技园的功能差异和地理分布差异对科技园的区域政策、资源禀赋和招商服务存在显著的主效应。而功能差异和地理分布差异的交互变量，从 Roy´s 最大根统计量检验上看也存在显著性影响。

表 20 - 9　多变量检验的特征值结果

检验变量	特征指标	特征值	F 值	HDF	EDF	p 值
Y_1 科技园区地理差异	Pillai´s 迹	0.426	1.665	40.000	715.000	0.007**
	Wiks´Lambda 值	0.625	1.730	40.000	608.681	0.004**
	Hoteling´s 迹	0.521	1.789	40.000	687.000	0.002**
	Roy´s 最大根	0.324	5.790	8.000	143.000	0.000***
Y_2 科技园区功能差异	Pillai´s 迹	0.452	2.840	25.000	715.000	0.000***
	Wiks´Lambda 值	0.583	3.239	25.000	517.864	0.000***
	Hoteling´s 迹	0.658	3.616	25.000	687.000	0.000***
	Roy´s 最大根	0.563	16.100	5.000	143.000	0.000***

续表

检验变量	特征指标	特征值	F 值	HDF	EDF	p 值
$Y_1 \times Y_2$ 交互影响	Pillai's 迹	0.152	1.504	15.000	423.000	0.100‡
	Wiks' Lambda 值	0.851	1.546	15.000	384.119	0.087‡
	Hoteling's 迹	0.173	1.585	15.000	413.000	0.075‡
	Roy's 最大根	0.154	4.342	5.000	141.000	0.001***

注：双尾检验 ‡p >0.100，* p <0.050，** p <0.010，*** p <0.001。
资料来源：作者整理。

以科技园区域政策、资源禀赋和招商服务为因变量，以科技园区功能差异和地理分布差异为质性自变量的典型相关分析检验结果。结果讨论了模型在显著性水平为0.050、0.010和0.001时的显著性，其中也包括地理分布差异与功能差异的交互影响显著性结果，如表20－10所示。

表20－10　典型相关分析检验结果

差异来源	因变量	总方差	自由度	均方差	F 值	p 值
Y_1 科技园区地理差异	Z 区域政策	15.991	8	1.999	2.108	0.039*
	X 资源禀赋	11.481	8	1.453	2.558	0.010**
	J 招商服务	6.958	8	0.870	1.002	0.437‡
Y_2 科技园区功能差异	Z 区域政策	7.850	5	1.570	2.319	0.046*
	X 资源禀赋	14.200	5	2.840	6.285	0.000***
	J 招商服务	4.714	5	0.943	1.086	0.371‡
$Y_1 \times Y_2$ 交互影响	Z 区域政策	18.784	11	1.708	2.522	0.006**
	X 资源禀赋	10.157	11	0.923	2.043	0.028*
	J 招商服务	13.281	11	1.207	1.391	0.183‡

注：双尾检验 ‡p >0.100，* p <0.050，** p <0.010，*** p <0.001。
资料来源：作者整理。

研究结果显示：①地理分布不同的科技园区其区域政策和资源禀赋存在显著性差异（$F=2.108$，$p=0.039^{*}$；$F=2.558$，$p=0.010^{**}$），也就是说不同地域的科技园区其地方政府是根据当地资源禀赋的不同来设置吸引企业入驻的区域政策的。②无论是综合功能型科技园、基础研究型科技园、技术研发型科技园、高技术产品加工区还是孵化器，企业进驻这些科技园，均是为了获得园外获得不了的关键性资源，科技园区所提供的关键性人才、园外获得不了的核心技术、新的市场机会和稀缺的原材料等都能为进驻企业带来差异化的竞争优势，不同功能的科技园的区域政策和资源禀赋是有显著性差异的（$F=2.319$，$p=0.046^{*}$；$F=6.285$，$P=0.000^{***}$）。③科技园区的功能分布和地理分布特征对区域政策设置和资源禀赋特征有交互作用，说明区域政策和资源提供是科技园的功能和地理特征的综合作用结果，这两个问题需要综合进行考虑（$F=2.522$，$p=0.006^{**}$；$F=2.043$，$P=0.080^{*}$）。④不同功能和地理分布的科技园区在招商引资方面的服务没有任何显著性差异（$F=1.002$，$p=0.437$‡；$F=1.086$，$p=0.371$‡；$F=1.391$，$p=0.18_{3}$ ‡），包括交互性影响也是不显著的，说明不同功能和地理性分布的科技园区，在招商引资服务方面是个共性问题，没有明显的服务区别。

四、研究结论与启示

不同功能和地理分布差异的科技园区为入驻企业提供的区域政策、资源禀赋是差异化的，区域政策不仅包括科技管理政策，也包括地方税收以及资金优惠的财政政策；地理差异的科技园区其资源禀赋也存在显著性差异，这些差异性资源包括关键性技术人才和在其他地区获得不了的核心技术。在入驻科技园区的相关服务手续简化、采取更多宣传手段扩大科技园的影响力、提供更多当地环境的具体信息和组织入驻企业经验交流服务方面，不同功能和不同地理区域的科技园的招商服务是功能趋同的。对于提高企业入驻科技园区的动机方面，企业关注科技园区所带来的区域优惠政策、资源条件和招商服务质量，其中区域政策是提升企业入驻动机的关键核心问题。

政府和相关管理机构应该重视不同类型科技园和地理位置分布不同的科技园在招商引资、设置区域政策和培育地方性核心资源方面的差异，建立功能定位、资源调动和招商管理的运行机制，并且积极利用科技园区创新环境和创新资源的调节作用，积极吸引企业入驻科技园。根据本章研究结论，提出以下政策措施和建议：

（1）完善科技园区的政策环境。良好的政策环境是创新资源集聚和高效利用的前提，是科技园区快速、健康、协调发展的根本保证。科技园区要加快制度建设，尽快完善各项有利于创新、创业的政策和配套措施，进一步加大财税优惠政策力度，使创新行为得到充分的激励。

（2）设法取得政府的大力支持。在中国目前政府较多介入经济生活的情况下，这一点显得尤为关键。以大学为依托的科技园区的建立，除了依靠大学及科研机构本身的努力外，更离不开政府的大力支持。有了政府的支持，无论是交通、市政等硬环境，还是政策和服务等软环境都有了保障，而这一切恰恰是科技园区本身无法解决的。英国剑桥科学公园的设立，除了剑桥大学的努力外，还要归功于剑桥郡政会和剑桥市政会。日本筑波大学科学城、美国北卡罗来纳州的三角研究区的建立，均与政府一如既往的支持息息相关。

（3）充分发挥社会网络资源禀赋优势。科技园区是一个由高技术企业、科研机构、高等院校、中介机构等创新主体组成的区域创新系统。科技园区创新系统的基本框架主要包括：各主体组成的创新机构、各主体的相互作用、知识和人才等要素的流动，以及国内外政策和市场环境。其中，企业是最重要的技术创新活动行为主体，它应逐步成为技术创新、知识应用、创新投入的主力，而政府是制度创新的最重要主体。创新体系必须充分激发各创新主体的积极性。

（4）实现不同地理区域创新的均衡发展。非均衡发展理论认为，非均衡性是因为现有资源的稀缺性从而造成均衡发展的不可行性，强调应重点发展重点地区和重点部门以带动整个区域经济的发展。从中国各地区科技园区的发展来看，东部与中西部科技园区发展差距的主要原因是，制度安排是否为技术创新的发生和扩散提供了良好的条件。有地域资源特色的区域政策设计，是一个科技园区技术创新能否持续发展的关键。

第21章　不同功能分类科技园的资源供给差异研究

科技园（Science Park），是以高科技企业为核心主体，以通过创造局部优化的区域环境，发展高科技实现产业化为主要目的，以协同性创新为内在发展动力的产业集聚区。Marshall（1920）认为科技园区是由外部规模经济促成的，当区域内某一产业持续增长时，区域内会出现熟练劳动力市场、形成较完备的附属产业或提供专门化的服务行业，并且还会随着产业规模扩大而引起知识量的增加和相关技术信息的传播。中国政府于20世纪80年代开始引进了科技园区这一世界上发展高新技术及其创新产业最为成功的模式，经过几十年的发展，中国的科技园区已初具规模。Castells和Hall（1994）认为国家和地区建立科技园的目的有三个：①促进国家和地区的再产业化；②促进国家和地区的经济发展；③科技园所带来的创新集聚效应。中国逐步建立高新技术产业科技园区，其目的主要是发挥本国科技人员、海外留学人员和其他科技力量的创造力，把高新技术成果转化为现实的生产力，并通过技术扩散改造传统产业，以促进高新技术产业的发展和高新技术项目的产业化。同时，科技园区也通过自己利用外资积累的经验、产业化基础设施、财政和资金实力等，有意识、有目的地通过制定产业政策和优惠政策，吸引高级人才来科技园区创业，扶持高新技术产业和中小企业的发展，促进高新技术项目的产业化和科技园区内企业的创新能力，实现资本引进和科技兴区的发展战略。

20世纪50年代，发展经济学家们围绕平衡增长与非平衡增长进行了激烈地争论。在这场争论中，经济学家Bengtsson和Lowegren（2001）提出了增长极（Poles de Croissance）理论，认为：增长不是在每个地方以同样速度增加的，而是在不同时期以不同的强度首先出现在一些主导部门和有创新力的行业等增长点上，它们一般常常聚集在某些大城市中心，这些中心就成为发展极，然后通过不同的渠道向外扩散并对整个经济产生不同的终极影响。增长极理论告诉我们，增长的不平衡是客观存在的，要创建增长极，充分发挥其聚集和扩散的功能来促使增长的有序、均衡扩张。由于科技园区具有产业结构高度化、产品高附加值化、员工技能高素质化等优势，在区域经济发展中能够担负起重大的牵引作用。科技园区通过极化效应、扩散效应、网络效应等对“辐射”周围经济发展带来有利影响（杨震宁、王以华，2008）。国内学者钟书华（2005）认为，中国科技园区未来的发展趋势是，分布格局从集中转为扩散，差别化发展日趋明显，规模差异越来越大，功能单一化和综合化趋势双向并存。而不同功能分类的科技园区的功能化发展，为园内企业提供了差异化的资源支持，不同功能定位的科技园区在拉动地区经济增长、获得增长极效应过程中所起的作用也是不同的。本研究基于科技园区提供的资源差异视角，讨论科技园区不同功能的差别和作用。

一、文献回顾

（一）科技园的功能定位分类

Mian（1994）用功能分析方法来研究科技园的分类问题。他从层次分析和产业链条角度将功能划分为显性功能和隐性功能，前者是指那些直接对系统产生明显效果的功能，后者是指对系统产生间接或潜在作用的功能。Castells（1998）按照显性功能和隐性功能的分类方式，以及产业链条的功能区位，把现代科技园区分为五类：综合功能型科技园、基础研究型科技园、技术研发型科技园、高技术产品加工区以及孵化器。

1. 综合功能型科技园

综合功能型科技园区实际上就是地区形成的一个产业集群。产业集群（Industrial Clustering）是相同的产业高度集中于某个特定地区的一种产业成长现象。M. Porter（1989）从竞争经济学去研究产业集群问题，认为科技园区这样的产业集群对企业竞争是十分重要的，这可以使企业更好地接近劳动者和公共物品，以及相关机构的服务，同时有利于企业创新和产品出口。国内较为系统地研究产业集群与创新体系的学者为王缉慈（2008），她系统地概括了产业集聚理论与新科技园区理论，并指出培养具有地方特色的企业集群，营造区域竞争环境，强化区域竞争优势是增强国力的关键，她分别讨论了科技园区集群与传统产业的集群，同时讨论了产业集群、综合功能科技园建设与区域创新的关系，也分析了国内外典型案例。综合目前的理论研究成果，可以认为综合功能型科技园区是产业发展演化过程中的一种地缘现象，即某个领域内相互关联的企业与机构在一定的地域内集中连片，形成上、中、下游结构完整，外围支持产业体系健全，具有灵活机动特性的有机体系。

2. 基础研究型科技园

众所周知，科学研究可以从三个方面去衡量：基础研究、应用研究和开发研究。但是，这些年来，应用研究却在两个不同方向发生了分化，一部分偏重于规律性、知识性的研究，以求从中找出规律，能够在思想上和创造上获得突破；另一部分是侧重于产品开发，从而进行一系列的产业化研究。而基础研究型科技园的创建就是要创造这样的条件，让知识创新在有利的外部条件下转向技术创新。

同时，园区的技术创新成果又能在大学知识创新的提高下不断获得产品的技术突破。基础研究型科技园区正是大学基础性研究与企业技术创新的结点和突破口，是知识创新和技术创新的温床。

3. 技术研发型科技园

技术研发型科技园区是一个研究、开发与生产相结合的综合体，以不断获取创新能力，取得高科技产业的全球控制力为目标，它们往往是自发性的企业行为，最突出的代表就是美国的硅谷。Schumpeter（1934）认为：创新就是生产要素的重新组合，企业家是创造新的产品与服务结合体的关键。创新是技术研发型科技园区发展的灵魂，目前已成为普遍认同的观点。Flynn（1993）提出，创造性作为一种社会现象，最初在高度竞争的地区发展，这些地区有良好的内部和外部通讯网络。他认为可以通过公共政策来创造这些条件，包括建立技术研发型科技园区。地区创造性也与科技园区规模有关，以为较大规模的技术聚集体能够提供较多的服务和较大的集聚经济。

4. 高技术产品加工区

高技术产品加工区就是高技术产业开发区，主要从事高技术产品的生产，是所在区域的高技术产业基地，如中国台湾地区的新竹科学工业园区。产学研结合是高校、企业和科研院所在创新人才培养、科技创新和生产经营等活动中，采取教育合作和科技合作等形式进行研究和开发的合作，推动科技与经济的有效结合，加快科技成果推广转化与产业化的一条重要途径。不断加强产学研结合，积极制定行之有效的政策措施，营造有利于产学研结合的环境和氛围，充分调动各方面合作的积极性，能大大增强高校、企业和科研院所的自主创新能力。高技术产品加工园区是产学研结合的主要模式之一，创办高技术产业开发区能较好地解决高校科技成果推广转化与产业化这一难题。通过创办加工产业园，高校可以与企业以及科研院所之间开展多种形式的科技合作，可以密切跟踪高新技术产业技术发展的前沿，加强知识创新与技术创新。

5. 孵化器

1959 年，Joe Mancuso 首次提出了“企业孵化器”（Business Incubator）的概念。同时，世界上第一个企业孵化器在美国纽约的 Batavia 建立。这里的“孵化器”一词原是生物学上的隐喻，意即它如同鸟类孵卵一样，为新型企业的成长提供良好的环境，以便提高其“成活率”。Rice（2002）认为孵化器是指专门为扶持新创的科技型企业而设计和运作的体系，科技园区具有“孵化器”的功能。科技园区孵化器本身属于知识型聚集体，具有重要的中介功能，它不以营利为目的，但可以赢利，这使得孵化器本身的发展具有可持续性。对孵化型科技园来说，“孵化企业”是科技成果转化为生产力的必经环节，只有源源不断地孵化出高新技术企业，为创业行为创造温床，才能真正实现科技园区的发展目标。因此，科技园区最为核心的功能就是孵化，不以建设大型科技企业为目的，园区内除少数标志性、示范性高新技术企业外，大部分孵化企业最终应走出园区、进入社会。

（二）不同功能科技园的资源差异

Oliver（1997）提出，任何一个经济组织的行为选择不仅受到经济学、管理学意义上的技术、信息、利润等的影响，而且还受到社会学意义上的各种资源因素的影响。Kihlgren（1998）提出，不同领域的学者正在从不同的角度来研究区域软环境资源对企业竞争优势的影响，如社会学家从社会资本、信用倾向和互惠规范角度，公共政策学者从政府干预角度来研究企业竞争优势和企业发展能力。Malecki（1987）概括了科技园的特殊区位资源条件是：①具有作为新技术开发活动的研究与开发机构；②具有高素质熟练的劳动力；③政府对新公司的研究与开发活动的支持程度；④具有空间差异的风险资本；⑤具有刺激和鼓励企业家创业的环境；⑥对新公司具有廉价的房地产市场。Cohen 和 Levinthal（1990）提出，企业要获得并维持其竞争优势，必须不断地向外部环境吸取资源和知识，吸收外部资源和知识的能力是构成创新能力的一个关键要素。Barney（1991）强调了网络资源的重要性，并将网络资源定义为一种用来感知和实施企业战略的特殊类型的企业资源。Brown（1997）认为政府、社会公众等非市场因素如同竞争对手、顾客等市场因素一样，对企业的成败有着显著影响，因为他们掌握了企业生存、发展所需要的各种资源。由政府、社会公众和企业联合创建的科技园区是国家创新体系的重要组成部分，不同地区和地域的科技园区为园内企业提供的稀缺资源是地理性的和功能差异性的。国内学者杨震宁（2008）认为中国发达地区和欠发达地区科技园所提供的地域性资源是不同的，如发达地区的科技园有完备的市场和融资机制，而欠发达地区的科技园区拥有企业所需要的原材料、物资等稀缺资源，不同地域的科技园应依托其自身不同的地域资源特征进行发展。但是，这些理论并没有讨论不同功能定位的科技园区所提供的资源是否有差异，这些影响园内企业创新的资源差异到底是什么。

二、研究方法与过程

（一）量表设计

Sherman（1999）采用宏观经济分析、问卷和电话访谈的方法对公司管理者和科技园机构管理人员进行调查，确立研究科技园提供服务支持的评估体系。Sherman 的问卷是在查阅了科技园区相关报告基础上开发的，结论是对科技园的评价需要从科技园的目标、知识技术溢出、相关利益群体和内部管理过程等方面进行。但是，Sherman 的问卷内容受到当时经济和历史环境的影响，不一定适合中国科技园的实际情况，本研究的量表依据中国的实际情况重新进行了设计。开发研究的首要任务就是要准确地、概括地定义所要测量的概念，清楚地说明概念的理论边界。在测量中，把概念的定义与测量之间的一致程度称为概念效度（Construct Validity，Schwab，1980）。一般有三种情况会影响一个测量量表的概念效度：研究者的操作性定义出现了偏差、操作性定义没有充分地反映目标概念、检测问卷缺乏信度。根据众多学者（Pedhazur & Schmelkin，1991；Klein，Danserau & Hau，1994）的建议，本研究通过查阅相关的案例和国内若干科技园区管理报告，结合文献回顾，设计研究量表。问卷从不同功能的科技园区所提供的差异性资源角度进行设计，共 10 个条目。问卷条目采用了 7 分制 Likert 尺度，被试者根据自己对科技园管理和企业自身的认识打分，表示其不同意和同意的程度（“1”表示完全不同意；“7”表示完全同意），问卷内容征求了科技园工作人员和相关学者的意见。

（二）问卷修改、样本选取和数据采集

在问卷大规模发放之前，笔者对深圳高新科技园、深圳软件园、北京中关村科技园、北京清华科技园等 10 家企业进行了典型调查，通过深度访谈的形式获得需要的信息并对问卷进行了修改。问卷样本来自深圳高新科技园、深圳软件园、昆山清华科技园、北京清华科技园、北京大兴科技园、北京昌平科技园、北京中关村科技园和南宁高新区等不同功能的科技园区，共有 105 家公司参与调查，有效问卷回收 218 份（有部分公司两个以上的管理者参与调查取样），问卷回收率 39%。填写对象为参与公司管理的不同层次人员。样本描述性统计结果如表 21 - 1 所示。特别指出的是，这些企业分别隶属于不同功能分类的科技园区，具体样本在不同功能科技园区的分布，如表 21 - 2 所示。

表 21 - 1　样本描述性分析

被试者职位	比例（%）	企业规模	比例（%）	企业性质	比例（%）
高层主管	32	100 人以下	58	国有企业	5
中层管理者	20	100～500 人	37	民营企业	50
基层管理者	19	500～1000 人	1	合资企业	21
技术人员	19	1000～3000 人	3	股份制企业	12

续表

被试者职位	比例（%）	企业规模	比例（%）	企业性质	比例（%）
一般人员	10	3000 人以上	1	上市公司	12
分行业	比例（%）	分行业	比例（%）	分行业	比例（%）
电子信息	40	IT 通讯	14	软件	18
光机电	4	家电	2	能源	1
生物医药	11	新材料	2	农业	1
其　他	7				

资料来源：作者整理。

表 21－2　不同功能科技园内企业的分布状况

不同功能的科技园	企业样本数量（份）
综合功能型科技园	120
基础研究型科技园	16
技术研发型科技园	36
高技术产品加工区	26
孵化器	20
合　计	218

资料来源：作者整理。

三、研究结果

（一）量表信度和测量条目的相关分析

在统计分析中，通常使用项目总体相关系数 CITC 和 Cronbach´s α 系数检验来测量量表的信度。我们对本研究所使用的量表中的资源差异指标逐条进行了项目总体相关系数 CITC 检验，寻找那些项目删除后可以显著增加 Cronbach´s α 系数的测量项目，同时剔除 CITC 小于 0.35 的测量条目，从而纯化量表。这些测量指标的 CITC 值均在 0.35 以上，同时计算如果剔除了此测量条目后的 Cronbach´s α 系数，问卷总体 Cronbach´s α 系数为0.857，如表 21－3 所示。因此，量表具有很好的测量信度。

表 21 -3　问卷测量条目的信度检验

量表测量条目	CITC	Cronbach´s α if Item Deleted	Cronbach´s α
X_1：科技园区当地有广阔的市场机会	0.549	0.749	0.857
X_2：科技园区当地有需要的关键性人才	0.459	0.565	
X_3：科技园区当地有在其他地区获得不了的核心技术	0.702	0.659	
X_4：科技园区当地政府有金融和税收优惠政策	0.733	0.892	
X_5：科技园区内有企业需要的产业集群	0.739	0.850	
X_6：科技园的固定资产购置和租用快捷且成本低	0.569	0.839	
X_7：科技园区附近有本公司希望获得的稀缺原材料	0.756	0.834	
X_8：科技园区内可以获得更多的研究机构的支持和帮助	0.744	0.842	
X_9：更加有利于公司参与市场竞争	0.745	0.834	
X_{10}：科技园区内有企业可以利用的研发资金	0.731	0.856	

资料来源：作者整理。

10 个测量条目（不同功能科技园区的资源差异）的描述性统计结果，以及 Pearson 相关分析矩阵，如表 21 -4 所示。从 Pearson 相关系数来看，大多数相关系数都低于 0.45，因此多重共线性问题在本研究中并不突出。

（二）不同功能科技园所提供的资源差异检验

以科技园区的不同的功能差异作为质性变量，对全部科技园区不同的资源特征测量条目（数量变量）进行方差分析，也就是对全部被试样本的观察值差异进行分解，在科技园区的功能因素下，将各组样本观察值之间可能存在的资源系统性误差与随机误差加以比较，据以推断各功能科技园区总体之间是否存在显著性差异。若存在显著性差异，也就说明不同功能科技园区所提供的资源是差异性的，具体研究结果如表 21 -5 所示。

研究结果显示：①不同功能科技园区内所提供的市场对接机会是有显著差异的（$F = 2.346^*$，$p < 0.050$），Nobuya Fukugawa（2006）认为日本企业入驻科技园的动机：主要是为了获得市场进而得到生存和发展的机会。国内学者杨震宁（2008）也通过数据挖掘方式得到结论，中国企业在入驻科技园的主要动机中存在

表21-4　问卷测量条目的描述性分析与Pearson相关系数

条目	均值	标准差	Pearson相关系数									
X_1	3.959	2.095	1.000									
X_2	4.628	1.758	0.601**	1.000								
X_3	4.615	1.898	0.504**	0.714**	1.000							
X_4	5.560	1.682	0.271**	0.353**	0.182**	1.000						
X_5	5.009	1.693	0.472**	0.377**	0.358**	0.574**	1.000					
X_6	4.523	2.035	0.470**	0.368**	0.363**	0.074‡	0.308**	1.000				
X_7	3.523	2.005	0.421**	0.329**	0.467**	0.171*	0.371**	0.538**	1.000			
X_8	5.073	1.724	0.431**	0.415**	0.510**	0.170*	0.515**	0.358**	0.331**	1.000		
X_9	5.179	1.646	0.427**	0.373**	0.505**	0.042	0.360**	0.499**	0.376**	0.601**	1.000	
X_10	4.620	1.885	0.332**	0.073‡	0.119‡	0.400**	0.512**	0.302**	0.365**	0.301**	0.349**	1.000

注：双尾检验 ‡$p>0.100$，*$p<0.050$，**$p<0.010$，***$p<0.001$。

资料来源：作者整理。

表 21－5　科技园的功能差异对提供资源差异的影响 ANOVA

测量条目	方差来源	自由度	均方	F 值	p 值显著性检验
X_1	SSB 40.191	4	10.048	2.346*	0.050
	SSE 912.438	213	4.284		
	SST 952.628	217			
X_2	SSB 41.214	4	10.304	3.485**	0.009
	SSE 629.689	213	2.956		
	SST 670.904	217			
X_3	SSB 20.937	4	5.234	1.466‡	0.214
	SSE 760.696	213	3.571		
	SST 781.633	217			
X_4	SSB 9.541	4	2.385	0.841‡	0.501
	SSE 604.183	213	2.837		
	SST 613.725	217			
X_5	SSB 54.116	4	13.529	5.075***	0.001
	SSE 567.866	213	2.666		
	SST 621.982	217			
X_6	SSB 17.478	4	4.370	1.057‡	0.379
	SSE 880.907	213	4.136		
	SST 898.385	217			
X_7	SSB 34.570	4	8.642	2.197‡	0.070
	SSE 837.815	213	3.933		
	SST 872.385	217			
X_8	SSB 50.947	4	12.737	4.568***	0.001
	SSE 593.878	213	2.788		
	SST 644.826	217			
X_9	SSB 48.637	4	12.159	4.802***	0.001
	SSE 539.386	213	2.788		
	SST 588.023	217			
X_{10}	SSB 82.614	4	20.654	6.387***	0.000
	SSE 688.785	213	3.234		
	SST 771.399	217			

注：双尾检验 ‡$p>0.100$，* $p<0.050$，** $p<0.010$，*** $p<0.001$。
资料来源：作者整理。

市场渗透动机，所以不同功能的科技园区在市场对接服务资源上存在显著差异。②不同功能的科技园区的人才集聚效应是有显著差异的，功能的差异性使得科技园区为园内企业提供不同的关键性人才（$F=3.485^{**}$，$p<0.01$），Hans Lofsten 和 Peter Lindelof（2001）提出影响企业入驻科技园动机的因素，也包括企业在入驻前对科技园区资源状况的主观评估，企业对科技园区资源的主观评估原则就包括是否可以在科技园区周边获得关键性的技术人才，而不同功能的科技园区提供的关键性人才资源也是有很大差异的。③不同功能的科技园区所形成的产业集群的成熟度和功能是有显著差异的（$F=5.075^{***}$，$p<0.001$），Chun－An Chen（2006）在对台湾地区的科技园区进行研究的基础上提出，台湾地区的科技园区之所以吸引企业入驻的原因在于，科技园区的某些客观因素影响了企业入驻的动机，这些影响因素就包括园内相关产业链的一体化程度，这是综合功能型科技园的优势特点。④功能差异的科技园区与高校和研究机构的联系程度，以及提供的研究资源（包括研发资金）是有显著差异的（$F=4.568^{***}$，$p<0.001$；$F=6.387^{***}$，$p<0.001$），Chun－An Chen（2006）还提出，科技园区之所以吸引企业入驻的原因在于，科技园区的充足的研究开发资本供给，以及专业的投资和研究开发环境的提供。⑤功能差异的科技园区也为园内企业提供了差异性的竞争机制，以及不同的发展环境，有利于企业的孵化和之后的竞争及成长（$F=4.802^{***}$，$p<0.001$），Cooper（1985）提出科技园区为创业企业提供了非常合适的生长环境，并直接促成了后期的迅速发展，企业入驻科技园的目的是为了获得良好的成长环境和政策保护。以上的实证过程验证了不同功能的科技园区所提供的企业发展资源是存在显著差异的，不同功能科技园区的建设原则和管理政策设置也需要有差异性的。

（三）不同功能科技园所提供的资源差异类型

把被试数据按五种不同科技园区功能进行分组，分别对不同组数据进行探索性因子分析（EFA）。对于不同功能科技园区差异性资源的提炼过程，五组数据的 KMO 均超过0.6，Bartlett 球形检验的χ^2 值均达到显著性水平（$p<0.001$），五组数据均适合做因子分析。五组数据的 Cronbach´s α 系数均在0.8 以上，显示了很好的测量信度，具体模型拟合指标如表 21－6 所示。

表 21－6　不同功能科技园的资源差异因子分析模型指标汇总

科技园的功能分类	KMO 值	Bartlett 球形检验	自由度	p 值	Cronbach´s α
综合功能型科技园	0.738	705.159	45	0.000	0.829
基础研究型科技园	0.825	729.387	45	0.000	0.814

续表

科技园的功能分类	KMO 值	Bartlett 球形检验	自由度	p 值	Cronbach´s α
技术研发型科技园	0.660	192.756	45	0.000	0.847
高技术产品加工区	0.675	226.688	45	0.000	0.913
孵化器	0.699	143.115	45	0.000	0.827

资料来源：作者整理。

不同功能科技园区的资源差异因子分解结果，如表 21－7 所示。每组不同功能科技园区数据均得到三个公共因子，这些因子可以解释科技园区资源差异概念的变差均超过 70%，显示了很好的概念效度。

表 21－7　不同功能科技园的资源差异因子分析结果

科技园的功能分类	测量条目与含义	因子载荷		
		Factor1	Factor2	Factor3
综合功能型科技园	关键性资源			
	X_1	0.839		
	X_2	0.920		
	X_3	0.929		
	X_6	0.972		
	X_7	0.745		
	X_9	0.867		
	成熟的产业集群			
	X_4		0.814	
	X_5		0.646	
	X_8		0.870	
	研发资金支持			
	X_{10}			0.733
	各因子解释方差（%）	47.621	25.540	13.015
	累计解释方差（%）	47.621	73.161	86.176
	Cronbach´s α	0.921	0.847	—

续表

科技园的功能分类	测量条目与含义	因子载荷		
		Factor1	Factor2	Factor3
基础研究型科技园	研究机构支持			
	X_1	0.610		
	X_6	0.831		
	X_8	0.775		
	X_9	0.853		
	研发政策和资金			
	X_4		0.848	
	X_5		0.724	
	X_{10}		0.764	
	关键性资源			
	X_2			0.827
	X_3			0.856
	X_7			0.745
	各因子解释方差（%）	31.122	24.083	20.703
	累计解释方差（%）	31.122	55.205	75.908
	Cronbach´s α	0.891	0.824	0.832
技术研发型科技园	关键性资源			
	X_1	0.839		
	X_2	0.920		
	X_3	0.929		
	X_6	0.972		
	X_7	0.745		
	X_9	0.867		
	成熟的产业集群			
	X_4		0.814	
	X_5		0.646	
	X_8		0.870	
	研发资金支持			
	X_{10}			0.733
	各因子解释方差（%）	47.621	25.540	13.015
	累计解释方差（%）	47.621	73.161	86.176
	Cronbach´s α	0.921	0.847	—

续表

科技园的功能分类	测量条目与含义	因子载荷		
		Factor1	Factor2	Factor3
高技术产品加工区	研究机构支持			
	X_1	0.610		
	X_6	0.831		
	X_8	0.775		
	X_9	0.853		
	研发政策和资金			
	X_4		0.848	
	X_5		0.724	
	X_{10}		0.764	
	关键性资源			
	X_2			0.827
	X_3			0.856
	X_7			0.745
	各因子解释方差（%）	31.122	24.083	20.703
	累计解释方差（%）	31.122	55.205	75.908
	Cronbach´s α	0.891	0.824	0.832
孵化器	扶植政策和配套产业			
	X_4	0.921		
	X_5	0.792		
	X_8	0.721		
	X_{10}	0.646		
	关键性资源			
	X_2		0.743	
	X_1		0.793	
	X_3		0.702	
	X_8		0.699	
	低成本资产			
	X_6			0.879
	X_7			0.933
	各因子解释方差（%）	29.676	22.583	22.460
	累计解释方差（%）	29.676	52.259	74.719
	Cronbach´s α	0.895	0.847	0.807

资料来源：作者整理。

研究结果显示，不同功能的科技园区所提供的资源既有共性也存在显著差异：

（1）无论是综合功能型科技园、基础研究型科技园、技术研发型科技园、高技术产品加工区还是孵化器，企业进驻这些科技园，均是为了获得园外获得不了的关键性资源，科技园区所提供的关键性人才、园外获得不了的核心技术、新的市场机会和稀缺的原材料等都能为进驻企业带来差异化的竞争优势，这是这些功能差异化科技园区提供资源共性的方面。

（2）综合功能型科技园区能为进驻企业提供更为成熟的配套产业链条，Malecki（1987）的聚集经济理论尤其强调了企业在空间上的规模化，将聚集经济视为一种规模经济效益，或者说聚集能够享受专业化分工的好处。经济学家 Cabral R.（1998）将在新制度经济学中提出并发展起来的交易成本赋予“空间”意义，对范围经济的理解更多从交易成本角度出发，实际上范围经济更一般的内涵是生产或交易上关联企业之间的一种协同效应。综合功能科技园区对外部范围经济的追求，也是企业地理空间聚集的重要诱因，此外，综合功能型科技园区也应为进驻企业提供研发资金支持。

（3）基础研究型科技园区更加倾向于为进驻企业提供研究机构的智力支持，建立企业、高校和研究机构的创新研发网络，以及提供研究资金支持。学术界认为基础研究型科技园的创新网络概念体现在：一是企业创新网络由企业自己、关联企业、资本市场、大学、科研机构、政府和中介结构等部分组成；二是认为企业创新网络由科学网络、政府网络、专业网络、金融网络和企业间网络等子网络组成；三是科技园区创新网络包括创新的组织网络、信息网络和无形网络等组成，这种网络关系已经表现出一种非线性互动作用形态（原长弘、贾一伟，2005）。

（4）技术研发型科技园区应更多地为进驻企业提供技术研发相关政策和研发资金支持（Carayannis et al.，2006；McAdam，2006），这些政府政策包括产业政策倾斜、商业服务、科技园管理服务、人才中介和财务支持服务，以及战略咨询服务等（Lee & Osteryoung，2004；Rothschild & Darr，2005），科技园区积极的研发政策支持保证了园内企业获得特殊的竞争资源和能力。

（5）由于企业更多是以加工和生产目的为主，高技术产业加工区应更多地为进驻企业提供低成本的获得性资产，以及产业政策支持，使进驻企业能获得“规模经济”效应，这是加工和生产型企业获得技术转移优势和产业规模效应最直接的方式和途径。

（6）从科技园区的社会功能上看，Bollinger（1983）把科技园看作一种企业孵化器，或者说是企业发展的温床，这种温床效应体现在科技园受控的工作环境，这种环境专门为培养新生企业而设计，在这个环境中，试图创造一些条件来训练、支持和发展一些成功的小企业家和盈利性企业，通过倡导一种创新的文化和通过相关企业竞争来提高区域财富。孵化器型的科技园区应该为刚刚创建的小企业提供更多地扶植性政策以及低成本的优化资源，为企业成长创造温床。

四、研究结论与启示

研究显示，科技园区的功能差异性对提供资源的差异性影响是显著的，这些资源差异性包括：市场对接机会提供的显著差异性、人才集聚效应的显著差异性、产业集群的成熟度和功能差异性、科技园区与高校和研究机构的联系程度提供的研究资源的差异性、差异性的竞争机制，以及不同的发展环境。从具体的科技园区功能分类来看，不同功能的科技园区所提供的资源既有共性也存在显著差异：①所有类型科技园区，均需要为企业提供关键性资源，以帮助企业获得园外获得不了的资源优势；②综合功能型科技园区能为进驻企业提供更为成熟的配套产业链条；③基础研究型科技园区更加倾向于为进驻企业提供研究机构的智力支持；④技术研发型科技园区应更多地为进驻企业提供技术研发相关政策和研发资金支持；⑤高技术产业加工区应更多地为进驻企业提供低成本的获得性资产，以及产业政策支持；⑥孵化器型的科技园区应该为刚刚创建的小企业提供更多的扶植性政策，以及低成本的优化资源，为企业成长创造温床。

政府和相关管理机构应该重视不同类型科技园建立的功能定位、资源调动和管理，并且积极利用科技园区创新环境和创新资源的调节作用，积极吸引企业入驻科技园，根据本章研究结论，提出以下政策措施和建议：

（1）在科技园区建立初期，政府部门就应该重视分析不同类型科技园区的功能定位的区别，在建立科技园的相关计划和前期规划报告中，就应该分析建立科技园区的主要目的和战略方向，从而对项目控制做到有的放矢。

（2）科技园建立时，若只重视对入驻企业的入园宣传和市场开发，忽视入驻企业的资源需求和功能定位，从而造成对入驻公司总体发展的直接影响，这种建园战略的偏离势必影响入园后园区的服务工作和相关政策的制定过程。

（3）科技园区当地政府的支持性政策，需要鼓励科技园内企业充分利用相关的优惠政策，笔者在调查的过程中发现，许多科技园内企业对科技园的相关优惠政策并不了解，尤其是不同功能科技园区的特色化的资源和政策，科技园管理部门与相关企业的联系并不紧密。

（4）本研究是基于科技园区入驻企业不同的资源需求差异数据得到的研究

结论，而我国的科技园区功能划分并不是很清晰，更何况不同功能科技园区提供的资源差异性并不明显，建立完成的科技园应该反思自身的功能定位，提出自己的差异化的资源提供渠道，这样才能获得差异化的竞争优势。

（5）科技园内企业应根据不同的政策环境和科技园区不同的资源供给，调整自身的发展战略，充分认识战略绩效创造的途径，为企业发展创造更多的资源优势。

第 22 章　科技园环境在战略动机和绩效之间的调节作用

科技园为高新技术企业提供了不断发展的一种重要的资源网络。Castells 和 Hall（1994）提出建立科技园的三种动机：再工业化、区域经济发展和资源汇集效应。前两个动机是一种直接的建立动机，科技园的建立有利于科学技术的发展和区域再创新，而第三个动机则是科技园的建立有利于知识和技术在大学与企业之间进行充分的转移和消化。根据资源基础理论，不同的资源可以使公司获得不同的、稳定的竞争优势。吕萍（2007）认为科技园内的企业享受了科技园区服务的温床效应，获得了不同于园外企业的竞争资源，从而使得公司价值有所提升。对于高新技术企业来说，科技园区具有温床效应。科技园内高新技术企业的运行绩效受到科技园提供服务支持的很大影响，因此，科技园可以通过提供有效的服务支持提高科技园内高新技术企业的价值。科技园的温床效应可以概括为：①科技园温床效应之一是科技园提供的技术支持。科技园为高新技术企业提供的技术支持，如技术跟踪信息、帮助企业与当地的技术机构牵线搭桥、提供研发成果评估基金、对自主创新产品进行宣传并实施奖励、提供园区内的技术交流和市场推广活动等对公司价值的提升有显著的正面影响。②科技园温床效应之二是科技园提供的办公服务和文化氛围。科技园提供的办公服务包括办公设施、市场信息咨询、帮助企业申请专利等；文化氛围包括学习和创新氛围、踏实进取的风气、文化设施建设、服务人员较高的文化道德素质、当地居民对园内企业的文化认同等。科技园提供的技术支持及办公服务和文化氛围，对企业进入科技园后获得绩效的提升影响最大，是温床效应的主要因素，体现了科技园提供服务的独特性和必要性。

然而，对科技园内企业的绩效产生影响的因素有很多，其作用是复杂的。前期文献更多地从环境的单一方面进行思考。影响科技园内企业绩效的因素除了外部环境的要素之外，需要考虑企业自身的战略和动机，尤其是企业入驻科技园的战略动机。本章利用相关文献、企业访谈和案例研究的方式设计测量量表，利用探索性因子分析挖掘了科技园内企业的入园动机因子、科技园区创新环境因子和科技园内企业绩效的相关因子，并利用典型相关分析探讨了企业入驻科技园动机对企业绩效影响的直接效应，最后利用回归分析探讨科技园区创新环境因素对园内企业绩效的调节效应。

一、文献回顾

很多研究文献比较了科技园内的企业和科技园外部的企业特征，探讨了企业入驻科技园的动机、科技园的创新环境，以及企业绩效之间的关系。而这些文献很多都是在资源基础理论研究的基础之上，资源基础理论研究观察了企业如何利用科技园区内部提供的主要资源，在企业的生命周期里获得商业支持以及社会服务。根据资源基础理论（Penrose，1959；Barney，1991）企业组织需要汇集特殊的资源和能力才能与对手展开竞争，而这些资源包括了财务、物资、人力、商业、技术和各种组织资源（Barney，1991）。Lockett 和 Wright（2005）发现资源基础理论使得科技园区相关理论得以概念化、理论化，科技园内企业获得了园外企业获得不了的特殊资源和动态能力。从一个资源观的角度来看，与大学临近的科技园环境为企业提供了可以利用的知识、人力和设施资源（Lofsten & Lindelof，2005；Dettwiler et al.，2006）。与大学的合作为企业提供了目前本研究领域最新的知识和技术、为企业带来更多的产品和服务创新动力（Lockett & Wright，2005；Nouira et al.，2005）。与大学的联系为企业节约了产品开发成本（Markman et al.，2005），并获得了满足顾客需求的产品和服务创新的新思想和新技术。与大学的联系使企业获得了需要的人力资源并获得了新的竞争优势（Barrow，2001）。科技园为企业提供的资源也体现在科技园的服务设施和管理政策上（Carayannis et al.，2006；McAdam，2006）。这些政策和服务设施包括商业服务、科技园管理服务、人才中介和财务支持服务，以及战略咨询服务等（Lee & Osteryoung，2004；Rothschild & Darr，2005），科技园区积极的管理政策保证了园内企业获得特殊的竞争资源和能力。科技园所提供的资源和网络为园内企业提供快速跟进技术和知识的能力，使企业获得明显的竞争优势、战略清晰、目标明确。企业入驻科技园的动机是为了获得新的资源和竞争优势，科技园为企业提供了一系列服务和创新环境，园内的企业比园外的企业发展业绩更好，这些文献对这些理论进行了相关探讨。然而，研究文献在探讨企业入驻科技园的动机、科技园的创新环境，以及科技园内企业绩效的关系上还是模糊和不统一的，理论研究迫切需要解决这三者之间的关系，科技园的创新环境在入园动机和企业绩效之间到底是调节变量还是中介变量，是急需回答的问题。

二、研究方法与过程

（一）量表设计

Cheng - Nan Chen、Lun - Chung Tzeng 和 David D. C. Tarn（2004）通过对中国台湾科技园的研究概括了企业的入驻动机，但是没有探讨动机的影响因素。他们通过面对面访谈和电话访谈对公司管理者和科技园机构管理人员进行调查，确立问卷的子项。其研究结论是企业入驻科技园的动机，包括技术资源获取动机和市场获取动机。Sherman（1999）采用宏观经济分析、问卷和电话访谈的方法对公司管理者和科技园机构管理人员进行调查，确立研究科技园提供服务支持的评估体系。Sherman 的问卷是在查阅了科技园区相关报告基础上开发的，结论是对科技园的评价需要从科技园的目标、知识技术溢出、相关利益群体和内部管理过程等方面进行。但是，Sherman 的问卷内容和中国台湾学者的问卷内容受到当时经济和历史环境的影响，不一定适合中国科技园的实际情况，本研究的量表是依据中国的实际情况重新进行了设计。

通过查阅相关的案例和国内若干科技园管理报告，结合文献回顾，设计研究量表。问卷从科技园区吸引力、当地政府相关政策支持度、科技园招商机构服务水平、企业入驻后业绩和企业入驻动机五个角度进行设计，共 90 个条目，问卷条目采用了 7 分制 Likert 尺度，被试者根据自己对科技园管理和企业自身的认识打分表示其不同意和同意的程度（“1”表示完全不同意；“7”表示完全同意），问卷内容征求了科技园工作人员和相关学者的意见。

（二）问卷修改、样本选取和数据采集

在问卷大规模发放之前，笔者对深圳高新科技园、深圳软件园和北京中关村科技园内的 10 家企业进行了典型调查，通过深度访谈的形式获得需要的信息并对问卷进行了修改。问卷样本来自深圳高新科技园、深圳软件园、昆山清华科技园、北京清华科技园、北京大兴科技园、北京昌平科技园、北京中关村科技园和南宁高新区，共有 105 家公司参与调查，有效问卷回收 212 份，问卷回收率 39%。填写对象为参与公司管理的不同层次人员。样本描述性统计结果如表 22－1 所示。

表 22－1 样本描述性统计结果

被试者职位	比例（%）	企业规模	比例（%）	企业性质	比例（%）
高层主管	32	100 人以下	58	国有企业	5
中层管理者	20	100～500 人	37	民营企业	50
基层管理者	19	500～1000 人	1	合资企业	21
技术人员	19	1000～3000 人	3	股份制企业	12
一般人员	10	3000 人以上	1	上市公司	12
分行业	比例（%）	分行业	比例（%）	分行业	比例（%）
电子信息	40	IT 通讯	14	软　件	18
光机电	4	家　电	2	能　源	1

续表

被试者职位	比例	企业规模	比例	企业性质	比例
生物医药	11	新材料	2	农业	1
其他	7				

（三）研究结果

1. 企业入园动机、园内企业绩效和科技园区创新环境要素的挖掘

采用主成分分析方法对问卷的三个部分（企业入园动机、科技园内企业的绩效和科技园的创新环境）测量条目（共83个条目）提取因子，并对原始因子载荷系数采用最大方差垂直（Varimax）旋转交换。因子提取的最终个数以特征值大于1作为判别标准，有效性指标选用KMO和Bartlett球形检验。根据Kaiser准则的要求，KMO数值大于0.6是进行因子分析的最低要求，KMO数值大于0.8表明因子分析的效果良好。问卷三部分提取的探索性因子以及主要的统计指标，如表22－2所示。三个探索性因子分析模型的KMO分别为0.850、0.878和0.867，Bartlett球形检验的χ^2值分别为2152.788（自由度为105）、5249.285（自由度为351）、6869.148（自由度为595），达到显著性水平（$p<0.001$），适合做因子分析。本研究保留了因子负荷超过0.5的条目，初始的83个条目保留了64个。企业入园动机提取了三个因子，解释方差变异的累计数是66.652%，三个因子分别为技术获取动机、市场渗透动机和政策获取动机，其Cronbach´s α系数均在0.79以上，显示了较好的信度；科技园区创新环境提取了四个因子，解释方差变异的累计数是64.394%，四个因子分别为文化氛围、资金服务支持、技术服务支持和市场服务支持，其Cronbach´s α系数均在0.88以上，信度很高；科技园内企业绩效提取了六个因子，解释方差变异的累计数是70.645%，六个因子分别为产品创新绩效、研究开发绩效、公司发展绩效、技术领先绩效、研发资金利用绩效和政策获取绩效，其Cronbach´s α系数均在0.73以上，信度良好。

表22－2　企业入园动机、园内企业绩效和科技园区创新环境要素的探索性因子分析

探索因子	测量条目数	KMO值	Bartlett球形检验（χ^2）	自由度	累计解释力度（%）	Cronbach´s α系数
企业入园动机						
技术获取动机	8	0.850	2152.788	105	48.893	0.901
市场渗透动机	4				59.608	0.792
政策获取动机	3				66.652	0.827

续表

探索因子	测量条目数	KMO 值	Bartlett 球形检验（χ^2）	自由度	累计解释力度（%）	Cronbach´s α 系数
科技园区创新环境						
文化氛围	8	0. 878	5249. 285	351	20. 726	0. 918
资金服务支持	5				36. 545	0. 906
技术服务支持	6				52. 050	0. 898
市场服务支持	3				64. 394	0. 887
园内企业绩效						
产品创新绩效	7	0. 867	6869. 148	595	19. 570	0. 892
研究开发绩效	9				37. 273	0. 902
公司发展绩效	3				47. 800	0. 790
技术领先绩效	4				57. 043	0. 737
研发资金利用绩效	3				65. 181	0. 776
政策获取绩效	1				70. 645	—

2. 企业入园动机对园内企业绩效的直接影响（典型相关分析）

（1）典型相关系数及其检验。利用 SAS 统计软件包 CANCORR 过程对数据进行处理，典型相关系数检验如表 22 – 3 所示。X 变量（公司入园动机潜变量）和 Y 变量（园内公司发展绩效潜变量）产生两个显著的典型相关系数（$\rho1 = 0.354830$，$\rho2 = 0.272441$）。第一对典型变量的似然卡方检验值在 0. 001 的水平上显著，说明本章挖掘的入园动机潜变量和园内公司绩效潜变量是显著相关的。第一典型相关系数的平方系数为 0. 125905，即 X（公司入园动机潜变量）的第一个典型变量能解释 Y（园内公司发展绩效潜变量）的第一个典型变量 12. 59% 的信息，显然公司入园动机潜变量对园内公司发展绩效虽然显著相关，但是解释力度不足。

表 22 – 3　相关系数检验表

序号	典型相关系数	典型相关系数平方	似然比	近似 F 值	自由度	p 值
1	0. 354830	0. 125905	0. 75809412	2. 99	18	<0. 0001
2	0. 272441	0. 074224	0. 86728995	2. 74	10	0. 0028

（2）两组变量之间的多变量检验如表 22 – 4 所示。当因变量多于一个时，必须进行多变量检验。Wilks´lambda、Pillais、trace、Hotelling – lawley trace 和 Roys

最大根统计量检验的结果，其均在 0.001 的显著性水平上显著，说明 X（公司入园动机潜变量）和 Y（园内公司发展绩效潜变量）两组变量之间有显著的交互效应。

表 22 - 4　两组变量之间的多变量检验表

模型拟合指标	数值	F 值	NUM DF	DEN DF	Pr > F
Wilks´lambda	0.75809412	2.99	18	523.74	<0.0001
Pillai´s trace	0.26330380	3.00	18	561	<0.0001
Hotelling - lawley trace	0.29165024	2.98	18	364.04	<0.0001
Roy´s greatest root	0.14403993	4.49	6	187	0.0003

（3）线性结合模型与结构分析。由于两组变量之间有显著的交互效应，因此可以建立线性结合模型。本章采用标准化典型系数（standardized coefficient），根据通过检验的第一对典型变量，建立如下模型：

$$U_1 = 0.2475x_1 - 0.7767x_2 + 0.6135x_3$$

$$V_1 = 0.5938y_1 - 0.6253y_2 + 0.0156y_3 + 0.4045y_4 + 0.1436y_5 + 0.2968y_6$$

U_1 为公司入园动机潜变量各因子的线性组合，技术获取动机、市场渗透动机和政策获取动机的载荷系数分别为 0.2475、0.7767 和 0.6135，可以作为代表入园动机众多因素的维度，其中，市场渗透动机对入园动机因素潜变量的代表性最强；V_1 为园内公司绩效各因子的线性组合，产品创新绩效、研究开发绩效、公司总体发展绩效、技术领先绩效、研发资金利用绩效和政策获取绩效的载荷系数分别为 0.5938、0.6253、0.0156、0.4045、0.1436 和 0.2968，其中，研究开发绩效载荷系数和产品创新绩效最大，可以作为代表园内公司绩效的维度。因此可以得出，中国企业的市场渗透动机与政策获取动机对园内公司的产品创新绩效和研究开发绩效产生了主要影响，这种影响是否具有显著性，需讨论模型的典型结构相关系数如表 22 - 5 所示。

表 22 - 5　典型结构相关系数表

变量	U_1	V_1
x_1	0.2335	0.0828
x_2	-0.7507	-0.2664
x_3	0.5854	0.2077

续表

变量	U_1	V_1
y_1	0.2069	0.5831
y_2	-0.2117	-0.5967
y_3	0.0071	0.0200
y_4	0.1510	0.4257
y_5	0.0447	0.1259
y_6	0.1077	0.3035

典型载荷在 0.300 以上表示，这个维度对线性组合具有显著的解释能力。表 22-5 的结果表明，X（公司入园动机潜变量）产生的典型变量与 X 各个维度之间的相关系数中，市场渗透动机 X_2 和政策获取动机 X_3 维度的相关系数远大于 0.3，处于 0.580~0.760 之间，说明该典型变量能很好地代表 X 的三个维度；Y（园内公司发展绩效潜变量）产生的典型变量与 Y 各个维度之间的相关系数中，产品创新绩效 y_1、研究开发绩效 y_2、技术领先绩效 y_4 和政策获取绩效 y_6 的相关系数处于 0.300~0.600 之间，说明该典型变量对其六个维度的代表性也比较强。典型交叉载荷结果表明，园内企业绩效因素潜变量的三个维度中，技术获取动机 X_1、市场渗透动机 X_2 和政策获取动机 X_3 的典型变量相关性很弱，相关系数处于 0.080~0.270 之间，最大相关系数为 -0.266（市场渗透动机 X_2），说明这三个维度对园内企业的绩效并没有显著的作用。通过进一步的典型冗余分析发现，企业入园动机因素的典型变量可以解释其总方差的 49.390%，园内企业绩效的典型变量可以解释其总方差的 76.880%，而企业入园动机因素通过典型变量可以解释园内企业绩效总方差的 14.400%，其解释力度偏低，并且企业市场渗透动机对园内企业的绩效产生了负向影响，说明企业入驻前希望获得市场渗透机会并没有在入驻后从科技园内得到满足。企业入园动机对园内企业绩效的这种弱化性影响说明在战略动机与企业绩效之间存在其他的影响因素或者调节变量，下面在模型中加入科技园的创新环境变量讨论三者之间的变量关系。

3. 科技园区创新环境的调节效应（调节变量回归分析）

根据前期对入驻科技园企业的动机潜变量和园内企业绩效评价的数据挖掘，得到企业入驻科技园的动机要素，包括：技术获取动机、市场渗透动机和政策获取动机；而对园内企业绩效的评价可以分为以下几个维度：科技园内企业的产品创新绩效、研究开发绩效、公司发展绩效、技术领先绩效、研发资金绩效和政策获取绩效。利用研究中得到的各个潜变量的因子得分进行回归分析（Regression Analysis），讨论企业入驻科技园的战略动机对园内企业绩效的直接影响效应，如表 22-6 所示。

表 22－6　企业入驻科技园的动机对企业绩效的直接影响
（未加入创新环境调节变量）

自变量	标准化回归系数β					
	模型 1	模型 2	模型 3	模型 4	模型 5	模型 6
动机变量	产品创新	研究开发	公司发展	技术领先	研发资金	政策获取
技术获取动机（P 值）	0. 112 + （0. 926）	0. 095 + （0. 172）	0. 172 * （0. 019）	0. 125 + （0. 068）	0. 066 + （0. 371）	0. 050 + （0. 460）
市场渗透动机（P 值）	－0. 167* （0. 017）	0. 248 *** （0. 000）	－0. 044 + （0. 549）	－0. 012 + （0. 861）	－0. 090 + （0. 221）	0. 000 + （0. 996）
政策获取动机（P 值）	0. 089 + （0. 205）	－0. 079 + （0. 262）	－0. 113 + （0. 125）	0. 185 ** （0. 008）	－0. 065 + （0. 383）	0. 161** （0. 023）
模型参数						
拟合优度	0. 048	0. 078	0. 042	0. 053	0. 016	0. 030
经调整的拟合优度	0. 033	0. 063	0. 027	0. 038	0. 001	0. 014
F 检验（P 值）	3. 21* （0. 024）	5. 32 ** （0. 002）	2. 79 * （0. 042）	3. 54 * （0. 016）	1. 04 + （0. 375）	1. 94 + （0. 125）
估计标准误差	0. 953	0. 943	0. 995	0. 929	1. 003	0. 951

（1）自变量：技术获取动机、市场渗透动机、政策获取动机。

（2）因变量：产品创新绩效、研究开发绩效、公司发展绩效、技术领先绩效、研发资金绩效、政策获取绩效。

（3）＋ $p > 0.100$，＊ $p < 0.050$，＊＊ $p < 0.010$，＊＊＊ $p < 0.001$。

研究结果显示：①科技园区内公司的技术获取动机对园内企业的总体发展绩效影响显著（$\beta = 0.172, p < 0.050$），并且科技园内公司的市场渗透动机对园内企业的产品创新绩效和研究开发绩效影响也是显著的（$\beta = -0.167, p < 0.050$；$\beta = 0.248, p < 0.001$），而科技园内公司的市场渗透动机与园内企业的产品创新绩效是负向关系（$\beta = -0.167, p < 0.050$），说明公司迫于进行市场拓展的战略动机会忽视产品技术的创新和开发。②科技园内公司的政策获取动机对园内企业的技术领先绩效和政策获取绩效影响显著（$\beta = 0.185, p < 0.010$；$\beta = 0.161, p < 0.050$）。③科技园内企业的技术获取战略动机对企业的产品创新、研究开发、技术领先、研发资金，以及政策获取绩效均没有显著的影响（$\beta = 0.112, p > 0.100$；$\beta = 0.094, p > 0.100$；$\beta = 0.125, p > 0.100$；$\beta = 0.066, p > 0.100$；$\beta = 0.050, p > 0.10$）。④ 科技园内企业的市场渗透战略动机对企业的公司发展、技术领先、研发资金，以及政策获取绩效均没有显著的影响（$\beta = -0.044$,

$p>0.100$；$\beta=-0.012$，$p>0.100$；$\beta=-0.090$，$p>0.100$；$\beta=0.001$，$p>0.100$）。⑤科技园内企业的政策获取战略动机对企业的产品创新、研究开发、公司发展以及研发资金绩效均没有显著的影响（$\beta=0.089$，$p>0.100$；$\beta=-0.078$，$p>0.100$；$\beta=-0.113$，$p>0.100$；$\beta=-0.065$，$p>0.100$）。

从以上研究结果可以看出科技园内公司的市场渗透战略动机只对提升科技园内企业的产品创新、研究开发绩效产生微弱的直接影响，而企业的政策获取动机则对企业的技术领先和政策获取绩效产生微弱的直接影响。根据前期对科技园区创新环境潜变量和科技园内企业绩效评价的数据挖掘，得到科技园的创新环境基本要素，包括科技园的办公服务和文化氛围、资金服务支持、技术服务支持和市场服务支持；而对园内企业绩效的评价可以分为以下几个维度：科技园内企业的产品创新绩效、研究开发绩效、公司发展绩效、技术领先绩效、研发资金绩效和政策获取绩效。利用研究中得到的各个潜变量的因子得分进行调节变量回归分析（Regression Analysis），讨论科技园创新环境要素的调节效应模型，如表22－7所示。

表 22－7 科技园区创新环境要素的调节效应模型（调节回归分析）

自变量	标准化回归系数					
	模型 1	模型 2	模型 3	模型 4	模型 5	模型 6
创新环境变量	产品创新	研究开发	公司发展	技术领先	研发资金	政策获取
文化氛围支持 （p 值）		0.287*** （<0.000）		0.19033*** （0.0003）		－0.14699* （0.0293）
资金服务支持 （p 值）		－0.182* （0.023）				
技术服务支持 （p 值）	－0.153* （0.043）	0.261** （0.004）	0.150* （0.032）			0.335*** （<0.000）
市场服务支持 （p 值）	0.257** （0.002）					
动机变量						
技术获取动机 （p 值）			0.165* （0.023）			
市场渗透动机 （p 值）	0.164** （0.004）		0.125* （0.046）			
政策获取动机 （p 值）		－0.098＋ （0.131）		0.162* （0.016）		0.154* （0.024）
模型参数						

续表

自变量	标准化回归系数					
	模型 1	模型 2	模型 3	模型 4	模型 5	模型 6
拟合优度	0.120	0.210	0.028	0.073	0.031	0.061
经调整的拟合优度	0.087	0.192	0.019	0.055	-0.006	0.057
F 检验（P 值）	7.500***（<0.000）	12.570***（<0.000）	5.530*（0.020）	15.010***（0.000）	0.840+（0.555）	12.420**（0.001）
估计标准误差	0.926	0.803	0.995	0.836	1.006	0.865

（1）自变量：文化氛围、资金服务支持、技术服务支持、市场服务支持、技术获取动机、市场渗透动机、政策获取动机。

（2）因变量：产品创新绩效、研究开发绩效、公司发展绩效、技术领先绩效、研发资金绩效、政策获取绩效。

（3）$+ p > 0.100$，$* p < 0.050$，$** p < 0.010$，$*** p < 0.001$。

研究结果显示，回归分析加入科技园区创新环境要素之后：①科技园区创新环境中的文化氛围支持要素对园内企业的研究开发、技术领先和政策获取绩效影响显著（$\beta = 0.287, p < 0.001; \beta = 0.190, p < 0.001; \beta = -0.147, p < 0.050$），并且文化氛围支持要素与企业的政策获取绩效为负向关系，说明科技园对文化氛围的管理需要加强对园内企业政策获取的教育支持和管理。②科技园区创新环境中的资金服务支持要素对园内企业的研究开发绩效影响显著（$\beta = -0.182, p < 0.050$），并且科技园区的资金服务支持要素对园内企业研究开发绩效的影响是负相关的，说明科技园管理政策中的研究开发资金服务支持工作不到位。③科技园区创新环境中的技术服务支持要素对企业的产品创新、研究开发、公司总体发展，以及政策获取绩效均有显著的影响（$\beta = -0.153, p < 0.050; \beta = 0.261, p < 0.010; \beta = 0.150, p < 0.050; \beta = 0.335, p < 0.001$），并且科技园的技术服务支持对企业产品创新的影响为负，说明技术促进产品创新工作不到位。④科技园区创新环境中的市场服务支持要素对园内企业的产品创新绩效影响显著（$\beta = 0.257, p < 0.010$）。

由调节变量回归结果判断公司战略动机的影响：①企业的技术获取战略动机对企业的公司总体发展绩效产生显著影响（$\beta = 0.165, p < 0.050$）。②企业的市场渗透战略动机对企业的产品创新和公司总体发展绩效产生显著影响（$\beta = 0.164, p < 0.010; \beta = 0.125, p < 0.050$）。③企业的政策获取战略动机对企业的技术领先和政策获取绩效产生显著影响（$\beta = 0.162, p < 0.050; \beta = 0.154, p < 0.050$）。在科技园区创新环境要素的调节影响下，企业自身的战略动机对企业的绩效产生了间接

作用。

三、研究结论与启示

企业入驻科技园的动机可以概括为三个方面：技术获取动机、市场渗透动机和政策获取动机。科技园区的创新环境要素可以概括为：科技园的办公服务和文化氛围、资金服务支持、技术服务支持和市场服务支持。而对园内企业绩效的评价可以分为以下几个维度：科技园内企业的产品创新绩效、研究开发绩效、公司发展绩效、技术领先绩效、研发资金绩效和政策获取绩效。科技园区的创新环境要素在对科技园内企业发展绩效的影响过程中扮演了调节角色，使具有不同战略动机的企业产生不同的发展绩效。

政府和相关管理机构应该重视企业入园动机的调动和管理，并且积极利用科技园区创新环境的调节作用，借助相关资源和政策吸引企业入驻科技园，其措施建议如下：

（1）科技园内企业单纯拥有正确的战略动机并不能为企业带来良好的发展业绩，处于科技园内的企业只有借助科技园所提供的特殊资源和网络才能具备比科技园外企业更加特殊的竞争优势。

（2）科技园内的企业若只重视对产品的市场开发，会忽视企业的产品创新过程，从而造成对公司总体发展的直接影响，而这种战略的偏离需要科技园提供相应的管理政策和文化氛围给予纠偏。

（3）科技园区当地政府的支持性政策，需要鼓励科技园内企业充分利用相关的优惠政策，笔者在调查的过程中发现，许多科技园内企业对科技园的相关优惠政策并不了解，科技园管理部门与相关企业的联系并不紧密。

（4）科技园的技术服务不足，科技园管理机构应注重科技园区技术产品创新氛围的建设，利用相关政策鼓励科技园内企业的技术和产品创新。

（5）科技园内企业应根据不同的政策环境和科技园区不同的建设区域、科技园的周边环境，以及科技园区的软/硬件管理完善程度（如科技园的基础设施建设、科技园的管理信息系统建设、知识产权的保护和完善的后勤管理等），调整自身的发展战略，充分认识结构—战略—绩效的战略途径和理论，为企业发展创造更多的资源优势。

第 23 章　科技园的创新环境对企业绩效的影响

科技园（Science Park）为技术型企业的发展提供了重要的资源网络（Hans Löfsten, Peter Lindelöf, 2001）。科技园，这种具有集群效应的工具已经成为政府发展地方经济、促进社会技术快速发展的有利武器，政府需要为地区科技园的发展提供良好的政策措施、资金和基础设施建设。科技园的创办，一个目的是为技术型中小企业的发展提供动力，同时科技园的一个重要角色是鼓励大学和科研机构在地方经济崛起过程中起到促进作用。本章研究科技园的创新环境特征及对园内企业绩效的影响。

我们所研究的科技园，学者（Curirie, 1985; Eul, 1985; Monck et al., 1988）用到的词汇有 science park、research park、technology park、business park、innovation centre 等。所谓的科技园就是允许公司在其内部进行技术活动和开发，对位于其内部的独立公司提供优势服务的园区（Westhead, 1997）。可见，科技园的主要功能是提供服务。国际科技园联合组织（International Association of Science Parks, 1997）认为科技园应该提供如下服务：①使园内公司与高校、研究机构有更多的联系机会；②鼓励具有增长潜力的知识型公司租用其场地；③使技术、商业技能及知识可以在园区内公司间流动和传递。本章认为科技园的定义应该充分体现科技园提供服务的功能：科技园就是为主要从事产品开发或者新工艺开发的公司提供租用土地、场所或者建筑物，以及提供与产品技术研究和创新有关的政策支持的组织机构。Byung - Joo Kang（2004）在对美国科技园的研究基础上对其进行了分类。根据科技园的自然属性，可以分为集中化科技园、散布式科技园、混合型科技园；根据科技园的空间大小划分为建筑物集中型，位置导向型和技术综合型；根据科技园的功能和目的划分为研发集中型、技术创新型、基础研究型、工业重新组合型和多目的型。

科技园的存在有两个目的：①培育新的、小型的高科技公司，把大学和研究机构的知识进行转移和溢出，迅速转变为生产力（Felsenstein, 1994）；②通过带动园区内公司的新产品和新工艺的开发，刺激国家、地区的技术和经济发展。Westhead（1997）认为科技园区这种创新形式反映了一种技术创新的可能性，就是说科技园区为纯技术性研究转化为生产力提供了良好的创新环境。科技园所提供的创新环境是科技园内企业持续发展并获得良好绩效的有效保证，这也正体现了政府、地方机构和企业兴办科技园的初衷和目的。

然而，科技园的创新环境到底体现在哪些方面？科技园内的技术型企业的运行绩效评价包括哪些维度，有什么特殊性？科技园的创新环境对入驻园内的企业运行绩效有何影响？本章基于对中国内地的主要科技园内企业的访谈和问卷调查结果，试图利用中国科技园的实际状况和数据分析回答这些问题，并建立和验证相关的理论。

一、文献回顾和概念模型

（一）科技园的创新环境

对于创新环境的研究是 20 世纪 90 年代国际学术界技术经济和技术创新的重点领域之一。创新环境论最先是由欧洲创新环境研究小组（GREMI）的学者们在研究欧洲高新产业区的过程中提出来的。创新环境是学者对高科技和创新密集型中小企业集聚区的指代，这里包括了技术型企业汇聚的科技园区。有关“创新环境”的典型个案研究（Castells & Hall，1994）有美国的硅谷（Silicon Valley）、英国剑桥（Cambridge）、法国的索菲亚 - 安第波利斯（Sophia - Antipolis）和中国台湾的新竹科技园区（Hsinchu）等。另外，该小组最初的研究（Aydalot & Keeble，1988）强调区域性“创新环境”对企业集聚发生的作用，认为欧洲和北美一些新产业区的竞争优势，得益于区域内的创新环境。根据欧洲创新环境研究小组（GREMI）的观点，可以把企业看成是环境的产物，把创新环境视为培育创新和创新性企业的场所。Phillips（1991）认为，目前科技园和孵化器方面的研究在理论整合方面表现为对企业、科技园、大学、经济区域、国家相互关系的系统研究上，这样的一个复杂系统创造了企业技术和工艺创新的培育环境，科技园区内的创新环境及其要素是值得研究的。

Freeman（1991）定义创新环境为一种空间集聚体，在这种集聚体里的创新网络是通过行为主体在多边交易过程中的学习和不断进行创新的过程中得到发展的。Tether 和 Storey（1998）对欧盟的科技园区支持高新技术企业的政策进行了综述，他们将政策分成了五大类并对这些政策的效果进行了评价，他们认为这些政策体现了科技园区为园内企业发展所提供的科技创新软环境。五类政策包括：科技园发展政策、博士供应政策、有关高新技术企业同大学和研究机构之间联系的政策、直接的资金支持政策、对高新技术企业技术咨询服务政策。两位学者通过大量实际调查研究得出结论，在欧洲的政策制定者并没有意识到这些高新技术企业的特殊性质，而在德国和英国，由于政策制定时专门针对高新技术企业，使得效果十分突出，政府必须更加重视技术型企业的作用，并认真制定相关政策支持技术型企业的发展。环境是创新所必需的，在环境中是否能够得到技术诀窍、地方性联系和地方性投入，是否接近市场，能否得到高素质劳动力，都是决定企业和地区创新性的因素。科技园内的企业要与其他企业一道，与培训中心、技术转移中心和地方权力机构一道，利用环境中的各种资源，联合产生新形式的本土化生产组织，创造有利于创新的环境。

（二）科技园内企业的绩效评价

Taylor 和 Silberston（1973）认为技术型企业的研发水平对企业甚至地区和国家的发展都是十分重要的，同时雇用更高层次和高质量人才的技术型企业比那些雇用低层次人员的公司绩效更好，也就是说科技园内的技术型企业的人员结构和人才素质是表征一个技术型企业运行绩效的关键变量；Klofsten（1994）认为技术型企业的商业运作模式和管理是公司发展的重要动力，科技园内的企业如果自身基础性管理工作跟不上，这样的企业也就很难利用科技园所提供的创新环境进而取得良好的绩效，可见科技园内企业的基础性管理工作是评价企业绩效的重要一环；Almus 和 Nerlinger（1999）认为，技术型企业的创业者对市场的敏感度对公司的发展起到至关重要的作用，企业只有把握住市场发展的方向，相对于其他企业保持对市场的敏感性和洞察力，才能更好地利用科技园区提供的市场创新环境要素获得长期的绩效；Lowegren（2003）发现不同种类的技术型企业的团队管理模式和创新文化是企业发展的重要影响因素，企业若没有良好的创新文化和良好的工作氛围是很难具备创新能力的，企业创新文化是科技园内企业获得长期绩效的有力保障；Olofsson 和 Wahlbin（1993）认为那些成长很快的技术型企业离不开内部和外部充足的资金支持，强有力的资金支持是科技园内中小型企业获得长期发展的必要条件，所以需要评估科技园内企业的资金来源和基本状况。

总结来看，科技园区为园内企业提供良好的创新环境，而这种创新环境是一种空间集聚体，在这种集聚体里的企业、高校和科研机构之间形成了新的创新网络。企业、政府、高校和研究机构之间，是通过行为主体在多边交易过程中的学习和不断进行创新过程中得到发展的。科技园区所提供的创新环境对园内企业的长期发展产生了重要影响，基于以上的分析建立本研究的概念模型，如图 23－1 所示。

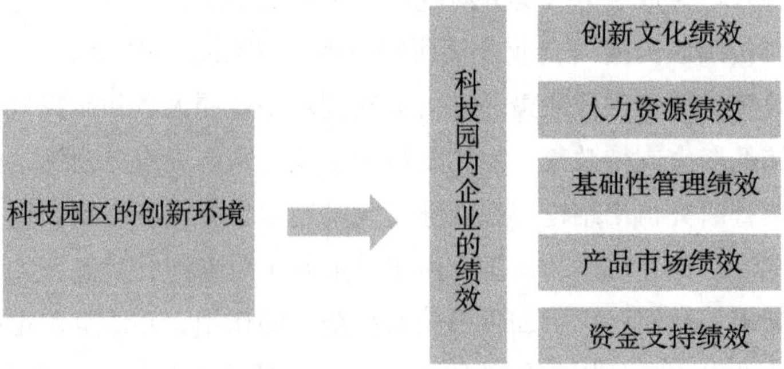

图 23－1　科技园区创新环境对园内企业绩效影响的概念模型

二、研究方法与过程

为了研究科技园的创新环境和科技园内企业绩效评估问题，笔者设计了适合中国科技园内企业填写的量表和调查问卷。问卷包括三个分量表：①科技园和科技园内技术型企业的基本信息，包括科技园的名称和性质、企业规模、企业性质、企业所在行业，以及问卷被试者的职位等；②科技园的创新环境感知量表；③科技园内技术型企业的运行绩效感知量表。

（一）测量工具

Sherman 采用宏观经济分析、问卷和电话访谈的方法对公司管理者和科技园机构管理人员进行调查，确立研究科技园提供服务支持的评估体系。Sherman 的问卷是在查阅了科技园区相关报告基础上开发的，结论是对科技园的评价需要从科技园的目标、知识技术溢出、相关利益群体和内部管理过程等方面进行。但是，Sherman 的问卷内容受到当时经济和历史环境的影响，不一定适合中国科技园的实际情况，本研究的量表必须依据中国的实际情况重新设计。

在文献回顾、查阅相关案例和国内若干科技园管理报告（如《科技全球化与深圳国际科技合作发展研究—深圳开展国际科技合作的路径选择与思路对策》《关于中关村坚持以自主创新为核心的高新技术产业发展道路的几点思考—中关村管理委员会》《天津高新技术产业园区发展的战略思考—天津高新技术产业园区管理委员会》《创新服务引领张江新发展—上海张江（集团）有限公司》等）的基础上，笔者从科技园区提供的技术环境、人才流动环境、管理服务支持环境、产品市场驱动环境、文化氛围和资金支持服务环境六个方面设计了科技园的创新环境量表，共 33 个条目，采用了 7 分制 Likert 尺度，被试者根据自己对科技园管理的认识打分，“1”表示完全不同意，“7”表示完全同意。此外，从人才绩效、管理绩效、市场绩效、产品绩效、文化绩效、资金绩效等六个方面设计了科技园内技术型企业的运行绩效量表，共 35 个条目，采用了 7 分制 Likert 尺度，由被试者对技术型企业运行的感知绩效打分。以上量表均征求了科技园工作人员、园内技术型企业工作人员和相关专家学者的意见。

（二）研究样本

在大规模发放问卷之前，笔者对深圳市高新区、深圳软件园和北京中关村科技园内的 10 家企业进行了深度访谈，并对问卷进行了修改。问卷样本来自深圳市高新区、深圳软件园、昆山清华科技园、北京清华科技园、北京大兴科技园、北京昌平科技园、北京中关村科技园和南宁高新区，共发放 450 份。75 家公司参与了最终的问卷调查，回收有效问卷 194 份，有效问卷回收率 43%。填写对象为企业不同层次的管理人员。样本描述性统计结果为：①被试者职位：高层主管占 38%、中层管理者占19%、基层管理者占16%、技术人员占15%、一般工作人员占12%；②企业规模：100人以下占65%、100～500人占30%、500～1000人占1%、1000～3000人占3%、3000人以上占1%；③企业所在行业分布：电子信息占42%、IT通信占13%、软件占15%、光机电占7%、家电占1%、能源占1%、生物医药器械占10%、新材料占3%、农业占1%、其他占7%；④企业性质：国有企业占5%、民营企业占55%、合资企业占16%、股份制企业占10%、上市公司占14%。

（三）测量

1. 科技园的创新环境要素提炼

采用主成分分析方法提取因子，并对原始因子载荷系数采用最大方差垂直（Varimax）旋转交换。因子提取的最终个数以特征值大于1作为判别标准，有效性指标选用KMO和Bartlett球形检验。根据Kaiser准则的要求，KMO数值大于0.6是进行因子分析的最低要求，KMO数值大于0.8表明因子分析的效果良好。此处的KMO为0.878、Bartlett球形检验的χ^2值为5249.285（自由度为351），达到显著性水平（$p<0.001$），适合做因子分析。表中保留了因子负荷超过0.5的条目，初始的33个条目缩减为22个，提取的四个因子解释方差变异的累计数是64.394%，如表23-1所示。提取的四个创新环境因子分别为办公服务和文化氛围、资金服务支持、技术服务支持、市场服务支持，其Cronbach´s α系数均在0.88以上，显示了较好的信度。

表23-1　科技园的创新环境要素问卷旋转后的因子载荷矩阵

维度与条目	因子			
	1	2	3	4
办公服务和文化氛围				
科技园区为企业提供了办公设施	0.621			
科技园区提供市场信息方面的咨询活动	0.819			
科技园区帮助企业申请专利保护知识产权	0.594			
科技园区具备学习和创新氛围	0.518			
科技园区内部有踏实进取的风气	0.539			
科技园区设立相应的文化管理设施，如图书馆等	0.755			
科技园的服务人员有较高的文化道德素质	0.783			
科技园区附近居民对公司有较高的文化认同	0.584			
资金服务支持				
科技园设立企业研发种子基金		0.659		

续表

维度与条目	因子			
	1	2	3	4
科技园为企业获得当地政府财政支持牵线搭桥		0.687		
科技园区帮助企业寻找当地的投资渠道		0.721		
科技园区帮助企业取得银行贷款		0.835		
科技园区为企业提供融资渠道和税务咨询服务		0.647		
技术服务支持				
科技园区为企业提供技术跟踪的相关信息			0.768	
科技园区帮助企业与当地的技术机构牵线搭桥			0.755	
科技园区为企业提供研发成果评估服务			0.628	
科技园区帮助企业实现技术与市场的对接			0.747	
科技园对自主创新产品进行宣传并实施奖励			0.633	
科技园举办园区内的技术交流和市场推广活动			0.540	
市场服务支持				
科技园区帮助企业进行当地的市场调研				0.760
科技园区帮助企业寻找产品分销商				0.833
科技园区帮助企业进行产品对外宣传和广告服务				0.575
各因子解释方差（%）	20.726	15.819	15.505	12.344
累计解释方差（%）	20.726	36.545	52.050	64.394
Cronbach′s α 系数	0.918	0.906	0.898	0.887

2. 科技园内企业的绩效评价

采用主成分分析方法提取因子，并对原始因子载荷系数采用最大方差垂直（Varimax）旋转交换。因子提取的最终个数以特征值大于 1 作为判别标准，有效性指标选用 KMO 和 Bartlett 球形检验。根据 Kaiser 准则的要求，KMO 数值大于 0.6 是进行因子分析的最低要求，KMO 数值大于 0.8 表明因子分析的效果良好。此处的 KMO 为 0.867、Bartlett 球形检验的 χ^2 值为 6869.148（自由度为 595），达到显著性水平（$p<0.001$），适合做因子分析。表中保留了因子负荷超过 0.6 的条目，初始的 35 个条目保留了 27 条，提取的六个因子解释方差变异的累计数是 70.645%，如表 23－2 所示。提取的六个因子分别为科技园内企业的产品创新绩效、研究开发绩

效、公司发展绩效、技术领先绩效、研发资金绩效和政策获取绩效，其 Cronbach´s α 系数均在 0.700 以上，显示了较好的信度，问卷总体 Cronbach´s α 系数为 0.934。

表 23－2　科技园内企业绩效评价问卷旋转后的因子载荷矩阵

维度与条目	因子					
	1	2	3	4	5	6
产品创新绩效						
入驻科技园区提高了企业产品的市场竞争力	0.825					
公司技术人员学习意愿和主动性提高	0.820					
入驻科技园区提高了企业产品的附加值	0.811					
入驻科技园区提高了企业产品的市场份额	0.760					
公司可以创造更多的专利成果	0.665					
公司在科技园区当地学习到先进技术经验	0.640					
公司技术人员创新意识提高	0.662					
研究开发绩效						
公司技术成果与管理促进研究开发水平的提高		0.744				
公司能吸引各地优秀研发人才		0.739				
公司研发人才离职率很低		0.729				
公司研发的新技术能很快产业化		0.703				
公司统一管理研发规划、研发人才和预算		0.652				
公司可以在科技园区当地学习到先进的研发经验		0.640				
公司设立的研发投资能很快收回并产生效益		0.632				
公司有明确的研究开发规划		0.614				
公司建立了研发人员的业绩考评体系		0.603				
公司发展绩效						
公司完全自负盈亏，自我滚动发展			0.692			
公司内部关系融洽、合作顺畅			0.690			
公司利润能保证自身运营			0.632			
技术领先绩效						
公司科技跟踪关键技术，缩短研发周期				0.663		
公司可以迅速吸取前沿技术				0.651		
公司的新技术评价能力获得提升				0.647		

续表

维度与条目	因子					
	1	2	3	4	5	6
公司所实施的项目是所在领域的前沿课题				0.641		
研发资金绩效						
公司可以获得科技园区提供的研发种子基金支持					0.822	
公司可以获得科技园区当地政府的资金支持					0.789	
公司可以获得当地的贷款减轻资金压力					0.629	
政策获取绩效						
公司充分利用了科技园区的服务和政策支持						0.605
各因子解释方差（%）	19.570	17.703	10.526	9.244	8.138	5.463
累计解释方差（%）	19.570	37.273	47.800	57.043	65.181	70.645
Cronbach´s α 系数	0.892	0.902	0.790	0.737	0.776	——

（四）方法和结果

根据前期对科技园区创新环境潜变量和园内企业绩效评价的数据挖掘，得到科技园的创新环境基本要素，包括科技园的办公服务和文化氛围、资金服务支持、技术服务支持和市场服务支持；对园内企业绩效的评价可以分为以下几个维度：科技园内企业的产品创新绩效、研究开发绩效、公司发展绩效、技术领先绩效、研发资金绩效和政策获取绩效。利用研究中得到的各个潜变量的因子得分进行回归分析（Regression Analysis），讨论科技园的创新环境与科技园内企业绩效之间的关系，本章中也加入了四个控制变量的影响来保证研究的效度，如表23－3 所示。四个控制变量分别为被试者职位、公司的规模、公司所在的行业类型和公司的所有权性质。

表 23－3　科技园的创新环境要素对公司绩效影响的回归模型

自变量和控制变量	标准化回归系数					
	模型 1	模型 2	模型 3	模型 4	模型 5	模型 6
自变量	产品创新	研究开发	公司发展	技术领先	研发资金	政策获取
办公服务和文化氛围（t 值）	−0.011 + （−0.102）	0.382*** （3.700）	−0.177 + （−1.557）	0.223* （1.995）	0.055 + （0.480）	0.221* （1.992）
资金服务支持（t 值）	0.137 + （1.202）	−0.213* （−2.021）	0.101 + （0.869）	−0.097 + （−0.851）	0.115 + （0.977）	−0.029 + （−0.256）
技术服务支持（t 值）	0.242* （2.278）	0.293** （2.970）	0.092 + （0.850）	0.148 + （1.388）	−0.082 + （−0.748）	0.401*** （3.785）

续表

自变量和控制变量	标准化回归系数					
	模型 1	模型 2	模型 3	模型 4	模型 5	模型 6
市场服务支持 （t 值）	0.262* (2.080)	-0.007+ (-0.062)	0.111+ (0.858)	0.625+ (0.200)	-0.031+ (-0.239)	0.054+ (0.433)
控制变量						
被试者职位 （t 值）	0.108+ (1.427)	-0.064+ (-0.905)	0.009+ (0.111)	0.077+ (1.010)	0.031+ (0.392)	0.141* (1.960)
公司规模 （t 值）	-0.012+ (-0.159)	-0.061+ (0.874)	-0.054+ (-0.710)	-0.035+ (-0.470)	0.131* (1.982)	-0.004+ (-0.049)
公司所在行业 （t 值）	0.025+ (0.332)	-0.094+ (-1.323)	0.129+ (1.653)	-0.062+ (-0.805)	0.063+ (0.794)	0.003+ (0.035)
公司所有权性质 （t 值）	0.063+ (-0.870)	0.102+ (1.515)	-0.067+ (-0.899)	-0.014+ (-0.197)	-0.057+ (-0.767)	0.041+ (0.562)
模型参数						
拟合优度	0.103	0.225	0.059	0.093	0.035	0.104
经调整的拟合优度	0.064	0.191	0.018	0.054	-0.006	0.066
F 检验 （p 值）	2.663*** (0.009)	6.704*** (0.000)	1.442+ (0.182)	2.370* (0.019)	0.844+ (0.565)	2.691** (0.008)
估计标准误差	0.937	0.876	1.000	0.921	1.007	0.925

（1）自变量：办公服务和文化氛围、资金服务支持、技术服务支持、市场服务支持。

（2）控制变量：企业性质、企业所在行业、企业规模、被试者职位。

（3）因变量：产品创新绩效、研究开发绩效、公司发展绩效、技术领先绩效、研发资金绩效、政策获取绩效。

（4）+ $p > 0.100$，* $p < 0.050$，** $p < 0.010$，*** $p < 0.001$。

研究结果显示：①科技园区创新环境中的技术支持服务要素对科技园内企业的产品创新绩效影响显著（$t = 2.278, p < 0.050$），并且科技园区创新环境中的市场服务要素对园内企业产品创新绩效的影响也是显著的（$t = 2.080, p < 0.050$），而科技园区创新环境中的办公服务和文化氛围要素及资金服务支持要素对企业的产品创新绩效没有明显的影响（$t = -0.102, p > 0.100$；$t = 1.202, p > 0.100$）。②科技园区创新环境中的办公服务和文化氛围要素对园内企业的研究开发绩效影响显著（$t = 3.700, p < 0.001$），科技园区创新环境中的资金服务支持要素对园内企业研究开发绩效的影响显著（$t = -2.021, p < 0.050$），并且影响是负相关的，而科技园区创新环境中的技术服务支持要素对园内企业的研究开发绩效影响也是显著的（$t = 2.970, p < 0.010$），但是市场服务支持要素对企业的研究开发绩效没有明显的影响（$t = -0.062, p > 0.100$）。③科技园区创新环境中的办公服务和文化氛围要素、资金服务支持要素、技术服务支持要素和市场服务支持要素对企业的公司总体发展绩效均没有显著的影响（$t = -1.557, p > 0.100$；$t = 0.869, p > 0.100$；$t = 0.850, p > 0.100$；$t = 0.858, p > 0.100$）。④科技园区创新环境中的办公服务和文化氛围要素对科技园内企业的技术领先绩效影响显著（$t = 1.995, p < 0.050$），而科技园区创新环境中的资金服务支持要素、技术服务支持要素和市场服务支持要素对企业的技术领先绩效没有明显的影响（$t = -0.851, p > 0.100$；$t = 1.338, p > 0.100$；$t = 0.200, p > 0.100$）。⑤科技园区创新环境中的办公服务和文化氛围要素、资金服务支持要素、技术服务支持要素和市场服务支持要素对企业的公司研发资金的利用绩效均没有显著的影响（$t = 0.480, p > 0.100$；$t = 0.977, p > 0.100$；$t = -0.748, p > 0.100$；$t = -0.239, p > 0.100$）。⑥科技园区创新环境中的办公服务和文化氛围要素对科技园内企业的政策获取绩效影响显著（$t = 1.992, p < 0.050$），科技园区创新环境中的技术服务支持要素对科技园内企业政策获取绩效的影响显著（$t = 3.785, p < 0.001$），而科技园区创新环境中的资金服务支持要素和市场服务支持要素对企业的政策获取绩效没有明显的影响（$t = -0.256, p > 0.100$；$t = 0.433, p > 0.100$）。

由回归结果判断控制变量的影响：①被试者职位、公司规模、公司所在行业和公司所有权性质对公司产品创新绩效的评价没有显著影响（$t = 1.427, -0.159, 0.332, -0.870$；$p > 0.100$）。②四个控制变量对企业的研究开发绩效的判断影响均不显著（$t = -0.905, 0.874, -1.323, 1.515$；$p > 0.100$）。③研究中的四个控制变量对企业的总体发展绩效的判断影响均不显著（$t = 0.111, -0.710, 1.653, -0.899$；$p > 0.10$）。④四个控制变量对企业的技术领先绩效的判断没有显著影响（$t = 1.010, -0.470, -0.805, -0.197$；$p > 0.100$）。⑤控制变量公司规模对企业的研发资金利用绩效的判断影响显著（$t = 1.982, p < 0.050$），说明企业规模越大对研发资金规模的需求越高，其他控制变量对企业研发资金利用绩效的影响都不显著（$t = 0.392, 0.794, -0.767$；$p > 0.100$）。⑥控制变量被试者职位对企业的政策获取绩效的判断影响显著（$t = 1.960, p < 0.050$），说明企业中不同层次的人员对公司所需要的政策支持的理解存在差异，高层管理者更加重视科技园对企业的政策扶植，其他控制变量对企业政策获取绩效的影响都不显著（$t = -0.049, 0.035, 0.562$；$p > 0.100$）。

三、研究结论与启示

本章通过阅读相关文献、企业访谈和参阅中国科技园的工作报告，设计研究量表，根据问卷调查后的数据挖掘过程，把中国科技园所提供的创新环境要素概括为四个方面：科技园的办公服务和文化氛围要素、资金服务支持要素、技术服务支持要素和市场服务支持要素；而对科技园内的技术型企业运行绩效的评价具有特殊性，评价维度可以概括为以下几方面：科技园内企业的产品创新绩效、研究开发绩效、公司发展绩效、技术领先绩效、研发资金绩效和政策获取绩效。

政府和相关管理机构应该重视科技园的创新环境的建设和管理，利用相关资源和政策影响园内企业的发展绩效，积极地扶植园内技术型企业的长期发展，其措施建议如下：

（1）科技园区需要加大技术服务支持和市场服务支持的创新环境建设，这两个创新环境要素对园内企业的产品创新绩效有促进作用，这样科技园区才能实现资源配置的优化。

（2）科技园区需要加强办公服务和创新文化氛围建设，加强资金服务支持和技术服务支持，这几个创新环境要素对科技园内企业的研究开发绩效有促进作用，研究结果表明中国科技园所提供的资金服务支持并没有加强企业的研究开发活动绩效，反而是负相关的关系，说明资金服务支持系统的建设是中国科技园区提高服务水平最需要改善的焦点。

（3）科技园内企业的总体发展绩效是由多方面因素决定的，其中有很大成分与公司自身的素质和资源状况有关，所以科技园区所提供的创新环境并不能明显改善园内公司长期的总体发展绩效，所以科技园内企业需要加强内功的训练，不断增强企业自身的素质和核心竞争能力，才能把握机会获得长期发展。

（4）加强科技园的创新文化建设，可以明显地促进园内企业的技术领先绩效，科技园区积极地筹办技术交流会、举办园内企业经验交流会、展览会、先进企业评比活动等可以强化企业的技术领先绩效。

（5）科技园的创新文化建设和技术服务支持，可以培养园内企业政策获取和积极利用政策的意识，提高企业对政府政策法规的关心程度以及自身素质。

本研究的局限性体现在以下三方面：①研究样本主要来源于广东、北京、昆山、南宁等地区，其被试者的范围和数量有限。②本研究仅仅考虑了被试者职位、企业规模、企业所属行业类型和企业所有权性质四个控制变量，需要进一步讨论更多的控制要素的影响，如科技园性质、科技园的所属地域、企业的发展目标等，结果有待继续研究和探索。③集中研究了科技园内企业的绩效，尚未考虑科技园发展目标与地区政府战略目标的协调及与其他利益相关者目标的协调问题。

关于科技园区问题的研究，有许多问题亟待解决，可以概括为以下几个方面：①从经济学和管理学的角度探论科技园为什么存在。许多文献仅仅从生态理论的角度研究科技园对产业的促进作用，但对科技园作为一种资源（或者是生产要素）对科技园区企业在技术创新中的帮助和作用机理的理解是欠缺的，这些理论的研究将对企业战略中的组织相对于环境的动态能力理论是一个有利的补充。

②对科技园所提供的企业发展动力资源的要素和运行机制模型的开发。在这个问题中，许多理论学者提出了自己的政策建议和概念模型，但是对模型的实证尤其是在中国科技园区的实证研究分析还是很少的。③研究不同种类和不同地区的科技园区对于提供企业发展动态能力作用的差异，其中研究科技园的地理差异、政策差异和存在目的差异的研究会越来越多。④对理解科技园区运行的系统分析框架的研究。影响科技园区运行的因素有很多，其中政府政策、科技园政策、科技园内的企业、企业中的企业家和团队的决策等多个维度，利用经济学和管理学的分析方法进行的整体和系统性研究会越来越多。⑤科技园的运行绩效与园内企业运行绩效的影响因素研究。科技园的发展有不同的目标，影响其运行绩效的变量也很多并存在差异，系统地研究影响因素及其差异是未来的研究方向。⑥研究个人、团队、社会关系网络对科技园内企业业绩的影响也是未来的研究方向。

第五篇　企业包容性创新、网络与政策研究

第24章　金字塔底层战略与面向穷人的创新

一、引　言

贫困的持续存在是威胁人类社会可持续发展的重大问题，消除贫困已成为国际共识。长期以来，有关贫困的讨论主要集中在公共政策与发展经济学（Stiglitz，2003），而缓解与消除贫困的角色也主要由政府与国际发展组织，以及慈善与非营利机构所承担。事实上，随着全球化程度深化引致的国家发展不平衡导致世界范围内贫富两极分化进一步扩大，而外国援助与慈善组织在很多国家与地区的扶贫计划与项目收效甚微（Easterly，2008），贫困问题依然是世界各国面临的严峻挑战。

意识到现有官方组织与民间机构在根除贫困方面存在的各种问题，以及全球化引致世界范围内的竞争加剧使企业每获得一个百分点的市场份额增加都会付出巨大与艰辛的努力（Martinez & Carbonell，2007），Prahalad 与 Hart（2002）提出运用商业创新来缓解与消除贫困的金字塔底层（Bottom of the Pyramid，BOP）战略，为全球贫困治理提出了新的思想、路径与方法。Prahalad（2005）提出，全球有超过 40 亿人口生活在按照财富和收入能力划分的经济金字塔底层，如图 24－1 所示，而这部分群体内蕴含着潜在的巨大财富，如果企业能够克服传统偏见，运用新的技术与商业模式来服务于 BOP 市场，则不仅可以获得足够的经济回报，同时还能通过提高穷人生活质量与生产能力等方式缓解甚至消除贫困，创造出经济与社会的双重价值。以企业为主导来开拓 BOP 市场的贫困解决方式和传统基于社会责任与慈善动机的援助方法显著区别开来，其所依赖的正是企业所熟悉和掌握的商业技能与效率。在图 24－1 所示的经济金字塔中，由富裕阶层与

中产阶级所构成的部分称为中高端市场，长期以来是企业关注的焦点，但在未来，许多跨国公司与新创企业的成功并非依赖于中高端阶层，而是根植于大量第一次参与市场的低收入群体。

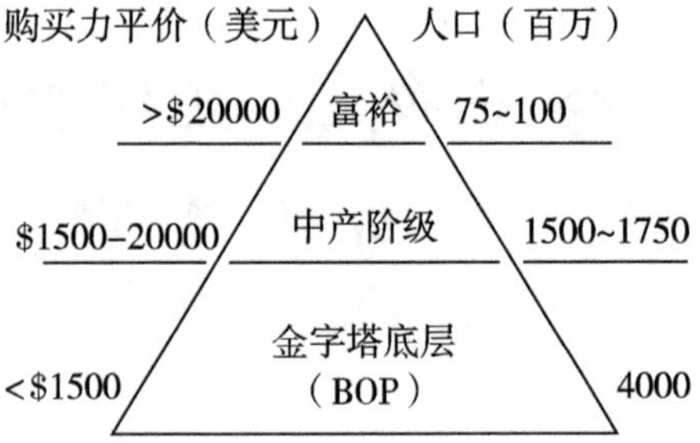

图 24－1　经济金字塔

这种把占世界人口 2/3 的贫困阶层作为新兴市场进行探索的战略思想，迫使企业重新思考已经接受的市场理念与框架，改变了现有商业模式背后的支撑逻辑。Hart（2005）认为，BOP 市场创造了连续（效率、过程、控制、资源配置与集合性思维）与不连续（想象力、创新、创造性破坏、资源吸引与发散性思维）之间的严重张力，必须采取不同于在中高端市场内创新的全新范式才能获得成功。但现有研究主要围绕不同国家与地区 BOP 市场内的单个或少数具体案例进行经验总结（Rangan et al.，2007；仝允桓等，2009），缺乏一般性的理论分析。因此，本章基于现有文献与企业实践，首先对 BOP 战略的内涵特征进行分析，然后在归纳与梳理 BOP 市场特征基础上，从市场、价值链、制度、文化与组织五个方面系统阐述企业面向 BOP 市场的不同创新类型与关键影响因素。这既是对已有理论研究的整合与拓展，同时也力图改变对 BOP 群体的传统观点，为企业在 BOP 市场的创新提供参考与借鉴。

二、金字塔底层战略的类型与内涵

BOP 战略本质上是通过市场机制来为企业与穷人同时创造出新的价值，但现有文献对穷人在市场中的角色定位却有不同观点，依次存在把穷人视为消费者、生产者与商业合作伙伴三种 BOP 战略类型，反映出 BOP 战略内涵的演变。

（一）把穷人视为消费者的 BOP 战略

Prahalad 与 Hammond（2002）提出，尽管 BOP 个体每日收入不足 2 美元，但凭借其庞大的规模，BOP 群体仍代表着巨大的、迟早要释放出来的潜在购买力。传统企业，尤其是跨国公司与大型当地企业由于拘泥于占优逻辑（Dominant Logic）而限制了开发 BOP 市场机会的能力。这些占优逻辑包括穷人无力支付产品或服务创新成本、穷人没有品牌意识、穷人不需要先进的技术解决方案，BOP 市场只是一种次级市场且进入困难等（Prahalad，2005；Martinez & Carbonell，2007）。大量 BOP 市场探索的成功案例表明，这些占优逻辑并不符合 BOP 市场实际，更多时候代表一种先入为主的成见。例如，研究发现穷人具有很强的品牌意识，更乐意接受新技术（原因是替代成本极低）且对更高质量的生活有着美好的向往。因此，穷人并非是被帮助的对象，而是有价值意识的消费者。如果企业正视 BOP 现状，真正去倾听穷人的声音并辨识其真实需求，进而通过技术与市场创新提供符合 BOP 消费者特质和当地环境的产品与服务，就能够撬动金字塔底层的财富。这不仅可以使穷人的各类需求得到更好的满足而提高了生活质量（Hammond & Prahalad，2004），同时也为企业提供了未来增长的机会。

（二）把穷人视为生产者的 BOP 战略

Karnani（2007）认为以消费主义为中心的 BOP 战略并不能真正缓解贫困问题，在很多情况下还会加重穷人的负担，对于穷人是一种危险的幻象（Dangerous Delusion）。首先，BOP 市场在地理与文化区隔上的异质性使得 BOP 市场的盈利潜力并不像购买力的简单加总那么巨大；其次，在收入一定情况下，穷人购买企业提供的新产品必然会转移在其他方面的支出。对于理性消费者来说，由于选择增加而把收入在不同产品范畴进行重新配置会提高福利。但很多穷人由于缺乏教育与信息的不对称，并不总能做出理性选择，例如把在食品、健康和教育等方面的支出用于购买更加新颖但实际并不真正需要，并不能负担的产品与服务。尽管 Prahalad 认为穷人有权利自己决定选择什么产品来最大化效用，但这种推至极致的西方式自由市场逻辑对于 BOP 的战略主张是有害的。Karnani（2009）进一步提出，把穷人浪漫化（Romanticising）为有价值的消费者实际上是伤害了穷人，这会弱化法律、政策与其他社会机制对穷人的保护。事实上，对于穷人而言，缺乏收入所受的限制远高于缺乏市场提供的种种产品与服务，从而只有提高穷人的实际收入才能真正缓解贫困。因此，BOP 战略不应把穷人看作消费者，而应视为生产者，前者为被动和等待满足的需求者，后者是资源与能力的提供者。生产者导向的 BOP 战略强调企业要购买穷人的资源或产出而不是卖给穷人更多产品，这可以通过小额信贷等方式支持穷人创办微型企业，也可通过直接雇用穷人并提供培训等方式来提高其生产技能并增加收入。而在为穷人提供就业方面，中小企业远比跨国公司发挥更大的作用。

（三）把穷人视为商业合作伙伴的 BOP 战略

作为 BOP 战略的提出与倡议者，Simanis 与 Hart 等学者（2008）观察到许多基于消费者导向的跨国公司在 BOP 实践中存在的各种问题，也没有取得预期的良好绩效。通过对发展与贫困关系的梳理与反思，两位学者认为，以消费为导向的 BOP 战略把缓解贫困转化为“顾客需求”与“新产品开发”等企业所熟悉的商业概念，过于强调了贫困的经济维度，而忽略了贫困的社会、情感与文化内涵。当把贫困定义为某种低于门槛值的物质剥夺（如食品、医疗与能源等）时，一个自然的解决方案就是通过设计与销售穷人可负担的高质量产品与服务来满足穷人的基本需求，这也符合企业商业运营的内在逻辑，必然会衍生出种种消费主义的策略与方法。但这种供给并没有征得穷人许可，而是采纳西方式的成功与发展概念预设了一个有关幸福生活的图景，企业只是通过开发新的技术、产品或服务来予以实现（Landrum，2008）。但穷人的真实需求是嵌入在所生活的社会、政治与文化环境中，与提高收入或购买力的需求满足方式并不一定相容。同样，把穷人视为生产者仍是用经济收入来定义贫困，缓解贫困就是把穷人从本地的资源匮乏状态中释放出来，提高其谋生的能力与效率。但这依然把穷人摒弃于对所珍视生活的定义之外，即企业仍旧是把自己有关“发达”或”效用”的认知加诸于穷人，而收入的增加很多情况下只是另一种形式的扩大消费。另外，无论把穷人视为消费者还是生产者，都隐含假定存在一个可以随时进入的 BOP 市场，但大多数贫困地区并不存在现代意义上的产品、服务或劳动力交易市场（De Soto，2000）。因此，BOP 市场并非事先存在，而是依赖于企业与穷人及其他社会组织与机构去共同构建。在这个意义上，贫困的缓解与消除也不是一个简单的结果，而是企业与穷人在持续合作中不断创造并分享价值的过程，并形成一种强烈的共同承诺和相互依赖感。通过双方贡献与整合各自的资源能力并把商业创新嵌入在本地社会文化制度内，穷人成为企业的商业合作伙伴。

从现有研究来看，这三种观点同时共存并相互重叠，是一种互补而非替代关系。商业伙伴导向的 BOP 战略在本质上是要求企业与穷人去共同构建一种不同于金字塔中高层的包容性市场体系，强调 BOP 市场的制度建设，而消费者与生产者导向的 BOP 战略则注重 BOP 市场的需求、供给与资源特性。三者分别针对 BOP 市场构建的不同侧面，反映出对企业与穷人在 BOP 市场中的角色及相互关系更深刻、更全面的认知。

三、金字塔底层市场特质

对 BOP 市场的正确理解是企业创新的基础。BOP 市场并不是中高层市场的低阶版本，而是在需求、消费、生产与制度等方面都有着自身特质的全新环境。

（一）穷人的购买力与消费支出

基于对全世界贫困人口日常收支状况的调查，Hammond 等学者（2007）提出，BOP 市场主要由居住在非洲、南亚、东欧、拉丁美洲与加勒比地区的贫困人口构成，其中亚洲与非洲的 BOP 人群主要分布在农村地区，而东欧与拉丁美洲则主要是城市贫民，不同区域的实际收入与购买力存在很大差异。Guesalaga 与 Marshall（2008）通过计算购买力指数（Buying Power Index，BPI）对全世界 BOP 人群的购买力进行了更详细地测度，发现亚洲地区 BOP 人群的购买力占到世界 BOP 人口总购买力的 70%，而 43.3% 的购买力集中于那些年收入低于 1000 美元的贫困人口。从支出上看，Subrahmanyan 与 Gomez－Arias（2008）首先把 BOP 人群的消费领域划分为食品与营养、能源、交通、金融服务与教育技能五个范畴，进而仔细辨识和检查了每个范畴内穷人需求的满足状况。结果表明，穷人的支出主要集中于食品、能源、住房、交通和健康医疗等领域。但近年来，几乎所有贫困群体在食品上的消费都有所降低，而在住房、交通、信息技术与教育方面的支出显著增加，其中需求增长最快的是信息技术领域。由于生活压力，一些贫困人群也把收入的相当部分花在烟酒等非必需品上，而不是用于提高家庭的生活水平（Banerjee & Duflo，2007）。

（二）穷人的消费者行为特征

BOP 人群所面临的环境与挑战，使得他们发展出完全不同于中高层市场中普遍存在的消费行为模式。具体来说，由于收入低且不稳定，穷人倾向于根据需要进行每日消费且每次只花费很少金额，对价格非常敏感（Prahalad，2005）。产品能够满足消费者需求的能力也同样重要，因为低质量产品对于低收入人群造成的损失更大（D' Andrea et al.，2004）。在 BOP 消费者能够接受的有限价格范围内，他们展示出一种辨识力并愿意为那些能够真正提升其生活品质的高质量产品与服务支付的更多（Viswanathan et al.，2008）。但由于受教育程度较低且缺乏正规的信息渠道，穷人无法对新商品的质量与服务进行有效评估和选择，如果产品质量没有达到预期水平，也很难有令人满意的补偿机制，因此，他们通常尽量避免不熟悉的产品、店铺和复杂的支付方案，并把外来品牌视为应当规避的可疑入侵者（Vachani & Smith，2008）。而与家庭成员、朋友、邻里及其他社区成员等结成的正式与非正式社会网络是穷人分享消费经验与获取信息的主要途径，对其购买行为与决策具有重要影响（Sridharan & Ivey，2008）。

（三）穷人的生产者行为特征

作为生产者，大部分穷人都要从事与农业相关的生产劳动，对于影响其收入波动性的各种冲击非常脆弱且无力保护（Hammond et al.，2007）。少部分穷人拥有自己的微型企业，但基本上是由于没有其他选择而从事的自我雇佣式（Self－employed）生产，从事正式商业活动的大量繁琐手续及相关成本使其往往以一种非正式经济状态存在（De Soto，2000）。一方面，较低的教育程度与劳动技能使很多 BOP 生产者以一种低效的方式从事生产与经营；另一方面，由于缺乏有效定义的产权及薄弱的基础设施，BOP 生产者所拥有的资产与能力很难充分资本化，使其几乎无法获得信用和担保，进一步束缚了提高生产效率的可能性与机会。同时，缺乏组织和不确定的劳动力和服务市场，使得穷人获得公平的收入更加困难，为分散风险，他们会从事多个职业，从而降低了对专业化的激励（Banerjee & Duflo, 2007）。而从市场交换看，BOP 生产者缺乏良好的市场渠道去出售劳动力、工艺品或多余的谷物，从而没有选择只能卖给本地中间商，此过程中常常在价格上被盘剥，并伴随着言语和态度上的不尊重对待（Hammond et al.，2007）。随着正规市场中的生产规范与标准越来越高，BOP 生产者的生存与竞争能力会日趋弱化（Perez & Sandilands，2008）。

四、面向 BOP 市场的创新

BOP 市场的独特性使得企业必须通过多种形式的创新来克服这些相关障碍才能撬动金字塔底层的财富，下面主要从市场、价值链、制度、文化与组织五个方面阐述面向 BOP 市场的创新与关键要素。不同类型创新之间相互促进、相互补充，以系统与集成的方式实现在 BOP 市场的价值创造与分享。

（一）市场创新：穷人作为消费者

服务不同的市场需要不同的理念与方法，企业必须在深刻理解 BOP 市场与其他市场差异基础上，开发出新的营销策略才能更好地满足穷人的需求。Anderson 与 Markides（2007）提出针对 BOP 顾客创新的 4A 框架，即可接受性（Acceptability）、可负担性（Affordability）、可获得性（Availability）与可感知性（Awareness），可以作为 BOP 市场创新的基础。

（1）产品与服务是企业价值主张的主要载体，反映了企业对于 BOP 市场的价值理念与看法。由于 BOP 人群收入很低，产品与服务应体现很高的性价比。企业必须抛弃传统的价格与性能关系改善的路径与能力，在降低价格的同时要保持甚至提高产品和服务的功能与质量。由于穷人受教育程度较低，产品开发必须始于对性能的深刻理解，降低对使用者的技能要求，提供更加简洁与友好的界面，减少学习时间与成本。同时，要遵循环境友好型设计，产品的制造、使用和回收不应加重或损害当地的自然与人文环境。最后，产品与服务要能应用到多个 BOP 市场。由于 BOP 人群在地理上分布比较分散，不同区域 BOP 市场环境间存在不同程度的差异。因此，产品开发与设计应具灵活性，经过调整与改造就能够适用不同的 BOP 市场，只有产品的市场总体规模足够大才能补偿创新的风险并获得相应的市场回报。

（2）负担性是指企业需要通过降低价格或增加支付手段的灵活性来提高产品与服务的可支付性，这是服务 BOP 市场的核心。在 BOP 市场，产品价格是影响穷人消费决策的决定性因素。在 BOP 消费者能够接受的有限价格范围内，他们展示出一种辨识力并愿意为那些能够真正提升其生活品质的高质量产品与服务支付的更多。因此，在 BOP 市场，企业必须在产品的性能、质量与定价之间仔细权衡，产品溢价不应超过穷人的承受能力，同时相对于本地已经流通的替代性产品具有竞争性。这使得企业利润很难源于较高的价格差额而更多依赖于销售数量。即使企业在单位产品或服务上获得的溢价非常微薄，但由于 BOP 市场规模的庞大，企业也可获得丰厚的回报。而在价格基础上，企业还可通过灵活多样的支付手段与方式来促进产品或服务在 BOP 市场中的应用与扩散。对于那些旨在提升 BOP 市场基础设施的产品与服务（如通信网络），其价格远远超出单个 BOP 个体和家庭的接受范围，则可采取联合消费（Joint Consumption）的方式（Mendoza & Nina，2008）。而传统市场中的差别定价与分期付款等手段都可经过因地适宜的调整而应用于 BOP 市场。

（3）可获得性指穷人获取产品与服务的便利程度，主要涉及企业在 BOP 市场的渠道设计与建设。与中高端市场内企业集中控制的分销和零售系统不同，贫困地区在地理上的分散与偏远和薄弱的基础设施，使得产品与服务最终到达 BOP 顾客时，已经过多层混乱复杂的中间渠道，使得 BOP 顾客对于某些产品与服务的支付，甚至高于中高端市场的价格（De Soto，2000；Prahalad，2005）。同时，许多有价值的产品与服务由于渠道的缺失或不健全而从未真正进入过 BOP 市场。针对以上状况，企业应通过创新识别到达 BOP 消费者的不同路径，通过采纳新技术和对商业流程进行重新设计或调整来使产品与服务能够更直接面对 BOP 市场的终端消费者。在此过程中，应充分利用 BOP 市场内的已有资源，特别是 BOP 人群的人力资源和当地已经存在的微型商业机构。例如，在偏远且规模较小的 BOP 区域，建立和维持一家独立零售店的成本很高，企业应与本地的微型零售商（如杂货店）或服务供应商建立合作关系来拓展其渠道网络。

（4）可感知性是指穷人如何知晓与熟悉企业的产品与服务。由于大部分 BOP 人群的聚集地相对偏远和分散，传统以电视、网络与平面媒体的信息传播并不适用于 BOP 市场。BOP 市场沟通需要大量个体层面上的实际接触，在此基础通过社会网络进行“口口相传”（Word of Mouth）与自由的信息交换方式来扩大影响和促进创新扩散（Sridharan & Ivey，2008）。而这种传播方式的效果很大程度上取决企业能否有效识别与影响当地的意见领袖或权威人士（Viswanathan et al.，2008）。首先，若已有在当地活动的 NGO 或其他社会组织，企业还应积极与其合作来快速建立社会合法性（Legitimacy），杠杆利用合作伙伴拥有的社会资本进行市场沟通与顾客教育。其次，由于 BOP 顾客文化程度较低，不善于处理过于抽象的信息，企业适宜采取形象化的宣传方式与沟通手段，如通过视觉化的图画、电影和戏剧等形式进行产品推广和功能演示，且必须使 BOP 顾客亲身体会到产品在其实际生活或生产环境中的使用效用。最后，很多 BOP 区域有着本地特有的风俗习惯，市场沟通应尊重本地文化与风俗，并充分利用这些文化知识进行交流与引导。

（二）价值链创新：穷人为生产者

在 BOP 市场运营需要企业改变现有商业模式背后的支撑逻辑，构建全新价值链以适应 BOP 群体特质与环境条件（Budinich et al.，2007）。在 BOP 市场中，穷人不仅是有价值的消费者，更是具有创造力和创新精神的生产者（Karnani，2007a，2007b）。Austin 等学者（2008）认为，参与性系统在开发针对 BOP 市场的新价值链中扮演着重要角色，穷人必须是新价值链的关键构成部分。从穷人那里，企业既可以获得预见潜在创新机会及商业模式的关键知识与观点（Hart & Sharma，2004）。因此，建立新价值链就要把如何有效利用与整合穷人的资源能力纳入企业的决策制定与管理过程。当企业把穷人视为活跃的代理人或商业伙伴而不是被动的接受者就能够扩展创新的视野与格局，但这种新的价值链重构常常需要企业投资于教育与培训，以提高穷人完成价值增值的能力。商业与贫困的结合可以在价值链的任何环节发生（Gardetti，2007），企业要仔细辨识那些对束缚或限制低收入群体资源与能力的障碍，在适当环节释放其价值创造潜力（Perez & Sandilands，2008）。

在实践中，作为生产者的穷人可以参与企业价值链的大部分环节，包括原材料供应、制造、流通与销售等，但其具体角色、职能与嵌入程度则由企业产品特质、市场导向与穷人自身资源与能力等决定。对于直接为 BOP 市场提供产品与服务的企业，可利用穷人人力成本较低且在本地拥有的社会网络与社会资本特性，使其成为企业与目标顾客之间的微型渠道商或零售商。很多 BOP 商业实践表明，通过在本地招募销售人员（尤其是妇女）并对其进行培训，可以有效拓展企业在 BOP 区域内的销售网络，如联合利华在印度、雅芳公司在巴西，以及格莱美银行在孟加拉国，都依靠这种方式取得了巨大的成功。这些招募人员熟悉本地的风俗习惯，了解 BOP 顾客的真实需求，不仅能够促进产品和服务销售，对于企业品牌与声誉建立也有重要的宣传作用。特别在产品销售过程中，穷人对产品功能与实际需求间的差异有更加敏锐的感知，从而为企业创新提供非传统的知识与经验，有利于破坏性创新的产生。而对于拥有土地进行农业生产或其他初级品生产的穷人，企业可根据产品特征把其作为原材料供应商。但在传统市场条件下，穷人往往因缺乏资金、信息、技能和渠道等而表现出较低且不稳定的生产效率，在销售产品时因无从选择而易受中间商的不公平对待。企业应简化价值链中间环节，直接面对生产者，并通过杠杆利用跨界合作网络来提高穷人的生产能力与效率，如与银行合作来为穷人提供购买优质生产工具和生产资料的资金或与

NGO 合作对穷人进行技能培训以提高其科学生产技能等，并在产出达到特定标准时以适当价格收购。此外，对某些产品与服务，企业还可把组装或制造的最后环节放在销售地以更适应本地需求，既可降低成本又可为参与价值链的 BOP 生产者创造更多价值。

（三）制度创新

支持成熟市场体系运转需要适当的制度安排（North，1990），如畅通的信息渠道、明晰的产权界定、完备的法律制度与有效的执行等。但在 BOP 地区，这些制度安排及相关的基础设施都存在不同程度的缺失或无法发挥应有作用，使得企业面临很大的不确定性（Khanna et al.，2000）。在 BOP 市场内，企业应通过制度创新构建有效的交易治理系统来主动填补制度空洞，而不是等待市场自然演化到西方式的制度环境（London & Hart，2004），大部分在 BOP 市场取得成功的企业都在当地建立起以市场为导向的商业生态系统（Sánchez et al.，2006）。

对单个企业而言，独立进行制度供给和建设不仅成本巨大，且具有很强的外部性，也很难保证建设过程的效率和效果。企业应该联系和动员 BOP 区域内的各活动主体，包括 BOP 群体、当地企业、政府发展部门、NGO 与社会企业家等，共同构建起一个跨部门（Cross－sector）的商业生态系统。该系统是一个允许不同组织或个体在共生关系中行动并创造财富的环境（Prahalad，2005）。其运行机制并非是以成熟市场内基于竞争的利益最大化为导向，而是在一个共享愿景（Shared Vision）下，各主体充分运用各自的资源能力去参与 BOP 市场建设并创造尽可能多的经济与社会价值，并随着 BOP 市场的发展而相互塑造、共同演化并分享成果。其中，共享愿景体现在各方对构建 BOP 市场的共识，即只有共同努力才能创造和支撑一个持续运行的 BOP 市场，而通过该市场的良好运行，各主体才能更好地实现各自的动机与目的。其事实前提在于，在商业生态系统构建之前，并不存在一个真正意义上的 BOP 市场，大多数行动主体基本是在相对分散的状态下独立开展活动或工作，缺乏效率。而企业通过把不同主体联系在一起可以实现资源的整合与优化，各主体通过对 BOP 市场建设的不同贡献而获得更好的绩效。例如，在企业与 NGO 的合作中，NGO 可以通过学习企业的商业技能来提高效率和获得财务平衡，而企业则通过 NGO 来获得 BOP 群体的隐含信息或更快建立进入 BOP 社区的合法性等。因此，BOP 商业生态系统中更多的是异质性组织或群体间的相互学习与合作，而合作的基础是深层次的共享愿景与信任关系的建立与发展。

在构建过程中，企业不需要获取对系统的法定控制权，而更多的是要通过提供制度框架、知识指导和系统治理，以及运行流程等方式促使系统的良好运行（Prahalad，2005）。事实上，由于 BOP 地区存在着丰富的社会与道德规范、风俗习惯等非正式制度安排，各组织与群体内部也存在着深厚的纽带型社会资本（Bond Social Capital），企业应充分利用这些非正式制度，把商业创新嵌入在BOP地区原有的社会规范之内。企业应充分尊重本地的社会文化与制度，但同时也通过连接不同的组织与群体而在BOP区域建立起新的桥梁性社会资本（Bridge social capital）。这不仅增加了该区域的社会资本存量，而且在这些社会资本累积过程中，能够在整个系统内构建起以信任为基础的交易治理能力，从而降低交易成本，减少信息、选择、履行契约能力和社会地位等方面的不对称性。而信任作为一种交易治理机制，是对BOP市场内正式制度缺失的补充甚至替代。企业只有通过嵌入到BOP社区内，通过与BOP群体和其他主体的真诚交流、互相学习与对差异的协商解决才能建立以长期信任为导向的伙伴关系，从而保证BOP市场的可持续运行。但企业并非要毫无区别地去和尽可能多的组织或群体建立合作关系（这会构成很大的协调成本），而是从自身战略目标出发，基于当地现有的制度环境和基础设施条件，对各主体的资源、能力进行评价后逐渐构建起相应的商业与社会网络。随着BOP市场发展的日渐成熟，很多组织（如NGO）的作用在完成后会选择退出，也会有新的组织参与进来，体现出BOP市场演化的动态性与阶段性特征。

（四）文化创新

文化异质性是BOP市场的显著特征（Letelier et al.，2003）。由于大多数BOP人群生活在地理上比较分散的农村地区，较少参与真正意义上的商业活动，其价值理念与消费行为与成熟市场经济内的消费者或生产者有很大不同。而贫困地区相对封闭的环境使得本地的文化习俗与社会规范对穷人的心理、思维方式和价值观念的形成与固化有显著影响。当企业进入BOP地区从事商业活动时，也同时介入了当地社区的文化与价值体系。不仅企业提供的产品和服务会不同程度地改变穷人的生产或生活方式，与正式的商业企业基于平等、相互尊重与公平的原则进行交易对很多穷人来说本身就是一种全新的体验，这会促使穷人对自己的市场角色形成新的认知并在心理与行为等方面做出调整或转换。无论是生活、生产方式的改变还是角色转换，当与本地文化传统与价值的内在逻辑相一致时就会被很容易的接受。但在很多情况下，这种改变意味着对传统价值的疏离或背离，从而给穷人造成很大的困扰与困惑。当企业没有采取任何措施或方法来帮助穷人缓解或消除这种困扰时，往往导致失败。很多时候，穷人不愿意接受某种产品或服务，不是因为产品功能与质量在技术层面不符合要求（恰恰相反，很多企业为穷人提供的产品在效率与质量方面要优越很多），而是这种产品所传递的价值或所造成的改变与传统的价值观念或风俗习惯形成了冲突。因此，当企业通过一种文化上可接受的方式来改变穷人的价值理念或文化习惯，促使穷人进行角色转换时，称之为 BOP 市场中的文化创新（Cultural Innovation）。

文化创新源于企业对穷人内在价值冲突的有效识别与缓解，而这种价值冲突深刻反映出 BOP 群体对理想生活认知的矛盾心理。BOP 人群的现实生活环境艰难甚至恶劣，但他们同时也对更有价值的生活有着一般性的理解与感知。这种感知中常常包含着对传统价值规范不同程度的背离，很少能被直接和清楚的表达出来（例如，很多年轻的低收入群体既想保持对大家庭的责任又想独立生活）。因此，企业产品和服务对 BOP 人群生活质量与生产能力的改善、提升，要真正从 BOP 群体真正珍视的价值视角进行判断与衡量，减少商业行为给穷人带来的价值冲突，并通过与穷人建立的信任关系帮助他们完成心理与角色的转换与适应。如格莱珉银行把贫困妇女组织在一起，大家互相帮助、鼓励与支持以应对从家庭角色到社会角色转变带来的社会压力。

由上可知，企业在 BOP 市场中的文化创新会塑造并改变参与者的价值理念与角色认同，某种程度上是对 BOP 群体原有价值规范的消融与解构。但在实践中，企业常常从金字塔中高层视角为穷人预设一个幸福生活的图景，认为 BOP 市场只是向中高端市场发展的初级阶段，并基于这种认识运用成熟市场建立的技能与策略对 BOP 人群进行开发，最后的结果不仅仅是商业的失败，还会对当地的社会与文化生活产生负面影响。因此，文化创新要求企业必须放弃对 BOP 市场先入为主的理解与判断，实际嵌入到穷人的社会、经济与文化生活中进行观察、互动与反思，真正发现其内在的价值冲突，并使得商业创新有助于冲突的解决。文化创新会形成良好的示范效应，企业可杠杆利用这种效应去降低进入其他 BOP 市场的文化障碍并得到更多的支持。

（五）组织创新

从中高端市场进入 BOP 市场后，企业会同时在两个异质性市场环境中经营，需要组织架构与文化的调整。在成熟市场中，企业已经建立核心能力与技能，主要通过对已有知识基础、能力进行深入挖掘或适当拓展，以更有效地提供产品与服务，属于利用性创新（Exploitative Innovation）活动。企业应建立相对规范与层级化的组织架构，通过制定规则、秩序与流程来提高创新的边际效率。而在 BOP 市场中，企业面临着经济、制度、文化与地理方面与原有市场迥异的新环境，无法直接应用已有技能，必须通过“干中学”方式获取新知识，并构建全新商业模式才可能获得成功，本质上属于探索性创新（Explorative Innovation）活动。这要求企业构建灵活、高效、扁平化与网络化的组织架构，突出以人为中心，体现分权化与团队化任务解决的特征（唐方成、仝允桓，2006）。企业在不同市场内的两类创新，在性质、程度与形式上的差异会体现在组织架构的冲突与不一致上，需要从整体上构建二元组织（Ambidextrous Organization）形式予以平衡和协调。

在 BOP 市场开拓初期，为避免企业在成熟市场形成的思维模式与认知等因素对 BOP 市场创新产生的限制或束缚，需把企业核心业务与 BOP 创新业务分离开来，即在 BOP 市场内运作的项目组或团队应与中高端市场的组织保持一定程度隔离，采取完全不同的文化、结构与流程，在 BOP 市场内独立发挥作用并形成新的价值取向。同时，高层团队必须对两类创新活动都要表示出明确和实质性支持，而直接负责 BOP 市场的主管应是企业高层团队的核心成员，以保证 BOP 事业的持续和稳定进行，并减少和协调组织内部可能发生的转换成本与冲突。结构化（Structural）的二元组织主要体现为在 BOP 与中高端两个市场内的空间分割，以及主要由高层团队进行组织整合。

随着企业在 BOP 市场内运营的深入与规模扩大，BOP 市场内的组织团队会形成较为完整的创新模式与适合本地市场的组织架构，而两个市场中组织间的资源流动（包括信息、知识、资金与人员等）也会越来越紧密与广泛。不同市场内组织的长期隔离会导致在企业内部资源配置，以及整体目标与文化方面更高的冲突与协调成本。因此，应在结构化二元组织基础上纳入情境化（Contextual）二元组织模式中，以便于两类组织的重新整合。情景化二元组织主要是通过建立一套精心选择的流程或制度来营造出一种组织情景，从而鼓励员工在两类创新活动中进行自由判断与选择（Gibson & Birkinshaw, 2004）。在情景化二元组织内，中高端市场内的组织成员要了解 BOP 市场的战略意义与价值，积极从 BOP 组织内吸收新的知识，并为 BOP 事业提供支持；而 BOP 市场中的员工更要熟悉组织内的资源能力分布，在分享资源过程中，了解主流市场内的创新情境，为其提供新的思路与方向。企业高层应与员工共同构建内部的沟通与联系网络，在交流与协作中塑造企业愿景与文化，同时提高两个市场内的创新绩效。情景化二元组织是在整个企业内的个体员工层面进行整合，建立组织内的信任并形成有效激励，以保证跨组织的优势，避免内部冲突。总之，结构与情境二元组织的综合使得 BOP 与 TOP 地理、业务上的分割与情境上的联系交织在一起，促进资源的循环流动，创造出新的增长机会，使企业摆脱创新的路径依赖与惰性，获得持续竞争优势并创造出多元价值。

五、研究结论与启示

BOP 战略旨在激励私营部门通过创新性的商业实践来缓解贫困问题，为世界范围内的贫困治理提供了新的角度与思路。本章对 BOP 战略的类型与内涵进行了归纳，进而基于 BOP 群体的市场特性，详细阐述企业在 BOP 区域内的多种创新模式及特征，初步构建出分析与指导企业在 BOP 市场中进行创新的理论框架。总的来说，企业若要在 BOP 市场内获得成功，首先，必须转换思维，放弃在成熟市场内建立的理念、工具与方法，进而真正深入 BOP 区域内与穷人进行交流，在互动中不断学习；其次，与不同领域内的组织与个体建立合作关系，共同寻找问题及其解决方案。BOP 人群不仅是传统意义上的消费者或生产者，更是影响企业的重要利益相关者，是企业价值创造与实现的合作者。BOP 创新的核心在于企业并不是让穷人去接受现成的产品与服务或反过来接受穷人提供的资源与劳动，而是要在探索与互动中建立一种共享愿景或价值认同，即企业与 BOP 群体（及其他组织）基于各自拥有的异质性资源与能力去共同构建一种社会与市场交织的价值创造与分享体系，通过嵌入式的合作创造出经济、社会与环境的综合效益。在这个体系中，其具体的表现形式是交易行为的发生，但这种交易行为的背后是深刻的制度与文化基础。同时，企业要不断对金字塔两端市场内的创新活动及产生的知识等资源进行整合，其效率需要组织架构的相应调整与变革才能支撑和保证。

第 25 章　包容性创新的研究现状与理论框架

一、引　言

贫困是威胁人类社会的重大问题，无论是绝对贫困还是收入差距过大引起的相对贫困，都会损害到经济社会的可持续发展。但长期以来，有关贫困的讨论主要集中在公共政策与发展经济学（Stiglitz，2003），缓解与消除贫困的角色也主要由政府与国际发展组织以及慈善与非营利机构所承担。但研究发现，很多政府与国际发展组织在消除贫困的策略中通常缺乏企业家精神与创新思维（Jhirad & Woollam，2007），而外国援助与慈善组织在许多国家与地区的扶贫计划与项目收效甚微（Easterly，2008）。因此，意识到官方组织与民间机构在根除贫困方面存在的各种问题，越来越大的压力要求企业等私营部门在应对全球贫困问题方面发挥更大的作用（Hart，2010）。

与此同时，哈佛大学教授 Porter 与 Kramer（2006，2011）提出了创造共享价值（Creating Shared Value）概念，认为企业未来的发展方向要把满足社会需求纳入企业战略的核心议题，不但创造经济价值，也创造社会价值，这个观念将推动全球经济下一波的创新和生产力的成长。共享价值创造并不是慈善和社会责任，而是取得经济成就的新方式，共享价值也不是通过再分配手段来分享价值，而是要扩大经济与社会的总价值。因此，Kelly 等学者（2008）认为，商业是能够对缓解贫困做出必要与独特的贡献，其可持续性正是依赖于其盈利性，缓解贫困对于企业和穷人都意味着日益增长的机会。

因此，在共享价值创造视角下，企业不应把贫困问题视为一种负担，而是促进经济与社会可持续发展和获取新竞争优势的动力与机会（Michelini，2012）。但这种视角转换使得企业必须改变固有的主导逻辑，采用全新的思维、模式、手段与方法才能应对，这种通过盈利模式促进包容性经济增长和降低贫困水平的创新被称为包容性创新（Inclusive Innovation，George et al.，2012；世界银行，2011，2012），代表在新的经济发展阶段企业应对复杂社会生态问题的全新创新形态，传统创新理论很难给予充分的解释，需要进行新的理论建构。本章对包容性创新的理论溯源与国内外已有研究成果进行梳理与归纳，从整合视角提出包容性创新研究的理论框架，为后续更为深入与系统的理论与实证分析奠定基础。

二、包容性创新的理论溯源

包容性创新概念具有经济、社会、技术及伦理等多个维度的含义，其理论支撑来自于经济学、管理学、社会学等多学科的集成。为避免分析过于宽泛，结合包容性创新概念产生的具体过程，其理论溯源主要可从包容性增长理论、金字塔底层战略与破坏性创新理论三个方面进行分析。

（一）包容性增长理论

包容性增长是亚洲开发银行于 2007 年首次提出的概念，其理念形成和理论发展集中体现于林毅夫等（2008）主编的亚开行研究报告《以共享式增长促进社会和谐》中，目前已成为世界银行等许多致力于减贫宗旨的国际机构的指导思想。

具体而言，包容性增长的逻辑基础是区分了由个人努力与勤奋程度和由背景与环境差异造成的两类不平等（Roemer，2006），其中由努力程度差别造成的不平等是可接受的，反映了市场机制的酬勤罚懒，而在个人控制能力范围之外由背景与环境差异导致的不平等不仅在伦理和道德层面上是不可接受的，还会造成生产潜力的浪费和资源的错配（Ali，2007）。基于以上理解，Ali 和 Zhuang（2007）认为，当一种增长允许社会所有成员都能参与其中并做出贡献，并且增长的过程是以公平为基础而不考虑个人环境差异时，这种增长就是具有包容性的。在这个意义上，包容性增长的重点就在于充分发挥市场机制去创造就业与社会财富的同时，降低和消除由于背景和环境造成的机会不平等。因此，贫困的缓解与根除不能仅仅依靠经济增长后的转移支付与二次分配，更要创造出新的经济机会并确保穷人也能均等地获得这些机会并做出贡献和分享成果（林毅夫等，2008）。

包容性增长理念的发展反映了人们对贫困的认识从收入贫困到能力贫困再到权力贫困的深化过程，贫困不仅指收入低下与物质匮乏，也代表缺少公平选择的机会与能力低下（Sen，1999；Griffith，2003；蔡荣鑫，2010）。而企业作为市场经济的主体，创新是推动经济持续增长的核心力量，包容性增长的实现必然要求把企业创新与为穷人提供平等参与市场机会和提高穷人在市场中获益的能力联系起来。但包容性增长本身作为一个经济学概念，着重于从宏观层面分析如何“自上而下”构建实现包容性增长的经济理论与政策体系，并不能直接指导企业的创新实践。而在微观层面，金字塔底层战略则为企业等私营部门如何通过包容性的创新来“自下而上”的促进包容性增长提供了方向和途径。

（二）金字塔底层战略

金字塔底层概念最早由美国密歇根大学的 Prahalad 教授和康奈尔大学的 Hart 教授在 1998 年合著的工作论文“Raising the Bottom of the Pyramid：Strategies for Sustainable Growth”中提出。他们将全球市场视为一个巨大的“经济金字塔”，处于底层的贫困群体约占世界人口的2/3，但他们的基本需求从未得到有效满足。2002年，Prahalad与Hart合作发表的论文“金字塔底层的财富”标志着BOP战略的正式提出。两位学者创造性地提出企业可以通过满足低收入群体那些未被满足的需求，创造出新的产品或流程以服务经济、社会和生态环境需要。企业需要从全新角度应对可持续发展的挑战，不是将当前产品或服务销售到更远的市场中，而是要思考如何开发出能够被世界上更多人口接受的高质量产品和服务，同时不会对自然和社会环境产生负的外部性。

BOP战略把广大贫困群体视为一个拥有巨大商业潜力与待开发的新兴市场，在理论界与企业界都引起巨大的反响。一方面，对BOP战略的理论研究日渐增多与深入，邢小强等（2011）对相关文献进行了较为全面的综述；另一方面，企业对BOP市场的关注持续增加并逐渐形成一种将BOP市场视作企业再创业与业务增长引擎的浪潮（Visser et. al.，2007）。联合国开发计划署（UNDP，2009）、世界银行（2012）与世界可持续发展工商理事会（WBCSD，2010，2011）等国际组织都发布了多个研究报告，对私营企业（尤其是跨国公司）在发展中国家BOP市场的创新实践进行了总结归纳（如UNDP的“Growing Inclusive Markets”的系列案例）。这些公司针对发展中国家低收入群体市场的特点，通过一系列变革和创新，开发出BOP市场的潜力，既满足了贫困群体消费和发展的需要，也获得了丰厚的市场回报。由于企业BOP战略的具体实践往往伴随着创造新的思维、理念、模式与方法，当这些创新在创造经济财富的同时能够提升穷人的能力、收入和生活水平乃至改善BOP社区的整体福利时，在宏观层面就有助于包容性增长的实现。正是在这个意义上，可以把面向BOP市场与贫困人群并产生可持续结果的创新称为包容性创新。

（三）破坏性创新理论

相对于包容性增长与BOP战略对包容性创新的内涵界定与战略导向支撑，破坏性创新理论对包容性创新的影响更多体现在具体的创新模式与路径等技术层面，同时也进一步强化了企业进入低收入市场的动机。

在破坏性创新理论视角下，大量优秀企业在面临某些类型的技术和市场变化时无法保持领先地位，原因就在于这些企业是通过不断引入针对主流市场的维持性创新来改进其产品，而真正突破性的创新却大都是当初不被主流市场看好的那些产品和服务，这些产品和服务只能在非传统顾客新的和低要求的应用中产生（Christensen，1998，2001）。这是因为破坏性技术最初一般是以粗糙和不完善的形式出现，相对高端市场对创新的挑剔，只有在低端市场才能生存，成功的破坏性创新则大都有一个在被主流市场忽略或认为不相关的低端市场层面逐步演进的过程。因此，根据破坏性创新的基本原理，考虑到大量贫困人群一直被排斥在主流市场之外，既有通过获得新的产品与服务来提升生活水平和生产效率的渴望，又有恶劣和简陋的 BOP 环境与低支付能力对技术性能及价格提出了很高的要求，使得低收入市场成为破坏性创新天然的实验场所（Hart & Christensen，2002；Hart，2005）。对于那些在中高端市场基本陷于停滞或很难获得突破性发展的企业，进入低收入市场就成为打破现有格局并获得全新技术的重要契机。但相对于技术性的破坏，包容性创新还包含了促进贫困地区经济社会可持续发展的更多内涵，是对破坏性创新理论的继承和进一步发展（仝允桓等，2010）。

三种理论与包容性创新的关系如图 25－1 所示，支撑了包容性创新的不同内涵维度。

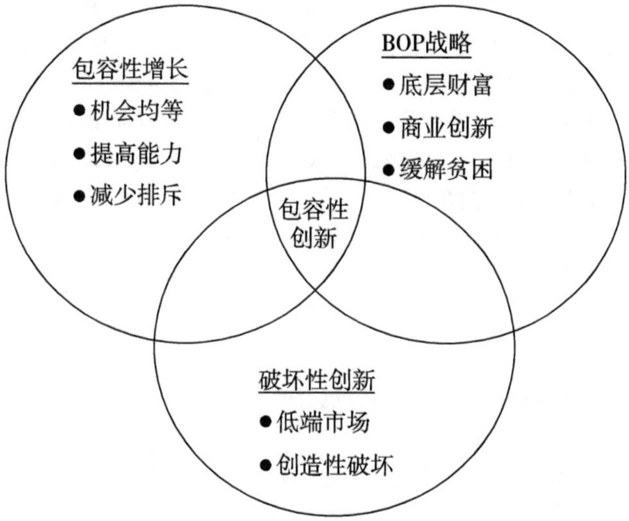

图 25－1 包容性创新的理论溯源

三、包容性创新研究的现状

包容性创新是一个涵盖不同领域的复合型概念，涉及多个学科，通过对文献的梳理可以从营销、战略、制度与组织 4 个理论视角对包容性创新研究现状进行归纳。

（一）营销视角

Prahalad 与 Hammond（2002）提出，尽管大量贫困人口每日收入不足 2 美元，但凭借其庞大的规模却代表着巨大的、迟早要释放出来的潜在购买力。因此，大量研究集中于从营销视角探讨如何在理解贫困人群内在需求基础上通过提供可负担的新产品与服务，来提升穷人的生活水平或生产效率。但由于贫困群体代表一个新的、没有开发和挑战性强的顾客基础，对该群体内在需求、消费行为、生产特征与所处环境的深入理解是创新的前提（Viswanathan & Rosa，

2010）。通过文献梳理，我们把相关特征归纳如表 25 –1 所示。

表 25 –1　低收入市场特征

类别	特征描述	主要文献
消费特征	● 生存需要、获得产品的不确定性与价格是影响消费的主要因素 ● 受教育程度低，难以进行抽象思维，倾向于形象思维，尽量避免使用复杂的产品和支付方案 ● 依赖于社会网络与口碑获得消费信息并进行决策，自尊与自我能力评估等因素也会影响决策 ● 支出主要集中于食品、能源、住房、交通和健康医疗等领域，但对教育和信息技术的消费在增加 ● 贫困惩罚，同样价格获得质量更差的产品与服务 ● 非理性消费（购买烟、酒等非必需品）与炫耀性消费	De Soto，2000；李宝库，2005；Prahalad，2005；Hammond et al.，2007；Banerjee & Duflo，2007；陈光金，2008；Subrahmanyan & Gomez – Arias，2008；Viswanathan et al.，2010；Chikweche & Fletcher，2010；Nakata & Weidner，2012
生产与交易特征	● 主要从事农业生产，为生计也会做很多短期工作 ● 缺乏职业教育，劳动生产率低，不确定性程度高 ● 缺乏专业化，很难形成规模化生产 ● 资源匮乏，缺乏获得生产与销售所需的信息、技术与资金等资源的正规渠道，依靠社会关系支持 ● 与外部市场联系少，主要与本地中间商打交道，讨价还价能力弱 ● 缺乏对未来的乐观预期，工作热情低	De Soto，2000；Chesbrough et al.，2006；Banerjee & Duflo，2007；Perez & Sandilands，2008；Viswanathan et al.，2010；London et al.，2010
市场环境特征	● 交通、能源、通信、卫生与教育等基础设施薄弱 ● 缺乏市场中介组织与专业机构，造成价值链缺失 ● 普遍缺乏建全的市场规则、明晰的产权界定、完备的法律制度与有效的执行等 ● 本地社会规范、文化习俗与传统习惯构成的非正式制度占主导	Vachani & Smith，2008；Mendoza & Thelen，2008；Viswanathan et al.，2008；Mair & Marti，2007，2013

由于贫困人群与低收入市场的各项特征与企业所熟悉的中高端市场有很大差异，因此必须改变思维，开发出新的策略、框架、工具与方法才能奏效。Chikweche 与 Fletcher（2012）通过案例分析重新考察了传统营销策略中的“4P”组合框架在低收入市场内的适用性，发现在每个维度上都需要做出重大调整，而且必须纳入企业与消费者的互动才能更好地服务于低收入市场。如 Prahalad（2012）提出，通过把注意力聚焦于4A，管理者可以在低收入市场创造出令人兴奋的创新环境。但由于低收入市场的分散性，Acosta 等（2010）开发出市场热图（market heat map）工具，可以形象展示出不同地理区域贫困群体未被满足的需求与当地市场的供给结构，辅助企业进行市场选择并传递创新产品与服务。最终，Weidner（2011）在总结各类组织在低收入市场运营实践基础上，提出一个详细的针对贫困群体的营销流程，包括市场调研、辨识关键需求、社会网络协商、设计价值主张、共同开发产品、本地化生产、可持续性包装、顾客沟通、渠道开拓与采用管理 10 个环节，详细阐明了如何通过不同环节的创新来解决贫困市场的特有需要。

在各个环节中，新产品和新服务的开发与传递是创新的基础与重点。Prahalad（2012）认为低收入市场构成了突破性创新的新的源泉，企业必须把该市场的外部约束转化为创新要满足的边界条件。作者构建了一个创新沙盒（Sandbox）模型并通过一个帮助印度农村贫困人口做饭和取暖用的生化质炉（biomass stove）的开发过程，展示了这种工具的有用性。但 Viswanathan 与 Sridharan（2012）认为现有文献对于针对低收入市场的新产品开发并没有提供太多的理论与实践指导，基于对 13 个聚焦于贫困消费者的新产品概念与原型开发项目的分析，两位作者建立起一个包容性产品创新过程模型，包括理解市场、产品设计和产品开发与传递三个阶段，并归纳了每一阶段的关键影响因素。而 Wooder 与 Baker（2012）以肯尼亚的金融服务创新——M - Pesa（移动银行服务）为例，分析了针对低收入市场的服务创新过程，提出一个包容性服务创新框架，包括价值创造、价值传递、价值获取、价值保护和价值延续 5 个方面。然而，无论产品还是服务创新都需要消费者的接受与购买；Nakata 与 Weidner（2012）的研究表明，经济条件、地理环境、心理因素与知识水平等 4 个方面的限制大大阻碍了贫困消费者对新产品的采纳，但新产品的某些特质（如可负担性、可视性与相对优势等）、社会情境要素（社会资本与集体需要）和营销策略（私人促销、分散化渠道和灵活性付款）等可以促进消费者对新产品采纳的可能性与速度。

（二）战略视角

在战略视角下，贫困群体与低收入市场代表着企业获取可持续竞争优势新的来源（Hart，2005；Prahalad，2005），因此着重分析企业如何通过获取、利用、整合与构建新的资源能力来创造出多元价值，强调设计新的适合低收入市场的商业模式和建立新型伙伴关系。

Pitta 等（2008）认为，对于低收入市场，不仅是成本问题，而是企业原有的各种资源与能力都没有准备好为穷人服务，也不知道如何在为穷人提供产品与服务中获取利润。仅仅利用现存知识与效率会阻止企业在低收入市场的成功，因为它摒除了深入倾听和本地知识的产生，特别是原有的解决方案或商业模式对于金字塔底层是完全不够的，必须要开发一种全新的能力（London & Hart，2004）。这种被 Hart 与 London（2005）称为本地化能力（Native Capability）的构建，要求企业避免从自身核心业务角度去考虑问题，要深入低收入社区进行学习，通过整合本地资源和低成本探索实验来开发新的商业模式。Tashman 与 Marano（2010）也认为企业实施金字塔底层战略，需要构建一种非线性的动态能力，但不能依赖于渐进性的战略调整进行，而是要分别针对低收入市场价值链与商业环境采用新的资源动员手段。Seelos 与 Mair（2007）结合资源基础论与低收入市场环境特质指出，由于难以辨识不同资源及其使用效果之间的因果关系，企业无法确定构造何种能力并预测它们在新的使用中创造价值的潜力，这凸显了在低收入市场基于新的能力建立商业模式的巨大风险。因此，企业依然可以通过复制（replication）与重置（redeployment）两种策略来利用以往的技能与经验，通过和本地成员合作来扩大已有商业模式的规模，或调整为同时满足战略与社会目标的新商业模式。根据上述两类逻辑，Sanchez 与 Richart（2010）区分了低收入市场内独立与交互两类商业模式，其中，独立型（Isolated）商业模式主要通过杠杆利用企业核心能力来进入新市场以利用现存的机会；而交互型（interactive）商业模式需要企业去综合、整合和协同内外部资源与系统能力来创造新的商业机会。前者充当着效率追求者的角色，并试图利用要素生产率禀赋的差异，而后者则依赖于两个或更多参与者的互动产生的新机会，这些机会对于价值创造的整体效果大于各自努力结果之和。

在商业模式创新的具体内容方面，Yunus 等（2010）结合格莱珉银行的创新经验，提出以缓解贫困为目的的社会商业模式概念，指出社会商业模式包括不同的价值主张、系统与盈利模式，需要纳入社会导向的利益相关者并界定清楚要达到的社会利益目标。Schrader 等（2011）基于战略过程视角建立起面向低收入市场的商业模式创新框架，包含企业、贫困群体的初始需求、动机、外部分析、利益相关者、产品与服务、战略选择、组织、供应链、经济产出与可持续结果，基于案例分析结果对框架的每个维度都进行了归纳与阐释。中国学者邢小强等（2011）根据中国农村市场环境与企业实践，归纳出金字塔底层商业模式的 5 个维度（价值主张、本地能力、价值网络、关键活动与盈利模式），特别强调了政府部门在商业模式创新中发挥的重要作用。总之，由于低收入市场是一种近于奈特式的不确定环境，商业模式的创新与设计必须遵循特定的原则，包括界定运营边界、确定利益相关者的资源与角色、辨识合适的商业单位、预期意外情形的发生并计划好退出方案等（Thompson & Macmillan，2010）。在此过程中，企业应遵循以发现为驱动的逻辑思路，即主要基于不断试验与学习获得的新知识进行创新，而不是仅依靠自上而下的分析方法（McGrath，2010）。

（三）制度视角

作为专业性的社会结构和重要的交换机制，市场需要特定的制度和规则才能存在与运行（North，1991）。但在贫困地区，支撑正规市场体系运作的制度安排都存在不同程度的缺失或无法发挥应有作用，从而形成制度空洞（Institution Void，Khanna & Palepu，1997；Mair & Marti，2007），薄弱的正式制度基础与价值链环节的缺失使得企业往往要建立一个新市场而不是进入一个新市场（Seelos & Mair，2007）。因此，制度视角主要分析企业如何利用创新性的活动与手段来填补制度空洞，促进市场体系的构建与有效运行。

在低收入市场，虽然明晰的产权、完善的法律与执行等规制性（Regulative）制度不健全，但却蕴含着丰富的社会习俗、文化，甚至宗教信仰等规范性（Normative）与认知性（Cognitive）制度要素，深刻影响着穷人日常的生产、生活与交易活动（Chambers，1997；De Soto，2000）。这种非正式制度主导的商业环境赋予很多传统的非市场参与者更重要的角色与作用，包括非营利机构、当地政府部门、社区组织和穷人自身等，这些参与者可以通过贡献各自的制度与商业资源来弥补制度缺口和替代缺失的价值链成员（ Rivera – Santos et al.，2012）。大量研究表明，联系、动员和促进低收入市场内外的不同组织、机构与个体共同组建一个跨部门（Cross – sector）的联盟网络或商业生态系统是企业解决正式制度供给不足与促进包容性市场建设的重要方法与途径（London & Hart，2004；Hart，2005）。特别是不同参与者通过互动与学习，会不断利用与整合各自的经济与社会资本，建立起基于正式契约、信任与互惠交织的混合治理机制来协调行为，提高承诺与解决矛盾，减少与降低了与低收入市场相关的不确定性和交易成本，有助于提升穷人获得教育、食品、健康、住房及卫生等基本产品与服务的途径，也能够帮助穷人通过获得金融服务和更有效率地提供产出或劳动力来提高能力、效率与收入的机会（Prahalad，2005；Sánchez et al.，2006；Mendoza & Thelen，2008；UN Development Program，2008；Heuer，2011；Ramachandran et al.，2012）。

但这种合作网络的形成与系统构建既非自发进行，也非一蹴而就。由于低收入市场中缺乏能够有效连接不同参与者来支持企业活动的正式制度，企业在网络与系统构建过程中的创新就变得非常必要（Sanchez & Richart，2010）。特别是很多非传统伙伴的目标、价值观、资源能力及行为方式等具有高度的异质性与多元化特征，这种差异性对企业既构成了外部关系管理上的挑战，也形成了大量知识共享、学习与合作创新的机会，合作的成功最终依赖于企业对伙伴及其资源的辨识与平衡，由各种差异导致的潜在冲突的能力（London & Rondinelli，2003；Brugmann & Prahalad，2007）。尽管有研究强调企业要在网络或系统中居于领导地位，但 Prahalad（2005）指出，在商业生态系统构建过程中，企业不需要获取对系统的控制权，而是要以提供制度框架、知识指导和系统治理，以及运行流程等方式来保证系统的良好运行。Reficco 和 Márquez（2010）对 9 个低收入市场内跨部门网络的研究也发现，大多数案例中的企业都在一定程度上放弃了对决策的控制权，主要通过建立激励机制来协调行为与促进共同决策。因此，面对低收入市场的独特制度环境，企业需要发展建立、管理及协调跨部门合作网络的流程、规则与框架，并在实践中不断调整与完善，才能克服正式制度不足造成的障碍，并把低收入市场内各种丰富的非正式制度要素转化为生产性的结果（Sanchez et al.，2006；Findlay - Brooks et al.，2007；Rivera - Santos et al.，2012）。

（四）组织视角

相对于关注企业外部影响因素，组织视角聚焦于企业内部来分析阻碍或推动包容性创新的决策流程、管理行为与组织架构调整等。Olsen 等（2009）提出，尽管贫困群体与低收入市场代表着新的发展机会，但由于包容性创新项目有更长的回收期和更高的风险，因此企业内部存在多种组织障碍阻止项目的启动与顺利实施。首先，在认知层面，追求利润最大化的心态在很多企业内占主导地位，而服务穷人更多被视为企业社会责任或形象工程，难以争取足够的支持；其次，包容性创新会对企业现有的组织程序、惯例与工作流程造成很大的调整与改变，容易造成困扰而遭到内部抗拒与抵制；再次，大多企业的项目评价要满足净现值（NPV）和风险评估要求，而包容性创新项目在这两个标准下都很难获得通过；最后，以财务关键业绩指标（KPI）为基础的激励制度与结构也会抑制包容性创新的开展。Waeyenberg 与 Hens（2012）在研究跨国公司进入低收入市场过程时也发现，由于既要利用已有能力又要建立新的能力，很多障碍会阻止包容性创新的成功，包括无法转换思维、调整评价方法与惯例等。

针对上述障碍，现有文献主要从结构调整与人员激励方面进行探讨。Hart 与 Milstein（2003）建议，为避免企业在成熟市场形成的思维模式与认知等因素对低收入市场创新产生的限制或束缚，需把企业核心业务与包容性业务分离开来，即在低收入市场内运作的项目组或团队应与中高端市场的组织保持一定程度的隔离，采取完全不同的文化、结构与流程。邢小强等（2011）从组织二元性（Ambidextrous）角度出发，认为在项目初期可以采用 Hart 与 Milsterin 的建议使用结构化二元组织进行业务分割，但随着项目不断进展并取得成效后，应在结构化二元组织基础上纳入情境化（Contextual）二元组织模式，使得业务上的分割与情境上的联系交织在一起，促进知识分享并形成共同认知。

在人员方面，Kanter（2007）基于两个金融服务行业的案例解释了企业高层持续的关注对于成功服务于低收入市场的重要性，特别是领导者的企业家精神与对目标的设置与推进对于激发各层次员工来严肃对待这个市场是成功的关键。但 Galema 等（2012）在考察了低收入市场中的小额信贷组织后也发现，如果组织缺乏良好的治理结构，就会给领导者以从自身利益而不是组织利益出发的激励，导致高风险和低绩效。因此，高层领导者在推进包容性创新业务时需要在决策流程、资源配置、项目进展与风险控制等方面进行系统的思考。而在企业中层，Halme 等（2012）在研究诺基亚与 ABB 两个公司进行的包容性创新项目时发现，在项目遇到阻碍或要被终止时，那些具有高度进取心与责任感的中层经理人往往会通过创造性地动员与使用组织已有资源来克服障碍并推动项目进行，这种被称为“利用现成资源内创业”（Intrapreneurial Bricolage）的行为需要经理人具有辨识和使用非传统手段的能力与意愿，而组织对这种行为的容忍也会产生重要影响。对于基层人员，项目负责人应尽量在本地寻找优秀的雇员组成浸入式的团队进行合作与学习，这不仅能为包容性创新贡献新的思维与内容，也能不同程度地影响企业的价值观与文化（Prahalad & Lieberthal，1998；Simanis & Hart，2008；邢小强等，2013）。

综上所述，我们以四种理论为视角对包容性创新的相关研究进行归纳，如表 25 - 2 所示。尽管不同视角关注的重点不同，但研究内容上却多有重合，很多文献都是采用或整合多个理论视角进行分析，这与贫困人群与低收入市场环境本身的复杂性与多元化特质相适应，也体现出包容性创新需要系统性思维的特征（Prahanlad，2012）。

表 25 - 2 四种理论视角下的包容性创新研究比较

研究视角	营 销	战 略	制 度	组 织
分析层面	组织	组织、跨组织	跨组织	组织内部
研究议题	如何提供穷人可负担的产品/服务	如何在低收入市场创造价值	如何推进低收入市场机制的建立	如何促进包容性创新业务的开展

续表

研究视角	营　销	战　略	制　度	组　织
研究对象	顾客、市场、产品、服务、价格、渠道、品牌与沟通	资源、能力、商业模式	跨部门联盟、网络与商业生态系统	人员、流程、架构与方法
研究方法	案例研究、大样本统计	案例研究、大样本统计	案例研究	案例研究

四、包容性创新研究的理论框架

尽管很多文献从多个角度对面向低收入市场的创新进行了探讨，但包容性创新还需要更多严谨深入的分析来推进理论的建构与发展。本章提出一个初步的理论研究框架如图 25－2 所示，目的在于展现该领域的大致轮廓（并非想穷尽所有问题），以期为未来研究提供一些借鉴与思路。

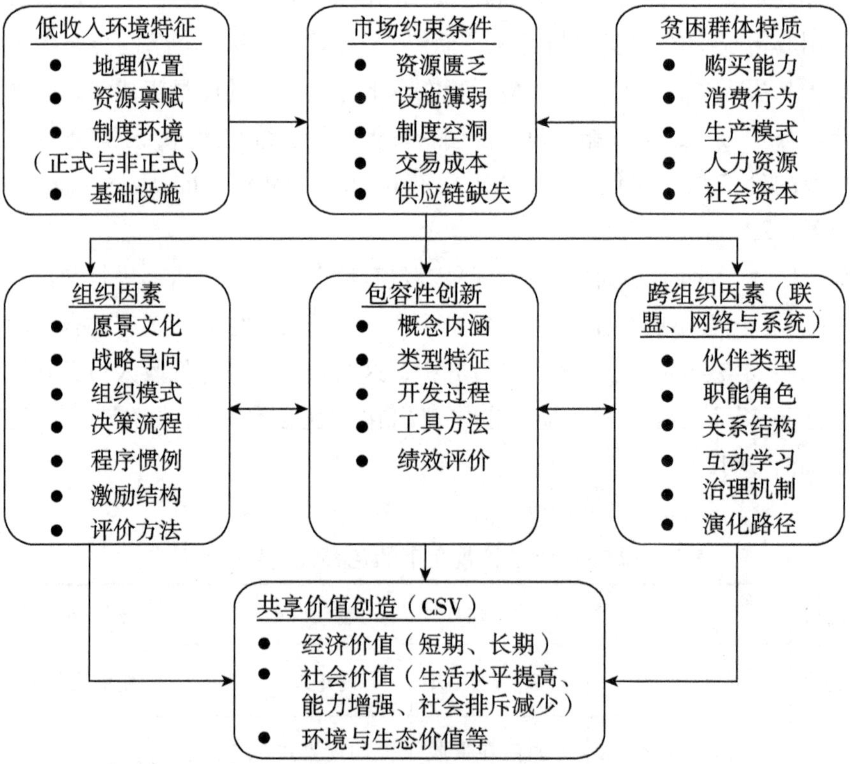

图 25－2　包容性创新研究的理论框架

该框架遵循从贫困群体与所处环境现状开始到通过包容性创新实现共享价值

创造结束的逻辑路径，中间每一部分都可以作为独立的研究内容，不同部分之间的联系可以构成新的研究问题，下面进行具体说明。

（一）贫困群体与低收入市场环境分析

对贫困人群及其所处市场环境的分析是包容性创新研究的前提与基础。尽管已有不少文献探讨了穷人的生产、生活与所处市场环境特征，但由于贫困人口规模众多，地理分散，不同贫困区域之间的环境特质差异巨大（Webb et al.，2010）。贫困环境的差异使得适合特定低收入市场的创新并不一定能应用于其他市场，而形成规模是包容性创新盈利的重要条件（Prahalad，2005），因此有必要对更多的贫困区域进行调研、分析与比较，找出共性，辨识差别以及这些差别对于商业运营的含义。随着世界范围内对不同贫困区域的人群（个体特质、需求特征、消费行为和生产模式）与环境（地理条件、资源禀赋、制度环境与基础设施）特质知识的积累与理解的深化，必将有助于从全球视角去构造更有效的创新解决方案来缓解贫困，创造出更加多元化的价值。

（二）包容性创新的基础理论问题研究

作为一个独立的学术概念与研究范畴，包容性创新出现的时间并不长，仍然需要对一些基础理论问题进行深入探究。首先，是包容性创新的概念与内涵。尽管有学者对包容性创新的概念给出了一些定义（George et al.，2012；吴晓波，2012；邢小强，2013），但远没有达成共识。包容性创新的内涵与边界也比较模糊，很多文献直接作为一个不言自明的概念在使用。未来研究应结合包容性创新的理论溯源与实践基础，通过与社会创新、草根创新、甘地式创新、低成本创新等相关概念的区别与比较来对其研究范围、对象与边界做出更加明确的界定。其次，对研究对象的分类是理论深化的必要步骤。但目前对包容性创新类型的划分还比较简单或直接，如按照穷人的角色（生产者或消费者）或创新的形式（产品、服务与商业模式）进行区分，大都是描述性分析。未来研究应结合包容性创新实践从更具理论抽象的维度进行类型划分，比较不同类型创新的特征与规律，才能推进理论的深化与发展。再次，包容性创新的过程研究。这类研究的目的是要剖开“包容性创新是如何形成的”这一黑箱，展现创新过程中组织内的决策、流程与资源配置以及组织与外部环境的互动，辨析创新过程不同阶段使用的工具方法及其作用与效果等。最后，包容性创新的绩效评价。基于策略创新绩效的现有指标，根据包容性创新的性质、对象与目的开发出新的指标体系或量表，这是研究的难点。

（三）包容性创新的影响因素与影响机制研究

探究影响包容性创新的主要因素及其影响方式与作用机理具有重要的理论价值与政策含义（Georgel et al.，2012），既可从组织间（Inter - Organizational）与组织内（Intra - Organizational）两个角度分别探讨，也可以把各种要素纳入一个综合性的分析框架进行研究。其中，组织间的研究主要分析跨企业层次的联盟与网络相关因素与包容性创新关系，既可使用基于大样本的统计方法来验证跨部门联盟与网络的各种特征对包容性创新的影响机制与效果，也可使用纵向案例研究分析联盟与网络的构建、运行和演化与包容性创新行为的交互影响与塑造。而组织内的研究则重点关注与组织自身相关的各类要素对包容性创新的影响，包括文化、战略、架构、人员、流程与惯例等。这类分析不同层次与类别的因素对包容性创新的影响机制、路径与效果的研究，会形成多样化的理论问题或研究分支，能够不断推进包容性创新理论的发展与成熟。

（四）包容性创新与共享价值创造研究

共享价值创造是指企业在处理社会需求与难题时，不但能够创造经济价值，也为社会创造价值，关键在于找出解决社会问题与促进经济进步的关系并扩展这种关系。而低收入市场一方面代表着巨大的商业潜力，同时也蕴含着严重的社会问题，为共享价值创造提供了适合的实践环境（Michelini，2012）。而通过把穷人视为有价值的消费者或生产者，包容性创新就可以通过技术与商业模式的变革缓解甚至消除贫困。因此，在低收入市场，包容性创新是实现共享价值创造的方式与途径，包容性创新的程度越高，就能更多地克服或打破低收入市场本身的各种约束，从而创造出更多的价值，这反过来也会激发新的包容性创新。共享价值创造既是包容性创新的指导原则，也是包容性创新实施的结果。把这两个新兴研究领域结合在一起研究必然会产生新的理论洞见。未来研究可以通过分析包容性创新如何克服多样化的市场障碍来归纳实现共享价值创造的机制、路径与效果。

五、研究结论与启示

长期以来，对经济利润的追求是传统创新的隐含假设与主导逻辑，因此，缓解贫困等社会价值创造并不在考虑范围之内，而是通过最大化经济利润后的企业社会责任或慈善等形式进行。而包容性创新强调通过创新的思维、模式与方法可以在创造经济财富的同时改善穷人的境况，把缓解贫困内置在经济价值创造过程中，使得包容性创新不仅是一种技术和商业行为，更含有如何用公平的方式为穷人提供价值（或共同创造价值），以缓解贫困和促进包容性增长的社会含义，从而把创新研究从技术经济领域拓展到社会发展领域，改变了传统创新研究的关注与视野。本章梳理了包容性创新的理论渊源，并从营销、战略、制度及组织 4 个角度对现有文献进行了归纳，提出引导未来研究的理论框架，有助于该领域的进一步发展与深化。

第26章　包容性创新的概念、特征与关键因素

一、引　言

亚洲开发银行2007年提出包容性增长（Inclusive Growth）概念，强调经济增长的巨大益处要能够惠及所有民众，核心要义是要实现机会平等和公平参与（Ali & Zhuang，2007；蔡荣鑫，2010）。但在世界范围内，超过40亿人口仍然生活在经济与社会金字塔的底层（Base of the Pyramid，BOP），他们很少享受到全球化和经济增长的好处，却要承受社会动荡和环境恶化等种种不良后果（Kelly，2009）。而Prahalad 、Hart（2002）和Prahalad（Prahalad，2005）富有洞察性地指出，这些长期被排斥在正规市场经济体系之外的BOP群体内实际上蕴含着巨大的商业潜能，如果企业等私营部门把广大低收入阶层作为新兴市场进行探索就能同时创造出经济、社会与环境等多元价值。但由于BOP群体所处市场环境与金字塔中高层有很大差别，企业必须转变思维并采用全新的模式与方法才能成功（London & Hart，2004）。这既凸显了创新对于开拓BOP市场的重要性，BOP市场自身也构成了创新的推动力与机会来源。George等（2012）认为，面向BOP群体与市场的创新在创造经济财富的同时，能够提升穷人的能力、收入和生活水平乃至改善BOP社区的整体福利，从而在宏观层面有助于包容性增长的实现，因此可把这类创新称为包容性创新（Inclusive Innovation）。

作为一个新的管理学概念和创新理念，包容性创新代表着在经济快速发展过程中企业应对复杂社会生态问题的全新创新形态，也反映出全球化进程中技术、经济与社会问题的深入融合（Goldsmith，2011）。但在理论层面，包容性创新研究依然处于理论建构阶段，对其概念、内涵、特征和关键成功因素等基础问题仍缺乏深入探究。由于理论发展既要反映现实变化，又要引导和服务实践，因此本章对包容性创新研究的基本问题进行初步分析，并用具体案例予以说明，力图唤起企业、政府与其他社会组织与机构的关注，为包容性创新实践提供理论支撑与指导。

二、包容性创新的概念与内涵

对研究对象进行概念界定是理论展开的前提，但现有文献还没有对包容性创新进行清晰地定义与说明。由于包容性创新把创新研究从技术经济领域拓展到社

会发展领域，涉及多个学科，仅从单一理论视角很难洞悉与把握其性质与内涵。因此，本章结合包容性增长、BOP 战略、企业竞争优势、贫困治理与可持续发展等相关理论把包容性创新定义为：企业等私营部门以可持续的方式为被现有经济社会体系排斥在外的 BOP 群体提供机会来平等参与市场以提高收入、发展能力与扩大权利的新思想、新模式与新方法的开发与实现。由于包容性创新的内涵非常丰富，结合上述定义从以下几个方面加以说明：

（1）包容性创新本质是通过创新性的思想、模式与方法为穷人提供平等参与市场的机会。尽管 BOP 人群有着大量未被满足的需求（Hammond et al.，2007），也拥有数量惊人却无法创造价值的死资本（Dead Capital），但大多数贫困地区并不存在发育完善的产品、服务或劳动力交易市场来满足需求和创造价值（De Soto，2000）。而且穷人在本地不完善的市场体系中往往处于弱势地位，生产与消费能力都很低下。这事实上剥夺了穷人有效参与正规市场并享受益处的能力与机会，使其被排斥在全球市场化进程之外，而这种剥夺与排斥主要是由所处环境而非个人努力原因所造成（庄巨忠，2012）。包容性创新可以有效地服务于 BOP 市场并与全球经济联系在一起，通过把穷人纳入多种形式的市场关系并赋予穷人新的市场角色与地位，客观上降低或消除了市场机会的不平等。

（2）包容性创新隐含着对贫困人口追求幸福生活意愿与能力的尊重和信任。在包容性创新视角下，穷人并不是传统观念下消极被动的受助者和被怜悯者，而是对自身所珍视幸福生活有着强烈渴望的市场参与者，具备创新所需要的各类关键资源与能力（Sen & Amartya，1999）。因此，创新的成功依赖于企业与穷人之间的深度合作，这不仅拓展了企业创新的视野与格局，也给予穷人利用自身资源与提升能力的机会。穷人自身不是需要解决的问题，而是解决方案的重要组成部分。在这个意义上，包容性创新是企业与穷人进行价值共创（Value Co - creation）与分享的过程，而不是把穷人作为接受对象的单向价值传递。

（3）包容性创新并非出于企业社会责任和慈善动机，而是企业构筑长远竞争优势的战略工具和行为。Kelly 等学者（Kelly，2009）提出，创造新市场与新顾客是全球企业以最好方式来生存、增长、拓展其核心利益的动机。随着世界范围内中高端市场的竞争越来越激烈，蕴含着成长的空间日趋饱和，而从未被充分探索的金字塔底层则为企业的跨越式发展提供了新的可能（Simanis & Hart，2008）。但是 BOP 市场传统资源的匮乏，以及存在大量非传统市场参与者等状况为企业运营构成各种挑战，企业必须打破业已接受的市场逻辑与框架，重新构建新的模式与方法才能克服。因此，BOP 市场环境特质为企业提供了成长的潜力与创新空间，有助于企业通过学习积累新的资源与能力并建立新的竞争优势。这种基于盈利与发展的战略动机能够保证包容性创新的效率与经济上的可持续性，所依赖的正是企业追求利润与有效配置资源的本质特征。

（4）包容性创新有助于 BOP 人群收入、能力与权利贫困的缓解。通过提供平等参与市场的机会，包容性创新把穷人视为有价值的消费者、生产者与创业者，并根据穷人的不同角色进行相应的创新（Prahalad，2005；Hall Jeremy，2012）。消费者导向的包容性创新为穷人创造可负担的产品与服务，可以涵盖营养、能源、交通、通信、金融与教育等多个领域，提升穷人的生活水平与综合素质（Subrahmanyan，2008）；生产者导向的包容性创新以消除贫困生产者的生产性障碍与交易性障碍为目的（London et al.，2010），提高生产效率并深化穷人的市场角色认知；创业者导向的包容性创新则旨在培养金字塔底层的创新精神与创业意识，增强穷人创新能力并提供创业机会。不同类型的包容性创新对穷人的经济改善、能力提升与权力扩大等多个方面都有积极影响，从而能够有效缓解和降低各种形式的贫困。

（5）包容性创新与注重创造社会价值和解决社会问题的社会创新相比，既有联系又有区别。在范围上，包容性创新针对的是 BOP 群体，创新的社会价值主要体现为降低贫困，而社会创新的外延则更加宽泛，涵盖一切有益于社会变迁的新的方式方法，例如缓解交通堵塞、减少性别歧视、保持环境生态、保护知识产权，以及促进核裁军等不同领域的问题都属于社会创新的内容。在性质上，包容性创新在微观层面是一种商业创新，强调以企业主导采用市场化的手段服务于 BOP 人群，在赚取经济利润的同时改善穷人的贫困状况。而社会创新的推动者往往是慈善基金会等非营利组织，在解决社会问题时并不一定是市场化导向，不会以盈利为主要目标，采用的方法并不局限于经济领域，而是包括社会、政治与法律途径等。

三、包容性创新的特征

包容性创新的特征主要来源于所针对的 BOP 市场及人群的特性。在现有研究基础上，总结出包容性创新的基本特征如下。

（一）创新思维的系统性

系统性思考是包容性创新的内在要求。在 BOP 市场内，包容性创新面向的对象与环境更加复杂与不确定，如穷人收入少而不稳定、受教育程度低、地理分散、基础设施不健全、缺乏明晰的产权和完备的法律制度与执行等（Mair & Martí，2007；Mendoza & Thelen，2008；Waeyenberg & Hens，2012）。所有这些因素交织在一起，共同影响着穷人的生产、生活与消费活动，需要给予全面考量。企业需要系统思考 BOP 市场内多元化的需求和复杂的因果关系，把不同因素间的联系与交互作用纳入创新的整体设计，以提供适宜的解决方案。

（二）创新形式的多样性

由于BOP市场内存在着不同性质与类型的障碍与约束，需要多种形式的创新才能分别应对与克服。因此，包容性创新不仅包括新产品/服务的开发，也包括对制度、组织、价值链、渠道与市场策略等的创造、调整与变革。如产品创新要实现以低廉的价格为穷人提供高质量的产品；渠道创新则使产品与服务更直接面对终端BOP消费者；价值链创新能够充分利用BOP生产者的资源与能力；制度创新通过建立新的交易治理机制来弥补正式制度的缺失；文化创新可以有效识别与缓解穷人内在的价值冲突等（邢小强等，2010）。不同形式的创新相互促进、相互补充，有时需要共同发挥作用才能实现多元价值的创造与分享。

（三）创新过程的开放性

对进行包容性创新的企业而言，BOP市场代表着全新的创新环境，这使得从创意到市场的整个创新过程所需的知识、资源与能力很多不会在企业内部产生。因此，包容性创新的重点不是在实验室里进行系统的研发，而是要有效辨识、吸收与利用外部环境中的知识与资源，要求企业注重积累外部社会资本并提高学习与吸收能力。企业要以开放的心态从外部积极搜索有关潜在创新机会的知识与观点，还要把各种外部资源纳入创新方案的设计与实施，才能开发出适合BOP市场特质的产品、服务与商业模式。这种开放的创新过程不仅能够降低创新成本和缩短创新周期，也会使创新方案本身更具有灵活性与包容性。

（四）创新机制的独特性

包容性创新极大依赖于BOP市场的本地情景，会呈现出不同于TOP市场创新的独特思路与逻辑。以可负担性为例，由于穷人无力承受高价格的产品与服务，企业在创新伊始就必须在一个确定的价格上限约束下开展工作，这导致包容性创新的逻辑是遵循价格－利润＝成本，而不是通常的成本＋利润＝价格（Prahalad，2012）。当价格确定而企业又要确保一定利润条件下，创新焦点就集中于降低成本，进而引发对材料、结构与流程等一系列要素的选择与重构。这种价格约束与BOP环境内其他硬性约束构成了包容性创新的边界条件，促使产生一种BOP市场特有的创新机制。

（五）创新结果的可持续性

金字塔底层的社会与生态系统是BOP市场赖以存在的基础，穷人的生产、消费与交易活动与本地的社会规范与生态平衡息息相关，这在相对封闭的地理区域内尤为明显。因此，企业的创新活动对BOP当地的经济、社会与自然环境具有多重影响，需要在创新方案设计时给予全面评估，避免负的外部性产生（Hart，2010）。单纯创造经济价值却破坏或损害当地自然环境、文化习俗与社会生态的创新都不是真正的包容性创新，不利于BOP人群、社区与企业自身的长远利益。考虑到 BOP 市场环境的脆弱性，符合经济、社会和生态的可持续发展成为包容性创新的重要特征（全允桓、陈晓鹏，2010）。

四、包容性创新的关键成功因素

迄今为止，很多企业在 BOP 市场内开展了包容性创新项目，有的项目取得良好绩效，不仅为企业创造利润，也改善和提升了穷人的福利水平，但也有项目遭遇失败（Kandachar & Halme，2008）。基于现有文献与企业在 BOP 市场的创新实践，可把包容性创新的关键成功因素归纳为以下四点。

（一）理解 BOP 市场

BOP 市场内的生产与消费行为、基础设施条件与制度规范等有着独特环境与需求特征的全新市场（Letelier et al.，2003）。对于 BOP 市场的特殊环境与规律，很多企业缺乏真正的了解，并不清楚如何为穷人提供产品与服务来获得利润，而是根据固有印象进行运营，结果往往导致失败（Martinez & Carbonell，2007；Pitta Dennis et al.，2008）。因此，对 BOP 市场全面与深刻的认识与理解是一切包容性创新成功的前提。

由于 BOP 市场内特有的制度与价值规范且穷人普遍受教育程度较低，企业必须摒弃由“自上而下”思维形成的对穷人的先入观念和态度，全面立体的融入 BOP 社区去体验与感受穷人的实际生活才能获得有关 BOP 市场的真实状况。在此过程中，企业要竭力避免从自身的核心业务角度去考虑问题，抵制住把现有产品与解决方案推向 BOP 市场的诱惑，而把更多努力用于辨识内嵌于 BOP 环境中的独特社会文化、制度与资源约束与潜力上来（Chatterjee，2009）。例如，墨西哥的水泥制造商 CEMEX 公司的员工小组在棚户区住了 6 个月，目的只是为了切身体会 BOP 人群所生活的实际环境而不是销售更多的水泥。通过这种方式，企业不仅能了解诸如穷人的收入与支出状况等显性信息，也能获取 BOP 市场内经济社会活动运行机制与规律方面的隐性知识。这些隐性知识是开发符合穷人实际需要的新的产品、服务和商业模式的基础，并使企业能以一种尊重当地社会与文化生态的方式进行创新。总之，包容性创新的成功依赖于对 BOP 市场嵌入式的学习，这种学习活动不仅发生在创新的初始阶段，而是贯穿创新周期始终，从而不断产生更多有关 BOP 市场的特有知识来支持与推进创新进程，形成良性循环（Schuster & Holtbrügge，2011）。

（二）应用先进技术

BOP 市场与先进技术并不排斥。一般来说，BOP 市场内的交通、能源和通信等基础设施都比较简陋甚至缺失，穷人本身的市场经验也比较匮乏，企业要在产品设计、渠道开拓与市场沟通等多个环节应用较为先进的技术才能克服这些困难。而且 BOP 市场几乎没有遗留任何旧有的技术设施与系统，也没有需要分期摊销的旧系统的沉默成本，企业因而能够直接使用最先进的技术从无到有地建起新系统，并将这些系统设计成产生最佳的效果（Mahajan & Bangn，2006）。例如，ITC 公司在印度农村利用信息技术建立电子会所来提供实时信息，提高了农民的生产与市场效率；Philips 公司则综合运用卫星通信、全息影像和计算机多媒体技术来为偏远的农村提供医疗服务等。而穷人自身也有意愿去接受与使用先进技术，原因是转换成本很低。相对于那些在上一代技术上积累了大量知识与情感的顾客过渡到新技术时遇到的各种困扰，毫无先前技术使用经验的 BOP 人群对先进技术的接纳更加容易。由于穷人被压抑的需求、渴望改变的动力以及政府的支持等因素，企业可以利用 BOP 市场的规模优势来尽快弥补技术开发的成本（Nakata & Weidner，2012）。但针对 BOP 市场的技术应用必须考虑穷人具体的受教育程度与知识水平，尽量降低穷人掌握新技术的难度，如利用指纹、声音与图案而不是文字来设计产品使用界面等。

此外，BOP 市场的环境特征也为企业开发全新技术提供了机会与可能，是企业进行破坏性创新的理想试验场地。Christensen（1998）的研究表明，那些具有重大创新的破坏性技术基本是在非传统顾客新的和低要求的应用中产生，其孕育发展过程大多发生在低端市场，并在不断完善中向中高端市场渗透并进行颠覆。BOP 市场环境的严峻与苛刻会迫使企业放弃对原有技术的渐进性改动而去构造全新的解决方案，竞争的宽松与较低的需求也允许企业把技术较早推向 BOP 市场，在顾客反馈与学习中对技术进行更好的改进，这比在实验室里单纯增加研发投入要快得多。进入 BOP 市场的企业应突破原有技术范式的束缚，积极寻求最适宜的技术解决方案，并从中发现破坏性创新的机会与资源。

（三）整合本地资源

企业在 TOP 市场的创新具有一系列的资源支撑，这些资源发挥作用的方式与效果与 TOP 市场的整体环境相契合。但在贫困地区，企业所习惯的创新资源非常匮乏，一些资源的获取成本非常高甚至根本无法取得，而非传统和不确定的 BOP 市场环境也使得很多资源难以遵循 TOP 市场内的方式进行价值创造（Sirmon et al.，2007；Seelos & Mair，2007）。与此同时，BOP 市场内蕴含着大量有价值的本地资源与能力，包括 BOP 人群长期积累的物质、人力与社会资本，以及当地特有的自然资源与制度禀赋等（邢小强等，2011）。但在企业进入 BOP 市场前，这些资源大都长期被闲置或者在低效的发挥作用，缺乏与外部市场的有效连接。因此，包容性创新的重点不是去构建企业熟悉的 TOP 资源，而是要把 BOP 本地资源与企业已经积累的资源能力进行有效整合来开发新的技术、策略与模式，使得本地资源的价值创造潜力得到充分释放，从而把 BOP 市场的资源匮乏转化为多重机会。

具体而言，企业既可以把本地资源整合在创新流程的不同环节来提高绩效，也可以结合 BOP 社区与人群的特有资源去设计全新的商业模式。例如在研发环节，BOP 消费者作为领先用户能够提高新产品开发的成功率；在制造环节，BOP 生产者可利用在长期劳作中积累的知识技能提供优质的原材料；在销售环节，BOP 创业者就成为企业与目标顾客之间的微型渠道商或零售商等。而在群体层面，利用借贷成员间的自我选择、同辈监督、共享规范与网络关系等 BOP 社区内的社会资本要素，小额信贷降低了 BOP 市场内的信用风险，创造出一种全新的金融服务（李兰兰、赵岩青，2008），不仅提高了穷人的收入与能力，也促进了金字塔底层的创业活动。可以看出，整合本地资源具有多种方式，关键是能够辨识各类资源在不同情境下的功能与价值，而这又依赖于对 BOP 本地环境的深刻理解。

需要强调的是，整合本地资源需要企业与 BOP 市场内的非传统组织、机构与个体进行跨部门的合作，包括与本地政府部门、非营利机构、社区组织和穷人自身等建立各种市场与非市场化的联系。这些非传统合作者拥有企业创新需要的知识、设施与社会资本等各类资源，而在与这些组织与个体的互动与学习中，企业也能创造出更多适合于 BOP 市场的新知识并不断提升包容性创新能力。但由于合作各方在理念、文化与运营方式等方面的差异，企业应遵循公开和坦诚的原则，不断完善合作框架与沟通机制来解决问题与建立信任，这对于深入挖掘与整合本地资源至关重要。而通过与非传统伙伴的合作，包容性创新就把不同利益相关者的需求与关注考虑在内，从而内在地产生包容性的后果。

（四）克服组织障碍

除了与 BOP 市场相关的外部因素外，企业内部的组织因素也会影响包容性创新的成败。在长期演进过程中，企业的愿景、文化、组织结构，以及工作程序与惯例（routine）等都会变得越来越支持现有业务的拓展。增强与提升现有业务的创新不仅在认知层面会得到广泛认同，在资源获取方面也更加容易，而那些与现有业务差异很大的创新则容易在组织内部产生分歧，有时甚至被认为是对组织目标的背离，在实际执行中遇到诸多阻力。而包容性创新面对的是在经济、地理、制度与文化等方面与 TOP 市场迥异的复杂环境，不仅需要足够的资源与耐心，结果也具有不确定性。因此，企业在 TOP 市场形成的追求短期盈利最大化目标、严格的时间管理框架、以商业单元为基础的激励结构以及对不确定性的回避等都会变成阻止包容性创新的障碍（Halme Minna et al.，2012）。特别是为穷人服务的理念如果难以融入企业愿景，包容性创新就无法获得足够的支持与投入。为保障包容性创新的持续进行并取得最终成功，企业需要在组织的认知、结构与激励等各个方面进行相应的调整与变革。

（1）高层领导的支持与深层涉入对于BOP创新的成功具有重要意义。通过配置必要的初始资源和在创新过程中给予及时的关注与反馈，高层领导就通过自身的决策行为建立起包容性创新的合法性，有助于降低和消除组织内试图终止此类创新的企图与影响（Olsen & Mette，2009）。但是高层支持并非是无条件的，他们需要确信包容性创新能够为企业带来新的增长机会与发展空间，长期的等待有可能会削弱这种信心。而相对于高层领导的战略思考与引导，有兴趣与责任心的中层经理则是包容性创新的执行者，对内部资源的整合、良好的沟通协调和组织内的创业精神是中层经理推进包容性创新的必要条件。在项目层次则需要招募理解BOP市场与贫困社区的本地雇员，这不仅能为包容性创新贡献新的思维与内容，也能不同程度的影响企业的价值观与文化。

（2）包容性创新与中高端市场内的创新在性质与形式上的差异需要企业构建二元组织（Ambidextrous Organization）架构予以平衡和协调（邢小强等，2010）。在创新初期，可以采用地理与空间分割的结构化二元组织形式，即包容性创新团队在BOP市场进行独立运作并形成相应的惯例、程序与工作方式，尽量避免主流压力的干扰（Hart & Milstein，2003）。但单纯的空间隔离不利于组织整体文化与业务的融合发展，长期内会引起组织内的隔阂与矛盾，因此随着包容性创新业务的快速发展，企业在结构化二元组织基础上应通过制度与流程设计纳入情境化（Contextual）二元组织模式（Gibson & Birkinshaw，2004）。在情境化二元组织内，企业高层应与员工共同构建内部的沟通与联系网络，使得包容性创新团队与其他部门人员能够进行充分的交流与学习，这不仅有利于建立信任与共同承诺，也能通过整合高度异质性的知识构建起跨部门的创新平台，提升企业在各个市场内的创新绩效。

（3）包容性创新本质上属于探索性创新（Explorative Innovation）活动，需要采用非传统的评价方法并设计针对性的激励制度才能成功。当应用传统的净现值方法进行评价时，包容性创新项目未来高度不确定性的现金流使其在企业当前的运营框架与逻辑内很难获得通过。而相对于常规创新项目，包容性创新的获益周期更加漫长，过程更为复杂，这种情形也加重了以财务绩效作为主要考核指标的传统激励机制对包容性创新的排斥，导致很多员工缺乏动力去从事包容性创新业务。针对这种障碍，一方面可以采用更适合于评价包容性创新的标准与方法，如实物期权方法就把创新项目收益分为现期收益与未来期权价值两部分，尽管现期收益可能很小甚至为负，但前期探索得到的知识与能力所支撑的期权价值会非常高，从而提升了项目的整体价值，有利于包容性创新获得持续支持（Hart & Milstein，2003）；另一方面，要把BOP市场内的销量、学习与社会价值的创造纳入考核体系，不能单纯强调利润，这样能够对包容性创新的推进产生更多激励。

综上所述，成功因素是基于 BOP 市场与人群的一般特征并结合企业创新实践进行的总结，但并非在任何包容性创新案例中都会同时出现或同等重要，而要根据特定区域内 BOP 市场环境与要解决的具体问题有所取舍与侧重。

五、包容性创新的典型案例

为深化对包容性创新的理解并指导企业的创新实践，下面用一个在低成本医疗领域的典型包容性创新案例予以具体说明。

（一）案例简介

深圳中科强华科技有限公司是一家致力于提供低成本医疗解决方案的高新技术企业，依托于中科院深圳先进技术研究院开发出拥有自主知识产权的“海终端”医疗设备，包括适用人口集中农村的多功能健康检查床与适用于人口分散农村（如牧民）的便携式出诊包及配套的信息系统和辅助诊断系统等。其中，多功能健康检查床以先进的集成技术集合了多种基础诊查功能，并自带居民电子健康档案建立及管理系统，还可对检查数据进行智能整理，根据处理结果为医生提供必要的诊疗建议。而同样具有集成功能的便携式出诊包则适合乡村医生出诊并在出诊归来后将体检信息回传到多功能检查床上。这种集成式、多功能与信息化的医疗设备能够满足广大农村基础的医疗需要，可以大幅提升基层医疗卫生机构的服务水平与工作效率，实现基层医疗信息化的管理。

更重要的是，具有同样诊疗功能的国外设备价格从几十万元到上百万元不等，且不同功能还需要分别购买不同仪器，而中科强华的这套设备只需 3.5 万元，在 15 分钟内完成多个项目的体检费用仅为 20 元到 40 元，远低于城市人均体检成本，因此在经济上非常符合基层卫生医疗机构的实际，有助于缓解农村基础设备严重缺乏的问题。目前，“海终端”医疗设备已经在全国 30 多个省市的 1000 多个基层医疗机构进行试点应用，覆盖到 3000 万人，同时也被列入多个省市的社区卫生服务建设设备采购目录。此外，公司还向非洲 50 多个国家提供模块化箱房诊所和集装箱房医院，积极探索将“低成本健康”向世界 BOP 市场扩散的途径与模式。自 2007 年创立以来，中科强华集研发、生产、销售与服务为一体，获得多项专利，不断提升了自身的技术创新能力，公司也得到快速发展（郭彪，2011）。

（二）案例分析

众所周知，农村医疗条件与城市相比非常薄弱，而我国政府对农乡医疗卫生的财政支持非常不足，8.33 亿人的农乡人口只能享受 20% 的医疗资源（李佳师，2013）。这种医疗资源分配的不公平使得农村 BOP 群体的诊疗成本更高，导致面对疾病也更加脆弱，往往是一人得病，全家受穷，形成恶性循环。在中科强华案例中，“海终端”诊疗设备的创新极大降低了农村地区的诊疗成本，促进农村实现人人享有基本的医疗卫生服务，本质是通过创新为BOP人群提供了平等获得医疗保障的机会，而健康的提升是BOP人群提高生产效率与发挥创造力的前提条件，只有拥有健康的身体，BOP人群才能追求自身珍视的幸福生活，努力改善贫困状况。从市场状况来看，低成本诊疗设备在中国与印度等众多新兴市场中有着巨大需求。近年来，通用电气、西门子与飞利浦等跨国公司都积极在中国基层医疗设备市场进行探索与布局，该领域的创新并非仅是出于慈善或社会责任的驱动，而是在经济回报与未来发展方面都具有良好的前景，属于企业意图明确的战略行为。因此，中科强华的低成本医疗设备创新通过一种可持续的方式同时创造出经济与社会价值，符合包容性创新的基本内涵。

结合前面包容性创新的关键成功因素，我们可以发现中科强华的创新具有如下特征：

（1）“海终端”诊疗设备是在深入理解低收入市场基础上的创新。开发团队对农村卫生医疗状况进行了广泛调研，深入理解BOP人群的内在需求，确定了开发基层卫生机构最需要的设备的定位方向与基本特征。例如调研发现，由于很多村子里边没设备，使得大量农村人口日常没地方看病，很多常见病也无法及时诊疗，小病拖成大病，而大病到大医院又遭遇看病难的问题，还会有额外的交通食宿费用。因此，“海终端”诊疗设备主要面向常见病，注重人最重要的健康生理参数，通过体检使BOP人群知道自己的健康状态，强调“解决小病、预防大病”。同时设备要易于使用，操作便捷，做到很短时间就能培训一个合格村医来。

（2）“海终端”诊疗设备依靠的是高技术创新，即把前瞻性的集成技术运用于医学影像处理和生物电子信息领域，在一台检查床上集成多项健康诊查功能，背后以“云计算”平台作为支撑，通过三级医疗机构联网对基层医疗数据进行筛选统计和挖掘分析。尽管是高技术创新，但拥有自主知识产权和软硬件的国产化可以大幅降低成本，实现高技术下的低价格，这也是“低成本医疗”创新的有效路径（郑千里、潘希，2012）。

（3）企业充分认识到基层建设是个形成市场的过程，不仅是单向的卖设备，而是要构造一个生态系统，涉及与多个利益相关者的合作。因此，企业在市场推广与销售过程中主要着眼于与各省（自治区、直辖市）的基层政府、乡村医疗机构与BOP群体建立起良好的信任关系，进而整合资源，降低成本，促进未来发展。例如，在产品营销中企业采取与BOP当地政府进行直接合作，优化传统医疗行业的采购流程，最大限度消除了中间环节，而由于低成本医疗关系民生，政府部门也很支持。企业还会为村医提供医疗培训、药学培训与检验培训等项目，直至建立一个相对成熟的乡村医生工作站。这些与政府和基层医疗机构建立的合作非常有助于企业在当地建立知名度与合法性。

（4）由于中科强华本身是深圳先进技术研究院通过无形资产吸引民营资本投资成立的股份公司，定位清晰，分工明确，共担风险，共享收益。灵活有效的组织模式充分利用了研究院一流的技术研发能力并发挥了民营企业的市场化优势，使得低成本医疗的科研成果能够快速商业化，资本增值也很快。而且“海终端”医疗设备开始时并不是以利润最大化为导向，而是要通过低价格对中国乡村进行覆盖以形成规模，当规模达到一定程度后，不仅可以降低制造成本，而且设备作为基础手段可以为后续盈利性的产品与服务提供支持。从实物期权视角来看，医疗设备相当于一笔初始投资，通过嵌入到乡村基层而获得了未来的增长期权，这非常符合包容性创新需要耐心资本（Patient Capital）投资的理念（Hart，2010）。

六、研究结论与启示

作为面向低收入群体与市场进行多元价值创造的全新创新形态，包容性创新为穷人提供平等参与市场的机会来提高收入、发展能力与扩大权利，强调创新在促进经济发展与社会进步中承担的角色与责任，把技术、市场与社会创新融合在一起，是对传统创新研究领域的丰富与拓展。本章对包容性创新进行了初步的理论探索，界定了包容性创新的概念与内涵并描述其基本特征，进而归纳出影响包容性创新的关键成功因素，最后通过一个低成本医疗设备创新的实际案例进行说明，为后续研究提供了比较与验证的基础。但总体而言，该领域仍然处于理论建构初期，在创新模式、机制与路径等多个方面有待更深入地探索与挖掘。特别是中国的贫困人口居世界第二且主要集中于农村地区，而中国企业在开拓农村市场方面已经积累起丰富的经验。通过对更多中国本土企业实施包容性创新的典型案例进行分析，必然能够贡献新的理论内容并更好地指导实践。

第 27 章　面向金字塔底层市场的包容性产品创新

一、引　言

金字塔底层战略指出，被排斥在主流市场之外的广大低收入群体内蕴含着巨大的财富，如果企业等私营部门能够有效满足其内在需求，就能在获得盈利的同时提高穷人的生活水平，创造出经济与社会的双重价值。随着全球化过程中技术、经济、社会与环境问题的交互影响不断加深，BOP 战略这种以市场化方式来促进商业与社会相容性发展的理念得到越来越多的重视，为企业提供了新的增长空间与创新机会。

考虑到产品创新是市场经济的基础活动，为贫困消费者提供可负担的高质量产品是实践 BOP 战略的重要途径，也能进一步提高跨国公司与本土企业的竞争力（Lim et al.，2013）。但由于 BOP 市场的特殊性，企业无法完全依赖传统的新产品开发技能与手段，必须转变思维并采用新的策略与方法才能成功（Prahalad，2012）。在这个意义上，BOP 市场既代表着新的增长机会，也在重新定义创新的轨道。但对于企业如何能够有效地开发出新的可负担的新产品，来满足贫困消费者内在需求这一问题，现有文献并没有提供充分的理论解释与指导（Viswanathan & Sridharan，2012）。

本章在对 BOP 战略与创新等文献回顾基础上，以六个聚焦于 BOP 市场的创新产品为研究对象，运用多案例研究方法来深入探究其中的创新策略与关键成功因素，揭示创新者关于产品特征、技术方案和组织流程的选择与设计如何既满足了贫困消费者的需求，同时又克服了 BOP 市场环境的种种约束条件。本研究把面向 BOP 市场的创新从理念探讨落实到具体的新产品开发层面，是对现有研究的有益拓展与深化，也为在 BOP 市场运营的企业提供参考与借鉴。

二、文献回顾

BOP 战略与创新相关的文献，可从需求与供给两个角度进行归纳，前者主要描述低收入群体与 BOP 市场环境的种种特质，后者则围绕这些特质提出了针对该市场进行创新的思路、框架与方法，下面分别进行阐述。

（1）作为没有被商业充分开发过的顾客群体，低收入人群在需求特征与消费理念和行为等方面与主流市场消费者有很大区别。Subrahmanyan 与 Gomez - Arias（2008）结合马斯洛的需求层次理论，把低收入群体的消费类别归纳为食品、能源、交通、金融服务与教育技能五个范畴，进而考察了每个范畴内的需求状况与消费趋势。结果表明，在食品上的花费仍然是穷人最主要的支出，但比重在不断下降，而对于通信、教育与医疗等方面的需求不断增加。但这些 BOP 市场内日益增长的需求却并未得到有效满足，尤其缺乏针对性的创新产品与服务。而从消费行为看，由于收入水平低且随时间波动较大，贫困消费者对于价格非常敏感，而在能够接受的有限价格范围内，他们也愿意为那些能够真正提升其生活品质的高质量产品进行更多的支付（Viswanathan et al.，2008）。但较低的教育程度与信息渠道的缺乏，使得穷人无法对新商品的质量与服务进行有效的评估和选择，而本地的社会网络是穷人分享消费经验与获取信息的主要途径，对其购买决策具有重要影响（Sridharan & Ivey，2008）。此外，作为消费者个体，穷人的社会经济阶层感知、自尊与自我评估能力等心理层面因素也会影响其面对与接受新产品时的态度与预期（Trujillo et al.，2010）。

（2）BOP 市场作为长期被忽视的边缘市场，在基础设施、资源条件与制度环境等方面都迥异于 TOP 市场。由于全球超过 70% 的贫困人口生活在农村地区，地理条件的限制使得 BOP 市场的交通、能源与邮电通信等方面的基础设施存在不同程度的缺失或不完善，低收入群体也无法获得充分的医疗卫生与文化教育等方面的社会服务（De Soto，2000）。而对企业而言，进行商业运营所需的很多常规资源（如分销渠道）在 BOP 市场中并不存在或者无法通过市场交易的方式轻易获取——即使可以获取，这些资源在特殊环境下发挥作用的方式与效果事前也很难评估（Mair，2013）。这种资源价值的模糊性很大程度来自于 BOP 市场制度环境的非正式性，即支持市场良好运作的正式制度安排非常薄弱，缺乏明晰的产权界定、完备的法律制度与有效的执行等（Mair & Martí，2009）。与此相伴随的是穷人具有高度的社会化导向，强烈依赖于本地的社会规范与风俗习惯等非正式制度进行生产、生活与交易。

（3）面对 BOP 市场环境构成的巨大挑战，企业无法依赖于传统的商业策略与运营手段，创新成为开拓 BOP 市场的战略选择。Letelier 等（2003）最早强调 BOP 市场并非是主流市场的低阶版本，贫困消费者需要专门开发的全新产品与服务。因此，Anderson 与 Markides（Anderson & Markides，2007）特别提出针对 BOP 市场创新的“4A”框架，即针对贫困顾客的产品开发要满足可负担性（Affordability）、可接受性（Acceptability）、可获得性（Availability）与可感知性（Awareness）4 个条件，得到广泛认同。正如 Prahalad（Prahalad，2012）所言，通过把注意力聚焦于“4A”，管理者可以在 BOP 市场创造出令人兴奋的突破性创新环境，并构建了一个创新沙盒（Sandbox）工具来帮助企业把环境约束转化为创新要满足的边界条件。Viswanathan 与 Sridharan（2012）通过对 13 个 BOP 新产品概念与原型开发项目（大学研究生课程的结业设计）的分析，建立起一个 BOP 新产品开发的过程模型，包括理解市场、产品设计和产品开发与传递等三个阶段。中国学者张利平等（2011）对山寨手机行业的产品创新活动研究后发现，对 BOP 市场与消费者需求特质的把握是成功的关键因素，而以市场为导向和网络化的创新模式是中国企业呈现出的独特特征。

综上可知，贫困消费者的需求已成为推动企业创新的重要力量与机会来源，而 BOP 市场环境构成了多重约束，打破或克服这些约束的创新往往具有突破性或破坏性的特征。但现有文献大都停留在理念阐释与框架描述层面，缺乏对具体创新策略、方法及其实现途径的深入探讨。下面将以中国与印度 BOP 市场中的 6 个产品创新案例为研究对象进行分析，力图从实践角度归纳出 BOP 产品创新的关键要素，弥补现有研究的不足。

三、研究方法

目前，关于 BOP 产品创新的研究还处于探索阶段，无法依赖于先前文献与实证结果给出充分的解释与说明，需要提供新鲜的观点来建构与发展理论，因此特别适合使用案例研究方法进行分析（Yin，1994；Eisenhardt，1989）。本章案例研究的指导性问题是：企业如何才能开发出适合于 BOP 市场环境与低收入消费者需求特质的新产品？

（一）案例选择

本研究首先基于文献整理与实地调研初步建立起一个包括 24 个 BOP 产品创新的备选案例集。由于案例研究的样本选择主要依据理论抽样而不是统计抽样，需要根据研究目的确定选择标准。本研究的选择标准为：①所选产品必须是针对贫困消费者进行的全新设计而不是对已有成熟产品的微调或修改；②产品满足的需求具有普适性，即解决的是困扰大多数低收入人群的普遍问题；③产品已经投入市场并创造出良好的经济回报与社会价值，不能是仅处于概念或原型开发阶段；④所选案例具有代表性且能够涵盖不同的区域与行业。

根据上述标准且考虑到多案例研究的数量以 4 ~ 8 个最为合适，因此在备选案例集中进一步确定了中国与印度 BOP 市场中的 6 个产品创新案例作为最终研究样本。依据有 4 点：①中国与印度两国的低收入群体数量占据世界前两位，BOP 市场具有代表性，是产品创新的理想实验场地；②产品涵盖医疗、健康、能源与电子等行业，能够切实提高低收入群体的生活质量；③产品均已投入市场且获得认可，兼具经济价值与社会效益；④可进行专题性对比。最终选取样本的描述性信息如表27－1所示。

表27－1　案例基本信息

创新产品	开发企业	企业性质	所属行业	国家
便携式心电图仪（Mac400＼600＼800）	通用电气公司	国外跨国公司	医疗器械	中国/印度
多功能健康检查床（MH－101＼102＼103）	深圳中科强华科技有限公司	本土民营企业	医疗器械	中国
全玻璃真空集热管型太阳能热水器	北京清华阳光能源开发有限责任公司	本土国有企业	太阳能	中国
家庭用水净化器（Tata Swach）	塔塔（Tata）化工公司	本土跨国公司	水净化	印度
便携式充电冰箱（ChotuKool）	高德瑞治（Godrej）制造有限公司	本土私营企业	家用电器	印度
太阳能自动取款机（Gramateller）	沃泰斯（Vortex）工程私人有限公司	本土私营企业	电子机械	印度

（二）数据收集

能够利用多种数据来源和数据收集技术是案例研究的一个主要优势。对于中国案例，主要以实地观察和半结构化访谈的方式收集一手资料，访谈对象包括企业高层管理者、产品项目的负责人、技术人员和其他部门的相关人员。对于印度案例则主要依据二手数据收集，具体包括：①学术期刊上发表的研究论文以及从专著中选取的相关章节；②企业领导人发表的演说、内部刊物、年度报告和管理文件；③世界银行发布的专题报告及专家在包容性创新论坛和会议中的发言；④媒体报道和互联网资料。在数据收集过程中，课题组成员对收集资料进行反复审查，以确保分析具有一致的结构和质量。

（三）数据分析

本研究对数据的分析包括案例内分析（Within－Case Analysis）与跨案例分析（Cross－Case Analysis）两类。首先要将每一个案例及其主题作为独立的整体进行深入分析，找出该案例中产品创新的主要特征并对每一个因素都做详细描述，目的是尽可能熟悉所有具体案例，发现每一个案例的独有模式。进而依托同一研究主旨，在彼此独立的案例内分析基础上进行相互比较并进行理论抽象，从中发现以前没有预料到的新概念或新事实，归纳出相应的研究结论。在分析技术上，主要采用了扎根理论的内容分析法，对不同来源数据进行逐级编码来从资料中产生概念，进而螺旋式提升概念及其关系的抽象层次，最终发展成理论。

四、案例分析结果

根据数据分析，本章得到影响 BOP 产品创新的四个关键成功要素，涉及产品提供的价值、技术选择、架构调整与组织协调等方面，下面分别予以详述。

（一）价值主张

价值主张包含了新产品为 BOP 消费者所能提供的所有价值，体现在新产品的价格、功能、质量与生活象征等各个层面。对于面向 BOP 市场的产品创新来说，价值主张比在中高端市场中具有更加重要的作用。这是因为低收入群体在很多情况下并不是在不同产品之间选择，而是要对消费还是不消费进行决策。如果穷人预期从新产品的购买和使用中无法获得足够充分的价值体验，他们就不会从微薄的收入中拿出一部分来进行购买，而宁肯选择继续做一名非消费者（Non - consumer）。

对案例的资料分析表明，BOP 产品创新提供的价值主张可分为经济价值、功能价值与导向价值三类，具体表现如表 27 - 2 所示。其中，经济价值是指企业提供给穷人的新产品价格是否足够低，这对于产品能否被接纳至关重要。正如 Prahalad（Prahalad，2012）所提出，BOP 市场产品创新的逻辑是“价格 - 利润 = 成本”而不是通常的“成本 + 利润 = 价格”。首先，中高端市场会强调价值比价格更重要，但在 BOP 市场，价格已经内化为价值的一部分。特别是在很多领域，低收入群体长期以非消费者身份存在，只要获得相应的服务效用就会立刻获得大幅度提升，因此可负担性是新产品开发要考虑的首要问题。其次，功能价值主要体现在新产品自身具有的功能与性能方面，决定了产品能为消费者创造的客观价值。由于 BOP 市场在地理条件、基础设施与用户教育水平等方面的特殊性，新产品需要通过具体的设计与开发来契合这些特殊性，契合的程度越高，产品的功能价值也就越高。例如 BOP 地区的基础设施普遍比较薄弱，新产品设计就需要克服由此带来的种种缺陷，如电压波动、突然停电、粉尘和极端温度等。此外，BOP 消费者的教育水平较低，产品的使用与操作也应尽量简单明了。如沃泰斯公司的自动取款机内置指纹识别功能，不仅简化了终端用户手动输入信息的过程，同时又具有高保密性。最后，导向价值（Orienting Value）衡量了新产品的开发与扩散在多大程度上能够帮助穷人过上一种更有价值的生活，这依赖于企业对穷人生产、生活方式的深入理解。尽管 BOP 市场的现实环境艰难甚至恶劣，但穷人对美好生活也有着自身的感知、判断与强烈的向往，导向价值就表现在通过产品在更大范围的传播与采纳而让低收入人群获得一种整体的价值提升。这种提升不仅是生活条件的改善或生产能力的提高，还包括帮助穷人获得平等、尊严与自我认同等。例如，ChotuKool 冰箱的开发团队深入到印度农村市场进行调研，发现冰箱不仅可以帮助家庭延长保存时间、释放劳动力并减少浪费，还能成为小营业者赚钱的资产，从而确定开发的产品解决方案要帮助穷人实现自我价值与潜力，创造一种自豪感与认同感。

表 27－2 BOP 产品的价值主张

价值主张 样本企业	经济价值	功能价值	导向价值
便携式心电图仪（Mac400 \ 600 \ 800）	相对同类高端产品，价格下降超过 60%，每次心电图检查费用不足 2 美元，价格降低 80%	便携性，医生可以上门诊断；蓄电池电源应对供电不足；易用，操作简单；易于维护，提供标准的替换模块	以革新性医疗技术为农村地区民众提供检查服务，降低农村人口面对疾病的脆弱性，缓解家庭贫困
多功能健康检查床（MH－101 \ 102 \ 103）	比国外同样功能设备价格降低 90%，体检费用为 20～40 元，远低于城市人均体检成本	集成式，具有多项诊疗功能，实现一站式健康检查；效率高，15～20 分钟出结果；信息化，云计算平台为支撑	为广大农乡居民提供平等享有基本医疗卫生服务的机会，缓解医疗资源分配的不公平，促进全民健康
全玻璃真空集热管型太阳能热水器	玻璃集热器成本只有国外平板型集热器的 20% 左右，产品单位面积售价降低了 70%	集热效率高，传热性能强；抗寒抗冻，使用范围广；组装简单，使用与维修方便；生态友好，安全环保	以低损耗和环境友好型的太阳能热利用产品方案在寒冷天气提供热水，提高农村地区的生活品质
家庭用水净化器（Tata Swach）	售价是普通净水器价格的一半，净化一公升水只需 MYM0.002，更换杀菌灯只需要 MYM7	强净化功能，农村的非自来水也能达到较高净化程度；太阳能电池，无须固定电源；操作简单，可自动关闭	获得安全与干净的饮用水是基本人权，新产品旨在满足这项权利，保障广大民众的基础生活条件
便携式充电冰箱（ChotuKool）	售价仅为 69 美元（只有低温冷藏，不具有冷冻功能）	隔热性能好；便于携带，结实耐用；小功率与低能耗，可充电和太阳能发电	通过提供新的存储方式帮助穷人实现自我价值，创造一种自豪感与认同感

续表

样本企业＼价值主张	经济价值	功能价值	导向价值
太阳能自动取款机（Gramateller）	配置成本为4000～5000美元，低于传统机器购买和安装价格的50%。	指纹输入；高纸币辨识度；0～50℃温度下均能运行，无须安装空调；太阳能发电	促进穷人融入现代金融市场体系，获得基本的金融服务，培育金融意识

（二）技术集成

技术是影响产品价格与性能的核心要素，产品创新的驱动力就在于新技术的应用与组合。由于低收入群体对价格非常敏感，为大幅度降低成本并克服薄弱的基础设施和严苛的使用环境造成的障碍与约束，就需要以系统化的方式运用多种技术才能奏效。这种技术集成的思想特别适合于BOP市场的产品创新活动，因为该市场对于技术的开发、选择与利用的要求更为灵活。一方面，BOP市场与新技术并不排斥。由于之前没有遗留旧有的技术设施与系统，消费者也没有过渡到新技术时因习惯于旧技术而需要承担的转换成本，因此新技术在BOP市场反而更加容易被接受（Mahajan & Bangn，2006）。另一方面，随着技术进步速度的加快与成本的下降，企业进行产品创新时，可选择技术的种类与范围也有着很大的扩展，尤其是以新能源和信息技术等为代表的新兴技术，为BOP产品创新提供了良好的技术准备。

案例分析表明，六种产品都不同程度地运用了技术集成的创新策略，涉及产品的动力、结构与材质等各个方面。相关技术既包括专门开发或使用的核心技术，也引入了可以直接获取的成熟配套技术，具体如表27－3所示。首先，针对性的技术开发对于显著降低产品成本和提高性能具有重要意义，案例企业大都结合BOP市场与消费者特质进行了专门研发并拥有自主知识产权。例如，传统的水净化技术一直由紫外线过滤、较昂贵的反渗透过程和化学过滤三个方法主导，而塔塔化工使用稻壳灰与银纳米粒子结合作为Swach净水器的过滤器，不仅充分利用当地资源降低了生产成本，也保证过滤器不含任何对人体有害的化学物质。而清华阳光的选择性吸收涂层技术，使用铝替代铜等贵金属材料，为低成本与规模化制造奠定了基础。其次，一些在其他领域长期使用的技术对于BOP市场来说依然是新的，当应用于BOP产品创新时，往往能够绕过传统产品遵循的技术路径而开辟出新的途径。如ChotuKool便携式冰箱就没有使用传统冰箱的压缩机和冷冻剂，而是使用了热电制冷技术，即类似于电脑使用的冷却芯片和电扇，这项技术很早就被用于日常冷却啤酒，但作为低成本的制冷方法却没有得到足够重视（WIPO，2013）。再次，很多新兴技术的使用也有助于在低成本条件下提供更加契合BOP市场的产品性能。印度有一半农村的电力网都不完善，普遍存在电压不稳和容易中断的情况，印度的创新产品都不约而同地采用了太阳能电池技术，不仅能够提供稳定的能源供应，而且具有环境友好和耗电量小的优点。最后，各种技术之间要进行有效的联结与整合，在最终产品上能够有机融合在一起发挥作用。中科强华公司的多功能检查床就充分利用了不同技术的组合优势，采用多个并行的测量模块同时工作并为中央控制器提供测量数据的方式，将原来孤立的体检设备与技术集成在一台检查床上，可一次性进行多项健康诊查（深圳先进技术研究院，2010）。

表27-3 BOP产品的核心技术与配套技术

技术种类 / 样本产品	核心技术	配套技术
便携式心电图仪（Mac400 \ 600 \ 800）	心电学中的噪声检测技术与信号同步采集技术	FDA认证的测量诊断技术、数字信息处理技术与锂离子电池技术
多功能健康检查床（MH-101 \ 102 \ 103）	基于并行工作测量模块为中央控制器提供数据的集成技术	医学影像处理技术、生物电子信息技术与射频识别技术等
全玻璃真空集热管型太阳能热水器	溅射太阳能选择性吸收涂层技术与全玻璃真空管生产技术	热水系统水箱储热技术、水循环技术与自动化控制技术
家庭用水净化器（Tata Swach）	银纳米颗粒与稻壳灰混合的水净化技术	太阳能电池技术
便携式充电冰箱（ChotuKool）	基于热电原理的固态制冷技术	太阳能电池技术与高端隔热技术
太阳能自动取款机（Gramateller）	重力辅助摩擦提取技术、无带式传输技术与纸币分离技术	生物特征认证技术、太阳能电池技术与Linux操作系统

（三）架构创新

产品架构是对产品物理构成要素之上的功能描绘，它决定了产品的部件和子系统的构成和互动（Henderson & Clark，1990）。许多跨国公司在为BOP市场设计新产品时倾向于单纯削减已有产品的功能，导致修改后的产品架构与核心概念和原有产品并没有太大区别，价格不可能降低太多，因此很少获得成功（Polak & Warwick，2014）。为达到适应于BOP市场的性能与价格，新产品需要在架构上做出较大改变，通过重新调整不同部件之间的联结方式来开发出新的功能组合和产品绩效。但架构创新并不意味着部件本身不会被改动，事实上，架构的调整通常都是被部件的改变所触发。改变部件尺寸、更换材料或者设计参数发生变化等，都会导致该部件与其他部件之间在最终产品中产生新的联结和互动（Ray et al.，2011）。本研究中的所有产品都进行了架构方面的创新，具体如表 27－4 所示。

表 27－4　BOP 产品的架构创新

架构创新 样本产品	部件调整	架构改变	扩展升级
便携式心电图仪（Mac400 \ 600 \ 800）	选用标准数字信号处理芯片；使用手机充电式电池；直接购买小尺寸的公交系统使用的打印机等	把原先分离的外置键盘、显示器、打印机与电源等通过 CPU 组合成为便携式的一体化设备	通过增加内置监视器、手机键盘、数字存储器、网络连接设备和打印机等可以满足高端市场需求
多功能健康检查床（MH－101 \ 102 \ 103）	最小化无线网络连接、数据传输和存储及 I/O 控制等硬件设备；使用自主研发芯片代替进口芯片	采用床体式结构，通过位于前、后床头和床架的并行工作测量模块集成传统分布式体检功能	设备预留多个扩展端口，可根据用户需要，定制检查功能和系统接入模块，增加其他体检功能
全玻璃真空集热管型太阳能热水器	使用铝代替铜作为吸收涂层；使用玻璃集热管代替金属管；水箱形状由八边形变成圆形；去除了换热盘管等连接性部件	新型密封结构，将真空集热管按照一定角度直接插到保温水箱下面，水箱和管子联通，依靠自然对流传递热量	可在水箱增加电加热器和水温、水位传感器甚至增压泵，使用控制系统来控制上水和水温，增加双联动开关分路供水等
家庭用水净化器（Tata Swach）	用稻壳灰和生产抛光大米的副产品等天然物质作为过滤装置原材料	结构简单、可分解，消费者可用家庭储水器皿与过滤装置组合使用	可增加电源、触控装置、显示屏和自动冲洗系统等
便携式充电冰箱（ChotuKool）	去除冷冻机与压缩机，把部件从 200 个简化到 20 个，选择功能相似但更便宜的替代部件	小功率和简单结构，不同于传统冰箱的侧面开门，将上方作为冰箱开口处，减少冷气流失	最新款冰箱在颜色、图案与款式上提供超过 1000 种组合，还可以进行个性化的定制，用户参与设计

续表

样本产品＼架构创新	部件调整	架构改变	扩展升级
太阳能自动取款机（Gramateller）	大幅度减少机械与电子部件；去除空调系统和固定电源；使用 Linux 系统	太阳能板和内置电源；钞箱由垂直改为水平设置，利用重力出钞	第 3 代 ATM 机器在保留原有优势的同时已经能够提供传统机器几乎所有功能

（1）对技术和资源的节俭性使用对于 BOP 产品创新非常必要，这会在保证提供最基本功能条件下显著降低价格。传统产品中很多性能并没有为 BOP 消费者带来相应的价值，却会显著增加成本，因此可以通过价值分析技术来辨识出与这些性能相关的部件或工艺，通过剔除和替换等方式来达到价格可负担性与性能可接受性之间的平衡。本研究中的产品在设计方面都进行了大幅度的简化，去除了一切非必要功能和部件，同时在功能类似的情况下选择更便宜的部件来代替原有部件。例如 ChotuKool 冰箱在设计上删繁就简，把部件从普通冰箱的 200 个简化到 20 个，同时使用 45L 的全塑料机身，售价仅为 69 美元。

（2）对产品部件联结与组合方式的改变会产生非主流市场所期望的功能与质量，能够更好地适应于 BOP 当地的使用环境与消费者特质。在清华阳光案例中，国外传统太阳能热水器的水箱与集热器是分离的，水箱在室内，集热器置于房顶，需要承受来自来水管网的压力，对材料和焊接要求较高，同时还需要换热盘管来和集热器之间交换热量。而清华阳光的太阳能热水器则将真空集热管按照一定角度直接插入到水箱的下面，水箱和管子连通，依靠自然对流将热量传递到水箱。这种设计结构简单，水箱不用承受自来水的压力，依靠重力作用来控制水流，甚至可以不安装电控系统，在没有电力供应的地区依然能够正常使用。这种架构要求在房顶放置较大的保温水箱，并不适合于城市楼房，但中国农村地区居住的基本上都是平房，在太阳能热水器出现之前，农村居民就有在房顶搁置水罐的传统，因此产品设计与使用环境非常契合。同理，沃泰斯公司的太阳能自动取款机把传统利用传送带传输的水平出钞系统改为垂直系统，直接利用重力机制而无须弹簧或活塞辅助，降低了机器能耗。

（3）架构创新使得产品具有不同程度的模块化结构与标准界面，容易进行调整或垂直升级为新的模型，从而能够满足不同区域与层次消费者的需求特质与偏好。

1）BOP 市场本身并不是一体化的统一市场，不仅不同区域 BOP 市场之间有着广泛差异，同一 BOP 市场内部也分为不同层级，不存在统一的产品解决方案。

而模块化的架构设计使得企业可以对产品进行灵活的调整，通过定制化来满足不同市场的多元化需求。例如，中科强华的多功能健康检查床可把诊疗项目进行分解，除基本的电子健康档案管理系统和常规检查外，其他如彩超、血细胞分析与身份证识别等功能都可以根据需要进行增减组合，不仅满足了国内的细分市场，还通过科技部项目为非洲 50 多个国家提供多种低成本医疗支持。

2）产品架构创新的新颖性相对不那么显著和容易辨识，却有助于提升创新的破坏性潜力。因为架构调整会产生非主流市场顾客所重视的性能，往往被企业所忽视，但随着产品的不断完善与升级，主流顾客重视的性能也会得到提升与完善，同时还具备低价、便携、简洁与易于使用等优点，从而能够不断从低端客户向高端客户挺进，创造出新的市场。例如，通用电气公司开发的便携式心电图仪的最初版本（MAC400）只有两个按钮，没有独立监视器、存储器以及键盘，操作人员必须检查完毕后立刻打印出报告并手工写上患者信息。而随着产品在架构方面的重新设计与不断改进，新的机型（MAC800）包含一个七英寸的监视器、一个内置打印机和一部手机式样的辅助键盘，外形小巧，重量不超过 3 公斤。这款新产品不仅在中国与印度市场获得成功，在美国、欧洲与日本等发达国家市场也被广泛接受，客户包括农村诊所、上门服务的护士和初级保健医生等，成为从 BOP 市场向 TOP 市场逆向创新的典范（Immelt，2009）。

（四）跨部门合作

在非传统和不确定的 BOP 市场环境下，企业无法完全依赖组织内部已有的知识与资源，构建一个开放的内外部合作网络是创新成功的有效策略。通过与来自不同领域的组织与个体的跨部门合作，企业会获得产品创新所需的关键技术、市场信息与销售渠道，从而提高创新的效率并降低不确定性。这种合作关系的构建本质上是一种组织边界的重塑，企业要对创新所需资源能力及其在市场内的分布状况进行评估，进而对不同机构与个体在产品创新不同阶段开展的活动进行分工协调。在这个意义上，BOP 市场的产品创新不仅要求企业有技术能力，更需要企业发展出一种网络能力，通过整合多领域合作伙伴的资源来缩短创新周期、增加灵活性并实现产品的最优性价比。

案例分析表明，所有新产品从研发到销售的各个阶段，企业都与不同领域组织与个体建立了多层次的网络合作关系，具体如表 27－5 所示。

（1）每个产品的创意与研发都得到了来自外部的智力支持，既包括大学、研究院所与跨国公司的全球研发中心和咨询机构，也包括贫困消费者自身的参与。相对于在企业内部独自完成所有的开发工作，从科研机构寻找良好的创意与技术并进行商业化能极大提高研发的效率，而终端用户的参与则保证了产品的价值主张能够有效契合目标顾客的内在需求，在此过程中的学习和互动有助于企业创新能力的积累与构建。例如，ChotuKool 冰箱的最初创意来自于哈佛商学院 Christensen 教授领导的破坏性创新研修班，由 Godrej 和 Boyce 公司的研发团队进行了原型开发。在开发过程中，团队成员详细观察了贫困消费者在缺乏专用设备的情况下，如何对食品与饮料进行冷藏，在此基础上与当地农村妇女开展合作对原型进行修改，最终确定了产品的颜色、功能与款式等各项特征。

（2）在生产与制造环节，由于产品设计都尽可能使用了通用的标准部件，因此大部分部件的生产制造都实现了外包或从市场购买，从而通过本地化制造与额外的规模经济效益降低了成本。而有的部件对于实现产品核心功能非常重要，又无法在市场上直接获得，企业就会与供应商在产品设计阶段就进行深度合作。如清华阳光太阳能热水器的一个重要部件是硼硅玻璃毛管，对工艺要求非常高，当时只有北京玻璃仪器厂能够生产。为了借助该厂丰富的制造经验和强大的工程能力，保证在价格、质量与数量上得到稳定供应，公司选择和北京玻璃仪器厂合资成立专门的太阳能电子厂。

（3）BOP 市场的产品创新不仅仅是要开发出新的产品，还要能够低成本地传递给消费者，即新产品要具有可获得性（Availability）。在物流设施薄弱和渠道匮乏的 BOP 市场，企业没有能力也没有必要去独自构建整个销售网络，与当地的非传统伙伴合作会取得良好效果。在本研究案例中，这些非传统伙伴包括政府部门、非政府组织、小额信贷机构、社区组织、当地妇女、小微企业与邮政系统等。本地的组织机构与个体由于长期在 BOP 市场运营、工作与生活，不仅具有大量有关该市场的隐性知识，积累深厚的社会资本也能显著降低交易成本，促进新产品的采纳与扩散。

表 27－5　BOP 产品创新过程中的跨部门合作

创新过程 样本案例	创意与研发	生产与制造	渠道与销售
便携式心电图仪（Mac400＼600＼800）	中国无锡发展团队为主，整合以色列、日本、韩国与印度的研发中心资源	供应商全部本地化，其中多数是其他跨国公司的在华分支机构	由专业销售人员、工程师和技术人员组成的团队进行基层渠道开拓与推销
多功能健康检查床（MH－101＼102＼103）	依托中国科学院深圳先进技术研究院的低成本健康海云工程合作研发	中科华强与中科金证、中科优瑞、中科国芯等企业建立产业联盟，软硬件国产化	通过基层政府与乡村医疗机构直接合作，优化采购流程，消除中间环节

续表

样本案例＼创新过程	创意与研发	生产与制造	渠道与销售
全玻璃真空集热管型太阳能热水器	源于清华大学电子系专利技术，在此基础上针对农村市场进行产品开发设计	清华阳光与北京玻璃仪器厂、衡阳真空机电设备公司和沈阳三之环公司等合作	分层代理商网络，基层代理商为本地村庄创业者，也依靠邮政系统进行配送
家庭用水净化器（Tata Swach）	创意最初由塔塔咨询公司的创新实验室（TRDDC）提出；产品的研发与麻省理工学院合作	主要由塔塔集团子公司 Titan 负责制造用于生产过滤器的精密机床	利用集团子公司 Rallis 和 TKS 的农业服务中心网络进行产品配送，也和当地自助小组合作
便携式充电冰箱（ChotuKool）	产品创意来自哈佛商学院教授领导的创新小组，公司组成跨部门小组进行原型开发，当地农村妇女参与设计、改进与完善	高德瑞治公司与孟买的产品开发公司 Future Factory 合作生产，利用该公司在工程设计与制造方面的专业技能与经验	高德瑞治公司和印度邮政合作，通过非政府组织“Swayam Shikshan Proyog”雇佣妇女草根创业者和小额信贷机构在全印度分销这款冰箱
太阳能自动取款机（Gramateller）	沃泰斯公司与印度理工学院研究人员合作研发，学院负责软件开发，公司负责工程设计	机器所有零部件都外包给位于 Pondicherry 和 Chennai 的合同制造商	主要与银行和政府部门合作进行农村市场的 ATM 机的安装与推广

（五）相互关系

上述影响 BOP 产品创新的关键因素之间并非相互独立，而是存在交互作用与相互适应的关系。其中，价值主张定义了新产品要向 BOP 市场消费者提供的价值形态，也决定了产品应该具备的关键特征与属性；技术集成保证了在技术来源多样化的条件下，企业根据市场需求和自身技术基础来开发和选择适宜的新技术，进而通过不同技术的有机融合来支撑产品的价值实现；产品架构创新则通过重新建构不同部件之间的相互依存关系直接影响着产品的性能与价格，而部件的选择与架构的设计与使用的技术息息相关；跨部门的合作把概念、技术与设计转化为具体的产品，并低成本地传递给终端用户，在此过程中，由多种合作关系构成的交易边界与产品的技术选择与架构存在对应性，反映了不同参与者基于各自核心资源与能力的功能分配。可以看出，四个要素从市场、技术、设计与组织的不同角度促进了 BOP 市场的产品创新，但相互之间并不是简单的线性决定关系，而是相互影响、共同演进，在此过程中实现了新产品价值的创造与传递。因此，通过本章的案例研究与分析讨论，我们最终构建出面向 BOP 市场产品创新的理论分析框架，如图 27 -1 所示。

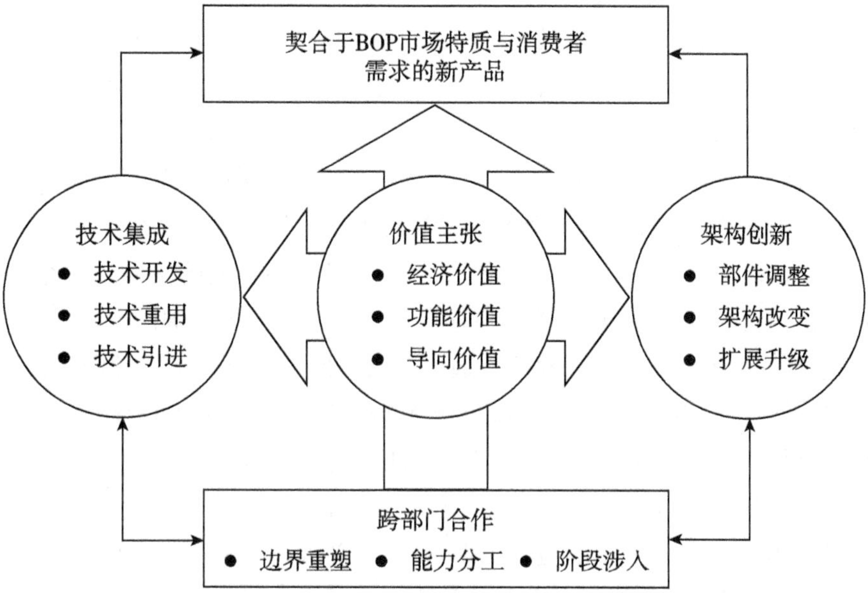

图 27 -1 BOP 市场产品创新的分析框架

五、研究结论与启示

产品创新是市场经济的基础活动，大量低收入群体生活水平的提高仍然依赖于可负担的产品或服务，尤其是那些与生存需求相关的领域，如健康、能源、食品和卫生等。而考虑到 BOP 与 TOP 市场之间存在的经济鸿沟和社会环境差异，那些决定新产品开发与传递的因素在两个市场中也是不同的。本研究通过分析中国与印度 BOP 市场的六个产品创新案例，辨识出四个关键影响因素并建立起相应的理论分析框架，既包含了以往相关研究的基本结论，也贡献出新的内容，为后续理论与实证分析提供了比较与验证的基础。

研究表明，面向 BOP 市场的产品创新不是对已有产品进行自上而下的微调，那样既无法显著降低产品的成本，也无法提供真正满足贫困群体需求的功能与质量。相反，企业首先要深入理解 BOP 市场的环境特质与当地消费者的生产、生活习惯与消费偏好，在此基础上进行全新的产品设计与开发才可能取得成功。就具体的创新策略而言，面向 BOP 市场的产品创新需要：①明确产品的价值主张，详细描述新产品能够为 BOP 消费者带来的效用提升，而且这种提升能够在当地情境中得到充分体现；②结合市场需求进行开放式的技术搜寻并基于企业自身的技术能力进行选择与集成，特别要引入那些跨越技术轨道的新兴技术，这些技术往往具有低成本与高性能的良好特征；③设计新颖的产品架构能够通过对资源的节俭性使用而大幅度降低成本，蕴含其中的部件与联结知识可以为企业带来新的竞争优势，模块化的设计有时也使得产品得以不断扩展升级而进入更高端的市场；④建立跨领域的合作关系是提高创新效率的有效途径，这需要扩大合作伙伴的辨识范围、评估资源能力并建立适宜的合作机制，引入 BOP 市场的本地组织机构与个体是降低创新风险的重要手段。

本研究的局限与未来研究建议是，首先，尽管本章采用多案例研究方法来分析 BOP 市场的产品创新并得出新的认知与启示，但是对于产生统计意义的结论还不够，未来研究应搜集更多行业的产品创新案例对本研究的框架与结论进行验证与补充；其次，本章选取的样本都是在 BOP 市场创新比较成功的案例，未来研究应选择一些失败案例进行对比，通过正反比照揭示出更多关键因素；再次，BOP 市场属于低端市场，消费者偏好的产品特征与中高端消费者有很大不同，在该市场获得成功的新产品往往蕴含着破坏性创新的潜力，未来研究可以探究在 BOP 市场产生破坏性创新的实现条件与机制；最后，成功的产品创新应该为企业带来良好的绩效。本章只是构建了 BOP 产品创新的理论框架，后续研究应进一步分析 BOP 市场的产品创新与企业绩效之间的关系，辨识出不同因素对绩效的影响机制与作用程度。

第 28 章　面向金字塔底层市场的包容性商业模式

一、问题的提出

长期以来，企业关注的市场主要由位于社会经济金字塔中高层（Top of the Pyramid，TOP）的富裕群体构成，而全球范围内日益加剧的竞争态势使传统企业每获得一个百分点的市场份额增加都会付出巨大和艰辛的努力（Martinez & Carbonell，2007）。与此同时，占世界人口 2/3 的贫困人群却很少进入企业的运营视野，其内在需求与能力也从未得到真正理解与重视（Hammond et al.，2007）。Prahalad、Hart（2002）和 Prahalad（2005）极富洞察性地指出，这些位于金字塔底层的低收入群体内事实上蕴含着巨大的商业潜能，如果企业可以创造性地满足这部分人群的内在需求，或有效利用其拥有的各类资源与能力，则不仅可以获得足够的经济回报，同时还能通过提高穷人生活质量与生产能力等方式创造出经济与社会的双重价值。这种把贫困阶层作为新兴市场进行探索的 BOP 战略，本质上是为低收入群体提供了公平参与市场，并做出贡献和分享成果的机会，隐含着对贫困人口追求幸福生活意愿与能力的信任与尊重。

BOP 战略通过把商业与贫困联系在一起而改变了现有商业系统背后的支撑逻辑，对企业与穷人都既代表着机会，又充满了不确定性，理论研究必须提供关于商业组织如何在 BOP 市场运作更深层次的理解。由于单一理论很难解释 BOP 市场内的行为与决策，需要结合多种理论视角才能深入洞悉与把握企业在 BOP 市场内的商业运营（Wright et al.，2005；邢小强等，2010）。而商业模式概念恰恰从整体和多理论视角意义上揭示出企业在特定市场内从事的所有价值活动及其内在作用关系（Zott & Amit，2010），从而为理解企业在 BOP 市场内进行的各种创新提供了良好的分析单位，也有助于深化我们对于企业在 BOP 商业环境中获取竞争优势的认知。正如 Hart（2005）指出，BOP 市场创造了连续（效率、过程、控制、资源配置与集合性思维）与不连续（想象力、创新、创造性破坏、资源吸引与发散性思维）之间的严重张力，必须采取不同于在 TOP 市场内的全新商业模式才能获得成功。

但在文献回顾中发现，商业模式近年来作为一个热点概念得到广泛的研究与分析（Baden - Fulle & Morgan，2010；张敬伟、王迎军，2010），但这些研究都隐含假定企业所面对的是基础设施健全与制度环境相对成熟的 TOP 市场。而在 BOP 战略研究领域，商业模式基本是作为一种自明（self - evident）的概念在使用（Anderson & Markides，2007；Brugmann & Prahalad，2007），缺乏一般理论意义上的分析与说明，这也与该领域仍处在理论建构初期有关。因此，本章拟通过对 6 家在中国本土 BOP 市场从事商业活动的企业进行探索性研究，分析归纳出针对中国 BOP 市场商业模式构成的关键因素与主要特征，为企业进入 BOP 市场进行商业模式设计提供依据与参考。

二、文献回顾

（一）BOP 战略研究

关于 BOP 战略研究的文献回顾可参看第 24 章第二节的内容，即最初的 BOP 战略研究主要是把穷人视为消费者，强调运用新的营销策略组合来为低收入人群提供买得起与买得到的商品。

随着研究的深入，BOP 战略更应强调把穷人视为生产者，认为企业要构建全新价值链以有效利用与整合穷人的资源能力（London & Hart，2004；Budinich et al，2007）。

Simanis 与 Hart 等学者（2008）认为，BOP 市场依赖于企业与穷人及其他社会组织与机构去共同构建，需要企业与穷人在持续合作中不断创造并分享价值，并在此过程中形成一种强烈的共同承诺和相互依赖感。通过双方贡献与整合各自的资源能力并把商业创新嵌入在本地社会文化制度内，穷人因而成为企业的商业合作伙伴。

Simanis 与 Hart（2008）把消费者与生产者导向的 BOP 战略统称为 BOP 1.0 版本，注重 BOP 市场的需求、供给与资源特性，而把穷人作为商业伙伴的下一代 BOP 战略称为 BOP 2.0 版本，强调企业与穷人需要的是深度对话而不是简单的市场交易，双方通过互相学习来共同创造全新的商业生态系统。三种 BOP 战略的比较如表 28 - 1 所示。

表 28 - 1　三种 BOP 战略的比较

	BOP 1.0		BOP 2.0
角色定位	穷人作为消费者	穷人作为生产者	穷人作为商业伙伴
运营理念	深度倾听	深度倾听	深度对话
关注焦点	降低价格	提高生产能力和效率	建立共同承诺与愿景
工具手段	运用新的营销策略	重构价值链	构建商业生态系统

续表

	BOP 1.0		BOP 2.0
角色定位	穷人作为消费者	穷人作为生产者	穷人作为商业伙伴
市场关系	公平交易（穷人购买）关系	公平交易（穷人出售）或雇佣关系	基于个人层面的信任关系
商业逻辑	卖给穷人	从穷人那里购买	价值共创

资料来源：根据 Simanis 与 Hart（2008）、Hart（2005）、Prahalad（2005）综合。

（二）商业模式研究

商业模式概念是随着信息技术与电子商务的创新与发展而被广泛使用，并逐渐作为一个一般意义上的管理学概念，被用于分析几乎所有行业内的商业活动。但迄今为止，学术界对这一概念的内涵及其构成要素仍然缺乏共识（Chesbrough，2010）。不同学者由于研究对象与视角的差异对商业模式概念给出了不同的理解与界定，可从经济、运营、战略及其综合等方面进行分析（Morris et al.，2005；原磊，2007）。

（1）商业模式最初被认为是企业获取并使用资源以赚取经济利润的核心逻辑（Afuah et al.，2001；Rappa，2004），主要关注企业的成本结构、定价机制与超额利润来源等方面。

（2）也有很多学者把商业模式等同于企业进行价值创造与传递的运营系统，重点在于说明系统的构成及其相互关系。Amit 与 Zott（2001）结合价值链、价值网络、创新与交易成本经济学等理论视角，把商业模式描述为一种旨在通过开发商业机会来创造价值的交易内容、结构和治理架构。在此基础上，Zott 与 Amit（2010）从系统设计角度进一步把商业模式定义为一组跨越企业边界的相互联系的活动系统（Activity System），其中活动可被视为动员人财物等资源以服务于企业特定目标，且这些资源并不局限于企业内部。在这个意义上，选择活动的内容及其连接方式以及由谁来执行这些活动（外包、合作还是内部化）就决定了企业的商业模式架构，也决定了企业嵌入到商业生态系统的方式。两位学者强调企业对不同活动的选择与系统构建直接影响其创造与获取价值的能力（Zott & Amit，2007），但也同时认为商业模式与收益模式（Revenue Model）是两个完全不同的概念（Zott & Amit，2010）。但从管理角度，Santos（2009）认为上述两位学者对商业模式的界定缺少两个关键方面：一是过于强调企业的外部联结而忽略了内部联结；二是只强调联结的经济维度而忽略了蕴含其中的关系维度。对于第一点，由于 Amit 与 Zott 关注的主要是创业企业，这种忽略可以理解。但针对第二点，Santos 指出，企业的任何活动都是通过特定的人或者人与人之间的互动与合作完成，因此，活动之间的联结除了经济因素外，还包含社会、政治和情感等内容的关系因素。很多情况下，对社会维度的忽略会造成商业模式创新的障碍。

（3）战略学派主要把商业模式理解为企业通过市场定位、价值主张、获取和构建核心资源能力等创造差异化与可持续竞争优势的方式与手段，代表性学者如 Porter（1996）、Hamel（2000）与 Morris（2005）等。但很多研究认为尽管战略与商业模式两个概念联系密切，战略本身不应成为商业模式的直接构成要素（Chesbrough & Rosenbloom，2002）。王伟毅与李乾文（2005）提出，商业模式重视价值创造和获取，而战略通过价值主张向顾客提供独特价值，两者对价值创造主题的关注导致商业模式的许多要素与战略要素相同。Casadesus - Masanell 与 Ricart（2010）就专门对战略、商业模式与战术（tactics）之间的区别与联系进行了探究。其中，商业模式被定义为企业的运营逻辑，反映了企业是如何为利益相关者创造价值的，而战略是企业通过选择商业模式可以在市场上竞争的方案，战术则是特定商业模式确定后可供企业使用的具体策略。两位学者形象地用汽车做类比，认为设计与建造何种汽车是战略，汽车本身是商业模式，而具体驾驶这辆汽车则是战术层面考虑的因素。

（4）尽管理论视角不同，以上三种商业模式在构成要素与分析的内在逻辑上颇多互补之处，可从盈利模式、经营系统与价值主张的角度进行整合。如 Teece（2010）描述从产品特征与顾客价值到目标市场再到价值获取机制设计的商业模式线性模型。而张敬伟和王迎军（2010）从价值定义、价值创造与传递及价值获取角度提出了有助于透视商业模式内涵的价值三角形框架，进而构建了包含市场定位、经营系统与盈利模式三维度的商业模式概念模型。

（三）BOP 战略与商业模式的结合

尽管 BOP 战略引起的研究关注很多，但直接分析针对金字塔底层市场商业模式的文献还较少。Chesbrough 等（2006）认为，在 BOP 市场企业应集中于设计与执行把新技术投资的商业模式，其次才是产品设计。由于有效的商业模式比技术开发需要更长的时间，与 NGO 合作是解决时间期限的有效方式，因为 NGO 可以承担商业模式初始创造的大量工作（Seelos & Mair，2007；Perez - Aleman & Sandilands，2008）。同样，Dahan（2010）指出跨国公司进入发展中国家 BOP 市场后为适应当地的文化、制度、经济与地理特征，与 NGO 的跨领域联盟成为新商业模式中创造及传递多元价值的重要部分，并提出了整合资源、建立信任、目标匹配及理解当地商业设施四项合作成功要素。Thompson 与 Macmillan（2010）则认为，企业可以通过商业模式创新在 BOP 地区同时创造出新的市场与社会财富，但由于 BOP 市场是一种近于奈特式的不确定环境，企业必须遵循特定的商业模式设计原则，包括界定运营边界、确定利益相关者的资源与角色、辨识合适的商业单位、预期到意外情形的发生并预先计划好退出方案等。而且，文章指出，BOP 商业模式的设计需要遵循发现驱动原则（Discovery - Driven）的方式进行，这与 McGrath（2010）强调商业模式设计应通过试验与学习而不是分析方法（Analytical Approach）的思想相一致。Yunus 等（2010）提出以缓解贫困为目的的社会商业模式概念，指出社会商业模式需要不同的价值主张、系统与盈利模式，进而结合格莱珉银行的实践经验总结出新的商业模式需纳入社会导向的利益相关者，并界定清楚要达到的社会利益目标。中国学者赵晶等（2007）从战略目标的视角将企业 BOP 战略划分为市场开发型、资源开发型和资源—市场开发型三种基本类型，提出每种战略都对应着相应类型的商业模式创新。但这种分类的标准仅是基于穷人拥有的收入与人力资源的差异，和前述不同文献对穷人在 BOP 市场中的角色认知差异相一致，并没有对商业模式本身的构成与特征做进一步的分析，仍停留于基本概念描述层面。但从上述文献分析可以看出，针对 BOP 市场的商业模式设计应纳入更多的社会要素，这与 BOP 环境高度的社会化导向有关。其前述 Santos（2009）认为，经济交易与关系（guan xi）虽然不同但并不完全可分的观点尽管并不特别针对 BOP 市场所言，但在很多以非正式制度占主导的 BOP 市场，对社会机制的引入和利用也许是 BOP 与 TOP 商业模式间的显著差异。

三、研究设计

（一）研究方法

案例研究方法作为管理学研究的基本方法之一（李怀祖，2004），包含了一整套完整而特有的设计逻辑、资料搜集步骤与分析策略，特别适合于对现象的理解和研究“如何”与“为什么”性质的问题（Yin，2002b）。相对于其他研究方法，案例研究能够对案例进行厚实的描述与系统的理解，而且对动态的互动历程与所处的情景脉络也会加以掌握，可以获得一个较全面与整体的观点（Gummesson，1991；郑伯埙、黄敏萍，2008）。本研究主要目的在于探究低收入市场的商业模式构成要素与主要特征，而 BOP 商业模式与中高端市场的商业模式在理念、对象与所处环境等各方面都迥然不同，企业在 BOP 市场中的商业行为都基本处于自发的摸索阶段，无法依赖于先前的文献与实证结果来给出充分的解释与说明。总体而言，该领域的研究仍处于早期阶段，需要提供新鲜的观点来建构与发展理论。可以看出，我们的研究问题与案例研究方法的优势有着良好的契合度，符合 Eisenhardt（1989）所提出的适合案例研究的相关条件。特别是中西方在贫困治理思路与政策、地理与文化环境等方面存在着较大差异，现有 BOP 文献研究的相关理论并不能完全照搬过来，用于指导中国企业在 BOP 市场的商业实践，因此，使用案例研究方法对中国本土 BOP 市场中的商业模式进行理论建构更具重要意义。

具体而言，本研究运用多个案例进行分析比较。相对于单案例研究而言，跨案例研究能够使分析具有更好的普遍性，更适于建构理论（Yin，2002a，2002b）。不同案例之间的比较与辩驳更有利于对结论形成有力支撑，对不同企业在 BOP 市场的行为对比，有助于辨识出 BOP 商业模式的共同维度与特征，提高了研究的效度。

（二）样本选择

样本选择需要决定选择标准与筛选过程，主要依据理论抽样（Theoretical Sampling）而不是统计概念来选择样本（Glaser & Strauss，1967）。这是由于案例研究既涉及案例本身又关注现象所处情景，会产生大量变量，若采用统计抽样，涉及的变量越多则需要考察的案例就越多，导致研究过于复杂。因此，在案例研究中，选择样本的标准是根据案例的特殊性而非一般性，即所谓“探索性逻辑”（Yin，2002b）。

具体而言，本研究的分析单位是把 BOP 群体纳入业务活动范围的单个企业而不是非营利性机构、慈善组织、企业联盟或企业网络等，因此，根据研究目标，研究团队首先对大量二手数据进行收集和整理，选取了 22 个案例作为备选案例集。选择标准是：①所选案例必须以商业企业为主导，并以经济上可持续的方式针对低收入群体开展自己的业务；②所选案例中企业必须是通过市场化的手段或途径与 BOP 群体有不同性质或形式的交易活动发生，可以是产品、服务的直接买卖关系或者是更为复杂的雇佣关系等；③所选案例中企业从事的商业活动在获取经济利润的同时要产生一定的社会环境效益，如提高当地 BOP 群体的生活质量和实际收入或改善了当地社区的设施环境等；④所选案例必须具有代表性，能够涵盖不同的地区与行业。

从案例数量来说，Eisenhardt（1989）认为多案例研究中的案例数量以 4 ~ 8 个最为合适；Yin（2002a）则认为案例数量以 6 ~ 10 个为宜。因此，在上述案例集内，本研究进一步选取了 6 个案例作为最终研究样本，主要依据是：①不同 BOP 业务模式之间的兼顾，样本中有 3 家企业将 BOP 人群作为消费者，3 家企业将 BOP 人群作为生产者；②企业类型的兼顾：性质上涵盖了跨国公司、本地国有企业、本地民营企业和国有与民营企业合资等类型，并包含了大、中、小等不同规模；③新技术应用案例与非技术案例的兼顾，2 家企业是信息技术与通讯

（ICT）行业企业，2 家企业属于生物技术行业，其余 2 家企业是传统的农业养殖；④可进行专题性对比。主要遵循 Yin（2002b）建议的逐项复制（literal replication）原则，在每项 BOP 业务中选择具有尽可能相似的代表性案例。除此之外，样本选择过程中还考虑到了行业和地区的平衡。最终选取样本的描述性信息如表 28 -2 所示。

表 28 -2　案例企业简介

企业名称	所处行业	核心 BOP 业务	组织形式	农户角色	地理位置
舜华鸭业公司	农　业	临武鸭的养殖与加工	中型国有民营合资企业	生产者	湖南郴州
南京九康生物科技发展公司	农业化工	利用楝树果实加工生物农药	小型国有民营合资企业	生产者	江苏南京
广西智联可再生能源公司	能　源	利用小桐树籽炼制生物柴油	小型民营企业	生产者	广西南宁
中国移动江门分公司	通　信	为农民提供专业信息服务	大型国有企业	消费者	广东江门
海尔集团	制　造	电脑销售	大型民营企业	消费者	山东青岛
诺基亚（中国）	通　信	手机销售	跨国公司	消费者	北京

（三）数据来源

为提高案例研究的信度和效度，本研究根据 Miles 与 Huberman（1994）所描述的三角测量法，从多个信息来源分析案例，而能够利用多种数据来源和数据收集技术也是案例研究的一个主要优势。

具体而言，对本研究样本中的每一个企业，主要以实地观察和半结构化访谈的方式收集一手资料，访谈对象包括企业高层管理者、BOP 业务部门负责人、技术人员和尽可能多的外部利益相关者。对每个企业的实地观察和访谈由 3 位课题组成员共同进行，具体资料收集路径如表 28 -3 所示。除一手资料外，对二手资料的收集包括：①在企业历史上发表过的相关文章，以及从行业或专题材料中选取的文章；②直接从企业获得的材料，如企业领导人发表的演说、内部刊物、年度报告和企业其他文件（如智联小桐树种植林油一体化项目可行性报告）；③企业或外界观察家出版的有关该行业、该企业和/或企业领导人的书籍；④商学院案例和行业分析（如九康公司是清华大学 MBA 案例大赛的决赛案例）；⑤行业参考资料。在数据收集过程中，课题组成员对样本企业资料进行反复审查，以确保所有案例分析具有一致的结构和质量。

表 28 -3　一手资料收集路径

样本企业	调查内容与时间
舜华鸭业公司	赴临武鸭业公司实地调研 2 天，访谈常务副总经理周细圣 2 次 3 小时，考察公司养鸭场并访谈农户 6 人次
南京九康生物科技发展公司	赴九康公司实地调研 2 天，访谈公司创始人、总经理周卫兵 1 次 2 小时，访谈副总经理梁和平 2 次 3 小时，实地考察公司育苗基地并访谈基地管理人员与技术指导 4 人次
广西智联可再生能源公司	赴广西智联公司调研 2 天，与生产与营销部门经理进行了 3 次 4.5 小时的面谈，赴公司那马县育苗基地进行实地考察
中国移动江门分公司	赴江门移动公司实地调研 1 天，访谈总经理林涌双 1 次 1.5 小时，访谈农信通项目负责人吴宏 1 次 1 小时
海尔集团	在海尔集团计算机本部访谈 PC 事业部总经理周兆林 1 次 3 小时，访谈“日日顺团队”成员 6 人次
诺基亚（中国）	访谈诺基亚中国市场区服务部经理 1 次 3 小时

（四）数据分析

本研究主要采用了开放性与轴心两类编码对资料进行分析和整理，目的在于从大量的定性资料中提炼出企业在 BOP 市场进行商业运作的相关主题，最终归纳出 BOP 商业模式的关键构成维度。

开放性编码要求贴近数据，从资料中产生概念，主要是将资料分解、提炼和范畴化的过程。在此过程中，要求以一种开放的心态，尽量“悬置”个人“倾见”和研究界的“定见”，将所有资料按其本身所呈现的状态进行编码（陈向明，2000）。开放性编码的过程类似一个漏斗，刚开始时范围较宽，需要对资料内容进行逐行检视，随后不断缩小范围。

在具体操作中，课题组 3 名成员首先对一家公司的资料进行编码，然后就编码结果的异同与内涵进行详细讨论，以确定在本课题研究情境下编码的基本规则。接着两位成员继续对剩下的 5 个案例分别独立进行编码，一名成员负责检核。经过以上过程，最终从资料中抽象出公司与农户的强连接、集约化经营、本地化营销、知识获取、市场定位、生产者能力提升、异质性价值链等 268 个概念。本研究中开放性编码的几个示例如表 28 -4 所示。

表 28－4　开放性编码示例

初始范畴	典型引用
公司与农户的强连接	农民发展带有盲目性，公司要有引导作用，这样发展前景比较好……，紧密型还好，松散型就有问题，要与农民结成利益联合体，公司文化要影响农民。（九康公司，副总经理）
利用本地资源提高农户收入	（我们家的地）是 2006 年 2 月份租出去，有两三亩地租给九康公司，自己有六亩地左右种水稻，在租之前，那几亩地就是种种玉米和山芋等，作为养猪的饲料，基本不能带来什么收入。租出去后不仅可以从九康得到租金，而且老人还可以帮助翻地、锄草等，没有那么大的负担……（桥李村民）
……	……
商业与社会的双重效益	通信作为国家的基础设施，应当承担起社会责任，促进三农问题的解决，让农民在其中受益……，农村市场大有可为，既可以扩大移动的市场占有率，增加移动的用户群，又可以为农民创造效益。（江门移动，总经理）
政府支持	在我们项目的实际推广过程中，当地的农业局、信息产业局、科技局、气象局、市团委、海洋渔业局、宣传部等都给予了帮助。（江门移动，农信通项目负责人）
……	……
多环节异质性价值链	企业本身保持一个很小的规模，边界收的很紧，在推广中主要采用代理商形式，和村支书打交道，给代理商补助，以县为单位进行“突破”。（智联能源，经理）
集约化经营	山塘水库大多青山绿水，生态环境保持较好。一个农场可养数万只至几十万只，防疫起来也容易，一旦发现鸭子异常，在几个小时之内便可全部进行一次针剂防疫，迅速控制……（舜华鸭业，副总）
……	……
电脑消除信息鸿沟	电脑下乡是“多赢”的事情，老百姓虽然提前消费了，但是打通了与外界的联系，通过信息化改变了他们的观念和生活……，越是偏远的地方，越有这种需求。（海尔集团，PC 事业部经理）
本地化营销方式	农民的品牌意识确实不是很强，对于国际公司做广告的方式不认可，农民认可电视购物广告，还有周围社会网络（朋友亲戚）。所以以前公司觉得不能做的，现在觉得可以尝试：比如糊墙，因为农民认这个东西。（诺基亚，市场服务部经理）
……	……

由于本章主要研究企业在 BOP 市场的商业模式，聚焦于该市场内的价值创造、价值传递与价值分享活动及其相关因素。因而通过对所归纳概念的详细检查，并经 3 名课题组成员一致同意，我们从 268 个概念中剔除掉 42 个无关概念，

保留226个相关概念。

经过开放性编码后，原始资料被分裂为具有不同等级与类型的代码，需要进一步进行轴心编码（又称二级编码）。在轴心编码中，研究者每一次只对一个类属进行深度分析，围绕着这一个类属寻找相关关系，因此称之为“轴心”（陈向明，2000）。具体而言，二级编码的主要任务是发现和建立概念类属之间的各种联系，在开放编码之后以新的方式重新排列它们（Creswell，1998）。比如，开放性编码形成的“正式制度缺失”“公司与农户的强连接”“公司与农户的信任”“降低不确定性”等初始范畴可整合为一条“轴线”：由于在农村地区正式的法律法规执行较为困难，公司需要与农户建立强连接关系才能产生信任，从而可以降低BOP市场中的不确定性。因此，这几个范畴被重新整合纳入到一个新的范畴——“关系治理”。因此，通过对已有概念的分析并辅以更多的原始资料挖掘和对比研究，课题组成员对初始编码阶段的不同概念范畴进行了详细的关联性分析，直至初始范畴全部饱和，最终得到26个副范畴并归纳到5个主范畴当中，如表28－5所示。

表28－5　轴心编码结果

主范畴	副范畴
本地能力	自然资源禀赋；人力资本；基础设施；农村人际网络；当地政策环境
价值主张	促进当地就业；提高农民收入；提升农民能力；拓展外界联系；降低社会排斥
价值网络	异质性主体；能力互补；本地嵌入；社会资本；关系治理；制度空洞
关键活动	主动连接；本地知识获取；互动；协调；杠杆利用本地资源
盈利模式	产品销售；成本分担；可拓展性；可复制性；渐进式增长

（五）分析研究

根据数据分析得到的BOP商业模式的5个关键维度，我们对各单个案例的商业模式进行了详细的分析描述并形成文字资料，从而得到有关每家样本企业商业模式的分析报告。在此基础上，课题组成员对所有案例的商业模式进行了讨论，探讨它们的共同特征，归纳出相应的研究结论，下面分别对其进行详述。

1. 本地能力

本地能力是BOP区域或市场内已经存在的有利于企业进行价值创造的资源与能力，是企业进行商业活动的基础与支撑。通过对案例企业所在地的资源环境分析，可以把BOP本地能力分为BOP人群自身拥有的资源能力和外部促成环境两部分，前者包括BOP人群长期积累的物质、人力与社会资本，后者则是BOP市场的基础设施与制度环境，具体如表28－6所示。

表 28－6　BOP 商业模式的本地能力

样本企业＼本地能力	BOP 人群的资源与能力	外部促成环境
舜华鸭业	临武县具有非常独特的自然山水条件和麻鸭品种，养鸭业是当地传统家庭副业，绝大多数农户都基本掌握了临武麻鸭养殖及加工技能	临武县政府把临武鸭产业作为重点发展方向
九康生物	高淳县桥李村有着大量贫瘠的闲置丘陵山地，不适于种植粮食和其他经济作物，但可用于种植楝树。且该村已有多年种植有机茶叶的经验，了解生态农业的特点和要求	生物农药因食品安全问题等具有良好发展前景；当地政府有意识的扶持发展生物农药产业链；“户户通”工程解决了桥李村交通问题，为产品收购与营销等提供便利
智联能源	广西壮族自治区有大量的贫困人口生活在山区，这些地区不宜种植一般作物却适合小桐树生长	《可再生能源中长期发展规划》与《广西工业重点产业发展“十一五”规划》对发展生物能源的支持
江门移动	收入水平较高，农村居民和城市居民的界限比较模糊，务农人口对移动通信终端和服务价格接受能力较好	符合农村信息化的政策导向；基础设施较好，“村村通工程”达到 99% 的自然村网络覆盖率
海尔集团	群体购买力与社会资本	家电下乡政策
诺基亚（中国）	群体购买力与社会资本	家电下乡政策

（1）作为消费者，BOP 个体尽管收入微薄，但凭借其庞大的规模与增长速度，其总体代表着巨大的、迟早要释放出来的潜在购买力，海尔、诺基亚与江门移动公司都是基于这种洞见，把中国农村市场作为发展重点而进行战略开拓。在此过程中，BOP 人群在本地社区构筑的社会网络与社会资本是企业可资利用的重要资源，那些以亲缘、半亲缘及地理临近构成的各类关系对穷人的日常生活影响巨大。这几家公司在农村市场营销中都发现，村民的社会网络是其获取产品质量与声誉信息的重要渠道，对其最终购买决策影响很大，导致品牌效应的区域特征很明显：“某一个村子偏好某一品牌，邻近的另一个村子可能就偏好另一个品牌。”这种个体层面上的实际接触和在此基础通过“口口相传”形式的信息交换是促进产品扩散和建立品牌声誉的重要机制。正如海尔日日顺团队负责人所言：“在农村市场，如果邻居家买了海尔，那自己家一定要买。如果一个村的人都说海尔非常好，那大家都说好。竞争的输赢有时在起点上已经决定了。”

（2）相对消费者角色，作为生产者的 BOP 人群更能直接体现其价值创造潜力。当 BOP 区域具有特定的自然资源禀赋时，BOP 人群也往往在长期劳作中积累起管理和使用这些资源的技能与知识。舜华鸭业、九康生物与智联能源公司就是基于当地自然地理环境适合养殖或种植特定动植物品种的条件并利用了当地农户相应的知识技能开发出各自的商业模式。当商业介入之前，BOP 本地的资源能力往往被闲置或者低效的发挥作用，但在资源流动良好的市场经济体中总能够找到有效利用这些资源的价值创造活动，而企业关注的正是将这些资源链接到外部经济的“最后一公里”。

(3) BOP 市场的基础设施条件与制度环境状况衡量了企业可以多大程度上利用已有的资源与能力基础。与 TOP 人群相比，大部分 BOP 群体无法获得充足的基础设施和有效的社会服务，包括交通、能源、通信、教育与卫生等，大多数样本企业最初也都选择那些基础设施相对较好的 BOP 市场进入。如广东移动的“村村通工程”与南京市高淳县桥李村的“户户通”公路工程都提高了当地的基础设施条件，为企业的商业开拓提供了便利。而制度环境是指促成企业在 BOP 市场开展业务的政策导向与法律状况等，直接影响到企业的市场进入与运营绩效。从调查研究的结果看，当企业的战略目标与政府政策具有某种一致性时，企业往往能够通过有效利用当地的政策资源来降低成本与提高效率，本研究中几乎所有的企业都直接或间接受益于不同层次的政策机会。

2. 价值主张（Value Proposition）

价值主张是企业在商业运营中为其利益相关者所能带来的直接或间接效益，由于本研究重点关注 BOP 群体被纳入商业模式的角色与活动，因此主要考察企业为 BOP 人群（作为消费者与生产者）所能提供和实现的价值主张，而对其他利益相关者产生的价值则在经营系统中论及。实际上，在发达市场中常见的生产与消费的区分在 BOP 市场并不明显（Wood et al.，2008），穷人的消费与生产活动往往紧密交织在一起，反映了其在不同角色中的学习与经历且两者相互影响、相互强化（Sridharan & Ivey，2008）。

对案例的资料分析表明，BOP 商业模式提供的价值主张可分为经济价值、能力价值与关系价值三类，如 28 - 7 所示。其中经济价值主张的影响最为直接，当 BOP 人群可以明确预期在与企业发生商业交换时可以获取到满意的经济收益时，会较快地表现出对企业的接纳与认可。而能力价值需要在生产过程中逐渐积累与体现，事前很难像经济价值那样对其进行准确判断，BOP 人群有时对能力提升带来价值的评价与认知并不一致。只有那些本身具备相关互补资源的 BOP 人群可以明确预见到，能力提升对自身贡献要大于投入的经济或非经济成本时才会持积极态度。而关系价值的体现最为隐含与间接，以至于大部分 BOP 人群开始很难意识到与企业的商业与社会互动会影响到其自我认知与社会网络位置的变化。这也使得企业很少直接把关系价值作为明确的价值主张提出，往往是作为伴随结果发生。如在九康公司案例中，由于当地大多数男性劳动力外出打工，参与楝树种植工作的本地妇女比例很高，妇女收入提高改变了家庭收入构成，也减少了当地的性别歧视现象。而且妇女在工作中不仅提高了劳动技能，也在工作中建立起新的社会网络，扩大了信息交流的范围并建立了自信。而江门移动公司是唯一仅提供能力价值和关系价值而没有直接提供经济价值的案例，其在全国首创的“农信通”业务主要为解决农村信息化落后和信息渠道匮乏问题，具有明显的能力价值和潜在的关系价值主张，但在开始时却并没有被农户接受而只能以免费的形式进行市场推广，这与其他提供了明确经济价值主张的案例形成鲜明对比。

表 28－7 BOP 商业模式的价值主张

样本企业＼价值主张	经济价值	能力价值	关系价值
舜华鸭业	当地鸭农通过饲养临武鸭并提供给企业作为原料可获得经济回报	在与公司合作中鸭农提高了养殖水平与技术	促进了农户之间、农户与外部市场的联系，增加了本地的纽带型社会资本
九康生物	当地劳动力主要为妇女与老人，通过在荒地、林地种植楝树并提供给企业生产生物农药可获得经济回报	本地农户有多年种植有机茶叶的经验，通过与公司合作进一步积累了生态农业与绿色农业知识	本地妇女的参与改变了家庭收入构成，减少了性别歧视，妇女社会地位提高
智联能源	当地农户通过种植小桐树并提供给企业炼制生物柴油而获得经济收益	当地农户获得小桐树的种植技术	增加农户之间及农户与厂商间的联系
江门移动	没有直接经济效益，但可通过能力提升获得间接经济收益	即时获取各类专业信息提高和优化了农民的生产效率与市场决策	促进了本地农户与外部市场（如外地农产品收购者）的贸易来往，扩大社会网络
海尔集团	农场消费者以低价在本地就能购买适用于自身条件与基础设施环境的电脑而提高了生活质量	电脑预装了学习、信息与医疗平台，用户可以通过电脑进行知识学习并获取相关知识信息	通过电脑联网增加了农民与外部市场及地域的联系，拓展了视野与眼界
诺基亚（中国）	农场消费者在本地就能以低价购买符合自身条件的手机而提高了生活质量	提高了信息获取能力	手机通讯增加了农民之间以及农民与外界的交流与联系

3. 价值网络（value network）

价值网络是企业为有效实现其价值创造与传递而与其他组织机构建立的合作或联盟系统。本研究中不同案例企业的价值网络构成、职能及与企业的关系性质，如表28－8所示。

表28－8　BOP商业模式的价值网络分析

价值网络 / 样本企业	主要网络成员	角色与职能	关系性质
舜华鸭业	公　司	生产经营和市场销售	—
	当地政府	提供资金扶持与补贴并帮助养殖户建立风险保障机制	战略合作，契约与信任的交织关系
	养殖公司（全资子公司）	专门负责孵化、养殖、收购、技术培训等与农户打交道等活动	直接控制
	临武鸭养殖协会（单位与个人自愿参加的行业非营利组织）	与公司通过合同约定年度生产数量并把生产任务分解到各个农场，为农户提供信息、调剂资金、协调生产、帮助交易谈判等服务	契约与信任的交织关系
	农场信用社	在公司担保下为养殖户提供贷款，解决了养殖临武鸭资金短缺问题	商业合作，主要是契约关系
	农场（一家或几家农户共同出资建成）	临武鸭的养殖，由分散的小规模经营转向规模化养殖	契约与信任（承诺）的交织关系
九康生物	公　司	种子收购、研发、生产和营销	—
	当地政府	提供科研资金补贴、协助建立生产基地、帮助拓展省外与海外市场	战略合作，契约与信任的交织关系
	农科院	协助公司进行产品研发，提供技术支持	契约与信任关系
	育苗基地	招聘部分当地人员进行培训以担任基地管理工作，并通过这些人员进一步招聘本地农户来负责楝树苗的培育与种植	直接控制
	农　户	出租土地和被招募进入基地从事各种工作	契约与信任关系

续表

价值网络 / 样本企业	主要网络成员	角色与职能	关系性质
智联能源	公　司	研发、生产和销售	—
	代理商	负责替公司为农户提供种苗和收购果籽	契约关系
	能源林基地	公司自营并招募当地农户种植小桐树	直接管理
	农　户	购买种苗种植小桐树	主要是契约关系
	炼油厂	联盟或并购后用以生物柴油炼制	契约关系
江门移动	公　司	团队建设、硬件（如基站）支持与市场推广	—
	农业科学院	提供专业数据库定期发送给农户	契约关系
	市政府部门（科技、海洋与气象局等）	利用移动公司平台即时提供专业与应急信息发送给农户	契约（合作）关系
	村镇行政机构	帮助推广农信通，促进农民接收	信任关系
	信息员（每村一个）	收集用户需求并进行反馈	契约（雇佣）关系
海尔集团	公　司	生产制造、渠道建设与市场营销	—
	县级海尔专卖店	专门直销海尔电脑	直接控制与管理
	村级零售点	销售海尔电脑（也销售其他品牌）	契约与信任关系
	村级服务站	提供海尔电脑的售后服务	直接控制与管理
	农博网等	为海尔电脑提供信息增值服务	契约（合作）关系
	当地政府	提供电脑下乡补贴	松散的合作关系
诺基亚（中国）	公　司	生产制造、渠道建设与市场营销	—
	省级分销商	在本区域分销诺基亚手机	主要是契约关系
	本地代理商	在本地销售诺基亚手机（也代理其他品牌）	主要是契约关系
	当地政府	提供家电下乡补贴	松散的合作关系
	运营商（如中移动）	定制诺基亚手机免费提供给其用户	主要是契约关系

（1）企业在 BOP 市场中的价值网络并不像在 TOP 市场那样（主要由商业组

织依据交易顺序而构建的线性系统），而是包含了本地的中小型商业企业和其他非传统市场参与者，如当地政府机构、社区组织和有影响力的个体等。这些组织与个体拥有大量有关 BOP 群体与市场的隐性知识与资源，能够弥补企业相关能力的缺失或不足，帮助企业快速高效地开展业务。如舜华鸭业的价值网络主要由企业、政府、养殖协会与养殖农场等主体构成，各主体根据自身的资源与能力特质执行相关职能，既解决了产业链之间的利益分配、风险化解、农业信贷等诸多难题，又通过养殖协会将农户拧成一股绳，减少了利益主体，大大提高了管理效率。

（2）国外研究认为发展中国家的地方政府往往存在着不同程度的官僚与腐败，政府参与会降低企业的资源配置效率，要求企业最好选择在“雷达下飞行”以避开政府干扰才能获得成功。但案例分析结果表明，在中国 BOP 市场中，政府机构而非 NGO 是企业价值网络的关键构成部分，发挥着重要作用。被调研的多数企业都表示，当地政府部门的支持与帮助对于企业在 BOP 市场的商业运营非常重要，而缺乏与政府合作或政府支持力度不够的企业发展会受到制约。如江门移动的农信通项目需要提供专业性信息，农业局和农科院给予了大力支持。而在市场推广时，江门移动面临的最大困难在于农民抱有疑惑心理而不愿接受，后来通过农业局和团委由协会和村级行政机构入手才打开局面。九康生物则是由南京市政府下辖的市高新技术风险投资股份有限公司直接参股，也在省市农业和科技基金拿到很多资金。舜华鸭业在建立伊始就得到了当地政府的大力支持，很多与农户的纠纷都是政府出面帮助协商解决的。而在智联能源案例中，政府对利用林业剩余物发展生物能源的扶持力度则比较小。特别是由于非粮作物不能与粮争地的政策，小桐树很少能被种植在稍微肥沃的土地上，但即使在贫瘠山地，政府重视的也不是小桐树而是更加速生的桉树和山茶树。由于没有从本地政府得到预想的支持，导致资金压力一直困扰着企业的发展。在消费者导向案例中，海尔集团受惠于政府补贴与民族企业性质，在乡镇一级政府得到很多支持，而诺基亚公司则主要把开拓农村市场当作纯粹的商业活动，几乎没有涉及与政府部门的深入联系。需要说明的是，在所调研案例中，当地政府直接介入到企业经营业务中的情况并不多见。在临武鸭案例中，舜华鸭业公司曾经一度根据行政村的区域划分来建设养殖基地，村级行政机构在企业进行业务决策时（如在不同基地间分配生产额度）进行过一定程度的干预。但这种基地区划建设仅考虑行政便利而非经济性的方式，不久就显示出运行效率的低下，最终被舍弃。在其他案例中，政府部门也主要起经济杠杆作用，为企业特定业务活动提供经济补贴或税费减免，很少运用非经济性手段直接进行行政干预。

（3）BOP 价值网络中各主体之间的联结更多表现为一种基于契约与信任交织的混合关系。在所有案例中，企业并不具有对价值网络的绝对控制力，更多的是通过提供和完善合作框架、沟通机制和知识指导以及运行流程等方式促进网络的构建与良好运行。如舜华鸭业经历了从“企业 + 农户”到“企业 + 基地 + 农户”再到“企业 + 协会 + 农场”三种模式的转变，最终才构建了产业集中、标准统一、利益均享的价值网络，主要由企业以协商与引导的方式来推动，其内在机制正是基于参与方之间逐渐形成的信任关系。由于信任只有通过企业与其他网络主体间的实际接触才能建立，因此和企业的本地嵌入程度紧密相关。在本研究中，舜华鸭业与九康公司都根植于当地，与农户间存在大量的联系与互动，能够嵌入到农户的社会网络中。九康公司通过在育苗基地所在地招募本地村民作为管理人员而利用了农户的社会资本，同时针对军人、妇女与老人有特殊的雇佣政策，在带动就业的同时也建立了社会声誉，有助于企业与其他组织或个体形成新的信任关系。而舜华鸭业作为当地龙头企业，对于附近农村打井与修公路等都提供一定资助。可以看出，由于企业要把商业开发活动嵌入到其原有的社会规范之内，这使得企业在 BOP 市场内很难专注于单纯的核心商业活动，而是夹杂着其他的社会活动，这些社会活动会加深企业与 BOP 群体的信任从而促成或提高商业活动的效率，两者很难剥离开来。与此相比，智联能源想通过“公司 + 基地 + 合作商 + 农户 + 工厂”的产业化经营模式，主要采用区域代理而不是企业本身与农户打交道，导致价值链环节过多，企业与农户是纯粹的经济契约关系，但层层代理又减少了农户受益，降低了种植热情。而诺基亚公司统一的全球化战略使其很难通过认知和文化等方式嵌入到 BOP 市场，这不仅影响到公司产品同竞争对手（如山寨手机）在农村市场中的竞争，也影响了销售渠道的稳定性。

4. 关键活动

经过对案例的比较分析，可以发现从进入 BOP 市场后，几乎所有企业都在不断进行连接（Linking）、学习（Learning）与利用（Leveraging）三类活动。由于这些活动主要伴随价值网络的构建与演化而展开，可视为表 28 - 8 的动态化呈现，下面主要从活动本身进行分析。

（1）连接是企业与其他组织与个体合作进行价值创造与传递的前提。从具体连接对象来看，可以分为纵向连接、横向连接与结构连接三类。纵向连接指按照价值链的上下游关系进行连接，如诺基亚与 BOP 市场当地的经销商与零售商的连接以及其他企业与作为消费者或者生产者的 BOP 人群直接发生的连接；横向连接是与商业组织的合作，如舜华鸭业与农村信用社合作提供贷款来解决农户资金缺乏问题；机构连接则是与政府机构、NGO 和大学等非商业组织的连接。而企业能否建立有效的连接很大程度上取决于与连接对象在战略目标上的一致性，当企业在 BOP 市场的行为符合或有助于实现连接对象的价值理念或目标时，双方就具备建立合作关系的基础。如在江门移动案例中，推动农村信息化工作本身就是政府解决“三农”问题的工作方向，移动的农信通业务有助于实现政府的政策目标，因此从筹建工作开始就得到江门市委领导的充分肯定。而舜华鸭业公司与九康公司的农业产业化项目都能促进当地的经济发展并帮助农民脱贫致富，也和政府发展区域经济和减少贫困的工作目标相一致。海尔的家电下乡活动则更是直接受益于政府的补贴政策，这都为企业与政府建立连接奠定了良好基础。

（2）由于 BOP 市场在设施基础、制度环境和参与主体等方面都与 TOP 市场有很大差异，企业原有的知识积累与储备并不足以支撑在该市场的商业运作，因此必须通过大量的学习活动来获取新知识，这既包括利用性学习（Exploitative Learning）活动也包括探索性学习（Exploratory Learning）活动。其中，利用性学习指通过学习能够把企业原有的资源能力有效拓展到 BOP 市场进行使用，如海尔集团通过对农村市场的学习而把在 TOP 市场建立的产品创新与售后服务等能力调整后更好地应用于该市场，而探索性学习更强调通过对 BOP 市场运行规律深入的学习而进行针对性的专有创新，如舜华鸭业的组织模式创新。两类学习既可以由企业通过“干中学”“观察中学”等方式独立进行，也可以在与利益相关者的合作中共同进行。特别是当企业的合作伙伴是长期扎根于本地的组织机构或个体时就能够帮助企业获得大量有关 BOP 市场及其价值与规范等方面的隐性知识，极大提高企业二元学习的效率。共同学习本身也是合作各方理解彼此价值理念和评价各自资源能力的有效过程，既有助于建立长期信任关系并促进资源能力的深度整合，也利于合作出现矛盾时的协调解决。分析结果表明，在所有案例中，与 BOP 群体的交互性学习是企业学习活动的核心，一方面企业要在 BOP 地区具体的市场、制度与自然环境中理解穷人的生产与生活方式，并把这种理解纳入到商业模式的设计与调整中去；同时企业也要努力把自身的价值主张传递给 BOP 人群与其他利益相关者，使其对企业的行为形成正面的价值判断以建立合法性并获得信任。从动态视角看，企业的二元学习是不断持续的，企业在价值网络内不断获取新的知识并把新知识与原有知识整合以产生新的知识，通过这些知识产生新的商业想法和可行性战略。

（3）利用是指从 BOP 市场内存在的资源能力中挖掘附加价值，这些资源能力之前并没有得到商业意义上的充分使用。相对于 TOP 市场，BOP 市场中的基础设施与正式制度资源都比较稀缺，企业必须创造性地杠杆化利用存在于价值网络内的现有资源来创造价值，但利用活动的效率与企业建立的网络关系质量和学习效果紧密相关。在本研究案例中，利用当地政府的权威性与动员能力都能够降低企业的进入成本并快速促进业务的开展，而利用 BOP 人群自身的资源能力则是企业价值创造的核心。在分析 BOP 市场的本地能力时，我们详细列举了不同案例中的本地能力状况，包括生产者与消费者拥有的自然资源与消费技能、社区网络与社会资本、基础设施与制度条件等，而企业也正是通过对这些资源能力的有效利用构建了各自的商业模式，并通过实际行动实现了这些资源的商业价值。

5. 盈利模式

盈利模式是企业在 BOP 市场内价值网络的角色与结构确定条件下，企业与各利益相关者在价值分享时的利益体现。在本研究中，各企业盈利模式如表28－9 所示，除江门移动的农信通业务外，其他案例企业均为生产制造类企业，盈利模式比较相似，都是传统的线性支付与销售模式，即主要依靠主营业务的直接销售来获得收入并由自身承担成本和费用。其中在 BOP 消费者导向的诺基亚与海尔集团案例中，两家企业都是把电脑与手机产品卖给 BOP 消费者，但其价值网络构成与治理的不同导致成本结构有很大差异。具体而言，除了原材料等生产费用外，农村市场的运营成本很大程度体现在渠道建设与维持上，海尔依靠日日顺团队在全国 2 万个乡镇里面建立了专卖店从而可以做到直接配送，诺基亚则主要依靠代理商与当地的零售商来销售手机，而当地的零售商往往还会同时销售其他品牌手机。当对农村市场的开拓达到一定程度后，海尔自营的销售网络体系会依靠规模经济而逐步降低成本，而诺基亚与代理商和零售商的利润分成模式则存在多种不确定性。与此对照，江门移动公司提供的并非实体产品而是信息服务，早期是以免费形式进行推广，后来则以包月形式收取费用。业务成本主要是建立移动通讯基站等基础设施投入，而与政府相关部门的合作使得提供信息服务的边际成本很小。但单纯通过农信通业务实现盈利最大化并非是首要任务，公司更多考虑的是通过农信通业务来扩大农村市场占有率并建立品牌声誉以服务于企业的整体盈利目标。

表 28－9　BOP 商业模式的盈利模式分析

盈利模式／样本企业	成本结构	成本分担	收益来源	复制性与成长性
舜华鸭业	饲料赊销 原鸭收购 生产加工 市场营销	公司支出 政府补贴信用社贷款农户预付	各类鸭肉食品的销售	已形成孵化、养殖、收购、技术培训等标准程序，具备深加工能力和市场扩展能力，形成了一条具有高附加价值的产业链，成长性良好
九康生物	研发费用 租金支付 用工支出 市场拓展	公司支出 政府补贴农户参股	楝树苗与生物农药的销售	通过控制原料供应和中间产品采购已经推广到南京周边多个县市的农村地区，也在海外如马来西亚建立生产基地

续表

盈利模式 样本企业	成本结构	成本分担	收益来源	复制性与成长性
智联能源	土地租赁 种子收购 代理费用 市场营销	公司支出 农户预付育苗费	商业模式设计是桐树苗与生物柴油的销售，但现在还没有实现盈利	广西贫困地区“三荒”土地资源较多且没有分配到户，利于降低公司谈判成本及成片种植，潜在复制与扩张性良好。但目前还没有形成可成功复制的整体商业模式
江门移动	基站维护 信息购买 市场推广	公司支出	直接收益很少，但农场市场占有率扩大导致其他业务收益增长迅速	农信通已被广大农户接收，且配套开发出“村村通”和“农企通”等收费业务。目前重心是3G业务推广，让“农信通”逐步往手机网络方向发展
海尔集团	渠道建设 人力成本 市场宣传	公司支出 政府补贴	电脑销售收入	已形成规模优势和品牌效应，商业模式具有良好拓展性
诺基亚（中国）	分销费用 人力成本 市场宣传	公司支出 政府补贴	手机销售收入	分销代理模式虽然具有在不同区域的复制性，但对终端渠道的控制较弱

在BOP生产者导向的临武鸭、九康生物与智联能源案例中，企业主要把BOP生产者拥有的自然与人力资源作为投入，其收入来源于最终产品（鸭肉、生物农药与生物柴油）的市场销售，而成本除日常管理开支外，主要为土地租金、农户工资与收购费用。其中终端产品的销售取决于市场需求（如国际油价波动对生物柴油需求会产生较大影响）而与BOP人群没有太大关系，但在具体运营中对BOP人群与资源的不同组织模式会导致成本结构的差异。本研究中，临武鸭业是通过联合农村信用社来推动农户自身联合来建立养殖基地，农信社承担了部分成本，而农民提供的高质量鸭苗有利于提高各方收益；九康公司则是自己租赁土地并雇佣当地农户进行经营，通过把经营活动内部化而加强了对成本的控制力度；智联能源主要依靠区域代理商形式，增加了价值链环节，在降低管理与渠道成本的同时也导致更多的投入不确定性。

当企业的商业模式可以低成本的复制或拓展到其他区域或市场时，就可以获得实物期权理论中所说的增长期权价值，带来长期收益。从调查结果可以发现，BOP商业模式的可拓展性取决于支撑该商业模式的资源属性与嵌入程度。首先，当企业商业模式所需的核心资源（包括原材料、技术、工具等）可以在其他BOP地区比较容易的获取时则有利于商业模式的拓展，这种拓展有时会受到自然环境的限制，如九康公司培育的楝树树种还不能在黄河以北种植，而临武鸭也要在本地才能养殖，因此在拓展的地域上受到一定限制。比较来说，江门移动、诺基亚与海尔的商业模式则相对容易复制与扩张。其次，如果企业在 BOP 市场需要深刻嵌入到当地社区，从而利用社会资本并积累隐性知识才能成功运营，则其商业模式的拓展性也会受到本地化的制约。由于把穷人视为生产者的商业模式往往与 BOP 人群发生大量个体层面的交流与互动，从而对企业产生本地锁定效应，相对而言，消费者导向的 BOP 商业模式要更具扩张性。但如果企业已经在 BOP 市场上建立起品牌与信誉，则依赖于声誉机制可以极大地降低进入新区域和新市场的过程成本，部分缓解社会嵌入的影响。

四、研究结论与启示

（一）讨论

1. 本地能力

本地能力是 BOP 区域内存在的各类资源禀赋（包括 BOP 人群自身拥有的人力资本与关系资本等），这是企业进入 BOP 市场后面临的基础条件，也是企业设计与发展商业模式的前提。这些资源与能力长期被排斥在正规市场体系之外，以一种低效和离散的状态存在，不能创造或只能创造出很低的价值。但当企业能够洞察 BOP 资源与其产品/服务的关系并通过适当方式促使两者之间的结合时，就能够释放出这些资源创造新价值的能力。此外，许多支持 TOP 市场体系运转所需要的设施条件在 BOP 市场中并不存在或者比较薄弱，这使得企业必须从本地出发进行思考与设计，而不能把在 TOP 市场获得成功的商业模式进行简单的调整或修改后直接拿来应用。在这个意义上，BOP 商业模式首先提供的是一个本地化解决方案，在这个方案中，BOP 人群及所在地的资源能力扮演着重要角色，成为商业模式不可或缺的一部分，这在所有案例中都有体现。通过运用一种有效辨识与开发现有本地化能力的方法，企业可以弥补商业运营的成本，创造出依赖于本地资源的独特价值。

2. 价值主张

在 BOP 市场，价值主张反映了企业通过商业创新为 BOP 人群及其所在社区与环境所能带来的提升与改变，体现在企业的所有活动与经历中。本研究根据 BOP 商业模式所提供价值的特征与内涵区分了经济、能力与关系三类价值主张。其中经济价值主张，指企业的商业行为能够提高 BOP 群体的收入水平和收入稳定性或者降低其消费成本；能力价值体现为 BOP 群体获得了劳动或消费技能的提升，包括观念更新、知识水平提高、新资源的获取和讨价还价能力增强等；关系价值则表现在 BOP 群体社会网络的拓展、社会地位提升与社会排斥感的降低等方面。这三种价值对 BOP 群体的吸引力也不尽相同：经济价值的吸引力最为直接与显现，但其时效也最不确定，企业失败或经营不利都会马上导致 BOP 人群经济收益的损失；能力价值作为附着在 BOP 生产者和消费者身上的知识技能，具备在新的条件下创造更高价值的潜能，对 BOP 生产者更有吸引力；而关系价值影响最为深远，拓展了 BOP 人群的眼界与视野，激发其对更美好和更有价值生活的向往与追求，在群体层次上会影响到该区域的社会风气，甚至对当地传统价值体系产生消融与解构。事实上，长期的贫困会导致穷人被排斥在许多 TOP 人群所参与的正常消费活动与生产关系之外，而当企业通过创新的商业模式把 BOP 群体与更加广泛的市场经济体系连接起来时，就使得穷人参与到不同程度的以平等、相互尊重与公平为基础的商业活动中，从而促使其对自己的市场角色形成新的认知并在心理与行为等方面做出调整或转换，这种潜移默化的影响会伴随着收入与能力的提高而得到进一步强化。

3. 价值网络

BOP 价值网络的成员往往具有与商业企业不同的职能和性质，这种网络构成的多元性与异质性特征主要由 BOP 市场普遍存在着价值链空缺与制度空洞所决定。与 TOP 市场成熟的基础设施与制度支撑条件相比，价值链空缺指 BOP 市场缺乏有资质的中介机构等专业市场参与者来完成价值创造所需的相应环节，制度空洞则指法律规章等正式制度的执行力比较薄弱，当地社会习俗与传统等非正式制度对 BOP 市场中的行为与决策影响很大。因此，在这样专业化程度不强和非正式制度占主导的市场环境下，企业必须要完成很多在 TOP 市场属于其他专业机构的工作，如帮助穷人去融资或提供担保等，从而需要与以往可能并不熟悉的组织机构建立联系。同时，在 BOP 市场的非正式制度环境中，企业面临着建立合法性和获取 BOP 人群信任等诸多困难，克服这些困难或障碍所需的资源与能力在企业内部很难产生，而一些非传统合作伙伴反而更能发挥作用。特别是在中国 BOP 市场内，地方政府而不是国外文献中强调的非营利/非政府组织是企业的关键合作伙伴，这和中国地方政府在资源支持与赋予企业合法性方面的直接权威与能力有关。

从治理角度看，BOP 价值网络功能的执行依赖于一种混合治理关系，使得企业与网络内其他参与者的联结同时具有契约性和信任性双重性质。契约性体现为对双方必须承担的责任与义务的硬性规定（如公司与农户签订的生产与收购合同），信任则是双方在面临契约规定之外的不确定性或者未预料性事件时会以合作与互惠的方式来共同解决，是一种心理的认可与行为的配合。正式制度环境越弱，企业就越有更强的动机来通过混合治理网络来从事各项活动，降低交易成本，提高商业运营的效率。

4. 关键活动

Zott 与 Amit（2010）认为，企业的商业模式就是由超越企业边界的相互联系的一系列价值活动而构成。据此，我们把 BOP 商业模式内的关键活动定义为企业进入 BOP 市场后为支持商业模式的运行与可持续而进行的相对重要和独特的价值活动，主要包括连接、学习与利用三类，围绕着内外部利益相关者的有形与无形资源而展开。首先，由于企业在 BOP 市场需要与外部组织机构与个体进行合作，连接是合作的前提与基础，然后才是通过持续性的互动来实现资源的传递和互换。其次，由于 BOP 市场生产、消费与交易行为的特殊性，企业必须通过不同类型的学习活动来获取有关 BOP 环境、人群与非传统合作伙伴的新知识，从而形成对本地社会经济力量和为不同利益相关者创造价值的概念与机会的深入理解。最后，基于学习获得的新知识与建立的网络联结，企业才能够通过多种形式的创新来利用内外部的资源能力，实现价值共创。这三类关键活动并非相互独立，而是在运营过程中交互影响并在不同层面上同时发生。连接的数量与质量依赖于学习获得的洞察性认知，而利用的效率则取决于连接的方式与效果，利用本身也是“干中学”的具体方式。

5. 盈利模式

盈利模式确定了企业在 BOP 市场的利润来源与方式，包括收入与分配、成本支付与分担等，涉及与处于价值创造不同环节的利益相关者的关系。从案例分析看，从事 BOP 业务的企业更多依赖于传统的线性盈利模式，但不同商业模式中价值网络的构成与治理关系会导致成本结构与利润分享的差异。当企业可以有效利用本地能力和合作伙伴资源时就能够降低生产与服务成本，例如，确保需要的投入可在本地获得、授权当地企业进行产品销售与顾客服务并更新相应的质量标准、利用 BOP 人群在社区层面的自组织来减少不确定性等。此外，能够接触并利用的 BOP 群体规模对于企业盈利至关重要，这是由 BOP 市场个体资源稀缺的特征所决定。当企业的商业模式可以在特定地理区域内或不同地理区域间低成本的扩张与复制，就可获得规模经济与范围经济从而能以更低的成本服务于市场，因此 BOP 盈利模式不仅要关注即期的收益与成本，更依赖于未来的增长速度与潜力。当企业刚进入 BOP 市场时，有必要通过嵌入本地的社会经济制度来获得有关这个新兴市场的隐性知识，但过度嵌入会形成社会负债而阻碍企业的扩张。企业必须要把在特定 BOP 市场区域获得的知识转化为管理能力，从而可以快速应用于新的 BOP 市场而不必重复整个嵌入过程。

6. 相互关系

通过对 BOP 商业模式构成特征与内涵的分析可知，5 个部分之间并非相互独立，而是相互依存、相互影响，整体表现为一个价值创造、传递与分享系统。其中本地能力是商业模式的基础，它决定了价值创造的来源并支撑了企业的价值主张；而价值主张定义了企业的价值创造形式，依赖于参与企业 BOP 业务活动的全体价值伙伴来实现；价值网络是BOP商业模式的运营系统，集聚了不同参与者的资源能力，企业主要根据价值创造与传递的需要来寻找与分配相应的角色与职能；关键活动则主要伴随价值网络的构建与演化而展开，在此过程实现对资源的整合与利用；盈利模式的成本结构很大程度依赖于价值网络的关系性质与治理模式，其可拓展性也取决于本地资源能力性质与嵌入程度。因此，通过本章的案例研究与分析讨论，我们最终形成了BOP商业模式的理论分析框架，如图28－1所示。

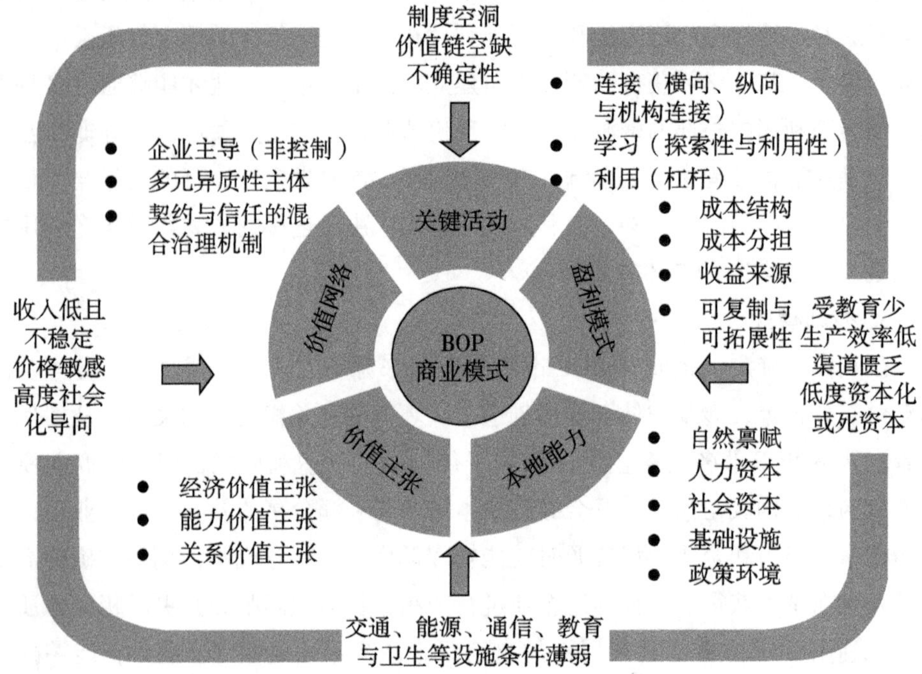

图28－1　金字塔底层市场的商业模式分析框架

（二）结论

本章选择了6家在中国本土BOP市场从事商业运营的企业，通过规范的多案例研究方法归纳出BOP商业模式的不同维度与构成，并对其特征进行了详细分析，主要研究发现如下：

（1）金字塔底层市场的商业模式主要由本地能力、价值主张、价值网络、关键活动与盈利模式5个部分构成。

（2）BOP地区和人群的自有资源能力包括自然资源、人力资源与社会资本等，是价值创造的重要来源，也是支撑商业模式的先决要素。

（3）BOP商业模式的价值主张包括经济、能力与关系三类，其中经济价值占主导地位，尽管能力价值与关系价值在长期内对BOP人群更有助益，但主要伴随着经济价值主张的实现而发生。

（4）由于 BOP 市场内广泛存在着价值链缺失与制度空洞，企业需要建立跨部门的价值网络并充分整合各利益相关者的资源能力才能克服种种障碍，企业并不具有对其他网络成员很强的控制力，更多的是通过战略目标的相容性和协商互信来构建与推动网络的运作，而得到政府部门的支持是在我国 BOP 市场获得成功的重要因素。

（5）在 BOP 商业模式中，企业主要从事连接、学习与利用三类关键活动，循环往复且相互深化：连接是为促进价值的交换与传递，而学习则是获得对 BOP 市场及市场关系的规律性认识，利用是基于 BOP 市场的既有条件来最大化实现各种资源在 BOP 市场内的潜在价值。

（6）从事 BOP 业务的企业更多依赖于传统的线性盈利模式，但通过利用不同利益相关者的资源能力能有效降低运营成本，而商业模式的可拓展性是支撑企业长期盈利的关键。

（三）理论贡献

本研究的理论价值主要体现在以下四个方面：

（1）本章把商业模式概念引入到 BOP 市场内进行深入分析与探究，是对商业模式研究领域的拓展。商业模式的概念最早随电子商务的兴起而成为研究热点（Amit & Zott，2001），后来向一般性管理研究扩散时，也主要是以具有一定知识、制度与基础设施基础的 TOP 市场为隐含的分析背景，很少有把低收入群体纳入商业模式进行专门考察的研究。事实上，很多 BOP 地区并不存在真正意义上的市场机制或体系，很多经济活动都是以非正式或地下经济的方式存在（De solo，2000）。在此环境下，分析企业通过商业模式创新在 BOP 市场创造与分享价值的机制与过程，是对商业模式概念外延的拓展与内涵的深化。

（2）本章通过多案例研究方法进行了 BOP 商业模式的理论建构，建立起包括 5 个构成要素的 BOP 商业模式的理论框架，既可容纳以往从单个角度对 BOP 市场与商业行为的不同研究，也贡献了新的内容，同时为后续相关理论与实证分析提供了基础与指导。具体而言，本研究价值主张里的关系价值与 Letelier 等（2003）有关穷人内在价值需求的阐述相一致，而对本地能力的重视与利用一直是 Hart（2005）强调的重点。关键活动体现在 Simanis 与 Hart（2008）指导企业进行的 BOP 实践中，价值网络部分则可以涵盖现有 BOP 研究中有关跨部门联盟与合作的相关分析（London & Rondinelli，2003；Brugmann & Prahalad，2007；Reficco & Márquez，2009）。但在中国 BOP 市场情境下，政府部门而非 NGO 是企业合作的重点，这是对 BOP 研究内容的丰富。最后，尽管 BOP 战略强调盈利是企业进入 BOP 市场的驱动力（Prahalad，2005），但现有研究都有意无意地忽略了对企业盈利的具体分析，而本章明确把盈利模式作为 BOP 商业模式的重要组成部分，分析了其成本、收益与成长性特征。总之，本研究构建的 BOP 商业模式系统展示了 BOP 市场内的价值创造、传递与分享活动，提供了对 BOP 市场内如何进行商业运作更加全面与深入的认知。

（3）本章运用中国本土案例进行理论归纳，是对现有 BOP 研究的有效补充。尽管 BOP 战略提出后涌现大量针对不同国家与地区 BOP 市场的创新研究，但目前国际上援引中国案例的研究成果还寥寥无几，同印度等其他发展中国家 BOP 商业实践的理论研究相比远为匮乏。而且现有文献大多是从跨国公司的立场进行分析，主要是因为很多学者认为跨国公司的全球化经营活动及其在资源聚合与知识传播等方面的优势使其有责任也有能力成为 BOP 事业的主要承担者（Hart，2005）。本章选择的研究对象大部分为本土企业，研究结论可与跨国公司在 BOP 市场内的商业行为进行比照（如与地方政府的关系处理上），是对 BOP 理论研究范围的补充和研究内容的完善。

（4）本章运用结构化视角结合 BOP 市场特质来研究面向中国 BOP 市场的商业模式，归纳其构成要素与特征等问题，有助于未来进入中国 BOP 市场的本土企业与跨国公司进行商业模式设计并提高其运营绩效。随着 BOP 战略与包容性增长理念影响的日益广泛，越来越多的企业会把目光投注到广袤的金字塔底层，它代表着一种新的商业范式。作为最大的发展中国家，中国的 BOP 市场为世界范围内的企业提供了良好的试验场地与发展空间，本研究结论为那些拟进入和正在中国 BOP 市场开拓的企业提供了商业模式设计与改进的方向与途径。

（四）研究局限与未来研究建议

首先，本章采用多案例研究设计为分析 BOP 市场的商业模式特质提供了新的认知与启示，但是对于产生统计意义的结论还不够，未来研究应搜集更多企业样本对本研究的框架与结论进行验证与补充。其次，由于本章主要研究目的是要构建分析 BOP 商业模式特质的一般性理论框架，并没有特别区分低收入人群作为消费者与作为生产者的商业模式在构成与特征上呈现的差异，未来研究应进一步对两类商业模式的异同进行深入分析，提供更具结构化与洞察性的结论。再次，本章选取的样本都是在 BOP 市场运作相对比较成功的企业，未来研究应选择一些失败的企业进行对比，从而找出更多针对 BOP 市场进行商业模式设计的关键因素。最后，好的商业模式应该为企业带来良好的绩效，本章只是构建出了 BOP 商业模式的理论框架，后续研究可以通过对不同维度的操作化测量来搜集数据对商业模式与企业绩效之间的关系进行分析，辨识出 BOP 商业模式不同维度对绩效的影响机制与作用程度。

第 29 章　金字塔底层市场的共享价值创造

一、引　言

近年来，随着“企业社会责任”与“企业公民”等概念的流行，大量企业开始注重其商业行为的社会与环境影响，但效果并不显著。原因在于，传统经济学把企业唯有损失自身利益才能对社会有益的观念合法化，企业去解决社会与环境问题被视为与商业无关并会增加额外成本，因此既不会动用核心资源与能力，更不会在影响未来发展的战略层面予以考虑。针对上述现象，Porter 与 Kramer（2011）提出共享价值创造（Creating Shared Value，CSV）理念，指出企业未来的发展方向要把解决社会问题纳入企业战略的核心议题，其中就包括长期困扰人类社会可持续发展的贫困问题。事实上，Prahalad 与 Hart（2002）提出的金字塔底层战略也提出，很少被商业所关注的广大低收入群体内其实蕴含着巨大的财富，企业是能够通过商业创新在获得盈利的同时达到缓解甚至消除贫困的目的。

但在现有文献中，CSV 还停留在理念层面，对于企业如何在 BOP 市场实现该理念的关键策略与实现路径仍缺乏深入探讨，一些相关分析也主要集中在印度与非洲等国家与地区的零散案例。而中国有着广阔的 BOP 市场与大量低收入群体（主要集中在农村地区），因此，本章将 6 家在中国农村市场运营的本土企业案例来对上述问题进行理论探索，这既有助于推动 CSV 与 BOP 战略研究领域的结合，也可为企业实践和政策制定提供参考与借鉴。

二、文献回顾

关于 BOP 战略研究的文献回顾参看第 24 章第二节内容，本节主要对共享价值创造的文献进行归纳。

（一）共享价值创造

1. 共享价值创造的概念与内涵

CSV 概念的提出源于对商业与社会发展关系的重新认知，在传统追求短期财务绩效的价值创造模式中，隐含假定企业若创造社会价值则必然会损害其盈利性，这割裂了商业与社会发展的真实联系。而 CSV 则认为，商业成功与社会进步之间存在相互增强的共生关系，在社会问题中蕴含着新的盈利机会，如果企业可以通过商业创新予以解决，就能够在提升竞争力的同时改善社会福祉（Schmitt，2014）。因此，首先，CSV 表现为同时创造经济与社会两种价值，并且创造社会价值是创造经济价值的前提而非后需补充。其次，CSV 是与企业的整体战略相一致，主要是通过商业创新和运用企业核心资源能力实现，而不是社会责任或慈善捐款，后者很多时候是迫于外界压力而集中于声誉获取（Porter & Kramer，2006）。最后，CSV 不是通过再分配手段来分享价值，而是要扩大经济与社会的总价值。

2. 共享价值创造的途径与方式

Avista（2011）结合公司实践认为 CSV 的机会来源于社会需求、商业机会与企业资源和专业技能的匹配（Avista，2011）。而 CSV 的关键在于找出解决社会问题与促进经济进步的交汇点，主要集中于那些传统上被认为市场失灵的领域，企业需要针对其中的约束条件运用新的技术、运营方法和管理手段进行克服（Pfitzer et al.，2013）。具体包括如下三种方式（Porter & Kramer，2011）：①重新构想产品与市场；②通过评估价值链不同活动的社会影响来调整资源使用、采购、物流、渠道和地点选择等以重塑生产力；③促进地方产业集群的发展，与所在区域的组织与个体合作来共同构建商业生态系统。

3. 共享价值创造的测量

尽管 CSV 的理念获得广泛接受，但如何转化为实践行动仍然缺乏明晰的框架与工具，其中的关键是对 CSV 绩效的测度。Porter 等（2012）认为，如果企业不能够衡量通过社会绩效提升经济绩效的程度，就无法理解社会与商业结果之间的关系，进而提出包括四个步骤的测量框架（Porter et al.，2012）：①识别社会问题；②构建商业方案；③追踪进展；④测度结果并释放新的价值。为了获得关于上述过程更好的理解，Bockstette 和 Stamp（2012）给出 CSV 的十个关联模块，包括战略、目标、资产、管理努力和关键伙伴等，但由于该领域仍然处于发展早期，很少有企业能结合这些模块而完成整个流程（Bockstette & Stamp，2011）。

（二）小结

综上可知，CSV 的理念是企业用商业来解决社会最紧迫的问题以获得新的成长，而如前所述 BOP 战略本质是企业通过商业化方式为穷人提供平等参与市场并分享成果的机会，两者在创造经济与社会双重价值的核心逻辑方面具有一致性（Christiansen，2014）。因此，在低收入市场环境下，BOP 战略可以视作 CSV 在缓解贫困问题上的具体表现。而且 BOP 市场一般集中于发展中国家的农村地区，这些地区存在很多导致市场失灵的因素，通过克服各种市场障碍与约束来动员与利用贫困人群的资源禀赋就成为企业在 BOP 市场进行商业创新的主导逻辑（Mendoza & Thelen，2008），这也可以展示 CSV 的具体路径与策略。因此，遵循上述思路，本章将选择中国农村市场的典型企业案例进行分析，为两个研究领域的结合提供新的思路。

三、研究设计

（一）研究方法

案例研究作为规范的学术研究方法，包含了一整套完整而特有的设计逻辑、资料搜集与分析策略，特别适合于对现象的理解和探索“如何”与“为什么”性质的问题（Yin，2009），也适用于新的或现有研究不充分的领域。本章探讨的问题是探究企业“如何”在 BOP 市场实现 CSV 的策略与路径，因此选用多案例研究方法进行分析有利于理论的建构。

（二）样本选择

案例研究的样本选择主要依据理论抽样而非统计抽样，选择标准是根据案例特殊性而非一般性，即所谓“探索性逻辑”。本章最终选取了 6 家涉农企业作为研究样本，基本情况如表 29 – 1 所示。主要依据：①企业类型兼顾，涵盖国有企业、民营企业和外资企业等多个类型；②穷人作为生产者，提供人力和社会资本等资源；③样本企业均创造出良好经济效益与社会价值；④行业与地区平衡。

表 29 – 1 案例企业的基本情况

企业名称	案例简称	核心 BOP 业务	企业类型	地理位置
湖南舜华鸭业公司	临武鸭	临武鸭的养殖与加工	国有民营合资企业	湖南郴州
新希望乳业控股有限公司	新希望	奶牛养殖与乳制品	民营企业	四川成都
南京九康生物科技公司	九康楝树	楝树加工生物农药	国有民营合资企业	江苏南京
山东寿光蔬菜产业集团	寿光蔬菜	有机蔬菜种植与加工	国有企业	山东寿光
中粮长城葡萄酒有限公司	长城葡萄酒	葡萄种植与酒类酿造	国有企业	河北怀来
百事食品（中国）有限公司	百事土豆	土豆的加工与种植	外资企业	内蒙古达拉特旗

（三）数据搜集

为提高案例研究的信度和效度，本研究根据 Miles 和 Huberman（1994）所描述的三角测量法，从多个信息来源收集数据。每家企业主要以实地观察和半结构化访谈的方式收集一手资料，访谈对象包括：企业高层管理者、BOP 项目执行人员、BOP 生产者、政府官员、协会负责人、金融机构人员及技术人员等，访谈与实地调研均有 3 位课题组成员共同完成。除一手资料外，还对包括企业文件、新闻报道和行业报告等二手资料进行广泛收集。数据收集过程中，课题组成员对企业资料进行反复审查，确保所有案例分析具有一致的结构和质量。

（四）分析策略

在具体分析策略上，本研究首先要将每一个案例作为独立主体进行深入分析，找出该样本企业在 BOP 市场进行商业运营的主要策略与特征并作详细描述，目的是对案例具体情况有尽量多的了解，发现每个案例中蕴含的特殊内容。进而遵循同一研究主旨，对所有案例进行跨案例分析，在案例间建立分类框架，将大量数据置于不同类别之下进行归纳与比较，找出案例的共性与差异所在，最终得出研究结论。

四、研究发现

通过对案例的分析比较，归纳出企业在 BOP 市场实现 CSV 的逻辑框架如图 29－1 所示，其核心是推动建立一个跨部门的合作网络（简称 BOP 网络）来克服 BOP 市场的特有障碍，进而通过提升本地能力与促进市场连接两条途径实现共享价值的创造。

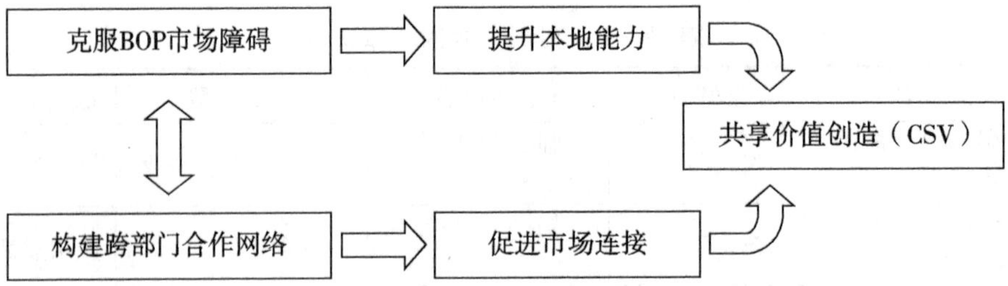

图 29－1　BOP 市场内共享价值创造的逻辑框架

（一）克服 BOP 市场障碍与构建跨部门合作网络

1. BOP 市场障碍的种类与特征

由于 BOP 市场环境与中高端市场在参与主体、制度基础与设施条件等方面存在的差异，会产生很多障碍与约束，可以归纳为两大类：一是价值链缺失；二是制度空洞。

（1）很多在中高端市场中普遍存在的供应商、经销商和有资质的金融与中介机构等专业市场参与者及配套设施在 BOP 市场中并不存在，因此缺乏完成价值创造所需的相应环节，专业化程度低，造成价值链缺失。这使得 BOP 生产者拥有的很多资源（包括自然禀赋和长期积累的人力资本等）无法获得技术与资本的支持而被闲置或者低效的使用。在本章 6 个案例中，BOP 生产者在企业介入之前都不同程度的处于一种离散的小农经营状态，无法把资源禀赋通过价值链转化为高附加值的产出。例如临武鸭在湘南与粤北地区久享盛名，但饲养与销售主要以经营分散的农户为主体，规模小且产品杂。而在山东寿光蔬菜案例中，农户最初以传统的方式种植蔬菜，既没有大棚可以一年四季都种植蔬菜，也没有技术可以生产高附加值的有机蔬菜。在怀来县，很多葡萄种植户在葡萄成熟之后，由于缺乏专门的储藏技术和市场中介机构，无法将葡萄快速销售出去，不得不以很便宜的价格在本地出售，有时只能烂在地里。因此，价值链缺失把 BOP 生产者锁定在各自经营的小规模范围内，降低了在 BOP 市场进行高附加值产品与服务开发的可能性或机会，特别是随着正规市场的生产规范与标准越来越高，导致 BOP 生产者的生存与竞争能力日趋弱化。

（2）支持市场机制良性运转需要适当的制度安排，如畅通的信息渠道、明晰的产权界定、完备的法律保障与有效的执行等。但在 BOP 市场，这些正式的制度安排都比较薄弱而无法发挥应有的作用，从而构成制度空洞（Institutional Void，Mair & Martí, 2009）。

1）制度空洞阻碍了 BOP 生产者成为有效的市场参与者，被排斥在很多正规市场活动之外。如 De Soto（2000）提出，缺乏法律定义的产权使得穷人所拥有的资产与能力难以充分资本化，几乎无法通过正规渠道获取信用和担保等基本服务。在本章案例中，由于储蓄少且抵押品不被认可，大多 BOP 生产者的还款能力被银行等正规信贷机构评价很低，很少能够获得生产经营所需的资金，只能依靠家族、邻里等本地社会网络来取得帮助，有时不得不依靠借高利贷等非正规融资渠道。加之 BOP 生产者从事与种植和养殖相关的作业活动，周期相对较长，对外部自然条件变化比较敏感，当干旱、洪涝和疫情等极端环境出现时，会损害作物生长。例如在百事土豆案例中，由于沙漠地区日照充足，土壤有机质含量低，保水保肥能力差，一旦缺水会严重影响土豆的收成与质量；同时，BOP 生产者所接触的农畜产品市场通常价格波动较大，很难以稳定价格长期出售自己的产品，如蔬菜价格的巨大波动就曾对山东寿光的菜农造成很大损失，上一季售价很好的蔬菜在这一季却卖不出价格，菜农既没有办法来规避价格波动的影响，也很难对下一季度种的蔬菜做出合理选择。但在 BOP 市场，很少有完善的保险与补贴等制度安排来消除或降低这些自然灾害与市场波动造成的冲击。

2）由于中国的 BOP 市场基本处于地理分散的农村地区，相对封闭的“熟人社会”特征和 BOP 群体对商业侵入内生的不信任，使得交易基本上局限于本地且依赖于交易者之间地缘与社会关系的临近性。当企业不具有本地合法性而单纯根据正式的法律与市场规则进行商业运营时，很难保证契约的订立与履行，具有很高的交易成本。如在舜华鸭业公司运营初期，很多鸭农为短期谋利会采取一些违反合同要求的方式养殖，而当市场价高于合同价时，还会偷偷绕过企业将鸭子高价卖出，这种纠纷却很难通过正式的法律渠道解决。因此，制度空洞导致 BOP 市场中的生产者与企业的商业化生产和交易具有较高的不确定性，限制了价值创造的空间与稳定性。

2. 跨部门合作网络的构建与功能

由于价值链缺失与制度空洞的存在，企业需要完成很多其他专业机构的工作，如帮助 BOP 生产者提高知识和技能、提供资金和投资于基础设施建设等。但这一系列活动对于单个企业成本过高，很多活动具有的外部性也抑制了企业的直接投资。因此，在克服 BOP 市场障碍过程中，与不同领域的组织、机构和个体建立合作关系就成为企业的自然选择。本章所有案例企业都围绕核心业务在 BOP 市场建立起适合的价值网络，力图通过协调各方的资源与能力来提高效率、降低风险并创造出更多价值。

（1）BOP 网络的建立与完善可以填补价值链缺失，把 BOP 生产者更有效的纳入到价值创造的流程与系统。如表 29－2 所示，6 个案例中 BOP 网络的参与者及其承担的角色与职能，可分为驱动者、支持者与规范者三类。其中，驱动者包括企业与低收入人群（生产者），是 BOP 网络形成的驱动力量，两者之间的交易关系也是 BOP 网络构建与运行的基础；支持者是支持 BOP 价值创造的衍生组织与专业职能机构，主要提供场地、资金、技术及市场信息等，以提高生产与交易效率，如基地、金融机构、研究院所和市场中介组织等；规范者则是在制度层面帮助形成交易规则与行为规范的组织机构，包括政府部门、协会及当地社区等。

表 29－2　BOP 网络成员与角色职能

<table>
<tr><th>企　业</th><th>角　色</th><th>网络成员</th><th>职　能</th></tr>
<tr><td rowspan="8">临武鸭业</td><td rowspan="2">驱动者</td><td>公　司</td><td>生产经营和市场销售</td></tr>
<tr><td>BOP 生产者</td><td>养殖临武鸭</td></tr>
<tr><td rowspan="4">支持者</td><td>养殖公司</td><td>专门负责孵化、养殖、收购、技术培训等与农户打交道活动</td></tr>
<tr><td>农　场</td><td>临武鸭的养殖，由分散的小规模经营转向规模化养殖</td></tr>
<tr><td>农村信用社</td><td>在公司担保下为养殖户提供贷款，解决养殖资金短缺问题</td></tr>
<tr><td>技术专家</td><td>负责技术培训和疫苗、饲养等技术支持</td></tr>
<tr><td rowspan="2">规范者</td><td>养殖协会</td><td>与公司通过合同约定生产数量并将生产任务分配到农户，为农户提供信息、调剂资金、协调生产、帮助交易谈判等服务</td></tr>
<tr><td>当地政府</td><td>提供资金扶持与补贴并帮助养殖户建立风险保障机制</td></tr>
</table>

续表

企业	角色	网络成员	职能
九康楝树	驱动者	公司	种子收购、研发、生产和营销
		BOP生产者	出租土地给公司，被招募进入基地从事各种工作
	支持者	农科院	协助公司进行产品研发，提供技术支持
		育苗基地	招聘部分当地人员进行培训以担任基地管理工作，并通过这些人员进一步招聘本地农户来负责楝树苗的培育与种植
	规范者	当地政府	提供资金补贴、协助建立生产基地、帮助拓展省外与海外市场
新希望乳业	驱动者	公司	生产经营和市场销售
		BOP生产者	养殖奶牛
	支持者	奶牛小区	奶牛养殖户聚集区，公司提供相关设备，建成后以奶款抵补
		合作社	有实力的牧业大户吸引分散的奶农进行集中养殖
山东寿光蔬菜	驱动者	公司	加工及销售蔬菜，积极开拓国际市场
		BOP生产者	负责蔬菜种植
	支持者	合作社与基地	负责采购种子、农药、化肥和农机具；技术人员辅导、监控菜地的日常田间管理
		技术专家	指导农户严格按国际标准生产绿色蔬菜；开发蔬菜新品种，推广新的栽培模式和病虫防治技术
		销售中介	开辟外埠市场，发展农产品直供直销业务
		农行与信用社	提供贷款服务
	规范者	当地政府	新建示范园，规划建设农业高新技术走廊
长城葡萄酒	驱动者	公司	前期投资、生产和销售
		BOP生产者	种植葡萄
	支持者	葡萄产业集团	负责全县葡萄行业管理、组织协调、技术服务、苗木供应等
		专业合作社	整合葡萄园形成规模，统一管理和规范运作
		技术专家	统一苗木、统一标准、统一供水、统一技术服务
		基地	促进农户规范栽培、精细化管理、标准化操作，增加种植效益
	规范者	当地政府	制定优惠政策，鼓励农户种植葡萄

续表

企　业	角　色	网络成员	职　能
百事土豆	驱动者	公　司	农场的前期投资、生产加工和销售
		BOP 生产者	种植土豆，平整沙丘，种树植草防风固沙，进行土壤改良
	支持者	农　场	提供灌溉设备等，规范管理种子繁育、田间管理等
		农科院	通过试管育苗技术，引进美国优良的土豆品种

可以看出，BOP 网络与常见的战略联盟或企业间合作网络有很大不同。BOP 网络的成员构成具有异质性，除商业伙伴外还包括非商业化的组织机构与个体，分属不同的社会部门，具有多元化的动机、目的与资源能力。这是因为在 BOP 市场，除商业因素外，社会、文化乃至地理因素也发挥着重要作用，生产和交易活动更多表现为市场与非市场要素的复杂联系及互动，只有多样性的网络构成才能应对。这也使得 BOP 网络的形成并非是按照传统价值链的逻辑去弥补缺失的商业环节，而是会引入新的非传统市场参与者，成员间的连接关系呈现出明显的非线性结构。一些网络成员的作用并非是生产性的，但却保证了价值创造与传递的高效与稳定进行，例如一些案例中的协会与合作社就起到组织和协调 BOP 生产者的作用，企业可以专注于技术创新和市场销售。因此，BOP 网络中的不同成员不仅会根据自身资源能力来发挥特定作用以弥补正式价值链环节的缺失，还会发展出与 BOP 市场特质相契合的新伙伴关系，最终形成一个完整、系统和流畅的价值创造体系。

（2）BOP 网络的构建与运行可以弥补因为正式制度缺失而形成的制度空洞，具体包括以下三种相互配合和支撑的机制：一是订立正式契约，这是模式运行的前提，为网络参与者提供了行为的基本规范与标准，包括公司与农户的雇用和购销合同，以及更复杂的入股协议等。二是利用本地社会资本。尽管 BOP 地区缺乏成熟的商业规则和市场意识，但却蕴含着丰富的社会规范和风俗习惯等非正式制度要素，本地的家庭、邻里、朋友及其他亲缘与地缘关系中积累了大量的社会资本，影响和规范着人们日常的生产与交易活动。当本地成员被纳入 BOP 网络后，这些非正式制度要素就会得到不同程度的利用，如可以用声誉和惩罚机制来解决交易中信息不对称与企业难以监督执行问题。三是构建起新的社会资本。事实上，BOP 网络的构建和运行本身会在原先分散的成员间建立多种联系，各方会在互动和对问题协商解决过程中发展出新的信任关系，借此就可利用这些新构建的社会资本来设计出适宜的制度安排或商业模式，提升 BOP 市场价值创造的效率与效果。例如，传统金融机构很少愿意给穷人贷款，但在 BOP 网络中，企业可以为 BOP 生产者提供担保，而协会或合作社则会遴选合格的申请者并通过内部约束来监督资金的使用，很大程度上解决了贷款中的逆向选择与道德风险问题。在临武鸭案例中，企业、养殖协会与政府还协商建立起“临武鸭养殖保险基金”，对因自然灾害、疫病与意外遭受损失的鸭农提供赔付。以上三种机制会在网络条件形成一种混合制度安排，把核心成员更紧密地联系在一起，不仅是单纯的市场契约关系，还包含非正式的信任与互惠关系，最终在持续试错与调整中形成共享的规范、规则及协议。需要指出的是，尽管企业是 BOP 网络的核心，但并没有对所有关系的建立与发展进行直接控制，更多的是通过提供合作框架、沟通机制和知识指导等方式对成员的角色职能进行分配。不同性质的关系交织在一起就会形成一种有利于 CSV 的制度环境，从而弥补正式制度的不足，为 BOP 市场内的生产与商业行为提供支持。6 个案例弥补制度空洞的具体表现，如表 29 - 3 所示。

表 29 - 3　BOP 网络的制度功能

案例	订立正式契约	利用本地社会资本	构建新社会资本
临武鸭	企业与农户签订收购协议，约定收购的成鸭数量、品质、价格和养殖技术指标等	通过村干部及当地声望人士处理公司与农户的合同纠纷；利用村委会降低对农户的管理成本	公司与协会、农村信用联社与农户合作创立“四方联保信贷机制”和“临武养殖保险基金”，保护共同利益
九康楝树	企业与农户签订协议，规定收购价格；租用农户拥有的闲置荒地	基地利用当地人员协助执行合同；培训当地人员承担基地日常管理工作	企业为当地修建公路；雇用当地妇女与老人等贫弱劳动力，缓解农户家庭压力
新希望乳业	企业与奶农签订《生鲜牛奶购销合同》，并根据市场价格波动来调整鲜奶收购价格	利用当地一些资金雄厚的牧业大户将废弃不用的工地改造，吸引很多农民来周边养牛	引入奶牛养殖小区，与农户形成利益共同体；与政府联合推出激励政策，对奶农购买奶牛给予贴息补助
山东寿光蔬菜	企业与农户签订协议，专门收购绿色食品蔬菜等高附加值产出	通过当地政府消除农户加入合作社的疑虑；利用本地技术人员巡回指导	农户将大棚作为资产入股合作社，组建各种专业协会；建立农信通平台，加强互动

续表

案例	订立正式契约	利用本地社会资本	构建新社会资本
长城葡萄酒	与农户签订合同，确定葡萄收购数量与质量	利用当地政府部门鼓励农户种植葡萄；发展当地农户充当葡萄经纪人	农户以土地、资金等方式入股合作社，形成种植联合体；与当地政府建立良好合作
百事土豆	企业按合同收购土豆，兼顾公司与农户利益	利用当地农艺师培训和指导农民规范化种植	企业在当地修路、架起电线和引进喷灌设施，繁荣社区

（二）共享价值创造的实现路径

如上所述，企业通过推动建立跨部门的合作网络而降低或消除了 BOP 市场的相关障碍，网络中的决策与运行过程也反映出参与成员的价值取向，内在决定网络产出是能够为多方所共享的多元价值。案例分析表明，BOP 市场内的 CSV 主要通过提升本地能力与促进市场连接两种途径实现。

（1）本地能力是指 BOP 区域存在的自然资源禀赋、基础设施、人力与社会资本等，企业进入 BOP 市场后，会对这些资源禀赋进行有效的辨识与评估，通过 BOP 网络构建与完善而提升其价值创造能力。这种提升主要通过相互联系的三种方式实现：一是以直接投资的方式来完善 BOP 市场的基础设施和进行荒地开发等，如九康公司修建了直通育苗基地的公路，改善了当地的交通设施。二是引入新的资源与本地资源禀赋相结合从而创造出更高的价值，如使用优质的原材料、资金与技术等。在百事土豆案例中，农户使用美国“大西洋”品种后，土豆的形状、芽眼、糖分和固性物含量方面都有了很大改观。三是利用组织模式的创新来把离散的资源能力进行协同与汇总，使得整体创造的价值要远大于个体创造价值之和。如在山东寿光，已有 80% 的农民通过合作社进入蔬果产业化经营体系，“公司 + 合作社 + 农户”的产销模式使得农户普遍实现规模化种植、专业化生产以及组织化经营。上述三种方式均包含企业和 BOP 市场环境及 BOP 网络成员间多种形式的协同与互动，充满着对不同资源能力的动员、利用、整合与创新等活动，从而扩大了 BOP 市场的生产可能性边界，有利于提高本地资源的利用效率、提升穷人生产技能和增强社区纽带型社会资本（bond social capital）的积累，最终在更大范围和更高层次创造出市场参与者各自所重视的价值，既包含经济产出的增加，也包含贫困的减少与地区的发展等。

（2）促进市场连接是指企业与其他网络成员在 BOP 市场的运营活动会逐渐去除掉把穷人排斥在正规市场之外的各种约束条件，推动 BOP 市场和其他市场的交流与互动，从而把 BOP 社区和人群纳入更广大的市场与社会网络。一方面，通过与其他市场的连接，BOP 本地的产品与服务能够在更大的市场范围内实现更高价值。如山东寿光蔬菜集团的产品远销欧洲、日本、韩国、中国香港、中国台湾等国家和地区，不同层次市场的连接与互动还带动了本地的产业升级，惠及更多 BOP 人群。另一方面，市场连接还扩大了 BOP 市场的机会空间，降低了市场进入限制，增强了 BOP 生产者的市场权力。长期以来，BOP 生产者作为小的和边缘的市场参与者，既缺乏接近终端市场的直接渠道，也无法及时获得市场信息，在谈判与交易中总是处于劣势地位。但随着市场连接程度的深化，信息流动更加透明和迅速，BOP 生产者会更具市场意识并积累起新的桥梁性社会资本（bridge social capital），原先由于地域封闭形成的信息与权力不对称状况会得到明显缓解。特别是 BOP 网络成员各自的资源能力不同，为充分发挥比较优势，企业一般会让渡部分网络权力来激励 BOP 生产者，提高整体质量与效率。如在临武鸭案例中，企业为了集中精力开发产品与开拓市场，农户的组织与管理工作主要由农户自发成立的养殖协会承担。随着公司的市场范围从临武县延伸到广东的连州、湖南的郴州、宜章、桂阳与宁远等地，养殖协会也随之拓展与壮大并相互连接，能够就价格、资金、技术与政策等多方面与企业和政府部门协商，保障了 BOP 生产者的权益。

总之，BOP 网络的构建通过克服价值链缺失和制度空洞等障碍推动了 BOP 市场体系的发展与完善，从而有效提升了 BOP 市场的本地能力并促进与外部市场的连接，这既开拓了新的市场与产品，又重新定义了价值链的生产力，还促进了地方产业集群的发展，正符合 Porter（2011）等所探讨的 CSV 的路径与结果。

五、研究结论与启示

CSV 代表了一种促进商业与社会协同进步的发展理念，核心是企业以获得经济回报的方式来创造社会价值，金字塔底层为实践该理念提供了良好的市场环境。本章对 6 家企业案例的分析比较，发现 BOP 市场存在诸多妨碍价值创造的制约因素，除穷人本身数量多而分散且生产技能低外，还包括因缺乏专业中介组织与市场服务机构导致的价值链空缺和正式制度不完善造成的制度空洞问题。为克服这些障碍，企业会推动构建跨部门的合作网络，在原先分散的组织、机构及个体间建立起多种形式的商业与非商业联系，把不同成员的资源能力进行分配与整合，来弥补 BOP 市场内价值创造过程中缺失的环节，提升 BOP 生产者的能力与意识，同时可以在网络成员间形成一种契约与信任交织的混合交易治理模式来填补制度空洞。BOP 网络的良好运行会不断提高 BOP 区域的本地能力，同时促进市场内信息、知识与资源的流动和与外部市场的连接，最终实现共享价值的创造。

在实践层面，对于正要进入或正在 BOP 市场内运营的企业来说，由于市场障碍很多，企业没有必要也很难依靠自身的力量全部克服，这就需要依据 BOP 市场的逻辑对内外利益相关者的资源能力进行有效辨识并建立合作关系。考虑到 BOP 环境内存在的非正式制度因素，企业还需要扩大联结范畴，不能仅局限于商业联结，也要注重社会联结与政治联结等，这要求企业发展出与异质性组织机构进行互动、学习与协商的网络能力。特别在中国的 BOP 环境下，与政府的良好合作是在 BOP 市场取得成功的重要条件。而从政府角度，对于企业在 BOP 市场的商业活动应持开放态度，帮助企业构建高效运行的 BOP 网络，如赋予合法性、解决冲突和提供技术支持等，但也要对企业和其他网络成员的行为进行监督，以免 BOP 生产者由于在信息与能力方面的不足而受到伤害。

第 30 章　金字塔底层市场的包容性网络特征

Prahalad、Hart（2002）和 Prahalad（2005）提出的金字塔底层（Base of the Pyramid，BOP）战略指出，全球超过 40 亿人的低收入群体内蕴含着巨大的商业潜能，如果企业可以通过战略与组织变革来服务于这个市场，就可以同时创造出经济与社会的双重价值。BOP 战略改变了现有商业系统背后的支撑逻辑，对企业与穷人都既代表着机会又充满了不确定性，理论研究必须提出商业组织如何在 BOP 市场运作更深层次的解读（Hart，2010）。

由于 BOP 市场环境与企业所熟悉的中高端市场在参与主体、制度基础与设施条件等方面存在巨大差异，企业很难独自完成 BOP 市场内的所有价值活动，而与非传统组织、机构和个体（如当地政府、非营利组织、当地社区组织、小微企业、BOP 人群及其意见领袖等）构建一个跨部门（Cross - Sector）联盟或合作网络是取得成功的关键（Brugmann & Prahalad，2007；Chatterjee，2009；Clarke & Mark，2010；Rivera - Santos & Rufin，2010；Ramachandran，2012；邢小强，2013）。这种在 BOP 市场情境下，由高度异质化主体形成的合作网络代表着处理复杂经济、社会与生态问题的新的网络组织形式和全球化进程中技术、经济与社会问题不断深入融合的趋势相一致（Goldsmith，2011），被称为包容性网络。

为了更好地理清 BOP 网络研究的不同议题，本章将遵循从网络构建到网络产出的基本逻辑进行归纳与阐述，分别探究：①包容性网络的内涵；②包容性网络的形成，即什么因素促使企业与非传统参与者形成合作关系；③包容性网络的特征，即与 TOP 网络相比，包容性网络在结构、边界、联结，以及合作伙伴的治理机制方面有何特征；④包容性网络的绩效结果，探讨包容性网络如何影响了各参与者（个体）效用的提升和（组织）目标的实现。

一、包容性网络的内涵

Bryson 等学者（2006）将跨部门合作定义为两个或更多部门的组织通过信息、资源、活动及能力的连接与分享来完成单个部门组织无法达到的目标，而网络则被界定为三个或更多组织为实现共同目标而进行的联合，Jonsson（2010）因此认为跨部门合作研究可以从网络研究中导出，因为两者在很多情况下分析的是同一现象。

但在 BOP 市场的特定环境下，用来描述跨部门合作安排（Cooperative Arrangement）的概念并不一致。Budinich 等学者（2007）提出针对 BOP 市场的混合价值链（Hybrid Value Chain）概念，强调非政府组织与企业可以通过在价值链不同环节的平等合作而为穷人消费者创造价值。而 Prahalad（2005）则把 Moore（1996）提出的“商业生态系统”（Business Ecosystem）一词在 BOP 市场进行了推广应用，定义为“私人领域和社会参与者共同行动，以一种共生关系创造财富的框架”，得到广泛接受（Bloom & Dees，2007；Brugmann & Prahalad，2007）。BOP 商业生态系统概念认为企业进行商业运营时不应脱离 BOP 环境，而是要融入当地的经济、社会、生活并与环境相互塑造与演化。但 Reficco 与 Márquez（2012）认为混合价值链的概念比较狭窄，不能涵盖 BOP 市场内多样化的合作安排，但商业生态系统的概念又过于宽泛，为更好地理解 BOP 市场导向的商业运作与发展，要聚焦于那些通过建立正式与非正式联系、设立共享目标和规则而形成的合作网络。在合作过程中，所有参与方为业绩后果承担共同责任，其中任何一方不应对其他组织有强制的指挥权或者控制权，主要通过谈判商议和激励协商来进行联合行动。邢小强等（2013）也认为企业通过与 BOP 市场内的非传统伙伴建立网络合作关系，在商业创新中就会把不同利益相关者的需求与关注考虑在内，从而内在的创造出多元化的价值。

综上所述，包容性网络本质上是一种在 BOP 市场情境下的跨部门合作关系集合，参与成员由于使命、价值观、目标与资源能力特质的差异，会从不同角度审视该市场内的种种约束条件与障碍因素，进而通过贡献各自特有的资源能力来构建创新性的解决方案，创造出经济、社会与生态等多种形式的价值（成员可用不同方式来定义这些价值），使各参与方都能获益，最终完成传统的可持续发展目标并缓解或消除贫困。

二、包容性网络的形成动因

包容性网络的构建与形成和 BOP 市场环境的特殊性及各参与者的异质性特征直接相关，可从交易成本经济学、制度理论与资源基础论 3 个理论视角进行归纳。

（一）交易成本经济学视角

交易成本经济学一直是解释组织间合作的重要理论，其基本逻辑是组织要通过各种边界决策（如决定哪些活动纳入内部进行和哪些活动纳入外包）来最小化生产与交易成本。在 BOP 市场环境中，不完全市场、不完美信息、公共品与外部性等问题特别突出，加之在交通、能源、通信与教育等方面的基础设施比较薄弱，会导致一系列市场失灵和高昂的交易成本（Mendoza & Thelen，2008）。特别是因为缺乏很多在 TOP 市场普遍存在的供应商、经销商和有资质的中介机构等专业市场参与者及配套设施，导致价值链缺失，使得在 BOP 市场运营的企业很难像在 TOP 市场那样自由的生产与交易，从而必须进行更大范围的垂直整合和横向多元化来内化交易。当这种整合成本很高时，和本地市场参与者进行合作就成为降低交易成本的有效途径。研究表明，非营利组织与 BOP 人群能够在原材料供应、制造、流通与销售等各个环节降低企业成本（Vachani & Smith，2008；Dahan & Jonathan，2010），而政府部门、协会与社区组织的参与可以有效化解 BOP 市场的交易风险并提高交易效率（Toledo，2010）。

（二）制度理论视角

一般而言，中高端市场往往拥有支撑市场体系有效运转需要一些正式的制度安排，如畅通的信息渠道、明晰的产权界定、完备的法律制度与有效的执行等（North，1990）。但在 BOP 市场，这些制度安排都存在不同程度的缺失或无法发挥应有作用，从而形成制度空洞（Institution Void，Mair & Martí，2009）。但同时，BOP 市场内却蕴含着丰富的社会规范、风俗习惯甚至宗教等非正式制度要素，深刻影响与约束着贫困人群日常的生产、生活和交易活动（De Soto，2000）。制度理论认为，特定制度环境会激发处于其中的组织采取行动来建立合法性并符合该环境内特定的规则、要求与规范，因此，对于进入由非正式制度主导的 BOP 市场的企业而言，如何快速建立合法性并克服制度空洞是个巨大的挑战。而通过和本地非传统市场参与者建立起合作网络，企业就可以在网络内积累新的社会资本并和各方建立信任与互惠关系，这不仅能够帮助企业获得认可与接受，还能通过社会互动与关系合作来弥补正式制度的缺失。

（三）资源基础论视角

与交易成本理论旨在最小化交易成本的逻辑依据不同，资源基础论视角下的网络构建是为了最大化价值创造（Das，2000）。随着技术与市场条件的快速变化，很少有企业能够从内部开发出获取和维持竞争优势所需的全部资源，通过建立外部联盟来获取新的资源能力是企业重要的战略选择。由于 BOP 市场环境的特殊性，企业所熟悉的许多重要的战略资源根本不存在或者无法在市场上通过交易获得（Seelos & Mair，2007）。与此同时，BOP 市场本土的非传统组织、机构与个体往往拥有企业运营和创新所需要的各类宝贵资源。Hart 与 Sharma（2004）特别强调了贫困人口和非传统机构等边缘利益相关者（fringe stakeholder）可能持有对预见潜在问题和识别未来创新机会及商业模式而言关键的知识和观点，而这些知识往往是隐性的，必须进行深度合作才可能学习和获取。因此，通过建立和发展包容性网络，企业就能够获取、整合和利用非传统伙伴拥有的各类资源能力，特别是当地的社会资本和有关 BOP 市场的隐性知识，而本地参与者也能通过网络合作学习和获得新的资源，从而实现各自的目标。

三、包容性网络的特征

BOP 市场环境在参与主体、资源基础和制度环境等方面的特殊性对于网络的形成及发展具有重要影响，下面主要从描述性特征与治理特征两方面进行归纳，前者主要探讨包容性网络在均衡状态时的静态呈现，后者则关注网络成员如何通过协调行动、整合资源、解决冲突而实现价值共创的制度安排。

（一）包容性网络的描述性特征

1. 结构特征

（1）结构特征包括网络的集中度（Centralization）、密度（Density）与结构洞（Structure hole）状况。其中，集中度衡量网络中的行动者集中于一个或几个核心成员的程度。在 BOP 市场，当地政府部门、非营利结构及社区组织等非传统市场参与者由于所处领域不同，往往发展出对应各自关键活动的不同网络联结（Hart，2010）。当它们加入包容性网络时，就会把现有网络也贡献到新网络中，因此这些网络之间只有很少的重叠，导致没有成员可以完全联结到包容性网络中的所有行动者。因此，包容性网络通常有很多个中心，呈现出较低的集中度。

（2）网络密度描述了网络实际联结数占网络最大可能联结数的比例，反映了网络行动者之间联结的紧密程度。在中高端市场中，完善的基础设施、信息的流动充分与专业中介组织等因素有利于形成高密度的网络联结。而在 BOP 网络中，特定参与者群体形成的子网络密度往往非常高，如当地社区里的贫困人群之间彼此非常熟悉与了解，有着频繁的互动并形成紧密的多重联结关系。但就包含多个不同部门的整体包容性网络而言，集中度偏，这是由于制度空洞、价值链缺失，以及地理上相对孤立和分散等特征，导致大量网络成员主要依赖于临近的直接联系来参与市场活动，跨部门和跨区域的联系较少或主要通过代理人进行。

（3）结构洞存在于网络中两个或两簇未联结行动者之间且可由另一行动者来跨越的空隙（Burt，2009）。在包容性网络中，通常由于缺少专业化的市场中介，以及开展市场活动的诸多障碍，构建初期阶段的结构洞数量会比较多。但随着 BOP 业务的开展，会有更多的行动者参与合作网络并建立直接联系，从而使得稳定运行的包容性网络也倾向于拥有较少的结构洞数量。

2. 边界特征

网络边界是网络特征的另一个重要维度，主要包括网络范围（Scope），联结范畴（Tie Domains）与网络规模（Size）。首先，网络范围是指网络内所有活动的范围。由于 BOP 市场环境中薄弱的基础设施与普遍存在的价值链缺失现象，企业必须扩大网络范围才能获得生产经营和开发创新所需要的各类资源。加之 BOP 环境中功能相同的网络较少，网络之间的竞争相对不激烈，缺乏动力去缩小网络范围以实现专业化。

其次，联结范畴是指网络行动者之间所有二元联结所涉及的范畴，包括社会、政治、经济与环境等（Wasserman & Faust，1994）。在非正式制度主导的 BOP 市场环境中，除经济交易关系外，成员间的联结受到社会、政治与文化因素的影响尤为突出，导致包容性网络中的联结涵盖多个领域，并不仅限于商业范畴。网络边界的第三个特征是网络规模，主要衡量网络参与者的数量。由于地理上相对孤立，包容性网络在地理范围上一般仅局限于当地市场，从而限制了网络成员的总体规模。

3. 联结特征

联结特征主要描述包容性网络中成员间的直接联结程度（directness）、正式程度（formality）和互动频率（frequency）。在 BOP 市场环境中，由于薄弱的基础设施、大量专业市场参与者的缺失、不同部门成员意义建构与意义给赋能力的差异和市场势力不均衡所产生的委托—代理等问题，使得包容性网络内的联结大都是高度个人化和非正式的关系，只有不同参与者需要频繁和直接的交流与互动，才能保证生产与交易活动的顺利进行。因此，在包容性网络中，直接联结更为普遍，包含较多个人关系和讨价还价，互动频率更高。

（二）包容性网络的治理特征

在 BOP 市场环境下，正式制度不同程度缺失造成的制度空洞和本地生产与交易行为的高度社会化导向构成了市场运行的基本制度特征（Khanna & Palepu，1997）。资产投资的本地专用性、信息不对称和内外部不确定性与执行困难等问题使得合作网络的各个参与者都面临较大的机会主义风险，导致很高的交易成本。因此，包容性网络伙伴会使用本地强化的非正式协议和实物捐助来代替常见的正式契约与股权联盟。

这种在非正式制度环境下形成的包容性网络治理机制中，社会资本发挥着重要的作用。企业通过与 BOP 群体和其他成员的频繁互动、交互学习及对差异的协商解决等活动，不仅能够利用 BOP 社区原有的纽带型社会资本（Bonding Social Capital），还能积累起新的桥接型社会资本（Bridging Social Capital），在整个网络内逐渐建立起以信任与互惠为基础的交易治理能力，减少网络成员在信息、选择、履行契约能力和社会地位等方面的不对称性，保证了非正式协议的有效执行（Sánchez & Ricart，2010；Ansari，2012）。但考虑到构建与维持大量网络关系需要付出的资源与成本，很多研究建议穷人需要组织起来成为更有力的合作伙伴而不是以个体身份直接加入，如通过成立生产者协会或者合作组织而成为谈判桌上的合法对话者（Austin，2007）。

尽管 BOP 市场独特的制度环境对于合作网络的治理机制有着重要影响，但 Rivera – Santos 与 Rufín（2010）也强调并非所有的网络关系都需要建立在非正式制度基础上，特别是那些从中高端市场进入 BOP 市场的外部网络成员之间完全可以用正式契约来规范合作行为，BOP 市场内外部成员之间也能不同程度的建立正式的合作关系。这使得很多包容性网络呈现出基于法律的正式契约与基于信任的非正式协议共存的混合治理模式。

四、包容性网络的绩效结果

由于网络成员的多元性与异质性，包容性网络的绩效结果可从不同角度进行衡量，既包括网络整体对 BOP 市场与当地社区的影响，也包括所有网络成员各自目标的达成程度，可以用多种方式来定义网络产出的价值。

从网络整体影响角度，Wheeler 等（2005）认为在 BOP 市场的合作网络为企业、社区、个人、政府部门、发展机构和非政府组织等参与者提供了一个构建共享资源基础并产生可持续结果的机会，这些可持续结果主要包括：①利润与投资的稳定回报；② 本地经济与贸易发展；③ 生活质量提高与生态环境改善；④ 个人与社区的经济自主。结合这 4 个维度就可以对包容性网络的绩效结果进行一个综合评价。

从具体参与者角度来看，包容性网络需要花时间和资源去建设，然而一旦建成，就能产生协同效应，克服每个参与成员的局限性，促进各自目标的实现。对企业而言，与非传统伙伴合作不仅可以建立获取稀缺资源的渠道，更获得了宝贵的学习机会来提高一种适合 BOP 市场的本地化能力（Hart & London，2005），这种能力很难模仿且使得企业能够开发出独特的产品、服务与商业模式，建立起新的竞争优势（Prahalad，2012）。而加入合作网络的贫困人群具有消费者与生产者两重身份，作为消费者的穷人可以低价格获得高质量的商品与服务（Pitta，2008），而作为生产者则可以借助合作网络获得原材料、技术、信用、资金及渠道等各类生产、财务与市场资源，通过生产与交易效率的提升而提高收入水平（London，2010）。此外，无论何种身份，包容性网络都让穷人与外部世界建立更多联系，从而降低了社会排斥（Social Exclusion）。对于政府部门与非营利组织等其他参与者而言，经济发展与贫困缓解符合其各自的政策与组织目标，而在网络协调和互动中获得的知识与发展的管理及组织能力都有助于未来工作的开展与绩效提升。总之，包容性网络通过降低风险与不确定性、促进信息交流与整合异质性资源等方式可以同时创造出经济与社会等多元价值，特别是能够为企业带来利润与竞争优势的同时，缓解和改善穷人的收入、权利与社会排斥等多维度的贫困状况。

需要指出的是，包容性网络也可能产生一些负面结果，例如容易积累依赖于本地环境而不易转移的资产，这与地理扩张、标准化和规模化相抵触，限制了开发更广范围经济的动力（Rivera. et al.，2010）。而网络成员之间的关系一旦过于紧密而超越了市场交换关系后，就会伴随着很多风险，包括资源的滥用和强势成员的机会主义。一些合作网络依赖于非传统伙伴来构建价值链中的关键部分，当市场条件不利时可能使网络变得脆弱。

五、研究结论与启示

自 BOP 战略提出以来，大量文献在探讨私营部门对 BOP 市场的开拓与创新时都把建立一个跨部门的包容性合作网络作为成功的重要因素。但包容性网络不同于一般企业间联盟与创新网络而呈现出特有的规律，现有战略联盟和网络理论都很难给出完整与深入的解释。本章对这种非传统市场环境中的网络形态进行分析与归纳，拓展了网络理论的研究情景与内容。

可以发现，包容性网络中大量非传统市场参与者与所处的独特制度环境是影响网络的形成、结构、治理机制及绩效结果的重要因素。BOP 市场存在的制度空洞、价值链缺失与资源约束状况是网络形成的驱动因素，而这些因素与不同参与者异质性的目标、行为及资源能力的结合又决定了网络的关系、结构和治理机制，而网络的运行不但会改变网络成员的个体状况，也会对 BOP 市场当地的经济社会环境产生不同程度的影响，其相互作用关系如图 30 -1 所示。

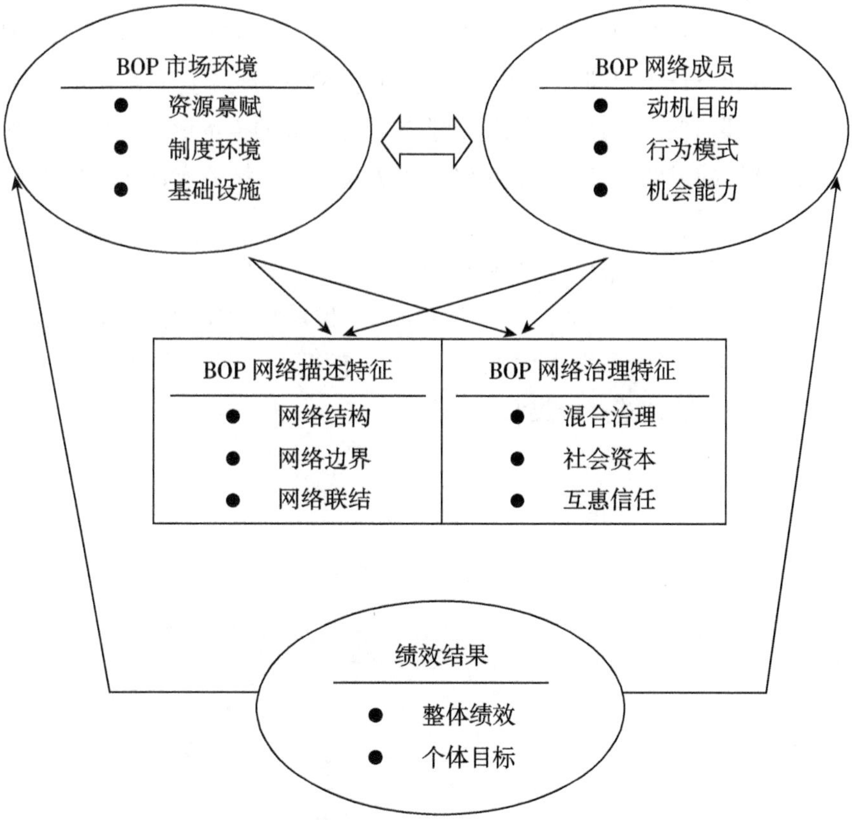

图 30 -1　包容性网络研究逻辑关系示意图

但总体而言，该领域仍然在多个方面留有很大的研究空间。未来研究应重点关注以下几个问题。

（1）包容性网络的运行机制研究。现有文献基本上停留于对包容性网络特征的描述性说明，缺乏对网络内部运行机制的探讨。由于网络内同时包含市场与非市场参与者，不同成员在网络中承担不同的角色并执行具体的功能活动，这些功能和活动及其相互作用构成了支撑网络运行的职能、惯例与规则，未来研究应对此进行细化。

（2）对包容性网络动态演化的探究。包容性网络的构建并非一蹴而就，而是经历了不同阶段，伴随着网络成员的变更、关系与结构调整，以及权力与收益的重新配置。例如 Chesbrough 等发现，一些非营利组织在帮助企业获得盈利和改善当地贫困状况后会选择从网络中退出，因为企业与穷人之间在长期互动中已经形成稳固的信任关系（Chesbrough，2006）。因此，未来研究应仔细分析网络演化的内外部动力与过程，归纳阶段化特征与演化规律，这对于管理实践有良好的借鉴。

（3）有关包容性网络的实证研究。现有文献主要是依据有限数量案例进行的归纳式分析，尽管案例研究作为建构理论的有效工具可以产生有价值的假设，但使用大样本和统计工具进行检验是提升理论外部效度的重要途径。随着来自 BOP 理念的传播与实践的开展，研究者能够获得足够的样本量，而社会网络理论里有关网络特征的成熟量表和测量模型可以为包容性网络的实证研究提供工具与方法。

（4）针对不同 BOP 市场合作网络的比较研究。现有文献的案例来源于多个国家和地区，集中于亚洲、非洲、拉丁美洲、东欧和加勒比地区，但启示不同区域的 BOP 市场环境（特别是制度特征）之间有很大差异，未来研究应对不同 BOP 市场情境下的网络进行分类和比较。

第31章　面向金字塔底层市场的包容性网络演化

一、引　言

早期BOP战略主要把穷人视为消费者而关注产品与市场的创新（Prahalad & Hammond, 2002；Hammond & Prahalad, 2004），而现有研究则越来越重视把穷人看作生产者来发掘和实现其价值潜力，强调企业要购买穷人的产出而不是卖给穷人更多产品，关键是通过适合的组织模式把穷人纳入企业的价值网络（Karnani, 2009）。

从性质上看，很多BOP市场的障碍与约束并非属于商业范畴，企业难以完全依靠传统的商业技能予以克服，而通过社会嵌入与当地政府部门、社区组织、中介机构与贫困人群自身等非传统伙伴建立具有特定关系与结构的包容性合作网络（简称包容性网络）则成为BOP战略取得成功的重要因素（Perez - Aleman & Sandilands, 2008；Goldsmith, 2011）。一方面，社会嵌入会在包容性网络内构建多种形式的社会资本，有助于形成以信任与互惠为基础的交易治理能力，减少参与各方在信息、选择、履行契约能力和社会地位等方面的不对称性，降低交易成本和环境的不确定性；另一方面，通过嵌入到本地网络也有利于企业整合很多难以通过市场交易获得的稀缺资源（Sanchez & Ricart, 2010；Waeyenberg & Hens, 2012）。现有文献对包容性网络的形成动因、特征维度和绩效结果等进行了描述与归纳，初步勾勒出包容性网络与TOP市场内企业间网络的主要差异（Reficco & Marquez, 2010）。

总体而言，BOP市场的网络研究领域仍处于理论建构的深化过程中。首先，现有研究关注跨国公司构建的网络，但在为穷人提供就业来缓解贫困方面，广大BOP市场的本土企业远比跨国公司能够发挥更大的作用（Subrahmanyan & Gomez - Arias, 2008）。其次，已有文献集中于对包容性网络关系与结构的静态描述，但由于各参与者具有高度异质化的目标与资源能力，网络成员需要在互动中调整来提高合作的效果，包容性网络整体会呈现出不断演化的动态性。而BOP市场在资源与制度方面的特殊性使得网络关系与结构的变化会与TOP市场存在很大差异，这对于理解BOP市场行为与提升网络管理效率有重要意义。再次，大部分研究只是强调社会嵌入会产生社会资本，忽略了嵌入还会形成限制网络成员行为与选择的社会负债。而正是两者的组合及在网络内的分布影响着不同成员的活动与绩效，决定了网络整体的价值创造，但已有研究对此鲜有涉及。最后，现有文献所选案例主要集中在非洲、拉美与印度等国家或地区，很少论及中国案例，而中国作为世界第二大贫困人口国，大量低收入群体聚集在农村地区，本地企业也在农村市场进行了长期的商业实践。

因此，为推进包容性网络研究领域的深化与完善，本章以一家中国 BOP 市场的本土养殖企业——湖南临武县舜华鸭业公司为对象，采用纵向案例研究方法考察该企业在成长与发展中和养殖户及其他利益相关者形成的合作网络的演化历程，从社会嵌入理论视角探究该网络内交易与合作模式的变化特征与趋势，从中洞悉包容性网络演化的一般规律，以及对于各参与者价值共创与分享的意义和启示。

二、文献回顾

在 BOP 市场，环境物质与 BOP 市场网络的文献分别参看第 24 章与 30 章，总体而言，现有包容性网络研究认为，通过对中高端市场商业模式的渐进性改进与价值链重构来适合 BOP 市场与人群的解决方案是“非嵌入性”的，缺乏稳定性与可持续性，真正“社会嵌入型”的解决方案应通过深入基层与 BOP 人群共同发掘商业机会（Hart & London，2005）。但只强调社会嵌入产生社会资本的积极方面会忽视社会嵌入还会生成社会负债的作用机制，而社会网络、社会嵌入与社会资本/负债组合之间存在动态转化关系，同时还具有个体与组织等分层次特性，这些特征有助于深化对 BOP 市场内网络构建与发展的认知。

（1）当网络成员的社会嵌入状态能够促进行动与目标实现时则表现为社会资本，如果阻碍了成员的行动和目标实现则成为社会负债（Gabbay & Leenders，1999，2001）。由于获取社会资本总是有代价的，作为一种资产的投资，当持有特定目标的行动者在网络建立与维护以获得网络资源价值表现为入不敷出时，就产生社会负债（周小虎、陈传明，2005）。社会负债反映了社会网络对成员行动的限制，代表了社会资本的权变观点。Portes（1998）指出社会资本存在排斥圈外人和对群体成员要求过多等功能，内在机制就在于网络联系的路径依赖会形成过度嵌入（Granovetter，1985）或网络惯性（Kim，2006），导致网络成员的关系锁定与认知锁定（Maurer & Ebers，2006），从而对行动者的思维与行动形成限制，封闭性的社会结构或结构性壁垒会强化这种网络锁定效应（张文宏，2003）。

（2）社会资本与社会负债并非是社会嵌入产生的静态结果，而是互相影响，动态转化。Gargiulo 与 Benassi（1999）发现那些过去对管理者有益的网络关系和结构随着时间的推移可能不会再提供资源，反可能会成为一种障碍。Gabbay 与 Leenders（2001）把社会网络结构、社会资本和负债的关系归纳为互为因果，其中，“结构为因”观主要探究网络特征对网络成员的正面与负面影响，这构成了现有大多数网络研究的逻辑框架；“结构为果”观则聚焦于分析行动者通过调整或强化自身网络来适应环境和确保与提升未来的有益结果，这种因果关系随时间而动态演化。两位学者认为演化一方面是由成员之间互动引起的自然改变，另一方面则源于成员有意识的行动，后者引起的网络变化并非是社会互动的副产品，而是由成员的主动行为所影响与控制，这种行为本质上是对自身网络关系与位置的有意调整。考虑到网络的关系与结构特征事实上决定了成员的社会嵌入状态，因此社会嵌入与社会资本/负债也存在类似的动态转化关系，行动者可以通过调整网络关系和改善结构等途径来改变嵌入的程度与方式，进而提高社会资本，降低社会负债。

（3）单一层次的社会资本是由多层次的社会网络结构所决定。个体的社会资本既取决于个人的社会网络，包括其所属组织内的个人网络和组织外的个人网络，同时也受组织内整体社会网络与组织外部整体网络的影响，这同样适用于组织层次的分析（Gabbay & Leenders，2001）。Adler 与 Kwon（2002）也发现，组织行动者的外部网络起着桥接（Bridging）的作用，可借此获得关键性资源，组织内部网络则起到成员间和部门间的纽带（Bonding）作用，可以融合各部门成员为实现组织目标提供便利。而把社会负债纳入分析可以发现，个体社会资本、社会负债与个体和组织不同层次的社会嵌入相关，具有组织成员身份的个体行动者可以从组织层次的外部网络获益却不必承担组织网络的社会负债，但个体成员必须承受组织内部网络形成的社会负债（王凤彬、刘松博，2007）。

综上可知，生产者视角下 BOP 战略的核心机制是价值共创，即把企业的商业资源与 BOP 本地能力相结合来共同创造价值并分享成果。但由于 BOP 市场的参与者、资源与制度等方面的独特性导致这种价值共创行为很难单纯以市场化的方式进行，通过社会嵌入并利用社会资本治理就成为填补制度空洞、弥补价值链空缺与消除不确定性的重要方式（Klein，2008）。但现有研究单纯强调社会嵌入产生社会资本的正向机制，忽略了社会嵌入的两面性、动态性与层次性特征，而这对于深入理解 BOP 市场内的合作行为与网络演化具有重要含义。因此，本章提出一个分析包容性网络演化的理论框架，如图 31－1 所示。

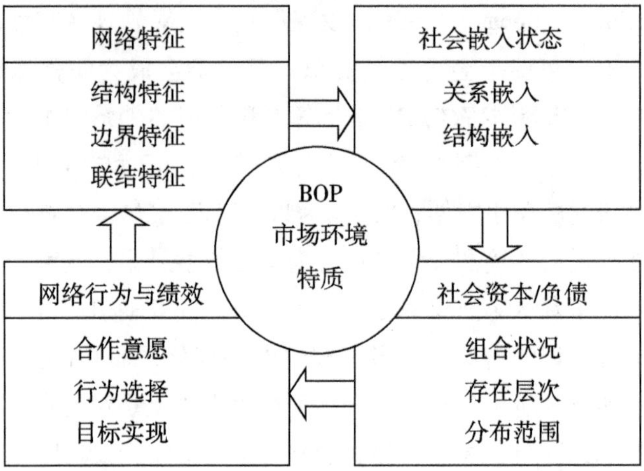

图 31－1　包容性网络演化的理论分析框架

在这个框架中，任意阶段的网络特征可作为分析的起点，决定了该阶段不同成员的社会嵌入状态，产生社会资本与负债的相应组合、层次和分布，规定了成员的行为动机与互动模式，影响着每个成员目标的实现程度。而包容性网络成员一方面会在社会资本与负债范围下进行自然的互动，但若已有关系与结构无法有效实现成员的目标时，有意愿与能力的成员也会主动通过建立、强化、解除、重新组合和分层等活动有目的、有意识的变更网络关系乃至结构以调整各自的社会嵌入状态，从而产生新的社会资本与负债组合来促进目标实现和提高网络绩效，最终效果取决于所有成员达成的网络均衡。本章将遵循上述理论框架从网络视角来探究舜华鸭业公司在农村市场运营过程中的组织模式演化问题，分析不同参与者在各网络模式中的行为动机、互动模式与合作绩效，归纳出不同模式转换中的关键活动与内在机理。

三、研究设计

（一）研究方法

案例研究作为管理学的重要研究方法，特别适合研究“如何”与“为什么”类型的问题，通过厚实的描述与系统的理解，以及对动态历程与所处情景脉络的掌握，可以获得对问题全面与整体的观点（Gummesson，1991；李怀祖，2004；郑伯埙、黄敏萍，2008）。Eisenhardt（2012）也提出，案例研究方法对于研究组织和战略的各种过程常常有效，尤其是当该方法采用整体全面和长期过程导向的视角时，其研究效果常常出人意料但却真实可信。而相对于多案例研究，单案例方法主要适用于研究有代表性的、典型的案例，尤其是对不同时点的同一个案例进行分析的纵向研究（Yin，2003）。Dyer 与 Wilkins（1991）也提出，如果对单个案例进行细致的研究能够发现新的理论关系并改进旧的理论体系，应当更加聚焦于重点案例的深度研究而非泛泛地对众多案例进行表面研究。[①] 本章主要探究 BOP 市场的网络演化过程是什么以及如何演化的，属于偏重过程的纵向研究，需要对不同阶段包容性网络的构成、结构、关系与互动模式等多个方面深入分析与比较，发掘背后的演化规律，因此采用单案例研究方法。

（二）案例选择

本章选择湖南舜华鸭业公司作为案例研究样本。该公司地处湘粤边境的湖南省临武县，麻鸭养殖历史十分悠久，但该禀赋却长期没有转化为产业优势和品牌效应。20 世纪 90 年代，临武县积极探索临武鸭的产业化发展之路，组建起湖南临武舜华鸭业发展有限公司，经过十多年的经营，已从最初的一个小型加工厂发展成为如今的农业产业化国家重点龙头企业。

选择该样本的原因有 4 点：①案例企业属于畜牧养殖行业，而大力发展畜牧业是优化农村产业结构、吸纳农村剩余劳动力、增加农民收入和缩小贫富差距的重要途经，行业具有代表性。②日益凸显的农产品食品质量安全问题是本章选择该行业进行研究的重要原因。③案例企业具有典型性。舜华鸭业通过利用本地的资源禀赋并和农户合作，在十几年里从一个小乡镇企业发展成为农业产业化国家重点龙头企业，带动近 4 万农户因养殖临武鸭及周边产品而致富或增收，是将农村 BOP 生产者纳入到价值网络中的典型企业。④农牧业的商业组织模式近几年呈现非常显著的模式演变过程，但是在管理研究领域探讨较少，而舜华鸭业公司在十多年的发展历程中，公司与当地农户先后经历了“公司 + 农户”“公司 + 基地 + 农户”和“公司 + 协会 + 农场”三种模式的演变，各阶段的特征、问题及其解决方式都很鲜明，历史数据比较完整，为系统探讨包容性网络演化规律提供了较完备的素材。

（三）构念测度

本章涉及多个理论构念，研究设计阶段需要明确这些构念的内涵与测量维度。

（1）网络特征是分析的起点，本章使用 Rivera - Santos 与 Rufin（2010）分析包容性网络时所使用的结构、边界与联结特征指标。其中，在结构特征中，集中度由围绕一个或少数核心成员发生联结的数量衡量，密度指成员间实际联结数

① 本章初始设计是选择多案例研究方法，包括对蒙牛和伊利公司的奶农关系的长期考察。但 Eisenhardt（1991）提出，案例数量合适与否主要取决于多少信息是已知的，多少信息可以从增加的案例中获得。我们进行跨案例对比分析后发现，舜华鸭业案例具有很强的代表性，所包含的信息可以支撑所研究的问题，其他案例在分析中要占据很大篇幅，但对于理论建构的边际贡献却很小，大部分是重复冗余信息，因此，为聚焦于核心研究问题和凸显理论构念之间的关系，最终选择单案例进行研究。

目占最大可能联结数目的比值，而结构洞由网络内两个或两簇行动者之间的空隙数量决定（Wasserman，1994；罗家德，2010）；在边界特征中，网络范围由各成员间活动覆盖的领域多寡来衡量，例如在交易时如果企业还需要帮助解决顾客融资的活动就比单纯市场交易活动范围要广，而联结范畴则描述了网络活动中不同成员间关系的多样性，由涉及的关系种类来衡量；在联结特征中，直接性由网络内直接联结占所有联结的比例测量（间接联结是指必须通过第三者才能发生的联结），正式程度则主要检查成员间权利义务关系是基于法律契约规定还是基于承诺与默契等非正式协议，而关系强度由成员间联系频率的高低与对关系的承诺程度进行衡量。

（2）社会嵌入分为关系嵌入与结构嵌入两个维度，前者描述网络成员之间二元关系的性质，后者指成员间的网络关系结构（Granovetter，1992）。而在本研究的理论框架内，社会嵌入是在具体的网络关系与结构内呈现，很多网络特征指标本身也能反映社会嵌入的程度。本章具体用关系强度（频率与承诺）衡量关系嵌入程度，而用直接性、中心性与结构洞来反映结构嵌入状况（Gnyawali & Madhavan，2001；Moran，2005；Burt，2009）。

（3）关于社会资本与社会负债，由于本章主要关注在 BOP 市场环境中社会资本与负债对网络成员行为与绩效的影响，因此采纳 Lin（2002）将社会资本视为网络资产的观点，以网络成员在包容性网络中通过各种联结可获得的资源多寡进行测度，而社会负债主要为成员在特定关系与结构中为获得各类资源而必须付出的成本，既包括时间与资金的直接付出，也包括由于关系锁定形成的限制等无形成本（Portes，1998；Gabbay & Leenders，2001）。

（4）本章对网络绩效从两个角度进行衡量：一是包容性网络成员借由网络所实现的价值；二是包容性网络对当地经济、社会与环境的整体影响。由于包容性网络成员的多元性与异质性，成员获得的价值需要用多种方式进行定义，其中企业与银行等有相应的业务发展和利润增长指标，BOP 生产者实现的价值则包括收入增加、能力提升与社会排斥降低。网络整体绩效包括本地经济与贸易发展、减缓和消除贫困及改善环境生态。

（四）数据来源

本研究根据 Miles 和 Huberman（1994）所描述的三角测量法，从多个信息来源分析案例，确保能够对案例数据进行相互补充和交叉验证，这也是案例研究的一个主要优势。一般来说，资料的来源越多，研究的效度就越高（Roos，2002）。我们的数据收集主要以实地观察和半结构化访谈的方式获得一手资料，具体访谈包括：①企业高层领导者及职能和业务部门管理者 8 人次；②现场考察养殖农场并和农户交流 10 人次；③养殖协会负责人与业务员 6 人次；④农村信用联社以及有关政府部门等外部参与者 4 人次。除一手资料外，对二手资料的收集包括：①直接从企业获得的材料，如企业领导人讲话、内部活动报告、手册和管理制度等；②政府宣传资料与协会章程；③相关的学术期刊论文与硕士学位论文；④不同时期的媒体报道与互联网信息等公开数据。

（五）数据分析

本章对访谈内容与文本资料所含信息量及其变化进行综合分析，目的是根据数据对内容进行可再现的、有效的推断（Strauss & Corbin，1998）。在分析过程中，我们反复思考与探讨原始数据、数据呈现的网络演化模式，以及现有社会网络理论之间的关系。因此，数据分析采用的是一条迭代非线性的路径，但为简单起见，这里列出分析的主要阶段。

（1）由于本章研究的目的是考察包容性网络的演化特征与规律，分析的第一步是对企业发展的阶段划分，了解并组合导致企业网络变化的关键事件。我们从撰写详细的案例报告开始，把所有访谈内容与资料遵循时间顺序形成完整的文本描述，包括对被访者的引述及总结企业与农户等关键利益相关者关系发生变化的标志性事件表格。由于公司的发展历程并不是很长，不同养殖模式之间的转换非常明确，因此本章在征询公司领导意见及借鉴相关报道基础上，把公司发展分为三个阶段：1996—1998 年的“公司 + 农户”阶段；1999—2002 年的“公司 + 基地 + 农户”阶段和 2003 年至今的“公司 + 协会 + 农场”阶段。区分前两个阶段的关键事件为公司的破产与重组，划分后两个阶段的标志是临武鸭养殖协会的成立。

（2）第二阶段旨在根据理论框架去对每一阶段的网络模式进行分析，这需要使用数据编码和归类表格等对文字材料进行总结（Yan & Gray，1994）。但由于所选案例对象是一个在有限地理区域内相对封闭的网络，参与者数量有限，所以尽管涉及的构念较多，但各个构念在不同阶段的特征与表现简单明确，而且本章主要关注网络演化问题，构念在不同阶段的相对变化比特定阶段的绝对数量更为重要。因此，在对构念初步测量基础上，我们更注重利用各种数据来源来对构念及其变动进行厚实的描述，使各类数据能够对构念形成有效和一致的支撑。正如 Siggelkow（2007）所提出，与实证研究相比，案例分析更能贴近构念的理论内涵并对因果关系提供更有说服力的论点。

（3）我们整合了前面阶段的结果，通过对不同模式沿时间轴的比较来分析和归纳包容性网络演化的路径与特征，发掘其中的关键因素与内在机制。我们研究了不同阶段的特征变化与成员社会嵌入状态的改变，以及由此引起的社会资本/负债组合与成员互动行为和网络绩效的变化，指出这些变化又如何推动网络进一步演化的方式与路径。在这个过程中，我们在数据与理论之间来回转换，不断反复，最后趋于收敛。

四、案例分析与讨论

临武鸭产业化过程代表着不同参与者合作关系与结构的演化，从网络视角来分析演化的特征与机制，有助于对 BOP 市场中的价值共创与分享规律产生更具洞察性的认识。

（一）包容性网络演化的阶段特征

1. 第一阶段："公司 + 农户" 模式（1996—1998 年）

在 1996—1998 年，舜华鸭业公司的前身——临武鸭业公司实行的是"公司 + 农户"经营模式：公司专事临武鸭的加工和销售，而农户家庭利用池塘与农田分散养殖临武鸭，双方签订的购销合同规定了所收购成鸭的品种规格以及收购的基准价格。从网络视角看，这种模式是一种公司主导的交易型网络，其中主要参与者的网络关系与结构，如图 31 - 2 所示。

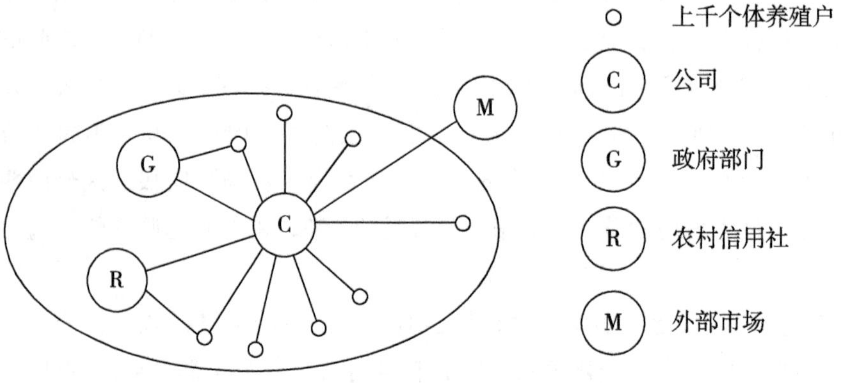

图 31 - 2 "公司 + 农户" 模式的网络示意图

从结构特征看，网络的集中程度很高，鸭业公司居于网络中心位置，几乎与所有养殖户都存在交易关系，同时也与政府和信用社有着直接联系，但政府、信用社与养殖户相互之间的联结却很少，导致网络整体密度不高，不同参与者各自网络之间的重叠性较小，网络内资源流动性差。而除企业自身占据了农户与外部市场之间的结构洞外，因为配套设施和专业结构的缺失或职能不到位，导致网络内仍存在一些潜在的结构洞（如信息提供、技术指导与资金渠道等），但企业或政府却无法弥补这些结构洞，阻碍了鸭农生产与市场活动的顺利开展。从边界特征看，网络范围比较狭窄，只包含了与公司与鸭农进行市场交易相关的最基本的成员与活动；成员间的联结范畴集中于以市场交易为基础的商业领域，尽管有些养殖户出于地理临近原因相互之间存在一些社会联结，但在网络内主要体现为市场竞争关系。由于公司是由政府吸引外部资金创建，公司与政府的联结涵盖了政治与经济范畴。从联结特征看，网络内行动者之间基本上都是直接联结，较少通过第三方进行间接联系；公司与养殖户之间主要依据双方签订的购销合同进行合作，关系的正式化程度较高；一旦签订合同，双方各司其职，在临武鸭养殖期间基本上没有其他方面的活动往来，互动频率很低，关系较弱。

可以看出，"公司 + 农户"模式下的各项网络特征与中高端市场内的企业网络很相似，强调市场化联结与契约关系治理。但中高端市场网络的运行有着良好的制度保障（如有效执行的司法系统与健全的信用体系），网络成员都具有高度的专业化能力，因此能够消除冗余，专注于各环节的价值创造并保证整体最优。但在"公司 + 农户"模式下，农户自身养殖技能不高，容易受到外部自然风险的冲击，无法保证产出质量；同时，与公司的弱联结关系与薄弱的正式制度使得农户对公司缺乏信任，导致很多纠纷与机会主义行为，这种不稳定的市场关系也阻碍了农户从信用社获得资金支持。而政府虽然在当地具有权威性，但在网络中与农户仍然是弱联结关系，无法调动大量农户的积极性并规范其行为，仅能依靠权威性来帮助解决农企纠纷。公司与政府的关系使其承担着促进本地经济发展和带动农民致富的责任，甚至董事长带人亲自在市场上卖鸭子，但除了得到一定的政策优惠外，也无法利用政府获得更多帮助。公司虽然占据了网络的中心位置并跨越结构洞，具有较大的信息与控制优势，但分散了养殖户的协调与互动，耗费大量的资源，这些优势在很大程度上并没有转化为生产性的结果。

因此，"公司 + 农户"模式中，由于农户养殖技能不强，加上正式制度约束性弱与价值链的缺失，公司需要运用社会交换关系来弥补市场交易关系的不足，并把技术培训与农户融资等活动整合到企业边界内才能支撑。但公司初建时忙于开拓市场，自身实力也不强，缺乏策略来帮助农户提高生产能力并建立信任关系，公司基本上是交易性嵌入当地市场而非社会嵌入，网络成员之间以短期正式的契约交易关系为主，并没有在网络内建立起有助于长期合作和实现共同利益的社会资本，反而对企业营利性目标与政府发展目标构成社会负债，导致运营难以为继。

2. 第二阶段："公司 + 基地 + 农户"模式（1999—2002 年）

1999 年，临武鸭发展有限公司濒临破产，临武县委与县政府毅然组建了新的临武鸭加工企业——湖南临武舜华鸭业发展有限公司，公司提出走"公司 + 基地 + 农户"的产业组织模式。在该模式下，公司主要以行政村为基础进行基地建设，村里的农户将基本农田改造成水塘，"一家一户一口塘"连接起来形成基地，以此把分散的农民按原有的行政区划组织起来，形成"一村一基地，一个基地多农户"的养殖管理模式。从网络视角看，这种模式是一种公司主导的委托型网络，其主要参与者网络关系与结构，如图 31 - 3 所示。

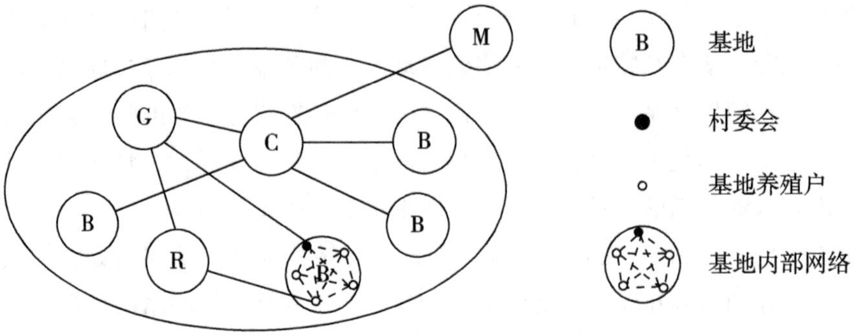

图 31 - 3　“公司 + 基地 + 农户”模式的网络示意图

从结构特征看，鸭农不再是分散的个体，而是以基地为中心进行联结，同时基地内部引入村委会来管理农户，网络形成初步的分层。由于基地代替鸭农成为管理与交易的主体，降低了组织层次的网络参与者数量，但公司依然居于网络中心和跨越基地与外部市场的结构洞位置。但基地主要是以行政村为基础进行划分，地理上有所区隔，虽然同一区域鸭农具有共同的身份连接且地理临近，不同区域的基地之间却是竞争关系，导致基地内部网络密度较高但组织层次网络密度依然不高。从边界特征看，基地的建立扩大了网络范围，除交易活动外，由于基地的集聚性优势，公司可以进行统一的鸭苗供应与防疫抗病处理，而信用联社也愿意联合公司对农户进行资金共同扶持。网络内的联结形式也更加多样，在原有市场联结基础上又增加了公司、基地、鸭农、政府与村委会之间的技术、社会、生态与行政联结范畴。从联结特征看，网络内虽然新增很多通过村委会进行的间接联结，但由于基地本身并非是具体的组织形态而是地理聚集，企业仍然保留了与基地内个体农户的直接联结。在联结正式程度方面，农户除与公司签订收购协议和与信用社签订贷款协议等正式联结外，农户之间以及农户与公司及村委会还存在大量非正式交往，包括信息传递、技术交流和协商讨论等。而以基地为单位养殖模式的建立和各种技术、管理与市场活动的开展，网络成员间的关系也得到增强。

在“公司 + 基地 + 农户”模式中，由于公司改变了与网络成员的关系与结构，公司的本地化嵌入程度更强，增加了社会资本并降低了社会负债。一方面，县里领导对公司发展给予很大支持，2002 年公司股改时，县委书记号召全县干部和所有行政事业单位投资舜华鸭业，在解决公司发展扩大的资金难题同时也使公司建立起更广泛的联系，有利于公司获得多样化的资源。另一方面，通过基地建设和引入村委会，公司通过网络内的分层管理与建立间接联系在保持结构嵌入优势的同时降低了与养殖户的关系嵌入水平，利用规模化养殖优势并减少管理成本则扩大了价值创造的空间。在这种网络模式下，需要村委会对农户进行有效的约束与管理，但由于基地内的日常模式仍然是以个体农户为单位进行分散养殖，农户对于基地内的公共资源以及鸭苗数量分配方面存在竞争关系，而村委会与农户的利益目标并不一致，两者之间的松散关系对农户根本无法形成制约，公司还是不得不介入农户的关系处理与协调。因此，对于农户而言，从基地内部无法获得较多社会资本，基地内部的社会网络更多表现为阻止其实现增收目标的社会负债，但农户作为基地成员却可以获得组织层次的外部社会资本，如获得企业对基地的资源投入，以及政府与信用社对基地的政策与资金扶持。

3. 第三阶段："公司 + 协会 + 农场" 模式（2003 年至今）

从 2003 年开始，公司放弃对养鸭基地的直接管理和对村委会的依赖，提出了"公司 + 协会 + 农场"的新模式。其中农场代替了以行政村划分的基地成为临武鸭养殖的基本单位，一般由地理位置相邻的几家或十几家农户共同出资建成，采取合伙或股份合作的方式经营。同时，公司鼓励和引导农户以农场为依托按照自愿互利的原则组成临武鸭养殖协会，公司与鸭农的生产经营联系主要通过协会来完成。从网络视角看，新模式是公司与协会联合主导的合作型网络，其中的主要参与者网络关系与结构，如图 31 - 4 所示。

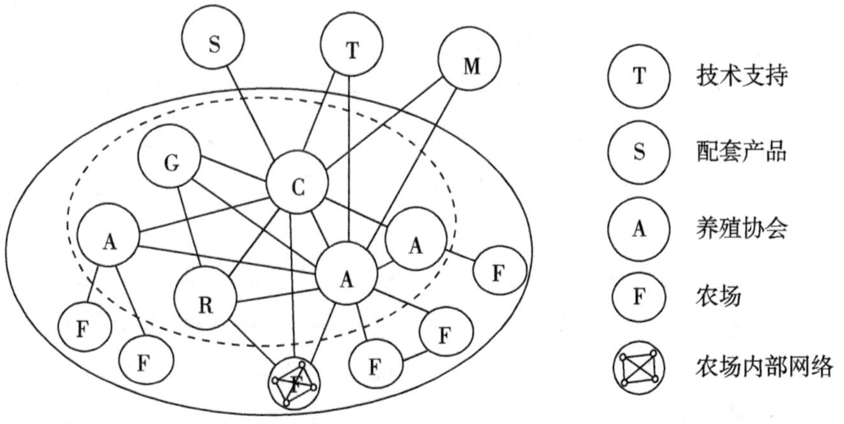

图 31 - 4 "公司 + 协会 + 农场" 模式的网络示意图

从结构特征看，此时网络进一步分层，农场成为养殖临武鸭的基本单位，各自租赁闲置的山塘水库，不用再争夺公共资源。农户依托农场遵循自愿互利的原则建立养殖协会，养殖协会代表农场及农户成为在组织层面与公司和政府等机构打交道的主要组织形式，因此网络结构变为存在公司与协会两个中心，且都占据了结构洞的位置。养殖协会的建立在网络内形成多个以协会为中心的子网络，成员均为协会会员，遵守共同的章程，彼此熟悉，联系紧密，网络密度很高；而在整体网络视角下，虽然协会的建立减少了组织层次的交易主体数量，但协会与网络内的组织成员均建立起直接联系，网络密度也很高。从边界特征看，网络范围进一步扩大，不仅引入外部的技术支持还开发出新的业务，涵盖了研发、培训、供苗、养殖、防疫、外购、收购、加工、销售、融资、保险等多种活动。此时公司逐渐融入地方发展且实力日益壮大，协会也在不断积极争取农户的利益，因此，网络联结的范畴更加丰富且相互融合，政治、经济与社会联结交织在一起，反映了不同主体的价值诉求。

从联结特征看，养殖协会的成立使得公司基本不用再直接介入对农户的关系管理，几乎所有活动都会有协会参与。例如，协会与公司、农村信用联社和农户合作创立“四方联保信贷机制”，农户可根据养殖计划向协会提出贷款申请，信用社根据农户与公司的购销合同书和协会提供的贷款申请书进行调查审核，通过后将贷款直接划入为养殖户设立的专门账户，信用社与协会监督贷款的使用。协会还与政府和公司协商，建立起“临武鸭养殖保险基金”，对因自然灾害遭受损失的鸭农提供赔付。这些活动增加了协会与多个利益相关者的间接联系，虽然降低了公司与个体农户的互动频率，但协会内部的互动与组织层次的互动都得到增强。协会为保护会员利益并争取更多资源，必须更积极主动地与外部组织进行协商和互动，这是以前模式中单个农户很难做到的。如临武每年有春、夏、秋三个养鸭期，养鸭成本各不相同，因此，协会每年会定期和公司坐在一起，详细计算饲料与人工等各项成本，商定不同价格。协会与公司达成一致后，协会内部也会进行协调来分解养殖任务，并对每一批鸭的领养时间与交鸭期限等建立档案跟踪监督。因此，协会和会员以及会员之间的互动非常频繁与紧密，伴随着大量的信息传递与分享，在此过程中建立起信任关系与长期承诺。

在“公司＋协会＋农场”模式中，由农场自发建立的养殖协会及其 11 个分会负责制定养殖计划、协议收购价格、分配养殖基金和进行技术培训等，各农场与协会之间是强关系嵌入状态，对单一农场和农户的机会主义倾向与短期化行为构成较高的社会负债，无论是正式的协会规章制度规定还是非正式承诺都使农场主们不得不遵守有关政策和合同规定。因此，协会的引入使得这种具有结构层次的网络模式真正减少了交易主体，节约了企业和农户互动而投入的大量资源与人力，基本上通过制度化的联结关系降低了社会负债，而与协会在频繁互动和合作中建立的社会资本却使企业与农户的购销关系得到进一步稳定。因此，公司能够投入更多的精力用于新产品开发、市场营销，以及建立现代企业管理制度，并与广泛的上下游企业（如饲料企业）构建联系扩大了公司的社会资本，为逐步发展成现代化农业龙头企业创造了条件。同时，基于这样的网络结构，农村信用社可以通过企业，以及协会控制给农户的放贷风险，如企业可以根据贷款为协会成员赊欠鸭苗和饲料并保证完全收购鸭子，而协会章程中规定的还贷要求提高了农户的贷款偿还率，协会本身也制约了成员的违约行为。当地政府也能够动员更多的利益相关者扶持整个养殖模式的发展，如政府、公司与农户共同出资建立养殖风险基金并由协会参与管理等，这保护了作为市场交易弱者的农户利益，也培养了农户与企业的长期合作关系。因此，农户作为协会成员虽然行为受到制约，但在更高层次网络上能够获得政府与农村信用社的支持。只要农户按照合同进行养殖，就能保证价格与数量，并获得资金、技术支持与生产资料等，避免很多风险。

总之，在“公司 + 协会 + 农场”网络模式下，组织层面社会资本在不同参与者整合资源来提升价值创造的合作与互动中得到提升，社会负债显著下降。协会内部虽然有较高的社会负债，但作为成员却可以利用协会在组织层次建立的社会资本获得更多支持。在这种模式下，网络各成员目标趋于一致，形成以公司为龙头、龙头连协会、协会带农场、农场连农户的产业化经营格局，实现各利益主体的优势互补，取得显著的经济、社会和生态效益。

（二）包容性网络演化的特征

基于对临武鸭案例不同阶段组织模式的网络分析，可以进一步从纵向角度来考察公司组织模式转换过程中网络演化的特征与规律，不同网络特征维度的变化如表 31 - 1 所示。

表 31 - 1　包容性网络演化中的特征变化

<table>
<tr><th colspan="2">网络特征</th><th>公司 + 农户</th><th>公司 + 基地 + 农户</th><th>公司 + 协会 + 农场</th></tr>
<tr><td rowspan="3">网络结构</td><td>集中度</td><td>高</td><td>较高</td><td>中</td></tr>
<tr><td>密度</td><td>低</td><td>基地内密度较高
整体密度适中</td><td>协会内密度很高
整体密度高</td></tr>
<tr><td>结构洞</td><td>少</td><td>较少</td><td>较多</td></tr>
<tr><td rowspan="2">网络边界</td><td>范围</td><td>窄</td><td>较宽</td><td>很宽</td></tr>
<tr><td>联结范畴</td><td>少</td><td>较多</td><td>很多</td></tr>
<tr><td rowspan="3">网络联结</td><td>直接性</td><td>高</td><td>中</td><td>较低</td></tr>
<tr><td>正式性</td><td>正式联结为主</td><td>正式与非正式夹杂</td><td>正式与非正式夹杂</td></tr>
<tr><td>强度</td><td>弱</td><td>中</td><td>强</td></tr>
</table>

（1）随着模式转换，包容性网络在结构上变得更加复杂，向集中度更低和结构洞更多的方向发展，并出现高密度的子网络，这一变化主要通过网络分层和

引入新成员实现的。其中网络分层是把分散的个体农户集中起来形成彼此联结的集体或组织（如基地或协会），这样不仅可以减少交易主体，降低公司与农户进行单独沟通和协调的管理成本，也提高了农户的讨价还价能力，缓解双方网络权力不对称的问题。引入的新成员既包括中介组织，也包括提供技术支持和资源渠道的专业机构，这些组织与机构通过贡献新的网络关系，以及与公司联合为农户提供服务而占据新的结构洞位置。相对单纯的市场交易管理，结构洞的增加使得企业对于农户影响的方式与程度都得到增强，可以通过协会、信用社和政府部门等更多元化的途径实现。

（2）包容性网络演化过程中覆盖的成员与活动范围越来越宽。最初的交易网络只包含核心成员与基本市场活动，互补性产品与服务很少，但网络的后续扩展使得成员之间的合作机会与方式更加多样，弥补了价值链缺失，从原料、技术、资金与政策等各个方面都增强了网络内的价值创造，这也使得网络联结的范畴从商业领域拓展到政治、经济、社会、生态与技术领域并日渐融合。

（3）农户变得更加组织化及新成员的加入使得很多初始网络中的直接联结改为经由中介或专业机构进行，网络内的间接联结在不断增加。同时，由于很多活动要通过不同网络成员间的合作来进行，正式契约的制定和执行往往伴随着大量非正式的沟通、交流与协商，成员间逐渐建立起互惠与信任关系，以非正式联结弥补正式制度的缺失。在此过程中，不同层次网络成员因合作加强而互动增加，但组织与个体的跨层次互动则相对减少，主要表现为技术与制度化的联结，网络整体呈现出分层治理的形态特征。

综上所述，网络特征的改变在深层次上塑造着每个网络成员的关系与结构嵌入状态，形成各自不同的社会资本与负债组合，如表 31－2 所示，从而影响不同成员的资源投入与目标实现，最终决定网络合作效果与整体运营绩效。

表 31－2　网络演化中网络成员社会资本/负债的变化

网络参与者		公司＋农户	公司＋基地＋农户	公司＋协会＋农场
公司	社会资本	低	略有提升	高
	社会负债	高	略有降低	较低
养殖户	社会资本	低	略有提升	较高
	社会负债	低	低	较高
基地/协会	社会资本	—	内部与外部均低	内部低，外部高
	社会负债	—	内部低与外部高	内部高，外部低

续表

网络参与者		公司＋农户	公司＋基地＋农户	公司＋协会＋农场
信用社	社会资本	低	中	高
	社会负债	低	低	低
政府	社会资本	低	中	高
	社会负债	高	中	低

在“公司＋农户”模式中，公司是在一个非正式制度主导的市场环境中与非职业市场参与者单纯建立市场关系进行运营，因此形成低社会资本与高社会负债的组合，而其他参与者则是低社会资本与低社会负债组合，使得公司疲于奔命、举步维艰。转变为“公司＋基地＋农户”模式后，公司试图在结构上进行网络分层以减少与农户的互动，从而降低社会负债并扩大组织层次社会资本，然而在构建的基地内部网络中，农户之间是负向的资源竞争关系，同时农户与村委会之间的弱联结对其行为没有太多约束，农户在不改变社会负债的同时却获得了作为基地成员的社会资本。因此，该模式虽然改变了组织层次的结构嵌入形式，却并不能降低公司与养殖户的关系嵌入程度，公司的社会负债并未显著降低，但网络内组织合作的初步开展提升了其他成员拥有的社会资本水平。在向“公司＋协会＋农场”模式的进一步转变中，公司再次引入农场自组织成立的协会来调整网络结构嵌入形态，以降低自身的关系嵌入水平，改善社会资本与社会负债组合。协会作为利益共同体与会员建立起强联结关系网络，可以对会员提出各种（正式与非正式的）的要求与约束，参加协会的农场与农户必须承受组织内部较高的社会负债，但也基于个体社会网络和作为协会成员参与组织网络获得双重社会资本。协会代表农户与外部组织成员建立起紧密的合作关系，在组织成员间积累起深厚的社会资本，公司、政府与信用社等因此可以控制风险并投入更多资源。特别是公司与协会的强联结有效地降低了公司和养殖户的关系嵌入程度，并仍能与农场和农户保持长期合作关系，从而极大地改善了公司的社会资本并降低社会负债，商业模式得以迅速扩展。

（三）包容性网络演化的路径

通过对本案例中包容性网络演化过程的分析可以看出，公司是推动网络关系与结构变化的主导力量，而变化的关键在于对分散农户的组织与关系处理，从而能够影响不同网络成员的嵌入状态及其社会资本与负债的组合，扩大网络内价值共创与分享的空间，降低生产和交易的成本与风险。对此过程进行进一步的理论抽象，可从对农户进行组织的主体及其与农户的关系强弱两个维度，来区分不同的网络模式并归纳包容性网络演化的一般路径，如图31－5所示。

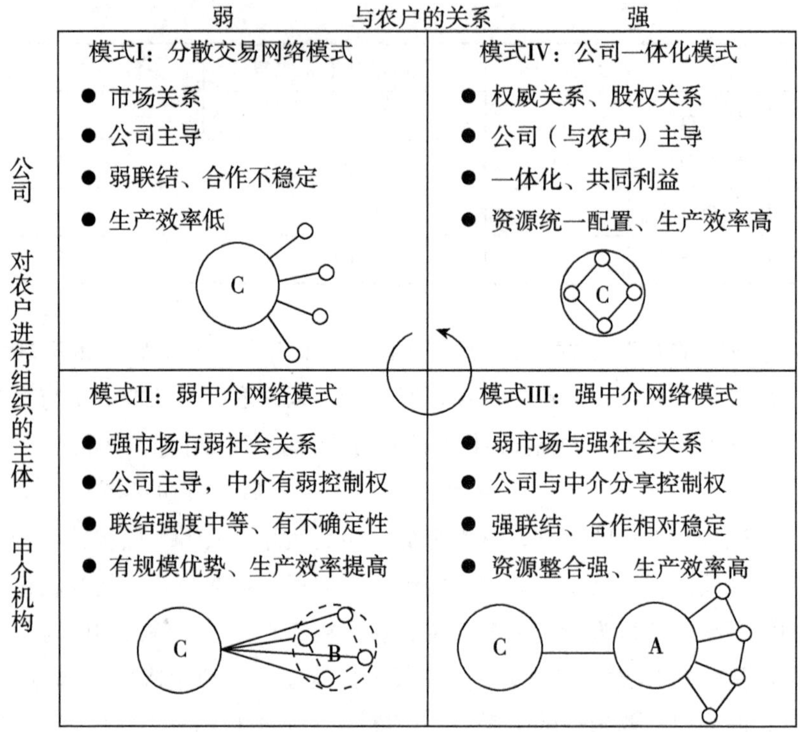

图 31－5　包容性网络演化过程中的 4 种模式与特征

模式 I 中，公司与分散农户属于正式交易关系，主要通过市场机制对农户进行组织，双方是弱联结关系，无法克服 BOP 市场存在的各种障碍因素；在模式 II 中，有中介对分散农户进行组织，通过把农户集中在一起有利于发挥规模优势，部分解决了农户生产技能低与不确定性高的困难，也便于以集体的身份去争取更多资源，但中介与农户之间的弱联结使其对农户没有太大的约束，公司无法通过与中介建立强联结来对农户进行有效率的管理。在模式 III 中，中介组织对农户形成有力约束，也借由占据农户与其他诸多组织成员的结构洞位置获得信息利益和控制优势，成为新的有影响力的网络参与者。通过与中介组织建立强联结关系，公司降低了与农户的互动，但却可以通过与中介的合作更有效地提升并利用农户的资源能力，网络处于相对均衡状态。模式 IV 代表了公司对农户的强组织模式，即把农户纳入公司的组织边界内部进行管理，农户就从独立的 BOP 生产者转化为产业工人，从而实现以公司内部权威关系代替外部松散的市场交易关系，公司可以对农户进行直接控制。①

① 在模式 IV 中，企业还可以通过长期交易和高频互动与每个农户建立起深度的信任及互惠关系，但由于农户数量大和分散性强，这种模式需要花费大量的时间与精力，而且容易造成过度嵌入，给公司造成很高的社会负债，不利于商业模式未来的增长与扩散，因此本章只考虑了公司把农户纳入组织边界内部的一体化模式。

在本案例中，包容性网络演化遵循了从模式 I 到模式 II 再到模式 III 的路径，主要表现为农户的组织化程度提高和中介机构力量的不断增强，实质上是公司给中介组织让渡了部分网络权力，以此换取中介对分散农户的管理与约束，有利于公司集中资源与精力进行商业创新来创造出更多价值。这恰恰呼应了 Prahalad（2005）的观点，即企业不需要获取对包容性网络完全的控制权，而要更多地通过提供制度框架、知识指导和系统治理，以及运行流程等方式促使包容性网络的构建与良好运行。随着包容性网络的进一步演化，一些因素仍然会推动公司采取完全控制的一体化模式 IV，包括中介组织对农户构成的社会负债不足以约束其机会主义而无法保证源头品质导致质量安全问题，中介组织力量过于强大使得公司与农户关系产生更多不确定性，新技术的采纳或新产品的开发需要更高质量和更稳定的供给等。事实上，舜华鸭业公司正在推动养殖模式的第四次变革，成立养殖公司与合作社，把农户变成养殖公司的股东和工人，使临武鸭生产完全实现质量标准化和规模可控化。但由于农户数量众多，公司自身的技术和组织能力提升也需要过程，因此模式 IV 仍然会和模式 III 混合在一起继续演化。

五、研究结论与启示

（一）研究结论

本章通过对一家养殖企业的纵向案例研究，从社会嵌入视角深入探究了包容性网络的动态演化过程与机制，展示不同阶段的网络特征及其对网络内社会资本/负债组合与分布的影响，进而探讨在不同网络模式下，成员的合作意愿、行为模式与绩效结果，最终得出有关包容性网络演化的一些规律性认识。归纳如下：

（1）BOP 市场存在诸多限制公司进行价值创造的障碍因素，包括正式制度与基础设施薄弱造成的制度空洞，缺乏专业技术与市场服务机构导致的价值链空缺，以及 BOP 生产者数量多而分散、生产技能低、不确定性高和存在机会主义行为等，包容性网络构建与演化的目的就在于更有效的克服这些障碍来整合和利用分散化的资源，提高资源的生产效率和网络内价值共创的成果。

（2）在 BOP 市场的资源与制度环境下，包容性网络演化的外在特征表现为集中度降低、间接联系与结构洞增加、联结范围拓宽与范畴多元化等，其内在机制则是通过改变网络关系与结构来影响不同成员的社会嵌入状态，从而创造出多层次的社会资本并降低社会负债，对某些目标与行为产生激励作用的同时也对其他目标和行为形成约束，扩大价值创造的空间。

（3）包容性网络演化的关键是对分散的 BOP 生产者的组织与关系处理，引入代表 BOP 生产者集体利益的中介组织或代理机构，形成分层治理是简化与优化网络的有效途径。高度组织化的 BOP 生产者既能发挥规模优势来提高生产效率，也能够基于跨层次的社会资本来增强讨价还价能力，降低与企业在网络权力方面的不对称性，有助于网络力量的平衡与稳定。

（4）在包容性网络演化过程中，企业应根据创新和发展的需要主动承担引导网络调整与改变的责任，但并不必然要占据网络中心，而是通过提供合作框架、沟通机制，以及运行流程等方式与其他网络成员分享控制权和决策权，这些成员能够帮助企业弥补制度空洞或承担包容性网络缺失的角色，让渡部分网络权力符合企业发展的长远利益。

（二）研究贡献

本章的研究贡献主要体现在以下四个方面：

（1）本章构建了一个基于网络特征、社会嵌入与社会资本/负债组合关系的理论框架来分析网络成员的合作行为、互动模式与绩效结果，是对社会网络研究领域的深化。在社会网络研究中，网络特征、社会嵌入与社会资本一直是研究的核心议题，但对这些概念及相互之间的因果关系却并未形成清晰一致的认识。本章提出的理论框架清楚地展示了上述概念之间的逻辑关系并应用于实际案例分析，深化了对网络静态特征与动态演化的理解，不仅适用于包容性网络研究，也可运用于探究其他类型网络。

（2）本章从动态视角探究包容性网络演化的特征与规律，是对包容性网络研究领域的丰富与拓展。由于 BOP 市场环境的特殊性，包容性网络包含一系列非传统市场成员及其在多个领域的合作与互动，是商业模式与价值创新的重要组织形式。现有文献对包容性网络的研究数量少且主要集中于描述性的静态分析，缺乏对包容性网络动态性的深入阐述。本章基于 BOP 市场的环境和参与者特质，分析、对比和归纳了包容性网络不同演化阶段的边界特征、合作模式与运行机制，进而揭示出包容性网络演化的一般规律，是对包容性网络研究的有益推进。

（3）本章根据中国本土案例进行分析并得到的规律性认识是对现有 BOP 研究的深化。基于对中国农村市场的案例分析表明，通过组织模式创新来提升穷人自身资源的价值创造能力是实现可持续性缓解贫困的重要途径，尤其是推动企业、低收入群体与其他部门成员间关系网络的构建和演化，将有助于扩大价值创造和提升穷人地位，其中的关键是引入穷人自身参与的中介组织并清楚地划分各网络成员的边界与职能，而当地政府是促进网络关系良性互动的重要因素。本研究结论不同于国外案例，更多强调非政府组织或非营利组织在包容性网络中的核心作用和对 BOP 本地政府部门的排斥（这往往限制了模式的可拓展性），既为 BOP 研究贡献了新的内容，也为世界范围内 BOP 实践的开展提供借鉴。

（4）本章研究深化了对企业（尤其是中小企业）与非传统市场参与者合作进行价值创造和分享机制的理解，有助于提升企业在 BOP 市场的运营效率。传统 BOP 研究强调跨国公司的力量与主导角色（London & Hart，2004），但很多文献指出，本土的中小企业在 BOP 实践中发挥着重要作用（Landrum，2007；邢小强等，2011）。由于中小企业的力量相对薄弱，如何与非传统市场力量进行有效的合作是取得快速增长的关键。本章通过临武鸭的案例详细展示了中小企业如何通过主动调整网络关系与结构来提高自身的社会资本并降低社会负债，对于准备进入和正在 BOP 市场运营的企业进行商业模式设计与创新提供了重要的参考价值。

（三）研究局限与未来建议

（1）本章采用单案例方法进行研究，得到对包容性网络演化特征与机制的规律性认识，虽然临武鸭业的发展历程在中国 BOP 市场具有一定的代表性，但仍然缺少多案例的比较与验证，未来研究应搜集更多案例对本章结论进行补充。

（2）本章研究的是诞生于 BOP 市场的本土企业，具有较强的本地合法性与网络优势，占据了整个网络中跨越生产、养殖与市场的结构洞位置，但对于那些从中高端市场进入 BOP 市场的外部企业来说，在 BOP 市场的网络构建与发展模式会有所不同。而且临武鸭业在 BOP 市场的发展比较成功，还应选择一些失败的企业进行对比，从反面对本研究结论进行检验，进一步增强研究的外部效度。

（3）本章中的网络分层主要是针对 BOP 生产者，其实企业内部也存在着不同层次，个人在企业外部的社会资本/负债也能转化为组织的社会资本/负债，如本案例中的舜华鸭业公司总经理也是养殖协会的理事等，进行这种多组织跨层次的分析有助于对包容性网络及其演化产生更加全面与深入的认识；

（4）不同 BOP 市场内主要资源的特性也有差异，包括资源的类型、数量、分布以及利用方式等，其对包容性网络构建与演化的影响也值得深入探究。

第32章　面向金字塔底层的包容性创新系统

一、引　言

国家与区域创新系统作为孕育和促进创新的制度建设，对于经济增长具有重要贡献。但在过去的30年中，这种以知识创新所带动的经济高速增长并没有自动实现贫困的消减，甚至导致在许多发展中国家收入差距进一步扩大（艾弗兹·阿里，2008）。为促进经济的可持续发展与保持社会的和谐稳定，许多国家政府与国际机构都重塑发展目标，从纯粹追求GDP扩大的增长方式转向更有利于穷人的包容性增长（Inclusive Growth），强调经济增长在创造就业与社会财富的同时，要降低和消除由于个人背景与环境差异而导致的机会不平等（Ali & Zhuang，2007）。

要实现包容性增长，就必须为那些长期以来处于社会网络边缘的贫困人群与地区提供平等参与的机会。但现有的创新系统基本以企业、政府机构与大学研究院为核心构成，关注技术效率与经济效益，很少把低收入群体纳入考虑，这与贫困地区基础设施薄弱、教育程度低以及制度不完善等因素有关。而Prahalad提出的金字塔底层战略恰恰为构建面向低收入群体的创新系统提供了新的理论支持。Hart认为要激发那些长期处于社会网络边缘与缺乏话语权的BOP群体的消费能力、创新动力和参与积极性，依靠企业自身很难完成，还需要政府组织、发展机构与非政府组织（Non - Government Organization，NGO）等的共同参与（Hart，2005）。因此，在低收入区域通过建立一种把BOP群体纳入其中的创新系统，不仅有助于利用与动员当地的资源与能力去创造出新的创新与增长模式，更能让BOP人群从中直接获益，同时也为参与其中的其他组织与机构创造出新的价值，这种创新系统可称之为金字塔底层的包容性创新系统（Inclusive Innovation System，IIS）。

IIS作为一个新概念，是运用创新促进社会、经济与环境可持续发展理念在创新系统领域的具体体现。本章结合区域创新系统、发展经济学与BOP战略等理论对IIS的概念与内涵、结构特征与演化过程等方面进行探索与分析，为IIS研究建立初步的理论分析框架。

二、包容性创新系统的概念与内涵

（1）广大BOP人群无法获得平等参与市场的机会，往往是由于其所处地区不具备支撑一个成熟市场正常运作所需的基本条件，包括市场信息的自由传播与获取、使用创新产品的知识与技能、完善的制度环境、获取金融产品的信用体系及必要的基础设施等，导致市场失灵。而公共机构的参与有时反而以政府失灵的方式加重了市场失灵。市场失灵把 BOP 人群长期排斥在正规的市场经济体系之外，而只能依赖于非正式或地下经济（De Solo，2000；Hammond et al.，2007）。

（2）尽管资源匮乏，BOP 群体内蕴含着巨大的创新积极性与能力，能够做出有益的创新尝试。许多发展中国家的农村地区都涌现出大量的草根创新，但由于缺乏相关的制度与经济支持等因素而处于自生自灭状态（张立艳，2008）。在很多情况下，BOP 人群缺乏的不是直接的援助，而是缺乏能够充分利用其资源、能力与创造性的机会和环境。

（3）大量有关 BOP 创新的理论研究与实践表明，通过不同部门（Sector）内组织与机构跨领域的合作与创新，许多限制 BOP 市场发展的障碍能够被克服或消除（Rangan et al.，2007），构造一个允许私营部门和社会参与者以一种共生关系共同行动的生态系统，是接触并释放 BOP 地区处于被束缚状态的巨大资源的重要途径（Prahalad，2005）。Hart（2005）进一步提出，把非传统组织与边缘利益相关者纳入生态系统，并尊重其意愿与权利会促使参与各方在互动与合作中学习、积累与创造出全新的知识，不仅有益于 BOP 地区的价值创造，而且会以自下而上的方式扩散到金字塔中高层市场，产生良性循环。Karnani（2007）则补充强调了政府在政策支持与保护 BOP 群体方面的重要作用。

包容性创新系统应至少包括以下基本内涵：①是在低收入地域的空间范围内构建，且具有开放的边界；②以企业、BOP 群体或社区、政府与非政府组织（Non Govermental Organizations，NGO）作为创新的主要单元，各创新单元平等的参与各种创新活动；③创新单元基于各自的资源能力并与其他单元进行多种形式的互动与学习而实现创新功能，创造出不同于金字塔中高层的新知识；④包容性创新系统内的创新活动是包含多种创新类型的系统创新；⑤创新结果对社会、经济、生态的可持续发展具有正向影响；⑥具有内生的运作机制与发展动力。

三、包容性创新系统的构成要素

本章把包容性创新系统（Inclusive Innovation System，IIS）的构成要素分为三类：创新主体、创新活动与运行机制。其中，创新主体主要包括企业、BOP 群体或社区、地方政府与 NGO 及外围的专业机构；创新活动包括技术创新、市场创新、制度创新与市场创新等；运行机制则包括利益驱动机制、制衡约束机制、合作协调机制与交流机制。总体而言，创新主体明确了参与各方的定位与职能，创新活动体现了不同创新主体在相应领域内的互动与学习，运行机制则支撑了创新系统的运转与可持续发展。上述构成要素如图 32－1 所示，下面针对各要素分别予以分析与讨论。

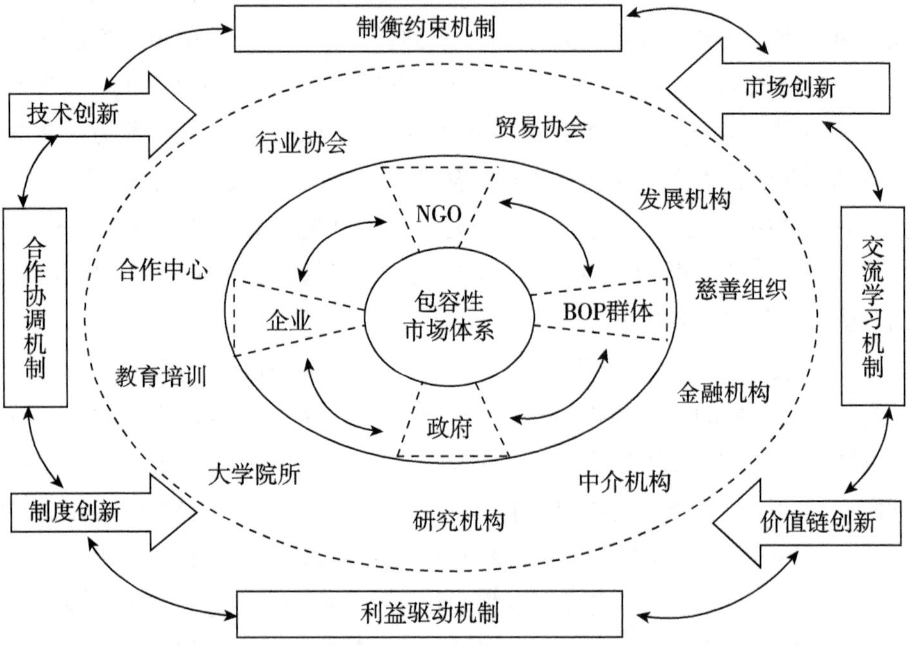

图 32－1　面向金字塔底层的包容性创新系统（IIS）结构示意图

（一）创新主体

1. 企业

企业是 BOP 区域创新活动的主要驱动者与承担者，正是企业进入 BOP 地区才使得 IIS 的构建成为可能，而企业进入 BOP 地区的动机并非是单纯的慈善和社会责任，很大程度上基于其追求商业利润的内在逻辑。但事实上，企业已有的资源与能力都没有准备好为穷人服务，它们并不真正知道穷人需要什么，也不知道如何在为穷人提供产品与服务中获取利润（Pitta et al.，2008）。因此，为撬动金字塔底层的财富，企业必须开拓出可应用于 BOP 地区与人群的全新资源与能力，这主要通过辨识 BOP 市场机会、建立联盟、动员与整合多种资源并构建新的商业模式等来实现。

2. BOP 群体

在 IIS 中，BOP 群体被视为机会缺失者而非收入缺失者。因此，穷人并不是被帮助的对象，而是有价值的消费者、有潜力的生产者与创新者，拥有创新系统运行所需要的关键资源与能力。从具体职能来看，穷人可以以用户创新的方式帮助企业开发产品原型或构造与完善新的商业模式。如 Hart 与 Sharma（2004）明确提出，从作为边缘利益相关者的 BOP 人群那里，企业可以获得有助于预见潜在创新机会及商业模式的关键知识与观点。穷人也可以在政府、NGO 与金融机构等的帮助下进行技术创业或与企业合作，把有价值的原始创新进行商业化并在其他 BOP 地区推广传播。

3. 政府

政府在 IIS 中承担多种角色。首先，作为 BOP 区域创新活动规则的制定者，政府需要设计与提供新的政策来激励各个创新主体在 BOP 地区的创新活动，如降低企业进入 BOP 市场的制度门槛、扶持与保护本地的民间创新、促进不同创新主体和相关机构之间的合作，以及积极推广成功的 BOP 创新成果与模式等。其次，政府要监督和评估各创新主体的行为对当地社会与生态环境的影响，并及时采取相应的措施以避免负面效果的发生。最后，政府自身也要参与到 BOP 创新活动中，往往会成为特定 BOP 创新模式的重要组成部分。

4. NGO

NGO 是弥补市场失灵与政府失灵的重要公益性组织形式，而两种失灵恰恰是许多 BOP 区域的主要特征，这也是 NGO 成为 IIS 创新主体的重要原因。许多 NGO 长期从事 BOP 地区的扶贫工作，积累了大量社会资本，在其他组织与 BOP 人群的交往中能够起到重要的桥梁作用，可通过提供必要的知识、设施与社会关系等方式提高其他组织的创新效率。而在此过程中，NGO 也会在跨领域的合作和互动中获得新的知识与能力，有助于提高资金运作效率、提升员工专业素质与技能和增加社会影响力。在 IIS 中，NGO 往往具备促进者（Facilitator）与监督者的双重身份。

（二）创新活动

1. 技术创新

BOP 人群的很多需求和约束需要通过技术上的创新才能满足和突破，而由于 BOP 地区苛刻的环境条件，在很多情况下直接应用成熟市场的技术和产品并保持其质量与完整性非常困难，需要开发出适用于当地环境与需求特质的全新技术（Seelos & Mair，2007）。而 Christensen（1998）的破坏性创新理论表明，真正突破性的创新只能在非传统顾客新的和低要求的应用中产生，大都有一个在被主流市场忽略或认为不相关的低端市场层面逐步演进的过程，并在不断完善和改进的过程中向高端挺进。在这个意义上，BOP 地区就成为破坏性创新天然的实验场所（Hart & Christensen，2002）。因此，在 IIS 内的技术创新活动并非都是通过减少已有技术功能或降低质量的方式来实现，更多的是运用新的理念与模式进行的探索性创新，且只有把那些熟悉本地各种隐性资源的组织与群体纳入创新过程才可能获得成功。

2. 市场创新

IIS 成功运转的客观结果是在 BOP 地区培育出一个包容性的市场体系，使得

BOP人群能够以消费者、生产者或创业者的身份参与正规的市场活动，充分利用其资源、能力与创造力。这需要企业构建新的商业模式以开发出针对BOP市场的产品与服务或者调整价值链以把BOP生产者纳入进来。例如企业可以通过生产可负担、可接受、可获得与可感知的新产品或服务而扩大BOP人群的消费范畴，也可以在原材料采购和渠道建设等环节把相关BOP人群视为微型供应商和微型渠道商或零售商，或者与BOP创新者合作以完善并商业化穷人的原始性创新，这既提高了穷人的生活质量或生产能力，也为企业创造了新的增长机会并扩展其创新的视野与格局。而在此过程中，政府、NGO及其他专业组织（如金融机构）等可通过提供信用担保与激励、利用专业知识和当地社会网络等方式来降低市场交易成本，减少市场失灵的出现。

3. 制度创新

在BOP地区，很多关键性的制度安排及相关基础设施都存在不同程度的缺失或无法发挥应有作用，如畅通的信息渠道、明晰的产权界定、完备的法律制度与有效的执行等，使得创新主体面临很大的不确定性。参与各方应通过制度创新构建有效的交易治理系统来主动填补制度空洞（Institutional Void），而不是等待BOP市场自然演化到西方式的制度环境（London & Hart，2004）。由于BOP地区存在着丰富的社会与道德规范、风俗习惯等非正式制度安排，各创新主体应充分尊重与利用这些非正式制度，把创新活动嵌入在BOP地区原有的社会规范之内，并在长期的合作交流与对差异的协商解决过程中，逐步发展出以信任与共同承诺为基础的交易治理能力，减少信息、选择、履行契约能力和社会地位等方面的不对称性。这种制度创新体现出在BOP地区社会与经济制度交织的本质特征。

4. 组织创新

在BOP地区，特定组织为实现自己的目标往往需要其他组织的资源与能力，促使双方或多方在碰撞与合作中不断解决问题和克服障碍，进而会逐渐形成以有效整合各方资源或降低不确定性等方式来创造更多价值的新的组织形式。类似于许多农村地区在产业化过程中形成的“政府+公司+农户”或“合作/中介组织+农户”等经营形式的创新，BOP区域内的组织创新也是在不同组织、机构与社区间的互动和学习中逐渐演化而成，既依赖于各自拥有的独特资源或知识，也与组织间的关系性质和结构有关。这种组织创新往往需要特定创新主体进行有意识的推动，才能把原本独立行动和缺乏交流的各方连接起来。

（三）运行机制

1. 利益驱动机制

在IIS中，各创新主体的行为均符合其组织性质与宗旨，即各主体都是为追求其自身的利益目标而非被强迫参与创新系统的构建，这保证了创新系统具有内生的发展动力。这里的利益是个广义概念，包括经济、社会与环境利益等。例如企业在 BOP 地区运营的主要动机是为了获得直接收益或新的增长机会；而很多 NGO 的使命是消除贫困；政府的重要职能是实现经济与社会发展中的效率和公平；BOP 群体则希望获得更好的生活。各创新主体为实现各自利益目标，以最大效率的方式进行合作、互动、学习与创新，推动 IIS 的演化与发展。

2. 制衡约束机制

尽管各创新主体具有各自的利益与动机，但 IIS 具有明确的价值标准与运行准则，即新知识的创造与扩散要有利于 BOP 人群生活质量或生产能力的提升，同时不能对 BOP 区域的社会与自然环境产生破坏性的影响。因此，要有适当的约束机制来保证任何创新主体，不能因过于追求自我利益而损害其他主体利益，激励与引导环境友好与社区相容性的创新。这需要设立正式制度对各主体的行为予以监督与规范，而不同主体间由于目的与动机的差异也会自然产生相互制衡。如很多 NGO 对商业的作用一直持怀疑态度（London et al.，2005），使得 BOP 区域运营的企业必须把追求经济利润与创造社会或环境价值的行为一致起来，才能得到 NGO 的配合与帮助。

3. 合作协调机制

IIS 的成功构建与运行需要不同创新主体的共同合作，但由于构成主体具有很强的异质性且专注于各自领域，长期缺乏沟通交流，很多组织间并不熟悉甚至缺乏信任。必须构建良好的合作协调机制才能促成各组织的合作与协作并解决可能的矛盾与冲突。这可以通过事先就合作各方的分工与责任及可能出现的问题与解决方式做出具体规定，并设立专门机构来负责推进与协调，也可就具体问题出现后进行非正式的协商。正式与非正式的协调机制会随着合作与交流的深入而以一种匹配与补充的关系融合在一起，以有效保证 IIS 的平稳运行。

4. 交流学习机制

知识的学习与扩散一直是创新系统的核心内容，也是创造新知识的重要机制。创新主体需要通过利用性学习（Exploitative learning），深入挖掘自己已有的知识基础来更好的适用于 BOP 区域的创新环境与条件，更要进行探索性学习（Explorative Learning）来获得现有知识体系之外的新知识。而对特定创新主体而言的新知识，在很多情况下是其他主体已经积累的知识，需要双方在合作与互动中进行交流与分享，并在吸纳与传递中创造出各自及双方共有的全新知识。这需要根据主体的创新行为特征与知识性质等因素建立有效的交流学习机制，保证各主体的知识（尤其是隐性知识）能够在 IIS 中得到充分的利用与共享，提高“干中学”“用中学”“观察中学”“互动中学”等多种方式的学习效率与效果。

四、包容性创新系统的演化过程

作为一种社会经济系统，IIS 的创新主体、创新主体之间及创新主体与外部环境的关系等各构成要素，会随着创新过程而不断变化，表现为新旧组织的加入与退出、关系的建立、深化和解散及资源的分散和重新整合等，使得 IIS 的形成与发展具有动态演化特征。本章结合区域创新系统的生命周期理论（杨剑、梁樑，2006；苏屹、李柏洲，2009）与 BOP 创新实际把 IIS 的演化过程分为如下三个阶段。

（一）发起阶段

在构建初期，IIS 主要依靠政府的发起，但企业往往会起到客观的推动作用。政府会有针对性地提供政策与制度支持以帮助企业等组织克服市场限制性障碍条件，降低进入 BOP 地区的门槛。此时，不同创新主体虽存在于同一区域，但基本上是依赖于自身已有能力进行独立活动，相互之间的联系与合作稀少具有随机性与试探性特征，系统总体资源仍然处于某种无序状态。包容性市场机制远没有形成，相关的辅助设施与机构也都非常不健全，引导新机构的进入与促进不同主体间的联结是该阶段的重点。

（二）成长阶段

该阶段开始由政府主导逐步转变为由多元主体共同推动各种 BOP 创新活动，不同创新主体之间的联系与互动日益加强，其资源与能力也得到充分利用与整合，同时会有更多的组织与辅助性机构的主动加入，各种新的产品、服务与创新模式不断涌现，对社会与环境的积极影响也在不断显现。不同创新主体之间开始熟悉彼此的能力与专长，也在碰撞与学习中发展出适宜的合作方式与信任关系并不断积累各类社会资本，初步形成一个包容性的创新生态系统。不断在各个层面把成功经验制度化是成长阶段的战略重点。

（三）成熟阶段

在该阶段，一个稳定的包容性市场体系已经形成，但主导资源组织与配置的仍然是一种市场和社会交织的混合机制，这是由 BOP 地区丰富的非正式制度文化特征所决定。此时，各种适合 BOP 地区的组织与商业模式已经建立，BOP 人群能够平等的参与各种市场活动中来并发挥重要作用，生活水平与生产效率得到不断提高。而其他创新主体的活动也趋于稳定，企业通过社会嵌入而变得更加本地化，而政府的作用会退居次要地位，部分 NGO 在目标达成后会选择退出，有的则继续在特定模式中执行固定职能。成熟的 IIS 的边界依然是开放的，但不同组织会在遵循相关制度与准则下达到动态的平衡。

五、研究结论与启示

为缓解与消除伴随经济高速增长而凸显的贫困问题与环境问题，一直支撑与促进经济发展的创新系统建设也要做出相应调整，通过把 BOP 群体纳入体系而建设一种面向金字塔底层的包容性创新系统，有助于实现经济的可持续增长与社会的和谐稳定。其中，包容性体现在创新系统要为由于个人背景或所处环境而被排斥在正规市场经济之外的 BOP 人群提供了平等参与的机会，同时也会通过整合参与各方的资源与能力而产生了创造全新知识的新途径，从而使不同组织与个体通过参与到价值创造的不同环节而获得提升和发展并分享创新成果。可以看出，IIS 的研究会涉及经济、管理与社会学等多个交叉领域，本章初步界定了 IIS 的概念与内涵，进而阐述系统的构成主体与创新活动并分析其演化过程与运行机制，后续研究可在本章分析框架基础上继续就创新动力、创新机制、学习模式、社会嵌入与绩效评价等多个方面予以深化和拓展。

第33章 面向金字塔底层的包容性创新政策体系

一、引 言

现有研究表明，经济增长速度与国家收入差距之间并不存在必然联系，真正有影响的是经济增长的方式。如中国经济一直呈高速增长态势，但取得巨大建设成就的同时也扩大了贫富差距，依然存在大量低收入群体。亚洲开发银行据此提出包容性增长（Inclusive Growth）概念，认为经济增长既要充分发挥市场机制去创造就业与社会财富，也要降低和消除由于背景和环境差异造成的机会不平等，强调为穷人提供公平参与市场、做出贡献和分享成果的机会（Ali & Zhuang，2007；林毅夫等，2008）。在包容性创新视角下，创新不仅仅要创造经济价值，还应驱动经济结构优化和社会收入分配公平，从而在宏观上推动实现包容性增长（邢小强等，2013）。

目前，有关包容性创新的研究主要集中于企业的微观视角，从营销、战略、商业模式与组织等方面探讨包容性创新的内容、边界与绩效（邢小强等，2011）。事实上，由于贫困地区的市场环境及低收入群体自身的特殊性，使得包容性创新存在诸多制约因素，需要政府政策的支持与促进。而很多发展中国家出台的部分农业、科技与财政政策尽管客观上促进了包容性创新，但政策制定的初衷并非为此，因此缺乏完善的体系，无法从整体上对包容性创新进行有效的规划和管理。鉴于此，本章将结合包容性创新的理论成果和各国政策实践，构建面向金字塔底层的包容性创新政策体系，这既有助于拓展现有理论，又能为政府决策提供参考。

二、包容性创新及其制约因素

包容性创新概念源于包容性增长，本质是用创新的思维、模式与方法来为穷人提供平等参与市场的机会，其具体内涵与穷人的市场角色息息相关，存在三种研究视角，其主要导向与内容如表33－1所示。

表33－1 包容性创新的三种视角

研究视角	关注重点	创新内容	创新主体
消费者导向	如何为穷人提供可负担的消费品	产品与服务	企业

续表

研究视角	关注重点	创新内容	创新主体
生产者导向	如何利用与整合穷人的资源能力	价值链与商业模式	企业
创新与创业者导向	如何激发穷人的创新与创业精神	市场制度与文化	穷人

从表 33－1 看出，包容性创新是个涵盖多个学科的复合概念，主要包含两类活动：一是自上而下的创新，即跨国公司与本土企业（也包括非营利组织）等外部主体针对低收入群体开展的创新，使他们能够直接享受创新成果；二是自下而上的创新，即低收入群体亲自发起、参与和实施的创新活动，在创新过程中发挥作用并获取收益（赵武，2014）。但这两类包容性创新活动都会受到 BOP 环境与低收入群体自身特质的限制与束缚。具体包括：①正式制度缺失，即支持市场体系有效运转所需的制度安排，如畅通的信息渠道和有效的法律执行等在低收入环境下都不够完善、不完全市场、不完美信息，以及公共品与外部性等问题特别突出（Mendoza & Thelen，2008）。②基础设施薄弱。由于地理条件限制和居住地比较分散，大多数低收入群体无法获得充足的基础设施和有效的社会服务。③低收入群体普遍接受教育较少，劳动技能低，对于影响其收入波动性的各种冲击非常脆弱。④低收入群体几乎无法获得信用和担保，难以参与正规市场并获得市场权力。⑤低收入群体强烈依赖于本地的社会规范与风俗习惯等进行生产、生活与交易（Mair et al.，2013）。上述特质使得包容性创新所处的环境和面临的挑战与传统创新非常不同，存在巨大的交易成本与市场失灵问题，需要公共政策的介入才能促进包容性市场体系的构建与包容性创新活动的开展（吉瑞，2013）。

三、发展中国家的包容性创新政策与措施

发展中国家容纳了世界大多数贫困人口，发布的诸多政策和规划项目都会不同程度的涉及低收入群体，因此，客观上会引发不同形式的包容性创新。下面对一些发展中国家与包容性创新相关的政策进行归纳，以为后面的政策体系构建提供参照。

（一）中国

得益于持续的经济增长，中国于 1978—2010 年累计减少 2.5 亿贫困人口，在消除贫困方面取得巨大成就。综观中国改革开放以来的发展历程，很多政策、项目与计划都不同程度的促进了包容性创新的开展。首先，中国农村和农业容纳了最多数量的低收入群体，中国政府一直致力于提高该群体的生产能力与生活水

平。早在1986年就启动的“星火计划”旨在引导亿万农民依靠科技发展农村经济和推动乡镇企业科技进步，后续建立的农村科技特派员制度和农业科技园建设都有力推动了科学技术在农业部门的推广与应用。随着农民技能的提升，政府又通过加大财政支持力度和拓宽融资渠道等各类举措扶持农民创业，鼓励创新，进一步扩大了价值创造的空间。在需求端，一方面政府通过财政补贴直接吸引企业为农村消费者提供产品与服务。如2007年实施的“家电下乡”政策，对向农村地区销售的电视和冰箱等家电给予13%的补贴，促使企业专门针对农村消费环境进行产品创新，更加契合农村使用环境。另一方面则鼓励公私跨部门合作来应对农村地区各类基础服务不足的问题。如工信部、农业部联合中国移动推出的“农信通”业务，满足了农民对农业技术经济信息的需求。其次，引导公共研发机构面向广大低收入群体进行理论研究与应用创新。国家自然科学基金与国家社会科学基金近年来连续资助多项包容性创新课题，国家重点基础研究发展计划也开始资助面向广大基层民众的科研项目。最后，在更大范围内加快发展民生领域的科技创新。科技部提出专门意见，要求围绕人民群众最关心、最直接、最现实的最大需求，开展科学研究、产品开发、成果转化和科技服务，其中涉及的重点领域，如医疗健康与生态环境等都和低收入群体息息相关。笔者对中国典型的包容性创新政策与项目分行业进行了汇总，如表33－2所示。

表33－2　中国典型包容性创新政策与项目

领域	政策举措	时间	政策目的	启动部门
三农	电子商务进农村综合示范工作	2015年	健全农村电子商务支撑体系；扩大农村电子商务应用领域；提高农村电子商务应用能力；改善农村电子商务发展环境	财政部与商务部
	农业科技创新能力条件建设规划	2012年	提升农业科技创新能力，加快推进现代农业建设	农业部
	科技特派员制度	2009年	科技特派员与农民合作建立中小企业，推进农村科技创业	科技部、农业部、人力部、教育部
	国家粮食丰产科技工程	2004年	突出科技创新，促进粮食丰产技术集成和大面积均衡增产	科技部、农业部、财政部、粮食局
	星火计划	1986年	推动科学技术创新在农业部门的推广与应用，促进农村经济发展	国家科学技术委员会、国务院

续表

领域	政策举措	时间	政策目的	启动部门
医疗	新型农村合作医疗	2014年	创新农村合作医疗的新模式，解决农村人口看病难的问题	国务院办公厅、卫生部
医疗	医疗器械科技产业专项规划	2011年	建立研发创新链，提升医疗器械技术创新能力，开发低成本医疗器械	科技部
日常消费	家电下乡	2007年	激活农民购买能力，扩大农村消费，提高农村人口的生活质量	国务院、商务部、财政部
一般民生	关于加快发展民生科技的意见	2011年	加快民生相关科技成果转化应用，使科技真正惠及广大百姓	科技部
能源	金太阳示范工程	2009年	在供电不足的偏远地区建立光伏发电厂，提高电力覆盖面	农业部、科技部、国家能源局
信息通信	农信通工程	2010年	推进农村信息化建设，满足农民的信息需求	工信部、农业部

（二）印度

印度的贫困人群居世界第一，超过80%的人口每天生活费低于2美元。因此，印度政府较早就意识到包容性创新的重要性，指出创新政策要与价值创造相融合，低收入群体不仅应是科技创新的受益者，也应是创新的重要参与者（封颖等，2014）。围绕该理念，印度政府出台了一系列政策与举措：①印度于2010年成立国家创新委员会负责创新管理的统筹工作，进而在每个邦和行业部门都建立了地方创新委员会，这种自上而下专门推进创新的组织体系既便于征集本地创意，也有助于创新政策的执行。②设立包容性创新基金会，支持面向民生领域的早期创新，这些创新创造的社会价值往往比经济价值更显著。③增强对农业领域的研发投资、技术推广和基础设施建设，在增强粮食安全的同时减少农场的贫困人口。④通过配套补贴和税收激励等方式促进公共研究部门、私营公司、非政府机构和企业协会等组织之间的跨部门合作，为低收入群体面临的各种挑战提供解决方案。⑤加强对小微企业和贫困创业者的各类支持，包括提供培训、技术援助和发展供应链等服务，提高其劳动生产率和收入。⑥支持与奖励来自基层的创新和创意，鼓励传统知识与现代技术的结合，以促进可持续发展。⑦积极参与全球性的包容性创新活动。由于印度政府对于包容性创新的重视与长期实践，2012 年，印度国家创新委员会制定的《创新十年》计划获得欧洲创意战略和创新研究院颁发的赫尔墨斯革新大奖之“最具人性化创新政策”奖。

（三）巴西

作为拉美地区综合实力最强的国家，巴西同时也是世界范围贫富差距最大的国家之一，在收入分配方面存在巨大的不平等。近年来，巴西政府连续出台多项政策以促进经济快速增长并缓解两极分化状况。首先，把“科学技术部”改为“科学技术与创新部”以凸显创新的重要地位并制定连续的科技创新发展规划。其中《2007—2010 年科学、技术与创新国家发展规划》把推动社会发展的科技创新作为四个战略发展领域之一，包括包容性创新、科技教育和创新扩散等内容。而在《2012—2015 创新国家发展规划》中，扩大环境与低碳经济和缓解贫困与清除区域社会不平衡成为核心目标。其次，在农业领域，重视对中小农户生产效率和收入的提升，强化转变农业生产方式和推广农业新技术。不仅设立专门的农业科研机构以开发新的农业科技，还对使用可再生能源和环境保护技术的农户提供补贴以鼓励可持续发展。再次，巴西央行与巴西财政部、社会发展部等部门在包容性金融制度框架建设和发展微型金融等方面开展广泛合作，通过多种形式的金融创新向低收入家庭提供金融服务。例如正在推广的代理银行业务模式就使得巴西各大城市的零售商店、邮局、彩票销售点成为银行分支机构的补充，扩大了穷人获取基本金融服务的渠道。最后，启动“创业巴西计划”，不仅要资助初创企业，更要推动巴西成为一个创业经济体。除了为中小企业提供基础设施外，还引入导师制和大小企业合作网络制度，以及帮助初创企业产品出口等。

（四）泰国

泰国的包容性创新政策旨在利用科技和工程知识完成扶贫计划，提高国民福祉，致力于底层人群或社区的能力建设，实现国家创新政策在竞争性目标与社会性目标间的平衡。泰国设有国家科技与创新政策委员会负责本国的科技创新政策的制定，推出的《十一五经济社会发展计划（2012—2016）》贯彻“适度经济”的原则，其中，一个重要战略目标就是使科技、研究和创新成为可持续发展和包容性增长的驱动力。而在《国家科技创新政策与计划（2012—2021）》中，包容性创新是其重要组成部分，强调通过创新给民众与社区赋权，实现可持续经济增长和品质社会。由于旅游资源丰富，泰国政府努力推动旅游业与国内社会的协同发展，对那些可以通过平等参与本国旅游业发展机会而改变自身贫困状况的弱势群体给予帮助，如提供劳动技能培训、小额贷款支持、税收减免等。此外，泰国还提出“一个村庄，一种产品”的政策概念，为村庄提供科技、管理和金融帮助，村庄基于自身条件和知识生产各自的产品，再把他们的产品集结起来供应国内外市场，以达到创富致富的目的。

（五）越南

根据联合国开发计划署 2013 年的人类发展报告，越南是在人类发展计划中取得最显著进步的 40 多个发展中国家之一，贫困率从 20 世纪 90 年代初的 58% 降至 2013 年的 7.8%。但尽管贫困率在下降，越南贫困减少的速度却在放缓，同时少数民族脱贫所面临的挑战也非常大。同时越南教育的质量还不够高，不能满足发展的需求。因此在考虑新的改革方式时，越南积极选择包容性和可持续发展路线，将巩固加强包容性创新作为国家科技与创新改革议程的部分，旨在将包容性创新作为缩小城乡差距、增强企业竞争力和私人部门发展的工具，力求未来达到中等国家收入水平。

可以看出，由于各个国家的国情、目标、资源禀赋、存在的问题，以及问题的严重性等大相径庭，各国的政策也都各有特色和偏重。而且包容性创新无论在理念还是政策角度都是一个全新的概念，因此以上列出的很多政策并非是从促进包容性创新角度进行的专门设计，只是客观上实现了支持包容性创新的效果。大多数国家缺乏在国家和政府层面上对包容性创新的完整规划与设计，没有建立起一个系统的政策框架以支持包容性创新的全过程。

四、包容性创新政策体系构建

基于上述对各国包容性创新政策的梳理和包容性创新的最新研究成果，本章试图构建支撑与促进包容性创新的政策体系。与单项政策不同，政策体系是由不同层次、不同内容和不同时间的多项政策相互配合而形成的结构化的政策组合，应具有完备性、关联性与长短期效应的配合性等特征。好的政策体系构建既可以避免由不同部门制定单项政策之间的矛盾与冲突，也能发挥政策之间的协同效应，还有利于建立长效机制，保持政策的稳定性。根据这些原则，本章的包容性创新政策体系主要从创新的过程视角进行设计，即首先激励多元化的主体来从事包容性创新，进而为其包容性创新的实施提供资源，最后帮助进行商业推广和促进价值实现。在此过程中，需要在组织层面给予总体的协调与把控，同时在外部环境的软硬件方面给予支持。该政策体系包括组织协调、主体激励、资源支持政策、商业推广和环境设施政策等 5 个模块，如图 33 - 1 所示。

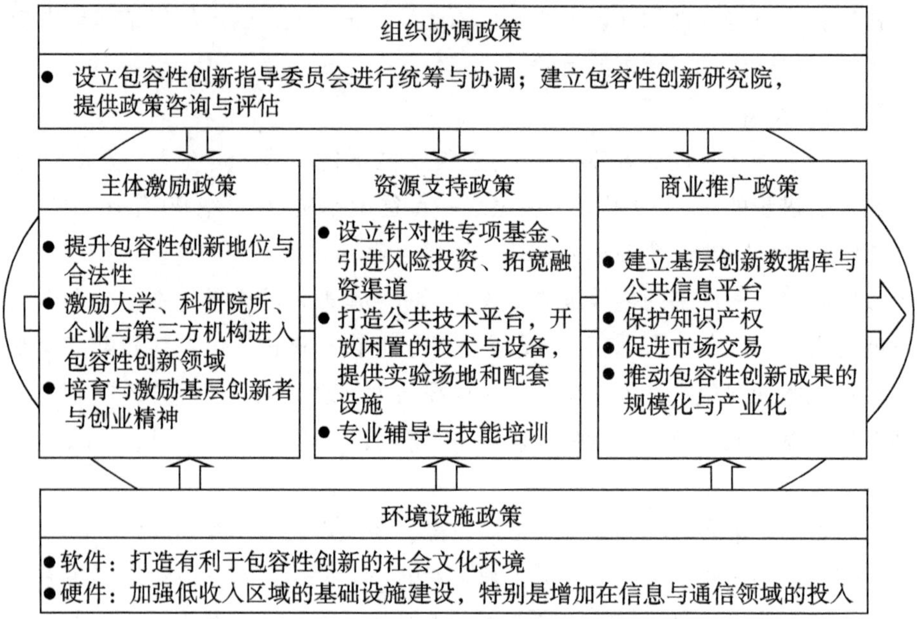

图 33－1　面向金字塔底层的包容性创新政策体系

下面分别阐述各个模块的具体政策内容，以为相关政策制定提供参考与借鉴。

（一）组织协调政策

现有各国有助于包容性创新的政策是不同部门根据各自需要推出，因此，在推出时序、层次与领域等方面缺乏总体的规划与结构布局。如中国的农村信息化工程、国家粮食丰产科技工程、金太阳工程与家电下乡等政策计划分别由农业部、科技部、卫生部、教育部、财政部、工信部和商务部等作为牵头单位，相互之间较少协调沟通。这主要是因为包容性创新的理念还没有在国家层面达成共识，原有的行政系统中也没有专门的组织机构加以支撑。因此，为有效地推动包容性创新政策制定与实施：一是需要在国家层面建立高级别的组织协调机构，结合本国实际和整体发展战略来设计适宜的包容性创新政策框架，进而对各相关部门进行统筹与协调，在宏观上提升创新管理的效率与效果。例如，印度就成立了专门的国家创新委员会，负责科技创新的总体规划。二是在地方政府层面成立对应机构以负责政策的落实与实施。三是建立智库性质的包容性创新研究院，为政策制定提供咨询、分析与评估，编撰并定期发布包容性创新报告，对各类包容性创新政策与项目进行独立评估。四是促进建立全球范围内的包容性创新网络，与其他国家的包容性创新研究机构展开合作。五是促使政府部门、科研院所、跨国公司、中小企业、民间机构与个体创新者之间建立多种形式的联结关系，创造出多种合作机会。

（二）主体激励政策

在传统的国家创新系统中，创新资源主要集中于大学、科研院所与企业等私营部门，主要关注高端创新，致力于在前沿领域取得突破，需要通过激励政策进行引导，使这些主体为广大低收入群体进行创新研发工作。与此同时，也要充分发挥基层创新者的力量，实现自下而上的创新。具体包括：①建立新的评价体系与激励机制，调整研发结构与资源配置方式，鼓励大学与研究院所的研究人员为金字塔底层开发创新产品与服务。事实上，包容性创新并不意味着低技术，由于穷人没有使用先进技术的经验，也没有形成路径依赖或转换成本，往往可以直接开发和应用最新技术，从中产生创新程度很高的解决方案。在这个意义上，包容性思维和低收入群体也是产生突破性和破坏性创新的重要源泉。因此，可把包容性创新研究课题列入学术基金优先资助范畴和设立专门的研究发展计划。如中国科学院在知识创新工程中设立“健康百千万亿元——低成本健康工程”专项，相继开发出一批包容性创新成果，有效解决了农村基层医疗卫生中存在的突出问题。②金字塔底层战略认为以企业为代表的私营部门是服务低收入群体的主导力量，但由于潜在风险和低回报预期以及严格的监管，很多企业并不愿意从事包容性创新活动，政府可以通过放松监管、税收减免、价格补贴和政府采购等多种政策措施予以激励。③引导更多相关的非政府、非营利和慈善组织等第三方机构进入包容性创新领域，这类组织有明确的宗旨且长期在金字塔底层区域开展活动，能够提供创新所需隐性知识与资源。④鼓励更多基层人员参与到创新与创业活动中来，使得广大基层民众能够通过发挥自身的创新性与创造力而从市场中获取更多价值。例如，中国陕西省启动的“万村万人”青年电子商务人才培养计划，以大学生村官、返乡创业大学生与农民工、经济困难家庭未就业青年等为重点，通过互联网技术培训提升其创新意识与创业技能。

（三）资源支持政策

包容性创新面向的是广大低收入群体，存在很大不确定性，需要引导和投入更多资源予以支持。

（1）在资金投入方面，包容性创新具有典型的外部性特质，很难通过创新的高溢价来快速获得足够的经济回报，只能积累到较大规模的用户基础后才能获益，使得该领域现阶段无法吸引到足够的投资。因此，为克服市场失灵问题，政府需要引导更多的耐心资本（Patient Capital）投入到包容性创新的研发、生产与渠道等各个环节，保证获得长远的综合效益。一方面，政府可以设立包容性创新专项基金，专门资助那些可显著改善低收入群体生活水平与提升生产能力的创新，这不仅能够直接满足包容性创新的资金需求，对于激励社会资金流入也会起到示范作用。另一方面，在风险资本市场建设过程中，政府可通过税收减免与政府补贴政策乃至直接参股或提供种子资金等方式引导更多风险投资进入包容性创新领域，重点集中于项目早期与商业化阶段，进而逐步构建起分领域与全周期的综合投资体系，发展出专业的投资团队、独立的中介结构和完善的进入、退出机制等。这不仅可以缓解包容性创新的资金短缺问题，而且更加市场化的融资机制也可以有效提升包容性创新的绩效。

（2）在技术支持方面，推动各领域与多层次的包容性创新中心的建立，打造公共技术平台，促进包容性创新知识的应用与传播。同时鼓励专业技术人员按照不同条件（付费或义务）为基层创新者提供针对性的技术咨询和专业建议，有条件开放闲置的技术与设备，提供实验场地与配套设施等。

（3）在人力资源方面，由于多数低收入人群都未接受过高等教育，劳动技能与知识水平不高。因此，需要制定针对基层民众进行教育和培训的系统框架，积极发展基层职业教育市场，增加多元化的培训主体，推动对应的教师与培训师队伍建设。培训内容的设置要从市场需求出发并根据新的形势不断调整，真正注重实际技能水平的提升。

（四）商业推广政策

包容性创新是由民生需求驱动的创新，对于社会发展的可持续性具有积极影响，但很多基层包容性创新长期被主流的创新体系排斥在外，没有发挥其真实潜力。因此，可采取针对性的商业推广政策，促进包容性创新的发展并帮助其转化为生产力。一是应把基层包容性创新纳入国家正式的创新管理体系，建立专门的网站与多媒体数据库，系统搜集与整理各类草根创意与创新，通过文字、图片与视频等形式予以保存。数据库的建设可通过多种渠道展开，如建立申报制度让创新者自己登记，也可以推动基层行政机构或民间组织协助进行。如印度已经搜集了超过 10 万个国际与本土的草根创新，建立了世界上最大的草根创新数据库。二是建立适宜于包容性创新的技术评价体系，特别纳入对传统知识的保护与创造社会效益方面的考虑，拓展相应的知识产权保护范畴。三是在技术交易市场中开辟出专区建设有关包容性创新的公共信息平台，联结需求与供给两端，鼓励企业获取基层创新者的技术授权进行生产，对该类交易及后续销售给予优惠政策。四是在基层财政规划中建立专项基金和发展针对性的小额风险资本，专门用于支持草根创新的商业化。五是对于那些有效解决穷人公共生活需求和生产需要的创新技术与产品，政府可通过公私合作方式在更大范围内推广。

（五）环境设施政策

创新文化与环境设施是支持包容性创新的软硬件要素，对激发包容性创新意识和提升包容性创新绩效具有积极作用。一方面，政府在创新环境与氛围的营造过程中，要把包容性作为创新的重要理念与指导原则，定期举办官方与民间的包容性创新大赛，公开奖励获奖团队与个人，通过媒体进行广泛宣传和示范成果，培养包容性创新的社会文化。另一方面，要加强在低收入环境下的基础设施建设，提升硬件水平，这会有效扩大包容性创新的范围。特别是对信息和通信基础设施的改善是创造和吸收新知识的重要推动力量，能够融合各类资源并降低信息不对称性，从中产生多种创新机会。近年来，互联网技术的蓬勃发展不断给低收入群体与社区赋权，既直接提升了穷人的消费水平，也极大激发了他们的创新意识与创造能力，从而更好更快地融入市场体系并发挥作用。

五、研究结论与启示

对于拥有世界大多数贫困人口的发展中国家来说，包容性创新强调为处于金字塔底层的低收入群体提供公平参与市场、做出贡献和分享成果的机会，代表着处理未来复杂经济社会问题的新的思维、模式与方法，也是对全球化进程中技术、经济、社会与环境问题等不断深入融合趋势的应对。因此，包容性创新并非仅仅是扶贫的新思路，更是在创新驱动发展框架下的重要战略选择，影响着未来国家整体竞争优势的构筑。对于经历过高速经济增长正处于战略转型期的中国来说，创新与包容性的结合提供了继续创造社会财富，并是化解社会矛盾的良好解决方案，值得深入探究。相对于很多文献从微观层面关注企业包容性创新的具体实践，本章则从更宏观的层面探讨了促进包容性创新的政策问题，既是对现有研究领域的拓展，也为中国政府部门提供参考与借鉴。但总体而言，包容性创新的政策分析尚处于研究初期，本章只是探索性地提出了整体框架，后续研究应揭示不同包容性创新政策发挥作用的机制，分析不同政策之间的联系和交互影响，并开发出包容性创新政策的评估工具。

第六篇　企业创新的双向国际化研究

第34章　全球领先市场视角下的企业创新战略选择

一、引　言

随着全球市场竞争态势的日益复杂动态化，只有通过持续的产品与服务创新来积极参与国际竞争，才能获得稳固与长远的竞争优势。这要求企业不仅要有能力满足本地需求，同时还需主动介入全球创新网络，通过在恰当时机参与创新主导设计或创新标准的竞争、塑造与扩散过程以获得最佳收益。但从现实来看，很多企业难以在复杂的国际竞争环境中把握创新趋势，缺乏全球化视野与适宜的创新战略指导，从而导致创新资源配置效率低下或发展路径混乱。有的企业因认识到与发达国家的技术差距而采取技术供给导向的创新战略，强调通过加大研发投入来提高技术能力而忽略了对市场需求的深刻理解与把握，往往会造成资源得不到有效利用，如很多企业研发的技术专利因无法有效商业化而闲置浪费。而采取市场导向的企业却往往只关注本地的异质性市场需求与短期效益，长期发展中因缺乏系统思维与全局观念而在国际市场竞争中遭到失败。企业如何在全球化环境中选择适宜的创新战略并遵循有效的发展来获得可持续的竞争优势成为理论与实践关注的重点。

一些学者（Beise，2001；Liikanen，2003）在研究创新的市场扩散中发现，最终实现全球扩散的技术创新往往首先在某个国家或区域市场率先获得成功，这个市场会为企业在获得全球需求信息与知识产权方面提供先发优势，从而为企业创新战略选择提供了新的视角。本章首先引入全球领先市场的基本概念并概述其内涵特征，进而根据技术能力与领先市场两个维度区分企业创新战略选择的四种情景，分别阐述在不同情境下，企业选择适宜创新战略的内在逻辑与发展路径，最后根据领先市场的辨识要素并结合中国市场环境特质提出中国低收入市场成为全球领先市场的可能性，为中国企业获取未来全球竞争优势提供借鉴与参考。

二、全球领先市场的概念与特征

许多在全球范围内广泛传播的产品或服务并非在创新伊始就获得成功，而是在与其他创新设计或标准的不断竞争中逐渐确立自身的主导地位。在此过程中，市场环境对创新的采纳与扩散具有重要影响。由于不同国家或区域的市场内购买力水平、顾客偏好与补充性设施水平具有很大差异，同一类创新在不同市场内会有不同的接受程度与速度。这也说明了为何很多原创技术的发明国并没有最先商业化该技术并获得市场成功，而有些国家或地区并不是技术的原创地却在新兴产业上取得领先优势。基于以上认知，Beise 等学者（2004，2005）提出，一项全球性应用的技术创新在被国际市场广泛接受之前，通常首先被某一个国家或地区采用，继而才被其他国家或地区采用，首先采用某项技术并使其成功扩散的国家或地区就是全球领先市场（简称领先市场）。领先市场是创新扩散的源头，代表着未来全球市场的主要特征，满足领先市场所需的资源、能力与策略是企业在全球范围内获得先发优势的基础。

领先市场通常具有以下特征：①领先市场并不一定是主导技术的原创地。技术上的突破与发明不仅取决于市场要素，技术本身的特质与演化路径及不同国家或区域在不同技术领域内的积累都有影响。领先市场尽管可能不是技术的发明地，但却为主导技术的商业化提供了最适宜的市场环境，使得主导创新不断发展完善并最终扩散到其他市场。②在领先市场获得成功的创新最终要实现全球扩散。如果一项创新仅仅在特定国家或区域市场内获得成功，但始终无法进一步拓展到其他市场，则说明该市场并非领先市场，而是反映特定区域特性的异质市场。异质市场采用了与领先市场不同的创新设计，尽管在短期内能够暂时满足该市场的异质性需求，但随着领先市场主导创新的扩散会被挤出本地市场。事实上，被一个国家最先采用并在本国获得成功但在全球市场失败的创新设计比获得全球性成功的创新设计要多得多。如在因特网商业化之前，称为 Minitel 的在线系统于 20 世纪 80 年代早期在法国迅速扩散，但并没有被其他的国家广泛接受，而因特网在 90 年代却成为全球标准。而与异质性市场不同，很多国家和区域市场由于经济或文化原因在初始阶段并没有产生对主导创新的需求，但随着社会经济发展，市场的演化会逐渐跟随领先市场而采用主导创新设计，这类市场可称为后进市场。后进市场按照创新采纳时序的先后构成了主导创新设计的全球化扩散路径。③领先市场会对其他市场的需求产生影响。随着全球化程度的深化，以国家和区域为地理区隔的分散市场日益融合为一个整体的全球市场，不同市场间存在着广泛的物质与文化交流。由于领先市场适应于主导创新的发展与完善，从而降低了采纳该创新的风险与成本，为其他市场产生示范效应，促进其他市场对主导创新的接受。

三、基于全球领先市场的企业创新战略选择

领先市场概念的提出对于指导企业参与全球竞争，提升国家产业竞争优势具有重要意义。传统观点认为企业竞争优势源于技术领先，但技术领先并不必然产生持续竞争优势，企业在选择创新战略时必须把自身技术能力与引导全球需求趋势的市场特征联系在一起进行决策，在主导创新的全球扩散过程中确立自身的竞争地位。根据企业自身技术能力强弱与所处国内市场是否领先市场可分为四种情境，如图 34 －1 所示。

图 34 －1 基于领先市场的创新战略选择框架

下面就每种情境下企业的创新战略选择与发展路径进行分析。

（1）当企业技术能力较强且所处本地市场为领先市场时，应选择先发战略。由于本土市场即是全球的领先市场，当主导设计或技术标准尚未确立时，具备技术优势与能力的企业应积极进行原创性的开发与创新，提高其产品或服务在本土市场的占有率，扩大声誉与影响以在与相近功能创新设计的竞争中胜出。由于领先市场代表着未来全球市场的主要特征，企业的创新成为主导设计就意味着其最优满足了该市场的需求特性，从而可凭借其先期积累的各类资源与能力在全球市场中获得巨大的先发优势，杠杆利用在本土领先市场中获得的人员、技术、品牌与知识产权等优势来更快更好地服务于全球其他市场，从而随着创新的不断扩散而在学习曲线、规模经济、质量改进、供应途径、品牌忠诚度、国际声誉、生产线差异，以及长期市场份额等方面建立长期优势。领先市场内技术实力较强的企业不仅需要通过研发的持续投入来保持技术领先，更要在主导设计或创新标准确立后积极推动和引导新技术的全球扩散，以避免在后续的创新周期中居于劣势或被挤出。

（2）当企业技术能力较弱但所处本地市场为领先市场时，应选择跟本土学

习型的创新战略。由于资源有限且不具备强大的技术优势，这类企业并不需要也没有能力参与主导创新设计的竞争。但由于直接处于领先市场之中，企业在主导设计或标准未显现时应专注于对市场环境与顾客需求的调研、理解与开发，而等技术不确定性消除后，再集中资源对主导设计进行模仿与学习，并凭借对市场的深入把握来发掘新的机会。由于本国的领先市场环境往往会吸引跨国公司进行投资和设立研发中心等，技术后进企业应利用自己积累的本土市场知识或渠道与国外企业建立合作或联盟关系，通过各种形式的学习来增强技术能力。与此同时，技术实力较弱的企业也需要积极促进创新的全球扩散，通过审慎选择国外市场来嵌入创新的全球扩散网络。在很多情况下，技术领先企业无法短期内涵盖全球市场，甚至会过于关注本土市场的开拓而忽略国外市场，也会因为缺乏相关国际贸易与营销方面的知识、能力而无力开拓国外市场，这就给技术后进企业留下拓展空间，也为与领先企业在创新全球扩散中的合作打下基础。总之，领先市场中的技术薄弱企业要积极创造条件进行技术学习与提高，同时在全球范围内寻找细分市场机会，拓展企业网络，赢得后发优势。

（3）当企业技术能力较强但所处本地市场并非领先市场时，应选择异地跟随战略。由于本地市场并非领先市场，企业越是通过技术创新集中服务于本地市场的异质性需求，则越会锁定于一条与主导创新不同的技术轨道。很多企业在国内市场短期内会获得巨大成功，但当本地市场的需求特性与市场环境逐渐向领先市场演化后，企业积累的技术刚性会造成较大的转换成本，很多时候陷于失败境地。大量研究指出：企业需要动态跟踪市场演变以不断调整创新策略，但这种动态策略实际是一种被动调整，且大都滞后于市场变化。而领先市场则代表主导创新的源头与实验场，只有掌握领先市场的特征与演化规律，才能真正掌握市场的主动。处于非领先市场但技术能力强的企业应积极介入其他国家或地区的领先市场，通过直接投资、设立研发中心，甚至与当地企业合作来直接面对顾客、熟悉市场环境、辨识关键影响因素、学习与积累核心知识与能力。在此基础上，企业应促进领先市场内的创新技术在本国市场的扩散，确立企业在国内市场的先发优势与主导地位。总之，领先市场可为企业提供市场信息以指导其生产可在全球范围内实现商业化的产品或服务，企业越早介入越能充分利用先发优势来提高竞争能力。

（4）当企业本身技术能力较弱且所处市场非领先市场时，应选择引进吸收的创新战略。尽管引进、消化吸收再创新作为一种后进国家的技术追赶战略已得到广泛的研究与认同，但关注重点基本集中于对引进技术的学习与积累，引进决策很多是基于技术本身的先进程度和对本土市场的适应性考虑。最终在全球市场占据主导地位的创新设计可能并非最先进或最适合本地异质市场需求的技术，这同样容易使企业陷入技术或市场锁定。而技术薄弱企业尽管无法直接参与到领先市场内的主导设计竞争或标准塑造，但却可通过尽早对本行业全球领先市场的辨识与评估而率先引入领先市场内的主导技术，经过消化吸收后再根据本地市场进行渐进式创新，从而在本地市场演化与未来主导创新在本土的扩散中占据有利位置，并在新的市场环境中确立竞争优势。特别是当本地技术领先企业集中于满足当前市场内的异质性需求时，引进领先市场的主导技术提供给技术薄弱企业显著的后发优势，在这个意义上，基于领先市场的引进、消化吸收再创新是种跨越式发展战略。

四、全球领先市场辨识与中国低收入领先市场潜力

企业在选择创新战略与路径时，应首先辨识自身所处行业的全球领先市场或者国内市场最适宜成为哪类创新的领先市场。而以上对创新战略选择的讨论隐含假定特定技术已存在确定的领先市场，但事实上对领先市场的评估与辨识还没有公认有效的方法，从而增加了企业创新战略选择的不确定性与复杂性。现有研究对部分国家成为领先市场的潜力进行分析，结果表明：新加坡在港口和航空服务业市场、泰国在医疗服务业、马来西亚与印尼等国在护发护肤品方面具备成为全球领先市场的潜力（Beise，2001）；德国在汽车、机械设备制造和纺织等方面具有领先市场的潜力等。Reiss 与 Hinze（2004）则认为德国消费者的高收入水平与低价格弹性，以及医药的主要需求来自于公共医疗系统等因素使得德国很难成为生物医药产业的领先市场。

由领先市场的概念内涵可知，领先市场不仅适宜于新技术的商业化与发展完善，而且必须有助于创新的全球扩散，影响领先市场形成的关键要素包括顾客需求、价格优势、市场规模与结构，以及不同市场间的距离与交互作用等。一是顾客需求特征决定了特定创新能否被先期采纳。Hipple（1986）的领先用户研究指出，领先用户面临市场上将普及的新产品或服务需求，但他们在市场上大部分人遇到这种需求几个月或几年之前就已遇到。从广义上讲，领先市场内的顾客要在全球范围内比其他国家或地区更早对某类创新有更迫切的需求，并在满足需求的创新方案中显著受益。二是如果某类创新产品或服务的价格或成本在特定市场内能够比其他市场显著降低，则会促进创新首先在该市场内被采纳。造成这种相对价格优势的因素包括足够的市场规模、适当的补偿性资产与良好的基础设施等，但当其他市场随着社会经济发展也具备相关条件后就会相继采纳这类创新。三是 Porter（1990）认为，处于竞争性市场结构的顾客比垄断市场结构条件下的顾客更为挑剔，从而企业可以更深刻理解顾客的真实需求。如果不同市场内的顾客对特定创新的偏好差异不大，则企业在竞争越激烈的市场中越容易发掘潜在的全球

性需求并率先提出解决方案。四是对特定创新产品与服务而言，市场距离衡量了不同国家或地区市场之间的差异程度，主要由地理环境与制度文化等因素造成。市场距离越接近，采纳相同创新的可能性越大。在由区域市场构成的全球市场网络中，那些与其他市场相对差异较小的国家或地区具有促进创新全球扩散的潜力。五是由于不同国家和地区在社会、经济与文化领域存在广泛的交流及互动，一个国家市场环境的变动通过全球市场机制的传导而对其他国家市场产生或大或小的影响已变得非常普遍。能够通过诸如国际贸易或者文化传播等方式对其他市场所处的经济社会环境产生影响的国家或区域更具有领先市场潜力（吴家喜等，2009）。

中国企业由于普遍技术能力较弱，寻找本国成为潜在领先市场的创新技术与模式变得更为关键。作为一个低收入的发展中国家，中国具备成为全球低收入领先市场的条件或潜力，从而为中国企业的创新战略与路径选择提供了新的方向。Prahalad（2005）认为世界范围内近40亿低收入人口构成的被称为金字塔底层的市场内蕴含着巨大财富，但这部分人群的各类需求却远没有被满足，企业如果能够通过技术与商业模式创新来服务于低收入市场，则会获得经济与社会的双重效益。目前，由于世界范围内的贫困人口分布广泛而形成不同区域的分散市场，很多跨国公司首先对亚洲、非洲与东欧等部分区域市场进行了探索性的开发。在这个时期，低收入领先市场的辨识具有战略意义。对中国而言，首先，由于地理分布辽阔、文化多元，中国的低收入市场呈现多样化特征，很多贫困人口的基本需求在中国市场内都有所反映。加之市场容量大，一旦创新成功就很容易形成规模优势，可进一步降低成本与价格。其次，购买力与教育程度低下，以及市场制度不完善是所有低收入市场的共性，如果在中国的低收入市场中能够通过创新克服这些困难，则很容易扩散到其他国家与区域。最后，中国长期实行对外开放政策，与世界各国市场都有着广泛的贸易往来和交流互动，特别是与广大发展中国家联系紧密，而这些国家容纳了世界大部分的贫困人口。中国企业对于开拓这些国家的市场也已经积累了丰富的经验与社会资本，对于这些国家的市场有着不同程度的影响。因此，中国的低收入群体市场具备在很多领域（食品、医疗、交通等）内成为全球低收入领先市场的潜力。对于很多在日趋饱和的高端市场进行激烈竞争的企业，中国的低收入市场提供了获得未来新的竞争优势的机会，企业可根据相应情境选择适宜的创新战略与发展路径来进行创新并促进其国际扩散。

五、研究结论与启示

领先市场概念通过创新的全球动态扩散及不同区域市场的交互影响，为研究国际市场结构演化与企业国际竞争力的提高提供了新的理论视角。在传统观点强调通过研发投入和技术创新满足市场需求基础上，领先市场理论认为，参与全球竞争的企业还须通过积极介入创新全球扩散的周期与路径来获得先发或后发优势。单纯强调创新的技术层面或过于关注眼前市场的企业很难获得可持续的竞争优势。企业在选择创新战略与发展路径时，要具有高远的视野和格局，把决策置于全球化环境中进行考虑，结合自身的技术能力和所处本土市场是否为创新设计的领先市场来制定与实行适宜的创新战略。由于中国低收入市场的结构、规模与多元化等因素，在很多领域具备成为全球低收入领先市场的潜力，需要企业通过全新的技术与商业模式创新来满足其需求。政府也应制定相应的创新政策来优化竞争环境，促进产品出口，以鼓励本土领先市场的培育与发展。

第 35 章　面向新兴市场的节俭式创新研究

一、引　言

近年来，以中国与印度为代表的新兴市场国家保持了经济的快速增长，以购买力平价计算，其国内生产总值最早在 2014 年就会超过发达经济体（Ernst & Young，2011）。对很多企业而言，如何通过有效的创新策略与手段来满足新兴市场的需求已成为构筑全球竞争优势的关键（Immelt et al.，2009）。但从顾客基础看，使新兴市场成为竞争焦点的并非是其富裕阶层，而是占人口绝大多数的中低收入群体，随着消费结构与消费水平的不断升级，他们会成为众多商品的初次购买者（First - Buyer），这是新兴市场与发达市场的核心差异所在（Sheth，2011）。但为满足这部分消费者巨大和多样化的需求，通过高投入来提供高质量产品与服务以获得高回报的发达国家创新模式并不适用。一方面，尽管中低收入群体具有强劲的总体购买力，但个体能够承受的价格范围有限，高成本的创新往往超出其支付能力；另一方面，由于新兴市场的顾客规模庞大，依照传统创新模式所需要消耗的资源会对环境与生态形成巨大压力，限制经济与社会的可持续发展。因此，新兴市场的创新模式与路径不是对发达国家的重复，而是要根据自身的市场环境特质发掘出新的思路、模式与方法，在价格、质量与规模之间寻求一种平衡。

基于跨国公司与新兴市场本土企业进行的创新实践与探索，《经济学家》杂志 2010 年推出面向新兴市场的创新专刊，列举了包括 GE 公司开发的 MAC800 心电图仪、塔塔集团推出的 NANO 汽车、比亚迪公司生产的锂电池与巴蒂电信的低成本通讯服务等案例，这些产品与服务在保持高质量的同时大幅度降低了成本，覆盖了更广大的消费者群体，但都不是把高端产品去除功能或简化得到，而是针对新兴市场顾客进行的专门创新（Economist，2010）。这种以少投入和低成本来服务中低收入群体的创新被称为节俭式创新（Frugal Innovation），是与新兴市场的环境与需求特征相契合的创新形态。2011 年与 2012 年的达沃斯论坛对节俭式创新进行了专题研讨，范围涉及医疗、交通、能源、通信、金融、住房与教育等各个领域。而在对世界 547 个高级经理人所做的调查中，超过 75% 的人认为运用节俭式创新来创造产品与服务是未来主要的机会，1/3 的人反映已经从更加节俭的创新方式中获益，而超过 40% 的人正打算这么做，节俭式创新已成为一种新的创新趋势与风潮（Ernst and Young，2011）。

虽然当前有关节俭式创新实践的报道、报告和研讨越来越多，但从学术视角对节俭式创新的概念内涵、特征模式和过程机理等方面的分析与总结都非常缺乏和稀少。由于市场特质会内在决定创新的轨道、路径、模式和策略选择等各个方面，目前的创新理论与方法主要是建立在对发达国家市场及其演进的考察与分析基础上，而新兴市场的崛起则为节俭式创新的理论建构提供了机会，这必将推进创新研究领域的发展与深化。因此，本章结合新兴市场的环境特质对节俭式创新进行初步探究，在辨析概念与归纳特征基础上提出一个框架模型，以期为未来研究提供指导与参考。

二、节俭式创新的内涵与外延

节俭式创新的理念源于20世纪70年代的适用技术（Appropriate Technology）论，即认为低收入国家应使用更符合本地经济与资源条件的“小而美好的技术”，避免浪费和尽量满足人们最基本的需求（Schumacher，1973）。而资源约束型创新（Resource - Constrained Innovation）理论则强调资源稀缺的环境更能激发创新性思维与方法的产生，用更少的投入来做更多的事（Gibbert et al.，2007；Rego et al.，2014）。2006年，法国雷诺汽车公司CEO卡洛斯·戈恩最早使用节俭式工程（Frugal Engineering）一词来描述印度塔塔公司NANO汽车的研发工作（Sehgal et al.，2010），之后媒体报道则更多使用宽泛的节俭式创新概念来特指那些专门为新兴市场中低收入群体开发的可负担的产品与服务（Economist，2010）。但从学术角度，目前对节俭式创新的定义与说明还不清晰，而这恰是理论展开的前提。因此，下面结合相关文献与企业实践，分别对节俭式创新的内涵与外延进行阐释和分析。

（一）节俭式创新的内涵界定

从形式上看，节俭式创新是在新兴市场的资源约束环境下，通过新的思维、模式、技术、流程与方法来大幅度降低产品或服务的成本，同时提供契合中低收入群体所处环境与需求特质的性能与质量，其内涵可从以下几个方面加以说明：

（1）节俭式创新是由新兴市场的资源约束环境所驱动的创新形态。长期以来，创新主要是在发达国家市场发生，其市场环境与需求特征决定着创新的主导逻辑，正如Prahalad与Mashelkar（2010）所观察到的，发达国际市场大部分的创新项目都是建立在资源富足和充裕基础之上。只要主流顾客愿意并有能力为创新支付更高的价格，企业并不考虑所使用资源的类型与数量，驱动创新的主要是财务的成功而非资源的限制，这使得创新必然首先服务于最富有的群体，然后才通过渐进性的调整进行自上而下的扩散。由于发达国家的中产阶级与高收入人群占人口比重较高，其市场规模与购买力可以支撑这样的前沿创新模式。

但在新兴市场环境下，伴随经济快速增长的还有资源的日益匮乏、人口负担加重，以及环境恶化等各种不利因素，这构成了创新的外部约束。在这种背景与环境下，如果仍然遵循发达市场的前沿创新思路，则稀缺的资源基础只能服务于新兴市场金字塔顶端的富裕人群，这不仅使得围绕高收入市场的竞争变得越来越激烈，广大中低收入群体的需求也将长期得不到有效满足，但正是这部分人群代表着巨大的增长潜力，影响着企业未来的发展。因此，为契合新兴市场的环境与需求特征，就必须利用有限的资源来创造出更多价值以满足大众需求，资源的稀缺与巨大的人口基数是推动节俭式创新的主导力量。

（2）节俭式创新的目的是以可接受的价格提供足够好（Good Enough）的产品与服务，寻求性价比的大幅度提升。在传统框架下，高收入阶层通过支付高价格可以获得高质量的创新产品与服务，而中低收入群体由于购买力所限，需求只能获得低质量、不充分的满足，甚至被排除在某些产品与服务市场之外。因此，传统创新的基本思路是通过不断创造或提升功能与质量来获得创新溢价，创新结果往往是昂贵并包含特别专有技术和复杂功能的产品与服务，创新的程度越高，价格越高，而节俭式创新并不追求产品性能的最优，而是在成本与性能之间寻求一种平衡。换句话说，节俭式创新是要在保证消费者所重视的性能足够好的前提下大幅度降低成本以接触最大规模的消费群体，创新的程度越高，价格越低。如果说在前沿创新模式下，消费者需要支付100%的价格来获得100%的性能与服务，节俭式创新则追求以10%或20%的价格提供50%或70%的功能与质量。在特定情形下，节俭式创新在大幅度降低价格的同时甚至还能提高质量或者提供新的功能，构成对高端市场的破坏性创新。

（3）节俭式创新是针对新兴市场特有的环境特质与需求特征进行的专门设计，不是对已有产品和服务的简化或降级。在传统创新模式中，降低价格主要通过对已有产品进行渐进式修改或调整，如去除功能或降低质量等方式，这种调整并不改变原有产品或服务的整体架构与核心流程，价格不可能比原有产品便宜太多，往往是以70%的价格来提供70%的性能。因此，为实现性价比的突破性变革，就需要结合新兴市场的目标顾客进行全新的设计。例如印度的塔塔集团在开发Nano汽车之初就提出三条标准：价格为2500美元、为顾客提供价值并满足所有安全与环境的需要（Palepu & Tahilyani，2010；Lim et al.，2013）。显然，在这样的约束条件下，对任何已有产品的改进或简化都不可能达到要求，而只能选择从头开始设计，这也使得很多节俭式创新在架构与核心构成等方面迥异于市场上的同类产品。在这个意义上，节俭式创新过程将包含大量新知识的创造与新能力的构建，开辟出新的创新路径，而这种知识与能力在一个资源日益稀缺的环境下可以为企业带来新的竞争优势（Ray & Kanta，2011）。

第四，节俭式创新的节俭性既体现为创新的结果也表现在创新的过程。从结果看，相对同类产品或服务，节俭式创新普遍具有简洁、便携、易于使用、质量稳定和维护成本低等特征，一般没有特别复杂的功能、烦琐的装饰或者不必要的使用环节，这种功能良好的简洁式产品与服务与新兴市场大众的购买力与使用环境非常契合。而为了在保证性能质量的条件下达到低成本，节俭式创新限制了创新者使用资源的程度与范围，整个创新过程会采用多样化的手段与方式来降低资源消耗并提高资源的使用效率，体现在设计、制造与传递等各个环节。这使得创新过程的重点会倾向于对可获得的知识、技术与流程进行新的组合或应用而不是在内部开发与创造出全新的技术，例如对产品架构的重新设计可以降低零部件的使用数量或者通过对生产过程和供应链的重组来充分利用本地资源，从而把新兴市场的资源约束转化为创新性的投入。此外，节俭式创新能够获得成本大幅度降低的原因也并非依赖于新兴市场的劳动力成本优势，而主要体现在对创新产品与过程节俭性的设计与组织（Williamson，2010）。

综上所述，节俭式创新并非是简单地低阶模仿，而是在资源约束环境下通过商业化方式来提供高性价比产品与服务的新的思想、模式与方法。发达国家市场传统的前沿创新与节俭式创新的比较，如表35－1所示。

表35－1 前沿创新与节俭式创新的比较

维 度	前沿创新（发达国家市场）	节俭式创新（新兴市场）
目标顾客	高收入群体	中低收入群体
资源基础	资源充裕	资源稀缺
技术来源	原创与开发	集成与整合
创新结果	高性能、高溢价 （创新程度越高，价格越高）	高性价比 （创新程度越高，价格越低）
创新导向	结果导向	同时注重过程与结果
创新扩散	自上而下	自下而上

（二）节俭式创新与相关概念的比较

与新兴市场创新相关的概念除节俭式创新外，还包括Jugaad创新（Radjou et al.，2012；Cappelli et al.，2010）、包容性创新（George et al.，2012；邢小强等，2013）与逆向创新（Govindarajan & Ramamurti，2011；Govindarajan & Trimble，2012）等，在现有文献中这些概念常常被无差别的替换使用，但不同概念关注的重点并不相同，为清楚界定节俭式创新概念的外延，本章尝试对这些概念进行辨析与比较。

（1）Jugaad创新是基于印度实践提出的创新概念，主要指在恶劣环境条件下，为应对人们日常工作与生活困扰或解决长期问题而开发的产品或流程。可以看出，Jugaad创新也是一种资源约束条件下的创新，强调对手头现有资源的组合与运用，这与节俭式创新的某些特性非常相近。但在印度语中，Jugaad本意是指运载大量乘客的快散架的旧车，有即兴、临时、凑合和勉强应付的含义，缺乏商业创新的系统规划与设计，因此Jugaad创新通常意味着对质量的妥协和对现实生存压力的缓解。这使得推动Jugaad创新的力量主要来自于基层的创造力而非科学技术的进步，更多体现为一种基于传统智慧与精神的草根式创新。因此，虽然有学者认为Jugaad创新与节俭式创新没有差异，但我们认为节俭式创新可以涵盖Jugaad创新且范围更广，更偏重于通过系统的创新设计来提供可负担和简洁的商业化产品与服务，而这种产品与服务的最初概念有可能但并不必然来自于基层的草根创意。

（2）包容性创新是随着包容性增长与金字塔底层（BOP）战略等概念的提出而兴起的创新模式，核心理念是通过可持续的方式为被现有经济社会体系排斥在外的贫困群体提供机会来平等参与市场以提高收入、发展能力与扩大权利。由于对象是位于金字塔底层的贫困人群，因此包容性创新更强调对穷人购买力和环境约束的适应，这与节俭式创新的创新思路与理念有一致性。但节俭式创新的对象并不限于贫困阶层，还包括不断壮大的中等收入群体，甚至一些简洁性的设计虽然价格便宜但也会受到富裕阶层的青睐。除此之外，包容性创新的核心是公平，因此除产生经济收益外，还非常强调社会平等与生态保护等多元价值的创造，而节俭式创新尽管客观上有可能实现这种结果，但多元价值（特别是社会价值）创造却并没有事先被纳入创新的开发逻辑或设计框架内（Sharma & Iyer，2012）。与包容性创新相比，节俭式创新是与新兴市场的不断壮大与资源稀缺状况日益严重而契合的创新形态，目的是以节俭的方式来更有效的满足广大中低收入人群的各类需求，既包括生存型需求，也包括改善型需求，并不要求内在产生缓解贫困等社会价值。

（3）逆向创新是Govindarajan与Immelt等学者和企业家通过对新兴市场创新的观察与实践而提出的创新模式，特指那些最初为新兴市场开发和采纳，然后又进入发达国家市场并被接受的创新（Govindarajan & Ramamurti，2011）。逆向创新描述了一种新的创新全球化扩散路径，创新的主体主要是在新兴市场运营的跨国企业。由于发达国家也存在低收入阶层，而且经济衰退、债务危机，以及对可持续性的担忧都促使很多发达国家顾客趋向于改变传统的超前消费模式，并降低消费支出，这都使得很多源于新兴市场的节俭式创新在发达市场也能被接受，因此节俭式创新有时被视为逆向创新的初级阶段。但在严格意义上，一些新兴市场中的非节俭式创新也能够在发达国家市场被接受，例如，具有改良风味的食品与饮料等，比较而言，逆向创新的范围更加宽泛。另外，从创新所需的知识与能力看，逆向创新代表了一种更高层次的创新策略，不仅对产品与服务的设计能力有很高的要求，还需要跨国运营与全球营销等能力的支撑才能有机会在发达国家市场获得成功，大多数节俭式创新显然不具备这样的条件。因此，节俭式创新的初衷主要是满足新兴市场，只有在特定条件下才能够扩散至发达国家市场，形成逆向创新。

三、节俭式创新的理论分析框架

为促进节俭式创新研究的深化，本章结合现有文献和新兴市场的创新实践，提出理论分析框架如图 35－1 所示。这个框架主要包含两个部分：一部分是新兴市场的宏观环境特质，这构成了节俭式创新的挑战与机遇；另一部分则包含三个相互联系的微观组织过程，这些过程把克服外部约束和有效利用现有资源置于优先地位。

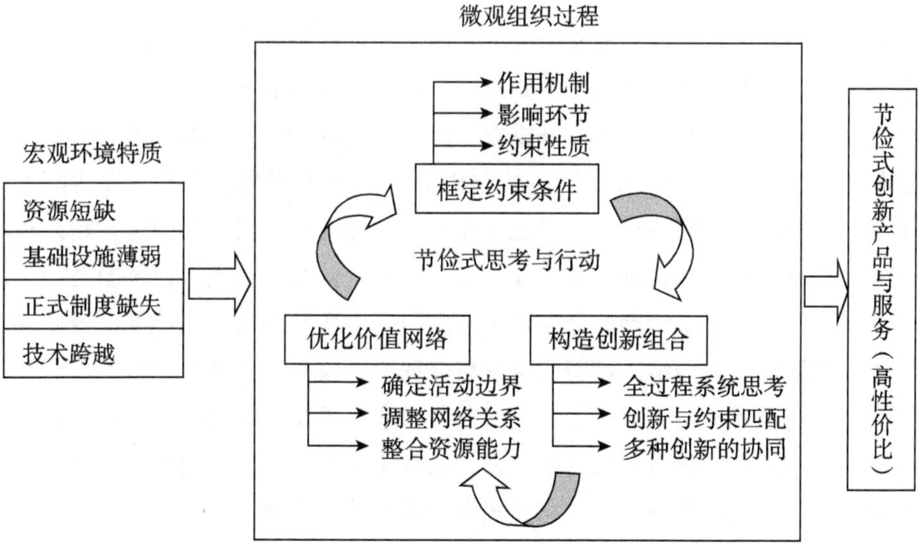

图 35－1 节俭式创新的理论分析框架

（一）新兴市场的宏观环境特质

新兴市场作为节俭式创新发生、完成与应用的具体情境，很多特质都会对创新采用的模式、途径与方法产生影响，内在规定着节俭式创新的轨道与方向，本章主要从资源、基础设施、制度与技术四个方面进行论述。

1. 资源短缺

资源短缺是全球性的危机，但在新兴市场更为凸显，尤其是新兴市场迅猛的经济增长不断把资源需求和价格推向新高，如联合国环境署的最新报告显示（UNEP，2013），中国目前已成为全球最大的资源消耗国，这不但增加了对国外资源的依赖，也带来日益严重的环境问题。新兴市场国家若要达到发达国家的人均资源消费量，全球现有的资源存量根本无法支撑，资源短缺已成为新兴市场面临的重大挑战。而这种短缺不仅会影响创新的供给，也反映在对创新的需求上。新兴市场人口占全球总人口的比例很高，财富收入主要呈现金字塔型结构，绝大多数人口处于金字塔的中下层，导致新兴市场的总体购买力非常大但个体购买力却不强，消费者对创新的支付和偏好与发达国家市场有很大差异。但在新兴市场经济保持持续增长条件下，大众购买力会不断提高并将进行更多元化和更高层次的消费，这在传统模式下必然导致更多资源的消耗，内在要求以更节约资源的方式进行创新才能满足增长与消费的可持续性。因此，企业与消费者在新兴市场内可获得的资源种类和数量及其未来变化会影响创新供给及需求的方方面面，进而决定了为市场所接受的创新类型所具有的各种特性。在这个意义上，节俭式创新是与新兴市场资源短缺状况非常契合的创新形态。

2. 基础设施薄弱

基础设施的完善程度通常是与经济发展水平紧密联系的，发达国家市场具有完备的交通、能源、邮政电信等基础设施，而很多新兴市场国家尽管一直在推进这些基础设施的建设并且取得显著成效，但整体而言，仍然与发达国家有很大差距，特别在广大非中心城市区域（如农村地区）尤为明显。因此，发达国家市场的创新通常隐含假定各种基础设施存在并且运行良好，但这种假定在新兴市场国家并不成立，薄弱的基础设施不仅会增加传统创新的供给成本，甚至会使很多群体的基本需求也无法得到充分满足。面向新兴市场的创新必须把基础设施薄弱作为需要克服的障碍而纳入创新的设计与流程中，或者弥补基础设施的薄弱本身就会激励创造性解决方案的产生，例如开发那些不需要无间断电力供应的产品或服务就可以应对电力供应不规律的问题。而且相对发达市场，新兴市场正处在强劲的基础设施建设过程中，对于相关技术与服务的需求非常强烈，这也会引发相应的创新。

3. 正式制度缺失

制度作为共同遵守的规则和秩序，可以表现为正式的法律法规，也可以是非正式的传统习俗与行为规范，不同国家的制度特征影响着市场体系的发展与交易的内在属性（North，1990）。Khanna 与 Palepu（2010）认为，市场运行需要 6 种基本的市场机构，分别是信誉增强机构、信息分析与顾问机构、整合与分销机构、交易促进机构、监管机构以及评判机构，其中每一种机构都执行一项独特的、对市场运行至关重要的任务，它们一起构成了使市场良好运作的制度网络。

在发达国家市场，上述机构均已发展完善与成熟，有助于创新商业化的各类服务商、中介组织与法律保障等都可以轻易获取。但在新兴市场，这些正式制度安排却有着不同程度的缺失，普遍存在市场信息缺乏或来源不可靠、监管环境不稳定和司法体系效率低下而导致的市场失灵问题。

正式制度的缺失是能够影响创新过程与结果的重要因素。一方面，制度缺失会影响创新价值链上下游各个环节功能实现的形式与效率，如无法获得市场与信用信息、缺乏合适的供应商与渠道、难以保护品牌与声誉等，这会导致很高的交易成本。在传统模式下，制度缺失会迫使企业去拓展业务范围以包含更多的价值链环节，通过垂直整合来内化交易（Sanchez & Ricart，2010）。另一方面，新兴市场也使得企业可以有意利用或填补制度缺失来进行创新，这会构成竞争优势的新来源（Mair et al.，2012）。特别是考虑到新兴市场往往具有高度的社会化导向与关系治理等特征，市场运行在很多情况下夹杂着大量的社会规范与习俗等，以合适的方式利用和整合这些非正式制度资源，是降低交易成本和创造新价值的重要途径，需要给予特别的关注。此外，发达国家市场对产品的开发要求与基础标准有更为严格的规定，但新兴市场的规定相对宽松，企业具有更多的灵活性来创造出低成本和拥有基本功能的产品和服务。

4. 技术跨越

与发达国家市场曾经的成长路径不同，新兴市场虽然存在着普遍的资源约束，但同时也可以接触到巨大的知识库和各种新兴技术，如互联网、新能源和移动通信技术等（Rao，2013）。由于新兴市场的很多领域不存在陈旧技术系统的束缚而可以直接探索和利用最新的技术，因此新兴市场的技术变革并不是按照时间顺序进行的层级演化，而是呈现跨越式的发展，有些技术甚至可以比发达市场应用的更为普遍与深入。跨越式技术的广泛采用与传播可以极大地改变传统产品的形态以及提供的方式，实现在降低价格的同时为更多人提供更高质量的服务。以医疗健康行业为例，面对新兴市场巨大的人口基数与老龄化趋势，运用高技术手段来实现低成本医疗的重要性与战略性已获得广泛共识，而云计算、信息通信技术与家用医疗电子等技术将成为最大的推动力，如通过网络和云计算技术可以实现大规模健康数据的存储、管理、共享及知识挖掘，从而显著降低检查成本等。因此，企业在满足新兴市场消费者的多元化需求时，可跳过传统技术而直接选择跨越式技术，并与其他技术相结合来创造出全新的解决方案。

（二）实施创新的微观过程

新兴市场的环境特质从宏观层面构成了节俭式创新的外部挑战与机会，但还需要在微观组织层面通过一系列活动与过程来实现，本章总结出以下三个具体过程。

1. 框定约束条件

如前所述，节俭式创新本质是一种资源约束环境下的创新形态，企业必须设计出低成本的策略来克服或绕过各种约束才能获得成功，因此对各类制约因素的系统辨识与框定是开展创新的前提与基础。Prahalad（Prahalad，2012）曾构建了一个创新沙盒（Sandbox）模型，提出要把市场的外部约束转化为创新需满足的基础要求，关键是对消费者所处环境和需求的深入理解。但在新兴市场环境中，对创新的约束不是仅局限于终端消费者，而是在创新的供给和采纳的各个环节都有所体现。在供给端，企业需要投入资金、人力、技术、原材料与其他补充性资源等才能把新产品与服务创造出来，而在需求端，消费者除了使用财务资源为新产品与服务进行支付外，还需要消耗其他资源来使用和维护所购买的产品与服务，而所有这些活动都是在一定的制度环境下进行，制度要素影响了不同环节可获得的资源范围及资源的利用效率，进而决定了创新的投入成本与消费者的购置成本。因此，节俭式创新需要从全生命周期视角来辨识各个环节与阶段所面临的约束条件并在此基础上归纳出不同约束的共性与独特性，这些约束及其相互联系就构成了节俭式创新的边界，规定着创新的空间与路径。

2. 构造创新组合

新兴市场环境内往往存在多种约束，企业需要针对不同约束或限制分别设计适宜的创新解决方案并要考虑到不同方案的协同与配合。由于不同约束在性质、程度及作用方式等方面的差异，有的约束可以通过应用或开发新技术予以克服并体现在终端产品上，如为降低成本并保持质量可采用新的产品架构、零部件或新材料，但也有的约束，用技术方式解决成本过高甚至本身并非技术性问题，这就需要通过市场、制度与文化等多方面的创新来绕过、利用或克服这些约束。特别是新兴市场的制度缺失会增加市场参与者的交易成本，即使通过技术创新降低了产品本身的成本，但传递至消费者时仍会发生很高的中间成本并导致高价格，降低这些中间成本也是创新过程节俭性的内在要求。因此，尽管很多节俭式创新在形式上表现为具体的产品或服务，但其价值的传递与最大化实现却是要依靠多种创新的组合才能支撑。在此过程中，技术开发、产品或服务设计、填补制度缺失、弥补基础设施不足等并非是独立活动或有着明确的先后顺序，而是相互影响、互为补充，交织在一起共同寻求与外部市场条件的最佳契合。因此，技术创新只是节俭式创新的一部分，为实现节俭式产品与服务的商业化，系统性思考与多方案的协同是取得成功的重要条件。

3. 优化价值网络

很多创新的技术方案确定后，在具体实施过程中却有多种策略可以选择，如开发一个新的零部件可以在企业内部开发也可以外包给供应商，这会导致不同的成本结构、管理模式与能力要求。因此，在理清创新组合之间的关系、层次与协同作用基础上，企业应系统辨识实现不同创新所需的资源能力及分布状况，进而依照节俭性原则来确定组织活动的分工。由于节俭式创新主要遵循为成本而创新的思路进行，因此，在创新策略上更倾向于利用、改造与整合组织内外部的现有资源和能力，而不是独自开发完成所有活动，这要求企业在专注于自身核心优势的同时，要根据创新组合的需要建立多种方式的联盟与合作来优化价值网络，进而围绕消费者可接受的价值标准联合传统和非传统伙伴来共同实现整体成本最优。例如，中国广东省摩托车制造商大长江公司与数以百计的零部件供应商建立合作网络，并且不是把零部件的具体设计交给供应商进行标准化的制造，而是提供大概的框架与功能描述并鼓励供应商进行创新，这一举措不仅起到降低成本与提高质量的效果，积累的社会资本也填补了无法及时获得高质量原材料与配件的制度缺失。此外，价值网络优化不仅需要和外部组织与个体进行有效的联结及互动，还包括对企业（特别是跨国公司）内部不同部门单元之间关系的调整和资源的重新配置，从而实现对分散资源和能力的充分挖掘与集成。内外部价值网络可以低成本的为企业提供创新开发与采纳的各个环节所需的信息、资源、技术，以及获得规模经济和范围经济的可能性。

如上所述，上述三个微观组织过程整体构成一个递进往复的循环，但企业并不能仅通过一次循环就得到最佳效果，而是在不断的辨识约束、确定方案与调整网络中进行学习与实践，最终使得节俭性既体现在创新的过程，也表现为创新的结果。

四、研究结论与启示

与发达国家市场相比，新兴市场在经济快速增长的同时具有资源日益匮乏、人口基数扩大和可持续性问题突出等特征，需要新的创新模式与方法才能满足广大中低收入群体不断提升的消费需求。而节俭式创新作为一种以更少投入来创造更多价值的创新形态，与新兴市场的环境特质及偏好可负担性的消费模式相契合。本章对节俭式创新进行了初步的理论建构，界定了节俭式创新的内涵并与相关概念进行比较，最后提出研究节俭式创新的分析框架。总体而言，该框架具有良好的管理含义，可以帮助企业制定出新的创新战略，进而通过产品重构、资源重用、流程重组、边界重塑与制度重建等一系列行动来构建起适合于节俭式创新的管理体系。

作为一个新兴的研究领域，节俭式创新有着巨大的研究空间，提供了进行新理论建构的良好机会。一是未来研究应该基于不同行业来归纳节俭式创新的典型模式与关键影响因素，在此基础上揭示出节俭式创新不同于传统创新的内在机理。二是可以对跨国公司、本土企业与草根阶层三个创新主体来进行分析对比，归纳不同主体在节俭式创新方面呈现出的相似与差异。三是节俭式创新具有与高端创新不同的价值主张与性能质量，蕴含着破坏性创新的潜质，可详细分析哪些特征与因素会影响节俭式创新进入高端市场并被广泛接受，帮助企业构建起新的竞争优势。四是节俭式创新能够创造经济、社会与环境生态等不同的价值形态，这种多元价值创造和分享的机制与路径值得深入研究；五是需要在政策层面探讨如何把节俭式创新纳入国家或区域创新系统，激励和促进创新的产生、应用与扩散。

第 36 章　新兴市场节俭式创新的动因与策略

一、引　言

随着全球经济紧缩和对生态与社会资源过度消耗的日益关注，在新兴市场内催生出一种不同于发达国家市场的创新模式——节俭式创新（Frugal Innovation）。作为一种资源约束条件下的创新形态，节俭式创新强调通过重新设计产品和工艺以降低不必要的成本，来为广大低收入阶层提供可负担的产品与服务（Ray et al.，2010；晋盛武、罗海丹，2014）。在《经济学家》杂志推出的专题报道中，描述了通用电气公司研制的便携式心电图仪、塔塔化工开发的水净化器、高德瑞治公司制造的便携式电冰箱、巴蒂电信提供的低成本通讯服务与纳拉亚纳医院的低价心脏外科手术等多项节俭式创新（Economist，2010）。这些创新都不是对已有产品与服务的简化，而是根据本地消费者的真实需求进行的专门设计与开发，在低收入市场取得巨大成功。目前，很多跨国公司已经把节俭式创新上升到战略层面，通过整合全球资源来深入到新兴市场的底端，而对本土公司来说，节俭式创新则非常有利于运用本地化的资源能力来建立起差别化的竞争优势，对于后发企业实现追赶甚至超越发达国家企业具有重要意义。

尽管有关节俭式创新的报道与讨论越来越多，但从理论视角对节俭式创新的动因、特征与策略的深入分析还比较缺乏。因此，本章将基于现有文献与案例，首先归纳节俭式创新兴起的动因，进而描述其基本特征，最后结合典型案例阐述节俭式创新的关键策略与方法，研究框架如图 36－1 所示，这既有助于该领域的理论建构，也可为企业的创新实践提供参考。

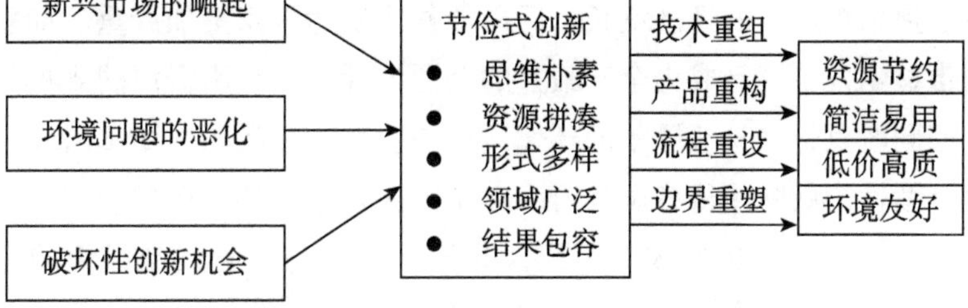

图 36－1　节俭式创新的动因与策略

二、节俭式创新的动因

任何创新模式的形成总是受所处经济发展阶段与社会、环境特质的影响，节俭式创新的兴起主要由以下三种力量所驱动。

（一）市场驱动

近年来，很多发达国家由于受金融危机等因素影响，国内市场与需求增长缓慢甚至陷入停滞，而以中国与印度为代表的新兴市场国家则继续保持了经济的快速增长。国际货币基金组织预测，未来几年全球70%的增长都会来自新兴市场，以购买力平价计算，其国内生产总值最早在2014年就会超过发达经济体（Ernst & Young，2011）。在此背景下，无论是跨国公司还是本土企业，针对新兴市场进行有效的创新都已成为构筑全球竞争优势的必然途径。但由于新兴市场在资源基础、制度环境与社会结构等方面的特质，发达国家依靠高投入来提供高质量产品与服务，以获得高回报的创新模式，这只能惠及该市场内的少数富裕群体，他们就购买力而言可以和发达国家的主流顾客相提并论。

事实上，使新兴市场成为竞争焦点的并非是富裕阶层，而是占人口大多数的低收入群体，他们存在大量未被满足的需求，但能够购买的高质量商品的种类和数量却非常稀少。那些源于发达市场的创新产品与服务往往超出这部分消费者的支付能力，即使被修改为低阶版本也难以被接受（London & Hart，2004）。Prahalad（2005）认为，这些位于金字塔底层的群体内蕴含着巨大的财富，代表着迟早被释放出来的潜在购买力。特别是随着经济的持续发展，低收入消费者会逐渐成为众多产品与服务的初次购买者，这是新兴市场与发达市场顾客基础之间的主要差异（Sheth，2011）。为有效服务于这部分顾客群体，必须在大幅度降低价格的同时提供可接受的性能与质量才能奏效，而这正是节俭式创新的主导逻辑。在这个意义上，新兴市场巨大的人口基数与消费者特质是推动节俭式创新的主导力量。

（二）环境驱动

在经济全球化过程中，资源短缺与生态环境恶化的趋势愈加明显，很多发展中国家由于追求粗放式的经济增长，后果往往比发达国家更加严重。如联合国环境署的报告显示，中国已成为全球最大的资源消耗国，利用资源的规模与速度世界领先，但同时也带来日益严重的环境污染与生态破坏问题（UNEP，2013）。这种环境可持续性的威胁使得各国政府，对于能源效率和环境保护倾向于制定更加严格的规章制度，而大量非政府组织、非营利机构与国际发展组织的呼吁和努力，也在世界范围内唤起对环境保护越来越多的关注与重视。在这样的趋势与条件下，企业必然要考虑创新过程与结果对环境的影响，力求在取得创新突破的同时能够保护生态系统并促进经济社会的健康发展。

传统观点一直认为考虑环境问题会导致额外的创新成本，而消费者并不能从可持续的产品服务、生产流程或供应链中体会到足够的价值，因此企业没有激励去从事相关的创新。为克服这种矛盾，企业需要开发出一种节约资源并提高产出的创新思路与模式，这正是节俭式创新的主导逻辑。一般而言，衡量环境可持续性主要包括投入资源、价值活动与产出，而节俭式创新具有减少资源投入、优化价值流程和减少产品使用生命周期内的负外部性的效果，能够帮助企业在三个方面均获得良好提升，是一种环境友好型的创新（Brem & Ivens，2013）。

（三）技术驱动

随着新兴市场国家的持续崛起，曾经以欧美等发达国家和地区为主角的全球创新版图正在发生变化，以中国、巴西、俄罗斯、印度及韩国为代表的国家在科研和创新方面具有显著增长的影响力，大量西方跨国公司也纷纷把全球研发中心设置在这些新兴市场内。在此背景下，跨国公司通过修改发达国家市场的产品与服务来开拓发展中国家市场的全球本地化（Glocalization）战略越来越不适用，而很多根植于低收入市场的节俭式创新，虽然最初是以粗糙和简陋的形式出现，但却能在不断完善和改进中向高端市场挺进，甚至能够进入发达国家市场并取得成功，实现逆向创新（Reverse Innovation，Immelt et al.，2009）。

这种先在新兴市场研发和使用并被发达市场接受的创新模式符合破坏性创新的逻辑，即在位企业总是不断引入针对当前顾客的维持性创新来改进技术和产品，而真正的突破性技术却大都在非传统顾客新的和低要求的应用中产生。当专门为新兴市场开发的创新性产品具有满足本地需求的良好功能与质量时，通常会与发达国家市场的产品有较大差异。但由于价格很低，初始的节俭式创新留有很大的改进空间，能够在逐步演进过程中不断完善，保留核心优势的同时提升主流市场所重视的性能，直至提供的价值主张最终在发达国家市场也能得到认同（Tiwari & Herstatt，2012）。因此，不仅发展中国家的本土企业可以通过开发节俭性产品与服务来构建独特的创新能力，对于那些技术增长近年来已趋于平缓的发达国家，运用节俭式创新来探索低收入市场，也提供了打破现有格局并获得新发展的良好机会。

三、节俭式创新的特征

（一）创新思维的朴素性

节俭一词来源于16世纪中叶的拉丁文Frugalis，意指最佳或节省的使用。在古代社会，当经济资源稀缺时，节俭代表了一种美德，是为达到更有价值的长远目标而做出的牺牲；而在现代社会，节俭是对生态环境与社会资源过度耗费所做出的回应。因此，作为一种创新的思维或心态（Mindset），节俭式创新始终把可负担性（Affordability）与可接受性（Acceptability）置于思考的核心，既不追求技术的重大突破或推动前沿科学的进展，也不崇尚通过使用专有技术和增加复杂功能来获取创新溢价，而是强调根据低收入群体及其所处环境的特殊性来开发适用的产品与服务，做到尽量满足人们最基本的需求并避免浪费。这种朴素的创新思维反映在从投入到产出的创新全过程。

（二）创兴资源的拼凑性

拼凑（Bricolage）本意是指使用任何手头现成的工具来干各种活，在节俭式创新中则指通过利用或整合现有资源来创造机会或解决问题的做法。这种资源拼凑的创新行为与其服务对象及所处环境特质非常契合，因为与发达市场相比，新兴市场除了存在大量对价格敏感的低收入消费者外，还具有基础设施薄弱、正式制度不健全与价值链缺失等限制条件，造成了传统创新的障碍和约束（Khanna & Palepu，1997）。企业虽然能以加大资源投入的方式予以克服，如通过直接投资于基础设施建设来完善物流与渠道，但会显著提高成本且具有强的外部性。更有效的方式是对各种现有资源价值的重新辨识与挖掘，寻找最大程度发挥已有资源潜力的策略与方法，特别是把低收入市场内的资源与企业资源进行结合来提出全新的解决方案。

（三）创新形式的多样性

节俭代表了企业在创新时所遵循的态度与使用资源的方式，并不局限于特定创新对象或领域，可以表现为产品、服务、商业模式、组织与制度创新等多种形式。如产品创新提供基本功能，去除烦琐装饰；服务创新简化服务流程，剔除不必要的中间环节；商业模式创新优化利益相关者结构，激发与整合闲置资源；组织创新建立跨部门合作小组，充分挖掘现有能力并探索冗余知识的新用途；制度创新嵌入社会网络，杠杆利用目标群体当地的风俗惯例等。这些创新虽然形式不同，但都体现出“节俭”的特征，达到降低投入成本、缩短创新周期并增加灵活性的目的。

（四）创新领域的广泛性

长期以来，广大低收入群体的各类需求都没有得到有效满足。这些需求不仅包括衣食住行等基本的生活领域，还包括人们在情感、自尊、社交与自我实现等方面更高层次的精神追求，这给节俭式创新留下了巨大的探索空间。现有的节俭式创新已经涵盖了从汽车、制药、信息技术服务到饮用水、消费产品、健康、教育、公用设施、公共服务，以及农业机械等多个领域，在大幅度降低价格的同时仍然达到了用户可接受的性能与质量，有的甚至有所提升。这打破了节俭式创新只能在基础领域提供廉价商品的观点，表明只要秉持节俭性思维并运用适宜的策略与方法，节俭式创新可以在满足人类需求的大多数领域发挥作用。

（五）创新结果的包容性

节俭式创新一方面直接提升了低收入人群的生活水平与生产效率，另一方面也帮助他们拓展了社会网络、积累了经济与社会资本和获得更多知识并增强了自信，有助于在宏观层面实现社会的公平与民主（陈劲、王锟，2014）。在这个意义上，节俭式创新不仅贡献了高性价比的产品与服务，还把低收入市场与成熟的现代市场进行了联结，为长期被排斥在正规市场经济体系之外的低收入群体提供了参与价值创造和分享的机会，创新的结果具有包容性。

四、节俭式创新的策略

基于现有文献、报道与企业创新实践，发现节俭式创新主要采用技术重组、产品重构、流程重设与边界重塑四种策略。四种策略之间相互联系与补充，下面分别予以详述。

（一）技术重组

技术是实现产品性能的核心要素，也是企业获取竞争优势的重要支撑，因此大量企业把资源投入新技术的研发，过程与结果都充满了不确定性。而随着激烈的竞争，技术的进步有时会超过消费者能够使用或者愿意支付的程度，此时再花费投资对技术进行改进的效果并不明显。而节俭式创新面对的主要是低收入消费者长期未被满足的基本需求，专门去开发全新的技术既不实用也不经济，而对现有技术进行创造性的改造与组合运用是更有效的策略。例如在印度农村的个人电脑比较稀少，但电视已相当普及，塔塔咨询公司设计出一种利用移动电话把电视和互联网组合起来的机盒，让数以百万计从来没使用过键盘的人们也能够上网。

首先，节俭式创新的首要任务并不是全新技术的研发，而是在深入理解市场基础上选择与使用者所在地经济和资源条件相匹配的适用技术及其组合，使得产品能够满足市场独特的性价比需要。但这并不意味着节俭式创新使用的一定是简单或陈旧的技术，恰恰相反，新兴市场在改变全球竞争态势的同时也推进了诸如移动通信、云计算、互联网与新能源技术的发展，企业在创新时可以接触到巨大的知识库和新技术平台，从而能够直接跨越旧有技术基础来选择使用前沿技术（Rao，2013）。如便携化的移动技术应用于医疗领域就能够协助对病患进行远程监测，不仅使疾病的诊断与治疗更加快捷和方便，而且降低了患者的交通、住宿和等待成本，还会缓解床位等医疗资源。其次，把其他领域技术进行新的应用也是节俭式创新的常用策略，这些技术往往契合于低收入消费者的需求特质。如印度高德瑞治公司开发的便携式冰箱，使用了热电制冷技术（类似于电脑使用的冷却芯片和电扇）替代传统的压缩机和冷冻剂，满足了流动人口、低收入家庭和小商铺等的冷藏需要（WIPO，2013）。最后，选择的技术如果能够和本地资源组合起来就能够创造出更多的价值。塔塔化工开发的净水装置就是把当地丰富的稻壳灰与银纳米技术粒子相结合作为过滤器，不仅极大降低了生产成本，还有利于生态环境的保护。在很多地区，稻壳也被作为生物质燃料用于微电网的开发以替代相对昂贵的太阳能光伏发电。总之，节俭式创新追求技术组合与消费情景的匹配，这会保证企业一个可见的市场基础，在基础上可以不断改进和扩散来获得进一步的规模优势。

（二）产品重构

产品架构反映了不同零部件之间的联结关系及其隐含的作用规则。很多跨国公司在刚进入新兴市场时通过删减原有产品的功能来适应于当地市场，但并没有改变产品架构与发挥作用的内在逻辑，也无法大幅度降低成本。而节俭式创新遵循为成本而设计的思路，把降低成本优先考虑，同时依然要满足目标顾客所需要的关键性能，而这些性能与发达市场主流顾客所重视的维度会有较大差异，大部分是由于低端市场在基础设施、成员构成与制度文化方面的原因造成。为适应这种市场环境，通过调整部件并以新的方式进行组合来产生期望的产品性能与绩效是符合低成本逻辑的选择（Lim et al.，2013）。

因此，相对于对现有产品进行渐进式的改进，节俭型创新更强调从需求现状出发进行产品的重构，这代表了一种自下而上的设计思路。首先，去除不必要的部件、缩小尺寸和使用更便宜部件来替换现有部件等都是节约成本的直接方式，还会带来诸如便携、简洁和易用的新性能，但这些方式必须在保证可接受质量的前提下进行。例如通用电气公司一直以来都是依靠专利技术设计整个心电图仪，包含了专门为客户定制的各种部件。但在为新兴市场设计产品时，当地团队放弃了小批量生产的专利数字信号处理器，转而选择一种可以从市场上购买的标准处理器芯片，同时直接使用公交系统的车载打印机，在获得规模效应的同时减少了尺寸与重量，而不安装监视器则降低了产品整体的复杂性与耗电量。上述策略的综合使用为贫穷的农村人口带了可支付的检查服务（Govindarajan & Trimble，2013）。其次，在简化零部件的同时也需要对架构本身进行系统的反思与重设，这决定了产品实现功能的新逻辑。为打破传统产品框架的束缚，从最大化满足用户的需求角度而非从现有产品的供给视角进行思考非常重要。塔塔集团在开发2000美元的NANO汽车时，使用了与当时可比较的低端汽车都不同的架构与核心概念：倾斜置于后座下面的全铝双缸发动机而不是像其他汽车那样置于前端的三缸或四缸发动机，这种架构在节省空间的同时依然提供了足够的牵引力（Ray & Kanta，2011）。最后，在新的产品架构下，通过增添功能或更换模块的方式可以很容易的满足不同层次与偏好的消费者群体，而基于新架构的升级换代也会显现出不同于传统产品的演化路径，为获得的差别化竞争优势奠定基础。

（三）流程重组

这里的流程有广义与狭义之分，广义流程包括从创意产生到市场开拓的整个价值创造与传递过程，狭义流程则主要指产品的生产制造过程或服务的具体提供过程。相对于在产品或服务终端的创新，通过系统分解和重新设计流程来降低资源消耗与提高生产效率的方式更为常见，这也是本土企业吸收知识与积累能力的主要途径。

（1）由于新兴市场的劳动力成本低，因此在生产流程中可以通过使用人力来替代自动化设备的方式降低成本，这种策略还增加了生产柔性，能够灵活调整来对市场变化做出快速反应，中国的比亚迪公司正是依靠这种“人工 + 自动化”的混合流程在电池行业建立起竞争力（Williamson，2010）。

（2）在供应链层次，由于基础设施薄弱或制度缺失会导致某些环节（如终端渠道）的建设成本过高，这时可以雇用当地人员来承担此环节的功能。例如，联合利华公司通过对农村自助小组的开发与培训，使得大批当地妇女成为产品的营养教育者和售货商，开创了全新的分销体系。塔塔集团把汽车零部件都装在一个盒子里运至卫星加工厂，同时鼓励和训练本地创业者把半成品组装成汽车并组织售后服务。这样一种流程安排不仅降低了运输成本，也消除了传统经销商的利润，还具有大众市场所需要的及时送达、本地修复和服务等特征（Freiberg et al.，2010）。可以看出，节俭式创新并非是单纯降低投入资源的绝对数量，而是倾向于提高原本闲置或低效发挥作用资源的价值创造能力。

（3）通过整合式的流程设计可以把分散资源集中在一起利用规模优势来降低成本，提高质量。如印度的血液收集和测试通常由各地医生完成且操作水平参差不齐，而 Religare 实验室公司针对这种状况更新了整个流程，从印度 400 个城市收集血液并集中送往 3 个城市连夜检测，检验结果在第二天利用信息技术返回医生，提高检测效率并保证了质量的稳定性（Sharma & Iyer，2012）。

（4）与整合流程模式相反，很多服务过程可以分解为更为精细的步骤与环节，同时针对不同环节配置专门资源与人力，可以实现规模化与专业化。这种分解并提高专业化程度的流程创新类似于把制造业的流水线管理方法应用于服务业，使每一环节都能达到最高效率，最终实现以低成本提供更好的服务。在很多中小医院的外科手术中，主治医生不仅要参与手术中最复杂的程序，还要完成其他关联的琐碎工作。而印度的纳拉亚纳医院对从诊断、手术到护理的整个流程进行细致分解，使得不同医生可以专注于手术的一到两个类型且只完成难度最大的部分，将剩余工作交给其他工作人员负责。通过这种分解式流程创新，一位医生能够同时进行两台手术，而增加的手术量也提高了医生的技能与成功率（Geeta，2009）。

（四）边界重塑

节俭式创新需要全新的思维方式，而获得这种思维方式的重要途径是通过全新的组织设计，这本质上是对组织的内外边界进行重塑。

（1）内部边界的重新界定，包括部门设置、职能划分与规则制定等。对于新创企业来说，这并不是太大的问题，其组织设计一般与所提供的解决方案具有一致性，组织模式有利于新方案的构思、传递与修正。但新进入该市场的成熟企业（特别是跨国公司）则面临着原有架构与组织惯例的束缚，此时需要以公司创业的方式组建新的部门或团队，在整合资源与不断实验的基础上形成新的主导逻辑。新团队需要把理解市场需求与能够解决问题的人员聚集在一起，因此不能完全从现有组织内部进行挑选与组合，必须吸纳当地的优秀人才。这样做不但能降低人力成本，而且会带来关于目标市场与消费者的新知识和新技术，有助于打破组织原有的规则与惯例。例如通用电气公司在中国无锡组建超声业务的当地发展团队时，为减小研究与销售高端产品时产生的固有观念的影响，尽量避免了内部调动，而吸引了很多本土员工。作为一个完整的业务部门，这种小型多功能型团队拥有制定决策、研发产品与服务的广泛权力（Govindarajan & Trimble，2013）。

（2）外部边界重塑是指与其他组织机构之间关系的重新连接与组合，包括关系性质与程度的更新与变革，可视为一种新价值网络的构建。在追求低成本与高质量的创新逻辑下，企业在聚焦于核心能力的同时要充分利用网络的力量，根据任务性质与能力优势来选择合作伙伴及适宜的合作方式。例如为找到节省成本的新方法，塔塔公司不是把零部件的设计交给供应商进行标准制造，而是围绕该部件实现的最终功能进行共同开发，结果证明供应商的早期介入会显著降低成本，而且能够激发出超越传统方法的解决方案。作为塔塔汽车零部件的主要供应商，德国博世公司就删除了提供给 NANO 汽车发动机控制模块中的 700 个功能元件，而这个模块整体元件数量也只有 1000 个，因此也提升了供应商面向低收入市场的创新能力（上海证券报，2018）。而相对于这种深度合作，通过灵活的外包策略会帮助企业充分利用外部优势资源来降低成本并建立起新的商业模式。如巴蒂电信把网络操作系统外包给爱立信，把商业支持外包给 IBM，把传输塔交给一个独立的公司，自身只保留了销售电话这个核心业务，而这种轻资产的运营模式提供了几乎全球最便宜的电讯资费。

（3）组织边界的重塑还包括地理边界的调整以适应资源分布的特征。例如，Ambuja 水泥公司创造了分离工厂的模式来把初级阶段的水泥加工设置在距离石灰岩附近，然后把相对较轻的材料通过船运送至距离顾客较近的研磨和包装工厂（Chaudhuri et al.，2009）。不仅以低成本克服了传统的交通瓶颈，还使企业接触到新的市场并更快的对顾客做出反应。

五、研究结论与启示

传统创新的模式与逻辑主要在发达国家市场内形成，扩散至发展中国家市场时基本采取自上而下的修改策略，并不能满足大多数低收入群体的需求。而作为一种资源约束型创新，节俭式创新努力在价格与性能之间寻求一种平衡，更加契合于新兴市场的设施环境与目标顾客的需求特质，本质上是一种自下而上的创新模式。考虑到很多欧美国家经济衰退与消费观念的转变，节俭式创新对发达市场也有重要的借鉴意义。因此，节俭式创新既为跨国公司巩固传统市场与开辟新市场提供了新的工具与手段，也有利于本土企业积累创新能力并获取差别化的竞争优势。本章对节俭式创新进行了初步的理论探究，首先，分析节俭式创新兴起的三种驱动力量；其次，描述了此类创新的基本特征；最后，归纳出四种相互联系的节俭式创新策略，是对传统创新研究领域的丰富与拓展。到目前为止，对节俭式创新的理论研究还停留在概念界定与案例描述阶段，未来研究应该在创新类型、创新机理与影响路径等方面进行更为深入的理论分析与实证检验。

第37章　中国企业研发国际化：动因、结构和趋势

一、引　言

跨国公司（MNCs）开展海外研究与开发活动（R&D）最早可以追溯到19世纪的欧洲。由于为了满足世界范围内迅速增长的市场需求，跨国公司首先考虑的是实现其市场和生产的全球化布局，而将研究与开发的全球化放在次要的位置。但是，John Cantwell（1995）指出，在许多技术活跃的行业中，尽管聚集因素会使许多国家具有的突出科技能力的领域缩小，但公司所需要的技术范围已经拓宽了。在这种情况下，高技术行业的跨国公司就会建立全球创新网络，利用许多不同国家的专业技术能力对竞争前的研究与开发活动进行最优的选择。根据Walter Kuemmerie（1997）对32家电子和医药行业的世界著名公司的调查，1965年，这些公司仅有6.2%的研发活动是在海外展开的。直到20世纪70年代，随着国际间竞争日趋激烈，产品生命周期不断缩短，同时随着范围经济的重要性不断增强，跨国间的战略联盟尤其是研究与开发方面的联盟才逐渐被许多大型跨国公司所重视。特别是80年代中后期以来，跨国公司从事国际性研发活动逐渐成为一种普遍而明显的新现象。为了更好地给参与国际竞争的海外子公司提供技术支持，以及更充分地利用全球技术资源，跨国公司越来越多地将R&D机构的区位配置于海外。目前，跨国公司研发活动的海外化比率已经达到相当高的水平，尤其是欧洲国家的跨国公司。从全球最大的500家公司的研发机构的分布可以看出，世界最大的跨国公司的研发海外化比率平均已经达到39%。其中，世界500强中荷兰、瑞士、德国、英国和意大利的跨国公司的研发海外化比率分别高达81%、78%、66%、60%和50%，美国为31%、日本最低为8%。从外国公司在本国所设研发机构占本国研发机构总数的比率来看，加拿大和意大利为62%、荷兰为55%、英国为50%、美国为39%、日本为3%（廖春，2003）。

随着中国对外开放的深入和中国企业自身实力的不断增强，越来越多的中国企业开始利用海外科技资源进行自主研发，甚至在海外进行研发的国际化。20世纪90年代初期，上海的一些企业开始逐步到发达国家设立研发型企业（如上海复华实业股份有限公司于1991年2月与日本国际协力机构（JAIDO）合资成立上海中和软件有限公司，同时在东京成立研发公司—中和软件株式会社东京支

社等），成为中国海外研发投资的先驱（吕萍、杨震宁、王以华，2008）。进入 90 年代中后期，中国大量海外 R&D 投资主要集中在家电、IT 等行业，高新技术领域逐渐成为中国企业海外研发投资国际化的重点。同时，利用经济全球化为企业带来重大机遇，在全球配置资源和进行资源布局，将中国比较优势与海外资源结合，成为中国企业进行技术创新和谋求发展的新渠道。本章在文献回顾、调查访谈、跨案例研究的基础上，挖掘中国企业研发国际化过程的动因、结构特点和发展趋势，总结中国企业研发国际化的经验并分析存在的问题，进而提出相应的政策性建议。

二、文献综述

Dunning（1988）认为跨国公司的全球创新战略要达到三个目标：获取竞争前期研究项目的最佳绩效，迅速将新产品进入世界市场，最大限度地利用并保持竞争优势，满足全球范围内不同顾客的特殊要求。跨国公司在全球各地建立海外 R&D 机构，承担不同的职能，并由母国的中心实验室进行统一协调。跨国公司海外 R&D 的主要潜在职能是对不同国家的研究分支机构加以协调，同时获得东道国的创新技术。这一理论较少强调海外 R&D 分支机构对海外生产性企业的技术支持，而特别强调为了公司的整体利益，在全球范围内获取技术资源的重要性。基于 Dunning（1988）对跨国公司 R&D 国际化的论述，学者们（Brockoff, 1998；Asakawa, et al. 2001,）主要研究企业研发国际化的动因、投资结构特点、区位分布等问题，进而分析企业研发国际化的发展趋势。

（一）动因

1. 市场驱动

Dalton 与 Serapio（1999）根据对美国跨国公司进行的调查，将美国公司到海外投资 R&D 的市场驱动的起因归纳为：开发设计适合当地市场的产品；为当地开发新产品；支持母公司在东道国的生产、销售或服务性机构。由此可以看出，Dalton 与 Serapio（1999）认为跨国公司海外投资 R&D 是对其生产投资或市场开发的一种支持性投资，其主要目的是通过开发适合当地市场的产品来扩大市场份额。Walter Kuemmerie（1997）对跨国公司 R&D 国际化动机进行了较为系统的理论阐述，他提出以母国为基础的技术开发（HBE）是跨国公司对外 R&D 投资的一个重要原因。对外投资的主要目的是充分利用跨国公司现有的技术知识存量，开拓国际市场，其主要影响因素是东道国市场规模和成长潜力。J. Cordell（1973）也提出了类似的观点，他认为跨国公司海外投资设立的支持实验室的任务是将母国产品和生产技术适应东道国市场，跨国公司为开发适应海外市场的产品或服务而设立海外研发机构，这种机构能够比母国的研发机构更能有效地掌握当地的消费需求与趋势。

2. 资源获取

Serapio 与 Dalton（1999）也提出跨国公司实施研发全球化战略，是对公司内部关键性资产的安全措施，是辅助关键资产充分发挥作用的行为。跨国公司的本质决定了其海外研发的必然性，Pearce 与 Singh（1992）等学者的研究证明了跨国公司海外生产的比例、从事海外研发的倾向、海外子公司申请专利的比例为正相关。而 J. Cordell（1973）提出的“支持实验室”的观点，认为海外研发机构的设立有利于跨国公司获得全球性资源。由于国内研发人员的缺乏或成本偏高，利用海外的人力资源、设施，进而降低研发成本，分散研发风险，紧追东道国的最新研发资源成为跨国公司海外研发的主要动机。Reddy（1997）提出，跨国公司对研发人员日趋增长的需求，是 20 世纪 90 年代研发全球化最为关键的动因。Nagesh Kumara 与 Aradhna Aggarwalb（2005）的研究显示，跨国公司在印度设立研发机构，关注于使用印度的优势作为母国的研发平台。Sigurdson（1990）则明确指出，各国研发环境和研发资源供给不同，所以研发活动的成本也不同，重新选择研发活动的地区可以提高公司的长远竞争地位。

3. 信息与政策获得

利用在东道国设立的研发机构，来追踪最新的科学技术进展和获得政策性支持已日益成为跨国公司海外研发活动的重要动机，De Meyer（1992）与 Dalton（1999）等学者的研究都说明了这一点。MacDougall（2004）发现法国、爱尔兰和英国都使其研发税收政策优惠幅度提高，进而吸引国外研发机构；美国研发税收优惠政策是其国内税收优惠幅度中最大的；印度为那些仅仅涉及商业应用科学的国际化研发企业提供 10 年的免税期。Dalton（1999）等人的调查研究显示，一些国家把设立研发机构作为允许外资进入的条件。当然，除了强制性政策外，也有些国家和地区制定了吸引跨国公司设立研发机构的其他优惠政策。另外，由于各个国家的法律制度不同，有些跨国公司为逃避国家禁止的科学研究，比如某些生物化学方面的项目，也会选择政策更加宽松的海外研发地域。

（二）结构类型

Gassmann 与 Zedtwitz（1999）选择了 33 家生产和营销国际化程度都很高的技术型企业作为研究对象，这些企业分别取自美国、日本和欧洲。其中，欧洲 17 家、美国 5 家、日本 11 家，分属电气、电子、汽车、重型机械、化学产品和制药等行业。其研究成果建立在对这 33 家企业长达 4 年（1994—1998 年）的 195 次访谈基础上。访谈的核心问题包括四个方面：即海外研发区位的自治性和独立性、与中心和当地研发单位的合作、资源配置和投资资金流向。通过长时间的实证研究，Gassmann 与 Zedtwitz（1999）将企业海外研发结构类型分成五种类型：民族中心型、地域中心型、多中心分散型、研发中心型和整合研发网络。

民族中心型。Gassmann（1999）等认为，这种企业海外研发结构的主要特点是：跨国公司母国比其海外子公司东道国在相关技术上更具优势，因而企业将其全部研发活动都集中在母国，以确保企业的核心技术作为一种国家财富保留在国内。同时，将其产品生产逐渐扩展到全球其他区位，并实施面向全球的营销策略；地域中心型。这种结构类型的特点为：研发活动仍主要集中在母国国内，但由于企业对海外市场和当地研发能力的依赖性加大，一方面需要在母国招聘具有研发工作经验的外国技术人员，以增强企业研发的全球意识；另一方面需要派遣研发人员到海外去参与研发合作，与当地生产商、供应商和用户加强交流；多中心分散型。多中心分散型海外研发结构，其特点是分散在海外的研发单位与当地市场联系紧密，独立性强，有助于充分利用当地的各种资源。但是，由于海外研发单位之间、海外研发单位与总部研发单位间的信息共享度低，缺乏必要的协调，因此容易导致研发活动重复；研发中心型。研发中心型结构，其特点是位于母国的研发中心为各种研发活动的主要实验室，通过长期研发项目和各种资源的配置，对分布在全球的研发单位进行控制和协调；研发网络。研发网络结构，其最突出的特点是母国研发单位不再对所有研发活动进行控制，与海外研发单位享有同等的权利和义务。具体表现为：①海外研发单位已转变成一种战略性组织，不仅要跟踪和监测东道国的各种变化，而且要制定相应的研发战略；②各研发单位之间始终保持灵活的联系，而避免了各单位间的重复劳动。

Gerybadze 与 Reger（1999）的研究对象是 21 家研发国际化程度和强度较高、创新定位较强的企业。这些企业主要集中在电子和信息技术、化学和医药，以及机械和先进制造等行业，分别取自美国、日本和西欧，其中，西欧 11 家、日本 8 家、美国 2 家。该研究根据技术创新来研究企业组织海外研发活动的结构类型及其特点。因而，在研究企业海外研发的动因和区位选择时，主要强调知识和能力的形成及研发、领先市场与先进制造三者之间的互动关系。在此基础上，将企业海外研发分成四种不同的结构：即母国强研发基础型、母国弱研发基础型、母国市场领先型和海外市场领先型。其中，母国研发基础的强弱，是与国际先进水平相比较而言的，并且因不同研发活动所属的行业而发生变化。

根据以上的文献回顾，无论是研发国际化的动因分析，还是研发国际化的结构选择，西方跨国公司研发国际化理论已经非常成熟。而中国是发展中国家，中国企业的研发国际化有自身的特点，需要进行调查研究并总结规律，与研发国际化理论进行对接和比较，进而提出新观点，总结新规律。本研究在回顾经典的研发国际化理论基础上，“目的性”抽样选择中国企业进行研发国际化问题的调研，并进行跨案例研究，试图得到新结论与新规律。

三、研究过程与结果

（一）研究过程

1. 研究方法

跨案例研究（Cross - case Study）也称为多案例研究。与单案例研究设计相比，跨案例研究设计推导出的结论往往被认为更具有说服力，因此整个研究就常常被认为更能经得起推敲（Herriott & Firestone, 1983）。跨案例研究中每一个案例的选择都能服务于某一个目的，并遵从复制法则（Herriott & Firestone, 1983）。每一个案例都要经过仔细挑选，其标准有两种结果：①产生相同的结果；②由于可预知的原因而产生与前一研究不同的结果。本研究试图从个案中概括出普遍性规律，所以在跨案例选取上，执行逐项复制的原则。

案例研究必须确定需要选择的企业（单位）研究样本，以及选择多少样本和抽样方法。由于案例研究的目的是归纳理论，而不是寻求大样本的统计规律，因此案例研究样本的选择不需要遵循抽样规律和法则，只要案例本身具有足够的特殊性和典型性就符合要求（Eisenhardt, 1989）。通常，案例研究对样本的要求是：从样本的性质来看，要求被选定的样本应该与所研究的主题高度相关；从数量上看，不在乎研究样本数量的多少，而在于对样本研究的深度和典型性（李雪松、司有和、龙勇，2008）。

2. 竞争性解释和研究样本选择

由于本研究是跨案例研究，为了提高研究的效度，在从事本研究过程中，最为重要的是竞争性解释的界定。最常见的竞争性解释就是本研究的零假设（Null hypothesis）。零假设实际是观察到的现象或结果只是偶然发生的，它与假想中的干预没有任何关联。但是，在案例研究中也许最重要的竞争性解释，是那些表面上似乎很有说服力的、能解释相关现象和结果的假设（Robert K & Yin, 1994）。由于本研究是跨案例研究，笔者不得不考虑以下的竞争性解释，并直接影响到研究样本的选取：①是企业的行业特征（行业性质、地位和技术特征）影响了企业研发国际化的动因、结构选择和发展趋势；②是企业的组织特征（组织规模和组织年龄）影响了企业研发国际化的动因、结构选择和发展趋势。基于以上的分析和考虑，也为了排除研究的竞争性解释，本研究对诸多案例研究对象进行了筛选，对选取原则进行如下说明。

本研究搜索了进行研发国际化的主要的、典型的中国企业，如表 37 - 1 所示。

表 37－1　进行海外研发国际化的典型中国企业

序号	公司名称	地点	行业	海外研发机构
1	中兴通讯	深圳	通信	在美国新泽西、圣地亚哥、硅谷有 3 家研发机构，从事软件交换机、CDMA1X 高层协议研究
2	华　为	深圳	通信	8 个地区总部和 32 个分支，在硅谷、达拉斯、班加罗尔、斯德哥尔摩和莫斯科设立了研究所，并同摩托罗拉、英特尔、微软、日电等成立联合实验室
3	康佳集团	深圳	家电	1998 年 7 月在美国硅谷成立康盛实验室，率先研制出高清晰电视
4	创维集团	深圳	家电	在美国硅谷建有技术监测机构
5	奇瑞汽车有限公司	芜湖	汽车	2002 年开始和奥地利 AVL 公司合作研发，拥有自主知识产权的 3 个系列，共 18 款最高水平的全铝发动机；委托意大利和德国的设计公司开发新车型
6	吉利控股集团	杭州	汽车	与德国吕克中克合作设计车型，请外方做造型，自己设计底盘结构；与意大利汽车集团公司合作；收购 VOLVO
7	万向集团	杭州	汽车零部件	收购美国舍勒公司，收购美国 UAI 公司
8	华立集团	杭州	电表	收购飞利浦在美国圣何塞的 CDMA 移动通信部门在泰国建立工业园
9	上海轮胎橡胶集团	上海	轮胎橡胶	在美国 Goodyear 大本营－阿克隆建立研发机构
10	华虹集团	上海	芯片设计制造	1997 年 12 月成立上海华虹国际（美国）公司；在美国投资 IC 设计公司，如新涛、Omnivision 和 Amlogic 公司在美国设立微电子研发中心
11	联想集团	北京	IT	在美国北卡建立研发机构
12	首信集团	北京	网络安全产品	2002 年在美国新泽西州投资组建 MOBICOM 公司，作为首信集团的海外研发机构，跟踪世界最新数字技术和移动通信终端技术

续表

序号	公司名称	地点	行业	海外研发机构
13	远大空调有限公司	北京	空调	与美国能源部、南加州燃气公司、法国燃气公司、大阪燃气公司、美国橡树岭国家实验室及美国马里兰大学建立了技术合作关系
14	海尔集团	青岛	家电	美国、加拿大、法国、荷兰、日本、韩国等6个国家建立11个信息站，7个海外设计中心与美国DOW、MOTOROLA和巴西的EMBRACO等跨国公司结成全球技术联盟
15	海信集团	青岛	家电	美国海信有限公司，硅谷海信数字电视实验室；2002年6月与美国Ligent International Inc. 签署合资合同，在美国特拉华州成立合资公司Ligent Photonics Inc.；2002年7月与日本住友商事株式会社签署合资协议，在日本成立海信住商（日本）股份有限公司
16	TCL	惠州	家电	TCL收购法国汤姆逊彩电部门获得其在法国、美国和新加坡的研发中心，收购阿尔卡特手机部门获得其移动通信研发中心
17	格兰仕	佛山	家电	1999年3月，格兰仕北美分公司成立，同时美国微波炉研究所成立；投资2000万美元，在美国西雅图设立了研发中心
18	长　虹	绵阳	家电	2000年，长虹与世界知名跨国公司组建九大联合实验室（长虹—微软联合实验室）；在美国硅谷建有技术监测机构，投资3000万美元在捷克共和国设立长虹欧洲电器有限责任公司，专注于消费类电子的研究开发、制造、销售与服务等业务
19	国腾集团	成都	信息	在美国硅谷、加拿大、英国剑桥、中国香港等地设有联合实验室和研究院
20	金帝巧克力	深圳	食品	引进瑞士先进设备，同时进入国际行业协会获取海外资源

续表

序号	公司名称	地点	行业	海外研发机构
21	诺诗康瀛	北京	医疗器械	与德国科研实验室建立战略联盟
22	上　汽	上海	汽车	伦敦上汽汽车海外（欧洲）研发中心

资料来源：笔者整理。

在表 37 - 1 中，研发国际化的典型中国企业均是本研究可以选择的跨案例分析样本，根据“目的性”抽样原则，也为了规避竞争性解释的影响，本研究进行如下的样本筛选：

（1）规避行业差异带来的影响。本章认为，在高技术相关行业中，不同行业类型的企业均会遇到研发国际化问题，其研发国际化的动因、结构选择和发展趋势有一致的规律性，可以进行理论化的总结和分析。本研究为了规避行业差异带来的影响，需要选择不同行业的典型企业进行跨案例分析，如通信行业、家电行业、食品行业和生物医药行业。

（2）规避组织特征的影响，拓宽案例研究的局限性。为了使理论更具有推广性意义，本研究即选择了规模较大的企业进行研究（如中兴、康佳和格兰仕），也对中小型高科技企业进行研究（如诺诗康瀛公司）。这样做，可以克服案例研究普适性不强的特点，寻找新的理论意义和结论，拓宽研究视野和思路。

3. 研究工具的选择

案例研究通常采用多元方法来搜集资料，这些方法除了一般量化研究方法外，大多包含各种质化方法（De Vries et al. , 1996）。Robert K. Yin（2004）认为，采用不同的方法进行数据收集可以避免同源性误差，增加案例研究的可靠性和有效性。本研究综合运用了案例研究数据收集的常用方法：文档分析、深度访谈和现场观察。文档分析，是指利用企业内部的资料、刊物、报表、原始记录、会议总结、网络信息等进行关联性分析；深度访谈，是指通过对个案企业管理者和员工进行面对面的谈话来收集分析型数据。本研究在访谈了相关企业管理者后一致性的结论便给予采纳，同一议题存在差异将给予意见保留（访谈的对象和内容见附录 1）；本研究也注重亲身观察和体验，主动与企业的员工进行非正式交流（对员工午餐和某些社交场合的交谈进行录音记录），将观察的数据与文档分析、深度访谈的结论进行比较和归纳。由于这三种方法各有自身的优缺点，如表 37 - 2 所示，所以兼采用各种方法来收集资料是相当重要的，可以取长补短，产生综合效果。

表 37－2　本研究的三种资料收集方法

研究方法	优点	缺点
访　谈	目的清楚，能呼应研究主题；可以获得有深度的解释	重要文件不容易获得；不完整时会有偏颇；可能反映原作者的偏见；被访谈者的回忆偏误或故意迎合访谈者
观　察	可以看到直接和即时的事件；能查看事件发生时的情境；对人际行为与动机具有深刻的了解	费时费力；选择性的情境可能有偏误；介入的影响
文件/档案	可以重复检查；不介入案例活动；明确资料、清楚的细节；范围广泛、横跨各种人、事、时、地、物	问题不佳时会产生偏误；使用权受到限制

资料来源：修改自 Robert K. Yin（1994）。

此外，在案例研究中，亦强调多研究者（Multiple Investigators）的观点。多研究者的好处，首先，是可以强化研究的创新性，由于每位研究者的长处不同，所以可以集思广益，对资料收集、分析及诠释，有更为宽广的见解；也较容易发挥想象力，获得新的体会与领悟。其次，当多位研究者的观察都能获得一致性结论时，研究结果较容易收敛，从而提升研究者对结论的信心（Eisenhardt, 1989）。本研究的六个案例，均是在 2007—2009 年，通过研究团队的方式进行研究的。研究团队由一名博士生导师和三名博士研究生组成。在实地访谈中，有些研究者负责访谈，有些负责记录，有些则进行观察，彼此相互搭配，通过热烈的群体讨论，理清隐晦不明的地方，并逐渐形成清晰的共识。

4. 研究的品质

通过一些规避措施，本研究主要保证以下研究品质：概念效度、内部效度、外部效度和信度。①概念效度。为了让研究概念得到准确反映，在本研究中采取了多重证据来源的三角验证的方法。通过访谈（见附录 1）、观察和文件（二手资料）等数据收集方法，让证据能够取长补短、相辅相成。②内部效度。本研究考虑了跨案例分析中常见的竞争性解释问题（零假设），提高了内部效度。③外部效度。由于研究者通常只是在单一时间与地点针对单一类型的案例进行研究，所以必须确定此研究结果是否可以适用于其他类型的案例或不同的时间与地点当中，以判断研究结果或理论的类推能力。本研究不仅选取了不同行业特征的企业组织进行研究，而且为了推广理论的适应性，还选取了组织规模不同的企业进行研究，保证了外部效度。④信度。是研究过程的可靠性。研究必须是可重复的，本研究建立了资料库供其他研究者分享，包括现场笔记、照片、访谈录音和案例的文字稿，以便后来的研究者能够进行再检查与再分析。

（二）研究结果

本研究中所选择的 6 个案例企业基本情况如表 37 －3 所示，为跨案例分析奠定基础。

表 37 －3 案例企业相关情况简介

企业名称	中兴通讯	康佳集团	TCL	金帝巧克力	格兰仕	诺诗康瀛
成立时间	1985 年	1980 年	1981 年	1990 年	1978 年	2001 年
2009 年研发人员规模	全球 23544 人	总部 1572 人	总部 1394 人	总部 35 人	总部 972 人	海外 3 人
主营业务	通讯设备	家用电器	家用电器	食品	家用电器	医疗器械
行业特征	全球通信市场是一个典型的奉行“在位优势”规则的市场，竞争残酷，产品更新速度快，产品价格不断下降	传统的“技术引进——技术模仿——二次创新”模式使企业创新能力的积累速度无法赶上日新月异的技术变化	国外家电企业开始在华投资热潮，抢夺以 PDP、LCD、背投等为代表的新显示方式彩电高端市场	世界巧克力市场，品牌是消费者和产品之间的完全体验，同时品牌又代表高品质和高知名度、美誉度等。对产品的工艺有非常高的要求	国外跨国公司将目光瞄准中国的微波炉市场，意图继空调、彩电之后，再次控制中国的微波炉市场	国内技术相对落后，海外发达国家技术领先，新技术发展迅速，行业人才缺乏，技术含量较高

资料来源：笔者整理。

1. 中兴通讯：跟踪先进技术信息，获得东道国市场资源

A. 中兴通讯研发国际化的主要形式：建立研发中心和研发战略联盟

（1）研发中心。世界通信技术发展迅速，企业如果在技术上不能与全球同步，被市场淘汰就会成为必然。中兴通讯在紧跟国际发展步伐的同时，如果能掌握具有颠覆性的技术，那么公司的发展将出现质的飞跃。例如：20 世纪 90 年代初，诺基亚是一家与通信产品几乎不沾边的企业，在业界毫无名气，但由于有了 GSM 核心技术，并认为 GSM 技术是未来移动通信的主流而大力发展，现在诺基亚已成为全球第一大通信设备制造企业。根据“市场优势、技术优势、人才优势”原则，中兴通讯在全球设立了 15 个研究开发机构。①国内研发中心：中兴通讯的核心研发机构，重点是技术产品化工作；②欧洲、美国研发中心：前沿、核心关键技术研发；③法国研发中心：促进高端市场突破；④印度、巴基斯坦研发中心：客户推进、客户定制化。

同时，中兴通讯还建立了全球化合作的大平台，全面建立了和全球主流运营商以及电信设备商的业务沟通和联系。与法国电信、和记电讯、爱立信、思科、阿尔卡特等全球著名企业建立了战略合作伙伴关系。中兴通讯在技术上处于劣势，优势主要在于成本，但企业规模要想持续增长，就必须在技术上有一定发言权，掌握一定核心技术，否则成本优势很快会被技术的劣势所覆盖，最后只能昙花一现。同时，中兴通讯通过在东道国建立研发中心，也能了解当地的需求变化并及时做出调整，为大规模进入东道国市场做准备。

（2）研发战略联盟。在国际电信市场上，中兴通讯虽然与强大的跨国设备商进行竞争，但也存在合作。因为跨国通信设备制造企业之间也有不同阵营，技术专长也不一样。良好的合作，可以使相互间实现产品、成本、技术和品牌上的互补，增加在竞争中胜出的机会。中兴通讯在品牌和对国际市场规则认识上有劣势，如果能与其他跨国厂商进行战略合作，就可以减弱这两方面的劣势，对切入国际市场和提升品牌都有重要意义。建立合适的研发战略联盟，可以使中兴通讯更快地走向国际市场，从而规避可能的市场和技术风险：①中兴通讯与高通公司在 CDMA 上建立战略合作关系，由高通提供核心技术和芯片，中兴通讯进行研发和产品制造，共同推动 CDMA 系统的商用及规模。高通也通过这种战略联盟来与占世界 80% 的 3G 市场的 WCDMA 跨国联盟进行竞争。②为在 3G 市场上联手，中兴通讯与爱立信公司签署了战略合作协议。③中兴通讯还与阿尔卡特建立战略伙伴关系，阿尔卡特公司负责在全球范围内 OEM 中兴通讯的 CDMA 基站系统设备。④中兴通讯积极参与 3GPP 联盟，参与国际标准的制定和技术研发，以减少进入成本。

B. 中兴通讯研发国际化的动因和结构分析

中兴在海外设立的研发机构，都立足于国际通信技术发源地，具有技术前瞻性，跟踪收集信息，检验技术路径是否符合产业化。从市场角度来看，美国、欧洲等国是最先进的国际市场，对客户的研究是最深刻的，代表了客户需求的基本方向；外国运营商在发达国家市场会做到极致，为其他企业提供了重要的信息。因此，中兴的海外机构在美国、欧洲国家的定位是面向全球高端技术的支持中心，了解发达国家客户需求，带动国内研发方向，起到战略而不是战术作用，因此是一种市场驱动型而不是技术驱动型战略。

中兴的海外研发中心是公司的全资子公司，美国研发中心约有 50 人，2005 年成立的印度研究所有 20 多人。2004 年，中兴在美国的三个研发机构整合成一个平台。由于美国运营商分散，而达拉斯从地理位置上距离各地的运营商都近，同时达拉斯免交联邦税，只交州税，因此中兴在美国的研发中心向达拉斯转移。在投资规模上，公司会根据市场周期和技术发展等情况进行调整，在美国的研发投资平均每年是8000万元人民币，在欧洲是180万美元，印度投入较少。在派出的人员方面，他们都具有良好的背景，其中不乏在诺基亚、摩托罗拉等有资深经验的人员。从公司的角度，中兴派出的都是精英人物。

海外研发机构的任务是只做框架式研发，提出研究需求，在国内进行真正的产品研发。例如公司的软交换项目（Soft Switch），就是原网络事业部经理在美国研究所进行了前期可行性研究，然后回国研发和产业化，这样能够准确把握方向，大大缩短了产品开发周期，因此来自国外的有价值的信息促进了企业的发展。目前中兴海外研发机构的营销和销售力量在逐渐加强，为当地的产品提供支持和改进。在海外研发机构与公司总部的交流方式上，海外研发机构与事业部是对接的，美国当地的事业部把核心需求提交到研究所，年初进行详细的规划，在美人员有专业分工，给各地事业部予以技术支持，其他时间进行市场发现。海外人员经常回国，定期参加会议，提供研究报告。总经理由国内派出，经常回国参加各种经营会议。海外研发机构对国外先进技术信息的跟踪可以使国内公司的研究开发形成一个系统体系，通过组织对前端销售体系的把握，实施市场—技术驱动的研发调整。

2. 康佳集团：从海外研发失败经验中汲取教训，寻找国际研发的新模式

A. 初期海外研发的失败

康佳的海外研发是从1996年开始的，1998年在美国硅谷投资建立了“康盛”实验室，派出研发骨干，关注国际市场动向，主要跟踪数字电视的发展。2000年1月，在拉斯维加斯国际消费电子展上，康佳的艺术电视和TV/DVD二合一电视双双荣获“创新2000奖”，这是中国消费电子产品首次赢得国际大奖。但2000—2003年，国内开始出现行业萎缩，2001年，康佳采取了战略收缩，在巨大的财务压力下，实验室暂停运作。“康盛”实验室失败的原因主要包括：①盲目投资，对海外建立研究开发中心的成本估计和资金回收期的估计不足，没有考虑到可持续发展；②公司高层领导的更换；③行业环境的影响；④派出人员的动机和素质，很多当时派出的人员都把到海外工作作为跳板，出国后离开了康佳，影响了派出队伍的稳定性和实验室的正常运行。

B. 对外销售能力提高，开拓海外研发新模式

2002年，康佳的对外销售步入正轨，以100%的速度增长。2002年实现外销4亿元，2003年达到7亿元，2008年达到16亿元的外销销售额。康佳的市场运作方式主要采用康佳品牌和贴牌生产相结合的方式，形成外销研发、内销研发并行的模式。外销研发是指在外销过程中，销售人员和技术人员等可以根据国际市

场需求的变化提出新产品计划，从而提升企业的研究开发能力，可以概括为订单制、柔性化和专业化，并派生出新产品模块。如康佳国际营销事业部有40人的研发团队响应订单，并与国外公司保持良好的合作关系。

康佳现拥有从集团研究院、多媒体开发中心到数字平板开发部三级研发体系。平板电视领域的核心研发团队已经达到1000多人，技术人员素质和规模在全国范围内都是领先的，成为世界平板电视科技人才的“高地”。2002年以来，康佳先后与Intel、飞利浦、意法半导体、Genesis等国际巨头建立了联合实验室，积极做好前瞻性的技术研究。此外，康佳还与联想等国内企业联合发起了闪联组织，进行数字家庭相关技术和标准的研发。2005年，康佳与国内主要彩电企业一起建立知识产权专利池，合力攻关彩电产业技术难题。未来上游面板企业与国产整机企业将出现越来越紧密的策略性合作，平板电视产业链重心将转移至中国，液晶电视模组、屏等相关配套产业的集聚效应将进一步在国内形成，促使国产品牌提升市场话语权。目前，康佳又在日本和韩国设立了工业设计室，采取人员轮换方式，每2~3个月派出一批研发人员，在国外完成研发项目。韩国和日本电子消费品的发展引领了消费趋势，在集成和外观技术上处于领先地位，因此康佳派出的设计师能够在整体设计思想和观念上得到启发和提升，主要体现在对流行趋势、设计细节和材质的把握上。和原来在海外建立实验室的方式相比，海外工业设计室的投资成本低，为更多的研发人员提供了海外学习机会，项目成果和思路能很快应用到产品开发上。

此外，在技术研发上，康佳在全球针对每个市场板块寻找机会进行战略合作，借助合作方的资源以及康佳的优势进行整合，以达到强强合作的可能，如和菲利浦合作建立芯片实验室。

3. TCL集团：收购国际技术型企业，整合国际技术资源

A. 以国际并购方式，获得海外研发资源

TCL集团旗下主力产业在美国、法国、新加坡等国家设有十几个研发分部。TCL集团在积累国际化资本的方式上与康佳集团相似，利用产品的外销获得利润，并直接支持TCL集团的国际化进程。在不断扩大外销规模的同时，TCL选择了并购国际化技术公司的道路。TCL集团控股旗下的TCL国际控股有限公司于2002年9月下旬宣布，通过其新成立的全资子公司Schneider Electronics GmbH，与德国Schneider Electronics AG破产管理人达成收购资产协议，820万欧元收购其主要资产。Schneider Electronics GmbH收购了施耐德（Schneider）的生产设备、研发力量、销售渠道、存货及多个品牌，其中包括“SCHNEIDER”（施耐德）及“DUAL”（杜阿尔）等著名品牌的商标权益。Schneider Electronics GmbH同时协议租用位于Tuerkheim面积达2.4万平方米的生产设施，建立其欧洲生产基地。

2004 年 1 月，TCL 集团董事长兼总裁李东生与法国汤姆逊公司首席执行官达哈利在法国总理府签订共同成立 TCL—汤姆逊电子有限公司的合同。TCL—汤姆逊电子公司采取多品牌策略进入不同的市场，在亚洲及新兴市场以推广 TCL 品牌为主，在欧洲市场以推广 THOMSON 品牌为主，在北美市场以推广 RCA 品牌为主，并视不同的市场需求推广双方拥有的其他品牌。TCL 国际控股成为合资公司的主要股东，占 67% 的股份，汤姆逊持 33% 股份。合资公司的首席执行官由 TCL 方面派出，总裁由汤姆逊方面派出。

2004 年 4 月 26 日，阿尔卡特公司和 TCL 签订谅解备忘录，组建 TCL & Alcatel Mobile Phone Limited 手机合资公司（简称 T&A）。TCL 集团出资 5500 万欧元，占新公司 55% 股份，控股新公司；阿尔卡特投入价值 4500 万欧元的现金和其手机业务，占有 45% 股份。同年，TCL 集团以间接方式全资收购了美国碟机企业名为 Govedio 的公司。该公司在美国是一个做录像机、DVD 等视像产品的老牌渠道公司，一年销售额约 2 亿多美元。TCL 此次收购支付了几百万美元，并购之后 TCL 在美国市场继续使用 Govedio 品牌销售彩电、碟机等产品。

TCL 利用并购国外技术型企业的机会，加速推进在全球层面的系统整合，包括：组织架构梳理整合、业务流程整合、资源整合和全球供应链整合。逐步形成全球性的研究开发平台（包括采购和制造）、财务审计平台，实现全球资源调配，建立全球化的运作体系，在生产、渠道管理、产品定位、控制成本方面提升自身能力。在这个过程中，2007 年，TCL 关闭了施耐德的制造工厂，把北美生产基地墨西哥的三个工厂合并成一个，人员从年初的 3500 人减少到 6 月份的 2100 人，节约制造费用 2000 万元，这种节省是通过改造工厂的制造、工艺流程和改善管理来实现的，这与公司通过并购的国际化方式分不开的。TCL 对全球研究开发资源进行了整合，提升研发的投入产出比，并减少研究开发人员 20%，从而建立自身优势。

B. 国际研发中存在技术导向判断偏差

国际并购使得 TCL 产品技术方面得到了提高，但是并没有达到期望，主要是当时 TCL 期待的 DLP 技术，后来证明竞争力并不能够像 LCD（液晶电视）后期那样快速发展。LCD 上升得很快，这迫使 TCL 在主要的产品开发技术方面重新定位，要重新做 LCD 产品。到 2005 年下半年，TCL 最终决定还是把主要的技术资源收回到 LCD 上来，但为时已晚。技术导向判断的失误造成了技术研发方面落后，原来希望从汤姆逊公司得到的那一部分技术能力并没有发挥效果。实际上对市场技术走势的错误判断是导致 TCL 三年亏损的最根本的原因。

目前，TCL 也面临国际化的一系列问题，如在国外推广多种品牌，进入当地的生产商产业联盟和行业协会很困难，享受不到当地行业协会的服务和信息支持；对懂得海外业务运行规律、熟悉外国语言和当地法律法规与相关国家、地方政策人才的迫切需求难以得到满足；虽然聘请了海外咨询公司帮助推广自身品牌，但是海外客户对 TCL 的品牌认知还不够理想；在 TCL 以多种品牌进行外销的过程中，其最大的优势来自产品的低成本，但是在广东地区生产电视机等小家电的中小企业较多，并且这些企业更多地收购客户的旧家电，改造后出口销售，模仿 TCL 等大厂商的商标，以更低的价格抢占大品牌厂商的国际市场，严重扰乱了国际市场的竞争秩序，对中国保护自有的国际知名民族品牌的工作造成了干扰。

4. 金帝巧克力：利用设备引进，获得海外研发资源支持

A. 世界巧克力市场的技术发展趋势

从世界范围来看，产品价格越来越不是巧克力行业的竞争热点，而提高原料、开发新口感、集中品牌，不断缩短与消费者之间的距离成为了新的发展趋势。

从原料精选、设备升级方面来看，国产巧克力曾经有很长时间存在品种单一与风味平庸的问题。近年来，国内厂商致力于对原材料的精选把关、异味去除、物料精制。为适应国际巧克力制品的消费趋势，国产巧克力采用巧克力基料与膨脆谷物制品、低热值糖体或果蔬制品等混合方式制成新型产品，推出了高品质的机能性巧克力。国内企业在技术上主动出击，与国际接轨。巧克力是舶来品，在生产工艺和技术积累上国产巧克力的确大有不足，但现在已经有一些国产巧克力企业开始主动出击，积极与国外的专业技术机构合作。金帝巧克力就是一个很好的例子。

深圳金帝食品有限公司成立于 1990 年，公司位于深圳经济特区内，占地 28410 平方米，是一家专业从事巧克力和糖果生产及销售业务的大型国有控股食品企业，拥有国内一流水平的产品研发体系、生产制造体系和市场营销体系，综合实力在中国巧克力糖果行业位居前列。经过十多年的艰苦创业、精心耕耘，公司生产的“金帝”品牌巧克力和糖果已深入人心，“金帝”品牌知名度不断提高，国内市场占有率连续多年在同行业中位列三甲。

B. 海外研发资源的获取

目前金帝公司有稳定的海外顾问团队，这些海外顾问是巧克力行业的制造专家。金帝在引进国外（瑞士和德国）设备的时候，注重厂商提供的后续服务，利用自身的讨价还价能力和国内巧克力生产的垄断竞争优势，与设备供应商签订了长期交流协议。但是巧克力生产的工艺革新很大程度上依赖于设备供应商。金帝曾经与一家设备提供商顾问公司长期合作四年，外国顾问现场指导工艺和设备选型，在这个过程中，金帝公司不断提出新问题和新建议，设备厂商会不定期提供新信息和现场指导。目前金帝的某些技术和工艺已达到国际先进水平。

金帝研发能力的提升，与向海外技术工艺专家的学习是分不开的，在长期的学习和积累过程中，技术人员把国外专家的隐性知识转化为显性知识并保留下来。这种合作和学习方式的成本不高，但效果明显。与此同时，利用与海外专家接触的机会，金帝获得了去海外参观学习的机会，例如新加坡厂商每年会邀请金帝的技术人员参加在当地举办的研究讨论会，并现场学习、手工实验，金帝的技术人员可以感受到新产品的创造过程和工艺技术。

5. 格兰仕：建立全球供应商同盟和“全球制造中心”，为海外研发提供动力

A. 海外研发的基本情况

格兰仕公司创立于 1978 年，定位于“全球名牌家电制造中心”。到 2004 年，致力于推动“全球微波炉制造中心”“全球空调制造中心”“全球小家电制造中心”三大制造基地的发展，保持微波炉制造、光波炉制造的世界第一，进入世界一线空调品牌阵营，格兰仕电器产品旺销全球近 200 个国家和地区。2001 年以来，格兰仕在带着微波炉产业稳步升级的同时，开始在空调和小家电领域有所发展。

截至 2008 年，格兰仕技术研发的总投入超过 20 亿元，掌握微波炉核心技术、核心制造能力。格兰仕拥有专有专利技术 600 多项，专利技术 300 项，独创球体微波专有技术，球体光波专有技术，成功研制出被日本专家称为“微波炉世纪换代产品”的世界首台光波微波组合炉。格兰仕每年投入数亿元技术研发费，产品性能质量遥遥领先，同时在美国建立研发中心，保证产品的技术进步及更新换代领先对手一步。1997 年，格兰仕美国研发中心的成立，以及掌控磁控管、变压器等核心元器件的开发生产，保证了格兰仕在新产品研发上的领先优势，从而在 2002 年开辟出的光波炉产业格局中形成具有决定意义的规模、技术优势，保证格兰仕微波炉产销整体平稳增长。格兰仕在美国研发中心进行有关的技术开发，因此，格兰仕不存在技术上的劣势，若在研发上加大力度，还可赢得一定的优势。比如，格兰仕美国研究中心开发出的世界首创型光波炉、光波空调，作为微波炉、空调的升级换代产品，综合了众多智能新技术、环保新材料的应用。

B. 海外研发中心建立的动力来源

格兰仕建立海外研究开发中心的动力来源是与其自身降低成本的能力分不开的。这几年做到了每年制造成本下降 10%，这意味着格兰仕供应商的供货价格也将有相应幅度的下降。除了是供应商的最大买家之外，格兰仕吸引供应商成为其“全球制造”的战略伙伴，通过建立全球的供应商战略同盟，为格兰仕的研究开发打下坚实的物质基础。格兰仕的低成本扩张模式能得以成功，最主要的支撑就是格兰仕的“全球制造中心”模式。这种理论也被格兰仕自己叫“拿来主义”——将对方的生产线搬过来，在做 OEM 的同时开发生产自己的产品。格兰仕目前和 200 多家跨国公司全方位合作，就是依靠这种“拿来主义”。靠这种成本优势，格兰仕连续几次大降价，获得了微波炉的霸主地位，同时也加速了微波炉这一产业的价格下降趋势。通过降价，格兰仕成功地为这个行业竖起了一道价格门槛：如果想介入，就必须投巨资去获得规模，但如果投入巨资却做不过格兰仕的盈利水平，就要承担巨额亏损，即使做过格兰仕的盈利水平，产业的微利和饱和也使对手没有多少利可图。凭此，格兰仕成功地使微波炉变成了鸡肋产业，并成功地使不少竞争对手退出了竞争，更使很多想进入的企业望而却步。

6. 诺诗康瀛医学科技有限公司：与海外实验室建立联盟，拓展研发能力

A. 海外研发模式选择：海外实验室联盟

诺诗康瀛医学科技有限公司成立于 2001 年 3 月，是集新产品研发、生产、销售、客户服务一体化的高新技术企业。公司于 2001 年 9 月获得了美国 Thermo Genesis（TG）公司产品的独家代理权，主要经营 TG 公司的两类产品：脐带血保存系统和血浆冷冻保存及融化系统。2002 年 12 月取得了瑞士公司的中国代理权，新增项目以经营分子生物学加样枪及加样头为主。

为拓展国际间业务，开辟国际市场，诺诗康瀛公司寻找国外市场机会。2003 年，诺诗康瀛医学科技有限公司在德国法兰克福设立了第一个海外分支机构 R. O. S. E. Europe GmbH。该分公司主要业务是进行中德科技贸易、代理及进行与科技相关的文化交流，同时进行国际贸易咨询及亚太地区和德国市场开发。诺诗康瀛公司与当地医学专家的实验室建立了战略联盟伙伴关系，双方共同合作开发新的医学产品。公司委派自己的研究开发人员与德国医学实验室的科学家一起工作，学习新的医学技术、进行科研交流并把很多合作研发的医学技术带回国，并迅速转化为生产。

B. 选择德国研发环境的优势：政策获取

“中国技术型企业如果要提升自己的品牌，占有国际市场，德国是一个最佳的选择。”诺诗康瀛公司的首席执行官康颖这样认为。为了开拓欧洲市场，拥有自己的品牌和技术专利，并将自己的产品树立良好的形象，康女士选择了德国法兰克福霍西斯特工业园区，于 2005 年在法兰克福成立欧洲分公司。德国在生物技术领域给外国的高科技公司提供了优越的条件。在投资成本方面，康女士认为德国人的严肃、认真、规整值得信赖，让人放心，这是投资的基础。德国拥有许多优秀的品牌，长久不息。尽管许多人说在德国投资非常昂贵，但从性价比来看，因为德国的总体效益绝对值很高，税率相对较低，尤其是 2008 年开始，德国实行了企业税收改革，企业税率降低了近 10%，增强了德国的吸引力和竞争力。另外，德国对所有的外国企业一视同仁，因此来德国投资的中国企业也将从中受益。

诺诗康瀛医学科技有限公司进行海外研究开发选择了依托德国的医学实验室，与其建立研究开发联盟，这种形式在很大程度上降低了公司的海外研究开发成本，缩短了海外研究开发的周期。这种海外研究开发的新形式，适合于像诺诗康瀛医学科技有限公司这样的刚刚起步的小公司，这对于解决公司海外研发资金短缺问题和人才缺乏问题都是值得借鉴的。

（三）跨案例分析

1. 案例间比较：动机和结构

本研究的基本命题是：根据“目的性”抽样的原则，规避行业差异和组织特征差异的影响，选择典型的中国企业（典型行业和不同的组织规模），调查中国企业研发国际化的动机、结构特征和发展趋势。根据调查的结果，验证企业研发国际化的相关理论并发现新问题。本研究选择了通信行业、家电行业、食品行业和生物医药行业中的六个企业进行跨案例研究，这些企业是：中兴通讯、康佳、TCL、金帝巧克力、格兰仕和诺诗康瀛医学公司，如表 37 - 4 所示。从表 37 - 4 可以看到中兴通讯、康佳、TCL、金帝巧克力、格兰仕和诺诗康瀛医学公司在研发国际化过程中不同的企业动机、不同的投资结构和发展趋势等。

表 37 - 4　六个单案例的跨案例比较：动因和结构

分析变量	中兴通讯	康佳	TCL	金帝	格兰仕	诺诗康瀛
动　机	信息跟踪 市场开拓	技术获取 资源整合	资源整合 市场开拓	技术获取 地位提升	市场开拓	市场开拓 技术获取 政策获取
区　位	美国印度	日本韩国	法国德国	瑞士德国	美　国	德　国
结　构	民族中心	民族中心	研发中心	地域中心	民族中心	地域中心
实现形式	独资建立	战略联盟	企业并购	战略联盟	独资建立	产学合作
优　势	技术学习 缩短周期	技术学习 降低成本	系统整合 品牌提升	技术学习 降低成本	降低成本 扩大销售	降低成本 缩短周期
发　展	技术驱动	吸收创新	成本增加	吸收创新	自主创新	广泛合作

资料来源：笔者整理。

2. 国际化研发实现形式的讨论

从六个案例可以发现，合作 R&D 是中国企业实现研发国际化的主要方式，强调供需双方的双向互动作用，需要双方高水平的创新合作。合作 R&D 主要包括产学研合作、战略联盟、在他国建立研发中心等形式。而通过企业并购方式实现研发国际化的成本较高、风险较大，在中国企业的研发国际化中的成功率不高（如 TCL 的案例）。

（1）产学研合作，这是技术转移中效果较好的途径之一，主要包括海外合作开发、委托开发、共建生产经营等模式（如诺诗康瀛医学公司）。中国企业直接与发达国家的企业进行技术合作有一定难度，因此，一些中小企业可建立海外市场的“外部”产学研合作，通过利用海外高校、科研机构的技术研究实力，获取海外的技术资源，努力缩小与发达国家企业的技术能力差距。其主要优点是能充分利用合作伙伴的知识技能和资源，发挥自己的优势，补充自己的不足，有利于迅速获取技术，可以减少成本和风险；主要缺点是组织之间的目标不同，有时难以形成良好的合作关系，管理过程和利益分配有时会出现矛盾。

（2）战略联盟，与海外企业间结成的战略技术联盟，大多形成于高新技术领域，其动机主要与研究开发有关（例如康佳和金帝公司）。这样的方式获取技术资源，一是分摊技术开发的高成本和高风险。因为高新技术具有高度的不确定性和高昂的研发成本，任何一家企业都难以独立承担，所以通过联合研究开发可以大大降低研究阶段的成本和风险，并能迅速缩短产品开发周期。二是可以及时获取合作伙伴的缄默知识和技术成就。在合作企业之间建立一个共享的技术创新与学习组织或契约安排，可以充分利用合作企业的创新资源，缩短创新扩散的时间。中国很多企业与国外企业结成了战略技术联盟。如长城汽车公司与德国博世公司在柴油机开发方面结成战略技术联盟，联想集团与美国航空公司在候机室 PC 技术服务方面结成了战略技术联盟。战略技术联盟有三种形式：①公司或实验室之间以协议或备忘录的形式规定的研究与开发 R&D 项目，此为初级联盟形式；②不但在 R&D 方面签署合作协议，而且在生产方面也进行风险共担的“合资生产”；③不但包括 R&D、生产，还包括促销方面的有关条款内容，即合资建立专门的技术促销公司，此为高级联盟。上述三种战略技术联盟形式中，第一和第二种属于非股权形式的契约合作，第三种是涉及到产权治理结构的股权联盟。目前，中国的战略技术联盟的第一种形式较为常见。值得注意的是，发达国家的跨国公司不仅在某一个领域与其他跨国经营企业结盟，而在多个领域中与不同企业结盟，从而形成一个庞大的国际企业间战略技术联盟网络。

（3）在他国建立研发中心（如中兴通讯和格兰仕公司）。近年来，发达国家的跨国公司一改以往以母国为技术研究和开发中心的传统布局，而利用一些发展中国家在人才、市场和科研基础设施的比较优势，在当地设立科研机构，合作进行新技术、新产品的研发工作，以促进本国公司的研发活动朝着全球化方向发展。目前，已经有几十家发达国家的跨国公司在中国设立了多种形式的研究开发机构。中国的科技企业也利用这种研发国际化方式积极获取国际技术资源、获得国际市场机遇。

四、研究结论与启示

随着经济一体化、信息全球化进一步加强，海外研发投资已经成为世界各国企业在全球范围内配置技术创新资源、建立研发网络、获取技术垄断优势的重要手段。尚处于海外研发投资幼稚期的中国企业，要想利用后发优势，赶超发达国家的先进技术，应该大胆地让研发机构走出国门，在世界范围内获取技术创新资源，形成技术引进、模仿创新和自主创新、海外研发投资三种技术进步方式相互补充、相互促进、相互协调的技术创新体系。但是，目前中国企业的研发国际化受到环境和企业自身实力的诸多限制，仍然处于幼稚阶段。

本章的研究结论总结如下：

（1）中国企业研发国际化动机主要表现为市场开拓和信息获取。由于中国企业在世界范围内的品牌认知度尚低，技术处于落后地位，而且相对于发达国家，中国的人力资本和原材料资源成本很低，所以大多数企业进行研发国际化都是为了扩大品牌的国际知名度（首先进行贴牌生产，然后树立自身品牌）以及获得国际研发的前沿技术，然后带回国内进行技术整合和开发；

（2）中国企业的研发国际化的结构以民族中心型居多，投资相对集中，还不能形成全球研发网络的汇聚优势。中国企业建立海外研发机构的主要目的是，跟踪国外先进技术，获得最新信息，较少从事技术开发工作，而进行基础研究工作的几乎没有。目前，中国海外研发机构主要以技术跟踪型为主，它只是一个技术和信息的监测、收集和传递的简单机构，很难发挥技术创新的功能，更何况发挥全球技术资源的整合功能；

（3）中国企业研发国际化的区位大多选择发达国家和地区，以便获得技术跟踪的便利。海外研发投资流向主要表现为“上行流”模式，投资从技术落后的中国流向技术发达国家，其海外研发机构的区位选择主要受东道国技术创新环境和科技资源丰富度的影响，一般选择在世界技术卓越中心进行分布；

（4）中国企业研发国际化的投资形式是多样化的，即有依靠自身实力、降低成本支撑海外研发费用的，也有通过企业并购和战略联盟的形式获取外国公司核心资产和核心优势的方式，总体看来，企业并购的方式虽然可以获得外国企业的核心资产和品牌，但是由于投资规模较大，风险也是最大的。

为了促进中国企业研发国际化的进程，在分析结论的基础上，本研究提出以下 5 点政策建议：

第一，政府应该为企业建立全方位的信息服务系统，为中国企业提供会计、税务、法律等方面的服务。这是所调查企业反映的普遍要求。很多中国企业在利用海外科技资源的过程中，不熟悉当地的法律法规、市场完善程度、风俗习惯等，而且聘用当地财务人员或者咨询的费用很高，增加了企业走出去的成本和不确定性。

第二，政府应该从国家层面整合资源，鼓励企业创造核心专利和标准，如对通讯设备等重点行业设立基金，对在行业标准化组织里有所突破的企业给予资助，为其提供广阔的市场机会。

第三，政府应该加大产业链的投入，使产业链、供应链的发展和企业的发展相配套。对于重点行业（如数字电视和通讯产业）搭建产业链之间的平台，提倡通过自主研发来提高持续创新能力，使产业链的各环节紧密配合、高度协同，开展多角度、多层面和多范围的联合与合作，支持企业营造和谐的产业环境，支撑产业链的发展壮大和产业的强盛。

第四，政府相关部门采取相应措施，加强国家形象和声誉的宣传和营销工作，建立国家品牌推广机制，使国家形象成为民族品牌的坚强后盾，这需要通过政府和媒体等诸多方面的努力，而且是一个长期的过程。

第五，推动行业内组织建设，联合进行海外研发投资。企业进行海外研发投资，都面临不同程度的环境不确定性和投资风险，推动国内企业的合作和联盟，不仅可以解决单个企业投资风险大的问题，而且有利于行业内企业之间的技术交流与合作，提高行业的整体技术水平和技术吸收能力。

第38章　反向创新的概念辨析与扩散路径

一、引　言

长期以来，在发展中国家的外国跨国公司大都采取一种全球本地化的创新策略，即在发达国家完成创新的大部分工作，然后进行调整来适应发展中国家的本地需求（Govindarajan & Ramamurti，2011）。但随着全球市场环境与竞争格局的改变，新兴市场成为跨国公司构筑全球竞争优势的重点（Khanna & Palepu，2010）。而构成新兴市场的主体是广大中低收入人群，全球本地化的创新策略并不能有效满足这部分消费者的需求（Prahalad，2012）。在此过程中，一些首先为新兴市场研发的创新在被引入发达市场后也获得成功，呈现出与传统创新相反的扩散方向与路径，被称为反向创新（Reverse Innovation，Immelt et al.，2009）。例如，通用电气公司为中国市场研发的便携式超声诊断仪在进入美国市场后变得畅销，宝洁公司为墨西哥市场开发的咳嗽药在引入欧洲后吸引了大批顾客等（Govindarajan & Trimble，2012）。与此同时，反向创新也为发展中国家的企业参与国际竞争提供了新的机会与途径，大量来自新兴市场的本土企业都利用本土创新而在发达市场创造出新的价值并建立起全球竞争优势（Kothari et al.，2013）。

作为一种自下而上的创新策略，反向创新代表着全球化新阶段企业创新理念与模式的转变，对于跨国公司与本土企业均具有重要的战略价值与意义。但现有研究大多是对现实案例的描述与报道，缺乏对于反向创新的内涵及其背后理论框架的总结。鉴于此，本章结合反向创新的最新文献与实践，对该领域进行初步的理论探索。首先，根据创新全球化的演进特征阐释反向创新的背景；其次，对反向创新与其他新兴市场创新概念进行辨析，进而描述反向创新的基本路径；最后；构建出该领域的研究框架并指出未来研究重点。

二、反向创新的背景

反向创新现象的发生，源于创新全球化进程的不断深化，该进程可大致分为四个演进阶段，最终推动了创新的反向流动，具体如图38－1所示。

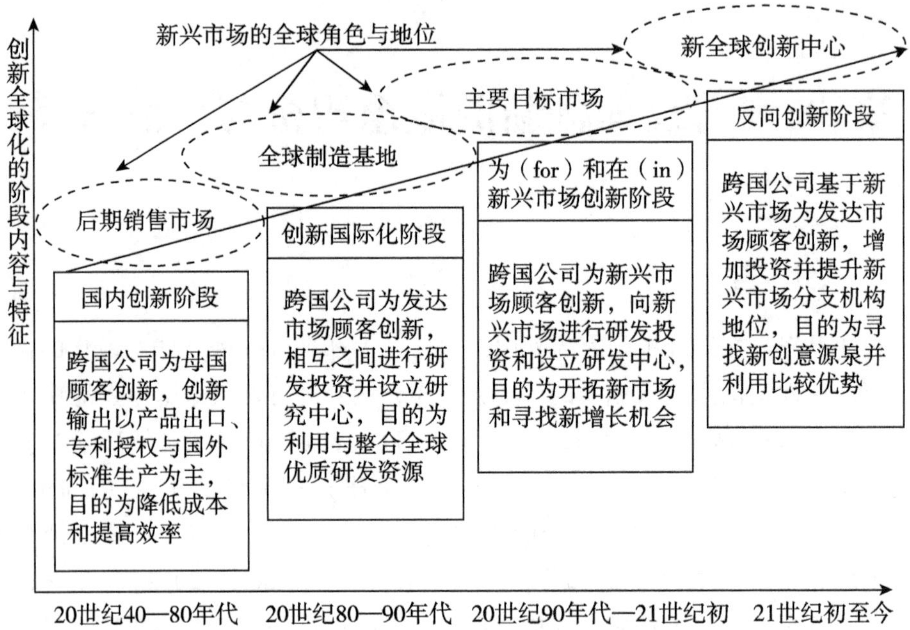

图 38 - 1　创新全球化的演化阶段与特征

第一阶段，在第二次世界大战之后至 20 世纪 80 年代，由于发达国家的市场自由化与放松管制政策，国内企业开始大力拓展海外市场并积极寻找更加便宜的生产要素。在这个阶段，研发资源作为跨国公司的战略性资产被置于核心地位，加之国家之间并不存在统一的知识产权保护制度，因此创新活动主要集中在母国边界内进行（Patel & Vega，1999），创新的全球化流动只是体现在出口、专利授权，以及在国外生产标准化的技术产品等方面（Vernon，1966）。

第二阶段，20 世纪 80—90 年代是创新的国际化阶段，该阶段，跨国公司需要利用其他国家的科技资源来快速获取创造新价值的能力，而不单是寻找海外市场或生产地点。特别是将研发中心设在科学与技术资源比较集中的区域，有助于促进知识的学习与分享，而全球知识产权保护体系的建立与信息技术的快速发展促进了创新资源的跨国界流动（Krugman，1991）。因此，该阶段的美国、欧洲与日本等发达经济体相互之间的研发投资显著增长（OECD，2010）。

第三阶段，20 世纪 90 年代—21 世纪初，由于新兴市场国家快速的经济增长和巨大的市场规模，全球创新资源的配置开始围绕新兴市场进行。在此期间，发达国家跨国公司在新兴市场的研发投资占总研发投资的比例越来越高，在新兴市场设立的研发中心数量也呈加速态势（Yeung et al.，2011）。与此同时，新兴市场国家自身研发投入占 GDP 的比重逐年上升，投入增长率已经超过很多高收入国家（OECD，2010），使得新兴市场从内外两方面都积累和汇聚着越来越多的创新资源。

第四阶段，即反向创新阶段，发端于 21 世纪初，被视为创新资源与成果的反向流动阶段。在此阶段，发达国家受到经济危机的困扰，而新兴市场国家却继续保持快速的经济增长（Ernst & Young，2011）。因此，很多发达国家跨国公司位于新兴市场的研发中心在其全球创新战略中开始承担更大责任，有的升级为全球研发中心，负责率先开发适合于全球市场的解决方案（Yip & McKern，2014）。而新兴市场国家内部也涌现出一批优秀的企业，借助于本土市场优势与国外跨国公司在全球范围内展开激烈竞争。这种压力迫使国外跨国公司积极为新兴市场进行创新，同时寻找这些创新回到发达国家的机会，推动新兴市场从传统的制造与销售中心转变为全球创新的源泉（Laperche & Lefebvre，2012）。

三、反向创新的概念辨析

作为一个学术概念，反向创新最早由通用电气首席执行官 Immelt 与美国达特茅斯大学塔克商学院的 Govindaraian 教授和 Trimble 提出，强调利用新兴市场的创新机会在发达市场中开辟出新的价值领域。在此基础上，Govindarajan 与 Ramamurti（2012）把反向创新定义为，在贫困国家采纳后又被富裕国家采纳的创新。这个定义尽管非常简洁与直接，但却没有描述与界定反向创新的性质与边界。特别是随着新兴市场在全球经济格局中地位的提升，涌现出很多新兴市场的创新类型，如表 38 – 1 所示。

表 38 – 1　新兴市场的创新类型

创新类型	概念描述	代表文献
金字塔底层创新	面向全球广大位于经济金字塔底层的低收入消费者的创新	Hart & Christensen, 2002; Prahalad, 2005
包容性创新	为被现有经济体系排斥在外的贫困群体提供机会来平等参与价值创造与分享的创新	George, Mcgahan & Prabh, 2012; 邢小强等, 2013
草根创新	基层民众在缺乏资源条件下的创新	Gupta et al. , 2003
节俭式（Frugal）创新	运用最少资源以可接受价格提供和顾客所处环境与需求特质相契合的创新	Zeschky et al. , 2011 ; Rao, 2013
拼凑式（Jugaad）创新	基于手头现有资源进行拼凑与组合运用来提供创新解决方案，主要应用于印度市场	Radjou, Prabhu & Ahuja, 2012

续表

创新类型	概念描述	代表文献
资源约束型创新	资源稀缺条件驱动下的创新，运用最少资源以可负担的价格来满足最广大的市场	Ray & Ray, 2011; Sharma & Iyer, 2012
低成本创新	主要是利用发展中国家的成本优势（但非廉价劳动力）以极低的成本进行创新	Zeng & Williamson, 2007; Williamson, 2010
山寨创新	对外国品牌商品低质量、低价格的快速模仿与复制，主要应用于中国市场	Peng, Xu & Lin , 2009; 张利平等, 2013
破坏性创新	先以低成本满足个性化的非主流市场，然后提升传统顾客重视的性能来颠覆主流市场	Christensen, 1997

仔细检查各个概念可以发现，金字塔底层（Base of the Pyramid，BOP）创新、包容性创新与草根创新偏重创新的对象，节俭式创新、Jugaad 创新、资源约束型创新、低成本创新与山寨创新主要描述创新的手段，而破坏性创新强调创新的结果与扩散路径。为简化论述，从上述三类创新范畴中各选取代表性概念与反向创新进行辨析，即 BOP 创新、节俭式创新与破坏性创新。

（1）BOP 创新源于 Prahalad（2005）对于全球低收入群体内蕴含着巨大财富的重新认知，如果企业可以通过创新为穷人服务，就能够实现多元价值的创造与分享。而 Hart 与 Christensen（2002）特别强调 BOP 市场为颠覆性创新提供了理想的试验场所，企业可以在 BOP 创新基础上不断向金字塔顶层（Top of the Pyramid，TOP）挺进。这种颠覆的内在机理就在于 BOP 市场环境与贫困人群需求的特殊性，导致 BOP 创新会遵循不同于常规创新的路径与模式，但现有文献并没有对中高端市场的国家归属或地理分布做区分。因此，如果 BOP 创新能够实现向中高端市场的跃迁，而中高端市场在地理上又位于发达国家，那么就属于反向创新。在上述情况下，BOP 创新的确构成了反向创新的一部分。但就概念侧重点而言，BOP 创新的目的是满足穷人的需求，强调创新的平等性与包容性，面向的主要是位于后发国家的低收入市场，而在技术层面上向发达国家的扩散并非其考察的重点（邢小强等，2013）。

（2）节俭式创新是近年来被广泛用于描述新兴市场创新的概念，强调新兴市场需要一种更节省资源的创新方式来开发出新的性价比曲线，本质是通过更少投入创造出更多价值以满足更多需求（Economist，2010）。与包容性创新重视创新产出对目标顾客和环境的影响相比，节俭式创新更偏重于创新采用的策略、方法与流程。而且节俭式创新的对象并不限于贫困阶层，还包括不断壮大的中等收入群体，甚至也会受到富裕阶层的青睐（Rao，2013）。特别是很多发达国家对可持续性的担忧促使当地顾客逐渐改变传统的超前消费模式并降低消费支出，致使一些节俭式创新在发达市场也能被接受，因此节俭式创新有时被看作反向创新的初级阶段。但事实上，现实中绝大部分节俭式创新仍以服务于新兴市场的本地消费者为主。同时，很多非节俭式创新也能进入发达市场。因此，节俭式创新与反向创新的边界只有有限重叠，前者主要是针对新兴市场的本地创新，而后者则代表了更高层次的全球创新。

（3）破坏性创新作为一种非连续性创新模式，通过提供差异化的价值主张来吸引低端消费者，然后通过不断提升主流顾客所重视的性能逐步向高端市场扩散，最终实现对原有市场的颠覆。根据上述定义，如果把新兴市场看作低端市场，而发达市场作为主流的高端市场，那么反向创新的扩散路径与破坏性创新的阶段演进特征非常相似。但反向创新与破坏性创新存在如下差异：①从创新结果看，反向创新只要求新兴市场的创新能够在发达市场被接受即可，不需要达到颠覆程度；②从创新的初始顾客看，破坏性创新主要服务于主流市场的低端客户，在发达国家属于小众市场，而新兴市场具有庞大的消费人群与市场规模，足以从一开始就吸引大量投资进行专门开发（Corsi & Di Minin，2013）；③从创新主体看，破坏性创新的发起者主要是后发企业，而反向创新的主体目前主要还是由发达国家的跨国公司承担。反向创新与其他新兴市场创新概念的比较，如表 38 – 2 所示。

表 38 – 2　反向创新与其他新兴市场创新概念的比较

比较维度	反向创新	BOP 创新	节俭式创新	破坏性创新
目标顾客	主要是中低收入群体	贫困人群	中低收入群体	低端客户或新客户
创新主体	跨国公司为主	跨国企业为主	本土企业为主	后发企业
涉及市场	新兴市场与发达市场	新兴市场	新兴市场	发达市场内部分层
创新重点	扩散路径	目标对象	过程方法	影响结果
主导逻辑	反向流动	平等与包容	高性价比	颠覆与破坏

四、反向创新的路径划分

从过程视角看，Govindarajan 与 Ramamurti（2012）认为反向创新需要三个阶段：先在某一新兴市场被采纳，然后扩散至其他发展中国家，最后有选择性的扩散至发达国家。Zedtwitz 等学者（2014）则认为，仅仅从市场采纳视角来归纳反向创新的路径会忽略前端的创意与开发阶段，而正是这些阶段决定了产品的核心架构与关键特征。因此，把创新的供给端纳入考虑就可把反向创新过程分解为概念提出、产品开发、市场引入与扩散四个阶段，其中任一阶段均可能发生在新兴市场或发达市场，相互组合可划分为 16 条不同的创新演进路径。而在这 16 条路径中，只有 10 种可被界定为反向创新，其中 5 种为强反向创新，至少有两个创新阶段发生在发展中国家；还有 5 种为弱反向创新，只有一个阶段发生在发展中国家；剩余 6 种则不属于反向创新的范畴。10 种反向创新的类别路径与路径，如表 38－3 所示。

表 38－3　10 种反向创新的类别与路径

创新类别		创新路径	代表性案例
强反向创新	发展中国家溢出（ADDA）	产品在发达国家构思，最初的开发和商业化在发展中国家，最后回到发达国家	诺基亚利用在芬兰的成熟技术为亚洲开发低价手机，在欧洲也卖得很好
	双重反向创新（DADA）	产品概念来自发展中国家，在发达国家开发，然后到发展中国家商业化，最后扩散回发达国家	菲亚特 147 型汽车的概念来自于巴西，但是在意大利开发的，首先在巴西市场商业化后又引入到欧洲市场
	新兴国家创新（DDAD）	产品构思与开发在发展中国家，但在发达国家首先商业化，最后回到发展中国家	SAP 中国实验室针对欧美市场开发的企业资源管理系统也适用于中国
	瞄准发达国家的创新（DDAA）	产品的构思和开发在发展中国家，但只面向发达国家进行直接商业化	博世公司马来西亚研发中心设计的高档螺丝刀直销往日本和欧洲市场
	反产品生命周期（DDDA）	产品的构思、开发和商业化都在发展中国家，最后进入发达国家	GE 医疗针对中国市场开发的便携式心电图仪在引入美国后也取得成功

续表

创新类别		创新路径	代表性案例
弱反向创新	溢回创新（AADA）	发达国家针对发展中国家构思与开发的产品，在发展中国家实现商业化后又引入到发达国家	帕马拉特公司针对发展中国家开发的牛奶包装纸后来作为环境友好型产品又引入到发达国家（如加拿大）
	低成本创新（ADAA）	产品在发达国家构思，在发展中国家开发，然后直接在发达国家商业化并扩散	意法半导体公司针对发达市场的机顶盒设计在法国，而开发主要在印度
	反向溢出（ADAD）	产品在发达国家构思，在发展中国家开发，然后在发达国家首先商业化，最终扩散回发展中国家	Vibram公司的五趾鞋概念源自意大利，在中国开发，针对的是美国与欧洲市场，但后来也扩散到全世界
	前端反向创新（DAAA）	产品在发展中国家构思，但开发、商业化和扩散都发生在发达国家	药明康德公司根据发达国家客户要求设计技术方案帮助降低研发成本
	发展中国家激发的产品生命周期（DAAD）	产品在发展中国家构思，在发达国家开发和商业化，最后回到发展中国家	长春碱产于发展中国家，但其药用价值先在发达国家开发和商业化，后被 Lilly 公卖到全世界

这种同时考虑供给与需求两端的分类方式对反向创新现象的描述更为全面，但由于很多实际创新中的概念与开发阶段难以区分清楚，针对发展中国家消费者进行研发并首先实现本地商业化后再引入发达国家仍然是最主要的反向创新路径。因此，严格的反向创新必须满足两个条件：一是为新兴市场开发出新的产品、服务与商业模式；二是创新成果必须实现向发达市场的转移，前者是创新模式，后者是扩散路径，两者的结合才能反映反向创新的全貌。反向创新案例最初都是针对当地问题进行的研发，之后与发达市场需求契合后才实现了反向创新，这也推动越来越多的公司在战略层面对反向创新进行总体规划。所以，反向创新不仅是对创新反向扩散现象的描述，更是一种创新思维与导向，能够引导企业在创新伊始就进行全球布局以获得创新的最大收益。

五、反向创新的研究框架

当前反向创新的国内外研究仍然以基于案例描述为主的经验归纳与总结为主，较少对反向创新过程中的关键因素与影响机制进行深入探究。因此，本章在梳理现有文献基础上构建出反向创新的理论研究框架，如图 38 –2 所示。

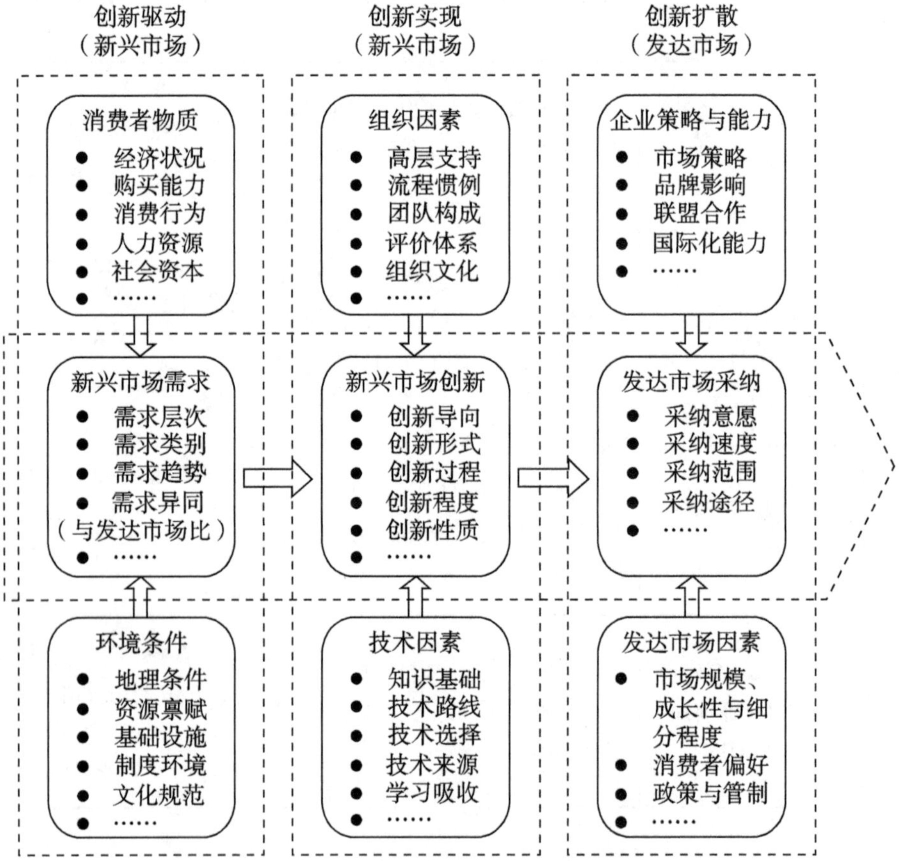

图 38 –2　反向创新的理论研究框架

（1）反向创新源于新兴市场的创新，深入理解新兴市场的需求状况及其与发达市场需求的异同是研究反向创新的前提，这需要分别考察新兴市场的环境条件与消费者特质。从市场环境来看，新兴市场普遍存在地理偏远、资源匮乏、基础设施薄弱、正式制度不健全以及有着独特的社会规范等特征（Khanna & Palepu, 2010）；除少数富裕人群与发达国家主流顾客以外，新兴市场的大部分消费者属于中低收入群体并随着收入的提升而成为众多商品的初次购买者，在消费的知识、观念、行为与模式上迥异于发达市场（Sheth，2011）。上述市场环境与消费者特征使得新兴市场的需求在层次、类别与要求等方面与发达市场构成很大差异，但同时在需求的趋势上也存在很多共性，如减少环境污染、降低资源消耗以及追求多元化等（Sharma & Iyer，2012）。通过仔细分析两个市场的异同就可以发现那些更适合于在新兴市场条件下寻找解决方案的需求，这对于理解和实现反向创新具有重要价值。

（2）在辨识新兴市场独特需求的基础上，企业需要开发和设计出创新的解决方案，属于反向创新的本地实现阶段。但即使面对同一需求，不同创新主体由于受组织与技术等因素影响，在创新的导向、过程与形式方面也会有所差异。跨国公司长期以来一直在实践全球本地化的创新策略，内部的流程、惯例、资源配置、评价体系甚至文化都更有利于把发达市场的创新转移至新兴市场，因此，在技术选择或方案设计上会倾向于遵循一种自上而下的创新模式。而对新兴市场的本土企业来说，组织与流程设计主要服务于本地市场，因此，更加灵活也更有利于产生贴近消费者需求的创新。但由于技术水平较低，本土企业还需要充分利用更具比较优势的本地资源，同时积极学习国外的技术与市场知识，这样才能促进创新的不断升级，实现自下而上的突破。总之，新兴市场的创新并非在重复发达市场曾经的创新路径，而是因其环境与消费者而呈现出独特的创新形态，为反向创新创造了条件。

（3）新兴市场的创新完成后能否被发达市场采纳是判断反向创新的重要标志，这既取决于相关的市场因素，也受到引入创新企业采取的市场策略与国际化能力的影响。其中，市场因素主要包括消费者偏好、所在市场的规模、成长性与细分程度，以及政策与管制等。一般来说，如果新兴市场的创新具有坚固、便携、易用、环保和低价等属性，往往也会受到发达市场消费者的青睐。而那些所在市场规模大、成长性强和可以细分为多个子市场的创新的传播速度与程度也会更快和更深。同时，那些国际化经验丰富和具有世界品牌影响力的跨国公司更容易促进创新在发达市场的传播，而新兴市场的后发企业则可以选择合适的联盟伙伴来共同推动反向创新的实现。需要说明的是，新兴市场创新的开发者并不一定是发达市场的引入者，这两个阶段可以由不同的组织分别完成，从而构成以反向创新为基础的新全球价值链。

六、研究结论与启示

作为连接全球不同层级市场的创新形态，反向创新不同于专属于新兴市场的 BOP 创新与节俭式创新，是创新模式与扩散路径的有机结合，反映出创新资源全球化配置与创新成果双向流动趋势的深化。本章遵循从新兴市场需求分析开始到通过本地创新满足这些需求并最终进入发达市场的逻辑路径，提出综合性研究框架，为该领域研究的深化奠定了基础。下面进一步提出未来的重点研究方向，供后续研究参考。

（1）未来研究应加强反向创新的机会识别分析。在这方面，领先市场理论提供了良好的切入视角，即一项全球性应用的创新在被国际市场广泛接受之前通常首先被特定领先市场率先采用，这个市场在价格、需求、出口和产业结构等方面有着独特的优势（Beise，2004）。因此，可在反向创新的具体情境下结合这些领先市场优势建立起相应的评估指标体系，提高反向创新的针对性与成功率。

（2）进一步剖析反向创新的关键影响因素，深入分析其影响机理。特别是有的反向创新只是为发达市场增加了新的选择，并不会产生重大冲击，但有的反向创新则有可能对发达市场形成颠覆，成为全球市场范围内的颠覆性创新，在这两种反向创新结果实现的过程中，技术、组织、市场与环境等各因素发挥的作用与机制值得深入探究。

（3）跨国公司与新兴市场本土企业在反向创新过程中的行为对比。作为反向创新的主体，发达国家的跨国公司与新兴市场的本土企业拥有各自的比较优势，两者在反向创新过程中不仅会面对不同的障碍与挑战，而且在决策制定、策略选择、资源运用和路径规划等方面都会有很大差异，对两类企业创新行为的对比分析可以有效拓展与深化该研究领域。

（4）加强反向创新的政策研究。反向创新为新兴市场的后发企业提供了赶超发达国家企业的机会与途径，政府在此过程中能够发挥重要作用。未来研究应重点探究政府如何通过政策引导与规范来提升本土企业反向创新的效率和效果，这对于全球化背景下国家创新能力的提升具有重要意义。

第39章　反向创新的关键特征与成功因素

一、引　言

长期以来，发达国家的跨国公司针对发展中国家市场的创新主要采取一种全球本地化策略，即首先在母国总部实验室完成新产品的主要研发工作，然后进行修改或调整来适应发展中国家的本地需求（董颖、陈劲，2010）。其背后隐含的逻辑是，发展中国家处于在经济和技术上不断追赶发达国家的持续过程中，自己无须创新，只要通过不断提高支付能力来从发达国家引进创新即可。在全球化过程中，这种创新策略一直被视为跨国公司在海外市场获得成功的关键，使得世界范围内的创新扩散主要表现为，从发达国家自上而下的流向发展中国家乃至更边缘市场的单向路径，发展中国家只是充当了产品生命周期中后期的采纳者或模仿者，而非创新的发源地和发起者（Vernon，1966）。

近年来，西方发达国家由于受金融危机的影响，国内市场与需求增长缓慢甚至陷入停滞，而以中国与印度为代表的新兴市场国家则继续保持了强劲的增长，国际货币基金组织预测，未来全球70%的增长都会来自新兴市场（Ernst & Young，2011）。对于许多跨国公司来说，新兴市场已经成为与母国市场同等重要甚至首要服务的市场（Sheth，2011）。例如，像西门子和通用电气这样的跨国公司，中国就收入和利润而言已经在其全球市场排序中名列前茅，印度、巴西和其他新兴市场国家紧随其后。在此背景下，全球本地化创新策略已经不能充分应对新兴市场日益增长与多样化的需求，跨国公司开始专门在（in）和为（for）新兴市场进行创新，使得新兴市场从以往的生产基地与销售市场逐渐转变为全球的创新中心（Laperche & Lefebvre，2012）。

反向创新代表着跨国公司与本土企业在全球化新阶段创新思维与策略的转变，引起学术界和实践领域的广泛关注与讨论。但现有文献与报道大多是对现实案例的描述，在理论层面，反向创新研究依然处于理论建构阶段，对其概念、内涵、特征和关键成功因素等基础问题仍缺乏深入探究。基于此，本章将对反向创新的一些基本理论问题进行初步分析，相关结论既可为后续研究提供参照与比较的基础，也可为企业的反向创新实践提供理论支撑与指导。

二、反向创新的概念与内涵

对研究对象的概念界定与内涵阐释是理论构建与深化的前提。Immelt 等（2009）最初提出反向创新概念时，主要结合通用电气公司实践强调利用新兴市场的创新机会在发达市场中开拓新的价值领域。在此基础上，Govindarajan 和 Ramamurti（2011）把反向创新定义为首先在贫困国家采纳后又被富裕国家采纳的创新，其中贫困国家泛指发展中国家或新兴市场，而富裕国家则主要是指西方的发达国家。这个定义尽管非常简洁与直接，但只是对创新反向流动的现象进行描述而没有反映出这类创新的本质与特征。况且只是从市场采纳和接受的角度进行定义也忽略了前端的创意与开发阶段，而正是这些阶段决定了创新的主导逻辑与关键特征（Zedtwitz et al.，2014）。因此，基于现有文献与企业实践，本章把反向创新定义为：在创新全球化过程中，基于新兴市场与发达市场之间的需求差异并利用新兴市场的比较优势而研发出的产品、服务与商业模式在引入发达市场后也能获得接受甚至产生颠覆效应的创新模式与路径。由于反向创新的内涵比较丰富，结合上述定义从以下几个方面加以说明：

（1）反向创新是创新全球化发展的新阶段，反映出创新资源的全球配置与创新成果跨国界流动的新趋势，这是理解反向创新的基础背景。在之前的创新全球化过程中，信息、知识与产品的流向都是遵循从特定发达国家向其他发达国家再到发展中国家的单向路径。而随着新兴市场的崛起，全球创新体系的中心也在发生转移，大量创新资源开始在新兴市场集聚，当地的科学技术知识增长迅速，这不仅增加了跨国公司分支机构与本土企业的新知识创造，也增加了对反向知识传递的需求（Corsi & Di Minin，2013）。

（2）反向创新源于新兴市场与发达市场的需求差异。由于两类市场的消费者构成、资源基础与制度环境有很大不同，因此需求的类别、层次与趋势也存在差异，具体包括：新兴市场存在大量的低收入群体，这部分消费者对价格非常敏感，对性能的要求也迥异于发达市场的主流顾客；相对于发达市场相对完备的基础设施，新兴市场国家才刚刚开始兴建，对于施工服务的需求强烈；新兴市场国家经济发展与环境保护之间的冲突越来越严重，迫切需要环境治理方面的创新；因地理分布而形成的文化习俗和生活习惯也需要针对性的创新才能满足。上诉需求差异表明，新兴市场的很多问题无法通过调整或修改发达国家的已有创新来解决，而只能根据新兴市场的现实条件进行全新设计与开发，这是反向创新的出发点（Govindarajan & Trimble，2012）。

（3）反向创新要利用新兴市场自身的比较优势进行研发。尽管发达国家有着先进的科学技术基础、完善的设施条件和有效的知识产权保护等，新兴市场也拥有自身的比较优势来促进本土环境内的创新。例如，中国和印度每年会产生超过百万计的工科毕业生，很多在国外受过良好训练的科学家与工程师也在不断回流，为本土创新提供了充足的科技劳动力，同时新兴国家巨大的市场规模则能够帮助企业快速通过规模经济与学习曲线效应来降低成本并完善产品（Mundim et al.，2012）。特别是近年来，新兴市场国家研发投入占 GDP 的比重在不断上升，在支持创新方面制定了大量激励政策，提高了公共服务水平，营造出良好的创新环境。通过有效利用和整合上述比较优势，就会使得新兴市场创新的投入、过程乃至结果都与发达市场的创新有很大不同，一般具有低价、简洁、易用、环境友好与蕴含本地文化等特征，从供给角度为创新的反向流动提供了可能（徐雨森、徐娜娜，2013）。

（4）反向创新完成的标志是从新兴市场进入发达市场并获得采纳，这与通过低端市场来颠覆高端市场的破坏性创新的演进路径非常类似，但两个概念既有联系又有区别（陈劲、黄衡，2011）。从创新的结果与影响看，反向创新只要求新兴市场的创新能够在发达市场被接受或采纳，是一个相对宽泛的标准，并不必然要达到颠覆原有市场的程度。事实上，很多新兴市场的创新都不能实现反向流动，而真正进入发达市场的创新大都是在已有品类中增加了新的选择，只有少数能产生破坏性的结果。从创新的初始顾客看，破坏性创新主要是服务于主流市场的低端客户或者是不具备相关消费经验的新客户，这些客户往往是小众市场，而反向创新面对的却是新兴市场庞大的中低收入群体。从创新的主体看，破坏性创新的发起者主要是后发企业，破坏的过程也是小企业成长并取代在位企业的过程，而反向创新由于涉及创新在不同地理区域市场之间的转移，主要还是由发达国家跨国公司和本土的新兴跨国企业来承担。

三、反向创新的主要特征

如表 39－1 所示，现有文献与报道中描述的一些典型反向创新案例，下面结合这些案例来归纳反向创新的主要特征及背后的机制与规律。

表 39－1 反向创新的典型案例

创新成果	行业	创新企业	企业性质	首发	后采纳市场
MAC800 心电图仪	医疗器械	通用电气	美国跨国公司	中国	美 国
S. M. A. R. T 产品	医疗器械	西门子公司	德国跨国公司	中国	德国、美国与日本

续表

创新成果	行业	创新企业	企业性质	首发	后采纳市场
M7 便携式彩超	医疗器械	迈瑞公司	中国本土企业	中国	日本、北美与欧洲
340DL 挖掘机	工程机械	卡特彼勒	美国跨国公司	中国	美 国
分布式基站	通信设备	华 为	中国本土公司	中国	欧 洲
集装箱起重机	工程机械	振华港机	中国本土企业	中国	欧洲与美国
风力发电机	电力机械	金风科技	中国本土企业	中国	美国与澳大利亚
农用拖拉机	农业机械	马恒达	印度本土企业	印度	美 国
E6 电动汽车	交通运输	比亚迪	中国本土企业	中国	北美与欧洲
Nano 汽车	交通运输	塔塔汽车	印度本土企业	印度	欧 洲
车载资讯系统	汽车软件	哈曼国际	美国跨国公司	印度	日本、德国
M215 无线鼠标	电脑设备	罗技科技	美国跨国公司	中国	欧洲与美国
小小神童洗衣机	家用电器	海尔集团	中国本土企业	中国	美国、日本与欧洲
高露洁茶健漱口水	日用消费	宝洁公司	美国跨国公司	中国	美 国
阿里瓦风味饼干	食 品	百事可乐	美国跨国公司	印度	美 国
VickMiel 止咳糖浆	医疗保健	宝洁公司	美国跨国公司	墨西哥	欧洲与美国
小额信贷	金融服务	格莱珉银行	孟加拉非营利组织	孟加拉	美 国

（1）从创新的领域看，反向创新涉及医疗、机械、交通、能源、金融、日用品、食品和软件等多个行业，有的直接服务于终端消费者，有的则处于产业链的中上游。这些领域尽管分布比较广泛，但从创新环境特征上可主要分为如下几

种情形：①有足够多的中低消费者群体，足以支撑企业进行低成本的实验，如医疗器械与家用电器行业等。②需要满足的需求比发达市场更加复杂和不确定，对技术要求高，如工程机械与通信设备行业。③政策激励力度大且没有历史遗留设施，如新能源领域。④正式制度薄弱，监管相对宽松，如医疗保健和金融服务领域。⑤与本地文化与风俗息息相关的领域，如食品与日用消费品领域。上述情形都使得新兴市场成为该领域创新的理想环境，加之大部分行业内的竞争（尤其是跨国公司与本土企业之间）比较激烈，有利于更快的催生出不同于发达市场的创新成果，为后续的反向扩散奠定了基础。

（2）从创新的形式看，反向创新主要以产品创新为主，集中于制造业，较少涉及服务创新，反映出不同类型创新在向发达市场反向流动与扩散中的差异性。一般而言，产品创新的成果能够独立于生产者与消费者而存在，其研发、制造、转移与购买等不同阶段是可分离的，可以在不同地理区域分别实现（赵宇飞等，2012）。因此，产品创新首先可以在新兴市场利用本地的优势资源进行研发与生产，然后再进行完善与升级后进入发达市场，两个市场的消费者都只需有限的参与到整个过程。与有形产品相比，服务则具有无形性、不可分离性、不可储存性和品质多变性等鲜明特征，服务的消费与提供是同时进行的，使得消费者必须参与到服务过程中。而服务的质量又取决于具体的环境、人员及其双方的互动等，具有很强的本地情景依赖性。由于上述服务与有形产品的差别，新兴市场的服务创新很难完整的转移或复制到发达市场。只有当服务对象具有很强的同质性，服务的提供本身又不太使用太多具有本土特性的资源时，服务创新才有可能实现反向传递。例如格莱珉银行的小额信贷主要利用穷人之间的社会资本来降低信贷风险，这对于美国的贫穷工人与妇女也同样适用。

（3）从反向创新的主体看，主要包括发达国家的跨国公司和发展中国家的本土后发企业，具有各自的资源、能力与比较优势，在反向创新的过程中也面临不同的挑战（Govindarajan & Trimble，2012）。国外跨国企业一般拥有先进的科技技术、雄厚的研发资金支持和成熟的国际经销网络，但也受到组织惯例与原有创新模式的束缚；本土后发企业则对新兴市场消费者需求有更为深入的理解，同时具有超低成本的设计与制造能力，在创新策略的制定与执行方面更加灵活，但缺乏知名度与国际市场推广经验。因此，在反向创新的初始阶段，本土企业对市场的反应更为迅速，能够推出高性价比的产品与服务来满足需求，这种实际而直接的威胁会给跨国公司形成压力，迫使其从现有的创新战略与商业模式中转移出来，通过更具本地化的创新对竞争做出回应，构成了促进反向创新的外部动力。而在创新扩散阶段，如果是进入其他新兴市场，那么跨国公司可以依赖之前建立的市场地位与国际运营经验，后发企业则可凭借适宜的产品与服务及环境适应能力进行更为深入的市场渗透（尤其是在底层市场）。但在最终进入发达市场时，跨国公司相对后发企业具有显著优势，体现在品牌、渠道、客户关系、商业规则与文化等各个方面，但有时也会面对与公司在发达市场的原有产品与服务产生竞争关系的两难境地。而为避免正面竞争，后发企业在进入发达市场时会选择一个小众的细分市场切入，然后在此市场开拓过程中建立各种商业与非商业联系并不断吸收与学习本地知识，最终进入主流市场，例如海尔在美国市场时首先进入的是行业巨头不大重视的酒柜市场，在此基础上逐步扩展到主流的家电市场。

（4）从实现途径与效果来看，主要包括如下几种情形：①在发达市场的已有品类中提供了新的选择，增加了产品或服务的多元化，主要集中于食品和日用消费品等领域。例如宝洁公司为墨西哥市场开发了一种新的非处方咳嗽药，其成分不含人造香味剂而是添加了天然蜂蜜，在引入美国和欧洲市场后吸引了那些偏好天然成分的顾客，取得成功。②产品本身比发达市场的原有产品在技术上更为先进或质量、性能更高，这往往是本土企业根据国际标准与国外跨国公司在同一水平上开展竞争的结果，属于强势的反向创新，典型例子就是华为公司在通信设备领域的自主创新和海外市场拓展。③通过创新性的产品与服务把一些非消费者或之前没有被充分满足的消费者转化为目标客户，从而在发达国家开辟出新的细分市场。例如，海尔公司为国内市场开发的小小神童洗衣机，因其容量小、洗涤速度快和方便搬运的特征也吸引了美国、欧洲与日本等有小物件洗涤需求的顾客，而这些市场之前并没有类似的产品。④最后也是最为常见的反向创新，则是在提供了类似甚至更高质量与功能的情况下大幅度降低了价格，而当新版本的产品或服务在超低价格下引入发达国家市场时由于价格弹性就会显著扩大需求，如罗技鼠标和哈曼国际集团的车载资讯系统等都降低了50%～70%的价格。需要指出的是，上述反向创新的实现路径并非相互排斥，有的创新会同时满足多种情形，例如通用电气为中国与印度农村市场开发的便携式心电图仪就既显著降低了价格又在美国开辟出新的市场。

四、反向创新的成功因素

作为一种新的全球化创新战略，反向创新需要采取不同于以往的思维、策略与方法才能取得成功，本章归纳出以下五种关键成功因素，彼此在逻辑上相互衔接，如图39－1所示。

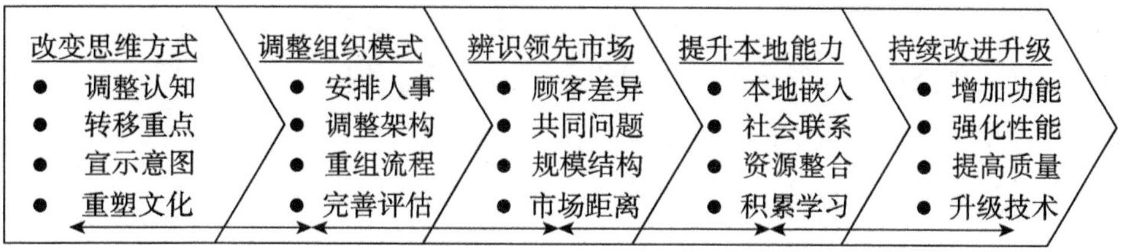

图39－1　反向创新的关键成功因素示意图

（一）改变思维方式

反向创新是把为在新兴市场研发的创新产品与服务引入发达国家市场并获得采纳，要实现这种反传统的创新模式与转移路径，就要改变组织固有的思维方式。长期以来，跨国公司的创新都是围绕全球本地化战略进行组织与设计，强调修改后向新兴市场出口而不是为新兴市场创新，更不会把新兴市场视为创新的源泉。例如，跨国公司母国的科研人员很难接受新兴市场的同行具有很高的能力，不愿授权去修改总部设计的产品或工艺，认为会损害公司的质量标准，更无法接受那些国外员工有能力去为总部开发新产品（Yip & McKern，2014）。这种思维方式会从源头上阻碍反向创新的发生，因此，跨国公司必须放弃在发达市场形成的主导逻辑，树立从头开始创新的理念，推动形成反向创新的思维方式与认知模式才能成功。要做到这一点，需要把公司的重点转移到新兴市场，同时积累有关新兴市场的知识和专业技能，还必须采取清晰可见、具有象征性的活动来改变公司的舆论（Govindarajan & Trimble，2012）。而对于习惯于低成本模仿与复制国外创新的后发企业而言，也必须认识到反向创新为实现赶超提供了良好的机会，在新兴市场创新也为未来服务全球市场（包括发达市场）奠定了基础。

（二）调整组织模式

思维方式的转变总是伴随着组织模式的相应调整才能促进反向创新的实现，体现在人事、架构、流程、沟通与绩效评估等各个方面。首先，公司领导人应将反向创新上升到战略高度，把主要决策制定者安置在发展中国家而不是母国。这不仅会加强公司对新兴市场创新的监督与管理，保证资源的充分供给，也会明确传递出新兴市场在公司全球竞争版图中的重要地位。其次，打破原有自下而上层层汇报的组织架构，增强发达国家与新兴市场员工之间的双向沟通与社会联结。由于反向创新本质是在新兴市场创造出新的知识并反向传递到母公司，其中新知识的创造会利用总部的技术与资源，而知识的成功转移则依赖于母子公司成员之间的有效沟通和信任。因此，跨国公司既要把总部人员派遣到新兴市场以获得浸入式经验，也要把新兴市场的员工送到总部轮训以与更多部门建立联系。再次，在新兴市场建立本地发展团队，给予相关的资源能力及制定决策、规划流程与确定业务方向的自主权（刘宇、马卫，2011）。这种新组建的小型多功能创新团队能够摆脱组织的主导逻辑，基于新兴市场的实际从零起点思考与设计，已被证明为开发反向创新产品与服务的关键组织形式。最后，使用新的绩效评价体系，鼓励在新兴市场开展低成本的创新实验。由于反向创新存在很大的不确定性，用短期的财务指标进行评估会抑制新的尝试，应把经验的积累与学习以及未来增长纳入考评。

（三）辨识领先市场

并非所有新兴市场的创新都有机会进入发达市场，在具体实施层面，反向创新的首要任务是辨识出新兴市场哪些领域中的创新对发达市场消费者将产生吸引力。Beise（2004）等学者提出，由于给定的社会经济条件与地理环境，一些国家或地区的用户在早期阶段采纳特定创新产品或服务时会比其他地方的用户获得更高效用，而且会通过影响国际市场需求而促进创新的全球扩散，这种率先采用特定创新的国家或地区被称为领先市场（lead market，Beise，2004）。可以看出，在发展中国家辨识出具有领先市场潜力的产业或领域，能有效提高反向创新的针对性与成功率，而领先市场形成的关键要素包括顾客需求、价格优势、市场规模与结构以及不同市场间的距离与交互作用等，企业可结合这些条件在业务范围内选择适合反向创新的优先发展方向。例如，邢小强（2010）和 Tiwari（2012）等提出，中国与印度作为发展中的大国，都具备成为全球低成本创新领先市场的条件，包括低成本的通信、交通、医疗、金融产品与服务等，这些国家的顾客在全球范围内会比其他国家或地区更早的对这类创新有更为迫切的需求，并在满足需求的解决方案中显著受益。而这些创新一旦成功，对于缓解发达市场的相应问题（如降低医疗成本）也能发挥重要作用。

（四）提升本地能力

在当前的跨国经营模式中，全球生产与供应链效率、对不同国家需求的响应以及内部的知识分享是跨国公司的关键能力。这些能力有利于跨国公司利用发达市场的创新来更好地服务新兴市场，但对于反向创新却是不够的，后者要把更多本地要素纳入创新的流程并体现于创新的结果（甄伟丽，2012）。因此，在确定创新的领域与业务方向的同时，跨国公司必须构建与提升其在新兴市场的本地能力，这个概念衡量了企业能够动员与利用当地经济与社会环境中的信息、知识、人力与社会资本等各类资源的程度与效率。Hang 等（2010）认为，获取本地能力是在新兴市场成功开发破坏性创新的关键，这类创新因为大量运用了本地资源而在性能与价格方面与发达市场同类产品呈现出显著差异。

而为提升本地能力，企业首先需要嵌入到所服务的市场，通过建立更为广泛的社会联结来探究与理解消费者面临的现实问题，包括其背后深层次的文化原因。这个融入过程虽然需要时间，但获得的隐性知识与构建的多层次社会资本不容易被竞争者快速复制（Hart，2010）。而在具体的研发过程与方案设计中，在早期阶段就要让更多的当地合作伙伴参与进来，包括目标顾客、本土雇员、大学与科研院所以及本地供应商等，从多个角度为创新提供思路与方法。最终，这种本地能力还要与跨国公司在全球范围内开展的业务结合起来，才能系统和持续不断地进行反向创新，而不是偶尔现象，这不仅要求给予新兴市场分支机构足够的灵活性与自主权，还要在总部层面实现战略融合。

（五）持续改进升级

反向创新的起点是为满足新兴市场当地消费者的需求而进行新产品与服务的研发，但为契合当地环境的使用条件与支付能力，会在价格与性能之间寻求一种平衡。这使得创新成果一方面会具有不同于发达市场产品的新功能（如便携与节能等），同时为降低价格也会牺牲部分性能与质量，追求的是可接受（Acceptable）而非最优标准（Prahalad，2012）。而位于发达市场的主流顾客对新兴市场的价格相对并不敏感，虽然会被新产品的某些特质所吸引，但对产品的性能与质量会有更高要求，新兴市场创新的基础版本往往无法满足。因此，在初始创新基础上，企业还要通过可持续的研发投入来确保产品的竞争优势和改进升级，直至达到发达市场的性能要求而实现反向创新。从实物期权视角看，新兴市场的创新提供了未来进入发达市场的增长期权，而持续的改进升级则不断提升乃至最终实现了期权的价值。而在技术层面，通过架构创新而实现的模块化设计与标准界面更有利于产品的完善与升级，只需要通过更换、调整与增加新的模块就能把初始产品升级为拥有更多功能和更好质量的高阶版本。因此，新兴市场的创新应着眼于设计全新的架构而不是对已有产品进行渐进式的修改，这有助于构建一个平台来支撑为满足全球主流市场而进行的持续更新。

五、研究结论与启示

作为创新全球化过程中新的创新形态与趋势，反向创新改变了当前跨国公司的创新理念与策略，强调新兴市场的创新也能够为发达市场创造出新的价值，提升了新兴市场与后发国家在全球创新版图中的地位与作用。而通过把新兴市场的本土创新与向发达市场跨边界转移联系在一起，反向创新在提出新问题的同时也融合了自主创新、破坏性创新、开放式创新与节俭式创新等理论内容，是对传统创新研究领域的丰富与深化。本章对反向创新进行了初步的理论探索，界定了反向创新的概念与内涵并结合实际案例描述其基本特征，进而归纳出影响反向创新的关键成功因素，为后续研究提供了比较与验证的基础。但总体而言，该领域仍然处于理论建构初期，在创新的领域、机制与路径等多个方面有待更深入地探索与挖掘。本章提出如下研究方向以供参考：首先，要结合更多反向创新的实际案例从多个层面与角度来分析哪些领域或哪些类型的创新更有可能实现反向扩散，在此基础上建立起相应的评价指标体系或分析维度来进行科学的评估。其次，在信息与互联网技术快速发展的背景下，新兴市场与发达市场的边界将变得更加模糊，反向创新的速度会更快（甚至同步），形式也将更加灵活，其中的影响机制与效应值得深入探究。再次，现有文献主要聚焦于发达国家的跨国公司，较少分析新兴市场本土企业的反向创新，而后者已经通过反向创新，成长为全球市场的新兴巨头，正在或已经实现对国外发达企业的赶超，未来研究应对此路径进行梳理与归纳，可为更多后发企业的国际化创新实践提供指导与借鉴。最后，已有研究还主要是基于案例进行描述与总结，虽然有利于概念提炼与框架构建，但对于产生统计意义的结论还不够，后续研究应搜集更多样本分析各类影响因素与反向创新绩效的关系。

参考文献

[1] Agarwal R, Echambadi S R. The conditioning effect of time on firm survival: an industry life cycle approach [J] . The Academy of Management Journal, 2002, 45 (5): 971 -994.

[2] Agarwal, Rajshree, Raj Echambadi, April M. Franco, and Mb Sarkar. Knowledge transfer through inheritance: spin - out generation, development, and survival [J] . The Academy of Management Journal? 2004, 47 (4): 50 -22. ?

[3] Ahuja G. Collaboration Networks, structural holes and innovation: a longitudinal study [J] . Administrative Science Quarterly, 2000, 45 (3): 425 -455.

[4] Amit R, Zott C. Value creation in E - business [J] . Strategic Management Journal, 2001, 22 (6 -7): 493 -520.

[5] Anderson J, Markides C. Strategic innovation at the base of the pyramid [J], MIT Sloan Management Review, 2007, 49 (1): 83 - 88.

[6] Baden - Fuller C, Morgan M S. Business models as models [J] . Long Range Planning, 2010, 43 (2): 156 -171.

[7] Barringer B R, Harrison J S. Walking a tightrope: creating value through inter - organizational relationships [J] . Journal of Management, 2000, 26, (3): 367 -403.

[8] Baum J A C, Calabrese T, Silverman B S. Don't go it alone: alliance network composition and startups'performance in canadian biotechnology [J] . Strategic Management Journal, 2000, 21 (3): 267 -294.

[9] Brockhoff K , Guan J. Innovation via new ventures as a conversion strategy for the Chinese defense industry [J] . R & D Management, 2010, 26 (1): 49 -56.

[10] Brouthers K D, Hennart J F. Boundaries of the firm: insights from international entry mode research [J] . Journal of Management, 2007, 33 (3): 395 -425.

[11] Brugmann, Prahalad C K. Cocreating business's new social compact. [J] . Harvard Business Review, 2007, 85 (2): 80 -90.

[12] Casadesus - Masanell R, Ricart J E. From strategy to business models and onto tactics [J] . Long Range Planning, 2010, 43 (2): 195 -215.

[13] Cassiman, B, Veugelers, R. In search of complementarity in innovation

strategy: internal R & D and external knowledge acquisition [J] . Management Science, 2006, (1): 68 – 82.

[14] Chandy, Tellis G J. The incumbent' s curse? incumbency, size, and radical product innovation [J] . Journal of Marketing, 2000, 64 (3): 1 – 17.

[15] Christoffer Westman, Sara Thorgren. Partner conflicts in international joint ventures: a minority owner perspective [J] . Journal of International Management, 2016, 22 (2): 168 – 185.

[16] Collins C J, Clark K D. Strategic human resource practices, top management team social networks, and firm performance: the role of human resource practices in creating organizational competitive advantage [J] . Academy of Management Journal, 2003, 46 (6): 740 – 751.

[17] Dahan N M, Doh J P, Oetzel J. Corporate – NGO collaboration: co – creating new business models for developing markets [J] . Long Range Planning, 2010, 43 (2): 326 – 342.

[18] Danneels E. The Dynamics of product innovation and firm competences [J] . Strategic Management Journal, 2002, 23 (12): 1095 – 1121.

[19] Das T K, Teng B. The dynamics of alliance conditions in the alliance development process [J] . Journal of Management Studies, 2002, 39 (5): 725 – 746.

[20] Dettwiler P, Lindelvf P, Lvfsten H. Utility of location: a comparative survey between small new technology – based firms located on and off Science Parks: implications for facilities management [J] . Technovation, 2006, 26 (4): 506 – 517.

[21] Dussauge P. , Garrette B, Mitchell W. Research notes and commentaries asymmetric performance: the impact of scale and market share in the global auto industry link alliances [J] . Strategic Management Journal, 2004, 25 (7): 701 – 711.

[22] Duysters G, Heimeriks K H, Lokshin B. Do firms learn to manage alliance portfolio diversity? the diversity – performance relationship and the moderating effects of experience and capability [J] . European Management Review, 2012, 9 (3): 139 – 152.

[23] Dyer J H, Hatch N W. Relation - specific capabilities and barriers to knowledge transfers: creating advantage through network relationships [J] . Strategic Management Journal, 2006, 27 (8): 701 – 719.

[24] Eisenhardt K M, Graebner M E. Theory building from case: opportunities and challenges [J] . Academy of Management Journal, 2007, 50 (1): . 25 – 32.

[25] Eric, Fang. The effect of strategic alliance knowledge complementarily on

new product innovativeness in china [J]. Organization Science, 2011, 22 (1): 158-172.

[26] Foss. Resources and transaction costs: how property rights economics furthers the resource-based view [J]. Strategic Management Journal, 2005, 26 (6): 541-553

[27] Dushnitsky G, Shapira Z. Entrepreneurial finance meets organizational reality: comparing investment practices and performance of corporate and independent venture capitalists [J]. Strategic Management Journal, 2010, 31 (9): 990-1017.

[28] Gibbert M, Hoegl M, V? likangas L. In praise of resource constraints [J]. MIT Sloan Management Review, 2007, 48 (3): 15-17.

[29] Gibson C B, Birkinshaw J. The antecedents, consequences and mediating role of organizational ambidexterity [J]. Academy of Management Journal, 2004, 47 (2): 209-226.

[30] Beamish G P W. The Effect of alliance network diversity on multinational enterprise performance [J]. Strategic Management Journal, 2005, 26 (4): 333-354.

[31] Haleblian J, Rajagoplan N. The influence of acquisition experience and performance on acquisition behavior: evidence from the U. S. commercial banking industry [J]. Academy of Management Journal, 2006, 49 (2): 357-370.

[32] Hall Jeremy, Matos Stelvia, Lorn Sheehan, Bruno Silvestre. Entrepreneurship and innovation at the base of the pyramid: a recipe for inclusive growth or social exclusion? [J]. Journal of Management Studies, 2012, 45 (4): 785-812.

[33] Hitt M A, Ahlstrom D, Dacin M T, Levitas E. The institutional effects on strategic alliance partner selection in transition economies: china vs. russia [J]. Organization Science, 2004, 15 (2): 173-185.

[34] Hoang H, Rothaermel T F. The fffect of general and partner-specific alliance experience on joint R&D project performance [J]. Academy of Management Journal, 2005, 48 (2): 332 - 345.

[35] Hoffmann W H. Strategies for managing a portfolio of alliances [J]. Strategic Management Journal, 2007, 28 (8): 827-856.

[36] Immelt J R, Govindarajan V, Trimble C. How GE is disrupting itself [J]. Harvard Business Review, 2009, 87 (10): 56-65.

[37] Johnson M D, Morgeson F P, Meyer C. Multiple professional identities: examining differences in identification across work-related targets [J]. Journal of Ap-

plied Psychology, 2006, 91 (2): 498 –506.

[38] Singh K H . Building Firm capabilities through learning: the role of the alliance learning process in alliance capability and firm –level alliance success [J] . Strategic Management Journal, 2007, 28 (10): 981 –1000.

[39] Karnani A. Romanticising the poor harms the poor [J] . Journal of International Development, 2010, 21 (1): 76 –86.

[40] Keizer J A, Vos J P, Halman. Risks in new product development: devising a reference tool [J] . R & D Management, 2010, 35 (3): 297 –309.

[41] Khanna T, Palepu K. The future of business groups in emerging markets: long –run evidence from Chile [J] . Academy of Management Journal, 2000, 43 (3): 268 –285.

[42] Kim T Y, Oh H, Swaminathan A. Framing interorganizational network change: a network inertia perspective [J] . Academy of Management Review, 2006, 31 (3): 704 –720.

[43] Lahiri N. Geographic distribution of R&D activity: how does it affect innovation quality [J] . Academy of Management Journal, 2010, 53 (5): 1194 –1209.

[44] Laperche B, Lefebvre G. The globalization of research and development in industrial corporations: towards "reverse innovation"? [J] . Journal of Innovation Economics, 2012, 53 (2): 53 –79.

[45] Laursen K, Salter A. Open for innovation: the role of openness in explaining innovation performance among UK manufacturing firms [J] . Strategic Management Journal, 2006, 27 (2): 131 - 150.

[46] Lavie D, Miller S R. Alliance portfolio internationalization and firm performance [J] . Organizational Science, 2008, 19 (4): 623 - 646.

[47] Lavie D. Alliance Portfolios and firm performance: a study of value creation and appropriation in the U. S. Software Industry [J] . Strategic Management Journal, 2007, 28 (3): 1187 –1212.

[48] Wu, Lei Yu. Internal resources, external network, and competitiveness during the growth stage: a study of Taiwanese high –tech ventures [J] . Entrepreneurship Theory & Practice, 2010, 32 (3): 529 –549.

[49] Li H Y, Zhang Y. The role of managers' political networking and functional experience in new venture performance: evidence from china' s transition economy [J] . Strategic Management Journal, 2007, 28 (4): 791 –804.

[50] Li H Y, Zhang Y. The role of managers´political networking and functional

experience in new venture performance: evidence from china's transition economy [J]. Strategic Management Journal, 2007, 28 (8): 791 -804.

[51] Lim C, Han S, Ito H. Capability building through innovation for unserved lower end mega markets [J]. Technovation, 2013, 33 (12): 391 -404.

[52] Liu X, Buck T. Innovation performance and channels for international technology spillovers: Evidence from Chinese high - tech industries [J]. Research Policy, 2007, 36 (3): 355 -366.

[53] Liu Xiaohui, Jiangyong Lu, Igor Filatotchev, Trevor Buck, and Mike Wright. Returnee entrepreneurs, knowledge spillovers and innovation in high - tech firms in emerging economies [J]. ? Journal of International Business Studies, 2010, 41 (7): 1183 -197.

[54] L? fsten H, & Lindel? f P. R&D networks and product innovation patterns: academic and nonacademic new technology - based firms on science parks [J]. Technovation, 2005, 25: 1025 -1037.

[55] London T, Anupindi R, Sheth S. Creating mutual value: lessons learned from ventures serving base of the pyramid producers [J]. Journal of Business Research, 2010, 63 (6): 582 -594.

[56] London T, Hart S L. Reinventing strategies for emerging markets: Beyond the transnational model [J]. Journal of International Business Studies, 2004, 35 (5): 350 -360.

[57] Luo Y. Procedural Fairness and Interfirm Cooperation in Strategic Alliances [J]. Strategic Management Journal, 2008, 29 (1): 27 -46.

[58] Mair J, Martí I, Ventresca M J. Building inclusive markets in rural Bangladesh: How intermediaries work institutional voids [J]. Academy of Management Journal, 2013, 75 (4): 819 -850.

[59] Mair J, Martí I. Entrepreneurship in and around institutional voids: A case study from Bangladesh [J], Journal of Business Venturing, 2009, (5): 419 -435.

[60] Mair J, Martí, Ventresca. Building inclusive markets in rural Bangladesh [J]. Academy of Management Journal, 2013, 75 (4): 819 -850.

[61] Markman G, Phillip P, Balkan D, Ganoids. Entrepreneurship and university - based technology transfer [J]. Journal of Business Venturing, 2005, 20 (2): 241 -263.

[62] Markus, Fitza, Sharon F, Matusik, Elaine Mosa Kowski. Do v. s. matter? the importance of owners on performance variance in start - up firm [J]. Strategic

Management Journal, 2009, 30 (11): 387 -404.

[63] Maurer I, Ebers M. Dynamics of Social Capital and Their Performance Implications: Lessons from Biotechnology Start - ups [J] . Administrative Science Quarterly, 2006, 51 (2): 262 -292.

[64] Mcevily B, Marcus A. Embedded ties and the acquisition of competitive capabilities [J] . Strategic Management Journal, 2005, 26 (11): 1033 -1055.

[65] Mcgrath R G. Business models: a discovery driven approach [J] . Long Range Planning, 2010, 43 (2): 247 -261.

[66] Mcgrath R G, Nerkar A. Real options reasoning and a new look at the R&D investment strategies of pharmaceutical firms [J] . Strategic Management Journal, 2004, 25 (1): 1 -21.

[67] Menon T, Pfeffer J . Valuing internal vs. external knowledge: explaining the preference for outsiders [J] . Management Science, 2003, 49 (4): 497 -513.

[68] Michael A, Hitt, Leonard Bierman, Katsuhiko Shimizu, Rahul Kochhar. Direct and moderating effects of human capital on strategy and performance in professional service firms: a resource - based perspective [J] . The Academy of Management Journal, 2001, 44 (1): 13 -28.

[69] Terziovski M. Innovation practice and its performance implications in small and medium enterprises in the manufacturing sector: a resource - based view [J] . Strategic Management Journal, 2010, 31 (8): 892 -902.

[70] Moran P. Structural vs. Relational embeddedness: social capital and managerial performance [J] . Strategic Management Journal, 2010, 26 (12): 1129 -1151.

[71] Morse, Fowler, Lawrence T. Managing your portfolio of entrepreneurship [J] . Entrepreneurship Theory and Practice, 2007, (5): 139 -159.

[72] Nakata C, Weidner K. Enhancing new product adoption at the base of the pyramid: a contextualized model [J] . Journal of Product Innovation Management, 2012, 29 (1): 21 - 32

[73] Oliver C. Sustainable competitive advantage: combining institutional and resource -based views [J] . Strategic Management Journal, 1997, 18 (9): 697 -713.

[74] Olsen M, Boxenbaum E. Bottom - of - the - pyramid: organizational barriers to implementation [J] . California Management Review, 2009, 51 (4): 100 -125.

[75] Park N K, Mezias J M, Song J. A resource - based view of strategic alliances and firm value in the electronic marketplace [J] . Journal of Management, 2004, 30 (1): 7 -27.

[76] Paul, Kwon. Social capital: prospects for a new concept [J] . The Academy of Management Review, 2002, 27 (1): 17 -40.

[77] Pfeffer J, Salancik G R. The external control of organizations: a resource dependence perspective [M] . Stanford University Press, 2003.

[78] Podsakoff, Organ. Self - reports in organizational research: Problems and Prospects [J] . Journal of Management, 2016, 12 (4): 531 -544.

[79] Polak P, Warwick M. Why entrepreneurs will beat multinationals to the bottom of the pyramid [J] . Harvard Business Review, 2014, 14 (4): 532 -550.

[80] Prahalad C K, Mashelkar R A. Innovation's holy grail [J] . Harvard Business Review, 2010, 88 (7/8): 132 -141.

[81] Prahalad C K. Bottom of the pyramid as a source of breakthrough innovations [J] . Journal of Product Innovation Management, 2012, 29 (1): 6 -12.

[82] Li Q L . Profitability of small - and medium - sized enterprises in high - tech industries: the case of the biotechnology industry [J] . Strategic Management Journal, 2003, 24 (9): 881 -887.

[83] Raffaele, Oriani , Maurizio Sobrero. Uncertainty and the market valuation of R&D within a real options logic [J] . Strategic Management Journal, 2008, 29 (4): 343 -361.

[84] Rao B C. How disruptive is frugal? [J] . Technology in Society, 2013, 35 (1): 65 -73.

[85] Ray S, Kanta Ray P. Product innovation for the people's car in an emerging economy [J] . Technovation, 2011, 31 (5): 216 -227.

[86] Reficco E A, Márquez P. Inclusive networks for building BOP markets [J], Business & Society, 2012, 51 (3): 512 -556.

[87] Rego A, Oliveira P, Rosado P. Product innovation in resource - poor environments: three research streams [J] . Journal of Product Innovation Management, 2014, 31 (2): 202 -210.

[88] Romijn H, Albaladejo M. Determinants of innovation capability in small electronics and software Firms in southeast england [J] . Research Policy, 2002, 31 (7): 1053 -1067.

[89] Grimaldi R, Von Tunzelmann N. Assessing collaborative, pre - competitive R&D Projects: the case of the UK link scheme [J] . R & D Management, 2010, 32 (2): 165 -173.

[90] Rothschild L, Darr A. Technological incubators and the social construction

of innovation network [J] . Technovation, 2005, 25 (1): 59 - 69.

[91] Sanchez P, Ricart J E. Business model innovation and sources of value creation in low - income markets [J] . European Management Review, 2010 (7): 138 - 154.

[92] Schilling M A. Understanding the alliance data [J] . Strategic Management Journal, 2009, 30 (3): 233 - 260.

[93] Schmitt J. Understanding shared value [M] . Springer Fachmedien Wiesbaden, 2014.

[94] Schuster T, Holtbrügge D. Market entry of multinational companies in markets at the bottom of the pyramid: A learning perspective [J] . International Business Review, 2011, 21 (5): 817 - 830.

[95] Schwartz E S, Carlos Zozaya - Gorostiza. Investment under uncertainty in information technology: acquisition and development projects [J] . Management Science, 2003, 49 (1): 57 - 70.

[96] Shane S, Cable D. Network ties, reputation, and the financing of new ventures [J] . Management Science, 2002, 48 (3): 364 - 381.

[97] Sharma A, Iyer G R. Resource - constrained product development: implications for green marketing and green supply chains [J] . Industrial Marketing Management, 2012, 41 (4): 599 - 608.

[98] Sherwood A L, Covin J G . Knowledge acquisition in university - industry alliances: an empirical investigation from a learning theory perspective [J] . Journal of Product Innovation Management, 2010, 25 (2): 162 - 179.

[99] Sheth J N. Impact of emerging markets on marketing: rethinking existing perspectives and practices [J] . Journal of Marketing, 2011, 75 (4): 166 - 182.

[100] Siggelkow N. Persuasion with case studies [J] . Academy of Management Journal, 2007, 50 (1): 20 - 24.

[101] Simanis E, Hart S L, The base of the pyramid protocol: beyond "basic needs" [J], Business Strategies, 2008, 3 (1): 57 - 84.

[102] Sirmon D G, Hitt M A, Ireland R D. Managing firm resources in dynamic environments to create value: Looking inside the black box [J] . Academy of Management Review, 2007, 32 (1): 273 - 293.

[103] Smit Han T J, Trigeorgis L. Strategic options and games in analyzing dynamic Technology Investments [J] . Long Range Planning, 2007, 40 (1): 84 - 114.

[104] Subrahmanyan S J, Tomas Gomez - Arias. Integrated approach to under-

standing consumer behavior at bottom of pyramid [J]. Journal of Consumer Marketing, 2008, 25 (7): 402-412.

[105] Youndt S M A. The influence of intellectual capital on the types of innovative capabilities [J]. The Academy of Management Journal, 2005, 48 (3): 450-463.

[106] Slotte-Kock S, Coviello N. Entrepreneurship research on network processes: a review and ways forward [J]. Entrepreneurship Theory & Practice, 2010, 34 (1): 31-57.

[107] Tatikonda M, Montoya-Weiss. Integrating operation and marketing perspective of product innovation: the influence of organizational process factors and capabilities on development performance [J]. Management Science, 2001, 47 (1): 151-172

[108] Teece D J, Pisano G, Shuen A. Dynamic capabilities and strategic management [J]. Strategic Management Journal, 1997, 18 (7): 509-533.

[109] Teece D J. Business models, business strategy and innovation [J]. Long Range Planning, 2009, 43 (2): 172-194.

[110] Toledo Arcelia, José de la Paz Hernάndez, Denis Griffin. Incentives and the growth of Oaxacan subsistence businesses [J]. Journal of Business Research, 2010, 63 (6): 630 - 638.

[111] ToledoLópez, Arcelia, DíazPichardo, René, JiménezCasta? eda, Julio C, et al. Defining success in subsistence businesses [J]. Journal of Business Research, 2012, 65 (12): 1658-1664.

[112] Trujillo, Barrios, Camacho, José Antonio Rosa. Low socioeconomic class and consumer complexity expectations for new product technology [J]. Journal of Business Research, 2010, (6): 538-547.

[113] Tsai K H, Wang J C. External technology sourcing and innovation performance in LMT sectors: an analysis based on the taiwanese technological innovation survey [J]. Research Policy, 2009, 38 (30): 518 - 526.

[114] Vachani S, Smith N C. Socially responsible distribution: distribution strategies for reaching the bottom of the pyramid [J]. California Management Review, 2008, 50 (2): 52-84.

[115] Van Beers C, Zand F. R&D cooperation, partner diversity, and innovation performance: an empirical analysis [J]. Journal of Product Innovation Management, 2014, 31 (2): 292-312.

[116] Van de Ven A H, Engleman R M. Event- and outcome-driven explanations of entrepreneurship [J]. Journal of Business Venturing, 2004, 19 (3): 343-

358.

[117] Viswanathan M, Sridharan S. Product development for the BOP: insights on concept and prototype development from university - based student projects in India [J]. Journal of product Innovation Management, 2012, 29 (1): 52 - 69.

[118] W Shi, Sun B C. Pinkham, MW. Peng. Domestic alliance network to attract foreign partners: Evidence from international joint ventures in China [J]. Journal of International Business Studies, 2014, 45 (3): 338 - 362.

[119] Waeyenberg, Hens L. Overcoming institutional distance: expansion to base - of - the - pyramid markets [J]. Journal of Business Research, 2012, 65 (12): 1692 - 1699.

[120] Wheeler D, McKague K, Thompson J, Davies R, Medalye J. Creating sustainable local enterprise networks [J]. MIT Sloan Management Review, 2005, 47 (1): 33 - 40.

[121] William P Wan, Daphne W Yiu. From crisis to opportunity: environmental jolt, corporate acquisitions and firm performance [J]. Strategic Management Journal, 2009, 30 (7): 791 - 801.

[122] Williamson P J. Cost innovation: preparing for a 'value - for - money' revolution [J]. Long Range Planning, 2010, 43 (2): 343 - 353.

[123] Wood V R, Pitta D A, Franzak F J. Successful marketing by multinational firms to the bottom of the pyramid: connecting share of heart, global "umbrella brands", and responsible marketing [J]. Journal of Consumer Marketing, 2008, 25 (7): 419 - 429.

[124] Wu J, Shanley M. Knowledge stock, exploration and innovation: research on the united states electromedical industry [J]. Journal of Business Research, 2009, 62 (4): 474 - 483.

[125] Luo Y. Structuring interorganizational cooperation: the role of economic integration in strategic alliances [J]. Strategic Management Journal, 2008, 29 (6): 617 - 637.

[126] Yin R K. Case study research: design and methods [M]. California: Sage Publications, 2009.

[127] Zedtwitz M, Corsi S, S? berg P V. A typology of reverse innovation [J]. Journal of Product Innovation Management, 2014, 32 (1): 12 - 28.

[128] Zott C, Amit R. Business model design and the performance of entrepreneurial firms [J]. Organization Science, 2007, 18 (2): 181 - 199.

［129］蔡荣鑫．“益贫式增长”模式研究［M］，北京：科学出版社，2010.

［130］曹兴，宋娟．技术联盟知识转移影响因素的实证分析［J］．科研管理，2011，32（2）：1－9.

［131］曾德明，黄玉勇，禹献云．产业技术创新战略联盟知识转移障碍及对策研究［J］．情报理论与实践，2012（2），64－67.

［132］陈劲，王锟．朴素式创新：正在崛起的创新范式［J］．技术经济，2014，33（1）：1－6.

［133］陈劲，黄衡．回溯创新：一类新的创新模式［J］．科技进步与对策，2011，28（8）：1－4

［134］陈劲，吴波．开放式创新下企业开放度与外部关键资源获取［J］．科研管理，2012，33（9）：10－21.

［135］陈收，张红浩，黎传国，吴世园．资源效率对企业绩效的影响：基于环境动态性调节分析［J］．管理评论，2013，24（12）：87－95.

［136］陈涛．基于实物期权的 IT 项目风险规避研究［J］．武汉理工大学学报？信息与管理工程版，2007，29（3）：88－92

［137］陈向明．质的研究方法与社会科学研究［M］．教育科学出版社，2000.。

［138］陈效林，施建军，张文红．国际联盟中的学习与当地知识保护：改变知识模糊性［J］．现代经济探讨，2010（5）：89－92.

［139］丛聪，徐枞巍．跨国公司母子公司关系研究——基于知识的视角［J］．科研管理，2013，31（5）：172－177.

［140］邸晓燕，张赤东．产业技术创新战略联盟的性质，分类与政府支持［J］．科技进步与对策，2011，28（9）：59－64.

［141］董书礼．跨国公司在华设立研发机构与我国产业技术进步［J］．中国科技论坛，2004 年第 2 期：62－66.

［142］封颖，徐峰，许端阳．新兴经济体中长期科技创新政策研究——以印度为例［J］．中国软科学，2014（09）：182－192.

［143］何郁冰，陈劲．技术多元化战略与企业竞争优势关系研究述评［J］．科研管理，2013，34（5）：10－20.

［144］胡凯，蔡红英，吴清．中国的政府采购促进了技术创新吗？［J］．财经研究，2013（9）：134－144.

［145］胡望斌，张玉利，牛芳．我国新企业创业导向、动态能力与企业成长关系实证研究［J］．中国软科学，2009（4）：107－118.

［146］黄俊，杨柏，白硕．动态能力与联盟绩效：理论与实证［J］．经济

管理，2008（10）：36－40.

［147］黄业德，杜龙波．企业公众形象与企业绩效的关系研究［J］．技术经济与管理研究，2011年第6期：84－87.

［148］吉瑞．交易成本，政策选择与包容性创新［J］．财经问题研究，2013（04）：11－14.

［149］姜翰，金占明，焦捷，等．不稳定环境下的创业企业社会资本与企业" 原罪" ——基于管理者社会资本视角的创业企业机会主义行为实证分析［J］．管理世界，2009（6）：102－114.

［150］赖红波，丁伟，程建新．网络关系升级对企业升级行为与企业绩效的影响研究［J］．科研管理，2013，34（11）：124－130.

［151］冷民．“联盟中的学习竞赛”：基于中国企业视角的联盟学习能力观［J］．管理评论，2007（8）：43－48.

［152］李东红．企业技术联盟研发：风险与防范［J］．中国软科学，2002，（10）：47－49.

［153］李洪江，冯敬海．阶段性投资最优比例问题的实物期权方法［J］．管理科学学报，2003，6（1）：20－26.

［154］李怀祖．管理研究方法论［M］．西安交通大学出版社，2000.

［155］李晶晶，杨震宁．技术战略联盟，知识产权保护与创新——一个跨案例研究［J］．科学学研究，2012（5）：696－705.

［156］龙勇，付建伟．资源依赖性，关系风险与联盟绩效的关系——基于非对称竞争战略联盟的实证研究［J］．科研管理，2011（9）：91－99.

［157］龙勇，李世清．规模型竞争性联盟中结构模式选择的实证研究［J］．科研管理，2011，32（5）：112－119.

［158］钱锡红，徐万里，杨永福．企业网络位置、间接联系与创新绩效［J］．中国工业经济，2010（2）：78－88.

［159］任胜钢，宋迎春，王龙伟．基于企业内外部网络视角的创新绩效多因素影响模型与实证研究［J］．中国工业经济，2010（4）：100－109.

［160］孙耀吾，贺石中，曾德明．知识产权、基本要素与技术标准化合作［J］．中国工业经济，2006（4）：81－87.

［161］唐国华，孟丁．环境的不确定性对开放式技术创新战略的影响［J］．科研管理，2015，36（5）：21－27.

［162］仝允桓，周江华，邢小强．面向低收入群体（BOP）的创新理论——述评和展望［J］．科学学研究，2010，28（2）：169－176.

［163］温忠麟，刘红云，侯杰泰．调节效应和中介效应分析［M］．北京：

教育科学出版社，2012.

［164］吴剑峰，杨震宁，邱永辉．国际研发合作的地域广度、资源禀赋与技术创新绩效的关系研究［J］．管理学报，2015，12（10）：1487.

［165］邢小强，陈晓鹏，仝允桓．金字塔底层市场的商业模式：一个多案例研究［J］．管理世界，2011（10）：108－124.

［166］邢小强，葛沪飞，仝允桓．社会嵌入与BOP网络演化：一个纵向案例研究［J］．管理世界，2015（10）：160－173.

［167］徐二明，徐帆．资源互补对机会主义和战略联盟绩效的影响研究［J］．管理世界，2012（1）：93－103.

［168］徐忠爱．社会资本嵌入：公司和农户间契约稳定性的制度保障［J］．财贸经济，2008（7）：120－127.

［169］杨百寅，高昂．企业创新管理方式选择与创新绩效研究［J］．科研管理，2013，34（3）：41－49.

［170］杨桂菊，刘善海．从OEM到OBM：战略创业视角的代工企业转型升级——基于比亚迪的探索性案例研究［J］．科学学研究，2013，31（2）：240－249.

［171］杨伟，周青，方刚．产业联盟的组织复杂度，牵头单位类型与合作创新率［J］．科学学研究，2015，33（6）：713－722.

［172］杨震宁，范黎波，曾丽华．跨国技术战略联盟合作，战略动机与联盟稳定［J］．科学学研究，2015，33（8）：1161－1173.

［173］杨震宁，李东红．政府监管，鳗鱼效应与知识产权管理：企业创新绩效的提升［J］．中国管理科学，2010，6（18）：177－184.

［174］杨震宁，李东红．中国制造业企业创新：行业竞争，嵌入集群的社会资本与技术战略选择［J］．财贸经济，2010（6）：98－105.

［175］杨震宁，李东红，范黎波．身陷“盘丝洞”：社会网络关系嵌入过度影响了创业过程吗？［J］．管理世界，2013（12）：101－116.

［176］杨震宁，李东红，赵红．跨国技术战略联盟“跨边界”立体学习模型研究［J］．外国经济与管理，2016，38（11）：83－100.

［177］杨震宁，吕萍，王以华．科技园的创新环境对园内企业绩效的影响［J］．科学学与科学技术管理，2008，29（7）：102－107.

［178］杨震宁，吕萍，王以华．企业入驻科技园的动机及影响因素模型研究［J］．科学学研究，2008，26（1）：137－143.

［179］杨震宁，李东红．中国制造业企业创新：行业竞争，嵌入集群的社会资本与技术战略选择［J］．财贸经济，2010（6）：98－105.

［180］余雅风，郑晓齐．合作创新中企业知识学习行为的制度化研究［J］．科研管理，2002，23（5）：88－92.

［181］张方华．网络嵌入影响企业创新绩效的概念模型与实证分析［J］．中国工业经济，2010（4）：110－119.

［182］张红兵．技术联盟知识转移有效性的差异来源研究——组织间学习和战略柔性的视角［J］．科学学研究，2013，31（11）：1687－1696.

［183］张敬伟，王迎军．基于价值三角形逻辑的商业模式概念模型研究［J］．外国经济与管理，2010，32（06）：1－8.

［184］张利平，高旭东，仝允桓．社会嵌入与企业面向 BOP 的商业模式创新：一个多案例研究［J］．科学学研究，2011：1744－1752.

［185］张米尔，冯永琴．标准联盟的兴起及诱发技术垄断的机制研究［J］．科学学研究，2010，28（5）：690－696.

［186］赵晶．企业社会资本与面向低收入群体的资源开发型商业模式创新［J］．中国软科学，2010（004）：116－123.

［187］周长辉，曹英慧．组织的学习空间：紧密度，知识面与创新单元的创新绩效［J］．管理世界，2011（4）：84－97.

［188］庄巨忠，亚洲的贫困，收入差距与包容性增长［C］．北京：中国财政经济出版社，2012.